U0920738

长春年鉴 2012

CHANGCHUN ALMANAC

长春市人民政府　主办
长春市地方志编纂委员会 编

吉林人民出版社

长春年鉴(2012) *CHANGCHUNALMANAC*

编　　者：长春市地方志编纂委员会
责任编辑：杨九屹　　**封面设计**：祁贵鹏
吉林人民出版社出版 发行(中国・长春市人民大街4646号　邮政编码：130021)
电　　话：0431－85649710
印　　刷：长春方圆印业有限公司
开　　本：889mm×1194mm　1/16
印　　张：24.75　　**字数**：1000千字
标准书号：ISBN 978－7－206－06780－8
版　　次：2012年10月第1版　　　　印　次：2012年10月第1次印刷
印　　数：1-1 000册　　　　　定　价：298.00元

长春年鉴编纂委员会

主　任　吴　兰

副主任　郝肖峰　贺兴国　卢福建　韩忠宝
王　磊　杨松望

委　员　（按姓氏笔画排序）
万载斌　马　军　马国成　王　吉
王大鹏　王玉宁　左　毅　邢　文
吕　凝　刘　徽　孙　莉　朱永坚
朱惠民　刘亚群　刘英华　齐国华
吴　强　宋　驰　宋　超　张鸣雨
张宝琦　陈亚轩　郑玉辉　赵明瑞
胡延生　郝丽萍　郝晶祥　高中会
郭华山　郭启祥　唐铁生　崔永泉
梁　伟　隋光伟　韩明玉　赫　哲

长春年鉴编纂人员

主　　编　吴　兰

副 主 编　韩忠宝　王　磊　杨松望　王玉宁

责任编辑　祁贵鹏　齐丽颖　李九飞　崔玉恺
孙大文　王桂香　刘　尊

彩页设计　祁贵鹏

版式设计　王玉宁

英文翻译　杨宇晨

特约编审　王树森　张贤达　李　立　孙德生
段玉才　姜峥睿

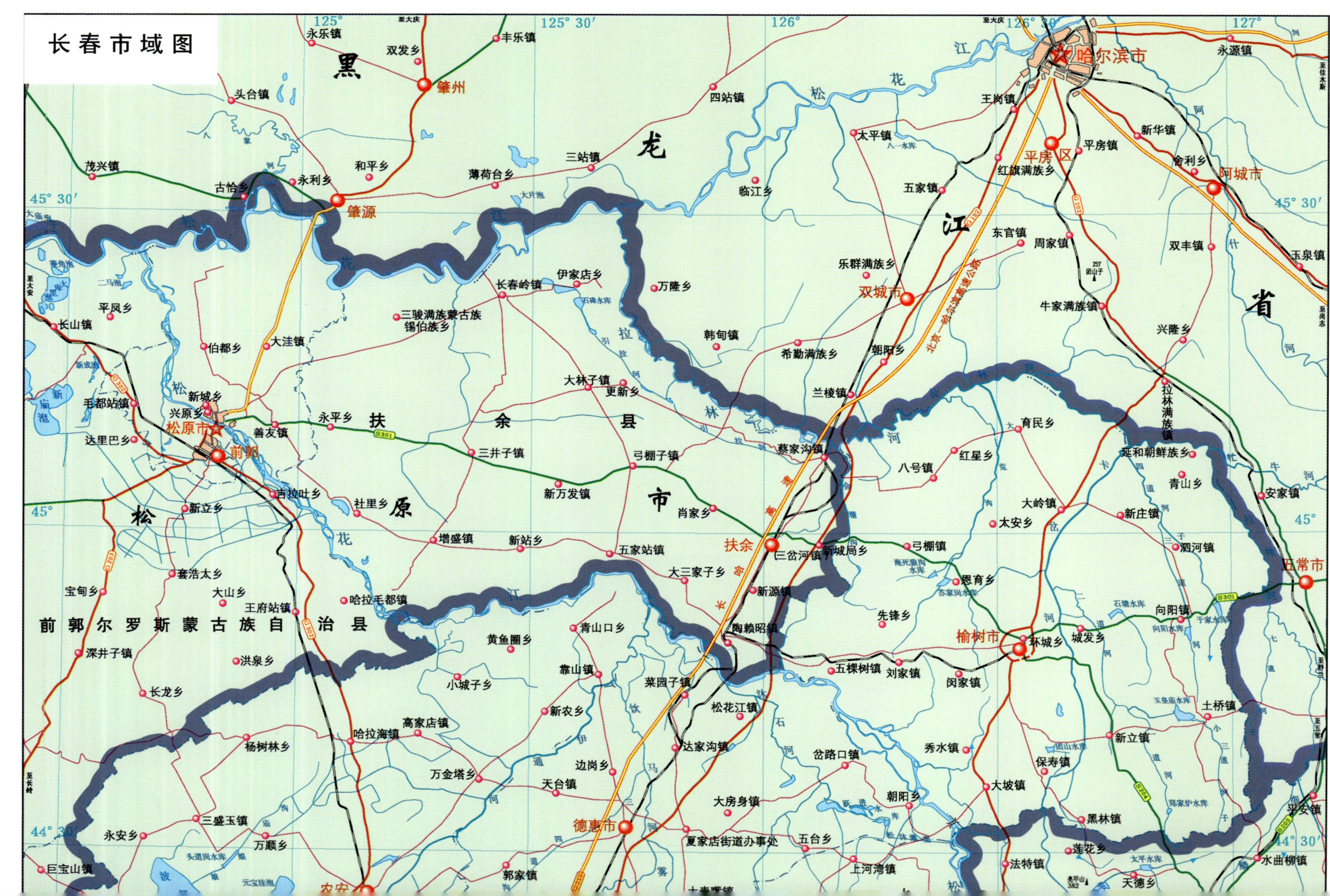
长春市域图
哈尔滨市
阿城市
双城市
平房区
五常市
榆树市
扶余
德惠市
松原市
前郭
肇源
肇州
黑龙江省
扶余县
扶余市
前郭尔罗斯蒙古族自治县
永乐镇
丰乐镇
双发乡
头台镇
四站镇
王岗镇
永源镇
新华镇
太平镇
平房镇
舍利乡
茂兴镇
三站镇
和平乡
永利乡
古恰乡
薄荷台乡
临江乡
红旗满族乡
五家镇
东官镇
周家镇
双丰镇
玉泉镇
乐群满族乡
万隆乡
伊家店乡
长春岭镇
牛家满族镇
兴隆乡
平凤乡
长山镇
三骏满族蒙古族锡伯族乡
韩甸镇
希勤满族乡
朝阳乡
伯都乡
大洼镇
兰棱镇
拉林满族镇
大林子镇
更新乡
育民乡
新城乡
毛都站镇
兴原乡
永平乡
善友镇
达里巴乡
三井子镇
弓棚子镇
蔡家沟镇
红星乡
八号镇
延和朝鲜族乡
青山乡
安家镇
吉拉吐乡
社里乡
新万发镇
肖家乡
大岭镇
新庄镇
新立乡
太安乡
增盛镇
新站乡
五家站镇
三岔河镇
新城局乡
弓棚镇
泗河镇
套浩太乡
大三家子乡
恩育乡
宝甸乡
大山乡
王府站镇
哈拉毛都镇
新源镇
先锋乡
向阳镇
青山口乡
黄鱼圈乡
陶赖昭镇
环城乡
城发乡
深井子镇
洪泉乡
靠山镇
五棵树镇
刘家镇
闵家镇
长龙乡
小城子乡
菜园子镇
新农乡
松花江镇
土桥镇
哈拉海镇
高家店镇
杨树林乡
达家沟镇
岔路口镇
秀水镇
新立镇
边岗乡
保寿镇
万金塔乡
天台镇
大坡镇
大房身镇
朝阳乡
黑林镇
平安镇
三盛玉镇
永安乡
夏家店街道办事处
五台乡
万顺乡
莲花乡
巨宝山镇
郭家镇
上河湾镇
法特镇
水曲柳镇
天德乡
松花江
拉林河
北京—哈尔滨高速公路
125°
125° 30′
126°
126° 30′
127°
45° 30′
45°
44° 30′

图　例
省、市级行政中心
县(市)级行政中心
镇、乡级行政中心
旅游景区
铁　路
规划铁路
高速公路
G302 国　道
S206 省　道
县　道
省　界
市　界
县(市)、区界
长春市
吉林市
九台市
公主岭市
双阳区
永吉
(口前镇)
伊通
磐石市
桦甸市
辽源市
东辽县
(白泉镇)
长春龙嘉国际机场
公主岭市
梨树县
四平市
伊通满族自治县
吉林市
蛟河市
永吉县
桦甸市
磐石市
东丰县
东辽县
辽源市
43° 30′
44°
125°
125° 30′
126°
126° 30′
127°

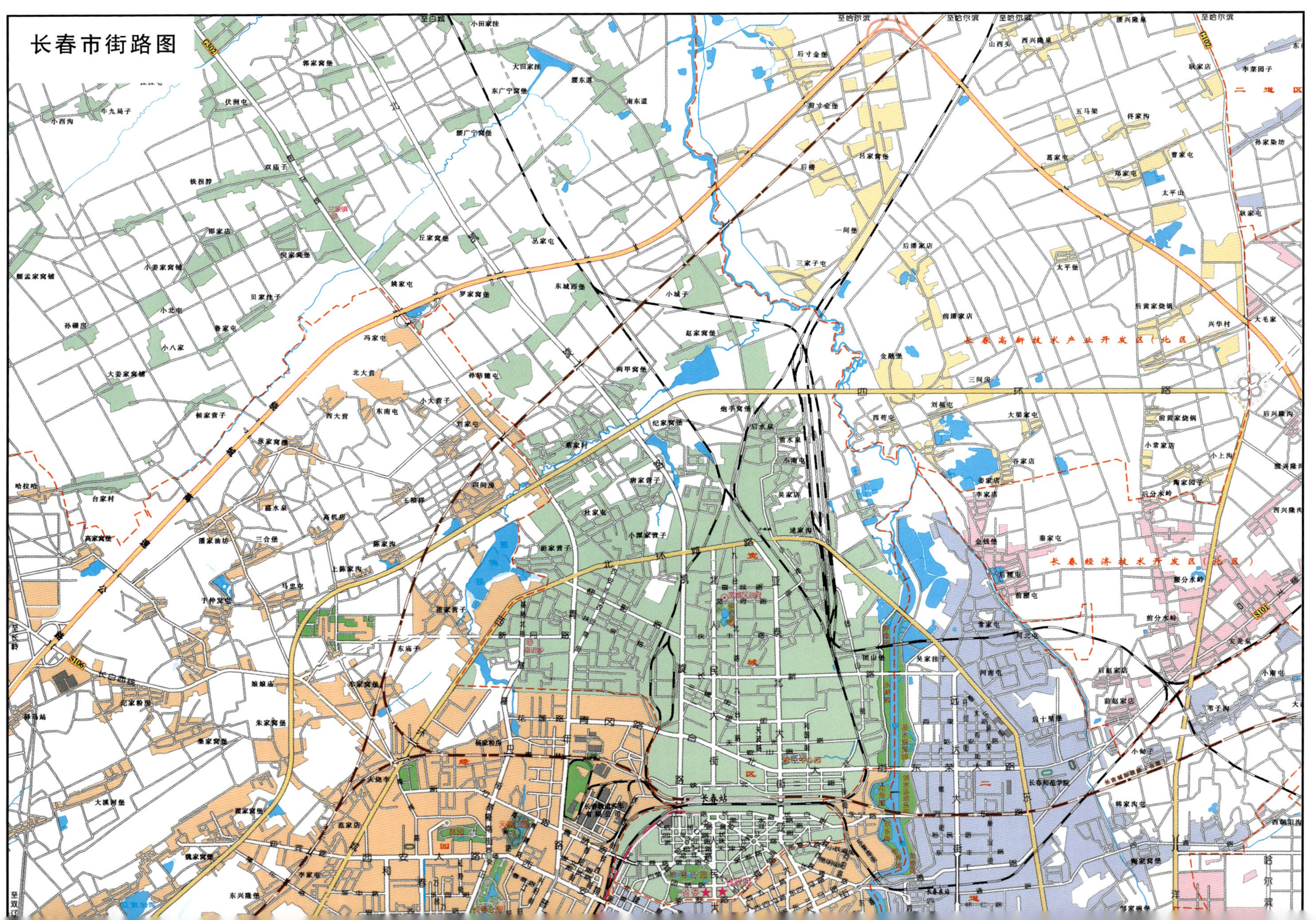
长春市街路图
长春高新技术产业开发区（北区）
长春经济技术开发区（北区）
四环路
北环城路
长春站
长春师范学院
至哈尔滨
至白城
至长岭
至双辽
S106
S101
G102

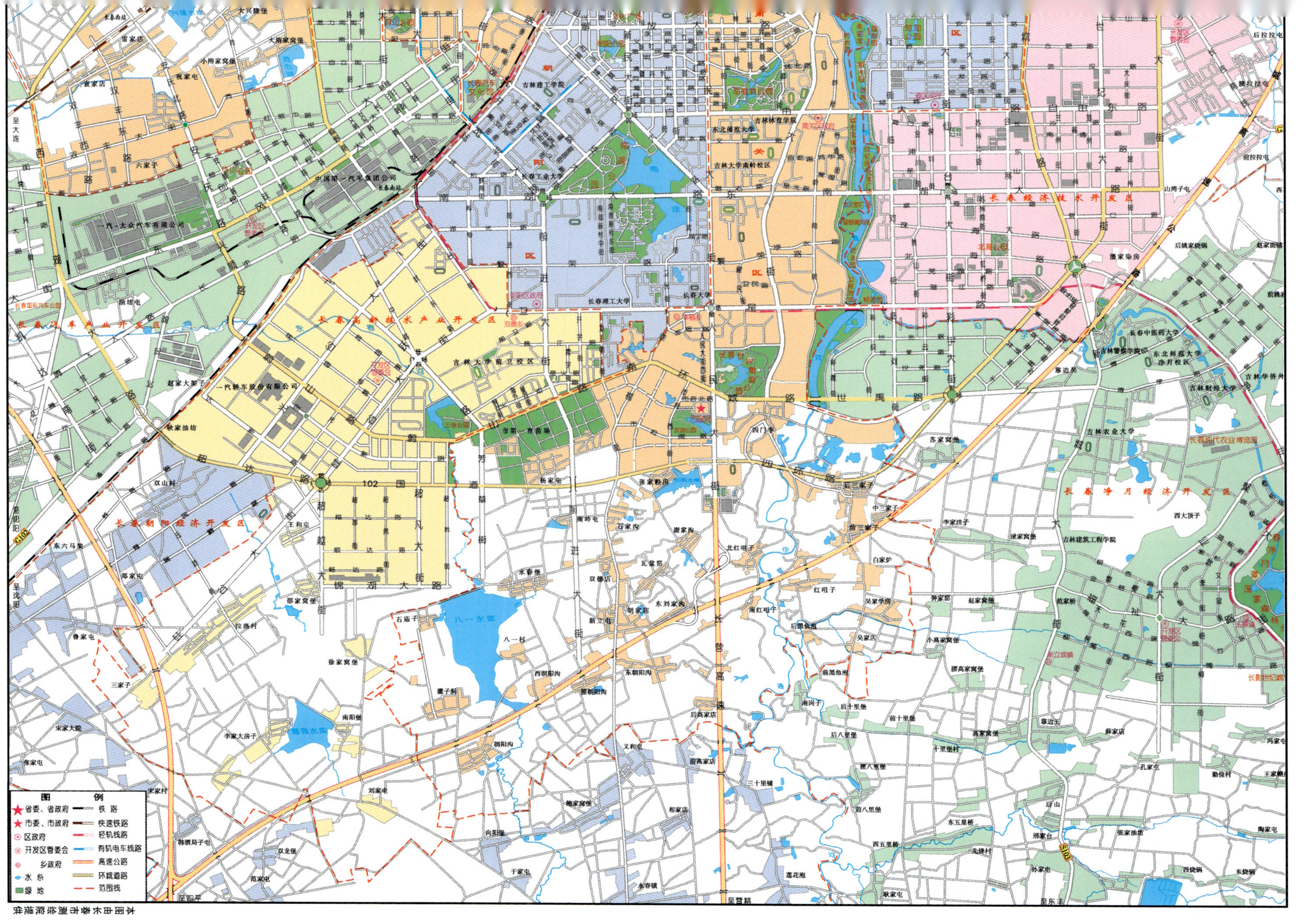
图例
省委、省政府
市委、市政府
区政府
开发区管委会
乡政府
水系
绿地
铁路
快速铁路
轻轨线路
有轨电车线路
高速公路
环城道路
范围线
长春经济技术开发区
长春高新技术产业开发区
长春净月经济开发区
长春朝阳经济开发区
长春汽车产业开发区
本图由长春市测绘院提供

长春的一天

清晨，长春火车站的钟声打破拂晓的沉寂。在全市 20 604 平方公里的大地上，761.8 万辛勤的长春人从睡梦中醒来，开始新的一天生活，其中包括 384.6 万名工人、农民、知识分子、干部和社会各界人士，145.2 万名大中小学生，12.9 万幼儿园儿童。

2011 年，每天有 4 540 辆公共汽（电）车通过遍布长春纵横交错的 240 条线路，其中公交专用道 28 条；15 401 台出租车运行在长春市区，每天将 330 万人（次）送到各自所要到达的目的地，其中公共汽（电）车 210 万人次，出租车 120 万人次。

勤劳的长春人民为国家创造生产总值 109 671.23 万元，创造农林牧渔业总产值 7 947.94 万元，创造工业增加值 57 334.24 万元，财政收入 22 005.47 万元，其中地税收入 6 901.36 万元。地方财政支出 14 210.95 万元，其中教育支出 1 978.08 万元，社会保障和就业支出 1 890.41 万元，医疗卫生支出 934.34 万元，交通运输支出 550.68 万元。平均一天生产汽车 4 471 辆，其中轿车 3 279 辆，公路客车 186 辆，载货汽车 712 辆；平均一天生产铁路客车 6 辆，拖拉机 9 台，轮胎 126 条，变压器 1.37 万千伏安，电动工具 52 台，电子元件 2.09 万件，彩色电视机 362 台；一天的水泥产量达 5.21 万吨，原煤产量 8 983.56 吨，焦炭 1 235.61 吨，钢材产量 320.54 吨，农用塑料薄膜 25.55 吨；每日发电量 6 079.45 万千瓦时；一天生产精炼食用植物油 336.98 吨，卷烟 4 712 万支，啤酒 1 052.05 吨，软饮料 1 432.87 吨，服装 1.85 万件，中成药 4.49 吨，饲料 8 378.08 吨。每日上市蔬菜 7 624.65 吨，牛奶 172.60 吨，肉类 3 087.67 吨，禽蛋 887.67 吨，出栏生猪 1.55 万头，出栏家禽 657.53 万只，粮食 22 260.27 吨，其中玉米 16 950.68 吨，水稻 4 197.26 吨。

智慧的长春人民每天专利申请量约 15 件，每天民营科技企业技术合同成交额达 567.71 万元，科技管理部门投入经费 30.15 万元。

善良的长春人民每天社会福利彩票收益 218.63 万元，为社会募集善款 8.39 万元，支出善款 8.83 万元，救助困难群众 301 人次。

落置在长春世界雕塑公园、双阳雕塑公园、汽车公园雕塑园、高新长东北湿地雕塑公园内的 700 多件精美雕塑作品，在装扮着这座美丽城市的同时，日均迎接 1 098 人次入园参观游览。

长春地处中国东北地区辽、吉、黑、蒙四省区通衢的十字要冲，每日公路完成货运量 34.24 万吨，铁路发送货物 2.16 万吨，民航货邮吞吐量 170.68 吨，有 38.44 万人次通过公路、铁路、航空等运输渠道进出长春。每天来长春旅游观光的人数达到 8.53 万人次，其中有 826 名游客是外国人、华侨和港澳台同胞，创旅游（外汇）收入 46.50 万

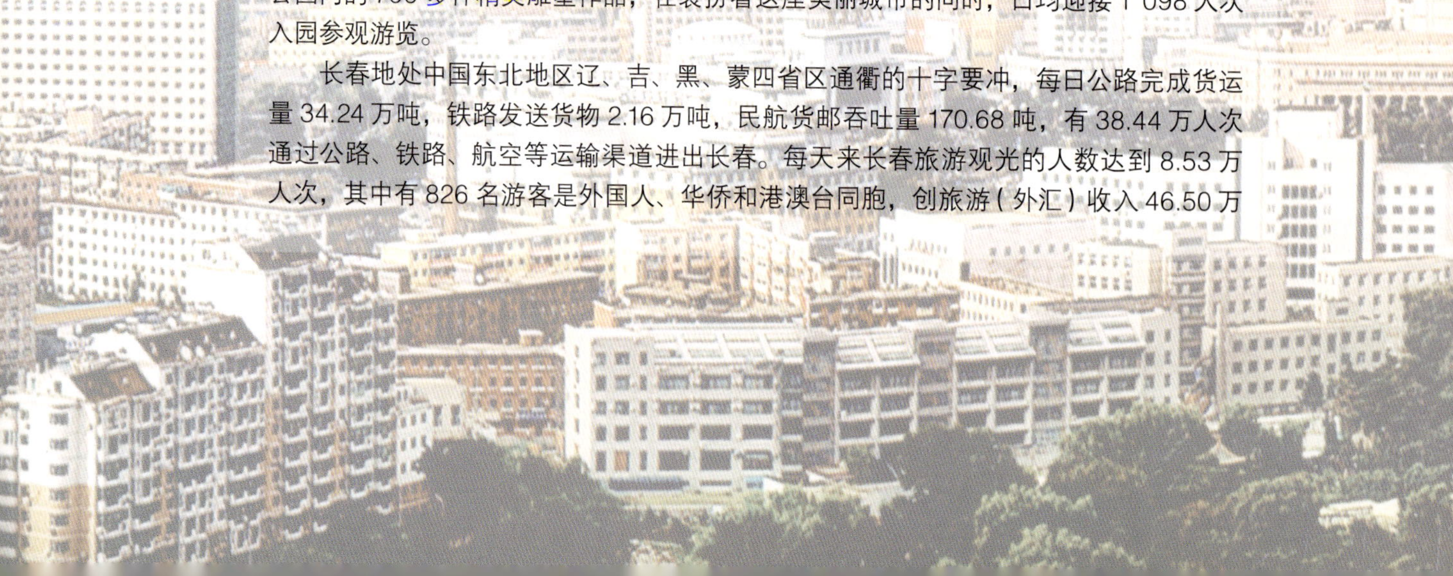

美元。邮电职工每天将 2 658 件特快专递送到千家万户，邮电业务收入达 3 693.15 万元，每日有 618 万户互联网用户在上网，其中宽带用户 88 万户。

随着长春投资环境的不断改善，对外开放水平的进一步提高，许多世界著名的大财团、大公司和有实力的港澳台商人在长春投资。平均每天实际利用外资 843.83 万美元，直接利用外资 210.95 万美元，每天有 621.91 万美元的商品出口到世界 120 多个国家和地区，完成对外承包工程和劳务合作营业额 58.90 万美元。

城市投资建设成绩斐然，平均每天有 6.66 亿元用于固定资产投资，其中房地产开发投资 1.82 亿元，新增固定资产 4.84 亿元。每天销售商品房 2.41 万平方米，二手房 0.98 万平方米。每天金融机构本外币各项存款 15.39 亿元，贷款 14.38 亿元，其中城乡居民储蓄存款 6.46 亿元。每天保险费收入 2 312.32 万元，保险赔付 687.67 万元。每日有价证券成交总额 10.34 亿元，其中股票交易成交额 9.72 亿元。

城乡人民生活质量明显提高，平均每天社会消费品零售总额达 4.14 亿元，城市平均每天消费性支出 16 317.50 万元，比 2010 年增长 3 323.18 万元；乡村农民平均每天生活费支出 4 998.23 万元，比 2010 年增长 452.27 万元。

惠民政策温暖城乡千家万户，每天各项惠农补贴支出 643.83 万元，整修农村公路 2.40 公里，改造泥草房 16 户，圆满完成省下达的农村泥草房改造任务。城区每天有 36 户棚户区及危旧房改造住户按期回迁，日均改造老旧楼宇 2.90 万平方米。

每天有 195 名新生儿在长春降生，有 107 人因各种原因而离开人世；有 238 对新人喜结良缘，有 75 对夫妇准予离异；有 233 人迁出长春，有 225 人来长春落户发展。

市民安全感和满意度明显提升，全市每天新增交通标志 3 面，新增监控探头 85 个，新增供热能力 8.49 万平方米，新增绿化面积 0.91 公顷，新植树木 86 株；平均每天发生道路交通事故 5 起，比 2010 年减少 2 起；发生火灾 8 起，比 2010 年减少 5 起，抢救财产损失折款 9.04 万元。

城区每天排放生活污水 55.95 万吨，工业废水 17.38 万吨，产生工业危险废物 114.52 吨，综合利用 3.01 吨，处置 112.05 吨。削减二氧化硫 17.89 吨，削减氮氧化物 1 129 吨，削减化学需氧量 15.12 吨，每天增收排污费 37.80 万元。

午夜零点，当人们开始进入梦乡时，来自全市各水厂、电站和煤气站的计量表显示，全市日供水量 104.9 万立方米，日售电量 3 919.17 万千瓦小时，液化石油气日供气量 300 吨、人工煤气日供气量 41.21 万立方米、天然气日供气量 200 万立方米。

（邱志华）

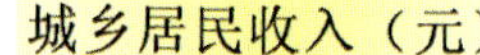

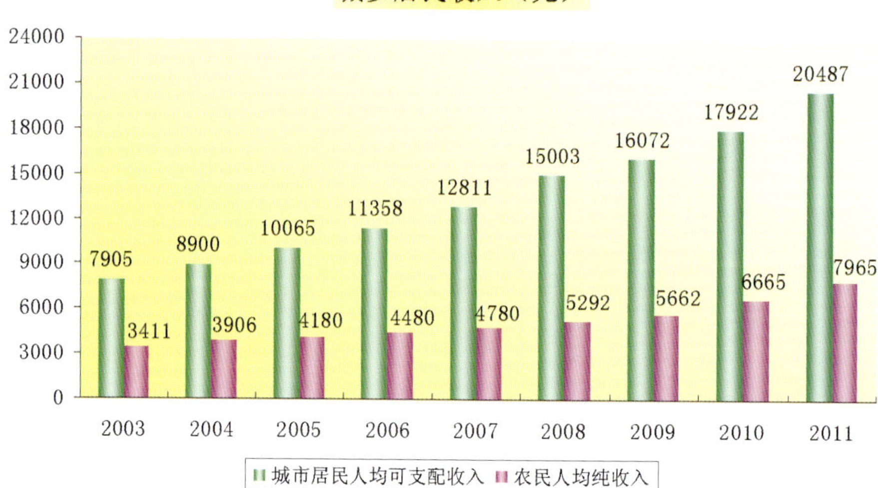

对外贸易进出口总额（亿美元）

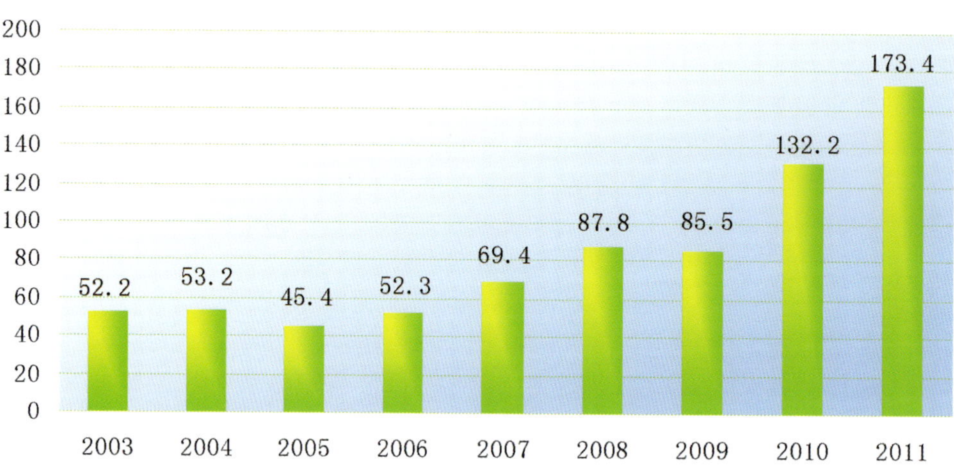

社会消费品零售总额（亿元）

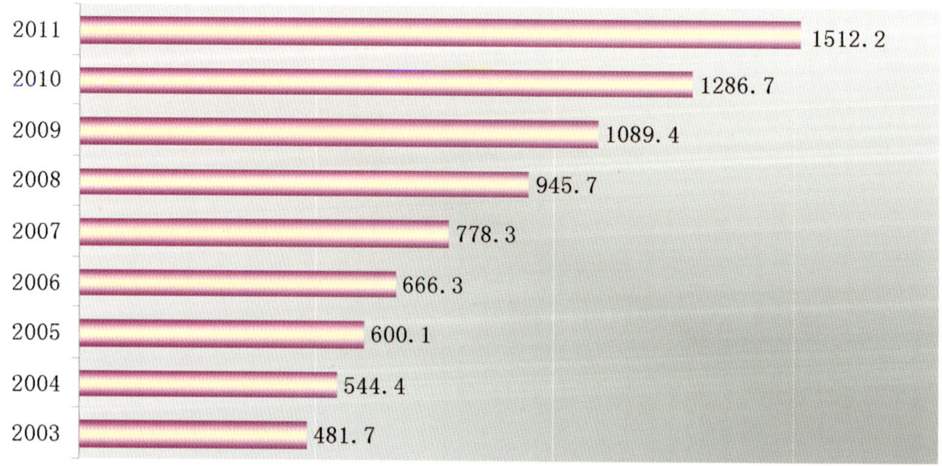

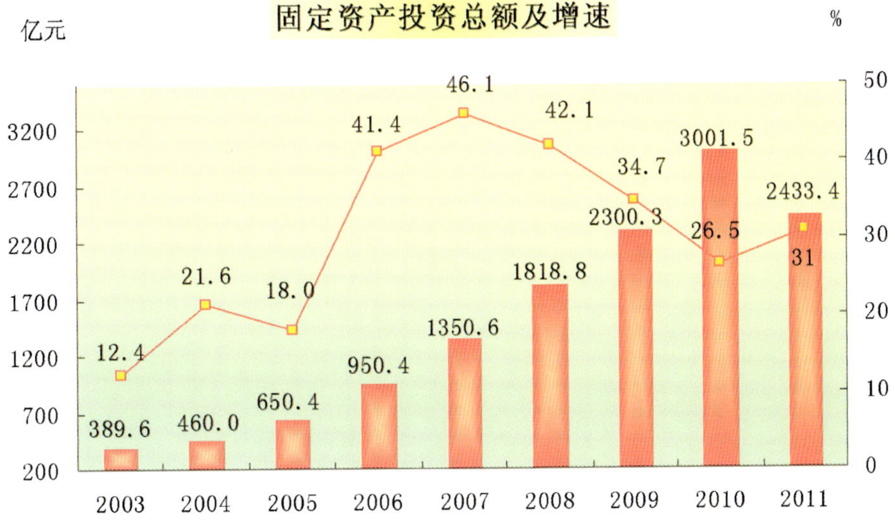
固定资产投资总额及增速
亿元
%
3200
2700
2200
1700
1200
700
200
50
40
30
20
10
0
389.6
460.0
650.4
950.4
1350.6
1818.8
2300.3
3001.5
2433.4
12.4
21.6
18.0
41.4
46.1
42.1
34.7
26.5
31
2003
2004
2005
2006
2007
2008
2009
2010
2011

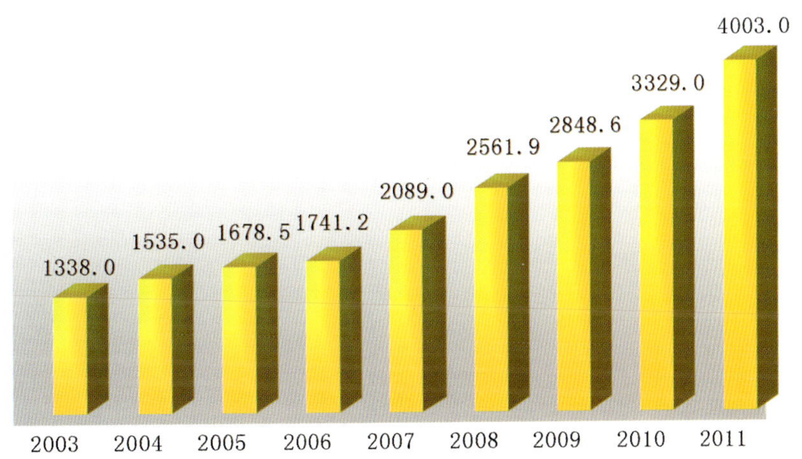
地区生产总值（亿元、当年价）
1338.0
1535.0
1678.5
1741.2
2089.0
2561.9
2848.6
3329.0
4003.0
2003
2004
2005
2006
2007
2008
2009
2010
2011

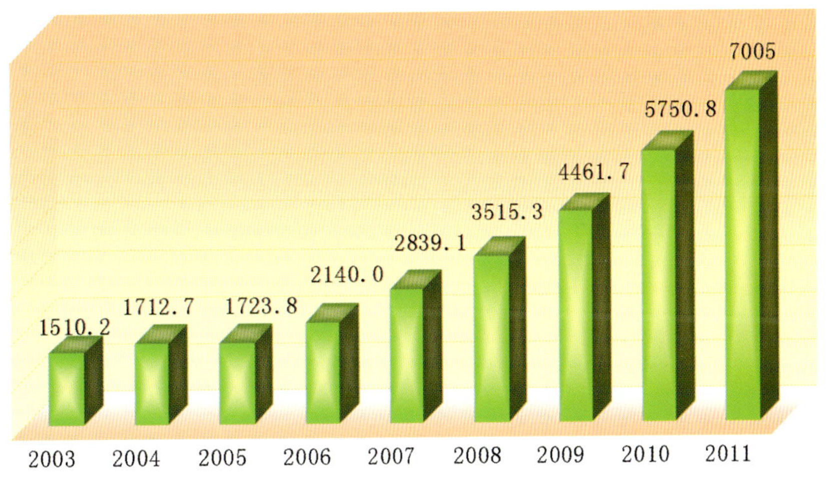
规模以上工业总产值（亿元）
1510.2
1712.7
1723.8
2140.0
2839.1
3515.3
4461.7
5750.8
7005
2003
2004
2005
2006
2007
2008
2009
2010
2011

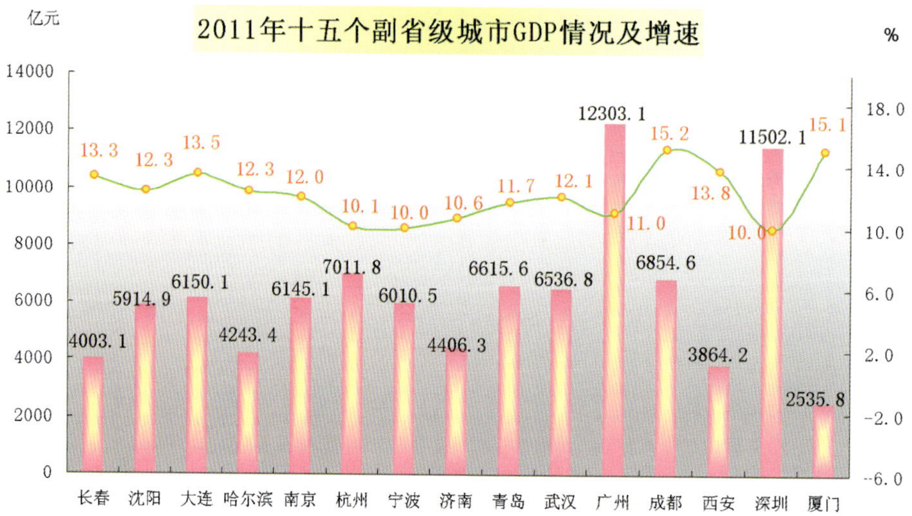
2011年十五个副省级城市GDP情况及增速
亿元
%
14000
12000
10000
8000
6000
4000
2000
0
18.0
14.0
10.0
6.0
2.0
-2.0
-6.0
长春 4003.1 13.3
沈阳 5914.9 12.3
大连 6150.1 13.5
哈尔滨 4243.4 12.3
南京 6145.1 12.0
杭州 7011.8 10.1
宁波 6010.5 10.0
济南 4406.3 10.6
青岛 6615.6 11.7
武汉 6536.8 12.1
广州 12303.1 11.0
成都 6854.6 15.2
西安 3864.2 13.8
深圳 11502.1 10.0
厦门 2535.8 15.1

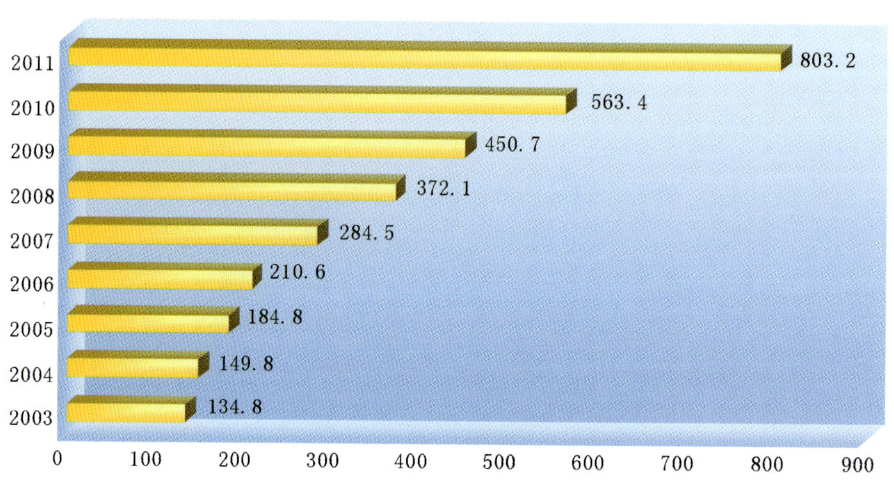
一般预算全口径财政收入（亿元）
2011 803.2
2010 563.4
2009 450.7
2008 372.1
2007 284.5
2006 210.6
2005 184.8
2004 149.8
2003 134.8
0
100
200
300
400
500
600
700
800
900

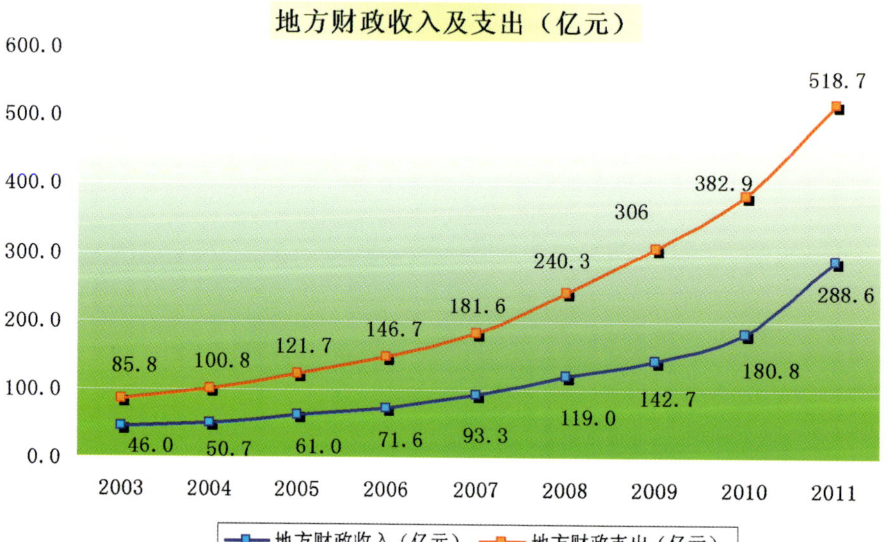
地方财政收入及支出（亿元）
600.0
500.0
400.0
300.0
200.0
100.0
0.0
2003 46.0 85.8
2004 50.7 100.8
2005 61.0 121.7
2006 71.6 146.7
2007 93.3 181.6
2008 119.0 240.3
2009 142.7 306
2010 180.8 382.9
2011 288.6 518.7
地方财政收入（亿元）
地方财政支出（亿元）

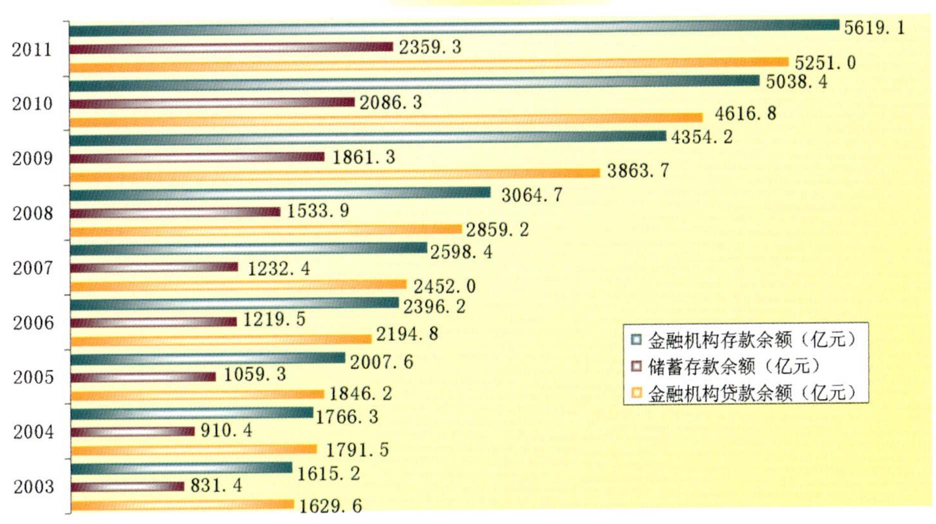
金融机构存贷款
2011
5619.1
2359.3
5251.0
2010
5038.4
2086.3
4616.8
2009
4354.2
1861.3
3863.7
2008
3064.7
1533.9
2859.2
2007
2598.4
1232.4
2452.0
2006
2396.2
1219.5
2194.8
2005
2007.6
1059.3
1846.2
2004
1766.3
910.4
1791.5
2003
1615.2
831.4
1629.6
金融机构存款余额（亿元）
储蓄存款余额（亿元）
金融机构贷款余额（亿元）

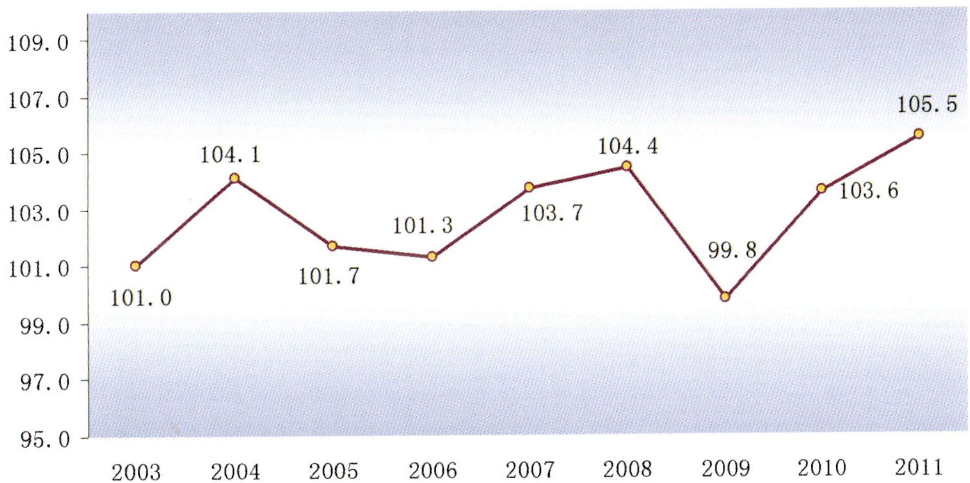
%
居民消费价格总指数
109.0
107.0
105.0
103.0
101.0
99.0
97.0
95.0
101.0
104.1
101.7
101.3
103.7
104.4
99.8
103.6
105.5
2003
2004
2005
2006
2007
2008
2009
2010
2011

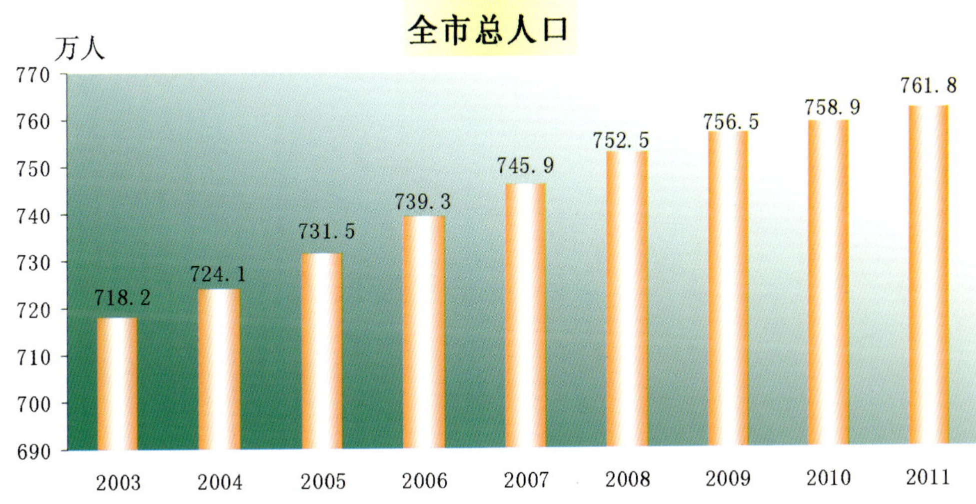
全市总人口
万人
770
760
750
740
730
720
710
700
690
718.2
724.1
731.5
739.3
745.9
752.5
756.5
758.9
761.8
2003
2004
2005
2006
2007
2008
2009
2010
2011

1. 长春火车站
2. 长春世界雕塑公园正门
3. 长春世界雕塑公园内雕塑

1. 水城相伴—伊通河美景
2. 长春市体育场
3. 解放大路夜景

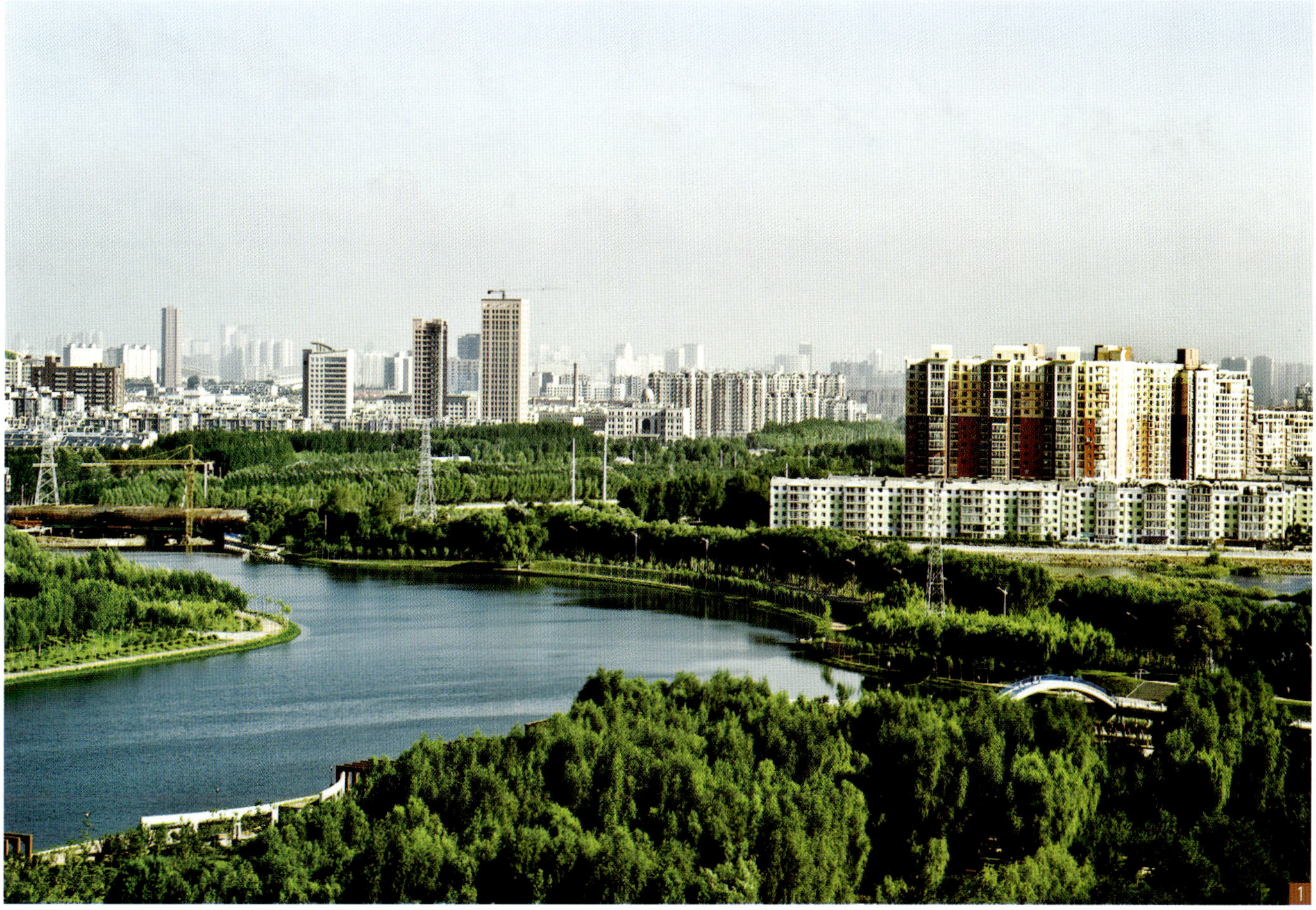
1

2

3

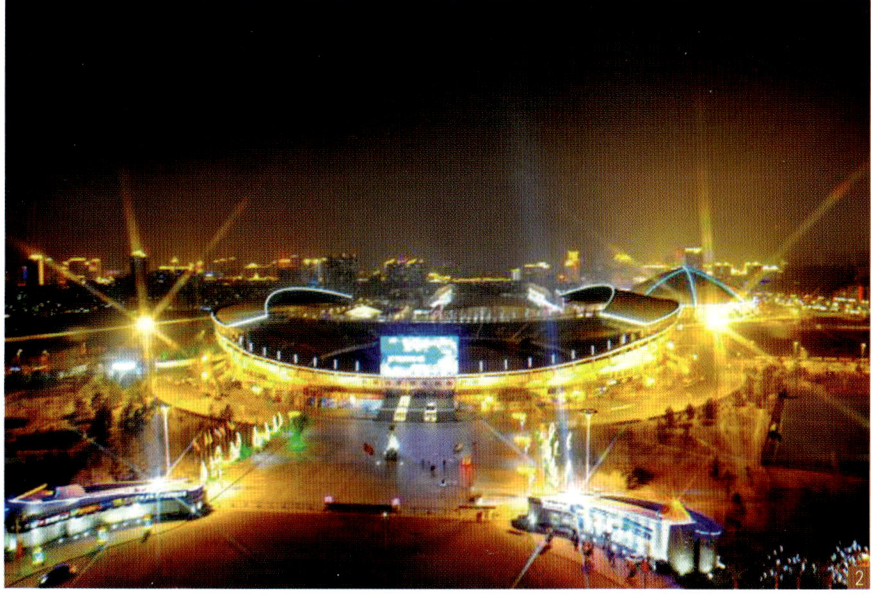

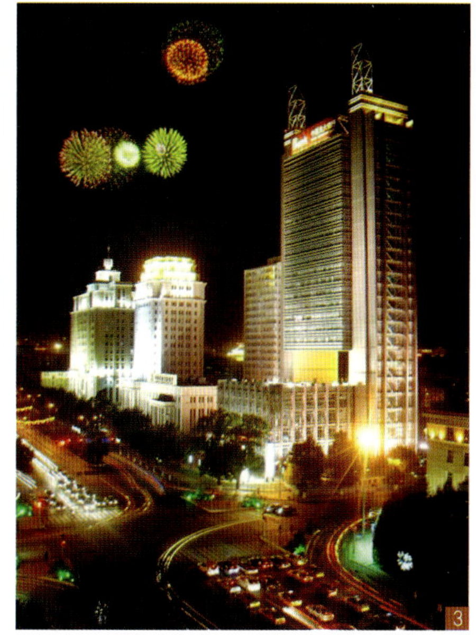

1. 长春高新技术产业开发区南区街景
2. 净月潭风光

1. 远达大街与绕城高速互通式立交桥
2. 文化活动中心广场
3. 长春五环体育馆
4. 龙翔广场

1. 省委常委、长春市委书记高广滨会见韩国驻沈阳总领馆总领事赵百相
2. 省委常委、长春市委书记高广滨会见正大集团董事长谢国民一行
3. 高广滨、崔杰会见缅甸经济控股董事会主席钦梭乌中将
4. 市长崔杰会见加拿大肯特市市长
5. 市长崔杰与捷克驻华大使合影
6. 崔杰等市领导及外国来宾出席瓦萨滑雪节招待酒会

1. 长春市创建全国文明城市暨奋战150天市容环境综合整治总结表彰动员大会
2. 长春市创建全国文明城市推进大会
3. 文明单位学雷锋志愿服务队代表发言

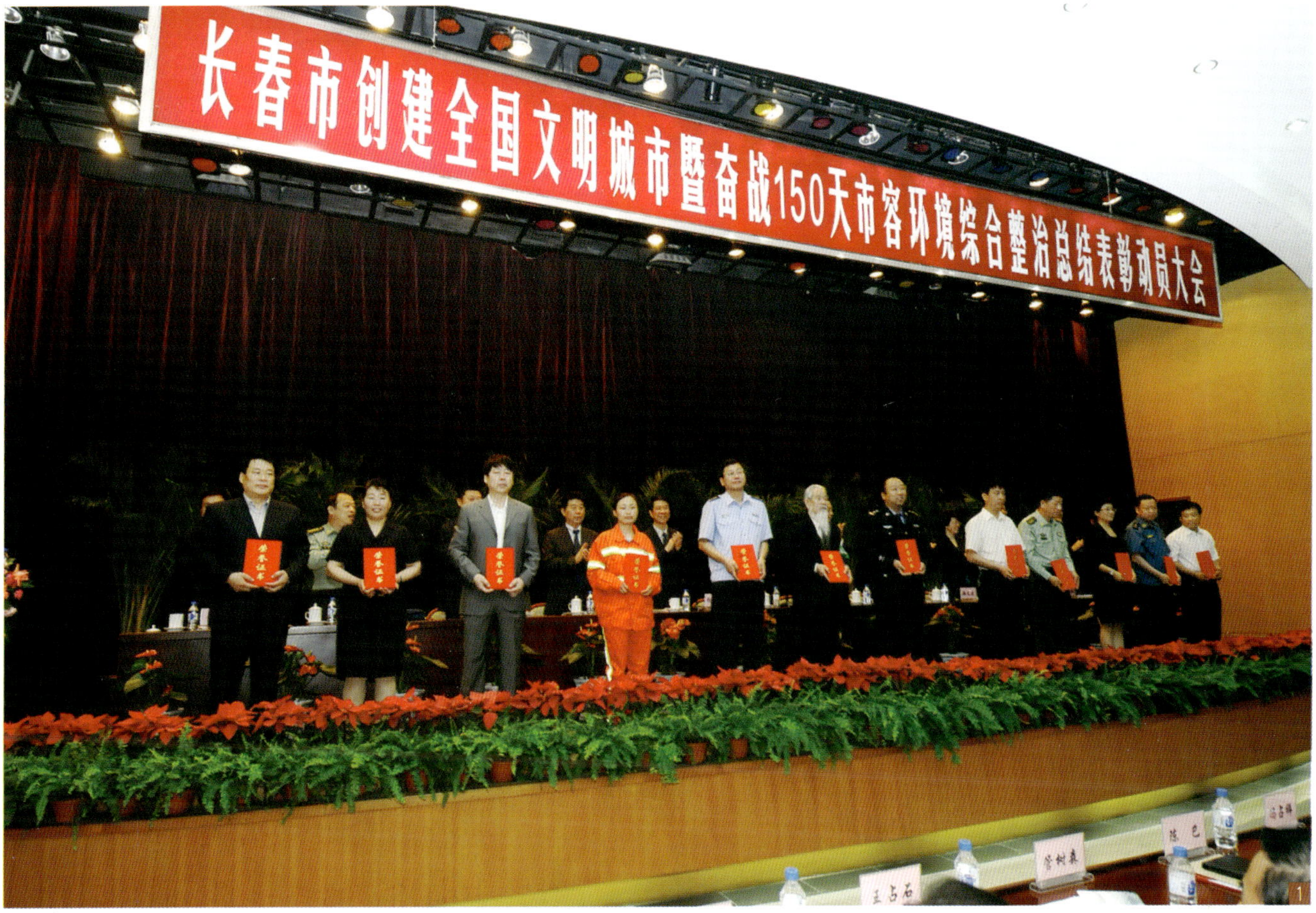

1

2

3

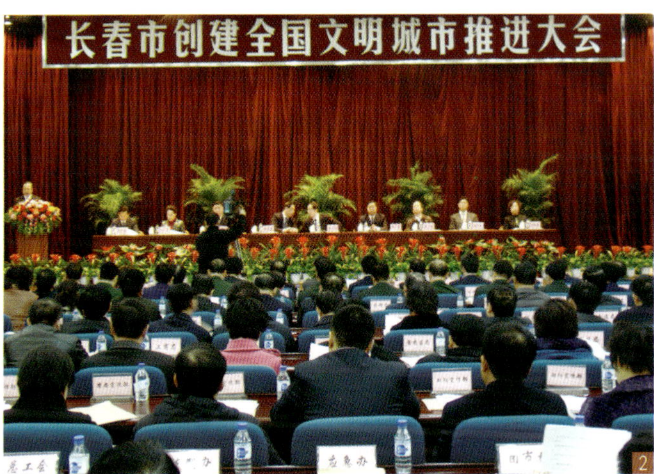

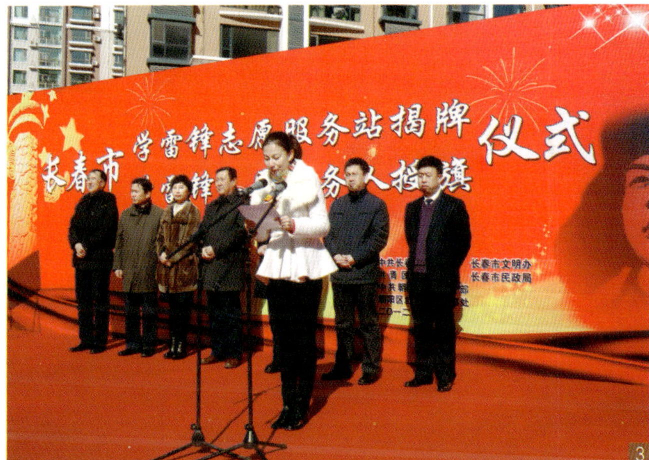

1. 吉林省暨长春市召开纪念“社区工作者楷模”谭竹青命名五周年大会
2. 长春市“创文明城，做文明人”主题活动推进会
3. 葛长江同志先进事迹报告会
4. 全国道德模范基层巡讲长春报告会
5. 全国道德模范刘国江捐书仪式
6. 道德领域突出问题专项教育和治理活动在食品行业全面展开

1. “感动吉林”十大人物颁奖仪式
2. 二道区东站十委社区开办道德讲堂讲述老百姓身边的故事
3. 绿园区委理论中心组学习暨“草根雷锋”首场道德巡讲报告会
4. 长春市道德模范基层巡讲
5. 开展“文明走路、文明行车”活动
6. 市民自觉排队乘车

1. 网络志愿者参与创建全国文明城活动
2. 网络志愿者“为农民工送上一丝清凉”公益活动
3. 市出租车行业积极参与创建全国文明城市活动
4. 街路彩化工程
5. 西解放立交桥彩化工程

1

2

3

4

5

1. 市民休闲生活
2. 街路彩化工程
3. 文化广场彩化带养护
4. 人民广场绿化带

1. 长东北百万平米科技企业孵化加速园区暨科技商务中心项目奠基仪式
2. 明君集团商用车（长春）产业园项目在长春高新区长东北核心区举行开工仪式
3. 长春市人民政府与中国机械工业集团有限公司、长拖农业机械装备集团有限公司、中国一拖集团有限公司合作签约仪式
4. 低碳产业园科技生态碳汇区开发建设项目签约仪式
5. 长春经济技术开发区与九台市人民政府签订区域战略合作框架协议

1

2

3

4

5

1. 长春高新技术产业开发区与吉林省电力有限公司长春供电公司“十二五”电网建设实施协议签约仪式
2. 长春奥林匹克公园项目开工仪式
3. 中元国际（长春）高新建筑设计院有限公司成立揭牌暨长春高新区新兴产业示范园建设项目设计施工总承包合同签约仪式
4. 长春兴隆综合保税区一期工程
5. 长春市50个5亿元以上现代服务业重大项目暨净月经济开发区国家级服务业综合改革试点重大项目集中开工仪式

1

2

3

4

5

1．长吉图腹地与窗口联动暨合作签约仪式
2．宽城区121个项目暨长春宽城万达广场项目集中开工奠基典礼
3．长春市二道区现代服务业专题推介会
4．中国吉林森工集团金桥地板工业园在宽城区落成投产
5．长春市双阳区项目集中开工暨香港小镇开工剪彩仪式

1

2

3

4

5

1. 长春市绿园区西新工业集中区31个项目集体开工仪式
2. 长春市双阳区人民政府和吉林省电力有限公司长春供电公司“十二五”电网建设实施协议签约仪式
3. 吉林省最大的高压线路入地迁改工程——长春市南部新城电力线路迁改工程正式启动
4. 长春大力纳米年产20万吨纳米材料扩能投产启动仪式
5. 农安县2011年度101个项目集中开工仪式

1. 一汽-大众EA211发动机项目奠基及轿车三期工程开工仪式
2. 一汽青岛商用车基地奠基仪式
3. 一汽轿车生产车间
4. 一汽轴齿中心工业园在西新区奠基仪式
5. 一汽新能源轿车下线暨首批新能源轿车投放仪式

1

2

3

4

5

1. 中国北车长客股份公司举行巴西里约30列EMU项目首列车下线仪式
2. 中国北车长客股份公司出口巴西的30列EMU项目首列车运抵里约热内卢港
3. 中国北车长客股份公司为重庆生产的地铁车
4. 中国北车长客股份公司为北京生产的地铁九号线车
5. 中国北车长客股份公司为阿根廷生产的地铁车

1

2

3

4

5

1. 皓月清真产业园区举行揭牌仪式
2. 皓月集团牛肉加工车间
3. 皓月集团厂房
4. 天景食品生产车间

1

2

3

4

1. 大成集团公司厂景
2. 大成集团生产车间
3. 大成集团公司厂景
4. 华正集团猪肉加工车间
5. 德大集团生产车间

1

2

3

4

5

1. 市法院与市妇联联合召开妇女儿童维权服务直通车推进会
2. 省市总工会联合举行“金秋助学”仪式
3. 长春市保障性住房全面开工仪式
4. 团市委为农村青年发放小额贷款
5. 长春市构建和谐劳动关系经验交流会
6. 市总工会召开全市工资集体协商工作推进会

1. 长春市南关区2011年暖房子工程开工仪式
2. 市妇联为“代理孩子”发放新衣服和学习用品
3. 百个募捐箱进企业、百名义工进社区暨第三个长春慈善月活动启动仪式
4. 长春市团山经济适用住房小区
5. 长春市绿园区保障房小区
6. 龙泉路社区党组织服务民生工作站为民服务

1

2

3

4

5

6

1. 市总工会“女职工关爱行动”启动仪式
2. 市中级法院走进欧亚卖场进行知识产权普法宣传
3. 市社保局在“敬老月”中为社区敬老院送去专场文艺演出
4. 全国首支楼道灯服务抢修队伍“王乐电力楼道照明服务队”在小区为市民服务
5. 创城志愿者在进行文明交通引导
6. 消防队员解救受困群众

1

2

3

4

5

6

1. 市红十字会工作人员为天津路小学师生讲授急救知识
2. 长春市精神康复托管中心建成投入使用
3. 面向农民创办长春乡村广播
4. 长春供电公司积极服务“三农”
5. 市中级法院为困难当事人发放执行救助款
6. 长春中医药大学师生为患者义诊

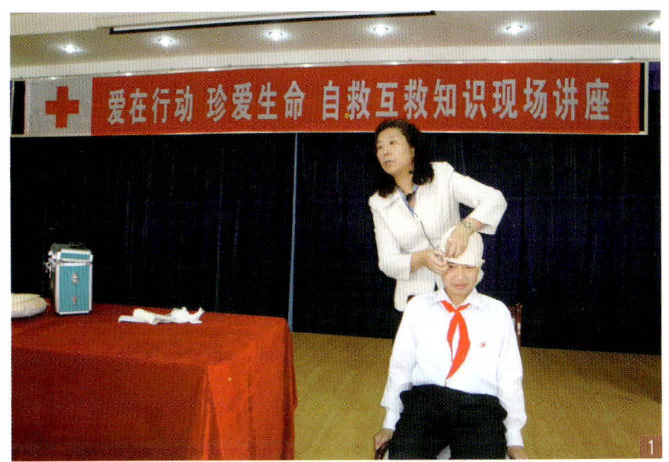

1

2

3

4

5

6

1．第七届中国吉林·东北亚投资贸易博览会开幕式
2．第十届中国长春国际农业·食品博览（交易）会开幕式
3．第十二届中国长春（高新区）雕塑作品邀请展揭幕仪式
4．第八届中国（长春）国际汽车博览会开幕式
5．第六届中国（长春）民间艺术博览会开幕式

1

2

3

4

5

1. 2011长春图书博览会
2. 第七届长春国际动漫艺术节开幕式
3. 净月潭瓦萨国际滑雪节
4. 长春市第十四届迎春围棋联谊赛
5.《长白鼓韵》在海峡两岸各民族中秋联观活动中演出

1

2

3

4

5

1. “唱响长春·唱响中国”庆祝建党90周年文艺汇演
2. 长春市“太极沙龙”活动交流展示
3. 全民健身日庆祝活动
4. 正月十五扭秧歌
5. 快乐冬泳
6. 冰雪嘉年华活动之幸福家庭爬犁比赛

1

2

3

4

5

6

1. 世界行走日活动
2. 净月潭东北地区帆板邀请赛
3. 国民体质监测科学健身指导周活动
4. 安利纽崔莱健康跑活动
5. 第二届长春外国友人运动会

1

2

3

4

5

编辑说明

《长春年鉴》是由长春市人民政府主办、长春市地方志编纂委员会编纂、吉林人民出版社出版的大型综合性资料年刊，每年编辑出版一卷，旨在连续记述长春市改革开放、经济建设和社会发展的历史进程，为各级领导了解市情、实施科学决策，为各行各业查询资料信息、推动事业发展，为国内外广大读者全面、系统、翔实地了解、研究、认识长春市提供服务。

《长春年鉴》采用分类编辑法，主体内容分类目、分目和条目三个层次。《长春年鉴》2012卷在内容和体例上基本与2011卷年鉴保持了相对的连续性和稳定性，全书设特载、专辑、大事记、长春概貌、党政机关、人民团体、军事、政法、城建环保、开发区、对外经济贸易、农业、工业、民营经济、交通、信息产业、综合经济管理、商业旅游业、会展经济、金融、教育、科学、文化、卫生体育、社会、县（市）区概览、人物、领导干部名单、附录等29个类目。书前设全书英文目录，书后附主题索引。

《长春年鉴》2012卷所载稿件内容由长春市各县（市）区，市直各部门，中央、省驻长有关单位及驻长部队撰（供）稿，并经各有关单位领导审核，主要统计数据由长春市统计局审核认定。

《长春年鉴》2012卷在编纂过程中得到全市各有关单位和吉林人民出版社的热情支持，在此深表感谢。全书文字虽经多次审校，仍难免有差错和疏漏之处，敬请读者批评指正。

目　　录

党政机关

·中国共产党长春市委员会·

·长春市人民代表大会常务委员会·

·长春市人民政府·

·中国人民政治协商会议长春市委员会·

·市纪委　市监察局·

·民主党派·

人民团体

·长春市总工会·

信息产业

·综　述·

·邮　政·

·联　通·

·移　动·

·中国电信长春分公司·

综合经济管理

·宏观调控·

·统计工作·

·国有资产监管·

·工商行政管理·

·物　价·

·质量技术监督·

·安全生产监督管理·

金　融

教　育

科　学

CHANGCHUN ALMANAC
TABLE OF CONTENTS

SPECIAL REPORTS

FEATURES

CHRONICLE FOR IMPORTANT EVENTS

A GENERAL SURVEY OF CHANGCHUN

POLITICAL PARTIES

SOCIAL ORGANIZATIONS

MILITARY AFFAIRS

POLITICS AND LAW

URBAN CONSTRUCTION AND ENVIRONMENTAL PROTECTION

DEVELOPING AREAS CONSTRUCTION

FOREIGN ECONOMIC RELATIONS AND TRADE

AGRICULTURE

INDUSTRY

PRIVATE ECONOMY

TRAFFIC

INFORMATION INDUSTRY

COMPREHENSIVE ECONOMIC ADMINISTRATION

COMMERCE AND TOURISM

THE ECONOMY OF EXHIBITION BANKING

EDUCATION

SCIENCE

CULTURE

HYGIENE & SPORTS

SOCIAL LIFE

A GENERAL SITUATION OF DISTRICS AND COUNTIES

FIGURES
APPENDIX
LEADERS' NAME LIST

SUBJECT INDEX

深入贯彻党的十七届六中全会精神 全力推动长春经济社会发展迈上新台阶

——在中共长春市委十一届九次全会上的报告

高广滨

（2011 年 12 月 15 日）

同志们：

这次全会的主要任务是：认真贯彻落实党的十七届六中全会、中央经济工作会议和省委九届十二次全会精神，回顾总结 2011 年工作，研究部署明年重点工作任务，组织动员全市广大党员干部和人民群众，解放思想，开拓创新，全力推动经济社会发展迈上新台阶。下面，我代表市委常委会向全会报告工作。

一、关于 2011 年工作的报告

今年是建党 90 周年，也是“十二五”开局之年。年初以来，在省委、省政府领导下，全市上下按照“打造全省科学发展领头羊、民生改善排头兵、社会和谐首善区”的要求，紧紧围绕科学发展、加快发展、率先发展主题和转变经济发展方式主线，全力推动“三化”、“三动”等重大战略落实，全力促进开发区、城区、县域“三大板块”协调发展，全力构建工业和服务业双拉动增长格局，全力破解事关发展、事关民生、事关稳定、事关城市未来的突出矛盾和问题，较好地完成了年初确定的各项目标任务，经济社会保持了平稳较快发展的良好势头。

1.大力实施“三动”战略，经济始终保持高速增长。面对今年国家金融政策调整、汽车消费优惠政策逐步取消以及房地产市场调控力度加大的叠加影响，坚持把投资拉动、项目带动、创新驱动作为拉动整个经济增长的重要抓手，滚动推进“十二五”期间确定的总投资 5 650 亿元的五大类 150 个重大项目建设，一批左右经济社会发展全局的重大项目相继开工投产达效。同时进一步加大骨干企业和中小企业扶持力度，连续出台了一系列加快民营经济发展的政策措施，整个经济发展的活力进一步激发。预计今年全市 GDP 实现 4 003 亿元，增长 13.3%；全口径财政收入实现 803.2 亿元，增长 42.6%，地方财政收入实现 288.6 亿元，增长 59.6%；规模以上工业总产值实现 7 005 亿元，增长 22.9%；固定资产投资按新口径累计完成 2 433.4 亿元，同比增长 30.3%；实际引进内资、利用外资分别达到 585 亿元和 30.8 亿美元，同比均增长 15%；城市居民人均可支配收入和农民人均纯收入分别达到 20 487 元和 7 965.1 元，分别增长 14.3%和 19.5%。主要经济指标增幅继续位居 15 个副省级城市前列。

2.坚持工业和服务业双拉动，结构调整取得重大突破。长春作为老工业基地城市和特大型区域中心城市，工业始终是加快发展的优势和重要支撑，服务业始终是需要着力培育的重要增长点。在工业经济方面，全力实施工业强市战略，加快打造汽车、农产品加工、轨道客车三大世界级产业基地，积极推进战略性新兴产业发展，300 万辆整车扩能工程扎实推进，农产品加工业在今年底可成为继汽车之后第 2 个千亿级支柱产业，总投资 96 亿元的轨道客车产业园二期工程投入使用，轨道客车产业增速达到 54.7%，五大战略性新兴产业完成产值

810亿元，增速达到32.8%，高于全市18.3个百分点，成为工业经济的一个重要亮点。在服务业发展方面，全力实施服务业兴市战略，集中开工建设了50个5亿元以上的现代服务业大项目，成功举办了东北亚博览会、汽博会、农博会、民博会等重大节庆会展活动，尤其是加大文化产业培育扶植力度，连续召开两次大会，出台了一系列扶持性优惠政策，全力推进文化产业集聚区建设和骨干文化企业发展，命名了“八大”民间工艺名品，东北亚科技文化创意产业园投入运行，预计今年文化产业增加值占GDP比重比上年提高1.6个百分点，成为我市又一个强有力的经济增长点。在工业和服务业双拉动作用下，我市产业结构明显优化，地方工业新增产值首次超过央企，服务业特别是现代服务业呈现出发展提速、比重提升、效益提高的强劲势头。

3.着力发展现代农业，县域突破取得实质性进展。始终把农业作为支撑城市经济的第一资源，作为长春发展的根本所在、潜力所在和希望所在，结合绿色食品城建设，全力打好“农业牌”。着眼提高农业综合生产能力和现代化水平，加快推进农业规模化、机械化、水利化、信息化进程，突出抓好增产30亿斤商品粮能力建设工程、20万亩旱田节水灌溉示范工程、200万亩全程农机化示范工程，粮食产量首次突破200亿斤大关。着眼加快县域突破，坚持按照中等城市标准建设县城，全力推进工业集中区和重点城镇建设，县域经济继续保持强劲发展势头，在全省县域发展综合评比中，我市4县(市)有3个进入综合发展指数前10名，其中农安县位列第一。着眼加强新农村建设，高标准推进“百村示范、千村提升”工程，大力加强农田水利基础设施建设，积极推进道路、水、电、气、热等公用设施向农村延伸，农民生产生活条件持续改善，农村面貌发生重大变化。

4.全力抓好城市生产力布局调整和重大基础设施建设，城市面貌发生明显变化。立足落实长吉图开发开放国家战略和省委实施长吉一体化要求，坚持把城市生产力布局调整摆在重要位置来抓，注重把空间布局调整和产业结构调整结合起来，编制完成并上报了新一轮《城市总体规划》，编制完成了《土地利用总体规划》和《城市交通发展规划》。着眼加快长吉一体化进程，在长吉北线突出抓了长东北开放开发先导区建设，把长东北作为新型工业集聚区，作为开发开放、体制机制创新的示范区，作为推进长吉一体化、加快城市化进程的战略平台，高新区、经开区等开发区在长东北区域投资58.09亿元完成了基础设施配套30平方公里，投资2 257亿元开工建设了工业项目688个，兴隆综合保税区已完成国家有关部委审批，九台空港新城和卡伦新城建设扎实推进，长东北科技创新中心被批准为“国家创新型科技园区”试点，长东北已经形成大开发大建设的发展态势；在城市东部谋划启动了莲花山生态旅游度假区，在不到一年时间内，管理体制和运行模式基本理顺，招商引资和重大项目建设进展顺利，总投资50亿元、总里程90公里的8条道路已完成70%的工程量；在城市西南组建了西新经济开发区，今年正式升格为国家级开发区，汽车及零部件产业、高新技术产业加快向区内集中，整个区域发展速度明显提升。着力推进“三城”建设，突出抓好以大铁北改造为重点的北部新城建设，累计改造棚户区655万平方米，已形成人流汇集、商家集聚的开发热潮；突出抓好以中央商务区为核心的南部(含净月)新城建设，一批重大项目相继落地，由上海绿地集团投资50亿元的300米高“绿地塔楼”正式开工，净月开发区彩宇广场总部园区和吉林省光电产业园开工建设；突出抓好以西客站交通枢纽为核心的西部新城建设，水电气热等基础设施同步跟进，周边开发全面铺开。抢抓机遇全力推进城市重大基础设施建设，总长18.5公里、总投资129亿元的地铁1号线获得国家审批，正式开工建设；总长34.3公里、总投资29.9亿元的轻轨三期四号线基本建成，13公里高架线路和3.5公里地下线路基本贯通；西客站综合交通换乘中心主体完工，长春站综合交通换乘中心北广场竣工，建成后将实现7种交通方式同时换乘；长吉城际高铁全线通车；伊通河城区段百里综合治理一期改造工程基本完工，沿河两岸生态景观环境进一步改善；长东北生态湿地公园一期工程竣工使用，全面建成后将成为北方最大的城市生态湿地公园。

5.突出抓好以改善民生为重点的社会建设，群众幸福指数进一步提升。坚持把发展作为第一要务，把民生作为第一目标，把稳定作为第一责任，突出解决好生存性、发展性、安全性民生问题，努力使发展成果惠及全体人民。围绕保持物价稳定，坚持抓供给、抓流通、抓调控、抓舆论引导，集中出台了一系列政策措施，有效保障了群众的基本生活。围绕调整收入分配格局，再次大幅度提高城市最低工资标准和企业退休人员养老金标准，最低工资标准由去年的820元提高到1 000元，增幅达到22%，企业退休人员养老金标准平均增幅达到13.5%，高于全国平均增幅3.5个百分点。围绕扩大就业创业，成功举办了第二届创业就业博览会，实现城镇新增就业11万人，零就业家庭保持动态为零。围绕社会保障体系建设，加快推进城镇职工基本医疗保险和城镇居民基本医疗保险“全覆盖”，参保率达到95%以上；连续两次提高低保标准，城市低保提高到每月375元，农村低保提高到每年2 100元。围绕保障性住房和“暖房子”工程，开工建设11 439套公租房和6 433套廉租房，改造完成“暖房子”2 287栋、1 060万平方米，60多万群众从中受益，真正把“暖房子”办成了实实在在的节能工程、民心工程和德政工程。围绕帮扶困难群体，深入推进“大救助”体系建设和“万户特困户结对救助”活动，全市近2万户特困家庭和5 000多名困难学生得到有效救助。围绕发展社会事业，积极推动各级各类教育协调发展，新建17所公办幼儿园，新建、加固中小学校舍100万平方米，汽高专新校区建成使用；全面完成三年医药体制改革任务，全力推进基本药物制度，基本实现基本药物“同城同价”，全市186个基层医疗卫生单位完成综合改革任务，探索实行医保议价谈判制，基层群众看病贵的问题得到有效缓解；扎实开展健康长春行动计划和全民健身活动，“十二冬”筹备工作进展顺利。围绕加强和创新社会管理，着力完善体制机制，夯实基层基础，化解矛盾纠纷，特别是按照“胸中始终有大局、心里时刻有群众”的总要求，全面加强和改进新形势下的群众工作，群众工作科学化水平进一步提高。围绕维护社会稳定，深入开展“社会治安综合整治”行动，集中打击查处了一批违法犯罪嫌疑人，整治了一批治安乱点，消除了一批重大治安隐患，特别是通过开展夜治安巡逻防控工作，推动了警力下沉，提高了市民见警率，全市治安状况得到明显改善；针对群众反映强烈的增收、就业、社保、救助、交通、供暖、住房等热点难点问题，继续开展“大排查、大走访、大接访”和“信访积案化解年”活动，局长接待日活动取得明显成效。同时连续实施7期交通调流措施，确保了城市交通的有序运行。长春连续4年被评为最具幸福感城市。

6.扎实推进精神文明和民主法制建设，全社会共创和谐的氛围日益浓厚。全国文明城市是一个城市的最高荣誉、是城市最有价值的无形资产和最重要的城市品牌。今年是创城的攻艰年、冲刺年，我们连续召开了文明城创建动员大会、推进大会、攻坚大会，在全市形成了浓厚的创城氛围，特别是通过深入开展“创文明城、做文明人”和评选道德楷模等主题教育活动，全面提升了市民的文明素质；通过“奋战150天市容环境综合整治行动”，集中精力整治了市容环境，集中精力打造了一批精品街路和精品商圈，整个城市的绿化美化亮化净化水平得到全面提升；通过创城突出抓好文明小区和文明社区建设，特别是把暖房子的立面改造与居民小区的平面环境建设结合起来，高标准打造了一批文明小区和文明社区。同时，我们严格按照全国文明城市测评体系和未成年人思想道德建设测评体系的623项测评指标，在全市进行模拟检查并进行全面整改，先后进行4次大规模清理、整治和规范行动，累计为群众解决实际问题1.6万多个。在各地竞争异常激烈的情况下，今年正式通过国家验收，已初步确定进入全国文明城市行列，这对于一个省会城市和特大城市来讲，对于历经16年创城实践的长春人来说，这块金字招牌是来之不易的。扎实推进民主法制建设，积极支持各级人大围绕产业发展、项目建设等全市重点工作，开展调查研究、法律监督和工作监督，积极支持各级政协围绕推进工业强市、服务业兴市、建设绿色宜居城市等重大问题提出意见和建议，积极支持工青妇等群团组织开展活动，积极支持“双拥”工作，西新开发区锦程街道被省委省政府和省军区评为“真情服务官兵模范街道”，全市上下精神振奋、干劲十足、充满活力，形成了良好的发展氛围。

7.进一步加强和改善党的领导，党的建设科学化水平不断提高。大力推进学习型党组织建设，深入学习贯彻胡锦涛总书记“七一”重要讲话精神，切实用讲话精神统领全市各项工作。深入开展“创先争优”活动，我市创先争优基地做法得到中央领导的肯定。隆重纪念建党90周年，成功举办唱响长春——纪念建党90周年万人演唱会等一系列庆祝活动。扎实推进基层党组织建设，全力抓好农村基层组织“三项工程”建设，着力完善基层党组织服务民生工作体系，全市所有城区、开发区都建立了服务民生大厦，同时深入开展“三帮扶”活动，切实帮助困难党员和困难群众解决了一批生产生活中的实际困难。圆满完成县(市)区和乡镇(街道)党委、人大、政府、政协换届工作，各级班子的创造力、凝聚力和战斗力进一步增强。全力抓好“人才长春”建设，建立了“人才特区”和15个产业人才高地，集聚了一大批发展急需的各类人才，形成了行政推动与市场配置相结合的人才工作格局，特别是着眼优化干部队伍结构、加大源头性战略储备，每年面向全日制普通高校为乡镇、街道选拔100名选调生，截止目前已招录428人。突出抓好作风和反腐倡廉机制建设，深入开展“三满意”机关创建活动，扎实推进软环境建设和纠风工作，“万人评议机关”参评部门群众满意率达到97.94%，比上年提高1.14个百分点；着力强化惩防体系建设，农村党风廉政建设“3+1”工作模式全面推开，进一步加大腐败案件查办力度，全年共受理群众来信来访电话举报2 757件(次)，立案846件，涉及市管干部3件，县处级干部33件，党政纪处分765人，移送司法机关30人，为民、务实、和谐、清廉的风气进一步形成。

在总结成绩的同时，更要清醒地看待工作中存在的问题，主要是保持经济平稳较快增长的压力越来越大，特别是中小企业融资难、重大项目建设资金紧张的问题越来越突出；民生诉求越来越高，特别是群众对美好幸福生活的要求更加迫切，有些工作推进的力度和解决的效果与群众期望还有差距；城市运行当中还存在一些问题，特别是交通拥堵、地下管网陈旧等问题还没有从根本上解决；加强和创新社会管理、做好新形势下群众工作、维护整个社会和谐稳定的任务还很重，特别是由城建开发、企业改制、基本生活保障等引发的社会稳定问题比较突出；一些干部在密切联系群众、服务群众方面还有差距，特别是“3·26”事件给我们的教训非常深刻。对于这些问题，我们要高度重视，在今后的工作中认真解决。

二、深入贯彻落实党的十七届六中全会精神，全力推动长春文化大发展、大繁荣

党的十七届六中全会顺应时代潮流和人民愿望，以高度的文化自觉和文化自信对社会主义文化建设做出了一系列重大部署，会议审议通过的《中共中央关于深化文化体制改革、推动社会主义文化大发展、大繁荣若干重大问题的决定》，全面总结了党领导文化建设取得的成就和经验，深刻分析了文化建设面临的形势和任务，系统阐述了中国特色社会主义文化发展的道路，鲜明提出了建设中国特色社会主义文化强国的奋斗目标，具有很强的战略性、时代性、针对性和可操作性，是当前和今后一个时期指导全国文化改革发展的纲领性文件。省委九届十二次全会紧扣中央精神，结合吉林实际对落实中央《决定》、加快推进全省文化大发展大繁荣做出了系统安排，为我们更好地领会中央要求，集中力量做好文化改革发展各项工作指明了方向。

当前，全市上下首要的政治任务就是要深入贯彻落实好中央和省委全会精神，切实把思想和行动统一到中央和省委的决策部署上来，特别是要对文化改革发展的宏观形势、现实基础、发展潜力有一个清醒的认识，对文化发展的总体思路有

一个科学的设计,对文化工作的重点有一个明确的安排。我们必须看到,经过近年来特别是“十一五”时期的快速发展,我市的经济社会正处在加快转变经济发展方式、统筹推进“三化”、大力实施“三动”、努力实现科学发展、加快发展、率先发展的关键节点,正处在发挥科教优势、构建人才高地、打造创新型城市、提高城市软实力的关键节点,正处在加强社会建设和管理创新、推动文化大发展大繁荣、满足群众日益增长的物质文化需求、努力让城乡居民生活得更加美好、更加幸福的关键节点,在这样一个大背景下,以文化的繁荣发展凝聚人心、鼓舞斗志、引领风气、推动发展的责任更加重大;必须看到,伴随着经济的持续快速发展,我市的人均 GDP 已经突破 6 000 美元,居民消费的结构和层次正加速由物质消费为主向物质消费和精神文化消费并重转变,群众的精神文化需求前所未有的强烈,能不能抓住这个机遇,能不能采取有效举措,进一步把“文化”这篇大文章做好,直接关乎群众精神文化需求的满足,直接关乎老百姓“文化民生”质量的提高,因此,努力创作更多更好老百姓喜闻乐见的精神文化产品,充分满足人民群众日益增长的精神文化需求的任务更加艰巨;必须看到,在新一轮城市竞争中,文化软实力越来越成为决定城市发展走向和命运前途的关键因素,而我市丰富的文化资源尤其是历史文化资源、科教文化资源、地域特色文化资源还没有很好地加以利用,城市文化品位还有许多方面需要去塑造,打造“文化支柱产业”还有很大的发展空间需要去挖掘,因此,加快构建与经济硬实力相适应的文化软实力,实现“文化兴市”的要求比以往任何时候都更加迫切。

基于以上考虑,明年和今后一个时期,全市文化工作总的要求就是坚持社会主义先进文化前进方向,进一步拓宽文化视野、提升文化自觉、增强文化自信,紧紧围绕“科学发展、加快发展、率先发展”主题,以建设社会主义核心价值体系为根本任务,以满足人民精神文化需求、改善文化民生为出发点和落脚点,以改革创新为动力,大力实施文化兴市战略,坚持文化事业和文化产业两手抓、政府扶持和体制改革两加强,不断推动文化事业和文化产业繁荣发展,加快把我市打造成为东北亚现代文化名城,努力为让城乡居民生活得更加美好提供强大支撑。具体工作中,要坚持前进方向、坚持正确导向、坚持科学发展、坚持改革创新、坚持统筹兼顾、坚持突出特色,同时要处理好文化建设与经济、政治和社会建设的关系,社会效益与经济效益的关系,传承优秀传统文化与推进文化创新的关系,弘扬主旋律与提倡多样化的关系,坚持政府主导与发挥市场机制作用的关系,重点打好“三张牌”、实现“五个突破”。

打好“三张牌”就是要打好“文化发展、文化惠民、文化改革”三张牌。打好“文化发展牌”,就是要进一步突出文化产业发展这个战略重点,坚持做大总量和优化结构并重,坚持提升存量和扩大增量并进,坚持发展产业和繁荣市场并举,不断增强文化产业对经济增长、产业升级的推动作用,努力把文化产业打造成为长春支柱优势性产业。打好“文化惠民牌”,就是要突出文化惠民、文化育人这个核心,坚持文化事业和文化产业“双轮驱动”,进一步加强文化基础设施建设,加快健全公共文化服务体系,在明年的民生行动计划中要着重安排“文化民生”项目,特别是要抓住基层这个重点,把更多的资源投向基层,把更多的项目放到基层,把更多的服务延伸到基层,切实做到关系群众切身利益的文化资金优先投放,涉及公共文化服务体系的项目优先安排,有利于丰富群众精神文化生活的文化活动优先开展,真正让文化改革发展的成果由全民共享。打好“文化改革牌”,就是要进一步突出文化体制机制改革这个关键环节,坚持把改革创新贯穿到文化建设的全过程,在深化上做文章、在搞活上下功夫、在创新上见成效,加快构建充满活力、富有效率、更加开放、有利于文化科学发展的体制机制,努力使各方面改革创新观念得到尊重、改革创新举措得到支持、改革创新成果得到肯定。

实现“五个突破”就是要围绕发展、惠民和改革,突出抓好影响全局的五方面基础性工作。

一是要着力在弘扬社会主义核心价值体系上实现突破。深刻把握社会主义核心价值体系的核心内涵,努力通过对社会主义核心价值体系的通俗化、大众化和有形化的阐释和表达,来感染、教育和鼓舞群众,重中之重就是要全面推行“创新、公正、包容、守法、诚信”的价值取向,大力弘扬“宽容大气、自强不息”的城市精神,倡导“忠、孝、仁、义、礼、智、信、廉”的传统文化,不断赋予中华传统文化更多的时代内涵,努力把社会主义核心价值体系的基本要求细化为市民公约、乡规民约、职业规范、学生守则等具体行为规范,成为人们日常生活的基本遵循。

二是要着力在推动文化事业繁荣上实现突破。抓住长春被列为“全国首批创建国家公共文化服务体系示范区”的机遇,突出抓好文化基础设施建设,全力推进总投资 11 亿元的市规划展览馆、市朝鲜族群众艺术馆、市图书馆等重点文化场馆建设,加快县级文化馆、图书馆、乡镇综合文化站和村文化大院建设步伐,在全市每个社区和行政村都要建成一个达到“四有”标准的综合性文化活动场所,每个街道(乡镇)、社区(村)都要配备一名文化专干,切实提升整个城市公共文化服务体系的建设水平。积极满足人民群众精神文化需求,大力传承和创新具有鲜明长春地域特色的汽车文化、影视文化、雕塑文化、历史警示文化和东北“二人转”文化,全面保护和挖掘伪满皇宫、长影老厂区、新民大街、南广场等全国知名的历史文化遗址和历史文化街区资源,广泛开展群众喜闻乐见的广场文化和欢乐庄稼院等载体活动,不断满足群众对精神文化生活的新期待。

三是要着力在文化产业集聚发展上实现突破。坚持文化产业与产业文化、科技创新、资本运作、城市特色相结合,加快推进东北亚文化创意科技园、月亮岛关东文化园等重点文化园区建设,大力实施“扶优扶强”和中小文化企业发展战略,进一步把骨干文化企业做大做强,把中小文化企业做精做特,不断提升全市文化产业规模和层次,力争到“十二五”末,把文化产业打造成为长春支柱优势性产业。

四是要着力在文化体制改革上实现突破。全面推进经营性文化单位积极、稳妥、有序地转企改制，加快打造品牌文化龙头企业；加快创新公益性文化单位运行机制，全面实施全员聘用、岗位管理、绩效评估制度；深入推进文化管理体制改革，重点抓好市级文化、广电、新闻出版“三局合并”和资源整合，加快推进县(市)区级文体、广电“两局合并”，不断提高管理效能；积极探索社会力量兴办文化的体制机制，积极引导社会资金以多种方式投入文化建设，努力实现公共文化服务供给由文化系统的“内循环”到市场和社会的“大循环”。

五是要着力在完善政策措施上实现突破。进一步完善扶持公益性文化事业、发展文化产业、鼓励文化创新的政策，积极营造有利于出精品、出人才、出效益的环境，重点是要建立财政投入增长机制，做到“两个高于”，即财政文化事业支出增幅高于经常性财政收入增幅，“十二五”文化事业投入高于“十一五”；加快构建文化产业投融资平台，专门设立文化产业发展基金，积极推动有条件企业兼并重组、上市融资；加快文化人才队伍建设，不断汇聚更多致力于长春文化发展的专业人才。

三、2012 年重点工作安排

明年我们将迎来党的十八大和省十次党代会，我市也将召开第十二次党代会，做好明年各项工作，对于保持经济社会又好又快发展势头，为党的十八大和省、市党代会召开营造良好氛围，具有十分重要的意义。当前，宏观形势还有很多不确定因素，按照“稳增长、调结构、保民生、促稳定”的要求，完成明年工作任务还面临许多困难和挑战，我们一定要科学判断宏观形势，全面把握经济社会发展大局，特别是要密切关注国际国内经济形势变化对我们可能带来的影响，密切关注国家政策调整对我们经济社会发展的积极作用，密切关注左右我市经济社会发展的支柱产业的变化，确保实现经济社会又好又快发展。总的要求就是深入贯彻科学发展观，以科学发展、加快发展、率先发展为主题，以转变经济发展方式为主线，紧紧围绕加快发展、改善民生、建好城市、促进和谐大局，坚定不移地推进工业化、城镇化、农业现代化“三化”统筹，坚定不移地实施投资拉动、项目带动、创新驱动“三动”战略，坚定不移地推动开发区、城区、县域“三大板块”协调发展，坚定不移地走工业和服务业双拉动增长路径，坚定不移地推动文化大发展大繁荣，坚定不移地推进富民工程和社会事业发展，坚定不移地加强精神文明和民主法制建设，全面加强和改进党的建设，加快打造全省科学发展的领头羊、民生改善的排头兵、社会和谐的首善区，努力让城乡居民生活得更加美好。力争地区生产总值达到 4 650 亿元，增长 14%左右；全口径财政收入完成 920 亿元，增长 14%左右；固定资产投资完成 3 000 亿元，增长 20%以上；规模以上工业总产值达到 8 250 亿元，增长 18%左右；城镇居民人均可支配收入增长 14%以上，农民人均纯收入增长 12%以上。

1.要突出培育新的增长点，努力在保持经济平稳较快发展上取得新成效。从对整个宏观形势的判断来看，明年保持经济平稳较快发展的压力很大，在这样一个背景下，稳增长是一个突出的任务，一定要注意培育新的经济增长点，防止经济出现大起大落。核心就是要通过抓项目培育新的增长点，全力保障和有序推进“十二五”规划中已经确定的 150 个左右重大项目建设，进一步落实好市级领导和部门联系重大项目、联系重点企业包保责任制，全力抓好招商引资，加快引进一批战略投资者，在全市形成大招商、招大商、抓项目、上项目的浓厚氛围；通过扩大消费培育新的增长点，积极落实国家促进消费的相关政策，进一步改善消费环境、提高居民消费能力，特别是要大力发展与居民消费紧密相关的生活性服务业，推动内需持续扩大，切实增强经济发展的内生动力；通过对外开放培育新的增长点，进一步提高开放型经济水平，大力发展外经、外贸，积极引进利用外资，重点抓好兴隆保税区和长春内陆港区等开放平台建设，不断提高经济外向度，加快打造开放长春。

2.要突出结构调整，努力在加快转变经济发展方式上取得新成效。坚持把调结构作为转方式的主攻方向，采取更加有力的措施全力加以推进。要全力打造三大世界级产业基地，汽车产业要突出抓好 300 万辆整车扩能工程，重点抓好丰越、通用等整车项目，抓好支持一汽、服务一汽的配套工程建设，抓好核心零部件产业发展，抓好自主品牌汽车开发及新能源汽车试点城市建设，把长春打造成为真正意义上的“国际汽车城”；农产品加工业要重点抓好以大成 200 万吨化工醇为龙头的玉米深加工项目，抓好以皓月为龙头的肉牛项目，抓好以正大为龙头的肉鸡项目，把长春打造成为“绿色食品城”；轨道客车产业要重点推进轨道客车产业园和机车厂搬迁二期工程，加快打造世界级的整车制造、配件生产、维修服务、研发检测基地。要大力发展先进装备制造、新能源、新材料、光电信息和生物医药等五大战略性新兴产业，全力实施新兴产业升级计划，突出抓好兵装新能源产业园、中航工业园、净月光电信息园、国电联合动力等重大项目建设，逐步提高战略性新兴产业占工业比重，切实发挥好战略性新兴产业在工业结构优化升级中的主导作用。要加快构建工业和服务业双拉动增长格局，坚持像抓工业一样抓服务业特别是现代服务业，重点是要抓好现代物流、旅游会展、金融保险、投资证券、电子商务、文化创意、总部经济等高端服务业。要切实改善企业发展环境，继续实施骨干企业成长工程和中小企业扶持工程，给予企业更多的优惠政策，特别是要针对当前中小企业普遍面临的融资难题，认真落实好国家支持小微企业的金融财税扶持政策和市里刚刚出台的一系列旨在增强中小企业融资能力的政策措施，进一步推动银企合作，加大财政支持力度，撬动更大的资金助推中小企业发展。要积极促进区域协调发展，重点是按照“三大板块”错位竞争、共同发展的要求，加快推进开发区“二次创业”、城区率先发展和县域重点突破，尤其是要充分释放县域的发展潜力，进一步抓好现代农业和工业集中区建设，落实好强农惠农富农政策，加大农田水利基础设施建设力度，确保从整体上提升县域经济实力。要抓住创新这个关键，充分发挥在长高校、科研院所的科教文化优势，加快创新平台建设，加大创新模式探索力度，切实提高科技成果转化率，以创新引领发展方式转变，加快把长春打造成创新型城市。同时要进一步抓好关键环节和重点领域改革，切实为经济发展提供动力和活力。

3.要突出民生改善，努力在建设幸福长春上取得新成效。顺应人民群众过上幸福生活的新期待，以高标准制定和实施第6个民生行动计划为核心，着力解决好生存性、发展性、安全性三大类民生问题，重中之重就是突出抓好富民增收，尽全力增加农民、企业职工、中低收入者和困难家庭收入，尤其是要把保持物价水平基本稳定作为富民增收的重要内容，切实增强市场调控能力，全面抓好"菜篮子"建设，大力搞好农超对接，努力把流通成本降到最低；实施更加积极的就业政策，重点解决好高校毕业生、农村转移劳动力、城镇就业困难人员就业，明年确保新开发就业岗位、城镇新增就业和下岗失业人员再就业数同比增长10%左右；加大社会保障力度，全面启动城镇居民养老保险试点，新型农村养老保险实现全覆盖，被征地农民养老保险参保率达到30%以上，重点是要确保城乡最低生活保障实现分类施保、应保尽保，进一步完善低保标准与物价波动联动机制，确保满足困难群众基本生活需要；全力办好人民满意教育，推动教育优先发展和均衡发展，着力缩小城乡、校际、群体间的教育资源差距，抓紧建立校车使用管理长效机制，加快解决入园难、入园贵问题，努力实现教育公平；全面推进医疗卫生体制改革和公共卫生服务体系建设，巩固基本药物制度实施成果，明年4县（市）要全面实行基本药物制度；下大力气抓好保障性住房和"暖房子"工程建设，明年要加大力度再建保障性住房50万平方米，再实施"暖房子"改造1 000万平方米；积极协助省里做好十二届冬运会的筹备和组织工作，力争办成国家水准的体育盛会。同时要进一步加大对城乡困难群体的帮扶力度，特别是元旦、春节期间要在全市范围内开展好"大走访、送温暖、帮扶困难职工"活动，继续开展好"万户特困户结对救助"活动，真正把关怀和温暖送到群众家中。

4.要突出落实长吉一体化战略，努力在打造绿色宜居城市上取得新成效。一定要站在打造中部城市群的高度，全面处理好推进长吉一体化与整个城市发展的关系、处理好城市规划、建设与管理的关系、处理好城市功能建设与生态建设的关系、处理好城市建设与人居的关系，切实找准制约城市建设发展的症结，一个一个解决，一个一个突破。要全力推进长吉一体化建设，长吉北线要重点抓好长东北开放开发先导区建设，长吉中线要重点抓好空港新城和莲花山建设，长吉南线要重点抓好净月、双阳等重要节点建设，切实推动更多资源和要素向长吉间集聚。要突出抓好城市交通基础设施建设，重点是要加大主要交通节点、主要道路的改扩建和立体交通建设力度。加快推进总长64.8公里的"井字型"二环高架快速路建设，彻底打通贯穿城市南北的远达大街，缩短主城区到长东北开放开发先导区的空间距离，打通总长4.52公里的机场快速路，完善亚泰大街快速路体系，全力抓好地铁一号线和轻轨三期四号线建设。同时大力实施公交优先战略，进一步方便市民出行。要突出抓好水电气热等要素保障和地下管网改造工程，结合城市扩张需要，重点抓好水厂、电厂、气站建设，特别是要针对主城区地下管网老化问题，进一步加大燃气、供水和供热三大管网改造力度，同时要切实搞好水资源保障。要突出抓好生态环境保护和城市管理，切实把节能减排摆上更加突出的位置，加快推进伊通河流域综合整治，进一步放大城市生态效应，打好"生态牌"，明年要基本建成占地9.7平方公里的长东北城市生态湿地公园，并正式向市民开放。同时按照"增加园林绿地、增加开敞空间"的要求，进一步推进绿化美化亮化净化工程建设，加快把长春打造成拥有"蓝天、碧水、绿地、清新空气"的绿色宜居城市。要继续深入实施好"奋战150天市容环境综合整治行动"，加强城市精细化管理，全面提高城市综合管理水平。

5.要突出社会管理创新，努力在构建和谐稳定的发展环境上取得新成效。在经济社会发展过程中，有很多体制性机制性的问题，绕不开躲不过；有很多人民内部的矛盾，等不得拖不起。要围绕打造社会和谐首善区这个目标，切实把加强和创新社会管理摆在更加突出的位置，进一步完善党委领导、政府负责、社会协同、公众参与的社会管理格局，加快建立科学有效的利益协调、诉求表达、矛盾调处和权益保障机制，特别是要把维护稳定作为社会管理工作的重中之重，继续深入开展好"信访积案化解年"和"大排查、大走访、大接访"活动，切实把县（市）区委书记、县（市）区长、市直部门局长接待日活动制度化、常态化；进一步完善社会风险防范化解机制，全面提高矛盾排查、事件预警和调解处置能力；全力加大社会治安综合整治力度，进一步扩大"天网工程"覆盖范围，深入实施夜治安巡逻防控，全面保持对各类违法犯罪活动的高压态势。同时要继续狠抓消防安全、生产安全、食品药品安全、交通安全等重点领域的安全工作，积极促进安全工作法治化、长效化，切实筑起人民群众生产生活安全的"防护网"。

6.要突出党的建设，努力在领导班子和干部队伍建设上取得新成效。着眼不断提高党的建设科学化水平，突出抓好学习型党组织建设，全面推进党的思想、组织、作风、制度和反腐倡廉建设。要认真总结深入开展创先争优活动的经验做法，建立健全创先争优长效机制；要进一步加强领导班子和干部队伍建设，充分利用换届后形成的良好局面，加大领导班子政绩考核和跟踪管理力度，进一步在增强党的凝聚力、政府的公信力、干部的执行力、制度的约束力上下功夫，不断提高执政能力和领导水平；要突出抓好基层党组织建设，继续搞好基层党组织服务民生和"三帮扶"工作，大力推进农村基层组织建设"三项工程"、城市社区党组织建设"五有一创"和非公有制经济组织、社会组织党组织建设等各项工作任务；要深入实施人才长春战略，突出抓好产业人才高地建设。要进一步抓好党风廉政建设，深入落实党风廉政建设责任制，明年要重点完善和强化以制度管人、管权、管钱、管事的工作机制，不断创新反腐倡廉方式方法，进一步加大腐败案件查处力度，切实为经济社会发展提供坚强保障。

明年年初即将召开市第十二次党代会，这是全市政治生活中的一件大事。要精心组织、超前谋划、加强配合，认真做好大会各项筹备工作，努力把这次党代会开成一个承前启后、继往开来的大会，一个解放思想、求真务实的大会，一个凝聚力量、团结奋进的大会。各级领导干部一定要讲政治、顾大局、守纪律，以党的事业为重、以人民利益为重、以长春发展为重，正确对待个人进退留转，正确对待选举结果，自觉服从组织安排，确保思想不散、秩序不乱、工作不断。要按照省委统一部署，认真搞好党的十八大、省党代会的代表推荐提名和选举工作，严把代表的政治素质关，坚持先进性和广泛性，确保达到中央和省委要求，同时要认真抓好市委两委委员人选的考察工作，为真正选出一个坚强有力、奋发有为、群众拥护的新一届市委班子提供保障。

同志们，深化文化体制改革、推动文化大发展大繁荣，意义深远；实现长春科学发展、加快发展、率先发展，责任重大。让我们紧密团结在以胡锦涛同志为总书记的党中央周围，深入贯彻落实科学发展观，在省委、省政府的坚强领导下，团结拼搏，开拓进取，以优异的成绩迎接党的十八大、省第十次党代会和市第十二次党代会的胜利召开！

政府工作报告

——在长春市第十三届人民代表大会第五次会议上

崔 杰

（2011 年 12 月 26 日）

各位代表：

现在，我代表市人民政府向大会作工作报告，请予审议，并请列席会议人员提出意见。

一、2011 年工作回顾

2011 年是实施“十二五”规划的第一年。面对复杂多变的国内外形势，我们紧紧依靠市委的正确领导和人大、政协的监督支持，牢牢把握“三化”统筹和“三动”战略的总体要求，团结带领全市人民奋力前行、逆势进取，圆满完成市十三届人大四次会议确定的发展目标，确保实现了“十二五”顺利起步、良好开局。

预计全市地区生产总值完成 4 003 亿元，增长 13.3%；全口径财政收入完成 803.2 亿元，增长 42.6%；地方级财政收入完成 288.6 亿元，增长 59.6%；规模以上工业产值完成 7 005 亿元，增长 22.9%；新口径固定资产投资完成 2 433.4 亿元，增长 30.3%；社会消费品零售总额完成 1 512.2 亿元，增长 17.5%。这些主要经济指标的增幅在全国副省级城市中继续保持前列。

（一）重大项目建设取得丰硕成果，工业整体实力和水平不断提升

今年，我们加快实施 150 个重大项目，完成了 1 115 亿元的工业投资。整车方面，丰越 10 万辆完成设备安装、实现试生产，大众新增 12 万辆产能，全市整车生产能力突破 200 万辆；轨道客车，长客股份二期工程投入使用，双千辆生产能力全面形成。长客装备公司搬迁改造一期竣工、二期启动建设；玉米化工，大成 30 万吨合成氨竣工，百万吨化工醇完成设备安装；战略性新兴产业，中航液压、国药长生、百克生物等项目开工建设，国电联合动力、兵装新能源、荷兰帝斯曼医药中间体等项目实现试生产。

重大项目的实施，壮大了优势产业规模，促进了产业结构调整。在国家调整汽车消费政策、汽车市场低迷不振的情况下，我市汽车工业产值仍然实现 13%的增长速度；农产品加工业完成产值 1 020 亿元，继汽车产业之后成为我市第二个产值超千亿元的支柱产业；装备制造、战略性新兴产业分别增长 58.7%和 32.8%，成为引领工业增长的重要力量；地方工业异军突起，对工业增长的贡献率达到 61%。

重大项目的实施，增强了企业赢利能力，提高了工业增长质量。规模以上工业实现利润 580 亿元，比上年净增 110 亿元；完成税收 360 亿元，比上年净增 68 亿元。

重大项目的实施，扩大了上下游产业的市场份额，为国内外客商提供了大量的投资机会。大众发动机、丰田纺织、华信城轨等 70 多个投资超亿元的配套项目开工建设，富奥、纳铁福、麦格纳等 20 多家在长企业增资扩产，大陆电子、佛吉亚内饰、格拉默零部件、韩国 KDC 电子等一批研发中心落户长春。全市实际引进内资、利用外资分别增长 15.5%和 21.2%。

重大项目的实施，推动了企业自主创新，加快了科技成果转化。攻克新能源汽车制造、秸秆制糖、动车组转向架等重大关键技术 130 余项，500 多个新产品实现工业化生产，规模以上工业新产品产值率达到 45%。

重大项目的实施，活跃了长春经济，扩大了城市对外联系。社会物流总额达到 1.2 万亿元，内陆港吞吐量达到 6 万标

箱,外贸进出口总额完成173.4亿美元,接待国内外游客3 114万人次,这些指标均实现了15%以上的增长。

(二)城市化进程加快,市容环境综合整治成效明显

今年我们全面加快了城市建设步伐,西新区、长东北、南部新城、西部新城、铁北区域建设竞相提速,净月西部、莲花山区域开发全面启动。全市在建房产面积达到3 064万平方米,相当于城区房屋存量的四分之一。至此,承载长春未来的城市框架全面拉开,主城区大建设、大发展的态势已经形成,长春大踏步地进入了城市化的高潮期。

围绕老城区改造提升,开展了第二轮150天市容环境综合整治行动。这次整治的力度更大、效果更明显。

市容整治,拆除违法建筑2.2万处、74.5万平方米,改造10条特色街路,完善提升5个传统商圈、15条精品街路,主城区主要街路楼宇基本完成整修。

历史街区,实施了南广场、人民大街站前段、胜利大街一期、铁南街区改造工程,南大营、沙俄领事馆等20座历史建筑按原貌完成修复。

绿化建设,新建大块绿地67块,彩化街路100条,新植街路75条。新建续建11个公园,9.7平方公里的长东北湿地公园等5个公园对游人开放。

生态建设,新一轮伊通河综合整治顺利推进。石头口门、净月潭、新立城生态湿地面积进一步扩大。节能减排指标均完成年度任务。空气质量优良级天数继续保持在340天以上。

环卫保洁,主要街路、重点商圈和商业街实现全天候保洁,四环路以内增设移动式垃圾转运站219个,城乡结合部主要村屯卫生清扫实现城区化管理。

市政道路,大中修道路164条,维修养护道路929条,3座跨伊通河大桥、109条道路竣工通车,远达大街、机场大道、北凯旋路、东自由大路、东吉林大路建设顺利推进。

轨道交通,西客站综合换乘中心主体封顶,长春站综合换乘中心北广场交付使用。轻轨4号线投入试运营,轨道交通形成环线。全市人民期盼多年的地铁工程开工建设。

交通管理,连续实施7期交通调流,开辟10条公交专用车道,安装81公里道路隔离护栏,新设142条单行线,调整限制路口200余个。在全年新增10.1万辆新车的情况下,城市交通基本保持通畅。

城市管理,深入整治野广告、露天烧烤、渣土清运、静态停车等城市管理顽疾,全面推行网格化管理模式,城市管理长效机制进一步完善。坚持依法管地用地,节约集约利用水平明显提高。

(三)农业喜获特大丰收,县域发展实现新突破

粮食产量162.5亿斤,创历史最高水平。启动实施了30万亩高标准粮田、98个万亩高产示范田建设工程。玉米保护性耕作示范推广面积达到30万亩。玉米螟生物防治实现全覆盖。水稻机械化栽培技术全面推广。人工增雨三期、防雹网二期工程建成投入使用。建设新菜田2.1万亩。新建200个牧业小区,连续9年无重大动物疫情。

完成了20万亩旱田节水灌溉工程,新建续建一批农田水利设施,高标准修复2010年汛期水毁的水利设施,完成水利投资比去年增长近一倍。

新增农用机械5万余台(套),农机总动力增长8.9%,农机化综合水平达到70%。机械替代人工成为农业耕作的主要手段,进一步解放了农村劳动力,农村外出务工经商人数突破百万大关。

县域工业加快发展,实施投资超3 000万元的工业项目250个,工业投资增长23%,规模以上工业产值增长20.2%。

县域财政实力明显增强,农安突破20亿元,九台达到18.2亿元,德惠、榆树和双阳均超过10亿元,13个乡(镇)成为财政收入亿元乡(镇)。

4县(市)新城建设全面启动,房地产开发规模平均达到百万平方米,一些重点乡(镇)达到10万平方米,城镇化开始成为县域发展的新动力。

新农村建设扎实推进,营造林5 200公顷,新增标准化储粮仓5万套,新建农村公路1 026公里,绿化美化村屯330个,25万农村群众饮水安全问题得到解决,农村泥草房改造基本完成。

(四)现代服务业提速增效,中心城市功能不断完善

为突出发展现代服务业,今年我们出台了一系列新的扶持政策,一次性开工50个投资超5亿元的大项目。现代服务业完成投资674亿元。服务业增加值增长13.9%,比去年提高1.3个百分点。服务业对经济增长的贡献率达到37.3%,比去年提高2.9个百分点。

高端服务业项目竞相涌入南部新城核心区、长东北核心区、净月彩宇大街,落地项目总数达到37个,建筑面积765万平方米,总投资近400亿元。这三大区域的启动建设,将带动现代服务业快速成长,集中展示长春繁荣、时尚、现代的新形象。

新启动9个商务综合体,全市规划建设的商务综合体总数达到24个。这些商务综合体,单体规模均超过20万平方米,集餐饮、娱乐、文化、休闲、购物、办公等功能为一身。建成后,不仅繁荣商贸、方便群众,还将进一步优化城市功能布局和交通结构。

尚德森铭、动漫软件等一批文化产业园区开工建设,各类文化企业发展到1.7万户。文化产业实现增加值301亿元,占GDP比重提高1.6个百分点。

盛京、华夏2家股份制银行落户长春,引进组建风险投资等各类基金公司11家、小额贷款公司19家。

成功举办汽博会、农博会、民博会、雕塑展、冰雪节、消夏节、书博会、创业博览会等190余项会展活动,促进了相关产业发展,丰富了城市文化生活。

中机物流、工业品交易中心等物流批发大市场竣工建成。兴隆综合保税区正式获得国家批准,长春拥有了一个直接面向世界的开放平台。

(五)民生工作扎实推进,人民群众生活进一步改善

今年，我们把市级财政70%以上的新增收入用于改善民生，又为群众办了一批好事、实事。

新增城镇就业11.1万人，“零就业家庭”保持动态为零，城镇登记失业率为3.3%。职工最低工资标准、企业退休人员养老金、失业保险金月均提高150元以上。减免个体工商业户、小型微型企业税费4亿多元，4.9万户经营者年均增收8 000元左右。城市居民人均可支配收入20 487元、农民人均纯收入7 965.1元，分别增长14.3%和19.5%。

通过实施政府助保，5 000余名困难职工接续养老保险，1 100余名老知青、1.4万余名“五七家属工”办理养老保险手续。城镇企业职工养老保险新增参保12.8万人，失业保险新增参保10.5万人。住房公积金当年归集额突破60亿元。10万名改制企业退休职工社保、医保、补贴发放等相关服务与原企业脱钩，实现社会化托管。新型农村养老保险试点在全市铺开，50万余名60岁以上农民开始按月领取养老金。

年内先后两次提高城区低保补助标准，城镇低保月保障标准提高到375元，农村低保年保障标准提高到2 100元，分别增长23%和40%。4县(市)低保保障标准均有不同幅度的提高。低保家庭幼儿和义务教育阶段学生低保金上浮20%。启动了低保补助标准和物价水平挂钩联动机制，从4月份开始连续6个月为14万困难群众发放临时物价补贴。

700余名城区低保、低保边缘家庭新入学大学生分别获得10 000元和5 000元的助学补贴。830余名贫困家庭大学生人均获得6 000元左右的生源地助学贷款。深入开展“万户特困户结对救助”活动，17 000多户贫困家庭得到多种形式的帮扶。

全面加大贫困家庭残疾人救助力度，24名聋儿实施人工耳蜗手术，30名孤独症儿童获得康复治疗补贴，146名肢残者安装假肢，418名残疾学生和贫困残疾人子女获得扶残助学金，精神病防治、残疾人家庭无障碍用具配发基本实现“有一助一”。

新建5家公办养老机构、7家民办养老机构，新增养老床位3 018张，全市千名老人拥有养老床位数达到29.6张。318个城市社区全部建成居家养老日间照料站。五城区农村社区公共服务中心实现全覆盖。

2 287栋、1 060万平方米老旧楼宇完成外墙保温、楼顶防水、地沟清掏、管网平衡改造，数量相当于去年的2倍，60多万群众受益，“暖房子”工程成为广受市民赞誉的民生工程。30个“老旧散”小区实施环境、绿化、道路综合改造，旧貌换新颜。

开工建设6 433套廉租房、11 439套公租房、12 950套棚户区回迁房，分层次、多形式的城市住房保障体系基本形成。拆除城区D级危房320栋。无籍房确权200万平方米。集中建设了240万平方米农民回迁小区，2.8万户被征地农民喜迁新居，基本实现先回迁、后拆迁。

全面开展市政公用设施“冬病夏医”活动。新建5座变电站。改造150处二次供水泵站。并网改造小锅炉房302座，新增供热能力3 100万平方米。改造燃气高危管网352公里，相当于过去6年的总和。城区公交车全部安装取暖设施，市民冬季出行有了暖公交。今年入冬以来，电、水、气、热等方面投诉总量下降21%，群众满意度明显提升。

(六)文明城创建终获佳绩，社会事业全面进步

今年，我们进行了全国文明城市创建工作的最后冲刺。在全市人民的共同努力下，长春在异常激烈的竞争中脱颖而出，被正式命名为“全国文明城市”。这是反映城市整体文明水平的最高奖项，是长春最具价值的无形资产。长春人为生活在这样的城市而感到骄傲和自豪。

各级各类教育协调发展。制定出台了学前教育三年行动计划，新建17所公办幼儿园。新建、加固中小学校舍100万平方米。提高了农村中小学、少数民族学校和特殊教育学校公用经费标准。孤独症康复训练中心建成竣工，进一步完善了特殊教育体系。汽车工业高等专科新校区投入使用，农业学校异地新建工程全面启动。完成各类职业培训50万人次，为经济社会发展输送技能型人才4万余人。

医疗体制改革扎实推进。大幅度增加公共卫生投入，5家区级医院、56个社区卫生服务中心、137个乡(镇)卫生院基本药物与零售药店实现“同城同价”，药品价格下降29.2%、住院费用下降21.3%、就诊患者人次上升10.7%，基本药物制度改革走在全国前列。在全国率先实施医保“议价谈判”，阑尾炎等10个病种患者个人支出平均降低53%，3 233个常规诊疗处置项目费用平均降低23%。城镇居民医保、新农合报销比例分别提高5个和10个百分点。4万多对孕前夫妇接受免费优生筛查，筛查项目由6项增加到19项，高风险生育人群全部落实干预措施，从源头提高了出生人口素质。新建献血屋12座，自愿无偿献血量增长13%，确保了城市用血安全。

长春被文化部、财政部确定为首批创建国家公共文化服务体系示范区城市。市博物馆、规划展览馆、文化艺术展览馆、长影老厂区、市图书馆新建改造工程进展顺利，70个乡(镇)综合文化站投入使用，马孔德雕塑艺术馆、科技文化中心部分展馆建成并向游人开放。

全民健身活动蓬勃开展，市民身体素质进一步提高。奥林匹克公园开工建设。南湖冬泳基地建成投入使用。全国“十二冬会”长春赛区筹备工作基本就序。

(七)政府依法行政水平不断提升，社会保持和谐稳定

自觉接受人大及其常委会法律监督、工作监督和政协民主监督，坚持重大事项向人大报告、向政协通报制度。认真听取人大代表、政协委员和各民主党派、工商联以及无党派人士的意见和建议。办理人大代表建议195件、政协提案337件。

开展12次局长接待日活动，42个政府部门，15个县(市)区、开发区及其下级部门，市政公用单位及其分支机构，490多个单位的主要负责人开门接访，累计接待来访群众2万余人、解决各类问题近7 000个。局长接待日已成为政府面对面听取群众意见、解决民生问题的长效机制。全面加强信访工作，扎实办好市长公开电话，主动接受新闻媒体监督，全市信访总量降低20%，已经连续4年大幅度下降。

严厉打击各类刑事犯罪,命案破案率、交通肇事逃逸案破案率保持在90%以上。抓获公安部上网通缉逃犯1 547名,数量相当于去年的2倍,市公安局荣获公安部评定的集体一等功。"天网工程"新增监控探头2.7万个,总量达到10万个。7月份开始实施公安夜巡,千余名干警对主城区实施全方位巡查。这些措施对犯罪分子形成了强大震慑,110有效警情、刑事案件立案率分别下降54%和15%,社会治安状况进一步好转。

扎实推进"安全建设年"活动,排查整改安全隐患5万余个。深入实施药品、豆制品、添加剂、瘦肉精、成品粮、肉类食品等专项整治行动,食品药品安全状况有所好转。依托民兵、预备役建立6支抢险队伍,消防特勤二大队完成组建,城市应急抢险救援能力进一步提升。

深入开展创先争优、"三满意"机关创建、"万人评议机关"等主题实践活动,政府各部门推动发展、服务群众、促进和谐的能力不断提高。严格依法行政,深入推进政务公开,规范行政执法行为,压缩审批时限,规范各类收费,软环境质量进一步提高。坚持从严治政,廉政建设和反腐败工作取得新成效。双拥模范城创建工作通过国家考核验收。

国家安全、统计、民族、宗教、司法、外事、侨务、档案、保密、人防、地方志、红十字等工作都取得了新成绩。

各位代表,一年来所取得的成绩,凝聚着全市各族人民的心血和汗水,体现着各方面的帮助和支持。在这里,我代表市人民政府,向为长春发展做出无私奉献、付出辛勤劳动的全市各族人民致以亲切的问候和崇高的敬意!向给予我们支持与监督的人大代表、政协委员,各民主党派、工商联和无党派人士、人民团体,向参与长春发展建设的中省直单位、驻长部队指战员、武警官兵和港澳台同胞、海外侨胞及国际友人表示衷心的感谢!

总结一年来的工作,我们也清醒地认识到,经济社会发展和政府工作中还存在许多问题:

——工业发展空间不足问题初现端倪,生产要素供应滞后发展的矛盾比较突出,科技创新对发展的支撑带动作用不强,加快转变发展方式十分迫切;

——城乡居民收入总体水平不高,生活必需品价格上涨幅度较大,中低收入群众生活受到影响,部分群众生活还很困难,改善民生任重道远;

——政府贷款融资受限,城市建设资金严重短缺,部分道路建设改造项目实施进度受到影响,机动车持续高速增长,城市交通压力有增无减;

——安全基础设施仍然较为薄弱,事故隐患排查整改需要进一步加强,城市安全事故高发的势头还没有从根本上得到扭转;

——政府职能转变不够,行政效率需要进一步提高,个别工作人员公仆意识、责任意识和服务意识不强,官僚主义和腐败现象仍然存在。

这些矛盾和问题,需要我们认真面对,下决心予以解决。

二、2012年主要任务

明年经济社会发展的环境仍然充满困难和挑战,但长春有自己独特的优势,具备稳中求进、好中求快的基础和条件。我们的市场主要在国内,受国际经济形势的直接影响比较小;经济支撑主要是大企业,抗风险和波动的能力相对强;连续多年高强度投资,为经济社会发展积蓄了强大势能;汽车、轨道客车、农产品加工等主导产业的市场需求,仍处于上升期;特别是有省委、省政府和市委的正确领导,有全市人民昂扬向上的精神状态,我们一定能够保持又好又快的发展势头,把长春的振兴发展大业不断推向前进。

明年政府工作的指导思想是:深入贯彻科学发展观,以科学发展、加快发展、率先发展为主题,以转变经济发展方式为主线,紧紧围绕加快发展、改善民生、建好城市、促进和谐大局,坚定不移地推进工业化、城镇化、农业现代化"三化"统筹,坚定不移地实施投资拉动、项目带动、创新驱动"三动"战略,坚定不移地推动开发区、城区、县域"三大板块"协调发展,坚定不移地走工业和服务业双拉动增长路径,坚定不移地推动文化大发展大繁荣,坚定不移地推进富民工程和社会事业发展,坚定不移地加强精神文明和民主法制建设,加快打造全省科学发展的领头羊、民生改善的排头兵、社会和谐的首善区,努力让城乡居民生活得更加美好。

明年全市经济社会发展的主要预期目标是:地区生产总值增长14%左右,全口径财政收入实现同步增长,固定资产投资增长20%以上,规模以上工业产值增长18%左右,服务业增加值增长15%左右,社会消费品零售总额增长20%左右,城市居民人均可支配收入增长14%以上,农民人均纯收入增长12%以上。

重点抓好以下七项任务:

(一)加快工业转型升级

明年,我们要以实施150个重大项目为载体,进一步做强实体经济、调整产业结构、转变发展方式。

坚定不移地建设三大世界级产业基地。丰越10万辆正式投产,力争启动通用二期、奥迪扩能、轿股二厂、明君商用车4个整车项目;百万吨化工醇投产运行,第二个百万吨化工醇全面启动;长客装备公司搬迁改造二期竣工投入使用。加快实施百万台发动机、百万台变速器、百万套传动轴、百万吨聚酯以及轨道客车轮对、变速箱等一批上下游项目,向产业链要产值、要效益、要竞争力。

大力发展先进装备制造、光电信息、生物医药、新材料、新能源五大战略性新兴产业,推进高精度电机、LED显示屏、光纤激光器、生物疫苗、风电机组、铝镁合金等一批重点项目,加快培育100户销售收入超亿元的高技术企业。

依托高校科研院所科教资源优势,加快科技成果转化,建设创新型城市。新建一汽乘用车等一批研发中心。长东北科技创新中心落户国家级科研机构20家以上,百万平方米科技企业孵化器建成投入使用。

支持骨干企业采用先进的质量和产品标准，争创一批国家驰名商标。继续实施中小企业扶持工程，着力突破融资难等瓶颈制约，新增中小企业2 000户以上，民营经济增加值增长20%以上。

充分发挥长吉图和长吉一体化战略的旗帜作用，吸引央企和战略投资者以更快的速度向长春集聚。实际利用内资、引进外资分别增长20%左右。

兴隆综合保税区封关运营，启动建设国基电子等10个项目。积极推动高新技术产品和工业制成品出口，促进出口结构升级，外贸进出口总额增长15%以上。

努力抓好经济运行，确保工业持续增长，稳定全市经济大局。

（二）扎实推动县域经济突破

毫不放松地抓好粮食生产，继续创建98个万亩高产示范田，抓好200万亩全程机械化耕作示范区建设，100万亩玉米实现保护性耕作，玉米螟和稻瘟病力争实现统防统治。启动建设乐山、莲花山都市观光农业示范区。全面加强气象防灾减灾工作，进一步扩大农业保险覆盖面。正常年景下粮食产量保持在180亿斤以上。

抓好“菜篮子”工程，当年新增棚膜菜田2万亩。增加蔬菜交易场所，扩大农超对接范围，加快建设鲜活农产品流通体系。

新建100个牧业小区，大力推广标准化生态养殖技术。加强重大疫病防控。基本完成乡（镇）畜牧兽医站达标改造。

大兴农田水利建设，实施饮马河等3处大型灌区配套改造，新建150个旱田节水灌溉作业区，完成一批病险水库除险加固。

大力发展农业机械化，培育新型农村合作经济组织，健全农业社会化服务体系，积极稳妥地推动土地规模经营。

4县（市）要以培育农副产品加工业和承接城市产业转移为重点加快壮大工业园区，工业投资、工业产值都要增长20%以上。

高标准改造建设4个县城，推动7个重点乡（镇）城乡双向一体化试点，大力发展各项社会事业，全面提升服务能力和承载能力，吸引农村人口向城镇集聚。

加快建设167个省级新农村示范村，绿化美化村屯200个，建立村村通公路养护长效机制，新建5万个标准化储粮仓，营造林3 000公顷，解决15万农村群众饮水安全问题。

（三）大力发展现代服务业

明年，在整个经济工作的摆布上，我们要进一步突出现代服务业。现代服务业增速要达到20%以上，成为全市经济增长的新引擎。

金融保险、现代物流、商务综合体、总部经济、工业设计和服务外包等重点领域，都要明确具体的支持政策，集中实施一批重点项目，力求实现大的突破。

加快建设南部新城核心区、长东北核心区、净月彩宇大街三大高端服务业聚集区，在建项目数量力争达到50个以上。再启动建设一批商务综合体，并以此为依托建设城市新的商业次中心。

支持国内外企业在长设立销售中心、结算中心和研发中心。大力引进域外股份制银行及知名中介机构、区域性总部。建设喜来登、希尔顿、凯悦等五星级酒店。力争2到3家企业上市融资。

加快传统商贸服务业晋档升级，大力发展电子商务等新兴业态，提高消费对经济增长的拉动作用。积极开发旅游资源，不断壮大会展业，旅游业和会展业总收入均增长20%以上。

今后，五城区和净月、莲花山开发区，经济工作的主要任务就是发展服务业，都要成为服务业发展的主力军。以工业为主的开发区，既要大力发展生产性服务业，也要成为所在区域的商业中心、商务中心。

（四）着力建设绿色宜居城市

明年，我们要以更大的力度推动城市建设与改造。经开与九台、高新与德惠要合作建设新区，推动城市向东北方向拓展。南部新城、长东北、净月西部、西部新城、莲花山、西新区绕城高速以外区域都要完善基础设施，加速人口、产业和要素集聚，尽快成为现代化的新城区、产业区。

继续开展市容环境综合整治，完善提升精品街路、标准化街路，优化改造传统商圈，进一步提高城市精细化管理水平。

加快建设七大城市生态湿地，新建续建8座公园，新建63处大块绿地，新植21条街路，彩化100条街路，城区绿化面积增加500公顷。

主要街路保洁基本实现机械化作业，背街小巷清扫保洁达到干路标准。

启动建设“两横两纵”快速路，年内实施西半环建设，做好东半环开工准备。拓宽三环路，续建机场快速路、东自由大路、东吉林大路，新远达大街全线通车。实施一批重要交通节点的立体化改造。打通一批断头路，进一步畅通路网微循环系统。

轻轨4号线正式运营，西客站综合换乘中心投入使用。地铁1号线全线开工，力争开工建设2号线，尽快形成十字型的地下轨道交通骨架。继续更新公交车辆，增设公交专用车道，适当延长公交线路，合理布局公交站点，更好地满足市民出行需要。

继续实施交通调流，增设一批单行线、50公里道路隔离护栏，提高交通事故处理效率，强化动静态交通管理，完善行人过街设施，尽快实现交通管理智能化。

改造长白公路、北亚泰大街城市出入口，实施长深、长平、长吉等高速公路新建扩建工程，改造提升长白、长伊、长石等一批公路等级。

加快实施新一轮伊通河综合整治，提升改造北郊、南郊污水处理厂，新建两甲污水处理厂，东南、兴隆污水处理厂投入运行，改造4条城市明沟，整治粉煤灰厂等点源污染，城区段力争全线蓄水、水质基本达标。

改造扩建现有水厂，五水厂建成通水，筹建六水厂。新建热电五厂，扩建7座区域锅炉房，并网改造100座小锅炉房，新增供热能力1 500万平方米以上。新建改造2座输气站、22座二次变电站。

完成地下管网普查，改造建设60公里供水管网、81公里供热管网、100公里排水管网、320公里燃气管网，尽快形成完善可靠的地下管网系统。

深入开展“联合保护城乡环境，共建绿色宜居城市”活动，全面完成节能减排任务，不断提升生态环境质量。增强依法管地用地意识，严肃查处违法用地，努力提高土地资源节约集约利用水平。

（五）切实加强文化建设

文化是城市的根基和灵魂。我们必须以高度的文化自信和文化自觉，全面加强城市文化建设，更加主动地迎接文化的大发展、大繁荣。

全面创建国家公共文化服务体系示范区。启动建设群众文化活动中心、朝鲜族艺术馆。支持省图书馆新馆建设，市图书馆、市少儿图书馆完成维修改造，新建20个市级图书馆分馆。14个县级图书馆、14个县级文化馆和66个街道综合文化站、97个乡（镇）综合文化站、1 687个村文化活动室年内达到国家规定标准。

继续改造铁南历史街区，实施胜利大街二期改造，改扩建孔子文化园，长影老厂区完成改造对外开放，修缮一批有价值的历史建筑。启动建设月亮岛文化园。加快建设市博物馆、规划展览馆、文化艺术展览馆、汽车博物馆。鼓励社会力量兴建一批行业博物馆、收藏博物馆。

大力发展文化创意、数字出版、动漫游戏等新兴行业，壮大一批文化产业园区，扶持100户文化骨干企业，尽快把文化产业培育成新的支柱产业。

电影节、消夏节、汽博会、农博会等重点展会都要增加群众文化活动，都要争取办成市民的节日。办好文化艺术周、农民文化节、大学生艺术作品展，举办公益演出100场、广场文化活动200场，放映公益数字电影22 000场以上。

整合文化、广电、新闻出版资源，基本完成市属艺术院团、非时政类报刊出版单位改革。

奥林匹克公园完成主体工程。创建3个国家级健身中心。高标准完成“十二冬会”长春赛区承办任务并力争取得优异成绩。

推进社会主义核心价值体系建设，大力弘扬“宽容大气、自强不息”的城市精神，努力营造知荣辱、讲正气、作奉献、促和谐的良好风尚。

把荣获“全国文明城市”称号作为新的起点，更加深入持久地开展精神文明创建活动，推动城市文明程度不断实现新的飞跃。

（六）全力保障和改善民生

明年，我们要顺应人民群众过上更好生活的新期待，高标准制定实施第六个民生行动计划，再办一批让人民群众看得见、得实惠的好事实事。

实施更加积极的就业政策，开发就业岗位13.5万个，实现下岗失业人员再就业4万人，城镇登记失业率控制在4%以内。健全职工工资正常增长、集体协商和支付保障机制，努力增加职工收入。继续提高个体工商业户、小型微型企业税费起征点，强化创业培训，增加创业贷款，推动创业成为富民的重要途径。

加强价格监测和市场调控，建立群众生活必需品动态储备机制，保持物价总水平基本稳定。低保补助标准与物价水平挂钩联动，切实保障困难群众基本生活。

城镇职工、城镇居民、被征地农民、农村居民等各类养老保险新增参保人数200万以上，尽快实现城乡养老保险全覆盖。进一步提高退休人员养老金发放标准，确保养老保险按时足额发放。改制企业退休人员社会化托管服务范围扩大到20万人，力争再用一年时间实现应管尽管。

提高城区集中供养“三无”人员生活补贴和农村五保户供养标准。增加民办养老机构运营补贴。为社区老年日间照料站提供运营补贴。全面落实老年人各项优惠政策。长春已进入老龄化社会，我们必须抓紧建立养老服务社会化体系，努力让老年人生活得更有保障、更加幸福。

大幅度提高职工医保、居民医保、新农合报销限额。职工医保、居民医保新增20个定额治疗病种，新农合实施医保“议价谈判”，努力降低群众医疗费用支出。4县（市）和双阳区中心医院实施基本药物制度。推行乡（镇）卫生院托管村卫生所制度，进一步提高基层医疗服务能力。

城区贫困家庭脑瘫、听障6岁以下儿童医疗救治实现“有一助一”。进一步降低贫困残疾人医保起付线，提高医保报销比例。为贫困残疾人家庭子女提供扶残助学金。免费为残疾人提供职业技能培训。优先为贫困残疾人家庭安排保障性住房。新建残疾人康复中心和一批社区康复服务站，加强城市无障碍设施建设，努力为残疾人平等参与社会生活创造条件。

新建续建1万套廉租房、1.7万套公租房，4 000套廉租房、6 000套公租房年内交付使用。拆除160万平方米棚户区和危旧房。无籍房确权500万平方米。高标准、高质量地完成1 000万平方米老旧楼宇“暖房子”改造。粉刷5 500栋住宅楼道。综合整治一批“老旧散”小区。全面普查高层住宅弃管电梯，建立维修保养长效机制。

大力发展学前教育，新建改建38所公办幼儿园，支持民办幼儿园健康发展。推进大学区建设，均衡义务教育资源，全面实施素质教育，进一步提高教育教学质量。继续实施特殊教育三年发展规划，努力让残疾孩子享受一流的特殊教育。全面落实《校车安全条例》，多渠道、多形式解决中小学校车问题，让校车成为安全的“流动校舍”。启动建设体育职业技术学院、合隆职业教育园区，做大做强职业教育。建立和完善贫困家庭子女从学前教育到高等教育全程资助的助学政策，决不让这些孩子因贫失学。

实施健康行动计划，创建国家健康城市。深入开展高危致病因素干预、重点疾病早期筛查，积极防治慢性病。扶持促进中医药事业发展。新建扩建儿童医疗中心、市中心医院、市中医院、市心理医院。新建急救指挥平台、4个急救站，7个急救站进驻消防站，努力提高城市急救能力。

尽快把流动人口就业、医保、社保、子女就学、优生筛查等方面服务纳入基本公共服务体系。改革户籍管理制度，允许城区具备稳定居所、稳定职业的流动人口申请落户。及时救助生活无着落流浪乞讨人员。

（七）加强和创新社会管理

进一步简政放权，强化区级政府社会管理职能。积极推动街道办事处和社区工作转型，把主要精力转到社会管理和改善民生上来，努力把社会矛盾化解在基层和萌芽状态。加强社会组织的服务和管理，充分发挥社会力量在社会管理中的积极作用。

市民信访接待大厅建成启用，政府职能部门进驻实施联合接访，为信访群众提供一站式服务。进一步完善局长接待日制度，每个月市政府都要指定一个工作日，由政府各部门、县（市）区、开发区以及市政公用单位主要负责人面对面地接待群众，掌握民情、化解矛盾、促进和谐。切实办好市长公开电话，积极回应新闻媒体监督，努力为群众办实事、解难题。

深刻吸取朝阳区湖西街道长久家苑违法强制拆迁案件的教训，依法从严打击违法强制拆迁行为，建立长效机制，切实维护被拆迁群众合法权益。

积极开展“六五”普法，进一步提高全民法治观念。引导群众以理性合法的形式，表达利益诉求，解决利益纠纷，促进社会和谐。

深入推进科技强警，全面落实社会治安打、防、控措施，严厉打击各类刑事犯罪行为，坚决做到黄赌毒必治、命案必破、黑恶势力必除，绝不允许任何一种治安问题成风，绝不允许黑恶势力滋生做大。

全面提升食品药品安全问题的事前防范能力，尽快形成覆盖生产、加工、流通、消费环节的全过程监管体系。对食品药品安全违法行为“零容忍”，出重拳，用重典，坚决依法惩处。

继续开展安全建设年活动，深入排查整改各类安全隐患，从源头遏制重特大事故发生。进一步健全应急物资储备和救援队伍，全面提高城市防灾减灾能力。

进一步做好民族宗教工作。深入开展双拥共建，巩固军政军民团结。

各位代表，明年是本届政府任期的最后一年。我们不仅要全面完成届初确定的各项目标，更要为长春未来发展打下好基础。我们肩上的责任重大，必须比以往任何时候都要重视和加强政府自身建设。我们一定努力做到：

更加自觉地接受市人大及其常委会的法律监督和工作监督，主动接受市政协民主监督，认真听取民主党派、工商联、无党派人士和各人民团体的意见。

更加积极地推进依法行政，全面推行政务公开，不断深化行政审批制度改革，严格行政执法责任追究，努力提高软环境质量。

更加深入地开展党风廉政建设，从源头上预防腐败，严肃查处违法违纪案件，坚决纠正损害群众利益的不正之风，努力建设干净干事的公务员队伍。

更加勤勉地开展工作，不畏难、不松劲、不懈怠，始终保持积极进取、昂扬向上的精神状态，以更多的付出报答长春人民对我们的信任和重托。

各位代表，新的一年马上就要开始了，我们即将踏上充满希望的新征程。让我们在市委的坚强领导下，万众一心，开拓奋进，共同创造长春更加美好的明天！

创建全国文明城市

2011年12月20日，中央文明委在北京隆重召开表彰大会，长春市同全国其他9个城市一起被授予“全国文明城市”荣誉称号。

一、以经济社会发展助推全国文明城市创建

长春市委、市政府在大力实施投资拉动、项目带动、创新驱动“三动”战略、加快推进老工业基地振兴发展的同时，坚持把创建全国文明城市融入到全市工作大局之中，实现了创城与发展的良性互动。一是始终把加快发展、科学发展作为第一要务。突出抓好重大项目建设，滚动推进工业、农业产业化、现代服务业、城建、民生5大类150个重大高端项目的开发建设，先后引进了兵装、中航、国电、国药、北药等22家央企和荷兰帝斯曼等53家外资大企业，一批处于世界先进水平的重大项目相继签约落地。突出抓好平台建设，精心打造长春高新技术产业开发区等20个国家级和省级开发区及工业集中区，建立了生物产业园、光电信息产业园、现代装备制造产业园等21个特色产业园区。突出抓好支柱优势产业发展，加快推进300万辆整车扩能工程、1 000辆高速动车组和1 000辆城轨车扩能工程、200万吨化工醇扩能工程和30亿吨粮食增产工程，汽车、轨道客车、农产品加工三大支柱优势产业确立形成。突出抓好现代服务业发展，现代服务业占服务业比重达44%，文化产业发展成为新的经济增长点，2011年，全市文化产业增加值达300亿元，占全市GDP的7.5%。2011年，全市地区生产总值实现4 003亿元，是“十五”末期的2倍，全口径财政收入实现803.2亿元，是“十五”末期的3倍，各项经济指标增速在15个副省级城市中位居前列。二是始终把保障改善民生作为全部工作的出发点和落脚点。围绕加强社会保障体系建设，深入开展“万名国有企业下岗员工进民企”等就业扶助活动，新开发就业岗位12.2万个，实现零就业家庭“动态为零”；新建和购买廉租房30.5万平方米，改造棚户区248万平方米；实施“暖房子”工程，对1 155栋、约600万平方米老旧楼宇的防水、门窗、墙体进行高标准改造，使10万户、30多万群众受益。增加公共卫生投入，基层卫生机构全面推行基本药物制度，药物价格下降21.4%。全市60家社区卫生服务中心、145家乡镇卫生院完成标准化建设。围绕加强社会大救助体系建设，深入开展“万户特困户结对救助”活动，全市17 271户贫困家庭得到及时有效帮扶。长春市“代理妈妈”活动已开展11年，有20多万人成为“代理妈妈”，为全市20 921名失去单双亲特困家庭孩子资助学费1 050余万元。建立低保补助和物价水平挂钩联动机制，多次为低保群众发放临时物价补贴，城镇居民医保人均补贴均由80元提高到120元。启动建设4家公办养老机构，100个社区老年日间照料站投入使用。围绕加强公共文化服务体系建设，大力实施文化惠民工程，2007年以来，投入3.5亿元资金，新建了市图书馆铁北分馆、汽车博物馆、雕塑展览馆，修缮了艺术剧场和杂技宫，新建91个乡镇综合文化站、43个街道文化站、348个社区文化活动室、1 656个农家书屋；投入1.7亿元购买公共文化产品和服务，放映数字电影8万多场，举办广场文化活动1.2万余场、公共图书馆讲座400余场，送戏下乡600余场。坚持在黑土地上“种文化”，通过整合资源、合力打造“欢乐庄稼院”，探索走出了一条“政府扶持、农民自办、部门配合、社会参与、媒体助推”的农村文化建设的新路径。省委宣传部和中宣部先后在长春市召开现场会，向全省和全国推广了长春市的经验做法。新建、加固中小学校舍121.3万平方米，7所义务教育阶段改制校退回公办。特别是近几年，长春市通过建立完善基层党组织服务民生工作体系，每年都把新增财力的70%用于改善民生，每年都组织实施民生行动计划，每年都为群众办100件左右民生实事，切实让老百姓共享发展成果。三是始终把建好管好城市作为重要抓手。针对长

春城市建设和管理现状，连续两年在全市范围内大规模地开展“奋战150天市容环境综合整治行动”。围绕改善居民生活环境，对吉林大路等15条精品街路和民康路、东盛路等31条标准街路进行了精品化和标准化改造提升，对29个散旧弃管小区进行了改造提升，使3万多户、近10万居民出行条件、生活品质得到了提升；围绕环境卫生整治，加强城市日常保洁，组织开展了取缔露天烧烤、占道经营、渣土清运等专项战役，市容环境进一步干净整洁；围绕城市绿化美化，新植街路213条，新增彩化街路100条，新增绿化庭院小区30处，新增绿地67块156公顷，绿色宜居的城市特色日益凸显。进一步加大“暖房子”工程、拆危拆违、交通整治等工作力度，城市环境明显改观。四是始终把促进社会和谐作为最终目标。广泛开展文明示范小区评选活动，涌现出了“爱心门铃”、“电子保姆”、“公德驿站”、“楼道报”、“邻里节”、“百家宴”、“道德储蓄银行”等一批典型经验。以“共建和谐”为主题，建立完善城市应急体系，开展“信访积案化解年”、“安全建设年”、“大走访”、“大接访”活动，维护了社会和谐稳定。实施“天网工程”，已安装监控探头5.8万个，2011年底达6万个，增强了市民的安全感。以“共铸诚信”为主题，大力完善政府诚信体系，在党政机关和各级基层党组织中开展创建“三满意”机关、“树新风正气，促和谐发展”、创先争优活动，推动形成了“团结干事、和谐共事、按章办事”的良好政风；在重点服务行业和“窗口”单位组织开展“争做文明单位、争创文明窗口、争当岗位明星”等活动，在公交行业，连续举办了5届“春城文明的哥”和“春城文明巴士”评选活动，在旅游景点开展了“文明风景旅游区（点）”评比活动，在建筑行业开展了“文明管理工地”创建活动，在高校开展了“高校文明杯”竞赛活动，通过这些多种多样的创建活动，形成了以良好政风促行风带民风的生动局面。

二、以群众便于乐于参与的创建活动提升市民文明素质和城市文明程度

精心组织开展了以“创文明城、做文明人”为主题的系列教育实践活动。一是开展“培育弘扬新时期长春城市精神”主题教育实践活动。在全市共开展各个层面的讨论会百余场，从基层单位征集到城市精神表述语上万条，有近30万人通过书面、网络、电话、问卷等方式参与评选。经过群众投票、征求意见、反复论证、媒体公示，总结提炼了“宽容大气、自强不息”的长春城市精神，并成为人们的价值导向。二是精心组织开展道德模范和“身边好市民”评选宣传活动。已评选出97名道德模范，其中1人获得全国道德模范荣誉称号，6人获得全国道德模范提名奖。探索运用“二人转”形式传唱道德模范先进事迹，中央电视台曲苑杂坛栏目以《中国好人·长春篇》为题多次播出。广泛开展“道德模范基层巡讲”活动，举办“全国道德模范与身边好人现场交流活动暨长春市第三届道德模范颁奖典礼”，得到中央文明办充分肯定。深入开展“我推荐我评议身边好人”活动，长春市有7人入选“中国好人榜”。组织开展“寻找身边好市民”活动，命名了32名“好市民”。在全国首创设立“文明基金”，通过节日慰问、现金资助、缴纳保险、费用减免等方式，为生活困难的道德模范和身边好人解决实际问题。建立“公民道德典型库”，在道德模范和身边好人的示范引领下，学模范、做好人在全市蔚然成风。大力加强和改进未成年人思想道德建设。在全市大力推广普及校园心理剧、心理咨询室，完善“心灵交通网”，长春市校园心理剧已达196部。中央文明办在长春市召开现场会，推广了长春市利用校园心理剧促进未成年人健康成长的经验做法。成立了长春市青少年心理健康教育发展中心，推出全国首家针对未成年人的专项报纸--《走向成年》，反响良好。扎实开展“文明伴我成长”主题活动，在全市中小学生中大力倡导文明礼仪之风，组织孩子们参与维护交通、倡导文明等社会实践，从中受到教育，从小树立文明意识。集中开展净化社会环境专项整治行动，收缴违法音像出版物8 000余件，查处违规经营网吧200多家，营造了有利于青少年健康成长的社会文化环境。深入开展“万户特困户”子女助学系列活动，全市副局级以上领导干部实现“一帮一”结对助学。广泛开展“童心向党、歌唱祖国”活动，中央文明办在全国推介了长春市的经验做法。三是开展“文明巡护、志愿服务”系列活动。针对市民乱扔垃圾、随地吐痰、公共设施损毁等现象，组织850名市民巡视员对30条街路、6个城市公园、广场进行巡护监督，市民巡视员被市民亲切地称之为“城市啄木鸟”。84岁的巡视员冯德奎老人，在25年的时间里足迹踏遍祖国大江南北，为2 000多名青少年做过心理辅导，为3 000多所学校的学生做过理想与信念的演讲，听众达300余万人。长春市的市民巡视员队伍建设和管理工作多次在全国精神文明工作培训班上介绍经验。针对行人闯红灯、不走斑马线现象，组织全市志愿者轮流上岗，每天保证1 500名，在20余个重点交通路口，进行制止和劝导。针对全市38 000多贫困空巢老人需要帮助的现状，组织志愿者与80%的贫困空巢老人结成对子。针对城市的应急事项，组织协调6万余名部队官兵，参与清除积雪、清运垃圾、支援农田水利工程建设等集中会战，参与综合治理行动50余次，参与义务献血、慈善救助等公益行动。2011年在全国率先启动了关爱农民工志愿服务活动，对农民工子女实施结对助学，全市副局级以上领导干部全口径参与，保证了农民工子女能够正常完成学业。四是开展多种形式的宣传教育活动。各级媒体刊播创城报道3 200多篇（条），制作专题240多个。拓展社会宣传渠道，制作公益广告2万余幅宣传创城，5 000多出租车LED顶灯全天侯滚动播出创城宣传语。大力宣传推介长春的发展成就、良好形象和无限商机，组织参加了全国最具特色城市的外宣评选，长春获得最有人情味、最具幸福感和中国国际形象最佳城市荣誉称号，并因连续3届被评为“最具幸福感”城市而荣膺金奖，营造了有利于发展的良好环境。针对市民中存在的不文明行为，通过编发《市民文明礼仪读本》，利用社区学校、市民学校等阵地举办文明礼仪知识讲座，加大了文明礼仪宣传教育力度。开展了以“管住嘴不随地吐痰、管住手不乱扔垃圾、管住腿不闯红灯”为主题的大讨论，教育引导市民养成文明习惯、树立文明形象。全面

启动“唱响长春”歌曲征集活动，入围33首歌曲在全市广泛传唱，《我们在长春相遇》被评为长春市歌。全市排队上车、尊老爱幼、文明礼让已形成风气，市民文明素质不断提高。

三、以高效顺畅的组织领导体制和工作运行机制提高创城工作的科学化水平

长春市着眼于增强创城工作的常态化和长效化，逐步形成了上下联动、责任到位、运转高效、协调顺畅的组织领导体制和工作运行机制，有力推动了创城工作的扎实深入开展。一是建立完善组织领导体制。建立了创城指挥部，负责全市创城工作的指挥调度，各相关领导负责分管战线创城任务的督导落实。切实构建起党委统一领导、党政齐抓共管、文明办组织协调、职能部门各负其责、全社会共同参与的大创建格局。二是建立完善典型引领机制。注重典型选树的层级化，先后推出了敬业奉献铸造金牌蓝领的技术工人王洪军、见义勇为勇斗歹徒不惜鲜血流尽的纪长秋、牢记宗旨的城市安全守护神消防特勤大队、躬身践行社会责任的创业先锋李万升等有重大影响的典型。总结推出了一批道德模范、创业先锋、巾帼十杰、十佳大学生等一般典型，在全社会发挥了重要的示范带动作用。几年来共推出各行各业典型176个，使广大干部群众在各自领域和各条战线上都能找到学习的榜样，在全社会形成了创新创业、向上向善、自信自强的良好风尚。三是建立完善以评促创机制。根据《创建全国文明城市测评体系》，委托专业权威测评机构，在全市多次开展公共文明指数测评，对测评结果采取内部通报、媒体公布等方式，通过测评推动问题的解决、推动创城任务的落实、推动文明指数的提升。四是建立完善督查奖惩机制。加大督促检查力度，对工作出色的部门和单位给予表彰，对工作不力、影响全市创城工作的责任人实施问责。五是建立完善宣传引导机制。通过有效整合传统媒体、新兴媒体及各种宣传文化阵地资源，统筹对内宣传与对外宣传，充分运用公益广告、手机短信、交通指示牌、致广大市民的公开信、名博解读文明长春等手段，积极为创城鼓劲造势。加大同中宣部和中央文明办的沟通协调，长春市被列为全国4个集中宣传的重点城市之一，中央主要新闻媒体对长春市整体工作进行了集中采访报道。同时，组建了长春文明网网络联盟，成为中国文明网联盟成员。

四、以精细化高标准做好创城迎检工作

举全市之力办大事、聚全市之智攻难关。这次文明创建，把长春人的凝聚力和团结精神彰显得淋漓尽致。市创城办围绕623项测评指标和梳理出来的6大类58个问题，细化责任分工，制定问责办法，专门成立创城督查组加强组织协调，强化督促检查，使各项创建工作有效推进。市属各级新闻媒体和广大新闻工作者结合“走、转、改”活动，深入开展宣传活动，及时报道创建动态，为创建活动营造了浓厚的创建氛围。市创城办为争取所有加分项目，全方位、高标准地完成了中央文明办9大类55项重点工作，特别是材料审核工作，得到了中央测评组的高度评价。“规定动作快达标、自选动作有特色”的创建做法，成为长春市创建成功的重要法宝。

（崔　健）

150天市容环境综合整治

2011年长春市的市容环境综合整治，紧密结合创建国家文明城这一总体目标和任务，从4月初春季卫生清洁集中行动开始，主要围绕10大工程42项具体任务展开。

1.街路在整治中彰显着城市特色。按照记述历史、传承文明、彰显特色的原则，对胜利大街、创业大街等10条街路进行了改造。恢复历史建筑21栋，整饰老旧楼宇554栋，修缮路面11万平方米，铺装步道8万平方米，绿化彩化11万平方米，亮化楼体235处。这些改造后的街路特色鲜明。胜利大街恢复了其特有的风格和历史记忆，凸显了城市百年沧桑后的厚重；改造后红墙碧瓦的创业大街，与东风大街交相辉映，记述着长春汽车半个多世纪的发展辉煌；楼体整饰一新、橱窗林立的同志街，呈现出近百年生活老街蝶变成现代商街的繁荣和兴旺；临河街以其公园式的绿化彩化、商业化的街路门面、现代动感的立体交通，展示着十里长街的时尚风采；老街深巷风格的平治街、北欧小镇元素装点的净月大街等，都从不同侧面展示着长春的城市形象。同时，比照精品街和特色街的改造风格和标准，对长新街等14条街路进行了标准化改造，使这些街路发生了明显变化。

2.“暖房子”工程让市民群众的幸福感进一步增强。按照与街路建设、老旧散小区改造、现代商圈建设和市容环境整治相结合的改造原则，对2 287栋、1 053万平方米的老旧楼宇，进行了楼顶防水、门窗墙体、地下管网等保暖节能改造。其中，北安路、伊通河中段、同志街、民康路平治街、安达街、岭东路、绿园小区、朝阳小区、长新小区等区域，和城市其他若干点位的楼宇旧貌换新颜，使全市20多万户、60多万人口，摆脱了昔日老旧冷漏破的困扰，进一步感受到现代都市生活的幸福美好。

3.老旧散小区改造提升了百姓生活品质。按照统一规划设计、全面系统改造的原则，对长客花园、达顺小区等30个较大的居民集中区进行了改造，粉刷楼道，铺装巷道，新建休闲广场，进行绿化美化，配置健身和便民设施，完善物业组织，使这些脏乱差的老旧散小区，以漂亮的身姿重新融入现代都市，在这里生活的5.7万户、18万居民，重拾了对家园的热爱和生活的尊严。

4.商圈建设为城市注入了现代时尚元素。按照提升传统商区品质、打造新兴商圈基础、培育现代都市商贸环境的原则，采取整饰临街楼宇外立面、改造商家门面、规范广告牌匾、绿化彩化亮化、整修人行步道、架空线切改入地、规范停车泊位等方式，对商业业态发达的桂林路、西康路、重庆路等5个商业街区进行升级改造，对人气商气日益浓厚的岭东路、民丰街、净月学人街、娜奇美等8个商业街区进行基础改造，对重庆路拟实施步行街改造进行了前期规划、设计和交通导流等准备。经过整治，培育建设现代商街的理念得到了提升，商街形象有了较大改观，基础建设有了新的进步。

5.绿化彩化亮化使城市更有品位。按照绿化精品化、彩化艺术化、亮化景观化的总体要求，大规模实施了见缝插绿、植物造景、庭院绿化、街路彩化亮化工程。新植街路59条，对一些主要街路进行了彩化点缀，新增大块绿地67块65万平方米、新增街头小品63个、新增绿化庭院小区30个，亮化楼体421栋、街路12条、桥涵15座。城市重要节点植物造景的绿地小品随处可见，一些街路装点得越来越精致迷人。在临河街、亚泰大街高架桥下绿化彩化，试建立体化的生态长廊，是北方城市高架桥绿化美化的新创造。引入景观围墙理念，在西安大路、春城大街等11条街路，进行了约4公里艺术围墙的构建，为城市添加了新的人文景观。伊通河堤岸线亮化，尝试着打造长春新的人文夜景观。绿园区对长白、长农出入口以及迎宾路实施的大规模、片林式、多层次绿化改造，为城市北部、西部城门增添了光彩。

6.市政公用设施维护管理向精细化方向迈出了新步伐。按整治计划，高标准整修道路755条172公里，铺设方砖步道15万平方米，砌筑边石4万余米，新建维护盲道104条5 000米。组织了规模空前的大排查，及时处理缺失、破损、影响安全、有碍观瞻的各类设施，更换和维护市政井具1.2万套、路牌1 100个、新上果皮箱1 700个，大部分城市伤痕得到修复，城市家具配置得到加强，市政公用设施精细化管理理念有了较大提升。高新区实行市政设施数字化管理，把专业队伍监管与电子控制相结合，精细化管理迈出了重要一步。

7.交通整治使城市交通承载能力有了较大提升。市政府出台了城市交通发展五年规划。以城市交通发展规划为导向，连续实施全市统筹、分区推进的7期大规模调流，通过新设单行线，设置道路隔离带，打通多处城市微循环路径，盘活现有道路资源。开辟了15条公交专用道，使公交的优越性初步显现。改造交通路口112处，增加了交通节点的交通吞吐能力。加强交通管理设施建设改造力度，使标杆、标牌、标识在发挥交通诱导功能的同时，成为城市的靓丽风景。进行咸阳路等道路及架空线改造，打通了人民广场小外环，为把重庆路改造成步行街创造了条件，极大缓解了人民广场交通压力，使城市规划多年的夙愿得以实现。大规模开展了旨在改变不文明交通习惯的争道抢行、违法停车、闯红灯、横穿马路、翻越护栏等15项专项整治，开展了公交车、出租车文明交通的专项行动，效果显著。开发停车泊位6 899个，并首次实行了招标管理，车辆停放秩序有了新的规范。在2011年全市新增9万辆机动车情况下，城市交通秩序井然。

8.市容环境卫生整治让城市更清洁。春季的市容卫生清洁周、仲夏的“八项清理”行动、夏秋之交的迎文明城检查“十项攻坚”行动，彻底清出了城市底色，强化了城市卫生环境管理。秋冬之交的市容卫生集中行动，巩固了整治成果，将空前整洁的城市带入冬季。治理野广告专项行动实行警民联手、追抓看护、清刷覆盖，端掉窝点22个、打掉团伙18个、刑事拘留57人、治安拘留252人。整治裸运渣土行动，查处超限超载、裸运渣土等车辆1 167台，停工整顿工地12处，运输车辆拖泥带水、卷土扬尘现象得到全面控制。建筑、装潢、管线、绿化、市政等所有工地，全部实行了围挡作业。人民大街地铁工地等一批建设类工地的景观墙式围挡，成为城市的靓丽风景。加强广告牌匾治理，依法拆除各类有碍观瞻的违法户外广告1 775块，更新牌匾8 517块，使城区主要街路的视觉空间更开阔、有序，商圈更繁华。拆除违法设置的LED广告屏238块，使光污染对城市环境的危害得到了预防和控制。继续实施大规模拆违行动，拆除集体土地上违法建筑53万平方米，抢栽、抢种、抢建行为得到有效遏制；拆除国有土地上违法建筑75万平方米，使城市更多的公共空间得以恢复。2011年市容卫生整治，规模之大、组织之严密、整治之彻底、城市之干净，是前所未有的。

（编辑部整理）

长春兴隆综合保税区建设

2009年6月份，长春市委、市政府决定筹建长春兴隆综合保税区（以下简称综保区），并确定选址在经开区兴隆山镇，明确依托经开区开展筹建工作。前期完成了规划、论证、可研、协调、报件等工作，于2009年11月份将申报材料上报国家，并进入审批程序。全面开展综合保税区项目建设，2009年12月26日，管委会决定成立保税物流园区办公室，主要负责综合保税区申报、协调招商、规划、建设、征地、拆迁等各项工作。2年来，在省、市、管委会领导的高度关注下，在各部门的大力配合下,取得了良好的成果,综保区于2011年12月获得国务院正式批准。首批签约10个项目正在落位,一期建设工程进展顺利。

协调国家部委审批会签,综保区通过审批 为全力推进综保区审批进程,在省、市、区领导及相关部门的共同努力下,通过大量的协调工作,2011年6月15日,完成了海关总署、国土资源部等10部委的征求意见。7月15日,海关总署孙毅彪副署长来长调研。12月16日,综合保税区正式获得国务院批准。

综保区系列招商推介项目取得成效 利用省经合局、省政府驻深圳办事处和广州办事处、长春市商务局、长春市开发区以及市政协资源,2011年举办6次大型推介活动,联系和走访"长三角"、"珠三角"、港澳地区200多家企业。截至10月末,有20余户企业已经签约或意向进入园区。4月份,在大连的"大连吉林商会揭牌仪式"上,配合商务局对兴隆综合保税区进行了重点宣传和推介。大连鲜星公司、华润集团等多家企业与综保区代表就仓储物流、农产品加工及生产进行了深入洽谈,多个投资及合作意向正在跟踪过程中。5月末,与上海延锋伟世通汽车模具制造有限公司、上海通力电梯有限公司、杭州华三通信技术有限公司等进行了对接,万事达咖啡机项目在东博会期间与综保区签约。第七届中国吉林东北亚投资贸易博览会期间,在会展中心大综合馆成功组织了"长春兴隆综合保税区投资说明会暨项目签约仪式",60多户来自深圳、长春的企业参加了推介活动,10个项目签约,投资总额18亿元人民币,可实现进出口总额1.2亿美元。10月份,中国(深圳)国际物流与交通运输博览会期间,2次推介会共组织110多户企业和机构参会。走访了富士康、华为、清华同方、招商局物流以及广东王牌电子等5户企业。长春芳冠和大陆汽车电子2户企业同宝安集团股份、深圳保腾创投、松禾资本管理进行了对接。物博会期间,通过展位宣传,利用多种形式对长春兴隆综合保税区广泛宣传,极大地提高了长春兴隆综合保税区的知名度。

开展综保区及际华项目服务工作 为便于开展工作,园区成立了"综保区项目服务组"和"际华项目服务组",全面开展项目跟踪协调工作。综合保税区一期工程建设方案通过市政府审批,协调长春海关和出入境检验检疫局明确了监管设施及信息化建设需求。解决了土地指标、规划条件、拆迁排迁、林地审批、林带砍伐等问题,为项目建设和招商项目落位创造了条件。联检大楼主体已经完成11层,主卡口主体已完成,围网完成2 000米和4 500米围网基础,机场路已完成面层施工。海关和检验检疫查验中心施工图设计已经完成。中山大街及保税物流广场周边道路已完成二灰碎石层施工。规划范围内除部队和农校拆迁取得积极进展。际华项目取得良好进展。该项目是综保区督办的1号工程,园区发挥桥梁作用,与际华3504公司进行良好的沟通,把企业提出的想法和建议及时反馈给领导和相关部门;多次组织相关部门到现场踏查,协调长春市国土资源局、长春市规划局等部门开展协调服务。包括际华项目乡镇规划已经编制完成,并获得长春市规划局通过。土地使用批复已取得。工业地块规划条件已经长春市规划局通过,土地招拍挂年底前完成。林地报批和林带砍伐手续全部完成。

综保区发展的政策和体制 分别起草了《吉林省政府关于加快长春兴隆综合保税区发展的若干意见》、《长春兴隆综合保税区管理机构组建方案》、《长春兴隆综合保税区招商引资优惠政策》。从配套资金、税收返还、土地利用、综合服务等方面提出了12条政策,并对管理机构的职能、设置、内设部门形成了组建方案,同时对征地建厂、厂房租赁、财税扶持、人才保障、鼓励发展等5个方面提出了13条优惠政策。

推进保税区筹建工作 综保区建设局、规划局、建管中心及长春海关兴隆综合保税区筹备小组、省建筑设计院等部门,就建设相关问题进行了研究和反馈,确定了最终方案,为施工奠定了基础。在海关和检验检疫部门的支持下,考察了外地综保区信息化建设,设计了兴隆综合保税区信息平台建设方案,提出了建设需求。智能卡口系统、信息系统建设与基础设施建设同步展开,卡口智能化信息系统开展招标工作。园区办与海关建立了工作关系,为管委会台湾统一项目、派格汽车项目协调解决了困扰企业发展的进口设备提前备案、省级技术中心审批等难题,发挥了特殊的作用。

发挥保税区投资公司建设职能 保税区投资建设公司不仅是保税区建设主体,而且是未来保税区运行机构的核心。公司完成了增资,开展了业务培训,加强了制度建设,制定了《长春兴隆综合保税区运营发展规划》。发挥融资平台作用,积极向10多家银行及金融机构开展项目推介,30亿元的融资项目有望落实。下步将就综保区标准厂房、保税仓库、堆场建设进行土地摘牌和工程设计。争取省市资金支持,保障保税区建设顺利进行。

(杜　萍)

1　月

2日

2011中国长春冰雪旅游节暨净月潭瓦萨国际滑雪节开幕。

6日

第十七届全国雪雕比赛在哈尔滨落下帷幕。长春代表队创作的雪雕作品《雪中舞》荣获一等奖。

7日

经国务院批准，长春汽车产业开发区正式升格为国家级经济技术开发区，并更名为长春西新经济技术开发区。

10日

2010年吉林省科学技术奖揭晓，《红旗HQE检阅车及V12汽油发动机自主开发》项目获得省科学技术奖特等奖。

11日

长吉城际高铁正式通车。

同日

第七届“中国青年女科学家奖”颁奖典礼在北京举行，吉林大学超硬材料国家重点实验室教授刘冰冰等10人获奖。

12日

长春市委、市政府召开全市经济工作会议，省委常委、市委书记高广滨作重要讲话，市长崔杰主持会议。会议研究部署新一年经济工作，出台了《关于进一步加快工业经济转型升级的若干意见》、《关于加快推进长春市现代服务业发展的实施意见》、《关于加快开发区经济发展方式转变的若干意见》等相关文件。

13日

长春市长崔杰主持召开市政府第35次常务会议，讨论并原则通过《长春市2011年民生行动计划(草案)》、《市政府2011年度规章制定、调研计划（草案)》、《长春市移动通信基站管理办法(草案)》、《长春市地方志工作管理办法(草案)》。

同日

发布《长春市地方志工作管理办法》，自2011年3月1日起施行。发布《长春市移动通信基站管理办法》，自2011年5月1日起施行。

14日

在北京人民大会堂举行的国家科技奖励大会上，中国一汽“高品质J6重型车及重型柴油机自主研发与技术创新”项目获得2010年度国家科学技术进步奖一等奖。这是我国民用车项目首次获此殊荣。

同日

国家旅游局2010年新评定19家国家5A级旅游景区授牌仪式在北京举行。长春净月潭景区荣膺“国家5A级旅游景区”。2月23日举行揭牌仪式。

16日~19日

中国人民政治协商会议长春市第十一届委员会第四次会议在长春会堂召开。会议协商讨论了《政府工作报告(协商稿)》和《长春市国民经济和社会发展第十二个五年规划纲要（草案)》、《关于长春市2010年国民经济和社会发展计划执行情况与2011年国民经济和社会发展计划(草案)的报告》、《关于长春市2010年预算执行情况和2011年预算草案的报告》、《长春市中级人民法院工作报告（协商稿)》、《长春市人民检察院工作报告(协商稿)》。会议同意石坚辞去政协长春市第十一届委员会秘书长职务，赵贵军、原建新、崔启民辞去常务委员、委员职务。选举唐晓明为政协长春市第十一届委员会秘书长，邢文、刘德生、沈启天、张宝琦为常务委员。

19日

长春市双阳区荣获“2010中国最具海外影响力市(县、区)”。

20日~24日

长春市第十三届人民代表大会第四次会议在长春会堂召开。市长崔杰作政府工作报告。会议听取了市人大常委主任祝业精作的《长春市人民代表大会常务委员会工作报告》，听取了市中级人民法院院长宋利菲作的《长春市中级人民法院工作报告》，听取了市人民检察院检察长徐明作的《长春市人民检察院工作报告》，表决通过了大会表决办法，表决通过了大会选举办法。会议补选李树国为长春市第十三届人民代表大会常务委员会主任，补选张树明为长春市第十三届人民代表大会常务委员会副主任，补选于波为长春市人民代表大会常务委员会委员，补选陈凤超为长春市人民检察院检察长。

21日

中国北方(长春)高速动车产业基地

配套项目战略合作签约仪式在华天大酒店举行。省市领导王祖继、崔杰、肖万民出席签约仪式。

20日~22日

中共中央政治局常委、中央书记处书记、国家副主席习近平到吉林市、长春市调研时强调，各级党委要紧密结合新的形势和任务，以改革创新精神加强和改进党的建设，努力实现"十二五"良好开局。

26日

长春市长崔杰在长春香格里拉大饭店会见了以余沃尔·拉宾为团长的以色列奥瑞斯、KGM代表团一行。

27日

长春市委、市政府在长春会堂召开全市民生工作会议。省委常委、市委书记高广滨在会上作重要讲话，市长崔杰对2011年民生重点工作进行部署。市政府出台了《长春市2011年民生行动计划》，将全力实施富民增收、社会救助、住房保障、医疗惠民、交通改善等十大民生工程，承诺当年为百姓办107件民生实事。

28日

中国北车长春轨道客车股份有限公司与北京市轨道交通建设管理有限公司车辆采购合同签订仪式在京举行。长客股份公司获得北京地铁6号线一期总计30亿元的订单，这是全球地铁车辆采购史上最大的一单。

同日

中国北车集团公司与重庆市政府签署《重庆市政府与中国北车集团公司战略合作协议》，以中国北车长春轨道客车股份有限公司的子公司—重庆长客轨道车辆有限公司为基础，将建设北车集团在中国西部最大的轨道交通装备研制和维修基地。

2月

1月17日~2月7日

第二届吉林冬季农业博览会暨净月潭新春大集在长春农博园举办。

22日~24日

以长春市副市长肖万民为团长的长春市经贸代表团，赴江苏省南京、常州、丹阳等市开展专题招商引资活动。

22日

长春市十一高中女排获得全国青少年U18女排锦标赛季军。

同日

中国第十届中华技能大奖表彰仪式在中南海举行，中国北车长客股份公司的电焊工高级技师李万君，获得中华技能大奖，成为高速动车组研制领域获此殊荣第一人。

28日

全国女职工"五一巾帼奖"表彰大会在北京举行。长客股份公司泰国BTS地铁设计团队被中华全国总工会授予"全国五一巾帼奖状"、"全国工人先锋号"荣誉称号。

3月

1日

旨在基本解决城区、开发区低保、低保边缘家庭6周岁以下重度听障儿童的听力重建问题的全市听障儿童（人工耳蜗）康复救助项目正式启动。市长崔杰，市委常委、常务副市长隋忠诚出席启动仪式。

4日

长春共青团组织2011年春季农民工子女集中关爱救助行动暨青少年民生公益项目捐助仪式在南岭小学正式启动。市领导高广滨、隋忠诚、郑文芝等出席启动仪式。

5日

长春中央直属食糖储备库项目签约仪式在北京民族饭店举行。长春市副市长滕佳材出席签约仪式。

6日

长春朝阳万达中心项目、长春二道万达广场项目签约仪式在北京索菲特大酒店举行。长春市长崔杰、副市长滕佳材出席签约仪式。

11日

长春市长崔杰向日本仙台市市长奥山惠美子女士发去慰问信，代表长春市政府及长春人民向受地震灾害严重的仙台市致以深切慰问，并表示长春愿向仙台提供必要的帮助。

12日

吉林省政府暨长春市政府与中国农业发展集团总公司在北京签署战略合作协议。

15日

长春市公安机关召开社会治安综合整治行动动员誓师大会，确定从3月份到年底，在全市范围内开展社会治安综合整治行动。

17日

市领导高广滨、钱万成、王学战、滕佳材等在长春香格里拉大饭店会见了以日本丸红株式会社常务执行董事、驻中国总代表、中国日本商会会长鹿间千寻为团长的日本丸红株式会社代表团一行。

18日~22日

第七届中国长春君子兰节在长春君子兰花卉交易中心举行。

20日

一汽轴齿中心工业园项目在西新区奠基。

同日

吉林省著名画家王建国油画作品展在中国美术馆7号展厅举行，全国政协常委、民革中央副主席修福金，市长崔杰等为画展剪彩。这是长春市油画艺术家的作品首次进入中国美术馆。

24日

长春市新城大街与福祉大路立交桥正式开工。

同日

长春市容环境综合整治行动总指挥部召开2011年第一次全体会议，确定2011年整治行动的十大工程、42项专项任务。

25日

长春市长崔杰在中日友好会馆会见了以古巴驻华大使卡洛斯·米格尔·佩雷拉·埃尔南德斯为团长的古巴驻华使馆代表团一行。

同日

长春市长崔杰主持召开市政府第36次常务会议，讨论并原则通过《长春市燃气条例（草案）》、《长春市户外广告设置管理办法（草案）》、《长春市建筑物临街门面装饰管理办法(草案)》。

同日

发布《长春市户外广告设置管理办法》、《长春市建筑物临街门面装饰管理办法》,自2011年5月1日起施行。

同日

中国北车长春轨道客车股份有限公司与哈尔滨地铁集团有限公司签订了哈尔滨市轨道交通1号线一、二期工程地铁车辆采购合同,签约金额6.21亿元人民币。长客股份公司将为哈尔滨打造国内第一款耐高寒地铁车。

4月

1日

长春市城镇基本医疗、工伤和生育保险市级统筹启动仪式在九台市举行。

同日

长春市纳税人权益保障中心在市政务大厅揭牌。

8日~9日

中共中央政治局常委、国务院副总理李克强在吉林市、长春市考察时指出,要按照党中央、国务院的决策部署,围绕实现今年发展目标,突出重点领域,加强薄弱环节,为"十二五"发展开好局、起好步。

14日

省委常委、市委书记高广滨在长春宾馆会见了来长考察东北科技创新集群建设的中科院党组书记、院长白春礼一行。

20日

由台湾统一集团投资1亿美元建设的长春统一企业有限公司生产基地在长春市经开区新兴产业园开工建设。省市领导巴音朝鲁、高广滨、陈伟根、张元富等出席项目奠基仪式。

22日

长春市十三届人大常委会举行第二十六次会议,决定任命苏志芳为长春市副市长。

25日

中国北车长客股份有限公司日与北京铁路局签订总价38.7亿元的CRH5型"和谐号"动车组车辆采购合同。CRH5型动车组是我国惟一一款高寒动车组。

28日

吉林省暨长春市庆祝"五一"国际劳动节大会在省宾馆举行,省市领导巴音朝鲁、包秦、李树国、郑文芝等为获奖集体和个人颁奖。

29日

长春市2011年"暖房子"工程全面启动。市领导张树明、王学战出席开工仪式。

5月

3日

吉林省公安消防总队长春市支队特勤大队一中队中队长助理孙军荣获第十五届"中国青年五四奖章"。

4日

绿园西新工业集中区开工。市领导高广滨、李树国、孙国武等出席开工仪式。

7日

全国"创建幸福家庭活动"试点工作会议在长春市召开。十届全国政协副主席、中国人口福利基金会会长王忠禹,国家人口计生委主任李斌,省委常委、常务副省长竺延风,市长崔杰等领导出席会议。

7日~9日

中共中央政治局委员、中央书记处书记、中宣部部长刘云山在长春、四平等地调研时指出,要大力加强城乡基层文化建设,让文化发展成果更好惠及群众。

8日

长春市教育系统成立红十字会,并启动了市红十字会多恩地产百万博爱助学基金,用于帮扶贫困学生。市委常委、副市长郑文芝出席成立大会。

10日

中央广播电视大学残疾人教育长春学院、长春广播电视大学特殊教育学院正式成立。填补了长春市残疾人远程学历教育的空白。

12日

《长春市制止违法建设、拆除违法建筑若干规定》、《长春市建设工程施工现场环境卫生管理办法》发布施行。

13日~17日

2011长春房地产展示交易会在长春欧亚卖场开幕。

16日

长春市安宁精神康复托管中心举行落成仪式。市长崔杰,市委常委、常务副市长隋忠诚出席落成仪式,并为康复中心揭牌。该中心是长春市惟一一家民办公助精神病患者托养机构,也是继长春市心理医院、长春市康宁医院之后,承担全市精神病患者康复医疗救助任务的第3家专业机构。

17日

长东北钢材物流基地项目正式启动。

18日

长春莲花山生态旅游度假区道路基础设施集中开工暨长吉南线(莲花山段)改建工程开工仪式在长吉南线莲花山段举行。

同日

2011年长春市50个5亿元以上现代服务业重大项目暨净月开发区国家级服务业综合改革试点重大项目集中开工仪式在净月开发区彩宇广场举行。

19日

省委常委、市委书记高广滨在市委会见了爱尔兰CRH公司首席执行官李迈斯一行。

20日

中宣部、司法部在北京人民大会堂召开第七次全国法制宣传教育工作会议,长春市被评为全国法制宣传教育先进城市。这是继"三五"、"四五"普法之后,长春市第3次获此殊荣。

同日

2010"金五星"优秀会展城市评选颁奖典礼在成都举行。长春市荣获"2010全国会展业'金五星'优秀会展城市"称号。

20日~22日

第二届中国·长春创业(就业)博览会在长春国际会展中心举行。省长王儒林宣布创博会开幕,中国就业促进会会长张小建，省市领导，国家有关部委相关负责人，辽宁、黑龙江、内蒙古、山东等15个省、自治区、直辖市和47个城市人力资源和社会保障部门的相关负责人到会。本届创博会主题为“创业促就业，福祉千万家”。

24日

2011年中国(长春)国际轨道交通展览会在长春国际会展中心开幕。

25日

第二届中国(长春)国际轨道交通论坛开幕。国家部委及政府轨道交通主管部门领导、专家学者、行业高管等300多名业界人士齐聚长春，共话中国轨道交通未来。长春市副市长肖万民出席论坛并作主旨演讲。

27日

长春皓月回族敬老院举行奠基仪式，这是长春市首家民建公用星级老年民族公寓。副市长肖万民参加奠基仪式。

30日

第九届中国会展节事财富论坛揭晓2010～2011年度中国会展业“金手指奖”获奖名单。长春创博会荣获“金手指奖最佳创新型展览会”大奖。

31日

以副市长滕佳材为团长的长春市经贸代表团在古巴首都哈瓦那举办了中国长春—古巴哈瓦那经贸推介会。古巴国家商会秘书长费尔南多、国际司司长普利斯、药监局局长米莉亚、中国驻古巴大使馆商务参赞陈风以及古巴医药界代表30余人参加了推介会。

6月

1日~9日

2011长春图书博览会暨吉林省第三届农民读书节在长春国际会展中心举行。

1日~7日

第七届长春国际动漫艺术节在长春欧亚卖场会展中心举办。

2日

市政府在长春宾馆举行仪式，正式授予李松山、韩蓉夫妇“长春市荣誉市民”称号。以二人名字命名的“松山韩蓉非洲艺术博物馆”定于9月1日开馆。

同日

长春市出台《厂办大集体企业职工接续基本养老保险关系工作实施方案》，确定13条新政，帮助“厂办大集体”职工接续养老保险关系。

7日

中国为巴西里约热内卢研制的首列EMU(电动车组)在中国北车长客股份公司下线。该项目车体钢结构的研制成功，填补了国内空白。“中国制造”电动车组将首次进入南美市场。

7日~18日

由副市长滕佳材率领的长春市经贸代表团随吉林省代表团赴法国、荷兰、德国开展经贸交流活动。

8日~10日

首届“2011百城论坛”在北京举行。长春市荣获由中国人民对外友好协会颁发的城市品牌建设奖。

10日

市长崔杰主持召开市政府第40次常务会议。讨论并原则通过市政府《关于加快学前教育发展的意见〈送审稿〉》、《长春市创建国家公共文化服务体系示范区规划(2011~2012年)》草案、市政府《关于扶持和促进中医药事业发展的意见》、《长春市气象灾害防御条例》(草案)。

10日~11日

中央文明办专职副主任王世明来到长春市，在省委宣传部和省文明办领导，市委常委、宣传部长、市文明办主任王振华等陪同下，对长春市创建文明城市工作进行调研。

11日

首个《中国城市生活质量指数报告》出炉，长春居民生活改善分指数列省会城市第3位。

同日

市委市政府召开全市创建文明城市推进大会，动员全市打好创城攻坚战。

15日

长春市举行第二届“十大科技英才”和“百名优秀科技工作者”表彰大会。

16日

“启明信息——三菱电机合资签约仪式”在南湖宾馆举行。副省长王祖继，市委常委、常务副市长肖万民，一汽集团董事长、党委书记兼启明信息董事长徐建一，三菱电机执行役社长山西健一郎参加签约仪式。

18日

欧亚集团董事长曹和平与日本株式会社博多大丸社长原田隆晴正式签署了战略性合作协议，双方将联手做强国际化高端百货。

同日

2011年长春市万套公共租赁住房建设启动仪式在宽城区团山小区举行。

21日

长春市十大政法英杰颁奖典礼暨事迹报告会在省宾馆举行。市公安局特警支队支队长于勇、市人民检察院反贪局侦查二处侦查一科科长刘强等10人被评选为“长春市十大政法英杰”。

同日

长春市召开纪念“巾帼建功”活动20周年暨创先争优表彰大会。

25日

第五届中国长春消夏节暨净月潭瓦萨国际森林徒步节在净月潭国家森林公园开幕。

26日

吉林省禁毒教育基地揭牌暨2011禁毒宣传万里行活动启动仪式在长春举行。该场馆将常年免费对外开放。

28日

吉林森工集团金桥地板工业园正式建成投产。省委书记孙政才、省长王儒林与国家林业局局长贾治邦共同为该工业园建成投产启动按钮。这一工业园是目前亚洲规模最大的专业地板单体工厂。

30日

长春轻轨4号线正式投入观光运营。轻轨4号线北起长春站北广场，南到净月开发区的车场站，线路全长16.33公里。

6月30日~7月6日

第四届中国长春华夏文化艺术节暨2011中国东北亚文化产业博览会在长春欧亚卖场会展中心开幕。

7月

5日

中国北车与吉林省政府在长春签署《"十二五"轨道客车、风电装备产业基地建设合作协议》，明确在"十二五"期间，打造世界一流的轨道客车研制中心和高水平的风电机组总成产业化生产基地。

8日

由法国佛吉亚集团与长春旭阳集团共同出资组建的汽车零部件生产企业——长春佛吉亚旭阳汽车内饰系统有限公司和长春旭阳佛吉亚毯业有限公司正式揭牌。

8日~13日

中共中央政治局常委、全国政协主席贾庆林先后到延边、吉林、辽源、长春等地调研时强调，要统筹推进工业化、城镇化、农业现代化建设，全面振兴老工业基地。

9日~10日

全国农村能源工作会议暨国家绿色能源示范县授牌仪式在北京举行，农安县成为全国首批绿色能源示范县。

12日

中国一汽具有自主核心高技术的3款发动机—CA3GA10、CA4GA13TD、CA4DH1在一汽技术中心点火成功，标志着一汽低碳节能技术取得了新突破。

14日

第十二届中国长春(高新区)国际雕塑作品邀请展开凿仪式在长春高新区东北亚文化创意科技园举行。

15日~24日

第八届中国(长春)国际汽车博览会在长春国际会展中心举行。

18日

第八届长春汽博会长春市汽车产业专项推介会暨签约仪式在长春国际会展中心举行。

同日

中国北车长春轨道客车股份有限公司被国家工信部、财政部认定为首批"国家技术创新示范企业"，成为我国轨道交通装备制造企业中，惟一获此殊荣的企业。

19日

市长崔杰在中日友好会馆会见了以津巴布韦国家经济计划改革发展委员会秘书长马丁·拉升维亚为团长的津巴布韦国家经济计划改革发展委员会代表团一行。

同日

中机长春物流科技园正式投入运营。该科技园是中国农业机械化科学研究院与长春市政府合作的重点项目，是迄今全国最大的现代农业装备物流园。

同日

《长春市城市建筑垃圾管理办法》发布施行。

22日

香港地铁有限公司与中国北车长客股份公司签订了香港西港岛线与南港岛线总计14.01亿港币（约折合人民币11.67亿元)的地铁列车采购合同。这是我国第一列无人驾驶的地铁列车，填补我国城铁车辆研发的又一空白。

同日

长春市十三届人大常委会举行第二十八次会议。会议任命吴兰、孙亚明为长春市副市长，任命李祥为长春市公安局局长、孙向武为长春市林业局局长。

26日

长春市副市长苏志芳在长春香格里拉大饭店会见了英国诺丁汉大学副校长路德一行。

29日

长春市见义勇为纪念广场奠基仪式在九龙源烈士公园举行。副市长高学章及相关部门负责人参加了奠基仪式。

30日

"两弹一星功勋奖章"获得者，中国科学院院士、中国工程院院士、国际宇航科学院院士、著名光学家王大珩因病7月21日在北京逝世，享年96岁。30日，王大珩院士的部分骨灰在长春安放。

31日

长春市副市长苏志芳在中日友好会馆会见了日本金崎町议会会员、日本双叶技建株式会社社会长高桥文雄一行。

8月

2日

华夏银行长春分行揭牌成立。

5日

第六届中国(长春)民间艺术博览会在长春国际会展中心开幕。

8日

由长春电视台承建的长春市全天候24小时电视直播互动平台一期工程正式投入使用。该平台是东三省最大的24小时电视直播平台。

11日

发布《长春市燃气管理条例》，自2011年9月1日起施行。

12日

第十届中国长春国际农业·食品博览(交易)会在中信国际展览中心开幕。本届展会以"科技、绿色、交流、发展"为主题，会期10天。

14日

长春皓月清真产业园区揭牌仪式暨长春皓月清真产业园区外商投资签约仪式在长春皓月集团总部办公楼前进行。

17日

长春奥林匹克公园奠基仪式在高新区长东北核心区举行。该园占地53万平方米，总投资21.2亿元，预计2013年建成并投入使用。

同日

市委常委、秘书长、朝阳区委书记钱万成在长春伪满皇宫博物院会见了俄罗斯国家档案馆副馆长拉里萨·亚历山大洛夫娜·若果娃娅一行。

18日

长春市副市长陈巳在长春香格里拉大饭店会见了以泰国泰中文化经济协会副会长寇斯特·苏维尼基特为团长的泰中文化经济协会代表团及以泰国巴真府副府尹苏拉才·斯里萨拉坎为团长的巴真府代表团一行。

同日

长春西站综合交通换乘中心主体工程——南广场完成主体结构封闭，10月28日全部建成并投入使用。

25日

吉林大学农学部奶牛繁育基地成功培育出一头携带转入赖氨酸基因的克隆牛犊。这头克隆牛是人类利用分子生物学技术和体细胞核移植技术获得的世界首例赖氨酸转基因克隆牛。

25日~29日

中共中央政治局常委李长春先后到白山、吉林、长春等地调研。

26日

长春市领导高广滨、崔杰、王振华、钱万成带领市委、市政府相关部门负责人,深入全市主要路口、商圈、老旧散小区、背街小巷,对居民小区环境、建筑垃圾和生活垃圾清运、车辆停放管理及行人文明行为规范等具体工作进行检查,推进"创城"迎检。

同日

长春净月立交桥正式通车。

28日

中国(长春)民间艺术博览会获得"2011年度中国会展产业大奖·第八届'中国会展之星'品牌展会奖。"

30日

发布《长春市土地登记办法》,自2011年11月1日起施行。

同日

中共长春市委原副书记李北淮因病在长春逝世,享年97岁。

同日

发布《长春市建(构)筑物拆除工程施工管理办法》,自2011年10月10日起施行。

9月

1日

空军航空大学开学典礼暨吉林长春首届航空开放日活动在长春大房身机场举行。中央军委委员、空军司令员许其亮,空军政治委员邓昌友,省市领导孙政才、巴音朝鲁、房俐等出席活动。

同日

第十二届中国长春(高新区)国际雕塑作品邀请展在长春高新区长东北城市生态湿地公园揭幕。

同日

宁波—长春投资合作洽谈会暨项目签约仪式在长春香格里拉大饭店举行。宁波市副市长陈奕君、长春市副市长滕佳材出席签约仪式。

2日~3日

第三届中国长春世界雕塑大会在长春世界雕塑公园开幕。全国政协副主席张梅颖宣布大会开幕。文化部副部长王文章在开幕式上致辞。

6日

长春国投公司、长拖农业机械装备集团有限公司与中国机械工业集团有限公司、中国一拖集团有限公司正式签署战略重组协议。

同日

第七届中国吉林·东北亚投资贸易博览会在长春国际会展中心开幕,本届东北亚博览会为期6天。

同日

第五届东北亚经贸合作高层论坛在长春举行。

7日

第二届"东北亚智库论坛"在长春市举行。省委常委、副省长马俊清出席开幕式并致辞。

同日

中国长春市与澳大利亚瓦南布尔市建立友好城市关系意向书签字仪式在中日友好会馆举行。市长崔杰出席签字仪式并会见了瓦南布尔市市长雅尔辛达·婀玛考拉女士一行。

8日

长春兴隆综合保税区投资说明会及项目签约仪式在长春国际会展中心大综合馆举行。

9日

长春市教育局、长春中医药大学、长春中医药大学附属医院、市实验中学、市第一实验小学分别与香港东华三院签署合作协议,确立长期交流合作关系,共享资源,优势互补,实现合作共赢。

15日

长春市人才特区揭牌暨命名大会在高新区举行。长春高新区成为吉林省惟一一个"人才特区"。

同日

市人大常委会第二十九次会议闭幕。会议决定接受王学战同志因已到任职年龄界限辞去副市长职务的请求;会议作出决议,批准长春市本级2010年财政决算。

同日

长春市副市长苏志芳在长春香格里拉大饭店会见了塞尔维亚诺维萨德市议会议长亚历山大·伊万诺维奇一行。

16日

长春市举行全市保障性住房全面开工仪式。

同日

日本NTT数据集团长春研发中心开业庆典在南湖宾馆举行。市委常委、常务副市长肖万民出席活动。

18日

长春南大营旧址陈列馆正式落成开馆,向市民免费开放。

同日

由吉林省委、省政府主办,省委宣传部承办的长影史诗巨制《辛亥革命》全国首映式在长春东方大剧院举行。

20日

第三届全国道德模范评选在北京揭晓,勇斗劫匪光荣牺牲的长春市民纪长秋获得"全国见义勇为模范"称号。

23日

长春市政府与中国移动通信集团吉林有限公司签订"无线城市"战略合作协议,在"十二五"期间,中国移动吉林公司将投资70亿元,与市政府合作,共同完成长春"无线城市"建设。

26日

长春市长崔杰主持召开朝阳区违法强拆案件善后处理工作专题会。朝阳区违法强拆案件涉嫌刑事犯罪的当事人全部抓捕到案并移送司法机关处理,受到责任追究及党政纪处分的相关人员全部处理到位,回迁房建设开工在即,相关善后工作平稳有序进行。

27日

中国著名指挥家、长春电影制片厂乐团一级指挥尹升山因病在长春逝世,享年86岁。

同日

由中国北车长客股份公司研制的我

国首列出口巴西里约热内卢的电动车组运抵里约港。该电动车组是“中国造”电动车组首次成功进入南美市场。

同日

长春市政府与中国安华(集团)总公司在中日友好会馆举行基础设施建设战略性框架协议签约仪式。市长崔杰、副市长孙亚明参加签约仪式。

10 月

8 日

长春市长崔杰主持召开市政府第44次常务会议,听取《关于国庆期间市长公开电话和应急值守情况》、《秋贮菜供应及价格情况》的汇报,讨论并原则通过《关于提高城乡低保标准的意见》、《长春市廉租住房配建暂行办法(草案)》。

9 日

为纪念辛亥革命100周年,市档案馆和市政协文史委举行《辛亥革命在长春》一书首发式暨座谈会。

14 日

2011 长春房地产暨相关产业产品展示交易会(秋季房交会)在长春国际会展中心开幕。

16 日

北京交通大学与长春市绿园区政府“共建中国行走机械配套区”战备合作签约仪式在北京中关村皇冠假日酒店举行。长春市长崔杰、副市长肖万民、中国北车集团董事长崔殿国、北京交大校长宁滨、北京交控科技有限公司总裁郜春海参加签约仪式。

18 日

总投资50亿元人民币,建设面积120万平方米的钜城国际商业综合体暨红星美凯龙全球家居生活广场项目在南部新城破土动工。至此,南部新城中央商务区即将启动建设的塔楼和城市商业综合体项目总建筑面积已经达到300万平方米,总投资超过200亿元,南部新城大开发、大建设的帷幕已经拉开。

19 日

第八届全国残疾人运动会闭幕。长春市运动员获得7金6银2铜。奖牌总数超过历年。

20 日~21 日

马来西亚郭氏兄弟有限公司、香格里拉集团及香港嘉里集团董事长郭鹤年先生一行对长春进行考察,长春市领导高广滨、崔杰、钱万成等与其进行会谈并陪同考察。

24 日

发布《长春市献血管理办法》,自2011年12月1日起施行。

25 日

长春市城市基础设施建设项目首次推介会暨签约仪式在北京国贸大酒店举行。

28 日

长春市十三届人大常委会举行第三十次会议,决定任命侯建民为长春市副市长。

11 月

1 日

总投资1.26亿元的长春凯旋北路(合隆段)正式通车,这是农安境内第一条与长春市区相连的高标准城市干道。

3 日

长春市宽城区图书馆新馆正式开馆。

同日

吉林大学建设工程学院极地研究中心两名学子参加我国第28次南极科考,乘“雪龙号”科学考察船从天津起航。

7 日

长春市胜利大街改造工程完工。

8 日

长春市规划展览馆、博物馆、文化艺术展览馆3馆项目在南部新城开工建设。

13 日

在成都市举行的第七届中国节庆产业年会上,中国长春冰雪旅游节、中国消夏节分别在2011年度中国节庆产业“金手指奖”评选活动中,荣获“十大景观生态类节庆”及“十大旅游类节庆”奖项。

18 日

中国银行吉林省分行与长春轨道客车股份有限公司签署战略合作协议,中国银行吉林省分行为长客股份核定授信130亿元。

同日

长春市长崔杰主持召开市政府第46次常务会议,讨论通过《长春市人民政府关于提请审议修改〈长春市陆生野生动物保护条例〉等4部地方性法规的议案》,讨论通过《长春市人民政府关于修改〈长春市防治塑料制品污染环境管理办法〉等6部政府规章的决定》。

22 日

长春市长崔杰在市政府会见了加拿大安大略省查塔姆·肯特市市长兰蒂·霍普一行。

23 日

长春市委组织部与同济大学就共同培养选拔选调生工作签署合作协议,高广滨、杨子明、王振华等市领导出席签约仪式,并会见了同济大学党委副书记李昕一行。

24 日

长春市中级人民法院涉讼资产进场交易启动仪式在吉林长春产权交易中心举行。经过15轮网络竞价,首笔涉讼资产以37.7万元成交。标志着长春市司法拍卖改革正式进入实施阶段。

28 日

全市公交“暖车厢”工程竣工暨公交更新车辆上线仪式在市政府东门广场举行。至此,长春市成为东北首个全部完成公交“暖车厢”改造的城市。

12 月

2 日

长春市冬泳基地在南湖公园揭牌。

4 日

中国民主建国会长春第十二次代表大会在长春中日友好会馆闭幕。陈巳当选民建长春市第十二届委员会主任委员。

5 日

长春市双阳区被中国野生动物保护协会正式授予“中国梅花鹿种源养殖示

范区”称号。

6日

长春市城乡居民社会养老保险推进会召开。全面启动城乡居民社会养老保险制度。凡年满16周岁及以上(不含在校学生)、具有长春市户籍、未参加城镇职工基本养老保险的城乡居民，可自愿参加城乡居民社会养老保险。

9日

发布《长春市气象灾害防御条例》，自2012年1月1日起施行。

16日

国务院正式批准设立长春兴隆综合保税区。这是吉林省首个国家级综合保税区。长春兴隆保部区位于经开区兴隆山镇,东起机场路和甲二街,西至长吉图铁路,南起环城高速,北至乙四街,规划面积4.89平方公里，预计2012年底正式通关运营。

同日

参加十二冬会的长春市代表团在长春五环体育馆正式成立。由市委常委、副市长吴兰任团长的157人代表团，将参加短道速滑、速度滑冰、自由式滑雪空中技巧等3大项10个分项91个小项的比赛。

16日~17日

市十三届人大常委会举行第三十二次会议。会议决定,任命桂广礼为长春市副市长。

20日

民盟长春市第十三次代表大会圆满完成各项议程，在中日友好会馆落下帷幕。会议选举产生了以孙丰月为主任委员的民盟长春市委员会第十三届委员会，审议并通过了民盟长春市第十二届委员会工作报告,通过了《中国民主同盟长春市第十三次代表大会决议》。

同日

中央文明委在北京召开全国精神文明建设工作表彰大会，表彰第3批全国文明城市(区)、文明村镇、文明单位。长春荣膺“全国文明城市”称号。

22日

省委常委、市委书记高广滨在长春宾馆会见了日本丸红株式会社常务执行董事、中国区总代表鹿间千寻一行。

21日~23日

政协长春市第十一届委员会第五次会议在长春会堂举行。省委常委、市委书记高广滨在开幕式上作了重要讲话。委员们对《政府工作报告(协商稿)》等5个报告进行认真协商讨论,围绕加快发展、改善民生、社会管理创新等重大问题协商议政。会议通过了政协长春市第十一届委员会第五次会议决议。

26日

全国粮食生产表彰奖励大会在北京人民大会堂举行。中共中央政治局常委、国务院总理温家宝亲手将“全国粮食生产先进县(市)标兵”奖杯交给榆树市委书记李国强，这是榆树市连续第8次获得这项荣誉,该市2011年以创造历史新高的31亿公斤的总产量，在全国各县(市、旗)中实现了产粮8连冠。

27日

深圳华强集团总投资约100亿元的华强广场、华强大厦两个项目正式落位长春市朝阳区。市领导肖万民、钱万成、滕佳材出席项目签约仪式。

28日

长春市召开“清网行动”总结表彰大会，对行动中表现突出的有功集体和个人予以表彰。在此次行动中,公安机关共抓获逃犯1 547人。公安部给市公安局记集体一等功，另有数名公安干警被省公安厅授予“追逃英雄”、“追逃能手”等荣誉称号。

同日

2011中国自主创新年会在北京人民大会堂举行。长春市当选“2011年度中国十大低碳城市”。

26日~30日

长春市第十三届人民代表大会第五次会议在长春宾馆会堂召开。市长崔杰作政府工作报告。大会充分肯定市政府2011年的工作，并对2012年的工作提出要求。会议表决通过了关于接受有关人员辞职的决定;补选王宁、闻弘为市第十三届人民代表大会常务委员会副主任。会议还通过了关于各项报告的决议。

(常　颖)

自然概况

【位置面积】 长春市位于北半球中纬地带，欧亚大陆东岸的中国东北大平原腹地，居北纬 43° 05′ ~45° 15′ ；东经124° 18′ ~127° 05′ 。幅员 20 604 平方公里。现辖 4 县(市)6 区：榆树市、德惠市、九台市、农安县、朝阳区、南关区、宽城区、二道区、绿园区、双阳区。西北与松原市毗邻，西南和四平市相连，东南与吉林市相依，东北同黑龙江省接壤。城市面积 4 789 平方公里。市区中心城区建成区面积 322.1 平方公里。

【地质地貌】 长春市属天山——兴安地槽褶皱区吉黑褶皱系松辽拗陷的东部边缘，城区下部分布着深厚的白垩系泉头组，为一套红色较粗粒碎屑岩(页岩、泥岩、细砂岩和砂岩互层)，均为不透水层或含水性极微层，地层深厚(500 米尚未穿透)，岩层致密，倾角很小（5° ~ 10° ）。第四世纪沉积相当普遍，洪积层上部为黄土状物质，下部为红色粘土或沙砾层。新构造运动以来，地体微升，地表受流水切割，沟谷发育，形成微波状台地平原。二级阶地黄土状亚黏土厚 15 米 ~ 25 米，抗压强度 20 吨 ~ 25 吨 / 平方米，是较佳的天然地基。一级阶地(二道区)亚黏土层地基抗压强度 8 吨 ~ 11 吨 / 平方米，但地表下 2 米 ~ 4 米深处有一淤泥层，不适于天然地基，下部是沙砾层，抗压强度 25 吨 ~ 35 吨 / 平方米，距地表 6 米 ~ 11 米以下是基岩，对大型、特大型建筑基础置于基岩上最为有利。长春市的地貌特点，是远依山，近傍水，以台地平原为主。主要地貌类型为：1. 低山丘陵。分布于市区东南部，属大黑山脉的一部分，略呈东北西南走向，海拔大部分在 250 米 ~ 350 米之间，相对高度为 50 米 ~ 100 米；东部的大顶子山海拔 407 米，组成的岩石有花岗岩、安山岩、极岩等变质岩系，其中以花岗岩分布面积最广，久经侵蚀，已成浑圆状；山地丘陵面积在市区内所占面积比重甚微，山地丘陵中有森林，低丘之间有些冲积平原和盆地，为农业区；伊通河出大黑山北麓，从南向北穿过市区东部，在狭口处有修筑水库的良好条件。2.台地平原。城区台地面积约占总面积的 70%，并高出伊通河一级阶地 10 米 ~ 20 米，地表微波起伏，土质主要由黄土状土构成，海拔在 200 米 ~ 230 米之间，最高压 245 米；浅谷谷坡坡长，市区有近 80%的地面坡在 10 度以下。3.冲积平原。主要由伊通河冲积作用形成，在河流两岸形成了比较宽阔的带状平原，面积近 30%，地势低平，海拔多在 200 米左右；沿河两岸的低洼部分，汛期常被洪水淹没，属河漫滩部分，组成物质多为粗砂或细砂，河漫滩两侧为宽窄不等的高漫滩或一级阶地，宽度一般在 4 公里 ~ 5 公里间；一级阶地高出河床 3 米左右，其组成物质上部是亚沙土、亚黏土，下部是砂砾层，冲积物厚 10 米左右；二级阶地面积较小，河床两侧可提供建筑用砂；平原上的河迹洼地，因多为淤泥质黏土或亚黏土，并夹灰色砂质透镜体，大多排水不畅，土体抗压性较差，但在大部分台地平原上的沟谷系统则成为城市自然排水通道。4.火山锥体。台地平原西接松辽分水岭，系第四纪更新世末期沿断裂带呈地垒式隆起，并有火山活动。在长春西南的大屯、范家屯一带，火山锥体突起在波状平原之上，多由玄武岩构成，是良好的建筑材料。

【水文气候】 长春市的地表水属松花江水系，松花江、饮马河、伊通河的中下游，还有沐石河、双阳河、雾开河、新开河及卡岔河等流经境内，有波罗泡子、敖宝吐泡子、元宝泡子等主要泡子湖泊 7 处；市区的地表水，较大的河流为松花江的支流，也是饮马河的支流——伊通河及其支流——新开河等。由于市区的下部基岩为中生代白垩系红色岩系，岩层致密，为一不透水层或含水性极微，因而无深层地下水源，故地下水贫乏。长春市的气候介于东部山地湿润与西部平原半干旱区之间的过渡带，属温带大陆性半湿润季风气候类型。东部和南部虽距海洋不远，但由于长白山地的阻挡，削弱了夏季风的作用；西部和北部为地势平坦的松辽平原，西伯利亚极地大陆气团畅通无阻，故气候总的特点是冬季严寒漫长，春季干旱多风，夏季温暖短促，秋季晴朗温差大。冬季，受强蒙古高压系统影响，冷气流经常自北及西北侵入，盛行偏西风，气候寒冷、干燥。天气变化主要取决于高空西风带中的低槽过境:低槽移近时,常有较盛的偏南风入境,形成多云、多雪的阴湿天气;低槽过后,高压脊的前部侵入,致使风向转为西北风,气温骤降,并有时出现雪暴天气,然后高压系统全部占据,天气晴朗、干燥、风力微弱。这种更替,一次大约3天~4天,形成冬季"三寒四温"的天气特征。平均气温零下12℃,最低气温出现在农安县,为零下37.2℃。春季,地表温度增高,蒙古高压系统势力减弱,这时低压系统自贝加尔湖区侵入,形成东北低压并经常过境,低压前部常出现强大的西南气流,后部有猛烈的西北气流,大风天气多,最大风速可达30米/秒,且低压系统后部引起北方寒流冷气南下,形成寒潮天气。夏季,东南风盛行,有从小笠原状群岛吹来的东南风,也有渤海补充的湿气,自南而来的夏季风极锋锋线位置也移到本地,并有温带气旋过境。平均气温21.9℃,最高气温出现在德惠市,为32.1℃;全年最大日降水量出现在九台市,为98.8毫米。秋季,贝加尔湖低压系统虽有入侵,但发展的机会不如春季显著,高压在本区停滞的机会较多,因而在秋季可形成持续数日的晴朗而温暖的天气,温差较大,风速也较春季小。

【自然资源】 长春市地域辽阔,土地资源较丰富,共有土地面积20 604平方公里,其中耕地135.04万公顷。土质主要是黑土、草甸土、黑钙土等,分别占耕地面积的34.5%、29.06%、15.28%。土质肥沃,一般黑土层厚达0.6米~1.0米。全市共有林地26.5万公倾,森林的组成以东亚阔叶林成分为主,华北系成分、长白区系成分也有渗入,如黑松、樟子松、云杉、冷杉、长白落叶松、侧柏、桧柏、胡桃楸、水曲柳、黄菠萝、花曲柳、山杨、黑桦等。野生植物资源群落中,有森林植物、草甸植物、草原植物等,具有经济价值的野生植物300余种:可供药用的有五味子、大活、党参、苍术等150多种;可做工副业原料的有胡枝子、芦苇、蒙古栎等50多种;可供食用的有蕨菜、黄花菜、山楂、山葡萄等30多种;可做饲料的有碱草、草木樨、小叶樟等50多种。野生动物资源有豹猫、红狐、鸿雁、林蛙、中华鳖、虎斑文蛇、背角无齿蚌等5类34种。长春市的矿产资源,除已探明的煤、油质岩矿、水泥石灰岩矿、水泥黏土矿、珍珠岩沙、膨润土、萤石、铸型用砂矿、铜、银、铁以外,石油、天然气也有一定储量。

(王国志)

人口情况

【总人口及分布情况】 截至2011年末,长春市共有2 556 925户,7 617 663人。其中,男性人口3 835 334人,占人口总数的50.3%;女性人口3 782 329人,占人口总数的49.7%。市区(南关区、宽城区、朝阳区、二道区、绿园区、双阳区)人口为3 648 045人,占全市总人口数的47.9%;县(市)(农安县、九台市、榆树市、德惠市)人口为3 969 618人,占全市总人口数的52.1%。总人口数比2010年增加28 742人,增长率为3.8‰,增长率比2010年上升0.7‰。长春市人口占吉林省总人口数的27.9%。

2011年长春市人口增长及分布情况统计表

单位:人

市、区、县(市)	2010年末总人口	2011年末总人口	增加人口	增长率‰
全　市	7 588 921	7 617 663	28 742	3.8
市辖区	3 627 536	3 648 045	20 509	5.6
南　关	664 918	664 805	–113	–0.2
宽　城	655 962	665 140	9 178	13.8
朝　阳	742 994	739 547	–3 447	–4.7
二　道	556 138	558 910	2 772	5.0
绿　园	618 578	629 146	10 568	16.8
双　阳	388 946	390 497	1 551	4.0
农　安	1 109 811	1 115 550	5 739	5.1
九　台	711 418	710 735	–683	–1.0
榆　树	1 304 436	1 306 100	1 664	1.3
德　惠	835 720	837 233	1 513	1.8

【人口自然变动】 2011年,全市出生71 132人,出生率为9.36‰,比2010年下降1.07‰。市区出生32 870人,出生率为9.04‰,比2010年下降0.1‰。平均每天出生195人;全年死亡39 044人,死亡率为5.14‰,比2010年下降1.47‰。市区死亡18 615人,死亡率为7.32‰,比2010年下降2.2‰。平均每天死亡107人。全市自然增长32 088人,增长率为3.82‰,比2010年上升0.4‰,市区自然增长14 255人,增长率为1.82‰,比2010年上升2.1‰。

2011 年长春市人口自然变动情况统计表

单位:人

市、区、县(市)	出生人口		死亡人口		自然增长人口	
	人　数	出生率‰	人　数	死亡率‰	人　数	增长率‰
全　市	71 132	9.36	39 044	5.14	32 088	4.22
市辖区	32 870	9.04	18 615	5.12	14 255	3.92
南　关	5 674	8.53	3 853	5.80	1 821	2.74
宽　城	6 400	9.69	3 790	5.74	2 610	3.95
朝　阳	6 075	8.20	3 796	5.12	2 279	3.07
二　道	5 265	9.44	2 710	4.86	2 555	4.58
绿　园	5 991	9.60	3 340	5.35	2 651	4.25
双　阳	3 465	8.89	1 126	2.89	2 339	6.00
农　安	10 740	9.65	3 020	2.71	7 720	6.94
九　台	6 460	9.08	5 121	7.20	1 339	1.88
榆　树	12 163	9.32	6 734	5.16	5 429	4.16
德　惠	8 899	10.64	5 554	6.64	3 345	4.00

【人口机械变动】 2011 年,全市迁入人口 81 991 人,迁入率为 10.76‰;迁出人口 85 109 人,迁出率为 11.17‰;机械增长人口出现负增长 3 118 人，增长率为 -0.41‰,比 2010 年下降 0.2‰。其中,南关区、朝阳区、农安县、九台市、榆树市、德惠市均出现迁出人口高于迁入人口,呈现负增长情况。

2011 年长春市人口机械变动情况统计表

单位:人

市、区、县(市)	迁入人口		迁出人口		机械增长人口	
	人　数	迁入率‰	人　数	迁出率‰	人　数	增长率‰
全　市	81 991	10.76	85 109	11.17	-3 118	-0.41
市辖区	67 026	18.37	60 842	16.68	6 184	1.70
南　关	17 406	26.18	20 177	30.35	-2 771	-4.17
宽　城	10 780	16.21	3 856	5.80	6 924	10.41
朝　阳	16 296	22.04	21 822	29.51	-5 526	-7.47
二　道	7 569	13.54	7 018	12.56	551	0.99
绿　园	12 714	20.21	6 045	9.61	6 669	10.60
双　阳	2 261	5.79	1 924	4.93	337	0.86
农　安	4 936	4.42	6 851	6.14	-1 915	-1.72
九　台	2 642	3.72	4 729	6.65	-2 087	-2.94
榆　树	4 264	3.26	8 029	6.15	-3 765	-2.88
德　惠	3 123	3.73	4 658	5.56	-1 535	-1.83

【人口结构】 2011 年，在性别比例上，以女性人口为 100，全市性别比例 101.4,比 2010 年下降 0.1%。在农业人口与非农业人口的构成上，全市共有非农业人口 3 450 120 人，占总人口的 44.1%,比 2010 年上升 1.2%;有农业人口 4 167 543 人，占总人口的 54.7%,比 2010 年下降 1.2%。县(市)非农业人口农安县较高为 28.5%，比 2010 年上升 7.7%;榆树市略低为 15.8%,比 2010 年上升 0.1%。

2011年长春市人口结构情况统计表

单位:人

市、区、县(市)	总人口数	性别		性别比例	农业人口与非农业人口		
		男性人口	女性人口	(女性人口为100)	农业人口	非农业人口	非农业人口比重%
全市	7 617 663	3 835 334	3 782 329	101.4	4 167 543	3 450 120	45.3
市辖区	3 648 045	1 810 869	1 837 176	98.6	1 052 315	2 595 730	71.2
南关	664 805	323 510	341 295	94.8	99 387	565 418	85.1
宽城	665 140	330 928	334 212	99.0	259 361	405 779	61.0
朝阳	739 547	365 177	374 370	97.5	84 221	655 326	88.6
二道	558 910	277 199	281 711	98.4	215 731	343 179	61.4
绿园	629 146	315 818	313 328	100.8	108 293	520 853	82.8
双阳	390 497	198 237	192 260	103.1	285 322	105 175	26.9
农安	1 115 550	570 960	544 590	104.8	797 657	317 893	28.5
九台	710 735	362 870	347 865	104.3	530 363	180 372	25.4
榆树	1 306 100	665 430	640 670	103.9	1 099 292	206 808	15.8
德惠	837 233	425 205	412 028	103.2	687 916	149 317	17.8

(孟令彦)

【民族】 截至2011年底,全市有46个少数民族,人口27.6万人,占全市总人口的3.6%。其中,城市少数民族人口13.8万人,占全市少数民族人口的54.7%,农村少数民族人口11.4万人,占全市少数民族人口的45.3%。满族、回族、朝鲜族、蒙古族、锡伯族5个世居少数民族人口24.8万人,占全市少数民族人口的98.4%。其中,满族15.3万人,占57.6%;朝鲜族5.3万人,占19.9%;回族4.8万人,占17.6%;蒙古族1.3万人,占4.5%;锡伯族1 017人,占0.4%。全市有4个民族乡:双阳区双营子回族乡、九台市胡家回族乡、九台市莽卡满族乡和榆树市延和朝鲜族乡,有43个少数民族聚居村,258个少数民族聚居社,全市有少数民族干部5 837人,占全市干部总数的2.75%。有少数民族社团8个,市级朝鲜族群众艺术馆1所,乡级少数民族文化站4所;民族中、小学26所;民族医院1所,民族乡医院4所,少数民族民族聚居村合作医疗点43个。

(赵志平)

行政区划

【行政建置】 截至2011年底,长春市共辖朝阳、南关、宽城、绿园、二道、双阳6个区(含长春经济技术开发区、长春净月经济开发区、长春高新技术产业开发区、长春西新经济技术开发区、长春莲花山生态旅游度假区5个开发区);九台市、榆树市、德惠市、农安县由省直辖。共辖67个街道,30个乡,67个镇;共有1 691个村,393个社区居委会。

【行政区划】 区划调整工作,在二道区成立长青街道办事处。长青街道办事处区域界限(原长青村村界)为:北起102国道,南至吉林大路;东起洋浦大街,西至东三环路,区域面积5.84平方公里,现有人口约22 387人。界线勘定工作完成了自2002年至2010年行政区划调整后界线的勘定工作。长春市民政局于2011年3月~10月,勘定地区级界线1条(长春——四平线)、县级界线7条(二道——九台线、二道——宽城线、宽城——九台线、宽城——绿园线、宽城——农安线、二道——南关线)、乡级界线35条。本次勘定地区级界线23.55千米,县级界线336.15千米,乡级界线275.98千米。

【地名管理】 按《长春市2011年民生行动计划》第27项安排,申请财政资金83.3万元,为"暖房子"工程改造后的1 280栋住宅楼补设楼牌、单元牌。各县(市)、区投入资金约266万元(其中,朝阳区50万元、宽城区26万元、绿园区30万元、二道区12万元、净月区20万元、榆树市122万元、西新区4万元、高新区2万元),设置村标3 716个(其中,朝阳区280个、宽城区120个、绿园区127个、二道区52个、净月开发区97个、榆树市2 699个、双阳区310个、西新20个、高新11个)。2011年,按照吉林省民政厅、财政厅等部门要求,取消了"城市地名标志收费项目",但并不能因为取消行政事业收费而停止或削弱地名标志设置工作,提出了门牌全覆盖工程计划,对长春市门牌设置情况进行了全面统计,预计共需资金1 830万元,计划用3年的时间,基本实现门牌全覆盖,所需经费由市、区按1∶1比例共同分担。2011年,财政拨付资金438万元,已经完成主要街路的门牌设置工作。2011年6月,开展了全市无名街路的大普查活动,并下发了《关于对全市无名街路进行排查命名的通知》,排查命名街路50条,其中,绿园区46条、二道区4条。

(张　强)

2011年长春市区(市)、县、街道、镇(乡)区划一览表

区(市)、县	街道、镇(乡)
朝阳区 (街10镇2乡1)	湖西街道 硅谷街道(高新代管) 重庆街道 红旗街道 清和街道 永昌街道 南湖街道 桂林街道 南站街道 富锋街道 永春镇 乐山镇 双德乡(高新代管)
宽城区 (街9镇5乡1)	新发街道 南广街道 东广街道 站前街道 柳影街道 群英街道 凯旋街道 团山街道 兴业街道 兰家镇 兴隆山镇(经开代管) 合隆镇(农安代管) 米沙子镇(德惠代管) 万宝镇(德惠代管) 奋进乡
南关区 (街15镇3乡1)	新春街道 长通街道 南岭街道 永吉街道 曙光街道 全安街道 民康街道 自强街道 桃源街道 永兴街道(净月代管) 净月街道(净月代管) 临河街道(经开区代管) 鸿城街道 明珠街道 富裕街道 玉潭镇(净月代管) 新立城镇(净月代管) 新湖镇(净月代管) 幸福乡
二道区 (街8镇6乡1)	八里堡街道 远达街道 东站街道 东盛街道 吉林街道 荣光街道 东方广场街道(经开代管) 长青街道 英俊镇 泉眼镇 劝农山镇 卡伦湖镇(九台代管) 龙嘉镇(九台代管) 东湖镇(九台代管) 四家乡
绿园区 (街9镇3)	铁西街道 普阳街道 青年路街道 春城街道 正阳街道 林园街道 同心街道 锦程街道(汽开代管) 东风街道(汽开代管) 合心镇 西新镇 城西镇
双阳区 (街4镇3乡1)	平湖街道 云山街道 奢岭街道 山河街道 太平镇 鹿乡镇 齐家镇 双营子回族乡
榆树市 (街4镇15乡9)	正阳街道 培英街道 华昌街道 城郊街道 八号镇 大坡镇 弓棚镇 刘家镇 五棵树镇 闵家镇 秀水镇 保寿镇 黑林镇 新立镇 土桥镇 大岭镇 新庄镇 于家镇 泗河镇 育民乡 红星乡 太安乡 先锋乡 青山乡 延河朝鲜族乡 恩育乡 城发乡 环城乡
九台市 (街4镇9乡2)	九台街道 九郊街道 营城街道 西营城街道 上河湾镇 其塔木镇 土们岭镇 沐石河镇 城子街镇 苇子沟镇 兴隆镇 纪家镇 波泥河镇 胡家回族乡 莽卡满族乡
德惠市 (街4镇10乡4)	胜利街道 建设街道 惠发街道 夏家店街道 郭家镇 天台镇 大房身镇 菜园子镇 松花江镇 布海镇 大青嘴镇 朱城子镇 达家沟镇 岔路口镇 朝阳乡 五台乡 同太乡 边岗乡
农安县 (镇11乡10)	农安镇 伏龙泉镇 高家店镇 哈拉海镇 开安镇 烧锅镇 靠山镇 华家镇 巴吉垒镇 三盛玉镇 三岗镇 杨树林乡 万顺乡 龙王乡 黄鱼圈乡 永安乡 前岗乡 青山口乡 新农乡 小城子乡 万金塔乡

2011年长春市行政区划统计表

单位:个

	县(市)、区	街道	镇	乡	村	社区
长春市	朝阳区	10	2	1	24	52
	宽城区	9	5	1	20	54
	南关区	15	3	1	7	57
	二道区	8	6	1	34	33
	绿园区	9	3		24	51
	双阳区	4	3	1	133	12
	榆树市	4	15	9	388	12
	九台市	4	9	2	310	31
	德惠市	4	10	4	308	10
	农安县		11	10	377	10

县级市	县	自治县	市辖区	合计
3	1		6	10

街道办事处	镇	乡	社区	村委会		
67(城区55)	67(城区22)	30(城区5)	393	1 691		

(社区:经济开发区23个;高新开发区15个;净月开发区22个;西新开发区:11个
村:经济开发区10个;高新开发区12个;净月开发区35个;西新开发区:9个)

气象气候

【概况】 2011年,长春市总的气候特点是气温略低,降水偏少,日照时数略多。全市年平均气温为5.1℃,比常年5.2℃低0.1℃;全市年平均降水量为436.3毫米,比常年560.7毫米少22%,年平均日照时数为2 580.3小时,比常年多3.6小时。2011年整个农作物生长季(5月~9月)气温略高,降水略少,日照略多。虽然农作物播种期出现低温多雨,但农作物生长发育期气温高,对春季积温不足有较好的补偿作用,且水热匹配较好,满足作物生长发育需求。初霜期较常年略早,大部分农作物于霜前成熟。2011年属于偏丰气候年景。2011年出现的主要天气气候事件,暴雨、冰雹、寒潮、大风沙尘、大雾等。

气温 年平均气温主要特征是气温略低,全市年平均气温为5.1℃,比常年同期5.2℃低0.1℃,比2010年高0.6℃。各地年平均气温实况如图1,其中,长春市区和九台市为5.9℃,双阳区为5.3℃,德惠市、农安县和榆树市分别为4,6℃、4.5℃和4.3℃。与常年相比,九台市高0.6℃,长春市区高0.2℃,双阳区低0.2℃、榆树市和德惠市低0.3℃、农安县低0.8℃。年内极端最高气温为32.7℃,6月19日出现在农安县;极端最低气温为-39.3℃,1月15日出现在农安。气温阶段性变化明显。逐月温度变化如图2,全年6个月份(2月、6月、7月、8月、10月和11月)气温高于常年同期,其余各月低于常年同期。3月~10月全市平均气温13.8℃,比常年同期高0.4℃,5月~9月全市平均气温19.4℃,比常年同期高0.3℃。

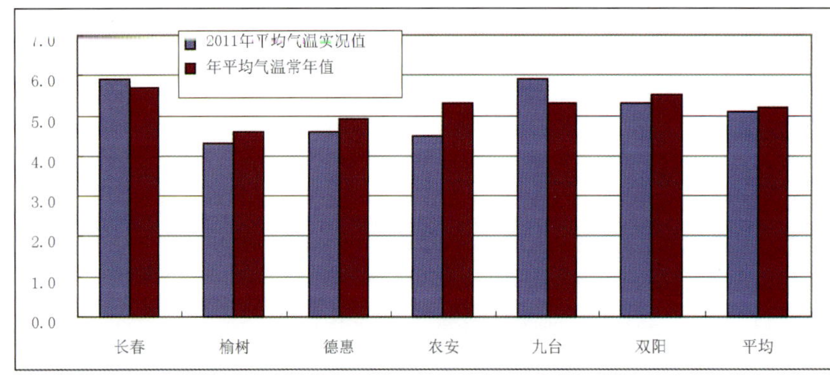

图1 全市年平均气温实况图

气温季节变化特征是冬季气温特低,春季气温略低,夏季气温略高,秋季气温偏高。

冬季(2010年12月~2011年2月)气温特低,全市季平均气温为-16.2℃,比常年同期低2.6℃,为1959年以来同期低温的第7位。2010年12月气温特低,全市月平均气温为-15.5℃,比常年同期低2.9℃,居1959年以来同期低温的第十位;2011年1月气温特低,全市月平均气温为-21.3℃,比常年同期低5.1℃,居1959年以来同期低温的第4位;2011年2月气温略高,全市月平均气温为-11.4℃,比常年同期高0.3℃。

春季(3月~5月)气温略低,全市季平均气温为6.4℃,比常年同期低0.3℃。整个春季以低温为主,3月气温略低,全市月平均气温为-3.1℃,比常年同期低0.6℃;4月气温略低,全市月平均气温为

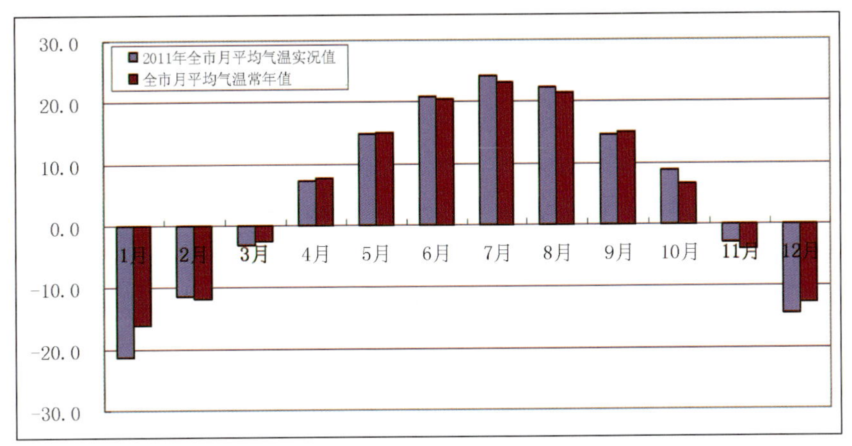

图 2　2011 年逐月气温变化曲线

7.3℃，比常年同期低 0.3℃；5 月气温略低，全市月平均气温为 14.9℃，比常年同期低 0.2℃。

夏季（6 月 ~ 8 月）气温略高，全市季平均气温为 22.5℃，比常年同期高 0.8℃，居 1959 年以来同期高温的第 7 位。6 月气温略高，全市月平均气温为 20.9℃，比常年同期高 0.4℃；7 月气温偏高，全市月平均气温为 24.2℃，比常年同期高 1.1℃；8 月气温略高，全市月平均气温为 22.4℃，比常年同期高 0.9℃。

秋季（9 月 ~ 11 月）气温偏高，全市平均气温为 6.9℃，比常年同期高 1.0℃。9 月气温略低，全市月平均气温为 14.7℃，比常年同期低 0.4℃；10 月气温特高，全市月平均气温为 9.0℃，比常年同期高 2.4℃；11 月气温偏高，全市月平均气温为 -2.9℃，比常年同期高 1.0℃。

降水　降水量时空分布特征是 2011 年降水量偏少，全市年平均降水量为 436.3 毫米，比常年 560.7 毫米少 22%，比 2010 年的 732.5 毫米偏少 296.2 毫米（少 40.4%），为 1959 年以来同期少雨的第 6 位。各地年降水量实况如图 3，各站年降水量在 424.7 毫米 ~ 468.4 毫米之间，均少于常年。其中，德惠市和农安县略少 16%，长春市区略少 18%，榆树市、九台市和双阳区分别偏少 25%、26%和 31%。逐月降水变化如图 4，全年中只有 2 个月份（2 月和 5 月）降水量多于常年同期，其余均少于常年同期。3 月 ~ 10 月，全市平均降水量 417.9 毫米，比常年同期偏少 22%，为 1959 年以来同期少雨的第 7 位。5 月 ~ 9 月全市平均降水量 384.3 毫米，比常年同期少 19%，为 1959 年以来同期少雨的第十位。降水季节分布特征是冬季（2010 年 12 月 ~ 2011 年 2 月）降水特多，春季降水略少，夏季降水略少，秋季降水特少。全市平均降水量为 28.4 毫米，较常年同期多 113%，为 1959 年以来同期多雨雪的第 2 位。其中，2010 年 12 月降水特多，全市平均降水量为 20.7 毫米，比常年同期多 298%，为 1959 年以来同期多雨雪的第 1 位；2011 年 1 月降水偏少，全市平均降水量为 2.2 毫米，比常年同期少 37%，2011 年 2 月降水偏多，全市平均降水量为 5.5 毫米，比常年同期多 20%。

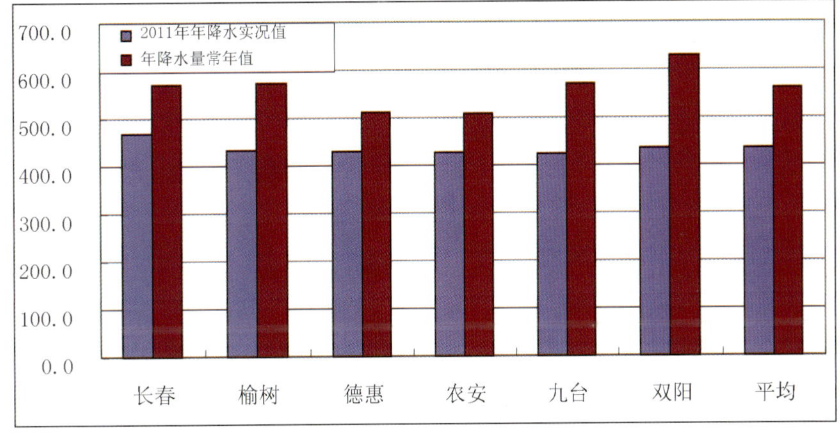

图 3　全市年降水量实况

春季（3 月 ~ 5 月）降水略少，全市平均降水量 82 毫米，较常年同期少 2%。其中 3 月降水特少，全市平均降水量为 1.4 毫米，比常年同期少 87%，为 1959 年以来同期少雨雪的第 4 位；4 月降水略少，全市平均降水量为 18.1 毫米，比常年同期少 18%；5 月降水偏多，全市平均降水量为 63.0 毫米，比常年同期多 26%。

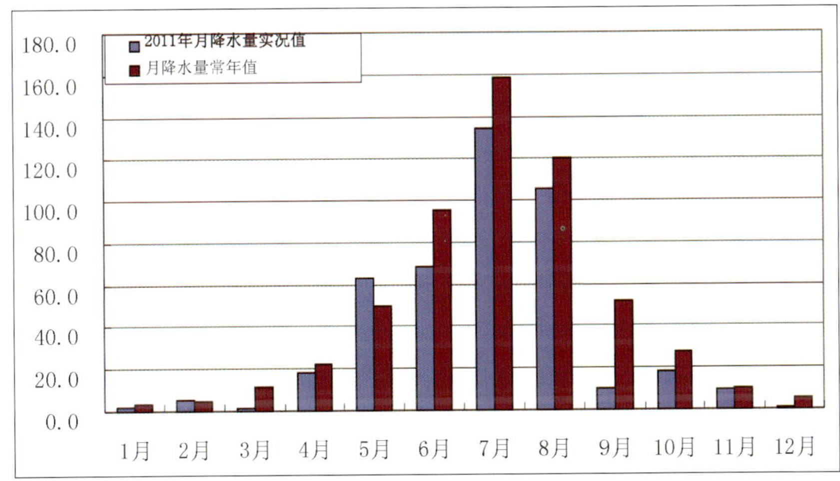

图 4　2011 年逐月降水量变化图

夏季（6 月 ~ 8 月）降水略少，全市平均降水量 308.2 毫米，较常年同期少 18%。其中 6 月降水偏少，全市平均降水量为 68.6 毫米，比常年同期偏少 28%；7 月降水略少，全市平均降水量为 134.5 毫米，比常年同期少 15%；8 月降水略少，全市平均降水量为 105.2 毫米，比常年同期少 13%。

秋季（9 月 ~ 11 月）降水特少，全市平均降水量为 37.7 毫米，比常年同期少 58%，为 1959 年以来同期少雨的第 1 位。其中 9 月降水特少，全市平均降水量为 10.1 毫米，比常年同期少 81%，为 1959 年以来同期少雨的第 1 位；10 月降水偏少，全市平均降水量为 18.1 毫米，比常年同期少 35%；11 月降水略少，全市月平均降水量为 9.6 毫米，比常年同期少 3%。

日照 2011 年日照时数略多，全市年平均日照时数为 2 580.3 小时，比常年同期多 3.6 小时，比 2010 年 2 285.2 小时偏多295.1 小时。其中，长春市区、榆树市、德惠市和双阳区日照时数分别为 2 699.6 小时、2 671.5 小时、2 613.2 小时和 2 593.4 小时，与常年同期相比略多 82.9 小时、17.3 小时、94.5 小时和 102.4 小时；农安县和九台市日照时数分别为 2 506.1 小时和 2 398.2 小时，与常年同期相比分别略少 188.3 小时和 87 小时。（3 月 ~ 10 月）全市平均日照时数 1 897.7 小时，比常年同期多 22.6 小时。在农作物生长季（5 月 ~ 9 月）全市平均日照时数 1 215.6 小时，比常年同期多 25.1 小时。

霜 2011 年全市终霜结束时间差距较大，德惠市和九台市为 4 月 28 日，比常年同期分别早 4 天和 7 天；榆树市为 4 月 29 日，比常年同期早 3 天；长春市区和双阳区为 5 月 5 日，分别比常年同期晚 3 天和 1 天；农安县为 5 月 22 日，比常年同期晚 19 天。2011 年全市初霜出现时间大部分略早，榆树市、德惠市、长春市区和九台市 9 月 17 日出现初霜，双阳区 9 月 18 日出现初霜，农安县偏早 9 月 10 日出现初霜。与常年同期相比农安县早 16 天，其他市、县（区）略早 7 天 ~ 10 天。2011 年全市无霜期平均为 134 天，其中，九台市与常年持平，农安县只有 110 天比常年同期少 35 天，德惠市比常年同期少 4 天，榆树市比常年同期少 6 天，双阳区和长春市区分别比常年同期少 8 天和 13 天。

【主要天气气候事件及其影响】 局地暴雨。2011 年全市出现 1 次局地暴雨天气。受低层切变线影响，8 月 3 日榆树市东部 4 个乡镇、农安城市区出现暴雨，农安降水量为 61.8 毫米，最大降水量为农安新立镇 92.6 毫米。

冰雹。2011 年长春市冰雹天气具有早发、多发、频发、突发、重发和局地性强的特点，据长春市气象局人工影响天气办公室统计 5 月 ~ 8 月全市共计发生 29 次可致灾雹云，远多于历年同期。尤其是 5 月 30 日 ~ 6 月 7 日，每天都出现了分布不均的雷雨天气，部分地方出现冰雹、短时强降水强对流天气。6 月 3 日中午前后长春市区、九台市、榆树市出现冰雹；6 月 5 日夜间农安县、德惠市、榆树市、九台市部分地方出现冰雹；6 月 7 日午后至 8 日早晨，农安县、德惠市、九台市及市区部分地方出现短时强降水及冰雹，受短时强降水及冰雹强天气影响，上述区域的防雹保护区以外的部分地方出现了较重灾情。

寒潮。2011 年全市寒潮天气过程频繁，降温幅度大。全市共出现寒潮 26 站次。其中 4 月 15 日和 9 月 28 日的降温过程影响范围最大，全市范围均出现寒潮；频繁的剧烈降温加上降温后的低温严寒天气，给人们的生产生活带来严重不利影响。

大风天气。2011 年度全市共出现大风 37 站次，比常年偏少。其中，农安县和双阳区 9 次、德惠市 7 次、榆树市 7 次、长春市区和九台市 3 次。7 月 31 日 ~ 8 月 2 日榆树市、德惠市、九台市、农安县出现短时强降水和大风天气，部分乡镇受大风袭击导致农作物倒伏和房屋损毁。5 月 12 日出现 1 次全市范围的沙尘天气，使空气混浊度增加，空气质量下降，危害人们身体健康。

大雾。2011 年共出现大雾天气 28 站次。其中，双阳区 10 次、农安县 8 次、长春市区 4 次，德惠市、榆树市和九台市分别为 3 次、2 次和 1 次。综上所述，2011 年长春市的气象条件较好，作物生长、成熟的关键期光、热、水等气象条件匹配较为合理，能满足农作物生长发育需求。虽然部分地方雹灾、内涝、风灾较重，但影响时间短、范围小，对农业生产影响较小。

（梁衍波）

国民经济和社会发展综述

【概况】 2011 年，是“十二五”规划的开局之年，长春市国民经济实现平稳较快增长，各项社会事业全面进步，民生状况不断改善，实现了“十二五”的良好开局。全年实现地区生产总值 4 003.0 亿元，按不变价格计算，比 2010 年增长 13.3%。其中，第一产业增加值 290.1 亿元，比 2010 年增长 4.7%；第二产业增加值 2 092.7 亿元，增长 14.9%；第三产业增加值 1 620.2 亿元，增长 13.0%。三次产业结构分别为 7.2%:52.3%:40.5%。对经济增长的贡献率分别为:2.7%、57.5%、39.8%。人均生产总值达到 52 649 元（按户籍年平均人口数计算），比 2010 年增长 12.9%，折合 8 152 美元。全市一般预算全口径财政收入 803.2 亿元，增长 42.6%。全市地方财政收入 288.6 亿元，增长 59.6%，其中，税收收入 226.9 亿元，增长 60.7 %。地方财政支出 518.7 亿元，增长 35.4%，其中，教育支出 72.2 亿元，增长 24.6%；社会保障和就业支出 69.0 亿元，增长 35.1%；医疗卫生支出 34.1 亿元，增长 33.4%；交通运输支出 20.1 亿元，增长 153.3%。全口径财政收入占 GDP 的比重为 20.1%，比 2010 年提高 3.2 个百分点。全年居民消费价格总指数为 105.5%，增幅比 2010 年上升 1.9 个百分点，分 8 大类看，食品、烟酒及用品、衣着、家庭设备用品及维修服务、医疗保健和个人用品、居住的消费品价格比 2010 年有所上涨，娱乐教育文化用品及服务、交通和通讯的消费品价格有不同程度下降。工业品出厂价格上涨 2.7%，其中，生产资料价格上涨 2.1%，生活资料价格上涨3.1%。工业生产者购进价格上涨4.3%。

【农业】 2011年,完成农林牧渔业总产值523.8亿元,比2010年增长5%。其中,种植业产值248.6亿元,增长5.8%;林业产值2.8亿元,下降22.6%;牧业产值254.5亿元,增长4.3%;渔业产值3.7亿元,增长31.3%;农林牧渔服务业产值14.2亿元,增长1.5%。2011年粮食作物播种面积122.1万公顷,比2010年增长6.2%。粮食总产量达到812.5万吨,比2010年增加16.4万吨。其中,玉米产量618.7万吨,下降0.31%;水稻产量153.2万吨,下降27.8%。猪出栏564.5万头,增长23.5%,牛出栏120.0万头,下降25.9%,羊出栏33.6万只,增长4.3%,家禽出栏2.4亿只,增长19.5%。肉蛋奶产量分别达到112.7万吨、32.4万吨和6.3万吨,分别增长27.3%、42.1%和16.7%。全年农业机械总动力为468万千瓦,比2010年增长9.6%。全市蔬菜种植面积为10.26万公顷、蔬菜总产值82亿元,分别比2010年增长2.6%和5.1%。已认定无公害农产品和绿色食品基地114个,认证无公害农产品450个,新认证绿色产品10种。全市有效使用绿色食品标志产品148个,有机食品36个,无公害农产品450个,无公害农产品基地认定63个,环境监测面积达到12.5万公顷。全年落实国家和省4项政策性补贴资金23.5亿元,得到全省补助资金3 034万元,带动各级投入2.8亿元;整修农村公路879公里,改造农村泥草房5 670户,解决25.5万农村人口饮水安全问题。全市新建续建投资规模亿元以上农产品加工业重点项目66个,总投资284.1亿元。完成固定资产投资236.3亿元,增长15.2%;粮食加工量达625万吨;农产品加工业销售收入1 050亿元,增长29.5%。

【工业和建筑业】 2011年,完成规模以上工业增加值1 749.4亿元,比2010年增长13.3%。规模以上工业企业万元增加值综合能源消耗降低率为5.73%。全年完成规模以上工业总产值7 005亿元,比2010年增长22.9%。汽车制造业累计完成产值4 181.9亿元,增长13.6%,占规模以上工业总产值的59.7%;农副食品加工业完成产值1 003.1亿元,增长38.3%,占规模以上工业总产值的14.3%;生物与医药工业完成产值81.7亿元,增长24.9%,占1.2%;光电子信息工业完成产值83亿元,增长21.9%,占1.2%;建材工业完成产值450.3亿元,增长57.7%,占6.4%;能源工业完成产值512.6亿元,增长5.3%,占7.3%;装备制造业完成产值447.7亿元,增长14.6%,占6.4%。40户重点工业企业完成工业总产值5 158.9亿元,占规模以上工业总产值的比重达到73.6%。全年实现主营业务收入6 812.6亿元,比2010年增长26.3%;利税总额976.7亿元,增长29.1%;盈亏相抵后实现利润总额614.5亿元,增长31.6%。全年建筑业完成增加值308.5亿元,比2010年增长13.7%。资质以上建筑业完成总产值787.0亿元,比2010年增长17.5%。实现工程结算收入800.9亿元,增长25.1%。

【固定资产投资】 2011年,完成全社会固定资产投资总额2 433.4亿元,比2010年增长30.3%。其中,房地产开发投资666.4亿元,增长22.8%,新增固定资产1 769.0亿元,固定资产交付使用率为72.7%,比2010年提高7.3个百分点,房屋面积竣工率为28.9%,比2010年下降7.4个百分点。从各产业完成投资情况看,第一产业投资104.2亿元,增长776.1%;第二产业投资1 128.0亿元,增长27.9%;第三产业投资1 201.2亿元,增长29.7%。从投资主体看,国有经济投资556.4亿元,下降14.1%;非国有经济投资1 803.9亿元,增长55.0%,占全社会固定资产投资的比重为76.4%。全市工业投资1 118.1亿元,增长26.9%,对全社会投资增长的贡献率达43.1%。民间投资1 732.1亿元,增长59.9%。全市商品房施工面积4 087.9万平方米,比上年增长32.3%。商品房竣工面积748.1万平方米,下降22.4%。商品房销售面积881.0万平方米,增长2.1%。商品房销售额540.2亿元,增长20.9%。空置面积241.9万平方米,下降13.6%。2011年,长春市二手房成交3.5万套,成交面积359.6万平方米,下降6.8%;成交金额64.3亿元,下降2.4%。其中,二手住房成交3.3万套,成交面积268.7万平方米,增长1.3%,成交金额36.6亿元,下降15.7%。

【国内贸易】 2011年,实现社会消费品零售总额1 512.2亿元,比2010年增长17.5%。分行业看,批发零售贸易业零售额1 390.6亿元,增长17.5%。其中,限额以上批发零售贸易业零售额649.7亿元,增长24.7%;限额以下零售额740.9亿元,增长11.0%。住宿和餐饮业零售额121.6亿元,增长17.4%。其中,限额以上住宿餐饮业零售额24.3亿元,增长16.5%;限额以下住宿餐饮业零售额97.3亿元,增长17.2%。2011年,长春市限额以上批发和零售企业汽车类零售额185.2亿元,增长25.6%;粮油、食品、饮料、烟酒类零售额65.1亿元,增长32.3%;服装鞋帽针纺织品类零售额126.0亿元,增长20.4%;书报杂志类零售额3.2亿元,下降1.4%;建筑及装潢材料类零售额18.2亿元,增长35.2%;家具类零售额16.5亿元,增长30.9%。

【对外经济旅游和会展业】 2011年,实现进出口总额173.4亿美元,比2010年增长31.2%。其中,进口150.7亿美元,增长34.4%;出口22.7亿美元,增长13.3%。在出口企业中,一般贸易企业出口16.4亿美元,增长25.2%,加工贸易企业出口5.9亿美元,下降7.7%. 全年新批外资项目(企业)44个,其中投资总额超千万美元项目12个。全年实际利用外资30.8亿美元,比2010年增长15.5%。其中,直接利用外资7.7亿美元,增长10.7%。全年来长旅游人数达到3 114.33万人次,比2010年增长18.07%。其中,接待入境游客30.16万人次,比2010年增长20.74%;接待国内旅游者3 084.17万人次,增长18.05%。全年旅游总收入431.65亿元,增长23.14%。旅游外汇收入16 974.46万美元,增长23.47%。全市共举办各类会展活动190项，展会直接收入24亿元，带动其他相关产业收入216亿元，分别比2010年增长13.0%和12.9%。

【交通邮电业】 2011年，公路货物周转量223.8亿吨公里，比2010年增长20%；旅客周转量为70.9亿人公里，比2010年增长17.3%。民航完成货邮吞吐量6.2万吨，比2010年增长1%；完成旅客吞吐量497万人，比2010年增长4.7%；全年营运收入24 887万元，比2010年下降0.6%。2011年末全市民用汽车保有量77.3万辆，比2010年增长14.5%。其中，私人汽车保有量60.1万辆，增长19%。2011年完成邮电业务总量134.8亿元，比2010年增长1.1%。其中，邮政业务总量4.3亿元，下降44%；电信业务总量130.5亿元，增长4%。全年特快专递完成97万件，比2010年下降70%；邮政储蓄平均余额162.7亿元，比2010年增长20%。全市市话年末达143万户，比2010年增长14%；农话年末达37万户，比2010年增长19%；小灵通电话用户22万户，比2010年下降0.03%。移动电话年末达1 078万户，比2010年下降13%。互联网用户已经达618万户，比2010年增长13%，其中宽带用户88万户，增长51%。

【金融证券和保险】 截至2011年末，全市拥有银行24家，保险公司25家，本地和异地驻长证券公司22家。金融机构本外币各项存款余额5 619.1亿元，比年初增长11.5 %。其中，单位存款余额2 852.8亿元，增长7.1%；储蓄存款余额2 359.3亿元，增长13.4%。全市金融机构本外币各项贷款余额5 251亿元，比年初增长15.2%。全市证券公司22家，其中，本地证券公司2家，异地证券公司20家，拥有股票交易网点47个。A股上市企业19家。股民帐户数达到128.3万户，比2010年增长3.6%。全市有价证券成交总额3 777.1亿元，比2010年下降31.3%。其中，股票交易成交额3 551.0亿元，下降33.8%；国债成交额114.1亿元，增长69.4倍；基金成交额51.4亿元，增长94.9%。全市拥有保险公司25家，保险专业中介法人机构39家，兼业保险代理机构1 935家。全年保费收入84.4亿元，比2010年增长9.5%。其中，财产险保费收入32.9亿元，增长19.2%；人身险保费收入51.5亿元，增长4.0%。全年赔付总金额25.1亿元，增长19.4%。其中，财产险赔付金额14.8亿元，增长22.3%；人身险赔付金额10.3亿元，增长15.4%。

【城建和公用事业】 2011年末，全市完成道路新建和扩建长度109.6公里，全市道路总面积达5 912.6万平方米，道路长度达到2 681.6公里，人均道路面积17.1平方米。2011年，全市水厂日综合生产能力为104.9万立方米/日，城区使用自来水人数达345.1万人。全市人工煤气和天然气供气总量分别达到15 044.6万立方米和24 765.3万立方米；液化石油气供气总量达到7.3万吨。城区使用煤气、天然气、石油液化气户数达118.8万户。城区集中供热面积达12 817.8万平方米。全市园林绿地面积达9 360公顷，公园绿地面积达4 059公顷，建成区绿化覆盖面积达9 828公顷，建成区绿化覆盖率达41.5%。

【科技质量技术监督和教育】 2011年，专利申请量由2010年的4 238件增加到5 387件，增长27.1%。全年通过鉴定、验收和认定的科技成果252项，获得市以上科技进步奖励成果230项。其中，获国家级奖励10项，省级奖励184项。2011年末，在全市各级各类科技人员中，"两院"院士27人。全市拥有独立科学研究与技术开发机构98个。其中，自然科学和技术领域研究与开发机构61个，社会科学与人文领域研究与开发机构15个，科技信息与文献领域机构6个。全市民营科技企业技术合同成交额达21.05亿元，累计技术合同成交额198.82亿元。市科技管理部门共投入科技经费11 008万元。全市新认定高新技术企业25户，新认定产值超亿元的高新技术企业10家。全市有法定产品质量检验机构6个，法定计量技术机构6个。全年共定期监督检验产品1 451批次。受理委托检验15 614批次。国家和省监督抽查产品质量平均合格率分别达到97.6%和95.6%。长春市现有各级各类教育学校2 716所（含学前教育，以下同），其中，在长普通高校36所（含独立学院），成人高校8所，中等职业学校112所，普通高中66所，普通初中273所，职业初中5所，小学1 450所，特殊教育学校9所，幼儿园756所，工读学校1所。全市各级各类教育招生44万人，其中，普通高校招收本专科生10.8万人，成人高校招收本专科生4.2万人，中等职业学校招生3.18万人，普通高中招生5.2万人，初中招生6.46万人，小学招生7.1万人，幼儿园入园儿童7.1万人。全市各级各类教育在校生145.2万人，其中，普通高校本专科在校生37.7万人，成人高校本专科生8.95万人，中等职业在校生8.96万人，普通高中在校生14.7万人，初中在校生21.4万人，小学在校生40.4万人，特殊教育在校生0.15万人，在园儿童12.9万人。全市各级各类教育教职工13.8万人，其中，专任教师9.7万人。在专任教师中，高等教育学校专任教师2.5万人，中等职业学校专任教师0.58万人，普通高中专任教师0.75万人，初中专任教师1.79万人，小学专任教师3.3万人，幼儿教师0.77万人，其他教育专任教师325人。全市小学学龄人口净入学率和初中阶段学龄人口净入学率均达99.98%，初中毕业升学率达93.6%，比2010年提高3.7个百分点。高中段毛入学率达93.3%，比2010年提高4.6个百分点。

【文化卫生和体育】 2011年，全市共有文化（文物）事业机构227家，其中，艺术表演团体9家，艺术表演场馆4家，公共图书馆12家，艺术馆、文化馆12家，文化站160家，文化艺术科技、科研机构2家，文物保护研究机构1家，文物保护管理机构4家，其他文化事业机构6家，其他文化企业1家，博物馆5家，文化市场管理机构11家。公共图书馆总藏量349万册，其中少儿图书馆藏量54万册。全市共有国家综合档案馆11个，馆藏档案146.7万卷、63.2万件，开放档案15.1万卷、6.6万件。全市有各类文化经营场所1 181家，其中，互联网上网服务营业场所804家（连锁88家）；文化娱乐场所335家；演出场所27家；古玩（美术品）经营店15家。其中市区（含开发区）文化经营场所731家，其中互联网上网服务营业场所547家（连锁88家）；文化娱乐场所153家；演出场所24家（其中市直5家）；古玩（美术品）经营店7家。长春电影制片厂全年共生产故事片24部，译制片6部，科教片11部，数字电影20部。2011年，全市有广播电台5座，节目10套，中波发射台和转播台2座，转播台7座，广播人口覆盖率为100%；电视台5座，节目9套，电视人口覆盖率为100%。2011年末，全市卫生医疗机构4 153个，增长7.8%。其中，医院、卫生院306所，下降1.3%，拥有医疗、疗养床位3.9万张，比2010年增长8.1%。卫生技术人员为4万人，比2010年增长2.6%。每千人拥有执业医师和执业助理医师2.34人。2011年末，市辖区建成社区卫生服务中心47家，城区人口覆盖率达到100%，387.2万农民参加了新型合作医疗，参合率达到96.2%，共筹集资金8.57亿元，已有108万参合农民受益，支付补偿金7.05亿元，占筹资总额的82.2%。全年成功承办了瓦萨越野滑雪赛、全国越野滑雪锦标赛、CBA全国篮球联赛、中超全国足球联赛、乒超全国联赛、全国女篮俱乐部比赛等国际国内大型体育赛事20项次；举办了吉林省暨长春市首届羽毛球、乒乓球、公路长跑锦标赛等省市级体育比赛200项次，吸引国内外万余名运动员报名参赛，现场观众达50万人次。长春市及长春市输送的运动员参加年度国际和全国比赛40项次，获世界冠军13个，全国冠军58个；向国家队（集训队、青年队）输送运动员29人。在城区安装41条健身路径，在乡镇、行政村安装26条健身路径，为70个行政村配置篮球架；以“健康长春——体育伴随你我他”为主题，开展300项市级品牌活动。建立了覆盖城区的15个国民体质监测室，形成了市民体质监测网络。全年体育彩票年销售6.3亿元。

【环境保护】 2011年，全市工业废水排放达标率和工业固体废物综合治理率分别达到96.24%和100%，重点工业污染源实现全面达标排放。到2011年末，全市烟尘控制区面积327.71平方公里，环境噪声达标区面积236.46平方公里，区域环境噪声平均值控制在53.13分贝，道路交通噪声平均值控制在68.48分贝，噪声达标区覆盖率78%以上，达到全国文明城市A类标准。全市开展生态示范区试点面积1.9万平方公里，达到幅员的91.4%，国家级生态示范区建成率达到100%。全年城区空气污染指数（API）为71；空气环境质量优良级天数345天，占总天数的94.5%，其中，优级天数44天，占12.1%；良级天数301天，占82.5%；空气首要污染物总悬浮颗粒物（PM10）年日均值每立方米91微克，比2010年上升2微克；二氧化硫年日均值每立方米26微克，比2010年下降4微克；二氧化氮年日均值每立方米42微克，比2010年下降2微克；饮用水源水质达标率100%。

【人口和就业】 2011年末，全市户籍总人口为761.8万人。其中，市区人口364.8万人，4县（市）人口397.0万人。全市人口出生率为9.36‰，死亡率为5.14‰，自然增长率为4.22‰。全市从业人员总数达384.6万人，比2010年增长5.0%。其中，第一产业从业人员137.5万人，占全市从业人员总数的35.8%；第二产业从业人员99.7万人，占全市从业人员总数的25.9%；第三产业从业人员147.4万人，占全市从业人员总数的38.3%。在全市从业人员中，年末城镇单位从业人员94.9万人，从事个体劳动的有33.9万人。2011年城镇非私营单位在岗职工平均工资41 473元，比2010年增长16.1%。

【人民生活和社会保障】 2011年，城市居民人均可支配收入20 487元，比2010年增长14.3%；人均消费性支出16 328元，比2010年增长13.4%。城市恩格尔系数为30.9%。城市居民每百户拥有汽车17.22台，拥有彩电122.05台，电冰箱及冰柜96.07台，洗衣机98.79台，拥有家用电脑和移动电话77.04台和229.91部。城市人均住宅建筑面积由上年的31.14平方米增加到32.75平方米。农村居民人均纯收入7 965.1元，增长19.5%。农村人均生活费支出4 596.8元，比2010年增长19.0%。农村恩格尔系数为38.2%。农村居民每百户拥有彩电116台，电冰箱75台，移动电话201部，摩托车57辆。农村人均住房面积由上年的24.62平方米增加到26.91平方米，增长9.3%。2011年底，全市城镇企业职工基本养老保险参保人数达到167.5万人，比2010年增长10.1%，其中，在职职工117.3万人，增长8.8%；城镇失业保险参保人数达到83.3万人，增长3.2%。全年征缴养老保险基金73.2亿元，增长31.3%；征缴失业保险基金6.9亿元。全年为50.3万名离退休人员发放养老金76.4亿元，比2010年增长21.5%；为3.8万名失业人员发放失业金2.97亿元。城镇医疗保险参保人数达到399.1万人，其中城镇职工参保155万人。城镇居民基本医疗保险参保总数达到244.1万人，工伤和生育保险参保人数分别达106.1万人和108.8万人。全年共开发就业岗位16.3万个，实现城镇新增就业12.7万人，安置下岗失业人员实现再就业6万人，其中大龄就业困难对象再就业1.3万人。全市就业困难群体从事公益性岗位人员稳定在2.2万人以上，当年扶持999户零就业家庭实现就业。创建充分就业社区28个。累计实现农村劳动力转移就业162.5万人次。到年底，城镇登记失业率为3.5%。截至2011年末，全市城市居民共有3.92万户、7.23万人享受最低生活保障；农村居民共有1.75万户、2.63万人享受最低生活保障。累计全年发放城乡低保资金5.59亿元。全市建设保障性住房17 908套、建筑面积95.9万平方米、总投资额72 320万元。其中，建设廉租住房6 433套、建筑面积30.92万平方米、投资额12 803万元；建设公租房11 475套、建筑面积64.98万平方米、投资额59 517万元。全市在民政部门注册养老服务机构共有200家，总床位数14 992张。其中，国家办养老机构10家，社会力量投资兴办的养老机构190家。农村社会福利服务中心97所。全年销售社会福利彩票7.98亿元。募集善款3 061.14万元，总支出慈善募捐款3 225.64万元，受助群众达11万人次。

（齐　激）

精神文明建设

【概述】 2011年，全市精神文明建设系统认真贯彻落实中央、省文明委决策部署，以社会主义核心价值体系建设为根本，以全力争创全国文明城市为统领，围绕中心、服务大局，面向基层、服务群众，扎实推进各项工作，促进市民文明素质和城市文明程度提升，为长春市科学发展、加快发展、率先发展，建设繁荣、和谐、开放、美丽、幸福长春提供了重要支持和有力保障。

【创建全国文明城市】 成立创建全国文明城市工作指挥部，组织召开全市创建全国文明城市推进大会，围绕中央测评体系标准和要求，认真抓好责任分解，推动创城任务落实和难点问题整改。以评促创，查漏补缺。针对测评中反映的突出问题，加大整改力度，全方位、高标准完成中央文明办各项重点工作，特别是材料审核工作，得到中央测评组的高度评价。坚持市容环境整治与市民文明素质提升两手抓，开展了“奋战150天市容环境综合整治行动”，以“创文明城、做文明人”为载体，扎实开展“讲文明树新风——文明行为倡导”系列活动，教育引导广大市民注重小节、注重细节、注重礼节，养成良好习惯和文明品质。加大督导，强化落实。采取常委包区、政府领导包战线的办法，实行责任追究制，加大领导和督查力度，有力推进了创城工作的深入开展。长春市成功摘取“全国文明城市”桂冠，长春市的城市文明水平上了一个新台阶。

【青少年思想道德建设】 成立长春市青少年心理健康教育发展中心，未成年人心理健康教育进一步加强。精心组织“做一个有道德的人”系列活动，多人荣获国家级奖项。扎实开展“童心向党·歌唱祖国”优秀童谣传唱和网上展播活动。在全市农村深入开展乡村学校少年宫建设，4所乡村学校少年宫成为彩票公益金重点资助学校，每所学校获取资金20万元。推进社会文化环境净化工程，组织各成员单位分别开展净化社会文化环境专项整治行动100余次，青少年成长进步的文化氛围更加积极健康。深入推进“万户特困户”子女助学活动，市直机关副局级以上领导干部带头“一帮一”结对助学。全市已结成助学对子7 915对，筹集帮扶资金2 560万元，帮扶学生达3.66万人。扎实推进社会主义核心价值体系进教材、进课堂、进头脑、进公寓、进社团、进网络，大学生思想政治教育进一步加强。

【社会影响力】 按照体现时代精神和长春城市精神要求，精心组织开展第三届道德模范和“寻找身边好市民”评选宣传活动，纪长秋荣获“全国见义勇为道德模范”称号，李万升、刘春玲等6人获得“吉林省道德模范”称号，胡艳萍等8人荣登“中国好人榜”，有力弘扬了社会正气。利用“文明基金”对生活困难的道德模范和“身边好人”实施帮扶救助，好人有好报的价值导向日益深入人心。及时捕捉、放大文明现象，爱心救助“地瓜爷爷”、传唱公益歌曲“扶起你”、郭中凡“勇救跳楼女孩”等感人行动在全社会产生强烈反响。充分发挥“高校文明杯”、“十佳大学生”评选的导向激励作用，引导大学生在学习典型、创先争优中接受教育、提升境界。组织开展“孝老爱亲户”评选活动，尊老、敬老、爱老、孝老的良好风尚在全市农村蔚然成风。

【建立长效机制】 充分发挥市民巡视员、志愿者的重要作用，开展“文明巡护、志愿服务”系列活动，对空巢老人、农民工及其子女进行有效帮扶。长春市在全国率先启动关爱农民工志愿服务活动的做法，得到中央文明办充分肯定。发挥文明单位在精神文明建设中的引领示范作用，积极筹集文明基金，为志愿服务工作提供有力资金支持。整合力量，成立志愿者联合会，建立完善工作制度，推动志愿服务更好地落到基层、落到实处。长春市市民巡视员达1 215人，志愿者达37万人，注册志愿者人数占城市人口总数的10.33%，志愿服务工作得到中央文明办领导的充分肯定和中央媒体的高度关注。

【精神文明创建活动】 在社区，组织开展“文明小区”评选活动，首批命名9个文明示范小区，带动了广大市民参与创建活动的热情。在系统，开展“文明交通”系列活动，文明走路、文明乘车成为广大市民的共识。在行业，开展“创建文明单位、文明窗口，争当岗位明星”活动。17个单位成为全国文明单位、1个风景旅游区成为全国文明风景旅游区。在机关，开展“创文明机关、做人民满意公务员”活动，强化了机关宗旨意识，提高了联系群众、服务群众的效能。在农村，开展“清洁乡村，美化家园”创建活动，推动农村精神文明创建。深入开展军(警)民共建活动，积极组织科技共建、文化共建、智力共建，促进了军地双方建设。

（崔　健）

法治政府建设

【概况】 2011年，全市各级政府、政府法制部门和部门法制机构，以科学发展观为统领，认真贯彻落实国务院《纲要》、《决定》和《意见》精神，大力推进依法行政和法治政府建设，各项工作取得新的进展和成效。

【服务中心和大局成效明显】 制定《关于规范行政执法文明用语指导意见》，在全市普遍推广使用行政执法文明用语。积极配合奋战150天市容环境综合整治行动，出台《长春市户外广告设置管理办法》等7部政府规章和5件政府通告。落实民生行动计划，对没有固定生活来源的残疾人、最低生活保障对象和困难企业，减免缓交仲裁费用20余万元。化解行政争议和民商事纠纷，全市行政复议案件调解率提高13%，仲裁案件调解率提高48.5%。营造经济发展软环境，全年下发《行政检查通知书》32份，减轻了企业迎检负担。对231件重大行政处罚案件进行备案审查，减少乱处罚现象的发生。

【推进示范点建设】 市政府在制定“十二五”规划时，对法治政府建设进行专章谋划，建立政府常务会议会前学法、领导干部专题研讨班和依法行政考察等制度，落实政府领导班子和领导干部依法行政情况年度考核制度。组织全市16 000余名领导干部和行政执法人员，参加了全省“法治杯”知识竞赛。加强媒体宣传、理论研究和信息报送工作，有15篇理论研讨文章被省政府法制办评为优秀论文，有71篇和240篇法制信息分别被国务院法制办和省政府法制办采用，市政府法制办被评为全省信息工作先进单位、全市党委系统信息工作标兵单位和长春市法制宣传教育先进集体。成功举办全国15个副省级城市政府法制工作座谈会，对法治政府建设进行专题研讨。加强对新法律法规的宣传教育和培训，成功举办了全市市管领导干部《国有土地上房屋征收与补偿条例》辅导讲座。抓典型、抓延伸，市政府对榆树市、九台市、双阳区、市公安局、市工商局等5个示范单位挂牌授匾，表彰全市70个行政执法先进单位和150名行政执法先进个人。在全省示范县创建活动经验交流会上，榆树市政府作典型经验发言。在全省政府法制工作会议上，长春市政府、榆树市政府和九台市政府分别作典型发言和书面交流。

【政府立法工作】 组织协调完成《长春市燃气条例》等3部地方性法规草案和《长春市国有土地上房屋征收与补偿暂行办法》等13部政府规章的起草审查工作，完成了《长春市人民政府关于进一步加强社会保险扩面征缴工作的通告》等15件政府通告的审核修改工作，办理了省、市批转的征求意见函30件。为改善投资环境，让外商直接了解长春市有关法规和规章内容，完成《长春市旅游业管理办法》等5部政府规章的英文译审并编印成册。为完善科学民主立法机制，向社会公开征集立法建议项目，委托“第三人”起草了《长春市传统工艺美术保护管理办法》规章草案，对《长春市物业专项维修资金管理办法》和《长春市城市供热管理办法》进行成本效益分析和立法后评估。加强立改废工作，在《国有土地上房屋征收与补偿条例》实施前，对70部地方性法规、89部政府规章和40个规范性文件进行清理。为加强规范性文件备案审查工作，起草《长春市规范性文件监督办法》规章草案，前置审核以市政府、市政府办公厅名义制发的规范性文件44件，备案审查市直各部门、各县(市)、区政府制发的规范性文件152件。为加强制度反腐，配合市纪委对268件地方性法规、政府规章和规范性文件进行廉洁性评估，确认废止规范性文件10件，失效7件。

【行政执法工作】 注重从实体上进行规范，继续推行行政处罚自由裁量基准制度，指导各县(市)、区和各部门建立并完善了相关配套制度和实施细则。探索规范行政许可自由裁量权工作，在市国土资源局等5个部门开展试点工作。注重从程序上进行规范，继续推行“三段式”执法，全市各级行政执法部门通过教育规范，解决首犯和一般性违法问题1 900多个，减少行政处罚1 800多人次和1 900多万元。注重从行为上进行规范，倡导使用文明执法用语，禁止使用执法忌语。注重从监督入手进行规范，对市、区政务大厅和基层执法单位进行6次明查暗访，对34个部门、665本行政许可案卷进行公开评查，对25件群众投诉举报案件和3起行政败诉案件责任人进行责任追究。增聘100名行政执法监督员，加强社会监督。新增设行政执法监督平台15个，使行政执法终端报送系统增加到175个。注重从培训上进行规范，制订新一轮行政执法人员3年培训计划。

【行政复议工作】 加强行政复议案件纠错力度。全市各级行政复议机关全年共受理行政复议案件1 436件，比2010年增加123.33%，纠错率达到21.45%，行政复议化解行政争议的主渠道作用得到发挥。案件统计和情况分析，对重大疑难复杂案件进行深入调查，现场办案，召开专家论证会，充分听取各方面意见，灵活运用调解、和解方式定纷止争。榆树市办结行政复议案件5件，调解重大纠纷3起，解决2个“老大难”信访问题。农安县有关领导主动出庭应诉，全年7起行政诉讼案件无一败诉。市房地局负责人参与行政应诉案件66件，已结案件均胜诉。2011年，市政府法制办被评为全国行政复议工作先进单位。

【仲裁工作】 加大仲裁宣传推行力度，加强仲裁员和办案秘书管理，努力提高办案质量和效率，全年受理仲裁案件3 928件，比2010年增长28%，案件调解率、快速结案率和自动履行率稳步提高，为长春市经济发展和社会和谐作出了积极贡献。

（刘　茵）

党政机关

中国共产党长春市委员会

【概况】 2011年是建党90周年，也是“十二五”开局之年。中共长春市委团结带领全市广大干部群众，按照“打造全省科学发展领头羊、民生改善排头兵、社会和谐首善区”的要求，紧紧围绕科学发展、加快发展、率先发展主题和转变经济发展方式主线，全力推动“三化”、“三动”等重大战略落实，全力促进开发区、城区、县域“三大板块”协调发展，全力构建工业和服务业双拉动增长格局，全力破解事关发展、事关民生、事关稳定、事关城市未来的突出矛盾和问题，较好地完成全年各项目标任务，经济社会保持平稳较快发展的良好势头。

经济保持高速增长 坚持把投资拉动、项目带动、创新驱动作为拉动整个经济增长的重要抓手，滚动推进“十一五”期间确定的总投资5 650亿元的五大类150个重大项目建设，一批左右经济社会发展全局的重大项目相继开工投产达效。坚持把工业和服务业双拉动作为产业结构调整的主攻方向，全力实施工业强市战略，加快打造汽车、农产品加工、轨道客车三大世界级产业基地，积极推进战略性新兴产业发展，300万辆整车扩能工程扎实推进，农产品加工业成为继汽车之后第2个千亿级支柱产业，总投资96亿元的轨道客车产业园二期工程投入使用，轨道客车产业增速达到54.7%，五大战略性新兴产业完成产值810亿元，增速达到32.8%，成为工业经济的一个重要亮点；全力实施服务业兴市战略，集中开工建设了50个5亿元以上的现代服务业大项目，成功举办了东北亚博览会、汽博会、农博会、民博会等重大节庆会展活动，并围绕壮大文化产业出台了一系列扶持性优惠政策，全力推进文化产业集聚区建设和骨干文化企业发展，命名了“八大”民间工艺名品，东北亚科技文化创意产业园投入运行，文化产业增加值占GDP比重比2010年提高1.6个百分点，成为长春市又一个强有力的经济增长点。坚持把农业作为支撑城市经济的第一资源，作为长春发展的根本所在、潜力所在和希望所在，特别是着眼提高农业综合生产能力和现代化水平，加快推进农业规模化、机械化、水利化、信息化进程，突出抓好增产15亿公斤商品粮能力建设工程、1.3万公倾旱田节水灌溉示范工程、13.3万公倾全程农机化示范工程，粮食产量首次突破100亿公斤大关；按照中等城市标准建设县城，全力推进工业集中区和重点城镇建设，县域经济继续保持强劲发展势头，在全省县域发展综合评比中，4县(市)有3个进入综合发展指数前10名，农安县位列第一；加强新农村建设，高标准推进“百村示范、千村提升”工程，大力加强农田水利基础设施建设，推进道路、水、电、气、热等公用设施向农村延伸，农民生产生活条件持续改善，农村面貌发生重大变化。进一步加大骨干企业和中小企业扶持力度，连续出台一系列加快民营经济发展的政策措施，整个经济发展的活力进一步激发。全年地区生产总值实现4 003亿元，比2010年增长13.3%；全口径财政收入实现803亿元，比2010年增长42.6%，地方财政收入实现288亿元，比2010年增长59.6%；规模以上工业总产值实现7 005亿元，比2010年增长22.9%；固定资产投资按新口径累计完成2 433亿元，比2010年增长30.3%；实际引进内资、利用外资分别达到585亿元和30.8亿美元，比2010年均增长15%；城市居民人均可支配收入和农民人均纯收入分别达到20 487元和7 965.1元，比2010年分别增长14.3%和19.5%。主要经济指标增幅继续位居15个副省级城市前列。

城市面貌发生变化 坚持把城市生产力布局调整摆在重要位置来抓，注重把空间布局调整和产业结构调整结合起来，编制完成并上报新 轮《城市总体规划》，编制完成《土地利用总体规划》和《城市交通发展规划》。着眼加快长吉一体化进程，在长吉北线突出抓长东北开放开发先导区建设，把长东北作为新型工业集聚区，作为开发开放、体制机制创新的示范区，作为推进长吉一体化、加快城市化进程的战略平台，高新区、经开区等开发区在长东北区域投资58.09亿元完成了基础设施配套30平方公里，投资2 257亿元开工建设工业项目688个，兴隆综合保税区获得国务院批准。九台市空港新城和卡伦新城建设扎实推进，长东北科技创新中心被批准为“国家创新型科技园区”试点，长东北已经形成大开发大建设的发展态势；在城市东部谋划启动莲花山生态旅游度假区，管理体制和运行模式基本理顺，招商引资和重大项目建设进展顺利，总投资50亿元、总里程90公里的8条道路已完成70%的工程量；在城市西南组建西新经济开发区，正式升格为国家级开发区，汽车及零部件产业、高新技术产业加快向区内集中，整个区域发展速度明显提升。着力推进“三城”建设，突出抓好以大铁北改造为重点的北部新城建设，累计改造棚户区655万平方米，已形成人流汇集、商家集聚的开发热潮；抓好以中央商务区为核心的南部（含净月开发区）新城建设，一批重大项目相继落地，由上海绿地集团投资50亿元的300米高“绿地塔楼”正式开工，净月开发区彩宇广场总部园区和吉林省光电产业园开工建设；突出抓好以西客站交通枢纽为核心的西部新城建设，水电气热等基础设施同步跟进，周边开发全面铺开。抢抓机遇全力推进城市重大基础设施建设，总长18.5公里、总投资129亿元的地铁1号线获得国家审批，正式开工建设；总长34.3公里、总投资29.9亿元的轻轨三期四号线基本建成，13公里高架线路和3.5公里地下线路基本贯通；西客站综合交通换乘中心主体完工，长春站综合交通换乘中心北广场竣工，建成后将实现7种交通方式同时换乘；长吉城际高铁全线通车；伊通河城区段百里综合治理一期改造工程基本完工，沿河两岸生态景观环境进一步改善；长东北生态湿地公园一期工程竣工使用，全面建成后将成为北方最大的城市生态湿地公园。

群众幸福指数进一步提升 坚持把发展作为第一要务，把民生作为第一目标，把稳定作为第一责任，突出解决好生存性、发展性、安全性民生问题，努力使发展成果惠及全体人民。围绕保持物价稳定，坚持抓供给、抓流通、抓调控、抓舆论引导，集中出台一系列政策措施，有效保障群众的基本生活；围绕调整收入分配格局，大幅度提高城市最低工资标准和企业退休人员养老金标准，最低工资标准由2010年的820元提高到1 000元，增幅达到22%，企业退休人员养老金标准平均增幅达到13.5%，高于全国平均增幅3.5个百分点；围绕扩大就业创业，成功举办了第二届创业就业博览会，实现城镇新增就业11万人，零就业家庭保持动态为零；围绕社会保障体系建设，加快推进城镇职工基本医疗保险和城镇居民基本医疗保险“全覆盖”，参保率达到95%以上，并连续2次提高低保标准，城市低保提高到每月375元，农村低保提高到每年2 100元；围绕保障性住房和“暖房子”工程，开工建设11 439套公租房和6 433套廉租房，改造完成“暖房子”2 287栋、1 060万平方米，60多万群众从中受益；围绕帮扶困难群体，深入推进“大救助”体系建设和“万户特困户结对救助”活动，全市近2万户特困家庭和5 000多名困难学生得到有效救助；围绕发展社会事业，推动各级各类教育协调发展，全面完成3年医药体制改革任务，扎实开展健康长春行动计划和全民健身活动，“十二冬”筹备工作进展顺利；围绕加强和创新社会管理，着力完善体制机制，夯实基层基础，化解矛盾纠纷，特别是按照“胸中始终有大局、心里时刻有群众”的总要求，全面加强和改进新形势下的群众工作，群众工作科学化水平进一步提高；围绕维护社会稳定，深入开展“社会治安综合整治”行动，继续开展“大排查、大走访、大接访”和“信访积案化解年”活动，局长接待日活动取得明显成效，长春连续4年被评为最具幸福感城市。

精神文明和民主法制建设 集中开展创建全国文明城市攻坚行动，在全市形成浓厚的创城氛围，通过开展“创文明城、做文明人”和评选道德楷模等主题教育活动，全面提升市民的文明素质；通过“奋战150天市容环境综合整治行动”，集中精力整治市容环境，集中精力打造一批精品街路和精品商圈，整个城市的绿化美化亮化净化水平得到全面提升；通过创城突出抓好文明小区和文明社区建设，特别是把暖房子的立面改造与居民小区的平面环境建设结合起来，高标准打造一批文明小区和文明社区。按照全国文明城市测评体系和未成年人思想道德建设测评体系的623项测评指标，在全市进行4次大规模清理、整治和规范行动，累计为群众解决实际问题1.6万多个。在各地竞争异常激烈的情况下，历经16年努力，正式通过国家验收，进入全国文明城市行列。推进民主法制建设，支持各级人大围绕产业发展、项目建设等全市重点工作，开展调查研究、法律监督和工作监督，积极支持各级政协围绕推进工业强市、服务业兴市、建设绿色宜居城市等重大问题提出意见和建议，支持工青妇等群团组织开展活动，支持“双拥”工作，西新开发区锦程街道被省委省政府和省军区评为“真情服务官兵模范街道”，全市上下精神振奋、干劲十足、充满活力，形成了良好的发展氛围。

党的建设 大力推进学习型党组织建设，深入开展“创先争优”活动，长春市创先争优基地做法得到中央领导的肯定。隆重纪念建党90周年，成功举办唱响长春——纪念建党90周年万人演唱会等一系列庆祝活动。推进基层党组织建设，全力抓好农村基层组织“三项工程”建设，着力完善基层党组织服务民生工作体系，全市所有城区、开发区都建立了服务民生大厦，开展“三帮扶”活动，帮助困难党员和困难群众解决一批生产生活中的实际困难。完成县（市）、区和乡镇（街道）党委、人大、政府、政协换届工作，各级班子的创造力、凝聚力和战斗力进一步增强。全力抓好“人才长春”建设，建立了“人才特区”和15个产业人才高地，集聚了一大批发展急需的各类人才，形成行政推动与市场配置相结合的人才工作格局，着眼优化干部队伍结构、加大源头性战略储备，坚持每年面向全日制普通高校为乡镇、街道选拔100名选调生，已招录428人。抓好作风和反腐倡廉机制建设，开展“三满意”机关创建活动，推进软环境建设和纠风工作，“万人评议机关”参评部门群众满意率达到97.94%，比2010年提高1.14个百分点；强化惩防体系建设，农村党风廉政建设“3+1”工作模式全面推开，进一步加大腐败案件查办力度，全年共受理群众来信来访电话举报2 757件（次），立案846件，涉及市管干部3件，县处级干部33件，党政纪处分765人，移送司法机关30人，为民、务实、和谐、清廉的风气进一步形成。

中共长春市委十一届八次全体会议 2011年7月9日，中共长春市委十一届八次全体会议举行。会议听取和审议中共吉林省委常委、长春市委书记高广滨代表市委常委会所作的题为《深入学习贯彻胡锦涛在庆祝中国共产党成立90周年大会上的讲话精神全力推动长春科学发展加快发展率先发展》的工作报告，深入贯彻胡锦涛在庆祝中国共产党成立90周年大会上的重要讲话精神，全面落实全省“三动”战略工作会议部署，讨论市第十二次党代会相关事宜，动员全市广大党员干部和人民群众，全力推动长春科学发展、加快发展、率先发展，努力让城乡居民生活得更加美好。会议还审议通过了《中共长春市委十一届八次全体会议关于召开中国共产党长春市第十二次代表大会的决议》。

中共长春市委十一届九次全体会议 2011年12月25日，长春市委十一届九次全体会议举行。会议听取和审议中共吉林省委常委、长春市委书记高广滨代表市委常委会所作的题为《深入贯彻党的十七届六中全会精神全力推动长春经济社会发展迈上新台阶》的工作报告；认真贯彻落实党的十七届六中全会、中央经济工作会议和省委九届十二次全会精神，回顾总结2011年工作，研究部署2012年重点工作任务，组织动员全市广大党员干部和人民群众，解放思想，开拓创新，全力推动经济社会发展迈上新台阶。会议还听取《关于在中国共产党长春市第十二次代表大会上的工作报告起草情况的说明》，审议通过中国共产党长春市第十二次代表大会报告及日程，讨论确定了出席党的十八大和省十次党代会等人事选举事项。

（石　磊）

【组织工作】 2011年，全市组织工作围绕服务全市经济社会发展大局，做好县乡党委集中换届工作，加大推进创先争优活动、干部教育培训、深化干部人事制度改革、“人才长春”建设和党的基层组织建设等各项工作力度，锐意进取、求实创新、狠抓落实，全市组织工作整体水平不断提高，为“十二五”开好局、起好步提供坚强组织保证。

县乡换届工作 完成10个县(市)、区党委换届工作，人大、政协会议在2011年底已胜利召开。换届中具体抓了四方面工作。1. 选优配强“一把手”。坚持把党政正职的配备放在突出的位置，做到标准更高、考察更深入、把关更严格，注意把科学发展能力强、领导工作经验丰富、善于做群众工作、熟悉基层情况、群众公认度高的干部配备到党政正职岗位上来。2. 优化班子结构。换届中县(市)、区党政班子共配备了年轻干部21人。3. 营造风清气正环境。坚持把严肃换届纪律与换届工作同步部署、同步推进、同步督查，市委明确严肃换届纪律“八必须、八禁止”要求，通过层层签订《保纪承诺书》和《守纪承诺书》，印制严肃换届纪律学习读本、卡片和海报，开展谈心谈话活动，实施换届纪律知晓率测评等措施，保证换届纪律，营造良好的换届氛围。4. 开展干部教育培训“五项工程”。不断加大干部教育培训力度，坚持引进与培养培育并重，通过实施紧缺高层次人才培养培训工程，破解高端人才缺乏问题；通过实施年轻干部链式培养工程，强化党政人才的战略储备；通过实施基层干部能力提升工程，增强维护稳定和促进发展的能力；通过实施人才引导培训工程，提升城市核心竞争力；通过实施民营企业家素质提升工程，进一步激发民营经济发展活力。

创先争优活动 围绕加快转变经济发展方式、保障和改善民生、解决群众反映强烈和影响社会稳定的突出问题，开展创先争优活动。1. 推动全社会齐争共创。充分发挥领导干部的表率和示范带动作用。市委常委班子带头，实行公开承诺，主动践诺，民主评诺。全面实施县(市)、区委书记抓创先争优活动“一把手”工程，落实“七个一”措施(即组织一次理论中心组学习、开展一次专题调研、选好一个活动主题和载体、组织一次理论研讨、做好一次专项述职、进行一次全面考评、健全一套保障制度)，形成“书记抓、抓书记”，一级抓一级、层层抓落实的工作格局。分类指导党员干部立足岗位创先争优。落实乡(镇)村、街道社区、国有企业、非公有制经济组织和社会组织等党组织、党员创先争优活动的指导实施意见，以县(市)、区为重点，分行业、分领域抓好创先争优，重点突出窗口单位和服务行业创先进、争优秀，普遍开展了以“亮标准、亮身份、亮承诺，比技能、比作风、比业绩，群众评议、党员互评、领导点评”为主要内容的“三亮三比三评”活动，在机关党组织开展以“走进农村、走进企业、走进社区，联手抓党建、联手解决发展难题、联手扶贫帮困，促进发展、促进民生、促进和谐”为主题的“三走进、三联手、三促进”活动，让群众感受到创先争优活动带来的新变化。深化党群共建，形成党内带党外、干部带党员、党员带群众的全社会齐争共创良好氛围。2. 落实“三帮扶”工作。制定下发《关于认真落实全省“三帮扶”会议精神的通知》，围绕重点帮扶任务，创新帮扶载体，努力实现“一改善、三加强、一促进”目标。做好困难群众帮扶工作，在开展好“万户特困户结对救助”活动和“万户特困户”子女助学活动的基础上，实施创业就业扶助行动，在全年新开发13.5万个就业岗位的基础上，增加3万个，用于安排困难群众就业。认真做好困难党员帮扶工作，不断深化党员服务体系建设，发挥“五级”党员服务网络作用。实施党内结对包保帮扶，落实1个党支部联系包保1名困难党员任务，保证每名困难党员都有1个党组织或党员干部联系包保。开展党内大走访活动，做到经常走访和集中走访相结合，对生活困难党员给予物资和精神帮助。实施“党员创业示范户”带动计划，在城镇建立400个非公有制企业党员创业示范户，在农村培育1 000个产业大户致富示范户，吸收1 500名困难党员就业，带动500名党员致富。发挥“党员扶助资金”作用，投资60万元建立6个困难党员创业示范基地。做好薄弱基层党组织帮扶工作，建立领导“三帮扶”工作联系点，组织市、县(市)、区两级领导班子分别包保1个薄弱村、1个薄弱社区、2名困难党员和2名困难群众。

启动新一轮城乡基层党组织“结对共建”活动，组织100个市直机关党（工）委、各市直部门系统党委所属基层党组织与143个薄弱村党组织结成帮扶对子。组织100名薄弱村党组织书记到域外发达地区进行集中学习培训，选择60名新当选社区党组织书记与经验丰富、能力较强的社区党组织书记“一对一”结对帮带。3.开展纪念建党90周年系列活动。制定《关于开展纪念建党90周年系列活动安排的通知》，重点开展5项工作：组织召开全市纪念建党90周年暨创先争优活动表彰大会，对近年来全市基层党组织和广大共产党员在学习实践科学发展观、开展创先争优活动中涌现出来的591个先进集体和优秀个人进行了表彰。举办纪念建党90周年创先争优活动成果图片展，以“推动科学发展、促进社会和谐、服务人民群众、加强基层组织”为主题，集中展示全市各级党组织十七大以来所取得的工作成果。在长春电视台、长春人民广播电台开辟了“来自基层党组织的报道”专栏，在重要时段对全市党内先进人物事迹进行集中宣传，弘扬先进时代楷模。依托“长春党建”网站，组织全市组织系统党员干部、基层党务工作者，开展“红色记忆”网络征文活动，增强党员干部的自豪感和荣誉感。举办全市基层党组织纪念建党90周年文艺演出，唱响主旋律，把握宣传节奏，拓宽宣传渠道，增强宣传效果。创先争优活动取得好成效。

干部人事制度改革　1.强化干部制度改革宏观指导。研究制定全市干部人事制度改革具体实施意见，明确“十二五”期间全市干部人事制度改革的总体思路、工作目标、主要任务和具体措施。有效开展县（市）、区、开发区干部人事制度改革综合配套试点，完善“试点先行、市县联动、整体推进”的改革推进模式。2.在换届中运用并不断完善改革创新举措。把2010年研究制定的县（市）、区、开发区领导班子和领导干部政绩考核综合评价办法和市直部门全面考核评价办法，充分运用到县乡党委换届考察和年度考核中，新的考核办法采用共同指标、类别指标、特色指标“三位一体”指标体系，实行差异化考核，对主要经济指标既考增速又考份额，实施业绩责任错位追踪考核，采取预考核、集中考核和补充考核“三段式”考核方式，基本实现了由“一把尺子衡量”向“多把尺子比较”，由定性考核向定量考核，由单纯地考核班子、评价干部向推进工作、服务发展的转变，健全和完善干部考核制度，树立正确的考核导向，提高干部考核科学化水平。在考核中强化干部德的考核，通过探索运用反向设置选项，反向分析印证，反向评价干部“三个反向”的方式，对213名县（市）、区领导干部进行不良行为测评，使干部德的评价更加具体、清晰，进一步增强干部考察的真实性和准确性。3.深化干部制度改革重点突破项目。总结长春市干部选拔任用提名办法，通过建立定期非定向提名预备人选制度，完善非定向提名和定向提名相结合的提名方式。认真总结“考心智察能力”的公选测评方式，研究制定《加大竞争性选拔干部工作力度暂行办法》，在换届中进一步得到运用和验证。在市直部门广泛推行竞争上岗办法，有效规范程序，提高竞争性选拔的科学性。

“人才长春”战略　着眼长春“十二五”规划纲要和经济社会发展需求，以建立“人才特区”为突破，加快人才政策创新步伐，确保“人才长春”战略取得新成效。1.探索建立“人才特区”。从2011年初开始，选择产业特征明显、集群度较高、人才基础较好的高新区进行人才特区建设试点工作，在局部区域开展综合改革试点，先行先试，建立人才特区，加大政策突破力度，引领人才体制机制创新。制定12条优惠政策，其中明确职务科技成果在人才特区实施转化的，从净收入中提取不低于30%的比例，用于奖励成果完成者和转化实施者。鼓励引进人才以知识产权等智力资本作价入股、出资，作价金额最高可达公司注册资本的70%，等。着力构建创业孵化、科技评估、金融市场、政策支撑四大体系，计划用5年投资5亿元，鼓励人才创新创业，努力形成行政推动与市场配置相结合的人才工作格局。9月15日人才特区在长春高新区挂牌运行，新华社、人民日报、香港大公报等30多家新闻媒体进行了宣传报道。2.实施“百人工程”。针对市直机关普遍缺乏城建、规划、交通、环保、资本运作等方面专业技术公务员的实际，制定“百人工程”实施意见，重点面向国内“985”、“211”重点院校，选拔城建规划、财税金融、现代装备、轨道交通、环境科学等特定专业毕业生，计划利用5年时间引进200名，其中，市直部门100人，县（市）、区直部门100人。面向京沪6所院校招录了57名专业技术人员，全部安排到市直经济、城建职能部门和开发区，从事专业技术公务员岗位工作。3.

“人才特区”揭牌

做好从基层一线选拔优秀年轻干部工作。2011年，启动长春市和城区法院、检察院面向全省各市州县(市、区)遴选工作人员工作，市、城区法院、检察院共录用干部31人。启动长春市市直、区直机关面向全省市县两级党政机关遴选优秀年轻干部工作，共有22个部门36个岗位进行遴选，遴选优秀年轻干部45人。4.加大选调生培养力度。在连续4年招录选调生工作的基础上，重点加强对选调生的日常管理，突出党性锻炼和能力建设，召开座谈会3次，下发选调生工作简报5期。面向基层工作满2年的选调生，采取竞争上岗和遴选方式，选拔副科级领导干部。全市已选拔了50名选调生担任副科级领导职务，其中22名为副乡镇长；已有64名选调生遴选到县(市)、区直机关工作。

基层党组织和党员队伍建设 坚持抓基层打基础不动摇，把建立健全基层党组织建设长效机制，作为推进党的建设科学化水平的有效途径，使基层党组织建设进一步焕发出新的生机和活力。1. 深入推进基层党组织服务民生工作。制定下发《关于做好2011年基层党组织服务民生工作的指导意见》，确立8大方面共23项具体工作，使基层党组织服务民生任务更具体、内容更丰富、责任更明确、组织更有力、成效更明显。指导县(市)、区、开发区建设服务民生大厦，4月份组织检查验收，10个县(市)、区和4个开发区服务民生大厦全部竣工，基础设施及软件配套建设完善，服务功能得到整体优化。为进一步发挥基层党组织在服务民生中的作用，以“大走访、大接访”为主题，组织开展“党员干部下基层”、“民生帮你办”等系列活动，创新服务民生载体920个，开展主题实践活动4 024个，为基层党员群众办好事实事近5万件。依托政府网站，开通“长春市基层党组织服务民生网站”，全年点击量达18.82万人次，拓宽了基层党组织与群众沟通联系的渠道。全市现已经形成覆盖城乡、功能齐全、运转有序的基层党组织服务民生工作网络，65%的群众上访问题能够在基层得到妥善处理。2. 抓好基层党组织带头人队伍建设。在村党组织书记队伍建设上，制定村党组织书记管理办法，通过落实实绩考核制度和“三项补贴”制度，激发了村党组织书记的工作热情。全市村党组织书记年平均工资达到1.5万元。通过培育“项目支书”，实施“双述双评”等一系列工作措施，使村党组织书记队伍在推进农村经济发展中发挥了重要作用。在城市基层党组织书记队伍建设上，以社区换届为契机，会同民政部门，共同制定下发《关于做好2011年全市城市社区党组织和社区居民委员会换届选举工作的意见》，强化组织领导，严密工作程序，有效扩大民主，确保社区换届任务圆满完成。换届后，全市社区党组织班子结构进一步优化，党组织书记和成员学历层次明显提高、平均年龄降低5.1岁、党组织书记和居民委员会主任“一人兼”比例达到91%，社区党组织带头人队伍领导和管理社区事务的能力进一步增强。3. 大力加强城市区域化党建工作。推行街道大党工委领导体制，重点抓了社区党务工作力量配备、干部待遇改善、能力素质提高、基础设施建设，基本实现“有人管事、有钱办事、有场所议事”目标。为推进区域化党建工作，召开全市城市区域化党建工作推进会，下发《关于建立长春市城市区域化党建工作志愿者队伍的意见》，探索组建了1 000多人的区域化党建工作志愿者队伍，通过志愿者新组建党组织109个，培养入党积极分子686名，组织开展864项党内活动。市委制定下发《关于进一步加强全市“党员中心户”队伍建设的意见》，建立区域化沟通联系机制，推广“党员中心户”做法，打破了过去单一、封闭的党建工作模式，构建了开放的区域化党建工作新格局。市委组织部会同劳动人事部门，面向社会招录178名社区党组织专职委员，充实社区党的工作力量，为推进城市区域化党建工作提供了有力支持。4. 不断加强党员队伍建设。坚持有计划地做好发展党员工作，注意突出重点，在保证质量的前提下，把数量向工作在一线的工人、农民倾斜，高度重视在高知识群体和大中专学生等各领域优秀青年中发展党员，做好在非公有制经济组织、新社会组织中发展党员工作。全年共发展新党员6 200名，进一步巩固和扩大了党的阶级基础和群众基础。

提高组织部门自身建设 坚持以“政治坚定、公道正派、廉洁勤奋、求实创新”为核心，努力建设符合长春实际的组工文化，进一步激发组织部门生机和活力，为完成各项组织工作任务提供有效保障。1.深化“评价指导谈话”制度。通过实施“评价指导谈话”，每名组工干部积极向领导汇报思想，主动接受领导有针对性的评价指导，使广大组工干部能够正确对待工作、正确对待职务、正确对待自己、正确对待他人，形成人人勇于改正缺点和不足，积极进取、团结和谐的良好氛围。2.强化“四种能力”提升。认真贯彻《关于加强改进新形势下组工干部教育培训的意见》，以增强党性、提高能力为核心，以服务组织工作重大任务为导向，重点从“四种能力提升”上下功夫(即处以上干部的执行能力和创新能力，一般干部的文字综合能力和政策业务能力)。聘请全国党建学会专家、政府有关部门领导和社会知名学者等，进行专题讲座4次，树立“工作就是培养”理念，在部机关开展了“实战式培养锻炼干部”活动。围绕服务“十二五”发展，组织开展“集中学习研讨”活动，研究组织工作创新发展思路，增强了组工干部思考谋划能力。编印《〈读书小报〉精选文集》和《组织工作优秀文稿评点》两本书。3. 完善“部长领题”机制。2011年，在以往的基础上，深化和拓展了“部长领题”重点课题调研工作，共完成重点调研课题101个，全市对优秀课题成果通过举办“部长领题”交流汇报会的形式，进行研讨交流，使“部长领题”真正成为长春市组织工作创新发展的重要工作机制。

(杨　勇)

【宣传思想文化工作】 2011年1月21日，全市宣传思想文化工作会议召开。总结2010年工作、安排部署2011年工作。表彰2010年度全市宣传思想文化工作先进单位和先进个人，颁发“2010年度全市宣传思想文化工作创新奖”。

开展“建学习型党组织、做学习型党员”活动 深入推进学习型党组织建设，大力实施“学习型党组织建设暨党员教育示范点”建设工程，长春市学习型党组织建设工作的主要做法在全省宣传思想工作座谈会上和全省学习型党组织建设经验交流会上作了经验介绍。中央学习办《工作简报》和人民网以《长春市着力搭建有形化学习平台，为推进学习型党组织建设创造有利条件》为题刊发长春市的经验做法。中央电视台、新华社、人民日报等6家中直媒体对朝阳区楼栋党支部引领社区和谐的经验做法进行宣传报道。5月10日，举办全市学习型党组织建设暨党员教育示范点命名授牌仪式。全市有67个单位被授予学习型党组织建设暨党员教育示范点。其中二道区东站街道十委社区等10个示范点被省委组织部、省委宣传部确定为省级示范点。

市委理论中心组学习 6月11日，召开市委中心组学习(扩大)会暨创建全国文明城市攻坚动员大会。会议共分2个阶段进行。第一阶段由市委书记高广滨主持，中央文明办专职副主任王世明作创建全国文明城市专题辅导。第二阶段由市长崔杰主持。会上下发《市委市政府关于创建全国文明城市攻坚阶段工作方案》等文件。10月18日，市委召开理论中心组扩大会议。围绕“加强和创新社会管理，做好新形势下群众工作”专题，中国人民大学社会学理论与方法研究中心常务副主任、博士研究生导师刘少杰教授作辅导报告，省委常委、市委书记高广滨主持会议并讲话。

营造科学发展、加快发展、率先发展的浓厚氛围 围绕“科学发展、加快发展、率先发展”主题和加快转变经济发展方式主线，围绕“三化”统筹、“三动”战略、“三大板块”协调发展、长吉一体化、重大项目建设、创建全国文明城市、“暖房子”工程、文化改革发展、县(市)区换届选举等重点工作，围绕创先争优、学习型党组织建设、奋战150天市容环境综合整治行动、庆祝建党90周年等重大活动，围绕汽博会、电影节、东北亚博览会、农博会、书博会、民博会等重大节庆会展，围绕市委全会、人大政协两会、政府常务会议等重要会议，精心组织系列宣传战役，大力营造加快发展、改善民生、建好城市、促进和谐的浓厚氛围。人民日报、光明日报、新华社等中省直媒体共刊(播)长春稿件近2万篇(条)，其中中直媒体刊(播)的稿件达3 600余篇(条)。妥善处理了迎宾路燃气爆炸、抢盐风潮、湖西路居民楼强拆等突发事件，对住房、教育、就业、交通、供暖等社会热点进行有效引导，维护社会和谐稳定，树立党委政府良好形象。加强舆情汇集研判。全年报送信息2 300余篇(条)，其中，有180余篇(条)被中宣部舆情信息局的《舆情商报》、《舆情专报》、《网上动态》等刊物采用，有200余篇(条)被省委宣传部《宣传导报》、市委办公厅的《长春信息》采用和转报上级。全年编发《信息专报》、《舆情专报》24期，《长春信息清样》4期。在全省舆情信息工作会议上被评为“标兵单位”并介绍经验。8月26日，在全市新闻战线下发《长春市新闻战线深入开展“走基层、转作风、改文风”活动方案》，对在全市深入开展“走基层、转作风、改文风”活动作出全面安排部署，推动了活动的深入开展。

开展典型宣传 总结宣传长春市西新经济技术开发区锦程街道重大先进集体典型，在全市引起强烈反响。推进典型宣传常态化，通过《我们的榜样》栏目，总结宣传各行各业的典型，大力弘扬积极、健康、向上的社会风尚。6月23日~30日省委宣传部、省民政厅、省军区政治部以及长春市委等单位组成联合调查组，对锦程街道“跟踪教育”先进事迹作了全面调查核实。7月29日省委、省政府、省军区作出授予长春市锦程街道“真情服务官兵模范街道”荣誉称号的决定，号召全省各级党组织、全体党员开展向长春市锦程街道学习活动。7月31日省、市召开新闻发布会，介绍锦程街道坚持跟踪教育、真情服务官兵的先进事迹。9月29日召开锦程街道先进事迹首场报告会，省、市有关领导参加了报告会。首场报告会后，报告团深入到全省各地作巡回报告。11月3日，长春市第六届“创业先锋”表彰大会暨先进事迹报告会召开。经过基层推荐、社会公示、精心筛选，贾宝强等39人被命名为长春市第六届“创业先锋”。

对外宣传 借助全国“两会”召开和国际雕塑展等重要展会在长举办等契机开展对外宣传，全面展示长春良好形象和投资环境。全国“两会”期间，长春市共在各级各类媒体开办专版、专栏11个，刊发新闻300余篇(条)，图片100多幅。加强网络建设，强化网络管理，组织开展网络评论活动，加大网上涉长舆情监控，编发《网上涉长舆情专报》41期。4月6日，完成《关于成立互联网信息办公室，加强网络信息管理和舆论引导工作的报告》。6月1日《中国日报》推出“30年年庆长春专版”，对长春城市形象进行重点宣传推介。6月9日，制定下发《2011年长春市党委部门新闻发布工作规划》，对市委各部门新闻发布的主题、内容和场次等作出指导性安排。结合纪念建党90周年，协调市委组织部、市纪检委、市委宣传部先后于6月22日、7月20日、7月28日成功召开3场新闻发布会，全市累计承办发布会27场，党委部门新闻发布工作得到提升。7月25日，日本《朝日新闻》沈阳支局推出长春专题报道。在配合采访报道中，借助“休闲消夏、吉林之旅”中外摄影记者团、美国彩虹电视台《在中国乘火车》摄制组采访之机，全面推介长春风土人情、历史遗产和旅游资源。9月2日，以第三届中国长春世界雕塑大会为平台，策划推出“网络媒体长春行”大型活动，构建起网上宣传长春平台。12月26日，在由新华社《瞭望东方周刊》和中国市长协会《中国城市发展报告》工作委员会联合主办的“中国(大陆)最具幸福感城市”调查推选活动中，长春市当选“中国最具幸福感城市”，荣获“中国最具幸福感城市”金奖。

全国文明城市创建工作 2月23日召开“创建全国文明城市推进大会”。会上下发《中共长春市委长春市人民政府关于迎接全国文明城市测评工作的安排意见》，对创城工作作出总体安排部署。4月27日召开创建全国文明城市专题汇报会。4月26日~29日，中央主要媒体按照中宣部、中央文明办统一安排部署，对长春市“创城为百姓、百姓共创城”的经验做法进行集中宣传报道。7月

10日举行由卫生环境劝导日、文明走路日、文明行车日、志愿巡护日、楼道卫生日等组成的长春市“讲文明树新风——文明行为倡导”系列活动启动仪式。7月13日召开创建全国文明城市实地考察及薄弱环节工作落实会。会议下发《长春市创建全国文明城市实地考察任务分解表》。7月14日举行“万名干部进社区”活动启动仪式。7月29日召开全市“文明示范小区”建设推进会。朝阳区红旗街道同德社区等9个小区被命名为长春市第一批“文明示范小区”。9月5日～12日，全国文明城市测评组对长春市创建全国文明城市工作进行测评，全市上下齐动员、干群共参战，高标准高质量地完成迎检的各项工作。11月28日，中央文明办对长春市申报全国文明城市工作进行复查，长春市顺利通过复查。12月20日，中央文明委在北京隆重召开表彰大会，长春被授予“全国文明城市”荣誉称号，成为吉林省和东北三省省会城市中惟一一个“全国文明城市”。

思想道德建设 坚持与创建全国文明城市相结合，突出市容环境综合整治和市民素质提升“两手抓”，紧紧抓住未成年人这个重要群体和志愿服务这个重要载体，通过道德教育、道德实践活动，推动全社会文明道德行为的养成和健康文明道德风尚的树立。开展“身边好市民”的评选和“万户特困户”子女助学活动，全年共命名表彰21名“身边好市民”、帮扶3.66万贫困学生。组织开展第二届优秀童谣征集传唱活动，评选4部优秀作品参加中央文明办优秀童谣传唱网上展播活动。4月18日举行“关爱农民工志愿服务活动”启动仪式。5月10日推出《走向成年》中学版，共推出13期。省文明办将《走向成年》作为全省加强未成年人思想道德建设重要读物向全省各市州推荐订阅。5月16日举办“童心向党”——长春市未成年人庆祝中国共产党成立90周年歌咏大赛。来自全市中小学合唱团的同学共同唱响共产党好、社会主义好、改革开放好、伟大祖国好、各民族人民好的时代主旋律。中央文明办在全国推介长春市的经验做法，在中国文明网展播长春市推荐的节目。8月18日举办“关家空巢老人志愿服务活动”。9月18日长春南大营旧址陈列馆正式落成开馆并免费向市民开放。9月20日在全国第三届道德模范颁奖典礼上，纪长秋荣获“全国见义勇为模范”称号，成为长春全市人民的骄傲。9月22～23日举办长春市第六届大学生田径运动会。10月13日召开长春市“向国旗敬礼、做一个有道德的人”爱国主义教育主题活动颁奖大会。对在“向国旗敬礼、做一个有道德的人”爱国主义教育主题活动中评选出的11个优秀组织单位、10名最佳作品奖、5名最佳摄影奖和10名优秀小记者奖进行了表彰。

繁荣文化事业 文化服务体系建设得到加强，文艺精品创作取得突破，群众性文化活动常态化开展、文化需求得到满足。长春科技文化中心、长春市城市规划展览馆、中国光博馆、市图书馆铁北分馆等重点文化基础设施相继建成并交付使用。全市新建乡（镇）综合文化站91个、街道文化站43个、社区文化活动室348个、“欢乐庄稼院”264个，农家书屋1 656个。1月23日举办“和谐长春——2011年长春市春节联欢晚会”。1月26日举办“沃土欢歌——2011年长春市农民新春大联欢”晚会。4月28日举办“唱响中国——群众最喜爱的新创作歌曲”宣传推广工作暨“中国，有座城市叫长春”歌曲大赛活动启动仪式。5月28日文化部、财政部联合下发的文社文发〔2011〕26号文件，长春市被确定为国家公共文化服务体系示范区首批创建单位。6月30日举办“唱响长春”纪念建党90周年万人演唱会。机关、企业、事业、学校、部队等20余家单位，5个城区、4个开发区近万人参与演唱。演唱会上，除传统经典红色歌曲外，唱响了10余首以“长春”为主题的原创歌曲，开创了参与范围最广、人数最多、影响最大的大型合唱演出的先例。9月2日～8日承办“第二届中国长春·东北亚文化艺术周”系列文化活动。其中，9月1日举办“东北风”现象与地域特色演艺业发展论坛，中国文联副主席、中国曲艺家协会主席刘兰芳、国家文化部艺术司司长董伟出席论坛；9月6日举办“我们在长春相遇”大型露天交响音乐会；9月8日举办第二届中国长春·东北亚文化艺术周闭幕式暨“中国，有座城市叫长春”歌曲大赛颁奖晚会，确定“我们在长春相遇”为长春市市歌。10月7日～16日举办2011第二届中国长春国际钢琴艺术节。艺术节以“钢琴艺术与城市文明”为主题，举办开幕式音乐会、钢琴艺术家独奏音乐会、钢琴大师课、专题学术讲座和钢琴比赛等活动。12月11日举办“《扶起你》良知的力量——全民大型传唱活动”演唱会。来自全市各界文艺爱好者，演唱近20个版本的歌曲《扶起你》，作曲家王立东、二炮文工团男高音演员乔军也专程赶来参加演唱会，将传唱活动推向高潮。

发展文化产业 推进文化产业园区集聚和文化骨干企业发展，文化产业项目开发和文化主题公园建设加快，举办文化节庆会展活动，文化品牌培育和文化产业融合加速，全市文化产业增加值实现300亿元，比2010年增长67%。东北亚创意产业交易中心、知和国际动漫产业园、动漫软件服务外包产业园、长影世纪城二期工程、富士康赛博数码广场等一批重大项目和园区建设顺利推进。大力促进文化与科技、休闲旅游相结合，完善提升一批文化企业孵化器、文化主题公园和文化商业街区，进一步提高了产业集中度和关联度。1月2日～3月6日举办2011长春冰雪旅游节暨净月潭瓦萨国际滑雪节。本届冰雪节以“激情瓦萨、魅力长春”为主题，进一步突出了“大冰雪”概念。冰雪节期间，将推出冰雪旅游、冰雪体育、冰雪文化、冰雪经贸4大板块66项精彩活动。2月28日“全市文化产业发展大会”召开，安排部署当前和今后一个时期全市文化产业工作的重点任务，提出到“十二五”末期文化产业增加值实现千亿元的目标。省委常委、市委书记高广滨作重要讲话，市长崔杰主持会议。省委常委、市委书记高广滨为“净月文化产业发展区”揭牌。市委常委、宣传部长王振华宣读《中共长春市委、长春市人民政府关于表彰全市发展文化产业先进单位的决定》和《长春市人民政府关于命名“长春市民间工艺名品”的决定》，与会市领导为受表彰的先进企业、先进单位颁奖，朝阳区、高新区、净月开发区做表态发言。会议出台了《关于建设净月文化产业发展区的意见》。4月25日全市文化产业培训班开班。6月1日～9日举办2011长春图书博览会。展会向读者提供20多万种图书、1 000多种报刊，1 000多种音像和电子出版物。共接待读者80多万人次，销售总码洋2 700万元，开展64项丰富多彩的图书文化活动。6月1日～7日举办第七届长春国际动漫艺术节。动漫节以“无界动漫、共享精彩”为主题，以“整合动漫资源，拓展创意空间，打造文化品牌，引领产业发展”为宗旨，设计安排动漫产业及动漫衍生产品展示展销、2011动漫游戏高峰论坛、2011 ChinaJoy Cosplay嘉年华东北赛区预选赛等三大活动。6月30日～7月6日举办第四届中国长春华夏文化艺术节暨2011中国东北亚文化产业博览会。邀请国内外350多家企业及厂商参展，有90余万人次观展，成交额达3.5亿元。8月5日～14日举办第六届中国(长春)民间艺术博览会。展会共展出58大类20多万种民间艺术品，观展总人数达201.4万人，成交额达1.56亿元。9月1日第十二届中国长春国际雕塑作品邀请展在高新区长东北城市湿地公园隆重揭幕。展览以“创新、跨越、梦想”为主题，共展出101个国家和地区109位雕塑家创作的107件作品。省委常委、副省长马俊清，中国建筑学会理事长宋春华，毛里求斯驻华大使钟律芳，中国雕塑院院长吴为山为获奖的雕塑作品揭幕。9月2日举办被誉为雕塑界“奥林匹克”的第三届中国长春世界雕塑大会。大会以“友谊·和平·春天——雕塑让城市更精彩”为主题，来自世界各地的千余位艺术家共同交流城市雕塑建设经验，推进世界雕塑艺术发展。10月27日召开全市宣传思想文化系统负责干部会议。学习传达党的十七届六中全会精神，按照全国宣传部长会议和省委、市委有关会议精神，安排部署六中全会精神的学习宣传贯彻工作。

宣传思想文化工作“创新奖”评选表彰 按照《“长春市宣传思想文化工作创新奖”评比表彰办法》组织开展评选表彰活动。评选表彰朝阳区委宣传部《以学习型楼动党支部引领社区和谐》等10个“2011年度全市宣传思想文化工作创新奖”项目，农安县委宣传部《实施地域精神所造工程，为县域突破凝神聚力》等8个“2011年度全市宣传思想文化工作创新(提名)奖”项目。

宣传思想文化队伍建设 大力开展“创先争优”、“三满意”机关建设、学习型党组织创建、“三帮扶”和“走转改”活动，领导班子和干部队伍建设得到加强。加强基层理论骨干、党委政府新闻发言人、文化产业经营管理人员、企业政工专业职务人员和新闻从业人员的教育培训。7月12日～13日，由中宣部、中组部等6部委组成的联合检查组来到长春市，就《关于加强地方县级和城乡基层宣传文化队伍建设的若干意见》贯彻落实情况进行检查，检查组在听取长春市的汇报后，长春市相关工作给予了高度评价。

（孙国志）

【政策研究】 **重大课题研究** 围绕市委、市政府的总体要求和工作重点，开展了涉及经济、社会各个方面的9个重大课题的研究。1.长东北开放开发先导区综合配套改革问题的研究。起草《长东北开放开发先导区综合配套改革方案》，提出了围绕“五项综合配套改革”，做到“三个率先”，把长东北建设成为开发区转型升级的示范区、长吉一体化的桥头堡、全省体制机制创新的先行区。结合长东北8个建设主体的政策需求，起草市委、市政府《关于支持长东北加快发展的若干政策》。2.促进长春市服务业发展问题的研究。对长春市服务业发展基础和存在问题等现状进行深入研究，提出了重点发展8大行业、5大区域性服务业中心，推进10大现代服务业集聚区建设、培育和打造20个服务业品牌、做强做大50家服务业龙头企业、全力推动80个服务业重大项目建设等规划建议和具体措施。3.促进长春市战略性新兴产业加快发展的研究。对制约长春市战略性新兴产业加快发展的投融资体系不健全、人才结构和流向不合理，以及企业自主创新能力不强等各种制约因素进行深入细致的分析，提出着力实施阶段推进与分类发展策略，加快推动产业规模化发展、进一步增强融资和资源配置功能、全面提高企业自主创新能力、强化人才培养引进使用机制、积极引导培育市场需求等措施办法。4.统筹推进工业化、城镇化和农业现代化，加快长春市县域突破问题的研究。对长春市县域经济发展情况及所处工业化、城镇化、农业现代化的发展阶段作出了基本判断，针对存在的突出问题，提出加快县域突破步伐，实现城乡统筹发展的对策建议。5.长春市文化创意产业发展问题的研究。深入到经开区、朝阳区、双阳区等地实地调研，摸清长春市文化创意产业发展的现状和问题，并充分借鉴发达地区的经验和做法，结合长春市文化创意产业发展的实际，提出规划设想和对策建议。6.长春市“十二五”时期资源要素平衡问题的研究。围绕实现“十二五”规划主要经济指标翻番的目标，在全面分析长春市“水、电、气、热”等主要资源要素的现状及存在的问题，有针对性地提出关于“水、电、气、热”等资源要素平衡的对策建议。7.长春市中小企业金融问题的研究。对长春市中小企业面临的“融资难”和“用工难”等主要问题进行了认真分析，提出了千方百计增加资金和适龄劳动力有效总供给，确保中小企业发展资金和用人需求相关对策。8.长春市科技中介服务业发展问题的研究。在长春市创建创新型城市、构建四位一体创新驱动联盟的背景下，对长春市科技中介服务业发展现状进行了评估，提出加快长春市科技中介服务发展思路原则、推进措施和政策建议。9.新形势下加强长春市社会管理和做好群众工作问题的研究。总结绿园区、德惠市等6个基层社会管理组织的典型经验，对长春市社会管理和群众工作进行深入调研，形成《关于新形势下加强长春市社会管理和做好群众工作的情况报告》。

对策研究 1.围绕城乡统筹开展调研。为贯彻落实省委、省政府统筹“三化”发展战略，在全省率先探索城乡统筹发展的新思路，对城乡统筹问题进行深入的调查研究，形成市委、市政府《关于加快推进城乡统筹发展的意见》，明确未来

10年长春市推进城乡统筹的总体思路、工作目标和推进步骤，明确并细化了“三个集中”、“五项统筹”、“六项改革” 的具体推进任务和工作重点。研究起草《关于推进城乡统筹的试点方案》，与《意见》一起构成了长春市推进城乡统筹从宏观到微观、从指导到操作的完整的指导体系。《意见》总体思路和主体内容被纳入《吉林省推进长吉一体化发展意见》之中。2. 围绕加快长吉一体化开展调研。研究起草长东北城乡双向一体化试点方案，提出建立城乡双向一体化发展的产业融合机制、空间形态机制、土地管理与使用机制、人口流动机制、社会保障机制、公共服务机制、科技支撑体制和管理体制等九大试点内容，形成了成熟的改革模式、发展思路和制度体系，为全面推开城乡统筹工作奠定基础。起草了《以“三化统筹”为引领全力推进长吉一体化发展》专题报告和《长春市推进长吉一体化的有关情况》。3. 围绕促进文化发展与繁荣开展调研。研究起草了《着力打好“发展、惠民、改革”三张牌全面推进长春“文化兴市”建设》的调研报告，提出长春市文化大发展大繁荣的思路目标和工作重点等相关建议，调研报告的主要观点纳入到市委全会的报告中，调研成果直接转化为市委的重大决策。4. 围绕加快区域发展开展调研。针对莲花山生态区建设的特殊需要，形成了市委、市政府《关于加快长春莲花山旅游度假区发展的意见》，以市委文件下发实施。为加快城郊观光农业的发展，对朝阳区发展都市观光农业进行调研，形成《朝阳区发展都市农业的基本构想》。5. 围绕改善民生及社会热点问题开展调研。参与完成《长春市民生报告2011》的起草及统稿工作。参与商业网点规划的调研，修改和完善《市政府关于规范商品市场发展的意见》。针对难点和热点问题深入的调查研究，提出对策建议。

决策咨询和信息服务 1. 做好决策咨询工作。在原有市委决策咨询顾问的基础上，增聘8位专家为市委决策咨询顾问。制订《进一步做好市委决策咨询工作的方案》，建立决策咨询档案信息库。就经济社会发展中的热点难点问题登门请教专家顾问，形成温铁军顾问《关于长春市城乡统筹发展的几点建议》、宋冬林顾问《关于调整长春产业布局承接产业转移的建议》、江连海顾问《关于发展长春多层次资本市场的建议》、刘伟顾问关于《我国现阶段货币政策效应及趋势判断》、杨瑞龙顾问关于《2011年下半年国内宏观经济形势的判断》多篇顾问建议，温铁军顾问的《城乡统筹建议》获得批示。2. 加强政策动向研究。形成《日本大地震对我市汽车业的影响及措施建议》、《高铁故障和事故对轨道客车产业的影响及对策》、《下半年我市汽车产业面临的形势及对策建议》、《关于我市加强鲜活农产品流通体系建设的思考建议》、《武汉依托东湖高新区打造资本特区确保每年上市企业增长20%》、《南方电荒给长春带来的启示和思考》。3. 完成长吉一体化、城乡统筹试点等调研任务；为市委书记高广滨起草了在省委常委会上的发言提纲，参与市委书记高广滨民主生活会发言提纲，完成分管副市长的相关发言材料起草工作；参与市委全会、党代会报告起草工作，与省委、省政府相关部门进行沟通衔接，了解和掌握省里重点工作情况，研究制定长春市的推进办法和策略。4. 信息质量提高。报送的信息中市委、市政府办公厅采用25条、省政府采用2条，《资源税改革对我市的主要影响和对策建议》、《我市应把新区经济作为新一轮发展的主推模式》等13条信息被市政府专报信息采用。其中，《我市应重视地方发行债券试点工作》等3条专报信息获得市长批示。并通过《决策参考》、《调研专报》、《近期政策动向》等载体，向市委、市政府及时报送一大批有价值、有分量的调研信息。其中，《关于交通问题的对策研究》、《中小企业的问题的调研报告》、《打好三张文化牌，加快我市文化立市的建议》等调研信息获得市委书记高广滨批示。

构建调研工作新格局 1. 提升优秀调研成果评审质量。对全市2010年度优秀调研成果进行评选表彰，共征集参评调研成果250余篇，选出137篇优秀调研成果获奖（其中，特等奖1篇，一等奖12篇，二等奖24篇，三等奖40篇，优秀奖60篇），评选出5个单位获得调查研究工作组织奖。择优编印《2010年长春市优秀调研成果选编》，收录获奖的优秀调研成果31篇，共计55万余字。2. 搭建调研成果转化的新平台。对《决策研究》进行升级，在栏目设置、内部彩页等方面进行重新设置和整合，共刊发《决策研究》6期，刊发稿件58篇。对《决策参考》进行重新改版，增加了“政策动向、热点分析、外地经验、专家建议”4个栏目，共刊发6期、稿件18篇。创办《调研专报》、《决策咨询顾问专报》、《近期政策动向》等载体，将中小企业问题研究、专家顾问对长春市发展的意见和建议、国家宏观调控的政策趋势及对长春市影响的信息通过这些载体和平台及时报送给市领导。3. 不断完善和更新数据库。编制印刷《“十一五”期间主要经济指标比较》数据册。对“十一五”时期长春市与全国15个副省级城市的主要经济指标、全省9市（州）、各县（市）区及开发区数据进行搜集整理及比较分析，制作成图表，印刷并发放给相关领导。各处也都根据自身职能，建立和丰富了产业发展、社会建设、城建管理、党的建设等方面的数据库，对深入分析长春市经济、社会等各方面的问题，奠定了扎实的基础。4. 配合部门进行课题研究。积极配合相关单位开展联合调研，与商务局一道对长春市服务外包产业发展情况进行调研，起草市政府《关于促进服务外包产业发展的若干意见》。参与长春市搞好“农超对接”的调研，牵头起草了推进长春市“农超对接”工作的调研报告及长春市“农超对接”扶持政策。组织各县（市）、区、开发区、市直机关各部门及人民团体参与省委政研室的优秀课题成果评选活动，共征集优秀调研成果76篇，上报22篇参评。

（于文新）

【统战工作】 2011年，长春市委统战部围绕贯彻市委十一届七次、八次全会精神，以纪念建党90周年为契机，以开展“同心”实践活动为统领，着力提高统一战线服务“三化统筹”、“三动并举”的能力，为“十二五”规划开局之年提供力量支持。

服务主题主线　1. 创新模式，增强了参政议政选题针对性。建立“联合选题、专家参与、党派机关保障、统战部把关”的选题调研模式，组织民主党派、工商联以全市经济社会发展“十二五”规划纲要、市委全会和全市经济工作会议精神为重点，围绕“大力发展长春文化创意产业”、“落实工资集体协商制度”、“社会养老体系建设”等问题开展调研议政，从选题方向、研究现状、力量组织、成果实效等方面进行指导，提高参政议政的针对性。2. 牵线搭桥，助力了“三动并举”战略。在东北亚博览会期间，举办“长春——宁波对口交流及经贸合作洽谈会”，本次洽谈会以产业合作招商为主线，以“引进战略投资伙伴”为目的，围绕汽车及零配件、轨道客车、农产品深加工以及现代物流等重点优势产业和战略新兴产业，达成合作项目 21 个，协议总投资 74.56 亿元。东北亚·长春光彩物流商贸城、台湾鸿海集团、旺旺集团、顶新集团、统一集团等一批大项目落户开工。征集 33 个创业项目，参加第二届中国长春创业(就业)博览会。3. 加强指导，营造工商联工作良好氛围。协助市委召开全市加强和改进新形势下工商联工作会议，出台《关于加强和改进新形势下工商联工作的实施意见》；继续推进全市非公有制经济组织党组织创先争优活动，建立党员先锋岗、责任区 472 个。发挥牵头部门作用，整合统一战线资源，特别是组织动员非公有制企业积极参与到全市“三帮扶”工作中来。以“三帮扶”工作为契机，推进统一战线服务新农村建设工作，对系统各单位和外埠商会联系的 13 个行政村的帮扶工作进行督导。2011 年，帮扶困难家庭 4 213 余户，扶贫金额达 5 195 万元，安排就业人数达 6.73 万人；捐资助学 3 236 人，金额为 2 209.13 万元；捐建农家书屋 58 个，捐书 6.8 万册。4. 搭建载体，探索统一战线服务社会管理的有效途径。加强基层统战组织建设和社区统战工作，发挥统战组织、统战成员在社会管理中的作用优势。开展“社区统战心连心”活动，组织召开 2 次全市统一战线服务社会管理现场会，推广了绿园区共建“民生责任田”和宽城区“爱心田园”服务社会管理实践基地做法，在全省统战工作交流会上作《发挥统一战线作用，服务社会管理创新》经验介绍。开展“非公企业构建和谐劳动关系”问题研究，对建立和谐企业、促进社会管理进行有益的探索。

打造统战工作“同心”品牌　在全市统一战线范围内开展打造“同心”品牌，推动“同心”实践活动，实施“思想引领”、“助推发展”、“改善民生”、“智力支持”、“示范带动”五项工程，努力创建统战工作服务发展、改善民生、促进和谐的工作品牌。在“同心·思想引领”工程中，开展“同心·核心价值体系学与行”活动，召开“同心同行·共谋发展”座谈会，举办“同心铸伟业”图片巡回展和“同心颂歌”征文活动。在“同心·助推发展”工程中，组织各民主党派、工商联、统战团体，围绕实施“十二五”规划、加快转变经济发展方式、城市建设、县域突破、保障和改善民生等重大问题，开展建言献策活动。在“同心·改善民生”工程中，实施“同心·光彩惠民”行动，组织村企结对 125 家，实施各类援助项目 11 个，投资总额 1.2 亿元，带动 11 000 余人就业，为困难群体脱贫致富提供了帮助。继续开展“凝心聚力、情满春城”感恩行动，救助“三老”人员 420 人。在“同心·智力支持”工程中，开展“同心·携手献智”活动，组建“同心”科技、法律、医疗等各类服务团队 120 余支，为 64 家企业开展科技攻关服务，增效 2.2 亿元；开展法律宣讲 217 场，提供维权服务 2 146 人次；开展义诊 375 次，为15 691 人提供医疗援助。长春工大与绿园区人民政府签定了共建中国行走机械制造配套区科技创新园协议，派出 10 个党外专家组为 10 户驻区企业进行面对面的科技服务，形成学校、企业、政府相结合，共赢发展的格局。在“同心·示范带动”工程中，各级统战部门建立“同心·示范帮扶点”29 个，绿园区共建“民生责任田”、市民建“三个百人”助学行动、市民进“踏查长春”等品牌工作都产生以点带面辐射作用，提升“同心”实践活动的贡献力。

多党合作和政治协商制度化建设　1. 推进多党合作的制度化建设有新举措。出台《市委统战部落实市委政治协商制度操作规程》，召开 4 次季谈会，向民主党派、工商联传达了全国“两会”精神、十七届六中全会精神，就“同心”实践活动、换届工作进行沟通，为民主党派、工商联知情出力创造条件。2. 选拔党外优秀人才有新视野。按照“德才兼备，以德为先”的选人用人方针，实施“311 人才选拔”计划，先后深入吉林大学、一汽集团、中科院长春分院、省市国资委等单位，坚持先进性和代表性相结合、工作实绩和群众公认相结合的原则，了解掌握一大批年纪轻、专业造诣深的党外人才，党外代表人士队伍人员调整、更新达三分之一，优化党外代表人士队伍年龄结构，提高队伍质量，也为换届打下了良好基础。3. 协助民主党派、工商联做好换届工作有新局面。本着“优化结构、平稳过渡”的原则，制定“关于协助我市各民主党派、工商联(民间商会)做好换届工作的指导性意见”，明确了指导思想、基本原则和工作流程。4. 党外代表人士培训工作有新突破。举办了首期市管党外领导干部培训班、首期百名企业家进党校培训班，以及民主党派中青年干部研修班等重点班次 10 期，骨干成员培训班 16 期，培训人员 1 000 多人次，提高党外人士的政治认同和思想素质。

稳定民族宗教领域　1. 开展民族团结进步创建活动。开展“援手暖心”行动，对少数民族流动人口生产、生活情况进行调研，做好各项服务和保障工作，更好地促进民族融合。2. 开展宗教领域专项工作。加强宗教工作制度建设和网络建设，全面推进宗教领域专项工作。3.加强民族宗教界代表人士队伍建设。在协调指导“民族团结进步”创建活动中，做好发现和选拔代表性人物的工作。利用各少数民族节日走访、座谈，加强宗教界代表人士政治引导，提高民族宗教界代表人士爱国、爱教意识、政治素质和法律意识，建立一支由党政机关干部、高校教师、企业家等组成的 180 余人的民族宗教界代表人士队伍。

促进港澳台和海外交流　1. 完善基础工作，壮大海外“人脉”资源。建立百名海外华侨代表人物人才库、港澳地区代表人士档案、长春市归侨侨眷代表人物档案、长春市港澳地区政协委员档案资料。2.实施“侨心、侨智、侨资”回归工程，积极开展海外交流活动。总结“长春金桥”活动在汇聚人才、凝聚智慧、扩大联系等方面的经验成效，促成香港著名慈善机构——东华三院与市教育局、市实验中学、市第一实验小学、长春中医药大学、长春中医药大学附属医院签订了教育交流合作协议，推动双方共享资源，优势互补，共同发展。接待香港珠宝行业协会、香港东华三院以及美国、奥地利、新加坡等海外团组7个，87人次。以纪念建党90周年、辛亥革命100周年为契机，开展“情系中华、四海同心”爱国教育活动，举办了“侨心向党·与祖国同行”座谈会、“老归侨追忆历史”恳谈会、纪念黄埔军校建校87周年座谈会，增强为实现祖国统一的向心力和凝聚力。3.推进对台交流交往立体化发展，拓展交流的深度和广度。建立长春与台湾高层交流互访机制。组织文化、教育、经贸等领域20多个团组赴台交流，接待5个台湾团组，就开展长台两地校际交流、联合办学等事宜进行了探讨和协商。做好突发事件的处理工作。做好入岛宣传工作。邀请接待了台湾中天电视台、TVBS电视台等岛内主流媒体10多记者的采访，提高长春在台湾岛内的知名度。妥善处理“8·15”重大恶性交通事故中遇难台胞的善后工作，受到国台办及省市领导的肯定。

统战干部队伍自身建设 统战调研宣传信息工作有新进展。全年完成调研课题31项，其中，《非公有制经济组织党组织和党员作用发挥的调查与思考》、《长春市党外干部队伍建设调查与研究》、《关于开展我市对台工作的调查与研究》分别获得全市优秀调研成果评比二、三等奖和优秀奖。《关于高校师生信教情况的调研与思考》在中央统战部内刊《调研参考》登载。指导各级统战部门以建党90周年为契机，利用电视、报刊、网站和广播等媒介开展统战宣传工作。《长春日报》刊登了“统一战线纪念建党90周年”和“打造统一战线‘同心’品牌”2个专版，荣获《中国统一战线》宣传工作先进单位，信息工作在全省统战系统和全市党委系统评比中保持前列。统战干部队伍自身建设水平不断提高。以创先争优活动为载体，开展“登讲台、练内功、强素质、壮队伍”活动。建立信息工作“周周练、月月评、季度通报”机制，增强了自我提高、自我完善的意识；举办基层统战委员、信息干部等培训班，举办3期系统干部辅导讲座，提高了宗旨意识和履职尽责的能力。坚持以创新思路谋划工作，以创新举措推动工作，以创新成效检验工作。统战部门机关组织、作风建设得到加强。市委统战部荣获全市“三满意”机关优秀单位，连续荣获全省统战系统创新实践先进单位。

（王庆军）

【老干部工作】 截至2011年末，长春市共有离休干部5 605人。其中，红军时期1人，抗战时期280人，解放战争时期5 324人；享受副省(部)单项17人，享受地厅级以上待遇的255人，享受县(处)级待遇3 119人，一般干部2 214人；分布在机关1 141人，事业单位2 023人，企业单位2 441人。全市有专兼职老干部工作人员1 353人。

离退休干部创先争优活动 坚持把创先争优活动作为加强离退休干部思想政治建设和党支部建设的有效载体，在全市开展了“忠实于党、心在人民、永葆本色、创先争优”主题活动。以争创“五好”党支部、“四好”党员、“三好老干部”为目标，开展学习杨善洲先进事迹活动，向省委老干部局推荐10个离退休干部党支部、9名离退休干部先进个人典型事迹，被编入《夕阳辉映党旗红——吉林省离退休干部创先争优活动集锦》。举办全市老干部党支部书记理论培训班，召开全市离退休干部党建工作现场会，宣传4个离退休干部创先争优先进典型事迹，极大地激发老干部创先争优的内在动力。

纪念建党90周年活动 以建党90周年为契机开展系列活动，激发老干部的政治热情。组织老干部参观了伪满皇宫、雕塑公园、净月潭景区，观看了《公仆》、《不可忘却的长征》等红色影片，组织收看了“颂歌献给党”——纪念建党90周年首都老干部歌咏大会实况，举办全市离退休干部纪念建党90周年“颂歌献给党”文艺汇演。开展“与党同呼吸、共命运、心连心”征文活动，26名老干部撰写的文章被评为全国优秀征文一、二、三等奖，长春市被中组部授予优秀组织奖。开展走访慰问老干部活动，配合省委老干部局走访慰问3名特困老干部，配合市委组织部走访慰问30名老党员、老干部、老模范，并赴北京市、广东省等地，对易地安置的19名离休干部进行走访慰问。

落实政治待遇 坚持落实各项行之有效的制度，举办全市离退休干部春节联欢会。召开全市经济形势通报会和组织工作情况通报会，组织市级老领导和副厅级以上老干部参观考察汽博会、农博会、长东北开发开放先导区。充分发挥老年大学教育主阵地作用，老干部理论学习骨干及老干部党建联系点的带动示范作用，推动学习活动的深入开展。各县(市)、区、各部门通过举办报告会、通报会、组织老干部参观考察等落实老干部的政治待遇。

提高老干部生活待遇 健全完善离休干部保障机制、帮扶机制，着力提高离休干部生活待遇保障水平。认真落实中组部提高部分离休干部享受副省部长级医疗待遇、提高离休干部生活补贴标准和扩大发放范围的政策，为16名离休干部办理了提高享受副省部长级医疗待遇，“七一”前夕把离休干部新增的生活补贴全部发放到位。提高市直离休干部医药费统筹标准和个人医疗账户资金额度，新增8家省部级定点医院。妥善解决了市直离休干部住房货币补贴发放过程中出现的问题。加大对有特殊困难离休干部的帮扶力度，2011年，市直的帮扶资金由10万元提高到了30万元，10个县（市）、区的配套帮扶资金达到了23.96万元，争取部分省里的帮扶支持资金，对400余名特困离休干部进行了帮扶。

服务管理工作 坚持领导干部联系老干部制度、工作人员“包保责任制”、

“四必访、四到位”等工作制度。积极发挥老干部党支部、老干部管委会的服务管理作用，组织和引导老干部开展互帮互助活动，进一步深化细化服务管理工作。落实省委组织部等部门《关于开展创建离退休干部服务实验社区活动的通知》精神，推进服务实验社区创建活动。

加强老干部阵地建设 在原长春市交通学校校址，建设新的长春老年大学工程已经立项。长春老年大学拓宽办学领域，增设新的专业，扩大办学规模，推进“十百千万”工程，举办艺术节、中韩国际老年书画展、“党在我心中”文艺演出等大型活动，完成了国家级课题《发展社区老年教育与建设学习型城市研究》，起草的《关于进一步加强和改进全市老年教育工作的意见》和《长春市老年教育“十二五”发展规划》，通过了市老年教育工作领导小组的审议，全年老年教育工作取得新发展。市老干部活动中心组织开展春节联欢会等全市老干部大型活动，发挥老干部协会的作用，举办“长寿杯”门球赛、“晚晴杯”桥牌赛、老年台球比赛、书画作品展等活动，完成全省老年书画研究会“长春现场会”的办会工作。各县(市)、区和市直部门围绕建党90周年，开展丰富多彩的纪念庆祝活动，营造了良好的喜庆氛围。市关工委开展“讲党史故事、学英烈精神、做薪火传人”专题教育活动，召开专题教育现场会，举办老少同台红歌演唱会，在全省关工委主题教育长春现场会上介绍工作经验，在《长春日报》宣传18位“五老”的先进事迹，召开关工委成立20周年工作总结表彰大会。

老干部工作自身建设 巩固和深化“讲党性、重品行、作表率，树组工干部新形象”活动成果，不断强化“老干部工作无小事”的责任意识，大力开展“学赶先进、创先争优，做老干部贴心人”活动。开展调查研究，提出的老干部医疗、住房货币补贴问题的建议。完成《长春市落实离休干部住房货币化补贴政策的调查与思考》、《离退休干部思想政治建设情况调研报告》等一批调研报告。《突出重点工作、争取领导重视，积极稳妥地解决离休干部住房货币补贴问题》，在全国和省有关会议上介绍经验。在省里抽查离休干部信息管理系统时，市直、朝阳区、九台市等3个单位顺利通过检查验收。九台市委老干部局局长孙铁光受到全国表彰，6个老干部工作先进集体、12名先进个人受到省里表彰。在2011年全市创建“三满意”机关活动中，市委老干部局综合满意率为99.04%，被评为群众满意单位。

（于长胜）

【信访工作】 2011年，市信访局认真贯彻国家和省关于信访工作的一些系列决策部署，全力推进领导干部接访、信访积案化解、体制机制创新3个工作重点，全市信访形势持续好转。2011年，全市信访形势继续保持信访总量下降、到省、市集体访数量下降、进京非正常访数量下降、信访秩序明显好转，“四下降一好转”的良好态势。信访工作为维护群众合法权益、促进社会和谐稳定、推动经济社会平稳较快发展发挥了重要作用。2011年长春市政府被省委、省人民政府评为“吉林省社会矛盾化解工作优秀集体”。

领导干部定期接访和干部大下访活动 长春市领导干部大接访活动纳入到市委常委会、市政府常务会讨论研究的重要内容，党政主要领导亲自调度，亲自指导抓落实。市政府召开2次专题会研究产权产籍、老居委会主任养老保险等13个需要政府高位统筹的问题。2011年，县(市)、区、开发区122名领导干部参与接待群众来访活动，接待群众来访727件、16 662人次，其中，立案548件，办结528件，办结率96%。局长接待日累计接待市民20 664人次，受理问题7 083件，解决问题6 898件，办结率达97.4%。

控制信访“增量”问题 长春市信访局坚持日常排查与集中排查相结合的方式，全方位、多角度、深层次地开展排查工作，不放过任何隐患苗头。对排查出的矛盾隐患，市信访局逐一建立了台账，制定应急预案和化解措施，落实领导包案责任，着力化解信访突出问题，采取月排查和重大敏感时期排查，专项排查和个案排查相结合的办法，及时将各种不稳定因素和突出信访问题纳入掌控范围。针对排查评估出来的较大涉稳隐患，按照“周密、具体、清晰、可行”的原则，指导督促单位制定处置工作方案，积极调处。在排查内容上，长春市实现由一般性排查向重点排查转移。在排查效果上，坚持以解决问题为根本目的，努力实现“三个改变”，即变“被动接访”为“主动下访”，变“围追堵截”为“依法疏导”，变“稳控群众”为“服务群众”，最大限度地减少社会矛盾。

解决信访突出问题 长春市信访局坚持把解决问题作为信访工作的重中之重。集中时间、集中精力、全力以赴化解信访积案，努力解决信访突出问题。开展好“积案化解年”活动。各县(市)、区、开发区、各有关部门加强领导，加快办案进度，解决信访突出问题，完成积案化解年活动目标任务。重视新发生信访问题的解决。在工作中尽最大可能在第一时间、第一地点解决好群众的合理诉求，对应该解决的问题要件件立案管理，及时进入处理程序；对重大和紧急信访案件，领导干部及时介入、及时调处，确保问题一次解决到位，争取息诉息访，不留尾巴，使每一件信访事项的处理结果都经得起检验，有效防止了初信初访转化为重信重访，重信重访演变为信访积案。认真做好群众的思想工作，对一时解决不了的，工作人员能够做耐心细致的解释和思想疏导工作，向群众讲明政策和解决的办法，给群众一个较为满意的答复，没有发生因为推诿搪塞、简单粗暴从而激化矛盾的情况。

推进联合接访机制建设 整合信访工作资源，切实解决信访工作中存在的分头接待、多头交办、责任不清、信访群众四处奔波等问题，市委、市政府决定建设长春市信访联合接待大厅。2011年10月1日，占地10 000平方米，建筑面积8 000平方米，建设标准为全国一流的长春市联合接访大厅开工建设。

建立长效机制 2011年，市信访办完善工作制度，在建立健全长效机制上下功夫。完善源头预防机制。对于土地征收、房屋拆迁、企业改制、规划审批等重点项目、重大工程,涉及群体利益的方案出台前,启动风险评估机制和信访预警机制,提前加强调查研究和风险评估,信访提前介入,防患于未然。完善科学的信访问题处理机制。按照分类指导、逐案施策的原则,研究改进信访问题处理机制,对初信初访要实行首接责任制,提高一次性办结率;对重信重访案件要深入分析,找寻合理成分,酌情解决困难,理顺群众情绪。

(赵岩松)

市民参观《档案中的长春》展览

【档案工作】 2011年,长春市档案局(馆)围绕全市中心工作,很好地履行了档案行政管理和档案保管利用两种职能,实现长春市档案工作"十二五"发展的良好开局。

档案公共服务能力 配合纪念建党90周年举办了《档案中的长春》大型档案图片展。共计8个展室,251块展板,展出图片426幅,实物档案66件。连续5天的"长春老照片竞猜"展览预热宣传活动,使广大市民纷纷走进市档案馆,最后选请90名热心读者成为首批参观者,邀请2名建国前入党的老党员为展览揭幕,长春市公交公司的基层党组织还在展览现场举办党的生日纪念活动。为纪念辛亥革命100周年,与长春市政协文史委共同编辑出版了《辛亥革命在长春》。中国新闻网专门制作了以长春市档案馆馆藏为素材的专题片《百年辛亥:一张短命报纸背后隐秘的革命风云》、《百年辛亥:熊成基——以热血浇灌中国之树》在中新网视频播放,并被凤凰网视频转播。2011年,长春市档案馆接待查档6 458人次,为3 809人解决了经济补偿、干部任免、毕业生分配、农转非、工龄社保、婚姻、收养、知青返城等各种问题,档案信息区域内远程共享,在全市10个县(市)、区档案馆之间互签了《远程出具档案证明法律责任书》,实现了长春市行政区域内11个国家档案馆馆藏信息的远程共享。全市11家国家综合档案馆之间共交换民生电子数据1 217万条,已为794人提供了远程档案证明。

档案基础业务和基础设施建设 在全省档案事业发展综合评估中,以全省最高分104.50分的成绩通过了全省档案事业发展综合评估。在国家档案局主办的"全国档案管理与服务创新优秀案例"评选中,长春市档案局(馆)报送的"档案数字化及数字化档案利用的长春模式",在全国230个案例中被评为12个"最佳案例"之一。长春市是获此殊荣的惟一一个省会城市。《长春市档案事业发展"十二五"规划》与市发改委以正式文件印发,并纳入长春市国民经济和社会发展第十二个五年规划。出台《长春市档案系统"六五"法制宣传教育规划(2011年－2015年)》。2011年,长春市档案局被市委、市政府评为"2006年～2010年普法依法治理先进集体"。档案信息化建设取得重要进展。长春市数字档案馆建设列入《长春市国民经济和社会发展第十二个五年规划纲要》。为深化档案数字化建设,2011年根据利用需求和档案保护抢救工作要求,完成了馆藏民国时期历史档案5万条的录入工作,完成8万页档案的数字化加工及6 010件档案的鉴定工作。开展馆藏照片档案数字化加工工作,建立了"馆藏照片档案扫描数据库",扫描照片276张。长春市档案馆获得了第二届中国信息界学术大会颁发的《百家优秀学术研究管理机构》荣誉;局(馆)被长春市信息化工作领导小组办公室评为2010年全市信息化工作先进集体。宽城区档案馆在国家文明城考评前取得国家二级档案馆称号,为长春市创建文明城市工作做出了积极贡献。机关档案工作规范化管理测评取得新进展。全市有13个单位通过了机关档案规范化管理优秀等级测评,促进了机关档案工作整体水平的不断提高。教育工作迈出新步伐。举办4期档案人员继续教育培训班,培训全市机关、企事业单位档案工作的人员和档案工作的领导407人次。进一步完善馆舍及配套设施建设。2011年,经市政府批准,市档案馆维修改造项目已正式立项,预算资金1 500万元。投入30万元,完成1大、1小2个库房的装修工程,新增密集架长度2 300米。从国家和省争取专项资金63万元。在保证事业发展和工作开展的前提下,办公条件得到改善。

档案资源建设 依法加强和规范文件归档和档案接收工作。对10个县(市)、区档案局和91个市直机关贯彻落实情况进行了检查。完成了对"第六届中国(长春)民间艺术博览会"、"第七届长春国际动漫艺术节"、"第十二届全国冬运会"、"第二届中国长春创业(就业)博览会"和农业普查、第二次经济普查、2011年度农博会、房交会等重大活动事项档案工作的跟踪指导。有89个单位完成了年度归档任务,归档纸质文件38 461件,电子文件19 449件。完成了市直部门应进馆档案的接收工作，共接收 77 468 卷(件)档案进馆，其中包括 19 617 卷公证档案，填补馆藏档案种类的空白。2011 年，长春市档案局档案监督指导处被市政府评为“长春市行政执法先进集体”。重大征集活动填补长春市市空白。在建党 90 周年前夕，以市委名义在中央档案馆将 1945 年毛主席亲笔起草的“拟以长春为我们的首都”的电文高仿真件征集回长，增强城市历史文化厚度，填补长春市历史空白。组成长春市档案文化代表团赴俄罗斯考察档案工作，征集档案资料。贯彻中央 1 号文件，加强对水利工程建设档案的监管。市档案局与市水利局联合印发《关于加强水利工程建设档案管理工作的通知》，举办水利工程建设档案管理培训班。新农村建设档案规范化管理工作稳步推进。组成调研组对乡(镇)各组成部门及各站、办、所进行了走访，对所形成档案的内容、特点和机构管理体系进行了研究，与乡(镇)档案工作主管领导和档案管理人员进行了座谈，为进一步做好乡(镇)、村两级档案规范化管理工作提出了基本思路。完成灾后援建项目档案整理工作。长春市承担援建黑水县 1 镇 4 乡共计 29 个村寨 196.3 公里的通村公路建设任务。市档案局会同市交通运输局对这部分档案进行认真整理，依照国家制定的项目建设档案管理标准，形成总计 4 套 1 200 卷援建项目档案。档案行政审批工作更加完善。重新修订“文件材料归档范围和文书档案保管期限表”审批流程和审批表；实现“档案行政审批”与长春市政务中心行政审批系统联网，提高行政审批工作效率。

档案宣传工作 宣传档案服务民生工作。长春电视台、长春广播电台等新闻媒体分别对市档案馆档案服务民生进行采访和报道；《长春日报》在头版刊登题为“如今查档案，方便又快捷”的报道，《中国档案报》进行转载。截至 11 月底，局(馆)共发表信息稿件 33 篇次，宣传覆盖面及数量创历史新高。联合开展档案宣传。与《新文化报》联合发了特刊《红色影像志》，纪念中国共产党成立 90 周年。与东亚经贸新闻报签署了合作协议，开展光影忆长春活动，刊出市档案馆馆藏老照片，向市民征集反映长春发展的老照片，已出版 8 期。积极参与《长春记忆》一书编纂工作，提供照片资料，实现了图书和报刊双向刊载，宣传长春的目的。

（刁艳梅）

【党校工作】 **教学工作** 2011 年，共举办各类培训班次 83 个，培训学员 6 025 人次。其中，党校系列培训班次 17 个，培训学员 1 422 人次。新开设长春市百名企业家进党校首期培训班、长春市纪工委书记培训班、选调生导师制互动咨询研讨班等，把培训视角进一步向广度和深度延伸；行政学院培训系列班次 66 个，培训学员 4 603 人次，新开设参公管理事业单位更新知识培训班。对主体班课程进行大面积更新与优化，新课率达 88%以上。春季学期，设置“十二五”规划建议解读专题。开设以纪念建党 90 周年为主题的教学单元，分为“信仰的力量”、“旗帜的力量”、“清廉的力量”、“团结的力量”、“震撼”等 5 个专题。秋季学期，根据习近平提出的领导干部要重视学习马克思主义经典著作的要求，开设《共产党宣言》导读课，激发学员读书学习、尤其是学马列、读经典的热情。综合运用讲授式、案例式、研讨式、研究式、模拟式、菜单式、体验式等教学方法，新教学方式应用率在 60%以上。利用校外、省外资源，全年各班次外请报告达 45 次，各班次现场教学达 20 次。

送理论下基层 长春市党的创新理论宣讲团于 9 月份挂牌落户。宣讲团成立后，组织骨干教师深入到乡镇社区、企业、部队、学校等单位进行广泛宣讲，为各县(市)、区、开发区和企业免费送课上门，受众达 10 余万人。充分发挥“党员干部廉政教育基地”的作用，以服务全市廉政宣传教育工作为己任，采取“请进来”拓展培训面和“走出去”送课下基层的多种措施，为长春市各机关各系统提供廉政教育精品课，宣讲 100 多场；与九台市纪检委和九台市电视台合作，开辟了“廉政讲堂”电视教育栏目，通过电视媒体讲授廉政教育专题 20 多期。

对外办学工作 扩大合作交流办学规模，2011 年，完成合作办学班次 204 期，培训 22 930 人次，班次和人数分别比 2010 年增长 76%和 53%。引进卫生部的全国卫生监督培训班；申办“长春市创业培训基地”和“长春市创业实训基地”，与吉林大学等 10 所高校合作，共举办大学生创业培训班 59 期，培训应届毕业生 1 469 人次；举办下岗失业人员创业培训班 3 期，培训人员 90 人次；举办 4 期《党校课程开发特训营》，培训全国地市党校领导和教师 180 人次，办学领

中共长春市委党校 2011 年秋季学期开学典礼

域扩大到河南省、甘肃省、内蒙自治区、浙江省、山东省等；承办了全国部分省级、副省级党校（行政学院）对外办学工作研讨会，共有20多个省市党校到会。

科研工作 围绕市委、市政府的重点工作和重点项目，开展调查研究活动，科研获得全面丰收。全年共申报各级各类课题64项，立项37项。在省部级以上公开刊物发表论文75篇，其中，在国家级期刊上发表论文12篇，已出版或即将出版著作4部。立项的37项课题，90%都是围绕党委和政府中心工作，聚焦经济社会发展中的重点、难点和热点问题开展研究。全国党校系统重点调研课题中标数量位居全国副省级党校前列；在长春市委宣传部、市委组织部、长春市委党校联合召开的纪念建党90周年征文评选中，长春市委党校提交的22篇论文全部获奖，其中有1篇获特等奖，并在大会上做了交流发言；在《长春日报》上开辟专版，围绕“十二五规划建议”和“建党90周年”，组织精干教师发表文章，充分发挥党校作为哲学社会科学研究机构的作用，扩大党校在全市社科界的影响力。参与市政府咨询委关于《长春品牌城市建设》、市政协关于《长春市社会管理创新问题》、九台市委宣传部《关于农民信仰问题》等调研，加强跨部门、跨区域的合作研究。建立健全行政与学术相结合的新机制，成立专家委员会，促进教学科研问题决策的科学化和民主化。

新校区建设 采用政府代建模式稳步推进，由市建管中心全面负责工程的招投标和建设工作，规划总建筑面积62 971平方米，计划总投资30 068万元。一期工程于5月12日正式开工，主体工程于11月20日完成封闭。5月19日市政府为党校易地新建工作专门召开了协调会；7月25日，市委常委会专题讨论了党校工作。

（吴志华）

【党史工作】 2011年，中共长春市委党史研究室以建党90周年为契机，积极探索开展党史工作新途径新方法，扩大党史工作影响力。

党史规划建设 制定长春市《关于加强和改进新形势下党史工作的实施意见》、《长春市2011年～2015年党史工作规划》，明晰了开展党史工作的指导思想，基本任务和重点工作，对机构编制、经费、队伍建设、人才培养等方面提出了具体的目标和要求。

党史纪念活动 4月7日，举行长春市第一位共产党员张锦春遗物捐赠仪式，他的后人在仪式中将张锦春从事革命活动时的手表、钥匙链（仿制）、棉大衣等3件遗物捐赠给二道沟邮局通讯站展室，充实展室的文物资料。6月27日，举办以“回顾党史，宣传成就，资政育人，共促发展”为主题的中共长春历史展（1921–2011）。全展共分10个部分，展现图片846幅，配套发放了500套长春党史纪念邮票和党史展纪念册。全年共接待长春市300多家单位的3万余名观众。5月～10月，先后与吉林电视台、长春电视台、广播电台、长春日报社联合推出了反映长春党史纪实片《光辉旗帜》8集、《红色吉林》12期、《革命星火》4集、《红色档案》30集、《红色历程》32集，该片还制作了500套光碟下发到全市各级党委，刊登长春20位抗战人物英雄事迹和“党史知识90测试题”。

党史书籍编撰工作 完成《长春党史人物传》（第16卷）编辑、出版工作，全书共计30.17万字，印数1 000册，全书共收录24名党史人物的成长奋斗历史轨迹；出版发行《中国共产党长春市第十一届委员会文献》（2010年卷）图书，全面反映2010年长春市经济、政治、文化、社会、生态建设和党的建设的重大成果，全书共计66万字，印数1 200册；完成《长春大事记》（2010年卷）图书的资料征集、编纂、出版工作，全书共计14.8万字，印数3 500册，真实记录了2010年市委、市政府带领全市人民取得的辉煌成绩；完成《春潮》双月刊的编辑发行工作，全年共6期。

党史育人课题研究 成立党史育人研究课题小组，按照“研以至用”原则，课题组成员深入进行调研，召开全市党史育人工作座谈会，总结全市和县（市）、区党史育人工作经验做法，开展党史资源调查，对全市育人工作情况进行摸底，学习各地的党史先进经验。课题小组依据这些内容，起草带有创新性、科学性、常态化的党史育人工作意见和规划，为建立长春市党史工作大格局，为党史工作科学化水平奠定扎实的理论和实践基础。

党史业务指导工作 7月27日，召开全市党史工作会议。会议深入贯彻落实全国、全省党史工作会议和党史研究室主任会议精神，回顾“十一五”时期全市党史工作，部署“十二五”时期党史工作任务。各开发区、市直各部门分管党务

中国共产党长春历史展开幕

工作的领导;各县(市)、区委党史办公室主任参加了会议。

(于芳源)

【市直机关党的工作】 2011年,机关党工委坚持深入贯彻落实科学发展观,认真按照党的十七届五中、六中全会和市委十一届七次、八次全会精神,牢牢把握服务中心、建设队伍两大核心任务,以创建"三满意"机关、学习型党组织建设、创先争优和"三帮扶"活动为重点,不断提高机关党建工作科学化水平,各项工作取得了新的成效。

学习型党组织建设 继续抓好党组(党委)理论中心组学习。坚持每月开展1次理论学习日、每季开展1次理论中心组学习、局级领导定期为本单位干部职工做理论辅导制度,按季查阅各单位上报学习情况。开展机关干部理论学习测试工作。11月26日,市直机关400余名党员干部参加长春市直属机关2011年党员干部理论知识测试。组织机关党员干部调研报告评比。坚持公开、公正、公平的原则,结合机关实际、突出重点内容,力求全面、客观、公正地反映机关各单位调研文章情况,对机关各部门围绕加快发展、改善民生、构建和谐、建好城市的中心任务,结合本职工作撰写的203篇调研文章进行调研专项评比。开展"学理论、读经典、强素质"读书活动。组织机关党员阅读"书香长春网"必读、选读书目,对机关党员干部2011年登载在"书香长春网"《学习心得》栏目中的551篇学习心得体会进行评审。做好市直机关"建学习型党组织、做学习型党员"活动先进集体和先进个人评选表彰工作。以形式创新、量化考核为原则,制定并下发《长春市直属机关2011年"建设学习型党组织、做学习型党员"活动考评实施方案》。以"阅读、学习、和谐、发展"为核心内容的机关学习文化初步形成。

基层党组织建设 深入开展创先争优活动。组织机关基层党组织认真开展2011年度公开承诺工作,完成各直属机关党组织《承诺书》的认定和备案、编印工作。召开2010年~2011年度党内"创先争优"活动评比表彰大会,市直机关148个先进基层党组织、10名优秀共产党员标兵、292名优秀共产党员、38名优秀党务工作者受到表彰。精心做好党组织服务民生和"三帮扶"工作。制定《市直机关"三帮扶"工作方案》,下发调查情况表、走访慰问通知,召开调度会,及时了解机关"三帮扶"工作进展情况。2011年元旦春节、六一前期、七一期间对困难党员、"一帮一"结对助学对象、低保对象进行了走访慰问,多方筹集资金,为市直机关42个部门中的108名生活困难和因病致贫的党员职工(其中患癌症、白血病等绝、重症患者30多人)送去慰问金31余万元。做好党员管理和服务工作。组织开展向杨善洲、李林森学习活动。举办机关党务干部培训班、党的积极分子培训班和2011年度新党员培训班,对187名党的积极分子进行超前考核,全年发展新党员184名。推进以党务公开为重点的党内民主建设。编制《市直机关直属党组织换届改选情况一览表》,指导和督促4个到届直属党组织按照"公推直选"的方式进行换届改选。

机关反腐倡廉建设 深入开展创建"三满意"机关活动。加强重点调度和督促检查,对25个重点部门2010年"万人评议机关"活动的整改情况,以及"三满意"机关建设情况进行专项督查。开展党性党风党纪教育。认真贯彻落实《廉政准则》,以多种学习形式积极开展党性、党风、党纪教育。整肃机关纪律作风。严格执行市直机关干部职工"五不准"的规定,坚持每季度对市直机关尤其是直接面对百姓的窗口部门的工作秩序和干部职工执行"五不准"工作纪律情况进行明察暗访,形成检查情况通报。精心组织开展了"参观长东北、学习开发区"主题教育活动。为使市直机关党员干部进一步了解长东北开放开发先导区建设的巨大变化和开发区干部职工艰苦创业的先进事迹和时代精神,努力建设"三满意"机关,在市直机关集中开展了为期1个月的"参观长东北、学习开发区"教育活动。

创建和谐机关 大力加强文明机关建设。为进一步规范行政礼仪,提升文明素养,塑造良好形象,以创建基层满意、企业满意、群众满意的机关为目标,制定并推行《长春市直属机关工作人员公务礼仪规(试行)》。以"创文明城、做文明机关干部"为主题,突出抓好"三争一建"(争创文明单位、争当文明处室(窗口)、争做文明公仆、建文明高效机关)竞赛活动,引导机关各单位积极参与创建全国文明城活动。根据市委、市政府关于创建全国文明城市的总体部署,认真组织开展了"万名干部进社区"活动。制定《市直机关"万名干部进社区"活动联系名册》,对市直机关871个支部与全市城区263个社区逐一进行细化分解,有效对接。组织机关直属党组织参加全市"万名干部进社区"活动启动仪式。市直机关有6 074名党员干部走万家、入万户,集中走访422 265户居民住户,逐户发放《创建全国文明城市宣传手册》416 000余册、宣传材料405 000余份,收集并反馈群众反映的诉求、意见和建议4 200余条。会同市爱卫会和150办公室,组织市直机关5 000余名党员干部参与了"全市集中清洁日"活动,并进行了专门检查。根据全市创城动员会议精神和全国文明城市测评体系,完成创城测评工作任务分解和全国精神文明单位推荐和复核工作。开展丰富多彩的机关文化活动。成功举办长春市直属机关第五届职工运动会,有近5 000余名运动员参与了游艺、竞赛、田赛及团体4个大类共136个项目的竞争,成功展示机关群体活动成果、集中展现机关精神风貌和时代新风。继续实施"健康长春、机关先行"计划,深入开展"全民健身活动",举办围棋、象棋、乒乓球、羽毛球、篮球赛、游泳比赛、徒步活动和书法绘画展等活动10余项,成立了市直机关象棋协会。举办市直机关"五四"青年接力赛,组织青联委员赴外地考察,建立健全机关团组织,并对组织状况进行调查,组织召开青年联谊会。做好机关群团和统战工作。为机关职工服务,年初为近6 000名机关干部做身体微量元素检测,为近4 800名机关干部做眼底视力检查,为10家基层单位配备体育健身器材近20万元,为困难职工资助20万元。开展市直机关"代理妈妈"活动,市直机关86个单位共代理153名孩子,进行家访322次，校访323次，资助学费156 137元。深化统战交友网络活动，组织市直机关民主党派人士参观“长春市统战系统纪念建党90周年图片展”。积极推荐民主党派人士担任市直机关党风廉政建设义务监督员，充分发挥民主党派和无党派人士在机关作风效能建设工作中的积极作用。对市直机关非党干部分布进行了调研摸底，为有效开展机关统战工作奠定基础。精心组织庆祝建党90周年系列活动。以“爱党爱国爱家乡、促进长春新发展”为主题，组织开展长春市直属机关庆祝中国共产党成立90周年“党旗飘飘”现代诗歌大赛和唱响红歌系列活动。现代诗歌大赛活动共征集市直机关现代诗原创作品256篇，有40篇获奖，25位朗诵选手获奖。组织由200名机关干部组成的长春市直机关演唱方队，于6月24日参加由省委宣传部和长影频道联合举办的“红歌献给党爱国歌曲大家唱”活动，获得优秀演出奖和组织奖；组织近1 600人机关干部，参加6月30日“唱响长春”长春市纪念建党90周年万人演唱会活动，获优秀组织单位。组织机关600余名党员干部参加了学习贯彻十七届六中全会精神省委宣讲团专题全市首场报告会。开展中共党史和革命传统教育，组织党员通读《中国共产党历史》。

机关党建科学化 加强对机关党建工作的指导。重新修订完善《市直机关各直属党组织专兼职党务干部任用管理工作暂行办法》，考核任用专兼职副书记13名，对5名试用期满的专兼职副书记进行了预备期满考察。加强市直机关党建工作协作组建设，下发《市直机关党建工作协作组管理办法(试行)》，对市直机关7个协作组进行了调整充实，编制印发了《长春市直机关党务干部通讯录》。筹备并成立长春机关党建研究会，起草制定研究会《章程》，完成研究会的登记手续。研究会成立后，收缴党建研究论文89篇，并评选69篇获奖论文。深入推进机关党建工作创新。要求各部门将特色性和创新性工作集中汇报，采取年初立项备案，年末集中总结的方式对机关各单位自主开展的党建工作进行党建创新项目打分评比。2011年机关工委积极探索学习型党组织建设的新模式、新方法，积极搭建“数字资源进机关”平台，扎实开展主题活动，着力在拓展载体、丰富活化形式上下功夫，强力推进机关学习型党组织建设。在制度创新上，制定《长春市直属机关2011年“建学习型党组织、做学习型党员”活动考评实施方案》，把机关理论学习上的4项制度纳入其中一并考核，为促动全员学习，在长春机关党建网上开展了理论知识月竞答。创新信息交流平台，积极建立“长春机关党建手机平台”。依托长春机关党建网站，与相关部门和单位通力合作，开通了“长春机关党建手机平台”，实现了即时移动办公，为机关党务干部提供快捷高效的信息服务，全面提升办公效能。完善机关党建工作目标责任制考评体系。完善2011年度党群序列工作目标责任制方案，于5月形成《长春市直属机关党群序列2011年主要工作目标》，明确了市直机关党建工作考核办法、考核内容及评分标准。提高党建工作信息化建设水平。在党建工作信息化建设上，加大长春机关党建网的更新改造，实现网络信息化办公和管理手段的新突破，提升机关党建网络信息化功能。认真做好网站的日常维护工作，起草下发了《长春市直机关党工委网络信息管理办法》试行，对党工委机关干部网上OA办公系统进行了培训，建立市直机关党建网信息员队伍。提高了机关党建网络化办公的能力，使长春机关党建网初步建设成为集信息、资料、知识于一体的网站。加强舆论宣传，充分发挥《长春机关党建网》、《书香长春学习网》、《长春日报》等网络媒体和平面媒体在宣传引导、交流经验、沟通情况、成果转化上的作用。全年共规范整理了96项工作信息和150余条信息内容，及时准确发表各类信息516条，通知短信218条。

(陈　刚)

【保密工作】 2011年，长春市保密依法组织开展保密宣传教育、保密检查、保密技术防护工作，对机关、单位的保密工作进行指导和监督。

落实市委保密委员会扩大会议精神 3月9日，市委保密委员会召开了2011年第一次扩大会议。各县(市)区、开发区、市直机关各部门、各军工科研生产单位分管保密工作的领导和保密办主任187人列席了会议。会议传达了中央和省委保密委员会会议精神，部署长春市2011年保密工作任务。召开县(市)区、军工单位保密办主任培训会、全市保密工作协作组会议、部分驻长高校保密工作会议。以检查促落实。通过组织专项检查、日常检查和年度综合检查，有力地推动了全市各单位保密工作的落实，堵塞了泄密漏洞，消除了泄密隐患。

开展保密法制宣传教育 积极组织观看全国窃密泄密案例警示教育展览。起草《关于组织各级领导干部和涉密人员观看“全国窃密泄密案例警示教育展”的通知》，并由“两办”印发。在通知中，对观看的时间、地点、人员范围、组织形式、保密事项和观看纪律等方面提出了明确要求。全市共有182个单位，8 895人参观了展览，其中，副厅级以上领导544人，处级以上领导3 645人，其他从事保密工作管理人员和涉密人员4 706人。加强对全市重点涉密人员的保密教育培训工作。6月20日～22日在太阳山部落宾馆和8月22日～24日在回龙河会馆，举办了2期涉密人员培训班，共359人参加了培训，培训结束后，全体学员参加了结业考试。开展长春市第六次保密工作调研活动。4月12日印发了《关于开展第六次保密工作调研活动的通知》，明确了选题和有关要求。本次活动共征集调研成果202篇，评出二等奖2篇，三等奖6篇，优秀奖22篇。

提高保密技术防护能力 制定《长春市保密科学技术发展“十二五”规划》(以下简称《规划》)并获得通过。强制配备保密技术检查工具。开展保密技术监管和检查设备调研测试工作。坚持日常网上涉密信息搜索。

依法管理国家秘密 做好定密工作的管理。根据新修订实施的《保密法》和长春市实际情况，重新修订长春市《定密工作台帐》，规范定密工作。做好保密要害部门部位的管理。保密要害部门部位是国家秘密的集散地，按照新修订实施的《保密法》规定的原则，9月份，对全市机关、单位保密要害部门部位的确定、管理和防护情况进行了调查登记，为进一步指导监督机关、单位履行确定、管理保密要害部门部位法定义务奠定基础。做好涉密人员的管理。新修订实施的《保密法》规定对涉密人员实施分类管理的要求。9月份，市保密局在明确分类原则、指导分类的过程中，完成对全市涉密人员涉密岗位、保密责任、任前审查、保密培训、保密承诺、离岗和出境等情况的普查工作。做好涉密载体的管理。2011年，重点从各机关、单位持有国家秘密载体、设备（产品）数量盘点、接收涉密载体数量盘点、信息公开保密审查等方面进行监督管理。

监督指导重大涉密会议活动保密工作 监督指导“两会”期间国家教育考试的保密工作、国家职业资格考试的保密工作、全市公务员录用和事业单位招聘考试的保密工作。

（宋　耀）

长春市人民代表大会常务委员会

【概况】 2011年，长春市人民代表大会常务委员会开展地方立法工作，提高立法质量。制定地方性法规3部，废止地方性法规2部。对长春市现行有效的70部地方性法规中有关行政强制的规定进行清理。对3件地方性法规中有“行政强制”规定的条款进行专项清理，维护法制的统一。听取和审议一府两院专项工作报告10项，作出决议、决定6项，组织开展视察、检查和调研15次，推动重点工作的顺利开展，促进一府两院依法行政和公正司法。代表工作进一步加强。各代表联系组和代表小组开展代表活动40余次，有55位市人大代表列席常委会会议，有200多位市人大代表参加常委会组织的执法检查、视察、调查和专门委员会的各项工作，促进了代表作用的发挥。

【长春市第十三届人民代表大会第四次会议】 长春市第十三届人民代表大会第四次会议于1月20日～24日召开。473名代表出席本次会议。法律规定的列席人员和由市人大常委会决定的列席人员列席本次会议。会议听取和审议长春市人民代表大会常务委员会工作报告、长春市人民政府工作报告、长春市中级人民法院工作报告、长春市人民检察院工作报告。审查和批准《长春市国民经济和社会发展第十二个五年规划纲要》、《关于长春市2010年国民经济和社会发展计划执行情况与2011年国民经济和社会发展计划草案的报告》及2011年国民经济和社会发展计划、《关于长春市2010年预算执行情况和2011年预算草案的报告》及2011年本级预算。会议决定接受祝业精辞去长春市第十三届人民代表大会常务委员会主任职务；李发锁辞去长春市第十三届人民代表大会常务委员会副主任职务；徐明辞去长春市人民检察院检察长职务。会议选举李树国为长春市第十三届人民代表大会常务委员会主任，补选张树明为长春市第十三届人民代表大会常务委员会副主任，于波为长春市第十三届人民代表大会常务委员会委员；选举陈凤超为长春市人民检察院检察长。会议还表决通过了关于各项报告的决议。提出议案74件，其中《关于大力发展长春市学前教育的议案》被主席团确立为大会议案，将《关于在我市尽快组织落实暖房子工程的议案》、《关于加强城市交通管理的议案》作为续办议案，交由市政府办理，办理结果向市人大常委会报告。其他议案作为代表建议，交由有关机关和组织办理。

【长春市第十三届人民代表大会第五次会议】 长春市第十三届人民代表大会第五次会议于2011年12月26日～30日召开。452名代表出席本次会议。法律规定的列席人员和由市人大常委会决定的列席人员列席本次会议。会议听取和审议长春市人民代表大会常务委员会工作报告、长春市人民政府工作报告、长春市中级人民法院工作报告、长春市人民检察院工作报告。审查和批准《关于长春市2011年国民经济和社会发展计划执行情况与2012年国民经济和社会发展计划草案的报告》及2012年国民经济和社会发展计划、《关于长春市2011年预算执行情况和2012年预算草案的报告》及2012年本级预算。会议决定接受冯占祥、吕相林辞去长春市第十三届人民代表大会常务委员会副主任职务；李万成辞去长春市第十三届人民代表大会常务委员会委员和财政经济委员会主任委员职务；韩文有辞去长春市第十三届人民代表大会常务委员会委员和人事代表选举委员会主任委员职务；贾丽娜辞去长春市第十三届人民代表大会常务委员会委员职务。会议补选王宁、闻弘为长春市

市人大常委会主任李树国带领常委会组成人员视察地铁轻轨站建设情况

第十三届人民代表大会常务委员会副主任；补选王大伟、王慧稳、齐安平、李炜姝、赵心锐、姜振春、董珊梅等为长春市第十三届人民代表大会常务委员会委员。表决通过王大伟为长春市第十三届人民代表大会财政经济委员会主任委员、王慧稳为长春市第十三届人民代表大会城乡建设环境保护委员会主任委员、姜振春为长春市第十三届人民代表大会人事代表选举委员会主任委员的名单。会议还通过关于各项报告的决议。提出议案66件，其中，《关于加强我市养老服务体系建设的议案》、《关于推进长春文化产业大发展，文化事业大繁荣的议案》被主席团确立为大会议案，《关于在我市尽快组织落实暖房子工程的议案》、《关于加强城市交通管理的议案》作为续办议案，交由市政府办理，办理结果向市人大常委会报告。其他议案作为代表建议，交由有关机关和组织办理。

【长春市第十三届人民代表大会常务委员会会议】 2011年举行8次常委会会议。即第二十五次会议至第三十二次会议。2月25日，长春市第十三届人民代表大会常务委员会举行第二十五次会议。38名市人大常委会组成人员出席会议。会议听取和审议市政府关于长春市第十三届人民代表大会第四次会议议案办理方案的报告，审议长春市人大常委会2010年立法计划执行情况的报告（书面）。表决通过《长春市人大常委会2011年度工作要点》，表决通过人事事项，决定免去孙英利长春市林业局局长职务。4月22日，长春市第十三届人民代表大会常务委员会举行第二十六次会议。40名市人大常委会组成人员出席会议。会议听取和审议关于提请审议制定《长春市燃气条例》的议案及说明，关于提请审议废止《长春市城市拆迁管理条例》的议案和说明，关于《长春市与泰国巴真府缔结友好城市的议案》有关情况的说明，关于《长春市与保加利亚普洛夫迪夫市缔结友好城市的议案》有关情况的说明。表决通过《长春市人大常委会关于长春市与泰国巴真府缔结友好城市的决定》，表决通过《长春市人大常委会关于长春市与保加利亚普洛夫迪夫市缔结友好城市的决定》，表决通过《长春市人大常委会关于废止〈长春市房屋拆迁管理条例〉的决定》。表决通过人事事项，补充任命王臣、吴庆江为长春市第十三届人民代表大会农业与农村委员会委员；决定任命苏志芳为长春市副市长（中央下派挂职锻炼），武凌为长春市粮食局局长；决定免去李树华的长春市粮食局局长职务；任命肖德馗为长春市中级人民法院副院长。6月22日～23日，长春市第十三届人民代表大会常务委员会举行第二十七次会议。42名市人大常委会组成人员出席会议。会议听取和审议关于对《长春市燃气条例（草案）》审议结果的报告，市政府关于提请审议制定《长春市气象灾害防御条例》的议案及说明，市政府贯彻执行《中华人民共和国文物保护法》和《吉林省文物保护条例》情况的报告，市政府关于净月分团二期城市建设有关情况的报告。表决通过《长春市燃气条例》，表决通过《长春市人大常委会关于批准市人民政府〈关于净月分团二期城市建设有关情况的报告〉的决定》，表决通过《长春市第十三届人民代表大会常务委员会关于接受卜义惠辞去吉林省第十一届人民代表大会代表职务的决定》，表决通过《长春市第十三届人民代表大会常务委员会关于接受隋忠诚辞去长春市副市长职务的决定》。表决通过人事事项。会议补选郭晓、王政、潘兴东为吉林省第十一届人民代表大会代表。7月22日，长春市第十三届人民代表大会常务委员会举行第二十八次会议。43名市人大常委会组成人员出席会议。会议表决通过《长春市第十三届人民代表大会常务委员会关于接受郑文芝辞去长春市副市长职务的决定》。表决通过人事事项，决定任命吴兰、孙亚明为长春市副市长，李祥为长春市公安局局长，孙向武为长春市林业局局长；决定免去高学章兼任的长春市公安局局长职务。9月14日～15日，长春市第十三届人民代表大会常务委员会举行第二十九次会议。40名市人大常委会组成人员出席会议。会议听取和审议关于对《长春市气象灾害防御条例（草案）》审议结果的报告，关于废止《长春市献血条例》的议案及所作的说明，关于农产品加工业发展情况的报告，市检察院关于查办和预防职务犯罪工作报告，关于《2011年国民经济和社会发展计划上半年执行情况及下半年主要工作安排的报告》，关于《2010年财政决算和2011年预算上半年执行情况的报告》，关于《2010年度市本级预算执行和其他财政收支情况的审计工作报告》，关于《长春市本级2010年财政决算的审查报告》。表决通过《长春市气象灾害防御条例（草案表决稿）》，表决通过《长春市人大常委会关于废止〈长春市献血条例〉的决定》，表决通过《长春市人大常委会关于批准长春市本级2010年财政决算的决议》。表决通过有关人事事项，决定接受王学战辞去长春市副市长职务。10月28日，长春市第十三届人民代表大会常务委员会举行第三十次会议。38名市人大常委会组成人员出席会议。会议听取和审议关于提请审议制定《长春市人大常委会2012年立法计划》的议案及所作的说明，关于提请审议制定《长春市文物保护条例》的议案及所作的说明，关于市中级人民法院执行工作情况的报告，书面审议关于列入长春市2011年国民经济和社会发展年度计划的棚户区及危旧房改造项目的报告。会议表决通过《长春市人大常委会2012年立法计划》。表决通过人事事项，任命侯建民为长春市副市长（中央下派挂职锻炼）。11月23日，长春市第十三届人民代表大会常务委员会举行第三十一次会议。31名市人大常委会组成人员出席会议。会议听取和审议《长春市人大常委会关于召开长春市第十三届人民代表大会第五次会议的决定（草案）》。表决通过《长春市人大常委会关于召开长春市第十三届人民代表大会第五次会议的决定》，会议决定：长春市第十三届人民代表大会第五次会议于2011年12月下旬召开。12月16日～17日，长春市第十三届人民代表大会常务委员会举行第三十二次会议。37名市人大常委会组成人员出席会议。会议听取和审议关于对《长春市文物保护条例（草案）》审议结果的报告，关于提请审议修改《长春市陆生野生动物保护条例》等4部地方性法规的议案及所作的说明，关于全市“五五”普法“四五”依法治市实施情况的报告，关于提请审议《长春市人民代表大会常务委员会关于进一步加强法制宣传教育推进法治长春建设的决议》的议案及所作的说明，关于补选市十三届人大代表的代表资格的审查报告，关于召开市十三届人大五次会议的意见和市人大常委会工作报告（审议稿），关于市十三届人大四次会议议案办理情况的报告。审议通过市十三届人大五次会议主席团和秘书长名单草案、市十三届人大五次会议常务主席名单草案、副秘书长名单草案、大会日程草案、市十三届人大五次会议决定列席人员名单草案。表决通过关于接受有关人员辞去吉林省十一届人民代表大会代表职务的决定，表决通过《长春市文物保护条例（草案表决稿）》，表决通过《关于修改〈长春市陆生野生动物保护条例〉等4部地方性法规的决定》，表决通过《长春市人民代表大会常务委员会关于进一步加强法制宣传教育推进法治长春建设的决议》，表决通过人事事项，决定免去桂广礼的长春市人民政府秘书长职务，王大伟的长春市第十三届人民代表大会常务委员会副秘书长职务，王树彬的长春市教育局局长职务，赵国民的长春市民族事务委员会（长春市宗教事务局）主任（局长）职务，王南的长春市监察局局长职务（退休），崔国光的长春市城乡建设委员会主任职务，杨凤祥的长春市园林绿化局局长职务（退休），管锋的长春市交通运输局局长职务（退休），张德祥的长春市农业委员会主任职务，刘亚群的长春市商务局（长春市经济技术合作局）局长职务，吴强的长春市文化局局长职务；任命桂广礼为长春市副市长，贺兴国为长春市人民政府秘书长，康铁英为长春市第十三届人民代表大会常务委员会副秘书长，马军为长春市教育局局长，尹维生为长春市民族事务委员会（长春市宗教事务局）主任（局长），李家祺为长春市监察局局长，朱永坚为长春市城乡建设委员会主任，程宇为长春市交通运输局局长，唐若迪为长春市商务局（长春市经济技术合作局）局长。会议补选陈伦、王化文、徐明、王志山、吕子军、李元元、许宪平、苏民、梁振亚为吉林省第十一届人民代表大会代表。

【制定地方性法规】 2011年，审议制定地方性法规3部，即《长春市燃气管理条例》、《长春市气象灾害防御条例》、《长春市文物保护条例》；审议废止地方性法规2部，即《长春市城市房屋拆迁管理条例》、《长春市献血条例》。完成对《中华人民共和国个人所得税法》、《吉林省城乡规划条例》等12部法律法规草案的征集意见工作。2011年4月22日，长春市第十三届人民代表大会常务委员会发布第37号公告，《长春市城市房屋拆迁管理条例》由长春市第十三届人民代表大会常务委员会第二十六次会议决定废止。2011年8月11日，长春市第十三届人民代表大会常务委员会发布第38号公告，《长春市燃气管理条例》由长春市第十三届人民代表大会常务委员会第二十七次会议于2011年6月23日通过，经吉林省第十一届人民代表大会常务委员会第二十七次会议于2011年7月28日批准，自2011年9月1日起施行。2011年9月16日，长春市第十三届人民代表大会常务委员会发布第39号公告，《长春市献血条例》由长春市第十三届人民代表大会常务委员会第二十九次会议决定废止。2011年12月9日，长春市第十三届人民代表大会常务委员会发布第40号公告，《长春市气象灾害防御条例》由长春市第十三届人民代表大会常务委员会第二十九次会议于2011年9月15日通过，经吉林省第十一届人民代表大会常务委员会第二十九次会议于2011年11月23日批准，自2012年1月1日起施行。2011年4月12日，长春市第十三届人民代表大会常务委员会发布第44号公告，《长春市文物保护条例》由长春市第十三届人民代表大会常务委员会第三十二次会议于2011年12月17日通过，经吉林省第十一届人民代表大会常务委员会第三十一次会议于2012年3月23日批准，自2012年6月1日起施行。

【监督工作】 6月22日，常委会第二十七次会议听取和审议市政府关于净月分团二期城市建设有关情况的报告，作出《关于批准市人民政府关于净月分团二期城市建设有关情况的报告的决定》，要求市政府要以保护净月潭景观风貌为基本原则，以国家集约使用土地的有关规定为前提，细致划分和确定建筑高度敏感区，注重建筑高度控制的整体性，科学规划建设净月分团，切实保证净月分团的景观质量。9月14日，常委会第二十九次会议听取和审议市政府关于农产品加工业发展情况的报告，要求市政府将农产品加工业作为推进长春市农村工业化、加快县域经济和全市经济发展的重要战略举措来抓，扶持优势企业集群，坚持基地与龙头企业协调推进，不断优化运行质量，促进全市农产品加工业持续快速发展。常委会还听取和审议市人民检察院查办和预防职务犯罪工作情况的报告，要求市人民检察院要切实履行职责，加大对职务犯罪的预防和查处力度，进一步处理好办案与服务、办案与预防的关系，努力构建公平正义的法治环境。9月15日，常委会第二十九次会议听取审议市政府关于计划、预算执行情况和审议工作报告；审议批准将棚户区及危旧房改造项目列入2011年国民经济和社会发展计划；审查批准2010年财政决算；听取了市政府2011年超收收入安排使用情况的报告、审计结果整改落实情况的报告。10月28日，常委会第三十次会议听取和审议市中级人民法院关于执行工作情况的报告，要求市中级人民法院在执行工作中，要进一步推进机制改革，创新模式，提高执结率，下功夫解决好个别法官办人情案、综合办案能力不强等问题，切实保护人民群众合法权益，进一步提高人民群众的满意度。

【视察工作】 6月20日，常委会部分组成人员对全市土地增减挂钩和农村土地整治情况进行视察，要求市政府坚持规划先行，完善制度，切实维护农民合法权益，积极稳妥地推进城乡一体化进程。11月4日，对高新北区、西客站、地铁、轻轨、路桥、保障性住房等重点工程建设和市容环境综合整治情况进行视察，听取市政府的工作汇报，要求市政府在城市建设中，坚持城市规划的主导地位，搞好规划，破解长春市旧城改造任务、道路通行压力大、地下管网陈旧、融资和拆迁难等瓶颈问题，继续推进城建重点工程建设，提升城市承载能力；巩固长春市创建全国文明城市的成果，提高城市精细化管理水平，把在城市管理方面积累的好经验、好做法常态化。11 月 17 日 ~ 18 日，对全市 150 个重大项目建设情况进行视察，听取市政府的工作汇报，要求市政府以“三动”促“三化”，进一步转变经济发展方式，调整产业结构，促进工业转型升级，大力发展现代服务业，实现生产要素集约利用，推进重大项目建设。常委会对长春市十三届人大四次会议确定的《关于大力发展长春市学前教育的议案》、《关于在我市尽快组织落实暖房子工程的议案》、《关于加强城市交通管理的议案》等 3 件议案的办理工作进行视察，跟踪问效，推动学前教育、暖房子工程建设及城市交通管理相关民生工作的落实。常委会对长春莲花山国际中央休闲区和国际生态旅游度假区、清真寺二期扩建改造工程建设等工作情况进行视察。

【决定重大事项】 4 月 22 日，长春市第十三届人民代表大会常务委员会第二十六次会议根据市政府的提请，分别作出长春市与泰国巴真府、保加利亚普洛夫迪夫市缔结为友好城市的决定。12 月 16 日，长春市第十三届人民代表大会常务委员会第三十二次会议听取和审议市政府关于“五五”普法和“四五”依法治市完成情况及“六五”普法和“五五”依法治市工作规划的报告，作出关于继续开展法制宣传教育推进法治工作的决议。

【人事任免工作】 常委会按照相关法律规定和市人大常委会、市政府、市法院和市检察院的提请，共审议、任免地方国家机关工作人员 104 人次，其中，市人大常委会 5 人次，市政府 31 人次，市中级法院 52 人次，市检察院 16 人次。

【议案和建议、批评和意见办理工作】 长春市第十三届人民代表大会第四次会议期间，代表共提出议案、建议、批评和意见 202 件（以下简称建议），大会主席团将《关于大力发展长春市学前教育的议案》、《关于在我市尽快组织落实暖房子工程的议案》、《关于加强城市交通管理的议案》确定为议案，常委会主任会议确定《关于加强我市社会化养老服务体系的建议》、《关于加大力度落实 300 万辆汽车物流支撑体系的建议》、《关于林改后加强森林资源管理和建设的建议》、《关于北海公园以西的空地应为扩建公园用地的建议》、《关于加强和深化暖房子工程建设的建议》、《关于综合施策解决我市停车难问题的建议》、《关于进一步规范我市保障性住房建设的建议》、《关于开展心理卫生知识进社区活动的建议》、《关于调动大医院综合力量加大对社区卫生机构支持力度的建议》等 9 件涉及全局性、代表意见集中、群众关注的代表建议作为重点建议。常委会采取听取市政府关于议案办理方案和办理结果的报告，对议案进行跟踪督办，组织市人大代表进行专门视察和检查等多种形式，促进议案办理工作的落实。截止 2011 年 12 月底，3 件大会议案有 1 件已经办理完毕，2 件完成了当年办结进度，199 件建议、批评和意见都在规定期限内办理并作出答复。常委会召开了优秀议案、优秀建议及代表议案、建议的优秀承办单位表彰大会，对评选出的优秀议案、优秀建议及代表议案、建议的优秀承办单位进行了表彰。

【人大宣传工作】 常委会积极做好人大宣传工作，着力在转变思路、突出重点、改进方式上下功夫。利用多种传媒方式，切实加大对代表大会、常委会会议和主任会议、换届选举工作及常委会日常活动的宣传报道力度，全年刊播各类宣传稿件 400 余篇，扩大了宣传范围。扎实开展市十五届人大新闻奖评选工作，共评选出 22 件获奖作品，其中《一份议案，暖了民房，更暖了民心》在全国第二十一届人大新闻奖评选中荣获一等奖。全年编印《长春人大》4 期，《长春市人民代表大会常务委员会公报》8 期，强化信息交流，扩大宣传层面。进一步加强市人大信息网站建设，优化栏目设置，丰富网页内容，保障信息稿件质量，访问量突破 16 万次，充分发挥网站信息传播功能。

【调查研究工作】 常委会坚持把调查研究作为行使职权的基础，大力弘扬求真务实工作作风，领导带头深入基层、深入实际、深入群众，围绕全市中心工作及常委会工作重点，开展调查研究。对开发区财政体制、国有资产管理和运营、县域经济发展、新农村建设、水利工程建设、粮食和蔬菜生产、林权改革、农民增产增收等方面的工作进行了调查研究，形成了一批优秀调研成果，为促进一府两院工作及常委会充分行使职权提供了有价值的参考资料。

【信访工作】 常委会按照市委关于开展创新社会管理和“大接访、大走访”工作的要求，认真负责地处理人民群众来信来访，全年受理人民群众来信来访 1 934 件次，通过直接调处和依法督促一府两院有关部门搞好信访对接，有效地解决了一批群众反映比较强烈的信访难题。

【县、乡两级人大换届选举指导工作】 2011 年是县、乡人大换届年，也是《选举法》修改后，首次实行城乡按相同人口比例选举人大代表。常委会对此次县乡两级人大换届工作高度重视，严格按照相关法律规定，认真落实吉林省人大常委会和市委的工作部署，及时组织召开全市县、乡两级人大换届选举工作会议，对换届选举工作进行具体安排。换届过程中，常委会切实加强组织和指导，及时解决换届过程中出现的新情况、新问题，保证全市县、乡换届选举工作的顺利完成。这次换届，共选举产生新一届县（市）、区人大代表 2 673 名，乡镇人大代表 6 491 名。

【全国副省级城市人大常委会主任联席会议第二十六次会议】 8 月 22 日 ~ 25 日，全国副省级城市人大常委会主任联席会议第二十六次会议召开。全国 15 个副省级城市人大常委会的领导和有关人员参加会议。会议交流、探讨了全国副省级城市人大加强和改进监督工作、提高监督水平、增强监督实效的经验和体会，进一步明确在新形势下做好人大监督工作的重点和今后努力的方向。广州、沈阳、南京、西安、厦门等市人大常委会作了大会交流发言，其他10个副省级城市人大常委会提交了书面交流材料。

【全市政情通报会】 7月22日，常委会组织召开全市政情通报会。会上，中共长春市委常委、常务副市长肖万民受市长崔杰委托作了《关于2011年上半年全市经济社会发展情况的通报》，市人大常委会、市中级人民法院、市人民检察院以书面方式向市人大代表通报了上半年工作情况。

（单大维）

长春市人民政府

【概况】 2011年，全市完成地区生产总值4 003.0亿元，按不变价格计算，比2010年增长13.3%。其中，第一产业增加值290.1亿元，比2010年增长4.7%；第二产业增加值2 092.7亿元，比2010年增长14.9%；第三产业增加值1 620.2亿元，比2010年增长13.0%。三次产业结构分别为7.2%、52.3%、40.5%。对经济增长的贡献率分别为：2.7%、57.5%、39.8%。人均生产总值达到52 649元（按户籍年平均人口数计算），比2010年增长12.9%，折合8 152美元。全市一般预算全口径财政收入803.2亿元，比2010年增长42.6%。全市地方财政收入288.6亿元，比2010年增长59.6%。完成全社会固定资产投资总额2 433.4亿元，比2010年增长30.3%。城市居民人均可支配收入达到20 487元，比2010年增长14.3%；农村居民人均纯收入7 965.1元，比2010年增长19.5%。

【农业农村】 2011年完成农林牧渔业总产值523.8亿元，比2010年增长5%。全年粮食作物播种面积122.1万公顷，粮食总产量812.5万吨。启动实施30万亩高标准粮田、98个万亩高产示范田建设工程。玉米保护性耕作示范推广面积达到2万公顷。玉米螟生物防治实现全覆盖。完成1.33万公顷旱田节水灌溉工程，修复2010年汛期水毁的水利设施。人工增雨三期、防雹网二期工程建成投入使用，农业机械总动力达到468万千瓦，比2010年增长9.6%。新增200个牧业小区，肉蛋奶产量分别达到112.7万吨、32.4万吨和6.3万吨，分别比2010年增长27.3%、42.1%和16.7%。县域经济快速发展，实施投资超3 000万元的工业项目250个，工业投资增长23%，规模以上工业产值增长20.2%。13个乡（镇）成为财政收入亿元乡（镇）。营造林5 200公顷，新增标准化储粮仓5万套，整修农村公路879公里，绿化美化村屯330个，25.5万农村群众解决饮水安全问题，农村泥草房改造基本完成。

【工业经济】 2011年，规模以上工业总产值7 005亿元，比2010年增长22.9%。汽车制造业累计完成产值4 181.9亿元，比2010年增长13.6%。农副食品加工业完成产值1 003.1亿元，比2010年增长38.3%。生物与医药工业完成产值81.7亿元，比2010年增长24.9%。光电子信息工业完成产值83亿元，比2010年增长21.9%。建材工业完成产值450.3亿元，比2010年增长57.7%。能源工业完成产值512.6亿元，比2010年增长5.3%。装备制造业完成产值447.7亿元，比2010年增长14.6%。加快实施150个重大工业项目，完成工业投资1 118.1亿元，比2010年增长26.9%。丰越10万辆整车项目完成设备安装、实现试生产，大众新增12万辆产能；长客股份二期工程投入使用，长客装备公司搬迁改造一期竣工、二期启动建设；大成30万吨合成氨竣工，百万吨化工醇完成设备安装；中航液压、国药长生、百克生物等项目开工建设，国电联合动力、兵装新能源、荷兰帝斯曼医药中间体等项目实现试生产。大众发动机、丰田纺织、华信城轨等70多个投资超亿元的配套项目开工建设，富奥、纳铁福、麦格纳等20多家在长企业增资扩产，大陆电子、佛吉亚内饰、格拉默零部件、韩国KDC电子等一批研发中心落户长春。

【服务业发展】 现代服务业完成投资674亿元。南部新城核心区、长东北核心区、净月彩宇大街三大区域落地服务业项目总数达到37个，建筑面积765万平方米，总投资近400亿元。启动建设9个商务综合体，全市规划建设的商务综合体总数达到24个。尚德森铭、动漫软件等一批文化产业园区开工建设，各类文化企业发展到1.7万户。文化产业实现增加值301亿元。盛京、华夏2家股份制银行落户长春，引进组建风险投资等各类基金公司11家、小额贷款公司19家。举办汽博会、农博会、民博会、雕塑展、冰雪节、消夏节、书博会、创业博览会等190余项会展活动。兴隆综合保税区正式获得国家批准，中机物流、工业品交易中心等物流批发大市场竣工建成。

【对外经济】 全年实现进出口总额173.4亿美元，比2010年增长31.2%。其中，进口150.7亿美元，比2010年增长34.4%；出口22.7亿美元，比2010年增长13.3%。一般贸易企业出口16.4亿美元，增长比2010年25.2%，加工贸易企业出口5.9亿美元，下降7.7%。全年新批外资项目（企业）44个，其中投资总额超千万美元项目12个。全年实际利用外资30.8亿美元，比2010年增长15.5%。其中直接利用外资7.7亿美元，增长10.7%。全年来长旅游人数达到3 114.33万人次，比2010年增长18.07%。其中，接待入境游客30.16万人次，增长20.74%；接待国内旅游者3 084.17万人次，比2010年增长18.05%。全年旅游总收入431.65亿元，比2010年增长23.14%。旅游外汇收入16 974.46万美元，比2010年增长23.47%。

【城市建设】 全市在建房产面积3 064万平方米。开展第二轮150天市容环境综合整治行动，拆除违法建筑2.2万处、74.5万平方米，改造10条特色街路，完善提升5个传统商圈、15条精品街路，主城区主要街路楼宇基本完成整修。实施南广场、人民大街站前段、胜利大街一期、铁南街区改造工程，南大营、沙俄领事馆等20座历史建筑按原貌完成修复。新建大块绿地67块，彩化街路100条，新植街路75条。新建续建11个公园，9.7平方公里的长东北湿地公园等5个公园对游人开放。新一轮伊通河综合整治顺利推进。石头口门、净月潭、新立城生态湿地面积进一步扩大。节能减排指标均完成年度任务，空气质量优良级天数继续保持在340天以上。主要街路、重点商圈和商业街实现全天候保洁，四环路以内增设移动式垃圾转运站219个，城乡结合部主要村屯卫生清扫实现城区化管理。大中修道路164条，维修养护道路929条，3座跨伊通河大桥、109条道路竣工通车，远达大街、机场大道、北凯旋路、东自由大路、东吉林大路建设顺利推进。西客站综合换乘中心主体封顶，长春站综合换乘中心北广场交付使用。轻轨4号线投入试运营，地铁1号线开工建设。全年实施7期交通调流，开辟10条公交专用车道，安装81公里道路隔离护栏，新设142条单行线，调整限制路口200余个。

【社会事业】 2011年专利申请量5 387件，比2010年增长27.1%。全年通过鉴定、验收和认定的科技成果252项，获得市以上科技进步奖励成果230项。其中，获国家级奖励10项，省级奖励184项。2011年末，在全市各级各类科技人员中，“两院”院士27人。全市拥有独立科学研究与技术开发机构98个。其中，自然科学和技术领域研究与开发机构61个，社会科学与人文领域研究与开发机15个，科技信息与文献领域机构6个。全市民营科技企业技术合同成交额达21.05亿元，累计技术合同成交额198.82亿元。市科技管理部门共投入科技经费11 008万元。全市新认定高新技术企业25户，新认定产值超亿元的高新技术企业10家。长春市现有各级各类教育学校2 716所(含学前教育)，其中，在长普通高校36所（含独立学院），成人高校8所，中等职业学校112所，普通高中66所，普通初中273所，职业初中5所，小学1 450所，特殊教育学校9所，幼儿园756所，工读学校1所。全市各级各类教育招生44万人，其中，普通高校招收本专科生10.8万人，成人高校招收本专科生4.2万人，中等职业学校招生3.18万人，普通高中招生5.2万人，初中招生6.46万人，小学招生7.1万人，幼儿园入园儿童7.1万人。全市各级各类教育在校生145.2万人，其中，普通高校本专科在校生37.7万人，成人高校本专科生8.95万人，中等职业在校生8.96万人，普通高中在校生14.7万人，初中在校生21.4万人，小学在校生40.4万人，特殊教育在校生0.15万人，在园儿童12.9万人。全市各级各类教育教职工13.8万人，其中专任教师9.7万人。在专任教师中，高等教育学校专任教师2.5万人，中等职业学校专任教师0.58万人，普通高中专任教师0.75万人，初中专任教师1.79万人，小学专任教师3.3万人，幼儿教师0.77万人，其他教育专任教师325人。全市小学学龄人口净入学率和初中阶段学龄人口净入学率均达99.98%，初中毕业升学率达93.6%，比2010年提高了3.7个百分点。高中段毛入学率达93.3%，比上年提高了4.6个百分点。共有文化(文物)事业机构227家，其中，艺术表演团体9家，艺术表演场馆4家，公共图书馆12家，艺术馆、文化馆12家，文化站160家，文化艺术科技、科研机构2家，文物保护研究机构1家，文物保护管理机构4家，其他文化事业机构6家，其他文化企业1家，博物馆5家，文化市场管理机构11家。公共图书馆总藏量349万册，其中少儿图书馆藏量54万册。全市共有国家综合档案馆11个，馆藏档案146.7万卷、63.2万件，开放档案15.1万卷、6.6万件。全市有各类文化经营场所1 181家，其中，互联网上网服务营业场所804家(连锁88家)，文化娱乐场所335家，演出场所27家，古玩(美术品)经营店15家。2011年，全市有广播电台5座，节目10套，中波发射台和转播台2座，转播台7座，广播人口覆盖率为100%；电视台5座，节目9套，电视人口覆盖率为100%。2011年末，全市卫生医疗机构4 153个，比2010年增长7.8%。其中，医院、卫生院306所，下降1.3%，拥有医疗、疗养床位3.9万张，比上2010年增长8.1%。卫生技术人员为4万人，比2010年增长2.6%。每千人拥有执业医师和执业助理医师2.34人。市辖区建成社区卫生服务中心47家，城区人口覆盖率达到100%，387.2万农民参加了新型合作医疗，参合率达到96.2%，共筹集资金8.57亿元，已有108万参合农民受益，支付补偿金7.05亿元，占筹资总额的82.2%。承办瓦萨越野滑雪赛、全国越野滑雪锦标赛、CBA全国篮球联赛、中超全国足球联赛、乒超全国联赛、全国女篮俱乐部比赛等国际国内大型体育赛事20项次；举办吉林省暨长春市首届羽毛球、乒乓球、公路长跑锦标赛等省市级体育比赛200项次，吸引国内外万余名运动员报名参赛，现场观众达50万人次。长春市及长春市输送的运动员参加年度国际和全国比赛40项次，获世界冠军13个，全国冠军58个；向国家队(集训队、青年队)输送运动员29人。在城区安装41条健身路径，在乡镇、行政村安装26条健身路径，为70个行政村配置篮球架，以“健康长春——体育伴随你我他”为主题，开展300项市级品牌活动。建立了覆盖城区的15个国民体质监测室，形成了市民体质监测网络。

【服务民生】 2011年，城市居民人均可支配收入达到20 487元，比2010年增长14.3%；人均消费性支出16 328元，比2010年增长13.4%。城市恩格尔系数为30.9%。城市居民每百户拥有汽车17.22台，拥有彩电122.05台，电冰箱及冰柜96.07台，洗衣机98.79台，拥有家用电脑和移动电话77.04台和229.91部。城市人均住宅建筑面积由2010年的31.14平方米增加到32.75平方米。农村居民人均纯收入7 965.1元，比2010年增长19.5%。农村人均生活费支出4 596.8元，比2010年增长19.0%。农村恩格尔系数为38.2%。农村居民每百户拥有彩电116台，电冰箱75台，移动电话201部，摩托车57辆。农村人均住房面积由2010年的24.62平方米增加到26.91平方米,比2010年增长9.3%。全市城镇企业职工基本养老保险参保人数达到167.5万人,比2010年增长10.1%,其中,在职职工117.3万人,增长8.8%;城镇失业保险参保人数达到83.3万人,比2010年增长3.2%。全年征缴养老保险基金73.2亿元,比2010年增长31.3%;征缴失业保险基金6.9亿元。全年共为50.3万名离退休人员发放养老金76.4亿元,比2010年增长21.5%;为3.8万名失业人员发放失业金2.97亿元。城镇医疗保险参保人数达到399.1万人,其中城镇职工参保155万人。城镇居民基本医疗保险参保总数达到244.1万人,工伤和生育保险参保人数分别达到106.1万人和108.8万人。开发就业岗位16.3万个,实现城镇新增就业12.7万人,安置下岗失业人员实现再就业6万人,其中大龄就业困难对象再就业1.3万人。全市就业困难群体从事公益性岗位人员稳定在2.2万人以上,当年扶持999户零就业家庭实现就业。创建就业社区28个。实现农村劳动力转移就业162.5万人次。到年底,城镇登记失业率为3.5%。全市城市居民共有3.92万户、7.23万人享受最低生活保障;农村居民共有1.75万户、2.63万人享受最低生活保障。全年发放城乡低保资金5.59亿元。建设保障性住房17 908套、建筑面积95.9万平方米、总投资额72 320万元。其中,建设廉租住房6 433套、建筑面积30.92万平方米、投资额12 803万元;建设公租房11 475套、建筑面积64.98万平方米、投资额59 517万元。全市在民政部门注册养老服务机构共有200家,总床位数14 992张。其中,国家办养老机构10家,社会力量投资兴办的养老机构190家。农村社会福利服务中心97所。全年销售社会福利彩票7.98亿元。募集善款3 061.14万元,总支出慈善募捐款3 225.64万元,受助群众达11万人次。

【政府自身建设】 自觉接受人大及其常委会法律监督、工作监督和政协民主监督,坚持重大事项向人大报告、向政协通报制度。认真听取人大代表、政协委员和各民主党派、工商联以及无党派人士的意见和建议。办理人大代表建议195件、政协提案337件。开展12次局长接待日活动,42个政府部门,15个县(市)区、开发区及其下属部门,市政公用单位及其分支机构,490多个单位的主要负责人开门接访,接待来访群众2万余人、解决各类问题近7 000个。全面加强信访工作,扎实办好市长公开电话,主动接受新闻媒体监督,全市信访总量降低20%。深入开展创先争优、“三满意”机关创建、“万人评议机关”等主题实践活动,政府各部门推动发展、服务群众、促进和谐的能力不断提高。严格依法行政,深入推进政务公开,规范行政执法行为,压缩审批时限,规范各类收费,软环境质量进一步提高。

(房　明)

【“12345”市长公开电话】 2011年,市长公开电话在网络单位的共同努力下,全市上下秉持为政府分忧、为百姓解难的服务宗旨,集中精力坚持抓好市民诉求处理、读报读网、局长接待日和人民群众建议征集等项工作,使服务领域不断拓宽,服务功能不断强化,服务能力不断得到提高,百姓满意程度又进一步得到提升。

反映情况 2011年,市长公开电话呼叫总量3 848 956次,比2010年减少18.4%,连续3年下降走低。电话和网站受理市民反映321 493件,比2010年增加16.1%。其中,诉求194 973件,咨询123 648件,建议2 558件,表扬314件。排前十位的投诉,分别是市容环境、城市供热、社会保障、物业服务、城市供水、公共设施、城市交通、土地管理、环境投诉、行风建设。行业投诉下降或持平42个,占64个行业的65.6%,其中,城市供水、公共设施、城市供热、城市交通、燃气投诉和社会治安降幅较为明显。市场环境、食品卫生所涉及的行业内容上升较为集中,如工商管理上升0.2%、价格监督上升0.1%、食品安全上升0.02%。办理各类反映192 445件,其中,急办件11 839件,当日办结率比2010年提高5.8%;督办重复投诉和突出问题9 479件,比2010年下降1.2%;采纳市民建议1 721件,采纳率达67.3%。群众满意率85.2%,比2010年提高6.4%。局长接待日作为政府加强社会管理的新模式,2011年40个政府部门全面启动,并延至县(市)、区、开发区和部分公用企业,累计接待24 025人次,受理问题8 267个,办结8 130个,办结率97.3%。其中,部门主动协调办结8 236个,移交涉法问题协调组办结9个,政府高位统筹办结22个,涉及县(市)、区代码证书经费和文化局建筑公司职工医保、社保难点问题得到解决,产权产籍、离岗居委会主任和自行车看管人员养老保险等3个历史遗留问题已进入实质性解决阶段。局长接待日来访人次、受理问题逐月下降,全市信访案件比2010年下降38%,群体访比2010年下降20%。读报读网已成工作常态,受理6 798件,主动发现率达97%。其中,读报6 140件,比2010年增幅14.9%;读网658件,接办省长公开电话转办网民留言32件。媒体反映的问题涉及7大行业,房地产管理、公共安全、生活资源等6个行业呈下降状态。读报办结率98.4%,宣传率比2010年提高8%,媒体满意率100%;读网办复率100%,在人民网的排名中,办复水平始终居于48个副省和地市级城市前3名的位置。

群众主要意见 1.市容环境问题。2011年投诉25 633件,比2010年下降1.4%;媒体的关注度相对较高,相关报道同比上升1.7%。违章建筑建易拆难,尤其空中“三小”及阳台扩建难以拆除和露天占道经营清理不彻底(因同街道存在利益关系),这类投诉占行业总量的77.5%,重复投诉率达8.1%,高居各行业之首。反映部分区域垃圾清运不及时,或长期无人清运的占14.9%;三环内再生资源回收站扰民的投诉占4.1%。2.城市供热问题。相关投诉24 802件,比2010年减少1.6%,媒体反映比2010年下降3.2%。3.社会保障问题。相关投诉22 577件,比2010年下降1.6%。77.3%的人反映养老保险、工资支付和低保等3个方面问题。4.物业服务与管理问题。相关投诉18 531件,比2010年上升0.9%。5.城市供水问题。相关投诉16 675件,比2010年下降3%。无水反映在入夏和春节期间相对集中,媒体也给予了较高的关注,比2010年上升1.4%。6.公共设施问题。相关投诉14 951件,比2010年下降1.9%。7.城市交通问题。相关反映14 232件,比2010年下降1.4%,其中交通拥堵投诉比2010年减少8.6%,凸现了交通调流的效果。8.噪声扰民问题。有关投诉10 767件,比2010年下降0.4%。9.土地管理问题。反映10 454件,比2010年下降0.3%。其中42.4%投诉征用土地补偿标准低、补偿款没有及时足额发放、拖欠时间过长等;占用耕地和道路违建房屋、抢建房屋套取补偿;开设沙厂、砖厂、占用耕地建房等人为毁坏耕地现象也时有发生。10.服务作风和行政效能问题。投诉9 774件,比2010年下降0.8%。11.教育问题。受理投诉6 688件,比2010年基本持平。12.农业生产问题。涉及反映4 624件,比2010年减少0.2%,1月~4月投诉集中,占68.3%。价格监督反映3 254件,比2010年上升了0.2%。

工作运行情况 局长接待日工作。2011年,市政府创新开展局长接待日工作,搭建起政府与市民沟通的新平台,加强和创新社会管理的新形式,形成化解矛盾、调整关系、增进和谐的新手段。政府局长接待日是当下信访工作的"破冰"之举,从诞生之日就显示出绝无仅有的生机和活力,具有如下的特点:1."一把手"亲历亲为,满足群众的内心愿望。2.创建市长接待局长,形成全新的工作机制。3.积极创新方式方法,提高行政服务效果。4.缩短同群众感情的距离,加快诉求问题的优先解决。局长接待日的开展,作用和效果日益凸显,全市信访案件比2010年下降38%,群体访同比下降20%。市民投诉办理。针对受理能力提高,办理量过大等现状,继续强化分级负责,实行对重复投诉、重要事件和急办问题进行层级管理的制度。完善急办工作制度,下发了《进一步加强市长公开电话急办工作的通知》,共处理急办问题11 445件,其中当日办结率达98.3%。全面开展市民投诉办理质量月活动,网络单位共重新办理市民重复、难点投诉8 693件,使95.9%的问题得到解决或取得投诉人的理解,解决南关区华宇大厦煤气10年不通、朝阳区前进大街65户居民没有水吃等一批难点问题。读报读网工作。继续加强读报读网工作,加强调度和沟通,以提高主动发现率为工作主线,以解决实际问题为目标,通过网络单位的努力,在读报发现问题比2010年增加25%的情况下,主动发现率达到96.5%,比2010年上升了11.4%,办结率100%。运行半年来,读网发现问题618件,比2010年增加27.1%,接办省长公开电话转办网民留言26件,全部按时限办复。继续加强进媒体工作。充分发挥和利用媒体的覆盖面广,市民关注度高的特点,与长春日报、长春晚报、东亚经贸等5家媒体开设了市长公开电话反馈专栏;"12345"受理平台与长春晚报服务热线实现了互联互通,受理市民投诉1 853件。市民建议征集工作。继续加市民建议征集办理工作,受理市民建议2 136件,67.8%被相关部门采纳,有的直接惠利于民,有的转化上升为政府决策,促进了政府服务民生工作。

(蔡　波)

【决策咨询工作】 2011年,共完成各类课题、报告、调研材料、意见建议等20余项,成稿总字数20余万字。5月在陕西省西安市召开全国省区市决策咨询工作联席会议第一次全体会议交流会上,长春市选送的《加快推进长吉一体化若干重大问题研究》课题发言,引起与会的50多个省区市代表的强烈反响。《加快推进长吉一体化若干重大问题研究》重点课题,获长春市优秀调研成果二等奖。

重大决策课题研究 完成市长崔杰交办的《双阳奢岭街道发展规划研究》重点课题;为全市民生工作十二五规划提出相应建议,并对专项民生规划提出修改意见;完成《长春市2011-2021品牌建设十年规划纲要》(初稿)、《中共长春市委 长春市人民政府关于切实加强城市品牌建设的意见》(初稿);修改完成了《绿园区西部新城开发区规划》;修改《二道区莲花山城市化规划方案》;修改完成《西新区服务业发展规划构想》。

重要咨询论证 延边州经济发展总体思路,珲春特区管理体制设计,服务业发展建议、旅游业发展建议等(省委常委、延边州委书记张安顺特邀调研);莲花山度假区管理条件起草与修改;长春市商业网点规划咨询论证;关于长春文博业发展的研究探讨;配合中国光大集团股权投资我省金融机构30亿元项目;吉林银行处理历史遗留问题,加快上市步伐专项工作;协助省委政研室《长吉一体化发展规划》进行修改和补充。

重要咨询建议 对西部新城发展方向、产业定向等提出建议;对全市金融业发展的文件稿提出修改建议。关于扶持建设东北亚不夜城的建议。

重大项目工作 1.富士康——清华(长春)科技产业园发展规划。2.玉山新天地项目规划。3.吉林昆仑能源LNG(液化天然气)产业链项目规划。4.总投资17亿元人民币华夏酒业长春葡萄酒综合产业基地项目规划。5.重庆秦川实业集团投资10亿元的专用车及30万套汽车零部件项目规划。

(梁永红)

【民生办工作】 2011年,以统筹解决好人民群众生存性、安全性、发展性民生问题为主线,以中低收入群体民生改善为重点,紧紧围绕群众关注的热、难点问题,积极构建"大救助"工作体系,突出强调能力建设,突显富民惠民的主旨,全力实施富民增收、社会救助、住房保障、医疗惠民、交通改善等10大民生工程,完成107件民生实事既定工作目标。

内设机构调整 为进一步加强全市民生工作,根据《关于市民生办民情信息工作机构设置的通知》(长编办[2011]85号),在市政府民生工作办公室综合计划处加挂民情信息处牌子,人员编制、领导指数不变。

推进民生行动 富民增收城市居民人均可支配收入和农民人均纯收入分别增长14%和12%,职工最低工资标准、企业退休人员养老金、失业保险金月均提高150元以上;出台税费减免政策,为个体工商业户、小型微型企业让利4亿多元，4.9 万户经营者年均增收 8 000 元；城镇新增就业 11.1 万人，公益岗位从业人员总量达到 2.28 万人，就业形势总体稳定；城镇居民养老保险等新政推出，养老保险实现政策全覆盖。开展“五七家属工”接续养老保险工作，为 14 387 人进行未参加基本养老保险情况确认，办理参保缴费 13 479 人，其中 11 804 人已按规定核定并享受基本养老保险待遇。出台厂办大集体企业职工参加养老保险实施方案，完成首批 10 万名改制破产企业退休人员养老保险社会化托管服务。社会救助启动 2011 年“大救助”工作暨春节送温暖活动仪式，全市 17 642 户“万户特困户结对救助家庭”每户得到价值 400 元的米、面、油。两次提高城乡低保标准，城市低保标准由 305 元提高到 375 元，比 2010 年提升 23%；农村低保标准由 1 500 元提高到 2 100 元，比 2010 年提升 40%。对城市低保 8 类特殊群体分类施保，全年保障城乡低保对象 30 万人，发放低保金 6.2 亿元。2 次启动低保标准与物价波动联动机制，连续为城区 14 万名困难群众发放 6 个月的临时物价补贴，发放补贴资金近 2 000 万元。住房保障开工建设保障性住房 17 932 套，96.42 万平方米（其中，廉租住房 6 433 套，30.92 万平方米，公共租赁住房 11 499 套，65.5 万平方米）。集中建设 240 万平方米农民回迁小区，2.8 万户被征地农民喜迁新居。实施“无籍房新政策”，有 200 万平方米历史遗留未登记房屋得到确权。医疗惠民全市所有公办基层医疗单位全部实行基本药物制度，基本药物制度的成功运行，使药品价格下降比 2010 年 29.2%、住院费用比 2010 年下降 21.3%、就诊患者人次比 2010 年上升 10.7%。科学、合理确定基本药物价格，探索实行“同城同价”，按照积极稳妥、先易后难、以点带面、稳步推进的原则，推进公立医院改革工作。为破解资金瓶颈，长春市在全国首创“721”资金保障机制，即县（区）级财政按基层医疗卫生机构支出总额的 70%拨付专项资金、20%的资金保障由各级政府通过购买公共卫生服务来实现、10%的资金由开展基本公共卫生项目劳务费和医疗机构自身的医疗服务费来解决。医保惠民政策不断完善，城镇居民医保、新农合报销比例分别比 2010 年提高 5 个和 10 个百分点。城市交通连续 7 次实施交通调流，市区行车延误比 2010 年降低 12.5%，平均车速提升 23%，区域路网通行能力提高 15%。“错时上下班”使高峰交通流量削减了 20%，通过尾号限行、微型面包车限行等举措，削减了 7%的交通流。新开辟 10 条公交专用道，公交车通行速度提高了近 40%。4 096 台公交车安装取暖设施，群众出乘公交车不再挨冻。成功举办书博会，为城区低保户、新疆班和羌族班学生、在校贫困大学生等群体赠送共计 600 万元购书卡。中小学义务教育阶段招生工作进一步规范，全市 5 394 个公办优质空余学位全部实行电脑派位。针对幼儿“入园难、入园贵”的问题，制订出台学前教育 3 年行动计划，新建 17 所公办幼儿园。开展民生助学活动，全年各部门共筹集善款 1 025.9 万元，救助学生 5 646 人。市容整治开展第二轮全市奋战 150 天市容环境综合整治行动，拆除违法建筑 2.2 万处、74.5 万平方米，南广场、胜利大街一期等 20 座历史建筑按原貌完成修复。人民大街等 15 条精品街路、同志街等 24 条标准化街路、重庆路等商圈、光复路等集贸市场得到了全面改造。野广告、露天烧烤、渣土清运等城市管理顽疾得到初步遏制，城市管理长效机制不断完善。“暖房子”工程进展顺利，有 2 287 栋、1 060 万平方米老旧楼宇得到综合改造。平安长春建设全市安全生产形势状态平稳。社会治安综合治理深入进行，重大有影响案件实现“零积案”，清网行动网上逃犯撤网率达到 94.18%，高出全省 5.3 个百分点、全国 13.41 个百分点。可视监控探头总量已达 10 万个，“天网工程”实现重点部位全覆盖。积极实施警力下沉，持续开展夜晚治安巡逻防控工作，白天见警察、夜晚见警灯，110 有效警情、刑事案件立案率分别下降 54%和 15%。集中开展“瘦肉精”、“毒豆芽”、“乳制品”、“食品非法添加行为”等专项整治活动。加强处突能力建设，组建以“抗洪抢险、森林扑火、矿山救援”等 6 支应急队伍。市政公用能力全面提升，全年维护道路 596 条，大中修道路 159 条，51 个交通节点得到综合改造，改造面积达 11 536 平方米，加固和更换检查井 10 000 座，改造街路牌 1 000 套；安装路灯 2 000 盏，四环路以内路灯基本实现全覆盖，全市街路整体亮灯率达到 98%以上；翻建改造辽宁路等市政排水设施 2 528 米、排水管线 4 179 米；全市完成供热管网改造 354 公里，新、改、扩建区域锅炉房 19 座，热电一厂新厂等投产使用，新建的 3 100 吨供热能力全部并网供热；完成 333 公里的灰口铸铁管和小区庭院管采用镀锌钢管城区高危燃气管网改造任务。

领导视察 1 月 21 日，中共中央政治局常委、中央书记处书记、国家副主席习近平视察长春市民生工作。习近平对长春市的民生工作，特别是“暖房子”工程给予高度评价，称赞“暖房子”工程是暖人心的德政工程。他指出，保障和改善民生既是社会和谐的根本举措，也是经济发展的直接动力，各级党委、政府要舍得多花一些精力、多增加一些投入，让广大群众共享改革发展成果。

民生助学活动 7 月 26 日召开“2011 年全市助学工作新闻发布会”，全面启动民生助学活动。市慈善会的“爱心圆梦”民生助学项目，针对城区、开发区低保（含孤儿）和低保边缘家庭考生分别给予每生 10 000 元和 5 000 元资助（双阳区标准为 6 000 元和 3 000 元）；市残联的“扶残助学金”助学项目，为贫困残疾人子女分别提供本科及本科以上 3 000 元，专科 2 000 元，中专、成人高考和自考 1 000 元的资助；市总工会的“金秋助学”活动为符合条件的困难职工或困难农民工家庭提供应届大学生（含自费研究生）2 000 元、大专生 1 500 元、高中及中专生 600 元，往届在校大学生 1 000 元、大专生 800 元、高中及中专学生 500 元的救助；团市委、市青联的“爱心志愿联盟”民生公益助学行动为符合条件的全市低保家庭和烈士子女，根据具体情况一次性给予不超过 5 000 元的资助。全年各部门共筹集善款 1 025.9 万元，救助学生 5 646 人。

实施听障儿童康复救助 为低保、

低保边缘家庭6周岁以下重度听障儿童免费实施人工耳蜗植入手术和术后一年的康复训练，24名筛查合格的听障儿童上报国家项目，全部完成赴京复筛和手术治疗，为听障儿童走出无声世界带来了希望。

（孙宪法）

【人力资源和社会保障工作】 2011年，全市人社系统坚持“围绕中心、服务大局”的工作原则，坚持“民生为本、人才优先”的工作主题，突出就业促进、社会保险、人才队伍建设、人事制度和收入分配制度改革、劳动关系协调、基层服务平台和自身建设七大重点，全面构筑了人力资源和社会保障工作的新平台。

就业再就业工作 全年共开发就业岗位16.3万个，城镇新增就业12.7万人，失业人员再就业6万人，零就业家庭保持动态为零，城镇登记失业率为3.5%。新发放自谋职业小额贷款1.1亿元，提供创业项目3 500个，实现创业带动就业的倍增效应，创业型城市在国家中期评估中被确定为优秀等次。第二届中国·长春创业就业博览会再获圆满成功。2011年5月20日～22日，以“创业促就业，福祉千万家”为主题的第二届中国·长春创业就业博览会成功举办。本届创博会，共提供创业项目2 322个，为求职者提供就业岗位5.1万个。有1 678个创业项目、35 700人达成对接意向协议，分别是第一届的2.38倍和1.93倍。作为全市品牌展会之一，创博会被国家有关部门评为“最佳创新型展览会”、“最具发展潜力展览会”和“全国十佳展会”。高校毕业生就业工作稳步推进。制定出台《关于进一步加强和完善高校毕业生就业创业工作意见》，在高校毕业生就业创业政策方面实现创新和突破，全市与应届高校毕业生签订一年以上劳动合同并足额缴纳社会保险费的企业，可享受不超过3年的岗位补贴或社会保险补贴；创新开设了“大学生创业小额担保贷款”业务，筹集大学生创业项目680个，为112名大学生发放贷款560万元；新增就业见习基地120家，吸纳未就业高校毕业生4 200余人，全面开展“三支一扶”和“一村一名大学生”活动，全年共接收毕业生档案9 121份，签订毕业生就业协议2 684人，办理毕业生就业报到4 218人，高校毕业生就业率89%。技能培训在创业就业方面的作用得到充分发挥。全面实施劳动者素质提升培训工程，职业培训补贴标准由每人每月220元提高到293元，农民工培训补贴标准由每人每次660元提高到880元，创业培训补贴标准由平均每次1 000元提高到1 500元。共培训失业人员22 194人次，创业培训9 889人。在全省率先启动了政府紧缺高技能人才补贴培训工程，开展包括电工、车工、汽车维修工等13个工种的培训，共培训363人次。组织农村劳动力引导性培训10.2万人，其中，职业技能培训3.15万人次，实现农村劳动力转移就业100万人次以上，劳务经济收入突破100亿元。

第二届中国·长春创业(就业)博览会开幕式

社会保险工作 2011年，完成企业退休人员养老金调待工作，全年审批退休12 355人，为1 643名职工补建档案，共有13 054名符合条件的未参保城镇集体企业退休人员享受养老保险待遇。全面启动“五七家属工”和厂办大集体企业职工接续养老保险关系工作，有26家厂办大集体企业办理接续手续，为4 061人发放经济补偿金4 033万元，全市经身份认定合格的16 860名“五七家属工”全部顺利参保。全面开展双阳区和净月开发区新型农村社会养老保险工作，试点地区农民参保率达到70%，60周岁以上参保农民养老金按时足额发放率达到100%。制定出台《长春市城乡居民社会养老保险实施方案》，实现新型农村养老保险和城乡居民社会养老保险的政策全覆盖。在医疗保险工作中，完成医改涉及医保的任务，真正解决人民群众看病难、看病贵的问题，经过大量的调查研究，在实现社区门诊统筹“零起付”，新增16种职工医保门诊慢性病病种的基础上，进行3个方面的创新，短期内收到明显的效果。首批在40家定点医疗机构，将3 233项常规诊疗项目价格下调，平均降幅达到23%；实行单病种定额治疗，拿出单纯性阑尾炎等10个病种与定点医疗机构进行谈判，降价幅度平均达到53%；实现血液透析起付线治疗。通过制度创新，3项政策受益参保人员已达到95 446人，涉及医药费总支出6 631.34万元，与历年同期患者就诊情况比较，为患者和基金共节省了3 613万元。全市城镇职工基本医疗保险和城镇居民基本医疗保险均实现“全覆盖”，参保总数达到395.3万人，参保率达到95%以上。工伤、生育保险方面，工伤保险参保104.4万人，生育保险参保106万人，属于药品目录、诊疗项目目录、医疗设施服务范围和标准目录内的工伤、生育费用实现了个人“零自付”,参加居民医保的女性在享受定额补贴的基础上,二次补贴标准平均提高200元。

人事制度改革 考核奖惩和政府绩效评估体系建设得到加强。全面完成2011年度全市公务员考核奖惩工作,积极推进政府奖励工作规范化、制度化建设,对市委、市政府重点工作、民生工作和150个大项目及其他重点跟踪评估项目进行了梳理,共汇总275项重点工作,全年以市政府名义开展奖励项目16项,以系统名义开展奖励7项。制定出台《2011年长春市各级机关考试录用公务员招考简章》,全市共招录公务员346人,其中,县(市)、区级以下机关考录应届毕业生比例达到60%以上,乡镇机关考录优秀村干部比例达到20%以上。遴选9名优秀基层公务员充实到市直和区直机关,为符合晋升非领导职务条件的247名公务员进行审批备案,为8 192名公安民警办理了警务套改手续,为全市首批参照公务员法管理的81家单位,2 327人办理登记备案手续。制定《长春市2011年公务员培训计划》,全年培训市直机关公务员及参照公务员法管理事业单位人员1.5万人次,指导公安、司法、工商、检法等部门培训11 231人次。全面强化事业单位人事管理。全年通过集中统一招聘、专项招聘和日常考核招聘等方式,共为市属事业单位招聘工作人员586名,其中,集中统一招聘327名,专项招聘196名,日常考核招聘63名。事业单位聘用制度全面确立,聘后管理日趋规范,聘用合同签订率达到100%。全市新一轮事业单位岗位设置管理工作全面铺开,审核市直机关及所属事业单位254家,以五县(市)、区中小学教师“评聘结合”改革为重点的事业单位岗位设置工作同步启动。在全国率先出台了随军随调家属就业创业和生活补贴政策,完成了445名转业干部岗前专业培训,222名计划安置转业干部和176名随军、随调家属得到妥善安置,安置率达到100%,调整补发2010年度企业军转干部生活补贴508万元,发放企业军转干部解困经费3 604万元,企业军转干部保持总体稳定,为长春市实现全国“双拥模范城”七连冠作出了重要贡献。

人才队伍建设 2011年,作为国内一流,东北三省规模最大的长春市职业技能公共实训鉴定基地正式投入使用,已申报7个专业国家职业资格统一鉴定,集中鉴定了27个工种,完成鉴定考核61 774人,其中高技能人才6 071人。以基地为依托,组织举办了2011年全市职业技能竞赛,成功承办全省首席技师职业技能竞赛。组织实施“援疆培训项目”,接收139名新疆生进入劳动局技校和商贸旅游技校学习。制定发布全市企业人才需求目录,有10家企业获得省人才开发资金281万元,是历年长春市企业获得资金资助最多的一次。组织参加第十四届中国广州留交会,荣获“参展交流特等奖”。完成2011年留学人员回国创业启动支持计划、海外赤子为国服务行动计划和留学人员科技活动项目择优资助经费申报工作,评选优秀青年大学毕业生50名。分层次开展继续教育活动,全年共培训市属企事业单位专业技术人员2.5万人次。审核职称申报评审材料4 654份,完成449人的中级职称和2 596人的初级职称认定工作。完成35 026名机关事业单位在职和退休人员的工资审批,为355家事业单位审批年度工资总额,为47家新参公单位的1 238人工资进行重新审核。组织市直机关14 000余名公务员进行健康体检,开展3期公务员异地健康疗养。引进国外智力工作取得明显成效,结合全市经济发展重点,将发展壮大两大支柱、三大主导、五大重点和战略性新兴产业的引智项目放在首位,全年共有48个项目列入国家引智计划,14个项目列入地方引智计划。审批外国专家来华工作许可134件,新办、延期和变更外国专家证287个,聘请外国专家170人次,有15名外国专家荣获优秀外国专家称号。审批各类培训团组30个,派出培训人员402人次,获得国家各类专项经费资助500万元,创历史新高。

劳动关系和劳动者权益维护 全市企业劳动合同签订率超过98%,劳动用工备案率达到96%以上。全面完成企业薪酬调查和收入分配调研工作,结合全市经济社会发展实际,及时调整最低工资标准,全市最低工资标准由820元提高到1 000元,增幅达到22%,增幅和标准位列全省最高水平。面向社会发布人力资源市场工资指导价位5 387个,企业工资增长指导线中线(基准线)达到18%。信访维护稳定制度建设进一步完善,全年共核查调处信访积案和其他案件34件,接待职工群众来信来访6 260件,涉及职工8 382人次,分别比2010年减少了38.4%和52.5%,越级访和进京访现象比2010下降30%以上。共受理劳动人事争议案件1 035件,涉及劳动者1 312人,已处理结案986件,其中裁决97件,调解510件,其他方式处理379件,为劳动者维权1 320余万元,结案率达到95%以上。劳动保障监察共查处投诉案件386件,责令整改违规单位175家,案件回复率为100%。共为劳动者共查处投诉案件386件,责令整改违规单位175家,为1.8万名农民工补签劳动合同,补办医疗、工伤保险1.2万人,制定出台农民工工资临时救济性垫付办法,为劳动者讨回欠薪和抵押金2.4亿元,农民工工资当期支付率达到100%。组织开展清理整顿人力资源市场秩序、规范社会保险参保行为、建筑领域农民工合法权益检查、整治非法用工大检查等系列专项行动,全市共取缔非法职业中介8家,检查建筑工地54个,建筑栋号361个,检查“四小”企业619户,查处违法案件182件。

(李　钢)

【外事工作】 **因公出国审批工作** 2011年完成31个市级领导团组的因公出访报批工作,其中,包括3位副省级领导;审批、审核全市因公出国(境)团组366个,1 610人,其中,审批党政机关和参公事业单位团组181个,770人。缓派4个团组37人,拒派11个团组40人,调整减少1个团组的出访时间2天。出国境团组分别前往27个国家和地区开展对外友好交往。受理外国人来华邀请118个团组,185人次。

领事保护工作 长春市外派劳务公

司和驻日使馆密切联系，开展日本地震期间长春市在日人员安全情况的调查工作。妥善处理长春市赴俄罗斯劳务人员受辱遇困事件。

境外非政府组织管理和涉外突发事件处置工作 对长春市境外非政府组织相关资料进行梳理，形成长春市境外非政府组织名单。积极协调解决长春锦湖轮胎劳资纠纷事件，并将情况上报市维护稳定办公室。妥善处理加拿大男子非法居留和美资特思公司拆迁抗议等2起涉外应急事件。

推动友城建设 1.新建友城工作进展顺利。国家友协批复长春市与保加利亚普罗夫迪夫市和泰国巴真府建立友好城市关系，长春市已与世界17个国家的18个城市建立了国际友好城市关系。与澳大利亚瓦南布尔市建立了友好合作城市关系，朝阳区与白俄罗斯明斯克中心区建立友好合作区关系。2.密切老友城的传统友好关系。组织长春市代表团出访白俄罗斯、韩国、日本、新西兰等国友好城市，并邀请韩国城南市、新西兰马斯特顿市、澳大利亚瓦南布尔市、塞尔维亚诺维萨德市等城市的市长和议率代表团访问长春市，增进高层交流，通过经贸、文化、青少年等领域的合作，进一步密切双方的友好关系。3.援助长春市友城日本仙台市。仙台市是日本地震重灾城市，地震发生后市外办与仙台市密切联系，协调相关部门积极开展援助，先后向仙台捐赠50万元人民币和价值30万元的救灾物资。联络中国驻日新泻总领馆，妥善安置长春市在日研修生20余名。

开展民间友好交流 应美国小石城市政厅邀请，以副秘书长姜保忠为团长的长春市民代表团37人于10月17日~19日对该市进行了友好访问。

开展联谊工作 与吉林大学口腔医院联合开展在长国际友人口腔保健公益活动。组织开展外国友人“我为长春献一计”活动。扩大“中日交流之窗”影响力。2011年6月国家友协授予长春市“城市品牌建设奖”。

促进对外交流合作 精心安排崔杰等多人次市级领导率团出访中东、非洲、南美和欧洲等多个国家，加强友好联系，开展经贸合作，举办招商活动，在农林、畜牧、汽车、旅游和友好交往等方面达成多项合作协议。做好外宾接待工作。组织接待古巴驻华大使、日本丰田集团和伊藤忠商社、俄罗斯国家档案馆和瑞典斯凯孚集团等多个国家和地区的政要、经贸和企业团组140个，近1 000人次，协调高广滨、崔杰等市领导会见，安排参观考察和商务活动，促进交流合作。

加强调研项目对接工作 对长春市重点产业和企业项目情况进行详细调研，牵线搭桥，推动项目对接。为长春市西客站综合改造项目、皓月集团、海伯尔生物技术公司、一汽底盘公司和吉林佳泓建材有限公司等20余个项目和企业联系到国外合作伙伴，并安排双方进卓有成效的洽谈，有的项目已经进入实施阶段。市长崔杰出访以色列和南非期间，市外办积极联络以色列城市公共交通和南非客运铁路等部门，安排会谈，促成长客集团与以色列特拉维夫就该市地铁项目达成出口100辆轻轨协议，与南非就2014年城际快铁项目达成出口300辆轻轨协议。原常务副市长隋忠诚率团出访东欧期间，市外办协助代表团联系白俄罗斯相关企业，共签订7个项目合同，并在白俄罗斯举办中白科技园推介会。推动俄罗斯莫斯科“祖国”公司与长春市希达电子公司开展业务洽谈，正式签署2 400万美元的合作协议。充分利用第十二届中日经济工作会议在长春市召开的契机，市外办邀请日本企业界100余人，为兴隆保税区组织召开招商说明会，搭建了与日本企业合作的桥梁。长春市农博会期间，经市外办牵线搭桥，精心安排，促成新加坡金桥公司与皓月集团签订日产2万只清真罐头，由金桥公司包销海外市场的项目协议。推动泰国正大集团在榆树市投资50亿元人民币建立百万公顷大型农业示范园和肉鸡屠宰加工项目

成功引进奥地利联邦政府贷款和“云计算”项目 “奥贷”项目获得国家批复。长春市共有5个项目争取到奥地利政府对华优惠贷款资格。国家财政部和国家发改委已下文批复4 300万欧元，用于长汽高专、长春技师学院、吉大一院和长春市疾控中心等4家医院的设备引进项目，项目已经进入窗口招标阶段。“云计算”项目取得较大进展。长春“云计算”中心项目的总体方案已经出台，总投资约2亿元人民币。

开展商务旅行卡和领事认证工作 对吉林汉威零部件进出口公司等6家企业进行调研，为企业人员申办APEC商务旅行卡，加大对民营企业“走出去”的扶持力度，共为全市15家民营企业的29人办理APEC商务旅行卡外交部申报材料，已有17人通过审批，为长春市民营企业开展对外交流合作提供便利。

第二届长春外国友人运动会

进一步健全领事认证工作制度，走访3家涉外公证处，扩大工作宣传，共为全市企事业单位和公民办理领事认证13 710份。

大型国际性活动 组织专人全面参与冰雪节、消夏节、汽博会、农博会、东北亚博览会等大型国际性活动的组织筹备工作，积极邀请外宾参会，做好接待、翻译、礼宾和会务等各项工作，较好地完成了任务。

承办世界雕塑大会和世界陶艺作品邀请展 在第三届世界雕塑大会期间，共邀请到15个国家的25位外国使节，其中包括3位驻华大使出席相关活动。与市雕塑办和吉林艺术学院，共同承办世界陶艺作品邀请展，共邀请到来自10个国家的12位知名陶艺家来长参展，创作36件精美的陶艺作品。

举办第二届外国友人运动会 5月下旬，与市体育局共同承办第二届外国友人运动会。共邀请来自69个国家和地区的412名运动员参赛。

举办"汉语潮"活动 此次活动以"涌动汉语潮，感受中国情"为主题，在国家汉办的大力支持下，由长春市政府主办，具体承办单位为市外办和吉林卫视，长、吉两市各大高校在组织参赛等方面给予了密切配合。本次活动，对汉语的推广以及弘扬中华文化起到了积极作用，对宣传长春、巩固扩大长春市国际友好交往、促进长春市打造中国汉语教学基地也将起到重要的推动作用。

筹办首届国际友好城市半程马拉松邀请赛 由市政府主办，市外办牵头，联合市体育局、市体育总会和净月开发区管委会共同承办的首届国际友好城市半程马拉松赛于9月16日在净月潭成功举办。通过活动，扩大了交流，增进了友谊，进一步巩固了长春市与国际友城的传统友好关系。

加强网站建设 截至2011年底，4个外文网站发布信息1 882条，80万字。中文网发布信息955条，120万余字。创建并发布《2011年长春市重点经济合作项目》、《2011年长春市政府主导会展项目》等热点专题栏目，对长春市重点工作起到积极的宣传促进作用。长春市英文版电子地图于8月正式开通上线。这是全国首个综合性信息英文版电子地图，采用全英文的表达方式，以长春市地理信息系统为基础，收录6 705个地理信息采集点，16万余字。参加了"第五届中国政府网站国际化程度测评大会"。长春市政府外语网站荣获"中国政府网站国际化程度领先奖"。

（朱东来）

【侨务工作】 举办第七期海外华侨华人专业人士回国创业研习班 8月14日～16日，由国务院侨办、长春市政府主办，市侨办、市人才工作办公室、市商务局、高新区和净月开发区共同承办的第七期"华侨华人专业人士回国创业研习班"在长春市举办，共有来自16个国家和地区的65名华侨华人专业人士参加了研习班。通过本期研习班，强化华侨华人专业人士对长春市创业环境、扶持政策和产业优势等方面的感性认识，起到较好的宣传推介和招商引资的作用。

服务经济建设 1.邀请新加坡中国科学技术交流促进会代表团访问长春市，市侨办协调高新区、市委组织部人才领导小组办公室等相关单位与代表团举行了座谈会，组织长春市企业与代表团就医药、光电等43个高科技项目进行对接。2. 结合净月开发区规划及产业生态要求，与净月开发区投资促进四局组成招商考察团赴南方侨乡进行调研。本次考察活动，市侨办充分利用侨务工作渠道，为招商部门直接接洽侨商，推介招商项目、获取招商引资信息提供了新的服务方式，广泛联络侨商企业，获取更多的信息资源，实现侨务资源与招商部门的成功对接。3. 重点华侨华人创业团队的推荐工作。将高新区长春吉大天元化学技术有限公司的《组合华学与创新药物研究创业团队》项目推荐给国侨办，被评为重点支持创业团队项目，每年获国侨办20万元～30万元创业基金支持，共计2年。4. 派员参加新加坡总商会于10月在新加坡举办的第十一届世界华商大会，引导长春市企业同参会的海内外华商进行交流与项目对接，增进与海内外华商领袖的了解，涵养侨务资源。

侨务捐赠工作 联系长春市各县(市)区，征集侨务受捐项目3个，组织相关材料通过国侨办、省侨办等渠道将3个项目推荐给海外华侨华人慈善基金会等相关机构。进一步密切与香港应善良福利基金会和香港轩辕基金会的联系，与香港应善良福利基金会签订榆树市城发乡中心校校舍改建捐赠项目，捐赠金额37.4万元，工程已竣工，并通过验收。积极开展"万侨助万村"活动，争取香港轩辕基金会为南关区幸福乡八一村小学捐资5万元，建立学校小乐队。

实施"关爱工程" 1. 认真贯彻国务院侨办《关于实施"归侨侨眷关爱工程"的意见》，大力实施"关爱工程"，为构建和谐社会服务。开展侨务扶贫工作。通过走访慰问，帮助长期患病，丧失劳动能力，子女升学困难的贫困归侨侨眷解决临时性、突发性等生活困难问题，共有96户贫困归侨侨眷生活困难问题得到有效解决，发放侨务扶贫资金9万元。2. 争取国务院侨办和省侨办的支持，推动长春市基层侨务扶贫工作的开展。2011年争取省里扶贫资金5万元。3. 做好归侨侨眷的信访协调、维护稳定工作。全年共接待侨务信访10余件(次)，性质以房屋动迁、经济纠纷和生活困难为主；结案率达到85%。4. 做好侨务身份认定工作。对长春地区高考、中考三侨考生和归侨、侨眷身份进行认定，全年共认定40名高考、中考三侨考生，审核确认101名归侨、侨眷身份，全部上网进行公示。5. 加强对《中华人民共和国归侨侨眷权益保护法》的宣传和落实力度。2011年在朝阳区南湖街道湖西社区设立了"侨法宣传角"，依托社区做好侨法的宣传工作。已在20个社区工作站设立了侨法宣传角，其中有5个"社区侨法宣传角"是由国务院侨办授牌的。6. 组织部分归侨侨眷子女参加了吉林省首届归侨侨眷子女夏令营活动。活动以红色革命史、人文风情和边境风光为主要内容，使归侨侨眷子女开阔眼界，增长见识，了解国情、省情，增强作为中国人的归属感和自豪感。

（朱东来）

【地方志工作】 2011年,长春市地方志工作以科学发展观为指导,以国务院《地方志工作条例》和吉林省《地方志工作条例》为准绳,以“解放思想、开拓创新、提质增效、转型升级、存史鉴今、服务发展”为总体工作思路,紧紧围绕全市中心工作的大局,积极发挥“存史、资政、教化”的作用,扎实、有序地开展志鉴编修工作,形成了志、鉴、库、网、馆和开发利用“六位一体”协调发展的工作局面。

《长春市地方志工作管理办法》出台 2011年1月13日,《长春市地方志工作管理办法》经长春市政府第35次常务会议审议通过,市长崔杰签发长春市人民政府第20号令予以公布,自2011年3月1日起施行。《办法》明确了地方志“官书官修”的定位、工作范畴、质量要求和开发利用等方面的情况,较好地解决“一纳入、五到位”问题,使长春市地方志工作进入有法可依的新阶段。2月27日,长春市地方志编委会在《长春日报》对《办法》进行解读,引起社会各界的广泛重视,使全市“支持地方志、修好地方志、用好地方志”的氛围更加浓厚。从3月份开始,长春市地方志编委会陆续开展了对全市各县(市)区、开发区修志工作情况的调研、检查,掌握了各地修志编鉴工作的最新进展、两个《条例》和《办法》学习贯彻情况、“一纳入、五到位”落实情况、工作中存在的困难以及下一步工作安排,并形成了调研报告,发送到全市地方志系统学习交流。

《长春市志·园林绿化志》出版 《长春市志·园林绿化志》首发式于2011年7月1日举行。该志观点正确、特色鲜明、体例得当、资料翔实、装帧精美,详实记载了一百多年来长春城市园林绿化事业的发展历程,是长春市志系列中的一部质量上乘的分志。该志用翔实的资料匡正了长春市园林城市起源于伪满时期的错误说法;将长春市花君子兰入志,填补了《长春市志·总志》的空白。

《宽城区志(1989-2000)》完成终审 2011年6月16日,长春市地方志编纂委员会召开《宽城区志(1989-2000)》终审会议。宽城区志办首先介绍《宽城区志(1989-2000)》的编纂情况。长春市志、鉴审查验收小组各位评审人员分别宣读审稿意见,与宽城区志办的编纂人员充分交流具体终审意见。各部门的评审人员从各自专业的角度对志稿的结构、行文、图片等各个方面提出几十条修改意见,编纂人员和评审们面对面地讨论研究,达成共识。最后,长春市志、鉴审查验收小组成员一致同意《宽城区志(1989-2000)》通过终审。

《长春年鉴(2011)》出版 由长春市人民政府主办、长春市地方志编纂委员会编辑出版的全市综合性年鉴——《长春年鉴(2011)》于11月24日由吉林人民出版社出版。该年鉴是长春市连续出版的第24卷地方综合年鉴,从封面设计到版式结构,从文字记述到图片宣传都作了重新设计和调整,既体现市政府主办刊物的权威性、严肃性,力求版面的活泼与美观。《长春年鉴(2011)》在注重反映2010年年度特色的同时,又记载了长春市“十一五”发展成就,总结了“十一五”发展经验,图文并茂、形象直观地载录全市人民在建设经济大市、文化强市中所取得的新成就、新业绩。全书设特载、专辑、大事记、长春概貌、党政机关、人民团体、军事、政法、城建环保、开发区、对外经济贸易、农业、工业、民营经济、交通、信息产业、综合经济管理、商业旅游业、会展经济、金融、教育、科学、文化、卫生体育、社会、县(市)区概览、人物、领导名单等28个类目,共90万字,集信息、资料、数据、图片于一体,便于读者查阅与利用,其中许多图片还具有历史保存价值。

《长春记忆》图片集出版 在长春市地方志编委会2010年举办的纪念长春建城210周年宣传教育活动中,省委常委、市委书记高广滨曾作出批示,要求市委宣传部、市方志委、市档案馆同《长春晚报》一起,以长春建城210周年为契机,编辑出版《长春记忆》图片集,作为市委、市政府献给长春人民的一份礼物。《长春记忆》图片集于2011年11月出版,其中,长春市地方志编委会共提供图片180余幅,占全书总量约1/4。

长春市情网建设 2011年,长春市地方志编委会加大网站采编工作力度,及时更新市情网信息,更新动态信息50余条,及时将全市地方志工作的各种动态发布出去。强化服务意识,重点加强对工作指导、业务动态、经验交流和机关活动的动态报导,并与长春市信息中心开展经常性的技术沟通和资料交换,为网站平稳运转提供了保障。

长春市方志馆建设 2011年5月,长春市市长崔杰主持召开专题会议,将长春道台府博物馆作为长春市方志馆选址划拨给长春市地方志编委会使用。会后,长春市地方志编委会成立了筹建长春市方志馆工作领导小组,下设4个组,分头筹划工作。委领导亲自带领有关人员到现场踏查,实地了解长春道台府的情况,并多次与建委沟通,研究馆舍交接的相关事宜。通过网络、电话等方式,了解兄弟城市特别是各副省级城市方志馆建设的基本情况。11月14日,市委常委、副市长吴兰主持召开专题会议,研究长春道台府移交市地方志编委会开办方志馆事宜,并作出要全面、完整地移交道台府旧址的指示。11月15日,长春市地方志编委会会同长春市建委和润德集团完成馆舍交接工作,并将交接情况上报市政府。市委常委、副市长吴兰高度重视此项工作,并做出了“很好,一定要管好、用好”的批示。截至年底,长春市地方志编委会已初步形成《长春市方志馆建设工作方案》,明确长春市方志馆的功能定位、方志馆建设的指导思想与原则、总体工作目标和保障措施。依托现有资料,逐步开展了馆藏资料的搜集整理工作。

《长春地情活页》创刊 2011年1月,长春市地方志编委会以“深度梳理长春记忆,实时扫描长春变迁”为主题编辑出版了《长春地情活页》(双月刊)。《活页》共开设地方名片、百业溯源、特约特载、人物春秋、口述实录等栏目,进一步发挥地方志的社会效应,研究和挖掘长春地方历史文化,为长春经济社会的发展增加文化底蕴。截至2011年12月,《长春地情活页》共编辑出版5期,受到长春各届人士的好评。

2010年度全省方志系统编纂出版图书质量评比活动 吉林省地方志编委

会从2011年开始，每年对上一年度全省地方志系统出版的方志类图书在报送备案的基础上，进行质量评估并分类定等。由吉林省地方志编纂委员会领导、相关业务处(室、馆)人员和市(州)推荐的评估专家组成的方志类图书质量评估专家委员会，从体例、规范、编校、设计4个方面分别评估打分、定等。2011年，在首届全省地方志系统编纂出版图书质量评估会上，长春市选送的7部志书、年鉴和地情书全部获奖，获奖数量和质量在全省都名列前茅。全省共评出志书类优秀等次4部、良好等次2部、合格等次3部；年鉴类优秀等次2卷、良好等次5卷、合格等次13卷；地情书类优秀等次1本、良好等次3本、合格等次2本。其中，长春市选送参评的《长春市志·科技志》(上、下)获得志书类优秀等次；《长春市志·城市道路志》获得志书类良好等次；《长春市志·环境卫生志》、《长春市志·统计志》、《长春市志·分水村志》获得志书类合格等次。《长春年鉴》(2010)获得年鉴类优秀等次；《朝阳年鉴》(2010)、《九台年鉴》(2008)获得年鉴类良好等次；《德惠年鉴》(2008～2009)、《朝阳年鉴》(2009)、《榆树年鉴》(2008)获得年鉴类合格等次。《长春力量——2010年全市抗洪救灾实录》获得地情书类优秀等次。

《方志动态》简报 《方志动态》简报是长春市地方志编委会主办的工作交流类简报，自2010年创刊以来受到了全市地方志工作者的好评。2011年共出版6期，将最新的修志动态、理论文章等向各级领导和全市修志工作者作以及时通报，为长春市修志工作搭建了一个信息交流的平台，提升了修志工作的整体水平。6期《方志动态》的内容均被吉林省情网收录。

长春市地方志工作暨培训会议 2011年7月14日，长春市地方志工作暨培训会议召开。市政府副秘书长卢福建代表市政府作重要讲话。吉林省地方志编纂委员会副厅级巡视员王江传作《如何提高志鉴质量问题》的专题讲座；吉林省地方志编纂委员会市州指导处处长谢奎江对资料长编工作及开展编纂乡镇、村志工作做安排部署；长春市地方志编纂委员会县区指导处处长孙彦平和《长春年鉴》编辑部负责人王玉宁分别就资料长编编写工作和编纂综合年鉴作专题讲座。榆树市、宽城区志办和经开区分水村的修志人员就编纂乡镇、村志做了经验交流。

县(市)区地方志工作座谈会 2011年12月27日，长春市县(市)、区地方志工作座谈会召开。这次会议，是长春市地方志编委会在全市地方志系统开展2012年工作研讨活动的一部分。各县(市)区志办主任就如何深入学习贯彻党的十七届六中全会精神，在全市文化大发展、大繁荣的大背景下，以地方志事业大发展为中心，就创新发展模式、增强发展后劲、提高县(市)区志质量、服务本地经济和社会、坚持继承和创新相结合开展地方志工作等课题，展开了热烈讨论，并对各自工作中存在的困难和问题进行剖析，对市地方志编委会的工作提出了具体意见。大家认为，地方志工作面临着前所未有的好机遇，党的十七届六中全会的召开，指明了编史修志的方向，地方志工作是一项基础性文化建设工作，要抓住这个契机，深入挖掘历史资源，突出地域文化特色，实现地方志工作的科学发展、转型升级。

(崔玉恺)

【接待服务工作】 2011年长春市共接待各类团组446批次，4 121人次。其中，接待全国政协原副主席王忠禹、全国人大常委会副委员长周铁农等国家领导人2位及随行人员21人；副部省级以上领导50位；司局级领导385位。圆满完成市委114个团组、市人大79个团组、市政府108个团组、市政协56个团组、市纪委43个团组的接待任务。接待慈溪市党政代表团、浙江省丽水市政府考察团、兰州市政府考察团、四川省党政代表团、南京市考察团、内蒙古自治区党政代表团、西安市、宁波市政府代表团、红河州政府代表团、延边州政府考察团、新疆维吾尔族自治区考察团、通辽市党政代表团等大型党政代表团15个。接待大公司大企业的董事长、总裁30余位。完成长春市领导的各项公务接待活动450余次。参与完成了“2011年中国长春冰雪旅游节暨净月潭瓦萨国际滑雪节”、“第二届中国·长春创业（就业）博览会”、“2011年长春图书博览会”、“第五届中国长春消夏节”、“第八届中国长春国际汽车博览会”、“第六届中国(长春)民间艺术博览会”、“第十届中国长春国际农业.食品博览(交易)会”、“第三届中国长春世界雕塑大会”、“第七届东北亚博览会”“第二届中国长春国际钢琴节”等大型会展活动10项，圆满完成组委会交给的任务。受到组委会领导的好评和广大

全市地方志工作暨培训会议

来宾的赞誉。为长春市与各城市建立长期合作交流，招商引资做出了积极的贡献。充分发挥全国各城市接待系统网络作用，按照市领导的意见，圆满完成长春市原人大常委会主任李述主任出访湖北省、重庆市等陪同出访工作。2011年，围绕“规范、创新、提高”六字要求，以人为本，继续进行打基础工作，从规范入手，进一步完善、提高，铸造接待办工作之魂。全面实施《长春市接待办公室工作手册》，规范从个人着装、仪容仪表、言谈举止到办公室的桌牌、物品摆放、接人待物，工作纪律，接待工作中的流程、标准都在规范中。通过规范，不断创新，接待整体水平有了较大的提高。2011年，在几次大型会展活动中，共组织完成了14个（次）单位参加的陪同团工作，被评为会展业“先进单位”、“第七届东北亚博览会接待服务先进单位”。王平、臧法勇、石国威获先进个人。

完善接待服务功能 2011年，为改善接待环境，提高接待服务质量，加强基础设施建设，接待基地长春宾馆在面对设施陈旧，周边宾馆林立，强大的竞争时，面对重重困难，班子成员和全体员工一道努力拼搏，不断提高竞争能力，进一步加大综合配套管理，以强化内部管理，提高竞争能力为指导思想，强化管理机制。大力开拓市场、全面优化环境，在领导的关心支持下，提高宾馆的接待能力，提高两个效益。全面渗透优质服务意识。积极营造和谐团结、拼搏向上的集体氛围，开展一系列精神文明创建活动，丰富职业的业余文化生活，增强集体凝聚力。在餐饮方面进一步强化了创造品牌、塑造名牌意识，大力进行餐食改革，围绕品种、质量、价格服务等进行改进提高。2011年长春宾馆总营业收入3 500万元，平均床位利用率达53%，取得较好的经济效益和社会效益。被省烹饪协会授予餐饮综合20强企业；被省市财政局定为党政机关出差会议定点饭店；获得吉林日报、长春晚报等媒体开展评比的消费者满意企业和最受群众欢迎的旅游服务单位等荣誉称号。

（聂福荣）

中国人民政治协商会议长春市委员会

【常委会议】 1.中国人民政治协商会议长春市委员会（以下简称市政协）十一届十六次常委会议于2011年1月18日召开。听取委员讨论政府工作报告情况的汇报；协商提出有关人选侯选人建议名单；协商通过十一届四次会议选举办法（草案）和总监票人、副总监票人、监票人建议名单；协商政协长春市委员会第四次会议决议（草案）。2.市政协十一届十七次常委会议于3月29日召开。传达全国政协十一届四次会议精神，审议通过市政协常委会2011年工作要点、《政协长春市委员会关于进一步加强委员队伍建设的意见（试行）》、《政协长春市委员会关于评选优秀委员的办法》。3.市政协十一届十八次常委会议于7月19日召开。围绕关于推进长春市现代服务业发展进行专题协商。4.市政协十一届十九次常委会议于9月22日召开。围绕加快推进长春市保障性住房建设进行专题协商。5.市政协十一届二十次常委会议于12月12日审议政协长春市第十一届委员会第五次会议议程（草案）、日程（草案），大会秘书长、副秘书长建议名单；审议常委会工作报告和提案工作情况的报告；审议通过新修订的《长春市政协提案工作条例》；听取市政府《关于推进数字长春建设的建议案》办理情况的通报；审议人事事项。6.市政协十一届二十一次常委会议于12月22日、23日召开。听取全体会议期间各讨论组委员讨论情况的综合汇报，审议政协长春市第十一届委员会第五次会议决议（草案）。

【全体会议】 1. 2011年1月16日～19日，政协长春市第十一届委员会第四次会议召开。省委常委、市委书记高广滨出席开幕会并作重要讲话，高度评价政协工作“坚持高站位思考，高质量监督，高水平建言议政，为推动全市经济社会发展作出了重要贡献，发挥了不可替代的重要作用，市委对政协工作是满意的”。市政协主席张元富作常务委员会工作报告，主持闭幕会并讲话。市政协副主席张晓华作十一届三次会议以来提案工作情况的报告。会议同意石坚辞去市政协秘书长职务，选举唐晓明为市政协秘书长。会议审议通过政协长春市第十一届委员会第四次会议决议。市委、市人大、市政府和市政协有关领导出席会议。会议期间，委员们听取了市委常委、常务副市长隋忠诚代表市政府所作的关于政府工作报告（协商稿）和长春市国民经济和社会发展第十二个五年规划纲要（草案）的说明。听取了法检两院工作报告（协商稿）的说明。并分组讨论以上报告，提出意见和建议。还听取大会发言，举办主题为“展望十二五，共谋富民路”委员论坛和“千方百计把暖民心工程办得更好”网上接待活动。2. 12月21日～24日，政协长春市第十一届委员会第五次会议召开。省委常委、市委书记高广滨出席开幕会并作重要讲话，高度评价政协组织服务大局有高度，建言献策有深度，民主监督有力度，市委对政协工作是非常满意的。市政协主席张元富作常务委员会工作报告。市政协副主席张晓华作十一届四次会议以来提案工作情况的报告。会议审议通过政协长春市第十一届委员会第五次会议决议。市委、市人大、市政府和市政协有关领导出席会议。会议期间，委员们听取了市委常委、常务副市长肖万民所作政府工作报告（协商稿）的说明。听取了法检两院工作报告（协商稿）的说明。并分组讨论以上报告，提出意见和建议。还听取大会发言，举办主题为“文化发展与繁荣”委员论坛和“大力发展教育卫生事业，提高百姓幸福指数”网上接待活动。

【为实施“十二五”规划建言出力】 市政协围绕经济社会发展的重大问题，确定现代服务业发展、保障性住房建设和社会管理创新三大协商议题，组织委员和专家学者深入调查研究，科学分析论证，分别召开专题常委会、专题研讨会，与中共长春市委、长春市政府共同协商。着眼转变发展方式，调整经济结构，实施服务业兴市战略，促进现代服务业成为经济增长新引擎，对长春市现代服务业基础条件、公共环境、发展水平、比较优势、成长能力和发展趋势进行研究，从现代服务业重点发展领域和空间布局、建立高效体制机制、坚持差异化发展等方面提出21条对策建议。加快保障性住房建设是国家重大决策，是重大民生工程和发展工程，委员们在分析现状、对比借鉴、预测需求、科学论证基础上，就长春市保障性住房建设的总体思路、基本原则、目标任务及资金保障、土地供应、规划布局、建设模式、工程质量、后续管理等提出20条意见建议。围绕社会管理创新，全面分析长春市社会管理现状，从完善社会矛盾化解机制、构建和谐劳动关系、加强基层社区建设等方面提出22条创新对策。中共长春市委、长春市政府对3大协商议题高度重视，分管领导和相关部门负责人到会听取意见、协商讨论，给予充分肯定。中共长春市委主要领导对社会管理创新研讨的意见建议作出批示，要求相关部门充分借鉴政协的研究成果，推动长春市社会管理创新工作取得新进展。围绕经济社会发展重要问题议政建言，开展失地农民社会保障、地下水污染控制、城建重点工程、学前教育、公办养老机构建设、检验检疫、宗教教职人员社会保障、少数民族特色品牌产品发展等24项调研、视察。其中，就建立和完善失地农民社会保障体系，在全国政协十一届四次会议作大会发言，受到中央领导和社会各界关注；就加强地下水污染控制与修复，在东北三省一区政协老工业基地区域发展论坛作专题发言，以会议纪要报送国务院相关部门。对《长春市燃气条例》等3部地方法规开展立法协商，提出修改意见87条。对长春市《"十二五"民生发展规划纲要》组织专题协商讨论，提出意见建议38条，完善规划的内容，扩大纲要的民意基础。围绕长春市文化建设，委员们通过会议、信息、论坛等形式提出意见建议，提交完善公共文化服务体系、支持文化产业发展、打造地方工业文化品牌等33件提案。与有关方面共同举办祭孔活动，开展孔子研究、溥仪学术研讨，举办52场"国学大讲堂"公益讲座，弘扬优秀传统文化。征编出版《长春满铁记事》，挖掘、丰富城市文化内涵。与南京市、武汉市、杭州市、西安市政协开展文化艺术研讨，促进长春市与国内城市的文化交流。

【创新方式联系群众】 着眼做好新形势下群众工作，加强和创新社会管理，促进和谐稳定，组织发动全体委员开展深入基层联系群众活动。中共长春市委高度重视，以市委文件转发市政协的工作方案，纳入全市加强社会建设、创新社会管理工作和"大走访""大接访"活动统筹推进。41个委员活动小组56次走进社区、乡村等基层单位，开展政策宣讲、法律援助、送医支教、科普讲座、捐献款物、社区服务等公益活动，释疑解惑，化解矛盾，凝聚民心。在全市41个基层社区挂牌设立市政协社情民意征集站，广泛开展民意调查，听群众"心里话"、看百姓"身边事"、算居民"生活账"，使群众生活中的一些实际问题得到及时反映。协调落实各项资金近150万元，妥善解决永安、雷锋、长久等社区的供暖改造、上下水道、楼道灯、人行步道、垃圾处理、健身广场等一批困扰居民生活的实际问题，密切党委政府与人民群众的联系，使深入基层联系群众的过程，成为畅通民意渠道、解决民生问题、维护和谐稳定、促进社会管理的履职尽责过程。社区群众写感谢信、送锦旗，称赞委员"心系百姓显真情""情系民生解民忧"，扩大政协工作的社会影响。市政协创新工作方式、拓宽履职渠道、密切联系群众的做法，得到吉林省政协和其他城市政协的高度评价，吉林省政协主要领导在全省政协主席座谈会上提出要很好地总结推广。《中国日报》、《人民政协报》、《协商新报》、《长春日报》等新闻媒体作了充分报道。按照中共长春市委做好"三帮扶"工作统一部署，开展市政协党组成员、政协委员、政协机关干部多层面结对帮扶共建活动。帮助榆树市兴隆村、净月区农林村、德惠市南卡路村、农安县辛店村、德惠新胜村等10个村和社区谋划发展思路、致富项目，协调解决村路建设、活动场所修建、就业安置等问题。包保城市特困职工，帮扶下岗失业人员、病残人员，慰问贫困党员、在乡老兵，在就业、就医、子女入学和技能培训等方面送温暖、办实事。

市政协主席张元富为社情民意征集站揭牌

【强化民主监督职能】 围绕改善民生和社会管理中的热点难点问题，通过民主评议、提案、社情民意信息、视察、督办和特约监督员等多种形式，开展监督，促进工作。在连续2年围绕重大民生问题开展民主评议基础上，着力就事关人民群众生命健康的药品安全问题，组织委员和医药界专家学者深入药品生产、流通和使用单位察访，委托国家统计局长春调查队选取1 000户家庭进行问卷调查，摸清问题，研究对策，召开药品安全民主评议大会，提出完善药品安全管理长效机制，提升监管保障能力，推动药品生产、流通和使用的规范化、标准化、精细化管理等27条评议意见。重新修订《提案工作条例》，提案工作更加科学、规范、有序。强化办理前的调查研究、办理中的沟通协商、办理后的跟踪问效，十一届四次会议以来立案的350件提案得到有效落实。主席会议对推进“数字长春”建设的建议案进行督办视察，从整合利用信息资源、投融资渠道多元化、建立健全相关法规规章等方面，提出进一步提高“数字长春”建设水平的建议。开展土地增减挂钩、农村土地整治和三维地籍数据库建设重点视察，为推动节约集约利用土地资源，破解保障发展与保护资源难题提出意见建议。健全社情民意信息网络，探索社区社情民意征集站、市民网上建言等新形式，畅通社情民意收集、报送和反馈渠道，加强对热点难点问题的信息征集分析，整理报送47期有较高价值的信息，被全国政协、吉林省政协和中共长春市委、长春市政府采用，受到中共长春市委、长春市政府表彰。长春市政府主要领导对加快农村医疗卫生人才队伍建设、加强校园幼儿园安全管理、实现秸秆收集和充分利用等14条信息作出批示。担任党政部门、司法机关和相关行业特约监督人员的委员，通过行风评议、专项检查、案件陪审、咨询听证等形式履职尽责，反映群众诉求，促进公平正义，维护和谐稳定。

【扩大对外交往】 认真贯彻统一战线方针政策，加强同港澳台和国内外交流，广泛团结联谊，为加快长春对外开放、助推振兴发展汇聚力量。长春市政协港澳友好促进会在香港召开“长吉一体化发展和服务业新商机”主题年会。市政协领导与长东北办等有关方面负责人拜访中央政府驻香港、澳门联络办，香港、澳门中华总商会，港区省级政协委员联谊会，交流港澳委员服务长春发展、促进港澳繁荣稳定情况，介绍长春市经济社会发展成就；考察香港大成生化科技有限公司、香港其士国际集团、李锦记集团、澳门有线电视公司等知名企业，宣传推介长春，探讨合作商机。中国世贸集团主席曾智雄先生表达了来长春考察文化产业的意向。组织代表团出访法国、坦桑尼亚、瑞典等国家，介绍长春市经济发展现状和投资环境，开展经贸交流洽谈，推动客车及汽车零部件销售合作项目取得实质性进展。在东北亚博览会期间，组织企业界委员参加长春与香港企业对接洽谈会，加强长春市与香港企业的了解合作。参与协调长春、宁波两市达成经济交流合作框架协议。邀请香港、厦门、莆田等地港澳台侨企业来长投资考察，推进项目及投资合作，由市政协促成引进的彩宇广场总部园区商业综合体项目2011年已开工建设。

【学习型政协组织建设】 把加强思想建设摆在重要位置，扎实推进学习型政协组织建设，深入开展主题鲜明、形式多样的教育培训活动。认真学习贯彻胡锦涛总书记“七一”重要讲话和党的十七届六中全会精神，坚持用中国特色社会主义理论武装头脑，增强对中国特色社会主义的政治认同和思想认同。结合纪念中国共产党成立90周年和纪念辛亥革命100周年，组织政协机关、统战系统、县（市）、区政协、各界人士，成功举办“唱响主旋律、颂歌献给党”千人演唱会，与市档案局合作出版《辛亥革命在长春》，召开纪念辛亥革命座谈会，参加纪念辛亥革命首义100周年书画展，讴歌中国共产党领导中国革命、建设、改革的丰功伟绩，弘扬辛亥革命精神，用社会主义核心价值体系凝聚力量、鼓舞斗志，坚定走中国特色社会主义道路的理想和信念，更加自觉地高举爱国主义和社会主义旗帜，巩固团结合作的共同思想政治基础，汇聚振兴发展强大合力。

【提高履职能力和成效】 学习贯彻中共中央批转的《全国政协党组关于〈中共中央关于加强人民政协工作的意见〉贯彻落实情况的报告》和中共吉林省委政协工作会议精神，统筹协调各方面力量，切实提高履行职能成效。发起成立长春市人民政协理论研究会，汇聚驻长高校、省市社科研究机构和相关单位的理论工作者和政协工作者，开展人民政协理论和实践问题研究，用科学理论指导和推进政协工作。研究制定加强委员队伍建设的意见和优秀委员评选办法，健全委员履职考评机制，进一步调动委员参政议政的积极性和创造性。加强情况通报和工作交流，开展联合调研视察，加强党派提案办理工作，为民主党派在政协参政议政、发挥作用创造条件。协助中共长春市委做好县（市）、区政协换届工作。以调研、视察、培训、联谊等活动为平台，推动各级政协工作紧密协作，相互促进。密切与国家和省市有关新闻单位的协调配合，提高政协新闻宣传质量，努力办好《议政》杂志、“政协论坛”电视专栏和市政协网站，拓宽宣传渠道。开展“创先争优”、创建“三满意”机关和精神文明创建等活动，市政协机关被评为“建学习型党组织，做学习型党员”活动先进集体。增强全局观念、服务意识，营造团结务实、创新进取、廉洁高效的良好风气，政协机关服务保障能力进一步提高。

（胡永辉）

市纪委　市监察局

【纪委全会】 2011年1月8日，中共长春市第十一届纪律检查委员会召开第七次全体会议。传达学习和贯彻落实十七届中央纪委六次全会、省纪委九届七次全会和市委的部署，总结2010年全市党风廉政建设和反腐败工作，研究部署2011年工作任务。

【案件查处】 2011年，全市纪检监察机关共受理群众信访举报3 510件（次），新立案903件，结案911件，党政纪处分934人，涉嫌犯罪被移送司法机关36人。通过办案，为国家和集体挽回经济损失3 757.35万元。

【反腐倡廉宣传教育】 1.深入开展岗位廉政教育。举办了《信仰的力量》等5个系列专题讲座。省委常委、市委书记高广滨对2010年新提拔的近200名市管干部进行集体廉政谈话。举办“纪念建党90周年爱岗敬业”演讲大赛，在长春电视台全程录播。2. 深入开展典型示范教育。对全市“十佳勤廉标兵”和“十佳勤廉典型”进行广泛宣传。开展“身边勤廉典型选树活动”，全市选树身边勤廉典型182人。3.深入开展警示教育活动。组织全市党员干部8万多人次到净月监狱警示教育基地接受警示教育。4.开展“廉政文化建设年”活动。制发《开展“廉洁长春”——廉政文化建设年活动的实施意见》，建立具有长春特色的廉政文化体系。举办全市廉政书画作品展，征集书法、绘画作品600多件，5万多人次参观了展览。5.开展副局级、处级领导干部廉政教育测试。组织全市500多名副局级领导干部和2 000多名处级领导干部进行廉政教育测试，收到较好的效果。

【惩防体系建设】 1. 深入推进体制机制改革。行政审批制度改革、干部人事制度改革、财政管理体制改革、司法体制改革取得新的进展，出台《关于开展司法拍卖改革工作的实施意见》。2. 建立制度廉洁性评估和审查长效机制。对长春市近3年来颁布的现行及正在起草中的227个地方性法规、政府规章和规范性文件进行了全面清理和评估，共查找出各类问题82个，出台了《关于开展制度廉洁性审查的意见》。3. 建立健全权力运行监控机制。开展廉政风险防控工作，制定并实行《市直机关主要领导“五个不直接分管”暂行办法》等源头治腐的制度规定，完善了预防腐败的制度体系。加强科技防腐工作，初步建成公共资产电子交易平台、公共资金电子监管平台、电子政务服务平台。4. 严肃换届纪律。制定下发《关于做好县(市)、区、乡镇领导班子换届纪律工作的通知》，教育、引导干部认真学习、严格遵守换届工作的政策、法律、法规和纪律，特别是中央提出的“5个严禁、17个不准、5个一律”的纪律要求。市纪委监察局班子成员分别对10个县(市)、区纪委班子成员就严明换届纪律进行了集体谈话。组成了5个换届工作督察组，对县(市)、区、乡镇换届工作开展巡视督察，认真实施违反换届纪律举报日报告制度、重要问题直接报告制度，严格监控网上信息，及时发现处理遇到的问题，确保了换届工作在阳光下进行。

【党风廉政建设】 1. 深入推进党风廉政建设责任制。组织开展《关于实行党风廉政建设责任制的规定》学习宣传活动，对长春市责任制实施细则及报告、评议、巡视、联席会议、考核等5项规定进行修订，完善制度体系，丰富工作措施。2. 加强领导干部廉洁自律和领导干部监督工作。将《廉政准则》与党风廉政建设责任制、领导干部监督和廉洁自律、规范约束领导干部的行政行为紧密结合，科学谋划，狠抓落实。以护照管理、经费使用、人员及事项审批为切入点，强化对因公因私出国(境)事项的监督管理。对全市公务用车进行全面清理。共清出超编超标车辆774辆，起草《长春市党政机关一般公务用车配备使用管理实施办法》、《长春市机关事业单位执法执勤用车配备使用管理办法》等制度规定。加强对各单位主要负责人的监督，推动“五个不直接分管”制度(财务管理制度、干部人事制度；行政审批制度、工程建设制度、物资采购制度)的贯彻落实。开展了“小金库”专项治理，查处违纪金额259.8万元。3. 全面深入地开展基层党风廉政建设工作。全市17 865个基层党组织全部实行党务公开。在全市农村推行“3+1”工作模式，出台了《关于规范和加强村务监督委员会工作的实施意见》，全市1 682行政村全部建立村务监督委员会。在全市112个乡镇(街、道)建立政务服务中心，全部通过省里的检查验收。制定出台了《长春市政务服务中心工作规范》。积极探索城市街道、社区廉政建设工作措施，省纪委在朝阳区召开了现场会。

【纠风专项治理】 1. 中央强农惠农政策和减负工作得到较好落实。对新农合基金、农村低保资金、泥草房改造资金、农机购置补贴资金的管理使用情况开展了专项监督检查，共查处违反强农惠农政策和加重农民负担案件78件，给予党政纪处分和组织处理79人。2. 违法违规征地拆迁案件得到严肃查处。下发《关于进一步加强监督检查规范征地拆迁行为切实维护群众利益的通知》，查处违法违规征地拆迁案件2件，给予党政纪处分和组织处理14人。3. 清理规范庆典、研讨会、论坛和评比达标表彰活动取得阶段性成果。全市庆典、研讨会、论坛活动由2010年的19项下降到13项，节约资金39万元。4. 违规办班补课问题得到有效遏制。查处违规补课问题32件，给予党政纪处分和组织处理34人。5. 高考考风考纪明显好转。群众投诉举报降低75.56%。6. 清理和规范市场中介组织工作深入开展。全市共清理规范市场中介机构2 060个。7. 纠正医药购销和医疗服务不正之风不断加强。查处医药购销及医疗服务不正之风案件6件，给予党政纪处分和组织处理4人。8. 食品药品安全专项整治工作继续保持高压态势。全市查处食品药品安全案件1 278件，涉及金额213.8万元。9. 治理公路“三乱”工作继续深入。撤销违规设置收费站点3个，查处公路“三乱”案件1件，给予党政纪处分和组织处理2人。10. 会同有关部门对保障性住房建设、“暖房子工程”、4项基金等工作进行监督检查，确保惠民政策落到实处。政行风建设工作进一步加强，开展“百家窗口看行风”活动，提出整改建议143条。11. 形成了“政行风热线＋举报电话＋网站＋报纸媒体”四位一体的受理群众投诉机制。政行风热线播出99期，接听咨询348个，受理投诉73件，办结率为98.6%；通过媒体、网站、举报电话受理群众投诉举报157件，办结率为93.63%；通过每日读报活动，纠治损害群众利益突出问题7个。

【经济发展软环境建设】 1. 召开全市经济发展软环境建设暨创建“三满意”机关、“十佳勤廉标兵”表彰大会，全市加强经济发展软环境建设暨“三满意”机关表彰大会，总结近年来软环境建设成果，表彰创建“三满意”机关先进集体，通报10起干扰破坏经济发展软环境的典型案件。2. 实行《举报损害经济发展软环境行为奖励办法(试行)》。鼓励群众对存在有令不行、有禁不止、效率低下、生冷硬顶、失职渎职、脱岗漏岗、滥用职权、随意执法、野蛮执法、执法不公、乱收费、乱检查、乱罚款、乱摊派、乱评比、以权谋私等不作为和乱作为行为的部门、单位或工作人员进行举报。3. 出台了《关于规范行政执法文明用语的指导意见》。从接打电话文明用语、接待来访文明用语、规范行政许可文明用语、规范行政执法检查文明用语等8个方面，对行政执法文明用语进行规范。4. 开展清理和规范行政权力工作。以清权、确权、配权、放权、控权、示权为重点，对政府各部门的行政权力进行全面清理，建立权责清晰、程序严密、运行公开、制约有效的权力运行机制，做到用制度管权、管事、管人。5. 行政审批制度改革不断深化。编制了《行政审批项目目录》，做到目录以外无审批。继续压缩审批时限，即办件比例达到81.7%，提前办结率达到96.8%。在各级政务大厅分别设立重点投资项目行政审批"直通车"服务窗口，为重点项目提供业务申请、咨询、指导服务。加快政务大厅和行政审批电子监察系统建设，有8个县(市)、区建成了政务大厅，开通使用电子监察系统，实现对审批事项的在线监督、实时监控、预警纠错、绩效评估和信息服务。6. 清费减负工作进一步深入。对全市涉企行政性收费项目进行全面清理，取消收费4项、降低标准1项，涉及金额2.38亿元。7. 全面开展"万人评议机关"活动。全市参评部门平均满意度为96.8%，参评部门和处室综合满意度全部达到创建"三满意"机关活动群众满意单位标准。8. 积极开展效能监察。对影响机关效能的37人进行责任追究。9. 涉软案件查处力度不断加大。全市纪检监察机关立案调查涉软案件51件，给予党政纪处分55人，收缴违纪款787.6万元。

【执法监察】 1. 围绕科学发展和加快转变经济发展方式加强监督检查。对规范和节约用地、节能减排和环境保护、水利改革发展决策、征地拆迁和安全生产等政策法规贯彻落实情况进行监督检查。全市执法监察立项56项，查出违纪违法金额928.57万元，收缴违纪违法金额310.65万元，避免和挽回经济损失1 958.26万元。2. 深入开展工程建设领域突出问题专项治理。调整建设领域监管机构16个，理顺管理职能9项，建立和完善相关制度121项。立案查处涉及建设工程和违法强拆方面的案件19件，给予党政纪处分22人，移送司法机关7人。对违法工程项目作出行政处罚574件，罚款14 160万元，移交司法机关146件。3. 全面推进工程建设领域项目信息公开和诚信体系建设工作。11个市直部门、10个县(市)区和4个开发区全部建立了项目信息和信用信息公开共享专栏，公开项目信息7 450条。建立全市工程建设领域项目信息和信用信息公开共享平台，及时向国家和省级平台报送信息。4. 加大查办违纪违法案件工作力度。全市立案40件，给予党政纪处分50人，移送司法机关4人。

【作风建设】 落实中央关于"四个大兴"(大兴密切联系群众之风、大兴求真务实之风、大兴坚苦奋斗之风、大兴批评与自我批准之风)和省委"树新风正气、促和谐发展"主题教育要求，大力弘扬为民、务实、和谐、清廉风气。在坚持开展"万人评议机关"、"千名处长联系企业"和"走百企、解百难"活动的基础上，广泛开展了"大走访"、"大接访"、"局长接待日"、"万户特困户结对救助"、"三帮扶"等活动。察民情、解民忧，切实为群众解难题、办实事。对2010年"万人评议机关"中群众反映出的问题，加大整改力度，共制定整改措施3 619条，整改问题8 412个，并通过媒体向社会公布整改情况。省纪委《浪淘沙》刊物以"清风正气芳满园"为题介绍了长春市开展"万人评议机关"活动和加强机关作风建设的主要作法。

【调查研究】 1. 理论研究工作切实加强。召开全市纪检监察系统纪念建党90周年理论座谈会，为提高长春市反腐倡廉建设科学化水平提供理论支持。围绕"纪念建党90周年、推进反腐倡廉建设科学化"这一主题，组织开展理论征文活动，征集文章180多篇。《贯彻落实以人为本、执政为民重在抓好基层党风廉政建设》一文在全国纪检监察调研工作会议上作发言交流。《新形势下加强基层党风廉政建设的思考》、《关于反腐倡廉建设推进社会管理创新的思考》分获全省纪检监察系统纪念建党90周年理论研讨征文一、二等奖。《关于科学构建反腐倡廉建设绩效考核评价体系的思考》获长春市纪念建党90周年理论研讨征文一等奖。2. 课题调研工作成效明显。编辑下发《2011年长春市纪检监察调研成果选编》，收入49项优秀调研成果。《做好反腐倡廉工作，推进社会管理创新》、《新形势下行政监察工作的分析与思考》、《关于反腐倡廉建设推进社会管理创新的实践与思考》等研究成果，被中央纪委《反腐倡廉建设通讯》、中央纪委内网、省纪委《学会论坛》、《调研与思考》刊发。《大胆探索，勇于创新，大力推进反腐倡廉制度化》一文在监察学会东北学联组会议上发言交流，并被中央纪委纪检监察信息网转载。《村级干部违纪违法情况调研报告》，被中央纪委研究室评为全国纪检监察系统优秀调研报告。调研信息有3篇被中央纪委采用。3.加强经验总结，推动工作开展。为确保向党代会《工作报告》内容翔实准确，科学合理地谋划今后五年的工作，由市纪委书记、副书记带队，面向基层开展调研活动，共梳理问题39个、意见建议21条。组织召开学习贯彻党的十七届六中全会精神暨全市反腐倡廉创新经验交流会，13个单位和部门进行了大会发言交流，23个单位和部门进行了书面交流，编辑印发《全市反腐倡廉建设创新工作经验交流会材料汇编》，收入36篇经验交流材料，为研究谋划未来五年党风廉政建设和反腐败工作奠定了良好的基础。

(王开远)

民主党派

【中国国民党革命委员会长春市委员会】 截至2011年底，中国国民党革命委员会长春市委员会(以下简称市民革)共有基层组织23个，其中，委员会7个(下属31个支部)，独立支部委员会15个，小组1个。党员总数1 031名，其中，具有高级职称的465名，占党员总数的

45%。各级人大代表和政协委员113名，长春市特邀检务监督员1人。

参政议政 在长春市政协十一届四次全会上提交《关于加强长春市残疾人就业保障金征收使用管理的建议》、《关于切实加强长春市城镇职工基本医疗保险基金管理的建议》、《关于稳妥开展长春市城乡建设用地增减挂钩工作促进城乡统筹发展的建议》3件党派提案。其中《关于稳妥开展长春市建设用地增减挂钩工作促进城乡统筹发展的建议》被评为重点提案和优秀提案。完成《关于推进长东北开放开发先导区综合配套改革的建议》、《关于推进长春市生化产业健康发展的建议》、《对推进我市农业保险健康发展的几点建议》3件党派提案，并提交长春市政协十一届五次全会。民革党员中的人大代表和政协委员在各级人大、政协全会期间，共提交议案、提案65件。长春市民革全年共向民革吉林省委、长春市政协、中共长春市委统战部报送信息共计40余篇，在积极宣传民革工作，树立民革新形象方面起到很好的作用。

祖国统一和海外联谊工作 市民革有台胞、台属党员及有海外关系的党员240余人，占党员总数近1/4。长春市民革以书信、电话、互联网、邮寄台情资料等方式加强与台湾及海外亲人交流交往。鼓励党员积极结交台港澳及海外朋友，努力寻找促进两岸经济文化交流的机会，开创祖国统一和海外联谊工作新局面。2011年是辛亥革命100周年，长春市民革创新纪念活动形式，开展了征文、大型交响音乐会、歌舞晚会和图片展等系列活动，丰富祖国统一和海外联谊工作的新内涵。中秋节前，举办“台胞台属中秋茶话会”，表达渴望和平统一、期盼骨肉团圆的心愿。

社会服务工作 1. 完成“民革北方城市旅游宣传协作网”南京行活动。5月中旬长春市民革在南京市图书馆举办旅游宣传和推介活动，取得较好的社会效果，让更多很少感受北国特有风光的南方朋友了解长春，为长春市旅游产业的发展做出贡献。2. 积极开展“同心扶农兴村”工作。长春市民革利用党员中专家学者的智力优势，在主要支农点双阳区太平镇白杨树村组建了“同心科技服务队”，在技术上对白杨树村给予支持，建成了“优质农产品”示范基地和“苗木示范协会”不断提高示范水平。作为“三下乡”活动的重要内容，1月长春市民革还在双阳区太平镇援建一个“农家书屋”，捐赠各类适合农民阅读的书籍1 000多册。民革绿园区、二道区委员会开展面向农民的免费体检活动，对检查出的患病农民给予免费治疗。3. 开展各具特色的“扶贫济困”活动。在“关爱助学”方面，民革宽城区委员会3年来致力于开展“爱心成就未来”扶贫助学活动，注入资金1万余元，捐赠图书300余册，6月，为宽城区自立小学送去爱心助学物品，聘请武警吉林省总队医院的专家还为学生们进行义诊，《长春日报》对此进行报道；12月，为自立小学8名受资助的贫困学生捐赠棉衣。民革绿园区委员会为绿园区正阳小学5名品学兼优的贫困学生捐赠学习资金和用品，观看电影《辛亥革命》。民革南关区委员会开展“同心助教德惠行”活动，首批为白鱼村小学捐赠价值3万元的文体器材和4万余元的图书，并邀请民革党员中的教师骨干为白鱼村小学的老师进行一次教育教学能力提升培训；民革党员张振环创办的长春聪慧心理咨询中心在长春市多所中小学开展学生心理研究社会服务实践活动等。在“扶贫帮困”方面，民革朝阳区委员会长期关爱“三老”即老红军、老党员、老革命；民革绿园区委员会在绿园区升阳社区为社区的居民做《物权法》讲座和咨询，受到社区居民的欢迎；民革二道区委员会党员刘宝银个人出资7 000余元，购买大米、豆油等生活用品，到二道区沿河社区和临河社区慰问那里的40余位中共老党员和低保户。

自身建设 以《长春民革》期刊为宣传阵地和思想建设的重要平台，通过将主题鲜明、形式多样的学习培训与开展纪念建党90周年、辛亥革命100周年、“同心”实践等主题教育活动相结合，不断提高广大党员的思想政治素质，夯实多党合作的思想基础。在开展“同心”实践活动中，长春市民革积极践行“同心思想”，精心组织“同心”实践。把“同心”理念转化为“同行”的实际行动，认真总结并整合已有的工作品牌，赋予“同心”理念，大力开展“同心·助推城市发展活动”、“同心·情暖春城爱心接力主题活动”等5大主题系列活动，体现民革特色，树立民革品牌。2011年是长春市民革的换届年，长春市民革以政治交接为主线，在思想上重视、在组织上精心策划安排，全面完成市委会换届的各项工作，为实现市委会人士上的新老交替，实现政治上的交接，确保民革的优良传统代代相传，奠定坚实基础。全年共有11个基层组织进行了换届和班子人员调整，成立了民革吉林农业大学支部。经过民革长春市委十届十六次常委会研究决定，将下辖南关区、绿园区、宽城区、二道区、朝阳区、师大、吉大7个总支委员会提升为委员会。

（任海燕）

【中国民主同盟长春市委员会】 截至2011年底，中国民主同盟长春市委员会（以下简称市民盟）共有基层组织39个，其中，盟委27个，直属支部12个，盟员总数2 360人，其中，具有高、中级职称的2 119人，占盟员总数的89.8%；50岁以下的盟员1 215人，占盟员总数的51.5%；平均年龄53.7岁；担任市级以上人大代表14人，市级以上政协委员37人。

履行参政职能 市民盟发挥盟内各级人大代表、政协委员、广大盟员和基层组织的合力，多渠道、多形式、多方位开展参政议政工作，积极反映社情民意并转化成有价值的参政议政课题和成果。在市政协十一届五次全会上，市民盟作了《关于加强长春文化创意产业建设的建议》的大会发言，提交了《关于发展低碳经济、打造低碳长春的建议》、《关于发展循环经济，促进长春经济又好又快发展的建议》和《关于加强校车及大型公交旅游客车安全管理的建议》。向市人大十一届五次会议提交了《关于加快推进长春市重大投资建设项目社会风险评估机制的建议》。围绕服务长春市实施“三化”、“三动”战略，引进人才等社会热点问题展开深入调研。确定《探索长吉一体化的有效途径》、《数字化服务社区教育》、《协调推进城镇化建设与新农村建设问题》、《统筹城乡供需体系，构建农产品可追溯平台》、《关于完善我市海外人才长期引进计划的建议》5个重点调研课题。市民盟领导参加全国副省级城市第七次盟务工作联席会议，从探寻突破传统思维定式，创新工作思路，拓宽参政议政渠道等方面作了《转变观念 创新机制不断开创参政议政工作新局面》的大会发言。

自身建设 市民盟强化基层组织建设，完成39个基层组织的换届工作。市民盟在组织发展上，除重点做好在高校的组织发展外，还注重开拓新领域，积极稳妥地发展了一批经济、金融、法律、管理和社会中介等非主体界别中年纪轻、学历高、干劲足、潜力大、具有较强参政议政意识的优秀人士。改善盟员的各方面结构，为参政议政、社会服务等工作提供更加丰富的人才资源。市民盟举办第31期新盟员培训班。全年总计发展新盟员143人，市民盟积极开展“创先评优”活动。召开2009年~2010年度“创先评优”表彰大会，授予民盟吉林大学委员会等16个基层组织“先进基层组织”称号；授予冯银江等104人“优秀盟员”称号；授予刘大有等17人“优秀盟务干部”称号；授予佟加林等23人“特殊贡献奖”。2011年，市民盟和吉林大学、吉林农业大学盟委被民盟中央授予“纪念中国民主同盟成立70周年先进集体”；马宁、黄百渠、周米平、刘琦、徐继承、李娟娟、孙少岩、景和、刘广东等9位盟员被民盟中央授予“纪念中国民主同盟成立70周年优秀盟员”。市民盟以民盟成立70周年、省民盟组织建立60周年为契机举办“爱我民盟 诗歌抒怀”妇女节诗会。《七十抒怀 风雨同舟》、《认识你真好——民盟》、《我是民盟的骄傲》等原创作品，表达盟员对民盟的热爱，对祖国的赞美之情。为纪念建党90周年，回顾总结中国共产党成立90周年来的光辉历程和宝贵经验，组织开展纪念建党90周年征文活动并选送征文中的优秀作品参加全市统一战线纪念建党90周年征文活动。市民盟为加强宣传与信息交流工作，不断拓展更新宣传载体，长春民盟网站新增设“社会主义核心价值体系”及“建党90周年”专栏，栏目更丰富，信息更快捷，点击率不断地提高；《长春盟讯》精心组稿，思想性和可读性得到显著提高，发挥宣传的主渠道作用。

“同心”实践活动 在市民盟的号召下，各级民盟组织积极在支教、支农、义诊等领域开展“同心献智”活动。市民盟组织盟员赴蛟河第三中学开展支教活动。邀请吉大附中优秀老师为蛟河市第三中学初三学生做数学、语文、外语、政治等学科高质量的示范课。几位教师注重新课改理念与农村教育实际相结合的教学方法，充分调动学生的学习积极性。市民盟结合“同心献智”工作计划，为白山市和双阳区齐家镇筹建农村书屋2所，捐赠价值35 000余元的书架、书籍及全新电脑2台。组织盟内医疗专家到齐家镇义诊，捐赠5 000余元药品。在社会服务、热心公益方面盟内也涌现出许多优秀个人。在吉林省慈善大会上，盟员王延斌被授予“吉林慈善”爱心奖捐赠个人。

换届工作 召开换届大会，实现政治交接。2011年是实施“十二五”规划的开局之年，也是市民盟的换届之年。中国民主同盟长春市第十三次代表大会于12月18日~20日召开。124位代表受全市2 295名盟员的重托出席会议。听取并审议了民盟长春市第十二届委员会工作报告，选举产生民盟长春市第十三届委员会，选举了出席民盟吉林省第九次代表大会的代表。大会选举产生由39人组成的民盟长春市第十三届委员会和长春市出席民盟吉林省第九次代表大会代表50名。在新一届委员会一次会议上，选举产生常委17人，主任委员孙丰月，副主任委员穆金辉、李德山、欧阳继红（女，满族）、图力古尔（蒙古族）、胡岳岷、冯银江、董龙，任命徐继承为秘书长，圆满地完成新老交替。

（王 霆）

中国民主同盟长春市第十三次代表大会

【中国民主建国会长春市委员会】 2011年，民建长春市第十一届委员任期已满5年。长春市民建坚持弘扬优良传统，开拓会务工作新领域，全面创新和丰富会务活动的内容和形式，以邓小平理论、“三个代表”重要思想和科学发展观为指导，以实现新时期政治交接为目标，以学习和树立社会主义核心价值体系内容为契机，认真贯彻了《中共中央关于进一步加强中国共产党领导的多党合作和政治协商制度建设的意见》等文件精神，严格按照民建中央“要做有作为的参政党”的要求，努力加强自身建设，积极参政议政，为全面建设小康社会，不断促进政治文明、精神文明和社会文明建设，积极构建社会主义和谐社会，作出新的贡献。

调研工作 本届市委会每年初都组织各专委会召开选题论证会，广泛听取大家意见，最终选定重点调研课题。5年来，共选定并完成31个课题。其中，围绕市委、市政府中心工作的有《运用资本运作的全新思维，促进工业化进程中资金筹措》、《建立地方性法规和行政规章草案第三方起草机制》等8个课题，围绕关注民生，促进和谐的有《规范我市农地征收与补偿工作》、《关于我市保障性住房建设情况的调查》等12个，围绕人民群众关注的热点、难点问题的有《关于在我市建立公共自行车体系的建议》、《关于加强和改进食品安全工作的建议》等11个。市委会为把每一篇调研报告都打造成精品，每年抽调骨干会员认真组建高素质调研队伍，加强与政府、政协的相关部门的工作协调和联合调研，提高调研选题的针对性和实效性。调研中每个环节都规范进行，使调研工作实现制度化、规范化和程序化。5年来，共向市政协提交21份团体提案并得到及时的办理和落实，产生良好的经济社会效益。市委会在市政协全会上提交《关于长春市创建国家科技兴贸出口创新基地的建议》等5份大会发言。在市委书记高广滨和市长崔杰主持召开的中共与民主党派高层座谈会上，市委会提出3份建议材料，有多条建议被采纳。市委会报送的《关于加快推进我市城市建筑节能工作的建议》、《关于我市留守儿童教育问题的建议》提案和委员联名提案《关于我市尽快建设快速公交线路(BRT)的建议》，先后制作成3期长春电视台《政协论坛》专题节目，播出12次，引起社会的广泛关注，有效促进了问题的解决和工作的改进。

参政议政 在长春市1 168名民建会员中，有各级人大代表及政协委员156人，还有一些受邀参加的民建会员是身处学科前沿的专家、行业一线的骨干。5年来，市委会共提出议案、提案200余件，议案、提案在数量和质量上都有明显的提升。针对历年的《政府工作报告》、《国民经济和社会发展计划的报告》、《财政预决算的报告》、检法两院《工作报告》等提出意见、建议100余条。市委会有多名会员受邀作为吉林电视台《守望都市》栏目和长春电视台《政协论坛》节目的访谈嘉宾，发挥骨干会员和政协委员在参政议政工作中的先锋作用。

社会服务工作 市委十分重视通过组织开展多种形式的社会公益慈善活动，把广大民建会员“富而思源”的感恩情结引导、转化为回馈社会的实际行动。感动吉林十大人物、吉林省十大道德楷模、吉林省最具爱心慈善楷模、民建企业家会员胡艳萍，在近20年的时间里，收养智障孤残老人和儿童30余名。胡艳萍的善行义举引起了媒体和社会各界的广泛关注，多家媒体报道了胡艳萍的事迹，中央电视台经济频道《生活》栏目播出了胡艳萍的事迹专题片《非亲非故一家人》。在典型人物的先进事迹感召下，“扶危济困献爱心、感恩回馈表真情”已成为大多数会员自觉、自愿的行为。在“5·12汶川地震”、“青海玉树地震”、西南地区旱灾、吉林省洪水等自然灾害发生期间，长春市会员累计捐款390余万元，捐献救灾物资价值100余万元，市委还举行了多场赈灾义演，向灾区孩子捐献价值10余万元科普读物和教辅图书。

（张芝红）

【中国民主促进会长春市委员会】 截至2011年末，民进长春市委员会(以下简称市民进)共有基层组织35个，其中，县(市)级市委会(榆树市委员会)1个，基层委员会11个，直属支部23个，会员总数1 299人，其中，具有中高级职称的1 165人，占总数的89.7%，教育文化界会员995人，占总数的80.2%。

思想建设 宣传优秀会员的先进事迹，开展树立践行社会主义核心价值体系的学习教育活动。以纪念中国共产党成立90周年和辛亥革命100周年为契机，开展歌颂党、爱祖国的座谈会、报告会。5月，由民进长春市委青年工作委员会牵头，市民进在净月潭国家森林公园举办“和谐徒步行”活动。6月初，举办纪念建党90周年同心红歌会活动。开展纪念中国共产党建党90周年征文活动，编辑刊发纪念文集。在市委统战部举办的“风雨路同行”图片展中，从筹划、收集资料、展板设计到布展，专门抽调机关干部参与。

参政议政 4月，市民进继续开展“踏查长春”系列活动，组织相关学者专家共20余人对“中东铁路用地”、“辛亥革命早期遗址”和“中国共产党在长春建立党组织初期遗址”等进行了踏查，在2010年对满铁长春附属地进行4次踏查的基础上，与市政协文史委联合未出版《长春满铁记事》文史资料，于9月末举办该书的首发仪式及座谈会。组织召开由市民参与的新民胡同区域挖掘历史文化座谈会。3月，召开2011年参政议政工作研讨会，做好调研课题的立项工

民进长春市委员会纪念建党90周年“同心红歌会”

作。在确立的3个调研课题中，将《长春市进一步落实企业工资集体协商制度的问题与对策》作为市里专题议政会议题，到长春市人力资源和劳动社会保障局、长春市总工会、长春市工商联、长春市企业家联合会、长春鼎庆集团等单位进行调研，调研报告顺利完成。运用《诤言快报》、《长春统战信息》、长春统一战线网站、《吉林民进》、民进中央网站等平台，向党委和政府报送50余篇信息，为党委和政府科学决策和民主决策提供支持。8月初，在全会范围内开展参政议政“三个一”活动，即以基层组织为单位“每年1份调研报告、每年1份提案或建议、每月1条社情民意”。市民进组织200余名会员积极参加了会中央举办的学习《中华人民共和国国民经济和社会发展第十二个五年规划纲要》有奖征答活动。在政协长春市十一届四次会议上，市民进提交了《关于提高我市教育国际化水平，促进教育国际交流与合作的建议》、《关于我市进一步落实工资集体协商制度的建议》、《关于促进我市学前教育健康发展的建议》等5份团体提案，市政协委员、吉林大学教授李贺平作了题为《加强长春市失地农民社会保障建设》大会发言。提出的建议受到市领导的重视和肯定，并邀请相关单位部门负责人召开专门会议对相关法规和政策进行修改完善。在政协长春市十一届五次会议上，市民进提交《关于规范我市劳务派遣用工制度，构建和谐稳定劳动关系的建议》、《关于规范我市中小学校外教育的建议》、《关于加强我市护士队伍建设，提高医疗护理质量的建议》、《关于促进我市新生代农民工城市融入的建议》4份团体提案。由副主委窦森撰写的《关于大力推进表土剥离工作的建议》被评为民进中央2011年度参政议政成果二等奖。在长春市十三届人大四次会议上，副主委林宇提交的《关于加强长春社会化养老体系的建议》获得优秀建议奖。

社会服务工作 市民进参与主办第五届全国硬笔书法大赛，积极协助举办“首届长春民办幼教机构教师综合能力大赛”，参加“万企联万户，回报社会的感恩行动”，对丰园老年公寓进行走访慰问，帮助解决一些实际问题。发扬“爱满民进”精神，对会员主动帮扶。老会员三十九中学退休教师赵宗灏老人家境十分困难，市民进通过与企业家会员沟通，最后促成3名企业界会员王波、王中革、于平及市委会、南关区委会、长春理工大学支部共同为老人的孙子赵家齐捐款11 500元，基本解决孩子上大学第1年学费问题，市民进积极与赵家齐所在学校长春理工大学光电信息学院联系，为赵家齐争取助学金。1月28日，召开开国大典见证人座谈会，慰问梁泽秀、杜景顺等开国大典见证人，并给每人送上800元慰问金。市民进拓宽社会服务的领域，号召鼓励会员多参与公益活动，多为社会做贡献。2011年，企业家会员们先后向宽城区柳影小学捐赠30台液晶电视机，看望困难职工刘玉梅，并为其患病治疗中的女儿魏佳琪送去慰问金1万元，为工作在长春地铁一号线的农民工兄弟送去月饼等。

换届工作 中国民主促进会长春市第十一次代表大会于12月16日至18日召开。来自全市35个基层组织的120名代表出席大会。大会选举产生了由35人组成的民进长春市第十一届委员会以及39名出席民进吉林省第七次代表大会代表。在新一届委员会第一次全体会议上，选举产生由15人组成的常委会，杜婕(女)当选为民进长春市第十一届委员会主任委员，林宇、董玉琦、禹平(女)、景喜猷、王启万、林冲当选副主任委员。民进长春市十一届一次常委会任命黄金和为秘书长。审议并通过民进长春市第十届委员会所作的工作报告。通过了民进长春市第十一次代表大会决议。

（王 丹）

【中国农工民主党长春市委员会】 中国农工民主党长春市委员会（以下简称市农工党）现有基层委员会1个、总支委员会3个，支部委员会20个。党员810人，其中，具有高级职称的386名，占党员总数的47%；具有中级职称的332名，占党员总数的41%，平均年龄40岁。担任各级人大代表和政协委员55人。机关现有专职干部8人。

参政议政 1.参与政治协商，民主监督。2011年，市农工党参加中共长春市委、省市人大、市政府、市政协、市委统战部召开的专题议政会、情况通报会、民主协商会及有关部门组织的视察、调研活动，就长春市重大政策出台、重要人事任免等问题，进行协商讨论。多次组织专家、学者就“加强控烟工作”、“促进养老机构发展”、“改善交通安全现状”等事关全市经济社会发展、民生的重大问题进行调研，积极向党和政府建言献策。2.提案工作。2011年，市农工党在市政协全会上提出《关于进一步改善我市交通安全现状的几点建议》、《关于促进我市养老机构发展的几点建议》、《关于我市控烟工作的思考与建议》等提案。由于这些意见和建议选题准确、科学可行，得到政府有关部门的采纳，并受到新闻媒体关注和社会好评。3.反映社情民意。2011年，市农工党共收集工作动态及社情民意信息100余条，并为长春市的决策部门制定政策提供了参考。

思想建设 2011年，市农工党以树立和践行社会主义核心价值体系为主题，以形式多样、内容丰富的系列活动为载体，不断增强思想建设的实效性。1.深入学习科学发展观。为夯实多党合作的思想政治基础，市农工党坚持把思想建设放在首位。贯彻落实科学发展观的学习和实践活动，以科学发展观为指导，进一步提高全市各级组织服务科学发展的水平、为构建社会主义和谐社会服务的水平、履行职能的水平和加强自身建设的水平。市农工党还积极举办多种形式的培训班，增强基层组织和党员学习实践科学发展观的自觉性和坚定性。2.践行社会主义核心价值体系。2011年，市农工党积极落实学习活动“三年规划”和具体实施方案，切实把树立和践行社会主义核心价值体系活动融入日常工作、履行职能和自身建设中，组织多次“社会主义核心价值体系”专题报告会。3.开展典型示范教育活动。2011年6月，市农工党开展“纪念中国共产党建党90周年”活动，召开“践行社会主义核心价值体系‘学与行’先进事迹报告会”。为组织公演歌剧《党的女儿》。通过弘扬红色经典，生动展现中国共产党90年的光辉历程和丰功伟绩，充分展示各民主党派与中国共产党风雨同舟、肝胆相照的精神风貌。

组织建设 2011年，市农工党加大工作力度，进一步提升履行参政党职能的能力和自身建设的科学化水平。积极稳妥地做好组织发展工作。市农工党还通过举办骨干党员、中青年干部培训班，选送骨干党员参加省、市社会主义学院培训班等形式，先后对600余名党员进行培训。进一步加强领导班子建设。市农工党通过理论中心组学习，班子成员带头加强对国家大政方针和统战理论的学习，在提高政治理论水平、参政议政能力的同时，更加准确地把握参政党工作的特点和规律，增强与中共密切合作，团结共事的能力。市农工党多次举办领导班子成员专题培训班，邀请农工党中央领导与中共省委党校专家作“树立和践行社会主义核心价值体系”和“长吉图开发开放先导区建设及我省经济发展情况”等为主要内容的报告，提升领导班子成员的理论素养，对社会主义核心价值观和统一战线在促进和谐社会中重要作用的认识。召开农工民主党长春市第七次代表大会。12月6日，农工民主党长春市第七次代表大会召开。会议审议并通过了农工民主党长春市第六届委员会的工作报告，讨论并通过了《中国农工民主党长春市第七次代表大会决议》，选举产生了新一届委员会，圆满完成换届任务。

社会服务工作 2011年，市农工党注重发挥自身优势，广泛延伸社会服务触角，不断创新社会服务模式，倾力打造社会服务“同心”品牌，建立“社会服务示范基地”。在二道区英俊镇胡家社区、朝阳区永春镇敬老院、绿园区至爱老年护理院建立了“社会服务示范基地”，发动党员向示范基地捐献价值2万余元的物品。市农工党组织专家，联合对口联系单位到示范基地进行义诊，义诊人数近2 000人(次)，开展形式多样的“国际科学与和平周”、“中国环境与健康宣传周”系列活动。有效应对长春市突发公共卫生事件，市儿童医院支部的多名农工党专家在手足口病救治工作中作出突出的贡献，受到卫生部、省市卫生部门的嘉奖。农工党长春中医药大学总支、吉大一院支部、市妇产医院支部、市中医院支部等基层组织分别到德惠市、梨树县、靖宇县、舒兰市、辽源市等地开展义诊活动，共义诊30余次、2 000人(次)受益。

（娄国斌）

【九三学社长春市委员会】 截至2011年底，九三学社长春市委员会(以下简称市九三学社）有71个基层组织（10个委员会、55个支社、6个小组)，有社员1 766人，平均年龄49.1岁，高级职称占67.3%。

开展社会主义核心价值体系活动 2011年，是开展社会主义核心价值体系学习教育活动的第2年，市九三学社以基层组织为重点，以社刊、网站为平台，以撰写理论文章为载体，在全体成员中开展中国特色社会主义共同理想、社会主义荣辱观教育。各基层组织按照市九三学社要求，在基层组织中开展学习“身边的榜样”活动，组织成员观看由中共中央统战部录制的《树立和践行社会主义核心价值体系先进人物事迹报告会》光盘，通过先进人物的爱国、为民、敬业、奉献的崇高精神，提高广大成员的自身素质，增进政治共识，切实增强促进多党合作事业发展的能力和水平。

开展多党合作优良传统教育 结合纪念中国共产党成立90周年、辛亥革命100周年，市九三学社开展系列活动。市九三学社组织基层社员参加市九三学社中央举办的《纪念中国共产党成立90周年辛亥革命100周年暨社章社史知识竞赛》活动，400余份答题卡寄至社中央；市九三学社在全社开展“同心颂歌”征文活动，广大成员踊跃参加，收到征文26篇，参加征文单位评选。市九三学社在省九三学社征文评比中一、二、三等奖中各有1篇获奖，有2篇获优秀奖，九三学社长春市委获优秀组织奖。在中共长春市委统战部组织的征文评比中获二等奖1篇，三等奖3篇，优秀奖8篇。参加市委统战部举办的“风雨路同行”图片展筹备工作，提交市九三学社工作图片50余张，被市委统战部选用14幅；参加九三学社吉林省委举办的中共党史知识竞赛，参赛成员分别获得二等奖和三等奖。6月底市九三学社召开九三学社长春市委纪念建党90周年红歌会，市九三学社委员及基层组织负责人40余人参加演唱。通过系列活动，引导广大社员重温多党合作的光辉历程，继承社的优良传统，坚持中国特色社会主义政治发展道路，提高对党的先进性的认识，增强接受中国共产党领导的自觉性，增强合作共事的信心，共同建设中国特色社会主义事业。

参政议政 市九三学社高度重视参政议政工作，调研课题以打造“同心”品牌、推进“同心”实践活动为重点，围绕服务经济发展、保障和改善民生、维护稳定促进和谐问题为重点，开展针对性、前瞻性调研，积极建言献策。在市政协十一届五次会议上，市九三学社提交《关于长春市文化产业突破性发展的建议》、《关于长春市食品加工小作坊与食品摊贩管理问题的建议》、《关于在农业生产环节解决食品安全问题的建议》的集体提案，其中《关于长春市食品加工小作坊与食品摊贩管理问题的建议》作了大会发言。市九三学社成员中的政协委员在会上提交20件个人提案。在市政协十一届四次会议上提交的《关于长春市培育和发展战略性新兴产业的建议》集体提案被市政协评为优秀提案。2011年完成的调研课题有《长春市城市保障性住房运行机制和政策研究》、《建设长春市政务协同平台的建议》、《长春市农村的主要环境问题及防治》、《吉林省及长春市中小流域洪水预报及预警》、《长春市城乡结合部食品安全现状调研及解决对策》、《长春市开展人参饮食文化宣传的建议》、《长春市企业转移承接的建议》。参与市政协调研项目有《长吉一体化建设问题研究》、《大力发展服务业、促进产业结构优化升级问题》。完成统战理论项目有《基于长春市城市凝聚力的统一战线工作研究》。参与长春政府发展软课题和社会发展课题有《长春民生科技问题研究》、《长春市农产品质量安全溯源系统的研发和应用》。

组织建设 2011年共发展社员90人,其中,高级职称32人,中级职称52人,其他6人。2011年完成所有基层组织换届与调整工作,班子成员的平均年龄由原来的56岁下降到49岁。加强基层领导班子建设,举办各种类型的学习班、培训班、专题讲座,对基层领导班子成员进行培训。2011年9月,中共长春市委统战部、长春市社会主义学院举办了长春市民主党派中青年干部研修班,市九三学社有6名社员参加了培训,为换届工作奠定组织基础。

支援新农村建设和招商引资工作 在开展"同心"实践活动中,4月下旬,市九三学社组织社内农业、医疗专家一行10余人前往九三学社长春市委扶贫共建点长春市双阳区九三村开展农业技术咨询、医疗义诊服务活动。开展种植、养殖等技术咨询服务,为百余名村民做免费体检和义诊,发放价值5 000余元的药品。6月初,市九三学社专家参与为高新区生物制药工程公司犊牛血清制药项目牵线搭桥,为支持企业发展作出努力。开展招商引资工作,2011年九三学社成员联系引进的省新绿能源有限公司投资500万元,已落户在宽城区兴业街道办事处,该资金主要用于新能源与可再生产能源技术研究开发及推广。

九三学社长春市第十三次代表大会 2011年12月13日~15日,召开九三学社长春市第十三次代表大会。来自九三学社长春市委71个基层组织的130名代表,代表全市1 766名九三学社社员出席大会。此次会议的主要任务是,听取和审议九三学社长春市第十二届委员会工作报告,选举产生九三学社长春市第十三届委员会。市政协副主席、九三学社长春市委主委张红星受九三学社长春市第十二届委员会委托,作题为《同心同德求发展,认真履职促和谐,为实现长春市经济社会全面发展做贡献》的工作报告。大会全面总结九三学社长春市第十二届委员会的工作,为新一届九三学社长春市委提出了工作建议。会议认为,长春市九三学社各级组织和广大社员在九三学社吉林省委和中共长春市委的领导下,充分发挥九三学社人才优势,紧密围绕中共长春市委、长春市人民政府的中心工作,为长春市经济建设和社会发展作出了贡献。会议提出,九三学社长春市第十三届委员会要继续开展社会主义核心价值体系学习实践活动,全面加强自身建设,不断提高参政党责任意识,围绕长春市"十二五"规划,深入开展重点课题调研,提交高质量的集体提案;充分调动全体社员的积极性,积极撰写提案议案,反映社情民意,为各级政府决策的科学化、民主化提供依据。要进一步发挥九三学社智力密集和联系广泛的优势,积极探索开展社会服务工作新的方法和途径,拓宽科技咨询的内容和领域,为加快长春市国家创新型城市建设多作贡献。大会选举产生了由37人组成的九三学社长春市第十三届委员会。在新一届委员会第一次全体会议上,选举产生了由15人组成了常委会,张红星当选主任委员,王进、陈济生、王丽颖(女)、李铭、王秋利(女,满族)、张文祥当选副主任委员。第十三届一次常委会任命顾红艳为九三学社长春市委秘书长。

(黄晓音)

人民团体

长春市总工会

【概况】 2011年，长春市总工会（以下简称市总工会）紧紧围绕市委、市政府中心工作，以纪念建党90周年、实施“十二五”规划良好开局为动力，以构建和谐劳动关系为主线，以扎实推进“两个普遍”为根本任务，积极参与加强和创新社会管理，大力发展职工文化和企业文化，推动长春市工会工作不断创新发展，在全市经济社会发展中发挥了重要作用。

【纪念建党90周年活动】 下发了《长春市总工会关于学习贯彻胡锦涛总书记在纪念中国共产党成立90周年大会上的重要讲话精神的通知》，召开了全市各级劳动模范代表学习“七一”重要讲话精神座谈会；以纪念建党90周年为契机，组织开展了“党在我心中”职工歌手大赛、“一汽杯”职工净月潭森林公园越野赛、基建交通系统职工纪念建党90周年摄影图片展、重工机电系统企业文化建设成果展示等形式多样的职工迎庆活动。

【职工素质提升工程】 表彰了一批在“创学习型组织，做知识型、技能型职工”活动中涌现出的标兵单位和个人。会同长春市委宣传部等7个部门评选表彰了师德、医德、艺德、体德标兵100名；“名校义培”和“名医义诊”活动取得新成效；完成了10个市级“职工书屋”和6个国家级“职工书屋”建设；向全市劳动模范、农民工赠送价值14.8万元的书籍和购书卡；举办了长春市职工元宵节花灯展和首届职工羽毛球赛、女职工十字绣优秀作品展。市总工会被市委、市政府评为“全民阅读活动优秀组织单位”，被全国总工会评为“职工书屋”建设优秀组织奖。

长春市总工会基建交通工委举办纪念建党90周年职工、农民工摄影展览

【劳动竞赛活动】 围绕落实“十二五”规划目标任务，动员职工立足本岗、创先争优、建功立业，一批重大项目、重点工程劳动竞赛活动进一步深化。培育、选树和表彰了全国和省、市级工人先锋号53个，金牌班组100个、金牌工人100名，“王洪军式自主创新团队”50个，优秀班组长40名。长春市非公企业班组建设经验在全国总工会会议上作了交流。市总工会被全国总工会评为“十一五”时期社会主义劳动竞赛先进组织单位。

【关心劳模生活】 隆重召开了省、市庆“五一”大会，评选表彰了全国和省、市五一劳动奖章146名、劳动奖状44个；协调三级财政为劳模争取各项补助金372万元；省、市困难劳模低收入补助标准在2010年基础上每人每月增加100元；协调落实了劳模大病救助专款和符合条件的住房困难劳模享受廉租房政策。市总工会被市委、市政府授予“民生工作先进单位”。

【工资集体协商工作】 采取了签订目标

责任书、建立协商专业干部队伍、定期调度督查等措施，推进工资集体协商、集体合同工作。全年共签订集体合同 8 000 余份，覆盖企业 1.3 万余户，覆盖职工 21.3 万余人；签订工资专项集体合同 7 000 余份；签订区域、行业工资集体合同 154 份，覆盖企业 1.2 万余户，覆盖职工 18.3 万余人。在长春市的沃尔玛、肯德基、麦当劳、家乐福 4 家世界 500 强企业签订了集体合同；教科文卫体系统事业单位及民办高校工资集体协商、签订集体合同工作实现了零的突破。长春市工资集体协商工作的经验两次在全国相关会议上作了交流。市总工会被评为市信访工作先进单位、省法制宣传教育工作先进单位、省"五五"普法依法治理先进单位、全国工会系统"五五"普法先进单位。

【构建和谐劳动关系】 召开了全市构建和谐劳动关系经验交流会，东光集团等 4 家单位在会上介绍了经验；表彰了一批在创建劳动关系和谐企业活动中涌现出的先进集体和个人；总结了大唐长春第二热电公司建立"员工诉求中心"的经验，以劳动关系和谐促进企业和社会和谐。

【厂务公开与民主管理】 深入开展了厂务公开、职代会建制专项行动和创建厂务公开民主管理示范单位活动，推动《吉林省企业事业单位民主管理条例》的贯彻实施。评选表彰了 26 家厂务公开民主管理工作先进集体和 45 名先进个人。长春市厂务公开工作领导小组被评为全省厂务公开民主管理先进单位。

【"安康杯"竞赛活动】 开展了"抓班组，提高管理水平；重教育，推进安全文化"为主题的"安康杯"竞赛活动，全市 1 500 多户企业参赛，覆盖 2 万多个班组和 38 万多名职工。市总工会连续 9 年荣获全国"安康杯"竞赛优秀组织奖。

【帮扶救助工作】 举行了省、市"三帮扶"机关党员干部与困难职工结对启动仪式，现场为 300 名困难职工、农民工发放了帮扶物资和救助资金；组织市、县两级机关万名党员干部与困难职工结对子 1 万对，帮助确立发展项目 9 个，提供就业咨询服务 1.7 万余人次，协调救助资金 330 万元。已脱贫 18 人，生活有明显改善的 339 人。"两节"期间，各级工会共筹集送温暖资金近 2 000 万元，对全市 673 户困难企业和 855 名困难劳模、3 万余户困难职工、困难农民工家庭进行了走访慰问。帮扶中心窗口投入资金 870 多万元，实现了对困难职工帮扶的常态化。开展了女职工关爱行动，为 600 名单亲困难女职工发放了 34 万元的救助款，为 190 名女职工发放了价值 4 万元的"两癌"体检卡。积极开展"金秋助学"活动。各级工会组织共发放助学金 549.2 万元，资助困难学子 4 066 名。

【"创业促进就业"工作】 各级工会组织积极开展"春风行动"，共发放宣传资料 10 万余份，组织专场招聘会 69 次，参加招聘企业 391 户，提供免费服务 4 万多人次；全年各级工会组织共创造城镇就业岗位 7 800 多个，安置城镇新就业人员 4 200 人，安置下岗失业人员再就业 1 630 多人。征集创业项目 60 个，并在长春第二届创业博览会上进行推介展示；开展劳动者素质培训近 7 000 人次，均超额完成了市政府下达的全年再就业工作任务。市总工会被市政府授予全市人力资源和社会保障工作先进集体、促就业工作先进单位，并在全省创业促就业工作会议上介绍了经验。长春市工会参与职工医改工作经验在全国总工会维护职工合法权益经验交流会上作了介绍。

【"创先争优"活动】 市总工会下发了《关于 2011 年在全市工会组织中深入开展党工共建创先争优活动的安排意见》，召开了全市工会系统党工共建创先争优推进会。在机关党员干部群众中开展了"创先争优"系列活动，市总工会被市委评为"三满意"机关先进集体和先进基层党组织。

【非公企业建会与发展】 采取分级负责、实名录入、集中攻坚等措施，全面加强了建会工作。全国总工会网站录入长春市非公企业 23 655 家，完成建会 20 149 家，建会率 85%，超额完成了省总工会下达的建会任务。

【自身建设】 制定了《2011～2015 年长春市工会干部五年培训计划》和《2011 年度工会干部培训计划》，全年各级工会共举办培训班 31 期，培训工会干部 4 500 人次；充实和加强了市总工会机关干部和职业化工会主席队伍；工会经费收缴工作再创历史最好水平。工会经审工作进一步规范，在保障经费合理使用、促进资产保值增值上发挥了积极作用；工会信息工作取得了新进展，市总工会被市委评为党委系统信息工作先进单位。

（杜宝同　王　健）

长春市妇女联合会

【概况】 长春市妇女联合会（以下简称市妇联）以妇女发展与妇女民生为重点，深化创先争优活动，大力实施"四项行动"，全力打造工作品牌，有效参与社会管理服务，全力解决党政关注、妇女儿童急需的民生问题，在协调整合各方资源，维护妇女儿童权益中，促进妇女儿童发展，在"强基固本"强化组织建设中，全面提升新形势下群众工作本领，团结带领广大妇女在推进长春经济社会平稳较快发展中切实发挥了桥梁和纽带作用。先后荣获全国实施妇女儿童发展规划先进集体、全省新农村巾帼信息桥项目先进单位等 20 项国家、省市级荣誉称号，连续 8 年在市直机关目标责任制考核中被评为优秀，国家、省市新闻媒体报道市妇联工作 400 余次。

【妇女创业就业工作】 1.从有效解决妇女创业就业需求入手，与市就业服务局联合开展了"创富长春"妇女创业就业系列活动，大力实施市妇联向社会推介的 40 个妇女儿童公益项目，协调 182 个企业举办女性就业专场招聘会，为妇女开发就业岗位 3 700 个，现场达成就业意向 1 830 人，就业技能培训 680 名；建立妇女创业就业指导中心，全市 14 个县(市)区、开发区全部建立了妇女创业就业服务中心，全年创建妇女创业就业基地 25 个，安置近万名下岗失业妇女实现创业就业；在"万名妇女干部牵手万名妇女创业就业"项目中，组织社区(村)以上妇联干部 2 532 人与困难帮扶对象实现对接。2.大力实施"一区一特色、一街一品牌、一区(社区)一项目工程"，形成了各具特色的区域化创业项目。全年市妇联本级完成就业培训 1 741 人，创业培训 424 人；举办巾帼家政技能培训班 40 期，培训 2 000 人；各县(市)、区举办创业女老板培训 69 期，参训人员 2 246 人，举办就业技能培训 125 期，参训人员 4 711 人。3.为女大学生创业就业搭建平台。结合"创富长春"活动，与市就业服务局联合开展了长春市女大学生就业见习基地暨妇女创业就业基地授牌仪式，全年创建女大学生就业见习基地 44 个，安置近千名女大学生实现就业见习。4.扎实推进"巾帼建功"活动。以"行行业业女十佳"为标准，评选表彰了 100 个"巾帼建功"标兵、100 个巾帼文明岗和 30 个"巾帼建功"先进单位。在建党 90 周年之际，召开了全市"巾帼建功"活动表彰大会，展示了长春市巾帼建功活动 20 年的工作成果。

【农村妇女增收致富工作】 1.扎实推进妇女小额担保贷款、小额信贷促增收、无息典型扶持资金等项目。2011 年，全市各县(市)、区发放妇女小额担保贷款 4 458 万元，帮扶 998 人，累计发放妇女小额担保贷款 1.64 亿元，贷款受益妇女 2 500 人，占全市小额担保贷款总数的 60.05%。2.女农民合作社实现新发展。以"八有"为标准，积极发展农村妇女专业合作组织，实现了"三个百分百"。全年新建妇女合作社 35 个，累计建女农民合作社 288 个，其中在工商注册的农村妇女合作社 76 个；积极协调市委组织部联合投放无息典型扶持资金 64 万元，扶持了 45 名缺少资金的合作社成员，帮扶带动了 1 000 名妇女增收致富。3.信息服务站充分发挥作用。2011 年，市妇联重点在"建、管、用"上下功夫。全市新建农村巾帼信息服务站 200 个，累计建站 597 个。联合市委组织部、市农委、市工业和信息化局等多个部门联合下发的《关于推进全市新农村信息化服务指导意见》，对信息服务站进行跟踪调查，评比表彰。4."春风行动"促妇女创业就业。积极配合就业部门开展农村妇女创业月、宣传月、服务月活动，包括举办女性专场招聘会、推介展示妇女创业项目等 7 项系列活动。全年共发放"春风卡"宣传资料 169 816 份，组织农民工专场招聘会 89 场次，提供就业岗位 20 467 个，开展职业介绍服务 40 754 人次，转移农村妇女劳动力 106 050 人。积极拓展"吉林大姐"域外就业渠道，全年共输出"吉林大姐"1 853 人。5.大力培育新型专业女农民。全年培训各类农村妇女 50 万人(次)，占农民培训总数的 50%；全市各县(市)、区发放妇女小额担保贷款 6 019 万元，帮扶 1 430 人；开展农村妇女"学科技"专题培训，培训各类农村妇女 50 万人(次)，新建农村巾帼信息服务站 200 个；开展"城乡牵手结对共建"，为农村妇女提供职业介绍服务 40 754 人(次)、提供就业岗位 20 467 个、转移妇女剩余劳动力 106 050 人、输出"吉林大姐"1 853 人，打造了农村妇女增收致富新舞台。

【依法维权工作】 2011 年，在全市打造"妇女儿童维权服务直通车"，并在 4 月份与市中级法院联合在宽城区召开了长春市"妇女儿童维权服务直通车"推进会，使维权工作新模式覆盖到各社区、村屯。"直通车"开通以来，接待群众信访案件 2 548 件，与市中级法院共同调解维权案件 242 件，受到基层妇女群众的热烈欢迎。全国妇联副主席、书记处书记宋秀岩、权益部部长蒋月娥来长春调研时，对"直通车"工作给予了高度评价，并要求将经验和做法在全省、全国推广宣传。全国人大副委员长、全国妇联主席陈至立、省委书记孙政才、省委副书记巴音朝鲁、省委常委、市委书记高广滨等领导先后对"直通车"工作作出了重要批示。积极协调市、区司法局，成立了长春市妇联人民调解委员会，借助省妇联实施的"妇女儿童维权岗在行动"的有利契机，在长春市 10 个不同行业的省级优秀妇女维权岗开展维权活动。这项工作已被省妇联编辑收录到《吉林省优秀妇女儿童维权岗在行动经验汇编》中；积极协调综治办，依托"妇女之家"，加强基层妇女维权站(点)建设，为妇女提供便捷的维权服务。充分发挥专兼职及各类巾帼志愿者组成的妇女维权工作队伍作用，通过开

全国妇联副主席宋秀岩在省委常委、市委书记高广滨陪同下视察工作

设法律专题讲座、举办培训班、参与陪审等工作，提高妇女维权自愿者的责任意识和依法维权能力；开展“妇女维权大接访”和“送法下乡”活动；承办了“中澳合作国家级反家庭暴力法律援助培训研讨班”在长春参观的工作，全面展示了妇联组织参与管理服务民生的工作成果。

【关爱行动】 积极向全国妇联争取“贫困母亲两癌救助专项基金”，对榆树市确诊的6名农村宫颈癌患病贫困妇女，每人一次性给予10 000元人民币的救助；在全市单亲贫困母亲帮扶工作中，帮扶物资46 310元。与《长春晚报》联合开展征集“爱心妈妈”行动。100名爱心妈妈们已为新疆阿勒泰地区的贫困儿童编织了100件爱心毛衣。联系爱心企业为榆树秀水镇治江村小学捐资15万元，建设爱心图书馆。全年，为1 282名代理孩子找到了“代理妈妈”，资助金额116万元。各县(市)、区在活动中积极整合资源、传递爱心，榆树市妇联积极争取中国妇女基金会26万余元，为268名孤残儿童捐助善款；西新开发区妇联为18名贫困儿童找到了“代理妈妈”，捐资助学金额1.8万元；农安县妇联通过电视台征集230名爱心妈妈，代理贫困和留守失去单双亲儿童，并在“六一”儿童节期间举行签缘仪式。协助政府全面开展“十一五”妇女儿童发展规划终期评估工作，认真做好2011年～2020年妇女儿童发展规划的编制和论证，并将重要指标纳入全市经济社会发展规划中。

【社区、家庭创建活动】 1.深化“三零示范社区”工作品牌。深入社区开展调研，总结推广了二道区东站十委社区妇联打造妇女儿童更具幸福感社区的工作经验，省妇联在全省推广了经验和做法，全国妇联副主席宋秀岩来长春视察时，对十委的经验给予充分肯定和高度评价。2.积极开展“和谐家庭”创建活动。市妇联在全市开展了建美好城市、促和谐发展活动，深化学习家庭、和睦家庭、廉洁家庭、绿色环保家庭等各类特色家庭创建活动，树立了一批特色家庭典型。在社区、村(屯)开展创建小康之家、培育文明之家、营造和睦之家、管理整洁之家、打造平安之家，拓展“和谐家庭”活动。3.扎实推进家庭教育工作。依托“妇女之家”，建立普及科学育儿知识培训阵地，积极开展“早期教育进社区、科学育儿帮帮你”公益活动；积极协调教育部门，建立规范化的家庭教育管理机制。充分发挥“家庭教育大讲堂”、全市各类家长学校培训家长2万人(次)；启动“安全校园行动”，推动“中小学生生命教育读本进课堂”，广泛开展公益培训活动，培训中小学生50 000人(次)。4.巾帼志愿者服务扎实推进。在全市启动了“吉林省暨长春市社区(村)百千万巾帼志愿服务活动”，培训了40名巾帼志愿者骨干，圆满完成10个志愿服务村(社区)典型试点工作；联合5个城区的巾帼志愿者，开展5次大型的“长春市‘百、千、万’巾帼志愿服务行动”；面向社区、家庭和弱势妇女儿童开展了300场次巾帼志愿者服务活动，其中，妇女卫生知识讲座50余场次；关爱服务于妇女儿童的便民利民活动190场次；结合开展迎庆建党90周年，组织巾帼志愿者深入社区、单位开展慰问演出50余次，使30 000多人直接受益。全市已招募20 000名巾帼志愿者。

【大型庆典活动】 1.以纪念中国共产党成立90周年为契机，以“党群共建　创先争优”为主题，召开“为党旗增辉，展巾帼风采”全市各界妇女纪念建党90周年座谈会，畅谈建党90年来的丰功伟绩和女性参政议政、参与经济建设和社会发展的成长经历；组织市妇联艺术团走进社区、村(屯)开展慰问演出；举办市妇联机关建党90周年“学党史、忆党恩、跟党走——党在我心中”赛诗会，编辑下发了《纪念建党90周年长春妇运基层组织建设专刊》，全面展示了长春市女性在创先争优、服务民生中的丰硕成果。2.“三八”节期间，隆重召开了长春市纪念“三八”国际劳动妇女节101周年暨表彰大会，充分展示了长春女性为长春市“十二五”规划建功立业的时代风采。3.组织全市少年儿童开展“童心向党唱红歌”主题活动。“六一”儿童节期间，与民政部紧急救援促进中心吉林省分中心、省妇联、省政府台湾事务办公室、省技术监督局、省军区政治部、省红十字会、长春市妇女儿童发展协会等单位，共同为贫困儿童和流动儿童捐助价值15万元的少儿食品大礼包、为10所农村“留守儿童之家”共计20万元的援建资金。市妇女儿童活动中心安全教育基地组织开展各类公益培训活动60余次，组织活动70次，培训学生56 000人次。朝阳区妇联携手长春国际文化旅行社组织全区220名代理妈妈和代理孩子共赴江城举行新一轮代理妈妈、代理孩子牵缘游园活动；绿园区妇联在“六一”节期间，举办了代理妈妈与代理孩子亲情游园及资助活动，共为180名贫困孩子送去总价值2万元的学习用品；德惠市妇联为聋哑学校学生送去价值5 000多元的生活用品和体育用品，并与常青藤幼儿学校联合举办德惠市“常青藤”杯幼儿才艺比赛，让孩子们通过欢庆节日感受到社会对他们关心和关爱。

【基层组织建设】 1.继续深化基层组织建设。利用公益岗位，配备社区妇联专干，100%的社区都有妇联专干；抓住“三帮扶”工作有利契机，全市各级妇联干部与困难单亲母亲结成“一对一”帮扶对子213个，女党员志愿者与困难女党员结成“一对一”帮扶对子144个，致富女状元与农村贫困留守妇女结成帮扶对子200个，“代理妈妈”与特困儿童结成帮扶对子1 735个，提供致富信息、致富项目3 000余条(个)，累计捐款捐物232.5万元。2.加大“妇女之家”创建力度。组织吉林大学相关专家学者到全市8个各具特色的社区进行深度调研，筑牢“妇女之家”的阵地建设，收到了较好的效果。《中国妇女》杂志专访长春市“妇女之家”创建工作。3.推动解决社区女性进“两委”和村妇代会主任报酬问题。紧紧抓住全市社区“两委”换届契机，使社区“两委”女委员配备率达100%；党组织委员1 630人，女性1 157人，占总数的71%；社区居委会委员2 020人，女性1 576人，占总数的78%；社区“两委”女性正职351人，占总数的92%，以推广九台市妇联有效解决村妇代会主任报酬的做法和经验为契机，榆树、德惠两市，将村妇代会主任的年工资报酬由原来的3 150元分别提高到6 300元和6 240元，进一步明确了村妇代会主任工资的比例构成以及发放渠道，全市14个县(市)区、开发区，已有13个地区由乡(镇)财政所统一发放工资。积极协调各县(市)区、开发区党委，力争按女性人均"1元钱"划拨妇联工作经费，并纳入财政预算，2011年，绿园等7个县(市)区、开发区已达到了目标要求。4.深入开展调研工作。2011年，市妇联结合社会管理创新和创先争优活动，制定了《长春市妇联2011年学习调研活动实施方案》，组织机关干部深入基层专题调研、形成了30篇调研报告，机关全体干部集中评选优秀调研报告，并编印了《2011年市妇联调研报告集》，及时总结推广基层在党群共建创先争优实践中的好做法、好经验，加强对妇女工作的指导，全面提升了妇女工作的整体水平。

（柳　影）

共青团长春市委员会

【概况】 2011年，全市14岁至35岁青年数为2 606 882名，14岁到28岁青年数为1 775 724名。其中，团员520 681名。基层团委982个，团总支1 577个，团支部13 636个。

【青少年思想教育工作】 围绕"学党史、知党情、跟党走"、"青年永远跟党走"、"与信仰对话"等主题，开展了丰富多彩的主题活动，形成了既包含政治信仰又蕴含朴素价值观念的思想引导体系，尤其是"爱家乡、爱老师、爱父母、爱生命"主题实践活动，把基本价值观教育以青少年易于接受的方式呈现。全年累计开展学习交流会、教育报告会、文艺演出等活动达193场次；组织1 500余支高校服务团队、7万余名大学生参与暑期"三下乡"活动；全市约27万名小学生参与"红领巾心向党"庆"六一"主题队日活动。完成了首批35家基层青少年分类引导试点大纲转化工作，四类青少年群体中高校大学生《大纲》转化工作开展较好。组织开展第九届成人节系列活动。成功举办五四奖章、十大杰出青年企业家等评选活动，涌现出一大批社会较为认可的青年典型。吉林农业大学绿野志愿者协会获团中央在生态环境领域设立的最高奖项——"母亲河"奖。吉林财经大学优秀志愿者张爽的先进事迹，得到中央电视台等媒体广泛关注。

【青年建功立业工作】 1.城市青年就业创业工作。实施青年就业创业帮扶行动，发放城市青年创业小额贷款2 225.5万元，新建就业创业见习基地52个，提供见习岗位和技能培训5 511人次。2.务实开展农村青年就业创业工作。推进农村青年创业创富活动，评选农村青年信用示范户2 003户。发放农村青年创业小额贷款5 506万元。建立创业创富见习示范基地16家。按照"有团委、有标识、有台账"标准，在13家基地开展了标准化建设。培训农村青年8 504人次。培养村村青年致富星火带头人1 442名。编播《青年致富来这旮儿》广播栏目17期。3.大力开展青年科技创新工作。举办第二届青年科技创新创业大赛，15个项目获得120万元无偿奖金，并无偿入驻长春青年创业园。创业大赛得到创业青年尤其是高校学生的认可。围绕大赛组织开展系列培训，对创业青年的个人成长、人生经历和创业技能提升都起到重要作用。长春理工大学宣传发动工作到位，选报23个创业项目，并有作品获得大赛一等奖。4.认真开展职业青年岗位建功工作。青年文明号、青年岗位能手、青年安全生产示范岗、青工职业技能竞赛等岗位建功活动蓬勃开展。

【服务民生工作】 1.服务青少年民生工作。深入实施青联青少年公益项目、爱心志愿联盟等帮扶救助项目，募集善款270.8万元，救助困难青少年2 760人，新建希望小学3所。"壹元基金"募集资金104.96万元，发放67.8万元，资助农民工子女1 086名。"壹元基金"项目被团中央作为示范案例进行推广。2.农民工子女帮扶工作。建立红领巾书屋、体育园地等阵地78个。春季开学之际，组织了集中救助活动，省委常委、市委书记高广滨亲自参加了活动。团中央全团首批试点"七彩小屋"于秋季开学之际落户长春市，团中央志愿者工作部副部长廖恳出席在二道区腰十小学举办的启动仪式。3.青少年维权工作。受理12355青少年热线咨询投诉电话3 500余次。成功举办市县两级"共青团与人大代表、政协委员面对面活动"，榆树团市委撰写的《关于新生代农民工精神文化生活的调研报告》获全国"面对面"活动县级类调研最高奖。全国服刑在教人员未成年子女服务管理和预防犯罪扎实开展，取

长春市青年科技创新创业大赛总决赛获奖选手

得了阶段性成果，得到中央综治委、团中央中期考核组高度评价。2011年度团组织服务民生行动计划中的4大类18个项目全部完成，6个纳入全市民生行动计划的项目提前超额完成，团市委被评为全市大救助工作先进单位。《中国青年报》头版头条报道了团市委工作经验。

【团的组织建设】 全年培训团干部人数达1 720名。榆树团市委争取市经合局支持，对村团干部进行集中轮训。全年实现非公企业建团652家，新社会组织建团122家，农村专业合作社建团564家，新建域内外农民工团工委16家，各项团建指标均超过历史累计总和。团中央农青部部长来长调研，对长春市农村团的工作给予肯定。全市62个街道、88个乡镇在全省率先完成组织格局创新工作，团市委在全国大会上作典型交流。市青联、青企协、青书协、青美协、青科协和志愿者联合会等团属组织持续活跃。希望工程、青少年助学基金会等团属基金持续发展。尤其是青联助学基金现更名为青少年发展基金，进一步扩大了基金的筹集和使用渠道。全团带队工作得到加强。青年外事活动交流广泛。全市团的各项工作呈现良好的发展态势。

【服务社会发展】 积极参与全市重大活动。累计动员5.3万人次团员青年参与全市集中清洁周、国际友好城市半程马拉松赛、"团员青年助春运" 等临时性任务。完成党员志愿者"三帮扶"任务。结成困难群众帮扶对子3.2万个，捐助款物总价值408万元。绿园团区委创造"三必到，两结合，一转变"特色工作法，出色完成创建全国文明城迎检任务。国检前，逐项完成36项测评指标的备检工作。

（张余吉）

长春市工商业联合会

【概况】 2011年，长春市工商业联合会(以下简称市工商联)紧紧围绕全市经济社会发展大局，以贯彻落实中央16号文件精神为主线，以更好服务科学发展和实现自身科学发展为核心，以促进"两个健康"为目标，重点在增强责任意识、健全工作机制、扩展工作触角、延伸服务载体、加强自身建设5个方面狠下功夫，着力提高工商联的凝聚力、影响力和执行力，扎实推进工商联工作迈上新台阶。

【十四届五次执委会】 3月18日，长春市工商联(总商会)召开第十四届五次执委会。中共长春市委统战部部长刘德生出席会议并作重要讲话。长春市工商联主席、副主席、副会长、常委、执委、各外埠商会、行业商会秘书长以及各县(市)、区工商联、高新技术产业开发区总商会有关领导同志共200余人参加了会议。长春市政协副主席、工商联主席宋勇作了题为《抢抓机遇，积极而为，扎实推进工商联工作迈上新台阶》的工作报告。会议由中共长春市委统战部副部长、市工商联党组书记、副主席王秋霞主持。经履行相关组织程序，长春市工商联第十四届执委会增补了1位副主席；同时协助省工商联召开了九届四次执委会、九届八次常委会。

【行业商会和县级工商联工作】 为充分了解行业商会发展现状，市工商联制发了行业商会、外埠商会、区域商会调查问卷，对现有行业商会进行了详细的调查摸底、重新对行业商会进行了评估，推动行业商会逐步完善法人治理结构，规范内部管理，依照法律、章程开展活动。大力推动长春医药行业商会医药产业园、长春建材行业商会建筑装饰产业园园区建设工作。以工商联换届为契机，市工商联发展了吉林东兴房地产开发集团、吉林省金泽投资股份有限公司、中华慈善吉林延安医院、长春合成兴业能源有限公司、新大石油等30名新会员入会。按照全联、省联2011年工作要点关于开展县级工商联联系点制度的工作要求，市工商联确定九台市工商联为全国工商联县级工商联联系点。

【为会员企业服务】 市工商联积极与市外办沟通、联系，承担了长春市民营企业出国政审的工作职能。先后为长春市保安集团等4户会员企业办理了出国政审手续；同时为吉林省远东集团董事长高立椿等5名会员办理了AEPC商务旅行卡，方便了民营企业的对外交往。积极引导非公经济人士树立义利兼顾、以义为先的理念，邀请50位企业家参与了长春市慈善总会举办的《企业经营与慈善》讲座活动。

【光彩事业促进会推荐工作】 长春市光彩事业促进会于2011年6月换届，按照市委统战部的要求，在参与安置就业、捐资助学、扶贫济困、支援贫困落后地区经济建设等方面，市工商联参考各会员单位历年社会活动情况，完成了长春市光彩事业促进会三届一次理事会理事、常务理事、光彩之星的推荐工作。推荐宋勇、丛连彪、高立椿等11名光彩常务理事，金磊、郭力然、鞠东辰等7名理事，宋勇、尹彦利、修涞贵等12名光彩之星。

【调研工作】 1. 以落实中央16号文件提出的充分发挥工商联在构建和谐劳动关系中的积极作用为重点，市工商联完成了《民营企业构建和谐劳动关系问题研究》调研课题。市工商联成立了调研课题领导小组，制定了实施方案，撰写了题为《发挥政府主导作用，引导民营企业构建和谐劳动关系》的调研报告。2.以换届工作为重点，抓好非公有制经济代表人士有关情况的调研。加强对非公有制经济人士的调研、走访和考察，重点抓好行业代表人物、产业领军人物、社会贡献大人物、新生代高管人物等4类非公有制经济代表人士梯队建设，为顺利开展好换届工作提供必要准备。此次调研历时2个月，涉及市人大、政协、妇联、青联、各县(市)、区、开发区、行业商会、外埠商会等近20个部门，按照长春市民营企业中的骨干企业、规模以上企业、新兴科技成长型中小企业3个层次共调研企业1 165户。其中，调研骨干企业104户，调研规模企业248户，调研新兴科技成长型中小企业813户。通过调研，初步掌握了1 000名非公经济人士的基本情况，真正建立起了拥有1 000户企业信息的会员企业数据库。3.以助推长春市民营经济科学发展为重点，抓好政协大会发言和提案的调研与撰写。市工商联围绕建立民营企业和民营经济信息科学采集机制，深入民营企业和相关部门进行专题调研论证，并作为政协大会发言和提案。4.市工商联充分发挥工商联建言献策的重要作用，重点围绕推动民营企业上市开展深入调研，组织撰写《推进我市资本市场发展，加快企业上市步伐的建议》，并转化为市委统战部议政会议发言材料，多渠道解决长春市民营企业融资难问题。

长春市工商联赴宁波考察招商

【参政议政工作】 11月底，市工商联围绕优化长春市民营企业融资环境和充分发挥工商联在构建和谐劳动关系中的积极作用等内容，撰写上报了《关于扶持我市民营企业上市的建议》和《关于发挥政府主导作用，引导民营企业构建和谐劳动关系的建议》等2篇市政协提案，得到了市政协的重视。长春食品酒水行业商会作为长春市惟一的商会(协会)代表参加了全国人大常委会检查指导吉林省《执行食品安全法》情况座谈会，并在会上作了《关于进一步完善我国食品安全法律体系的思考》主题发言，得到了全国人大常委会副委员长桑国卫的肯定。

【长春、宁波两市对口交流及经贸合作洽谈活动】 从4月初开始，市委统战部领导带领市工商联2次赴甬与宁波市政府、工商联、青企协及部分企业接洽和对接，在宁波市经委、宁波市工商联、余姚市工商联、鄞州区工商联、北仑区工商联、汽车零部件产业协会等单位的协助下，先后组织召开长春经开区承接宁波汽车零部件产业梯度转移恳谈会、长春——余姚汽车产业合作恳谈会、长春——宁波经济合作恳谈会、长春——宁波青年企业家合作恳谈会4场恳谈活动。在活动举办过程中，宁波和长春及周边地区共达成合作项目21个，协议总投资74.56亿元。其中，工业类项目13个，协议总投资21.96亿元；物流园区、地产开发、钢铁交换中心、旅游合作等项目5个，协议总投资49.2亿元；贸易类项目3个，协议总金额3.4亿元。以上合作项目中，由宁波市企业和投资者在长春市及周边地区投资合作的项目16个，协议总投资65.76亿元；由吉林省企业和投资者在宁波市投资合作的项目4个，协议总金额8.8亿元；宁波与长春两地旅游合作协议1项。有16个投资合作项目举行了签约仪式，协议总投资达63.13亿元。此外，长春、宁波两市就“2012长春·宁波周”活动联合举办事宜达成了共识。

【中小企业与资本对接合作洽谈会】 市工商联协助市政府举办了“2011长春中小企业与资本对接合作洽谈会”。市工商联多次与中华工商时报、吉林财经大学、吉林银行、美国国泰银行等部门专家学者沟通商讨，策划了活动方案，制发了邀请函。为使会议取得实效，市工商联分别与10余家基金风投及正业、鸿达等企业进行沟通协调，积极促成基金对接；并与市科协等部门协调，就长春市科技成果与风投对接做好筹备工作。为拓宽企业融资渠道，解决企业融资难的问题，组织召开了5次企业家座谈会，并印发了30分调查问卷，广泛征求企业家意见，积极运作发起成立长春市会员企业股权投资基金，并带领企业家赴怀化学习考察，使企业家对股权投资基金有了更深刻的认识。

【第二届中国·长春创业(就业)博览会项目征集活动】 第二届中国·长春创业(就业)博览会，市工商联作为“创业型”城市工作领导小组成员，年初开始向各县(市)、区、各外埠商会、行业商会、会员单位征集项目，共征集德松大米农民专业合作社加盟项目、长春市惠隆木制品工业园项目、轻型钢结构民用房屋专利项目等23个项目。

【宣传工作】 1.围绕纪念建党90周年，市工商联下发了关于举办“建党90周年——一心跟党走”有奖征文的通知，征集征文45篇。按照市委统战部“纪念建党90周年大型图片展”的通知要求，搜集整理图片80幅。2.积极挖掘推荐典型。推荐钟少春、王之光等3名优秀企业家为省高级专家人选；根据省工商联《关于树立宣传非公有制经济领域先进典型工作的通知》要求，推荐远东、华阳、国信等6户企业为先进典型；推荐了远东、华阳、北方医药、宇平工艺等15户企业入选长春市先进企业人才库。3.编辑出版了《长春非公经济》第六期、第七期，并完成了内刊准印证的年审工作。4.完成了网站的备份工作，做好网站开通的最后准备工作。5.下发了《关于在全市工商联系统开展非公有制经济人士思想政治工作优秀案例征集评选活动的通知》,积极做好全市工商联思想政治工作会议的筹备工作。

【教育培训工作】 1. 组织召开了2010长春财富俱乐部年会。此次年会以"解读十二五,转型促发展"为主题,为企业家解读了长春市十二五规划纲要和"中央16号文件"精神,总结了俱乐部2010年的工作,并授予启明信息技术股份有限公司董事长程传海等4位优秀民营企业家"财富先生",市委统战部部长刘德生出席大会,为获奖者颁奖,并发表了重要讲话。2.组织企业家赴长沙、怀化等城市工商联学习考察与当地工商联就商会会务、企业融资服务等内容进行工作交流和研讨,为拓宽长春民营企业融资渠道,促进长春市民营企业又好又快发展提供了借鉴经验。3.组织企业家赴匈牙利、捷克、波兰学习考察。4.与星程培训中心合作,联合举办"如何做个好总裁"培训班,30余位企业家参加了培训,取得良好效果。5.按照市委组织部"千户企业培训计划"的要求,市工商联整理了900多户企业名单,上报市委组织部,受到了充分肯定。

【大走访活动】 1月26日,由长春市工商联、长春市总工会组织的"长春市非公经济代表人士、知名民营企业家与长春市全国劳模结对子大走访慰问"活动对接启动仪式在长春宾馆隆重举行。中共吉林省委统战部副部长、省工商联党组书记、副主席冀生,市人大副主任、市总工会主席冯占祥,市政协副主席、市工商联主席宋勇等领导同志出席启动仪式。吉林省修正药业集团有限公司总裁王之光等10位非公经济代表人士、知名民营企业家代表与10位家庭生活困难的全国劳模、全国先进工作者结成帮扶对子,启动仪式结束后,由市工商联、市总工会领导带队,分别到10位劳模和先进工作者家中走访并为每户送去节前慰问金3 000元。结合大走访活动,市工商联对30位原工商业者进行了走访慰问,共向老会员发放补助和慰问金总额11 600元;热心接待老会员及其遗属来访40余人次,向有关部门反映老会员事宜20多件,按相关政策,为1名原工商业者遗孀办理了低保。

【市纳税人权益保障中心成立】 5月24日,长春市工商联在长春市政务中心一楼大厅举行了"长春市纳税人权益保障中心"成立仪式。长春市纳税人权益保障中心是市地税局和市工商联坚持依法征纳、促进和谐兴税,保障纳税人合法权益而成立的维权性组织。其服务宗旨是为纳税人服务、帮纳税人维权、让纳税人满意。在仪式上,长春市地税局副局长李晓黎宣读了《长春市地方税务局、长春市工商业联合会关于联合成立长春市纳税人权益保障中心的决定》。市长助理苗若愚代表市政府作了讲话。中共长春市委统战部部长刘德生,市地税局党组书记、局长于海军为市纳税人权益保障中心特聘法律顾问颁发了聘书。市人大副主任方曙光,市政协副主席、市工商联主席宋勇为市纳税人权益保障中心揭牌。

(沙显光)

长春市台湾同胞联谊会

【概况】 截至2011年,长春市台湾同胞联谊会(以下简称市台联)有台胞120人,台属2.6万余人。基层组织2个。

【传达学习全国"两会"精神】 3月23日,市台联召开六届七次理事会议,传达学习全国"两会"精神。会议总结了2010年工作;通过了市台联2011年工作要点。与会理事就市台联2011年工作进行了审议,并提出了具体建议。市台联会长孔令智在会上结合自己参加会议的切身体会,传达了全国人大十一届四次会议精神,并利用多媒体图片图文并茂的介绍了大会的盛况,使大家对会议精神有了更加直观详细的了解。

【举办台胞台属骨干培训班】 6月16日至17日,市台联同市社会主义学院共同举办50余人参加的台胞台属骨干培训班。培训班上,省台办主任助理刘长新作了《台湾形势及对台方针政策》报告,就岛内政局、党的对台政策、两岸关系和对台工作等方面作了介绍;市委党校教授王健结合纪念建党90周年以《信仰的力量》为题,向台胞台属作了精彩的报告。通过培训学习,使学员们对海峡两岸时局、2012台湾"总统"选举及新时期党的对台方针政策有了更加深入的了解,进一步提高了政治思想觉悟,增强了实现祖国统一的信心。大家纷纷表示要更加努力做好本职工作,为长春市的经济建设多做贡献。

【课题调研工作】 3月份,市台联根据全国台联《关于落实全国台联台湾民情研究课题的通知》要求,组织人员成立了"台湾民情研究课题调研小组",并制定了落实此次调研课题的具体方案,"台湾民情研究课题调研小组"按期完成了两篇论文的组写工作,其中高仁立教授的《国民党执政情况下两岸关系发展的瓶颈及破解之策》论文获2011年度全国台联台湾民情研究会优秀课题三等奖。为践行"同心"助推发展工程,市台联按照市委统战部下发的《2011年重点调研课题》,制定了具体方案,召开了台联界别的人大代表和政协委员参加的确定调研题目的工作会议,明确了2个重点调研课题,并由市台联会长孔令智和副会长于士利具体组织调研,机关全力配合调研工作。完成了2篇论文,利用政协、人大会议和《长春统战信息》等平台,向有关部门提供研究报告,为党和政府科学决策提供参考。

【联谊活动】 2月17日上午,市台联同省台联、省台盟在国际会展中心大饭店共同举办2011年台胞台属元宵节联谊会。在长台胞台属110人话统一、盼团圆,共度佳节。市委统战部部长刘德生在致辞中首先代表市委统战部向与会台胞台属致以节日的祝贺,并通过大家向居住在岛内及海外的亲友致以亲切的问候和美好的祝愿。感谢广大台胞台属在长春市经济社会发展建设中所作出的努力，希望大家在新的一年里在各自的工作岗位上辛勤工作，再接再厉，为长春经济建设又好又快发展作出自己的贡献。联欢会以自助午餐的形式，自由进行联谊、交流感情，台胞台属还即兴演唱了卡拉OK，同时开展了有奖猜灯谜并穿插进行了幸运抽奖活动。“三八”国际妇女节上午，在市党派楼多功能厅共同举办台胞台属、盟员“保健知识”讲座。台胞台属近60人聆听了长春中医药大学金东明教授就日常养生保健知识为大家作了系统的介绍，台胞台属们还不时跟随金教授的保健按摩演示进行了互动，“讲座”受到台胞台属的欢迎。9月9日，市台联同省台联在长春净月潭森林公园共同举办在长台胞台属中秋郊游活动，台胞台属70余人参加了中秋游园活动。台胞台属进行了游园、“找宝”、有奖猜灯谜、棋牌娱乐等活动，达到了娱乐联谊的目的。

【青年台胞台属夏令营】 8月16日至20日，市台联在辽宁省大长山岛举办2011年青年台胞台属夏令营，30余人参加了夏令营活动。夏令营活动丰富多彩，2天时间里营员们开展了海上观日出、海滨冲浪、沙滩排球赛、出海垂钓、棋牌娱乐等活动。通过夏令营活动使青年台胞台属们增长了见识，开阔了视野，受到一次生动的爱国主义教育，更增强了彼此间的友谊和凝聚力。

【长台两地人员交流】 市台联配合全国台联和省台联先后于1月15日和7月13日接待了两批冬令营和夏令营团队，全国台联2个团队在长春期间，安排营员们先后参观游览了伪满皇宫博物院、中国一汽集团、在莲花山滑雪场体验滑雪运动，同吉林大学师生座谈交流并联欢。市台联组织了2批44名台胞台属及部分对台干部赴台湾岛内进行探亲和考察活动。通过组织赴台考察，使台胞台属和对台干部感受到祖国宝岛的秀丽风情，触摸到两岸同属中华民族的文化传统，体会到炎黄子孙血浓于水的一脉之情，达到了加深对台了解，促进台联工作的目的。

【服务台胞台属】 2011年“两节”期间，按照市委统战部关于在全市统一战线开展大走访的要求，市台联结合工作实际，进行了精心的组织和安排。市台联于春节前夕召开了各县（市）、区统战部和部分高校有关负责人参加的工作协调会，布置了在全市范围内开展“慰问关怀、排忧解难、情暖台胞台属”联合大走访活动。全市共走访慰问台胞台属78户，发放慰问金23 400元。通过各种形式的走访慰问，使台胞台属真正感受到党和政府对他们的关怀，进一步调动了在做好台湾人民工作、发展两岸关系、以及开展招商引资等方面的积极性，纷纷表示要充分发挥优势，加强同岛内亲友的联系，为长台交流做好牵线搭桥工作。

（徐　昕）

长春市残疾人联合会

【概况】 2011年，长春市残疾人联合会（以下简称市残联）紧紧围绕国家和省、市关于促进残疾人事业发展的战略部署，以加快推进残疾人社会保障体系和服务体系建设为重点，切实维护残疾人生存权、发展权和参与权，促进残疾人民生改善和全面发展，不断提高为残疾人服务的能力和水平，圆满完成了年度各项任务指标，实现了“十二五”残疾人事业的良好开局。长春市残联被评为全国扶贫工作、残疾人体育工作先进单位，荣获全省残疾人工作综合先进奖。

【政策体系建设】 认真贯彻落实中央7号和省22号文件精神，以长春市委、市政府名义出台了《关于促进全市残疾人事业加快发展的实施意见》，明确全市残疾人事业的发展方向、总体目标、主要任务和政策措施。科学编制《长春市残疾人事业“十二五”规划纲要》，并颁布实施。“纲要”全面贯彻了“十二五”时期长春市保障和改善残疾人民生的新部署，体现了残疾人事业发展的新趋势，反映了广大残疾人过上美好生活的新期盼。

【民生计划惠残项目】 积极争取国家项目指标，全年为24名贫困重度听障儿童免费实施人工耳蜗手术（共计480万元），为159名聋儿免费配发助听器；为50名贫困孤独症儿童提供机构康复训练补贴；完成贫困白内障手术1 500例；精神病人免费住院1 414人次，免费送药4 581人次；假肢安装补贴146人。为肢残人家庭卫生间改造291户、为盲人和聋人配发家庭无障碍用具分别为252户和353户；为城区330户农村贫困残疾人家庭实施了危房改造；为992人符合条件的成年重度残疾人提供了生活补助。利用中国残联专项资金96万元，为

在灿烂的阳光下——长春市残疾人事业成就与发展主题晚会

1 511 人通过机构、日间照料或居家等形式托养的残疾人给予补贴，残疾人民生状况得到明显改善。

【重点领域经费投入】 充分发挥残疾人就业保障金的作用，将保障金的支出范围由原来仅用于残疾人就业，扩大到用于残疾人事业的其他方面。将康复经费标准"由辖区人口每人每年 0.15 元调整到 1.00 元"，精防经费标准"由辖区人口每人每年 0.50 元调整到 2.00 元"。将城区"三无一靠"成年重度残疾人生活补贴标准由每月 100 元提高到 150 元，进一步提高了康复和社会救助能力。

【服务设施建设】 2011 年，民办公助兴建的长春市安宁精神病托管中心正式投入使用。成立了孤独症儿童教育康复训练中心。各县（市）区、开发区残联全力推进基础设施建设，榆树市被确定为全省农村残疾人康复服务体系建设试点县，并建成 2 600 平方米的残疾人康复中心；南关区和九台市分别建设了 1 800 平方米和 2 600 平方米的残疾人综合服务中心；双阳区整合 1 286 平方米的办公场所集中开展康复、教育、就业和社会服务；朝阳区投资建设了校舍面积 1 024 平方米的特殊教育学校；二道区在政府民生大厦筹建中，争取到 2 000 平方米的残疾人综合服务区，并打造了"残疾人服务一条街"；高新区建设了高技能残疾人展能创业孵化基地，残疾人服务大厅在全市首个通过省级验收；德惠市、农安县残疾人综合服务设施建设经费已经全部或部分到位，全市残疾人服务设施建设呈现良好势头。

【就业扶贫工作】 全市实现城镇新增残疾人就业 2 671 人；市、县（区）两级残联共举办各类职业技能和创业培训班 55 期，累计培训残疾人 6 521 人次，其中培训农村残疾人 3 274 人次。新建市级残疾人扶贫就业基地 10 个，评选 16 名市级残疾人创业带头人；举办了残疾人就业专场招聘会 30 余次。扩大农机扶贫试点规模，投入资金 200 万元，新组建农机互助组 200 个，惠及残疾人家庭 600 个以上。残疾人就业保障金全口径收缴 10 080 万元，成功突破亿元大关，其中绿园区、南关区、高新区收缴额首次突破千万元；净月区在残疾人扶贫及康复方面投入保障金额度居全市之首。

【教育工作】 实施残疾人特殊教育体系建设工程，成立了长春广播电视大学特殊教育学院，在校残疾学员 70 名。把"扶残助学金"项目纳入全市民生助学行动当中，全年投入资金 117.2 万元，为全市 448 名新考入大专院校的残疾学生和贫困残疾人子女发放扶残助学金。朝阳区在追加助学补贴的基础上，率先对高中阶段残疾学生给予资助；经开区为贫困残疾幼儿和残疾人子女解决入托难的问题。顺利开展了全市未入学适龄残疾儿童、少年调查工作。

【信访维权工作】 2011 年，长春市为创建全国文明城进行交通整治，使残疾人机动轮椅车上访的矛盾凸显，先后发生集体上访 39 次，1 300 余人次参与。全市两级残联组织本着既维护大局，又要为残疾人争取权益的原则，采取调研、建议、协调等多种措施，及时化解社会矛盾，确保全国文明城的创建。认真落实"局长接待日"工作，全年累计接待来访 194 人次。会同市卫生局成立仲裁委员会，妥善解决了第二代残疾人证等级鉴定反映比较集中的问题。汽开区专门成立残疾人民事调解小组，及时为残疾人提供鉴定服务和法律援助。

【残疾人事业宣传】 以市政府召开了第四次全市残疾人事业工作会议，对五年来为残疾人事业做出突出贡献的一批先进集体和个人进行了大规模表彰。在第 20 个国际残疾人日，隆重举行了"在灿烂的阳光下——长春市残疾人事业成就与发展主题晚会"，全面总结了五年来长春市残疾人民生工作和残疾人事业取得的成就，中国残联副理事长程凯对晚会的成功举办给予高度评价。全年共刊登 4 个宣传专版，录播 12 期专题片；全国、省、市各大新闻媒体报道长春市残疾人工作 300 余次，营造了残疾人事业发展的良好氛围。

【残疾人文化体育】 第 21 次全国助残日，全市各级残联共开展活动 11 项，10 多家媒体对助残日活动进行报道。纪念建党 90 周年，举办了"心中最美的歌献给党"大型红歌会。为进一步增进残疾人工作者手语交流的能力，举办了长春市首届中国手语大赛。第二届残疾人文化活动周，全市各县（市）区、开发区开展系列活动，参与人数达 10 万之多。吉林省省首届残疾人运动会，长春市荣获金牌 43 枚、银牌 23 枚、铜牌 11 枚，取得了团体总分、金牌总分两个第一的好成绩。第八届全国残运会上，吉林省获得的 10 枚金牌中，长春市残疾人运动员囊括 7 枚。开展"全国特奥足球"活动周和全民健身活动取得良好的社会反响。

【残联自身建设】 2011 年，长春市残联党组提出"弱势群体强势维护"的工作理念，并把开展"三爱"活动作为"创先争优"的重要载体，实施"大培训"计划，先后组织各县（市）、区、开发区残联理事长、市残联机关干部，以及基层残疾人工作者 86 人，分赴北京大学和山东大学进行集中学习。在市直机关运动会上，市残联取得了市直机关总分第三名的好成绩。针对残疾人事业发展对基层组织提出的更高要求，长春市残联对所辖 14 个县（市）、区、开发区基层残疾人组织建设进行了深入调研。同时，赴延边、吉林两市实地考察，与山东临沂等地交流经验，切合实际地研究制定了《关于进一步加强和规范基层残疾人组织建设的实施意见》，计划在 2 年内解决乡镇（街道）和村（社区）两级残疾人专职委员的配备和待遇问题。南关区率先在全市出台了《社区残协专职委员管理暂行办法》。专门协会和助残志愿者队伍更加活跃。肢残人协会积极组织召开专题座谈会、大型红歌演唱会，并与延边州肢残人协会建立了友好关系；聋人协会协助市残联共同举办了手语大赛；盲人协会创办了"盲人志愿者服务站"，每月 1 次"听电影"活动已成为常态化工作。助残志愿者协会积极组织大学生进社区，倡导发起的"快乐周末”主题活动，赢得了市精神文明办及联办单位的好评。4.市残疾人福利基金全年募集善款物资总计447.4万元，其中争取国家和省大型公益项目5项。“爱心永恒·启明行动”项目被评为全国优秀公益项目，并在全国工作经验交流会上作了发言。基金会被评为全省2011年度先进社会组织。2011年，长春市残联顺利完成了网站改版工作，增加了视频新闻、办事指南、理论研究等栏目。启动了长春残疾人服务网。办公OA系统与各县（市）、区、开发区残联全面联网。

（李建昕）

长春市红十字会

【概况】 2011年，长春市红十字会（以下简称市红十字会）紧紧围绕第四次会员代表大会确立的工作任务，锐意进取、扎实工作，各项工作取得了一定成绩。先后获得长春市委、市政府大救助工作先进单位，市政府文教工作先进单位、会展工作先进单位、“十一五”期间母婴安全工作突出贡献单位等荣誉。

【完成民生计划】 按照《2011年长春市民生计划》要求，对全市各县（市）、区、开发区红十字会推荐的中小学进行了重点考察和筛选，共投入100多万元，在100所受灾、偏远贫困、农民工子弟等中小学校，建立了100个红十字书屋。通过与纪检部门联合的方式，为每所学校精选了自然科学、文学艺术、文化教育、历史地理、人物传记和综合等种类的500多本不同的图书和2个书刊架。在受灾的二道区长青小学举行了“长春市红十字书屋捐赠仪式”。市委常委、副市长吴兰等领导参加捐赠仪式，并为红十字书屋揭牌和发放图书，得到了学校师生的热烈欢迎。市红十字会、市慈善会和市中心医院开展了对低保和困难家庭患先天性心脏病的患者的救助工作，对6名救助对象实施了救助工作，共发放救助金1.7万元。

【救灾救助工作】 向云南、日本地震灾区人民送去爱心。3月10日，中国云南省德宏州盈江县发生5.8级地震。11日，日本东海岸发生9.0级强烈地震，并引发海啸。按照国家红十字总会的统一部署，立即组织接收社会各界为盈江和日本地震灾区捐款，共接收募捐款12万余元。及时有效地开展日常救助工作。2月22日，省委常委、市委书记高广滨责成市红十字会参与对安县贫困家庭白血病患儿闫世龙的救治工作，通过各种渠道，共帮助闫世龙解决了4万余元的医疗费。春节前，通过积极向上级红十字会争取和组织募捐，共筹集20余万元的大米、棉被、水饺、豆油等救助物资，对部分困难群众进行慰问和救助。争取“舒服佳”健康长城工作援助项目款9万元，为双阳区、农安县3所农村贫困偏远小学建设了3个洗手池。开展“博爱助学”，投入4万元，救助30名家庭贫困的中学生和职业技术学院学生。

【救护培训工作】 按照《长春市建设“健康城市”三年（2010～2012年）行动规划》的要求，在全市高危行业、社区和大、中、小学校，开展应急救护知识普及工作，培训合格救护员600余人，普及人数达到1万人以上。开展“全国防灾减灾日”宣传教育活动，在天津路小学组织全体师生开展自救互救知识普及活动，向师生们传授应对如何在发生突发事件、自然灾害时，采取有效措施进行自我保护。扩大自救互救知识普及活动的范围，借长春图书博鉴会、汽博会2个平台，在展会现场举办“自救互救”知识讲座，共发放自救互救知识宣传资料5万余份，参加讲座活动的市民达1万余人。为配合长春市“创文明城”工作的开展，在第12个“世界急救日”，与14个县（市）、区、开发区红十字会在全市各大晨练场共同组织开展了以“创文明城 做自救互救知识传播人”为主题的自救互救知识宣传活动。活动中，接受知识普及的市民达1万余人。

【志愿服务工作】 与长春晚报社招募选拔了30名“长春市红十字小记者”参加2011长春图书博览会的新闻采访活动，小记者们先后采访了市长崔杰、市委常委、副市长郑文芝等领导，得到了市领导的好评。与长春大学－莱佛士国际学院、长春晚报社共同组织红十字志愿者在省实验中学等5个考点设立了“红十字志愿者爱心服务站”。为考生和家长免费提供温馨服务，得到考生及家长的欢迎和好评。组织了800名红十字志愿者参加汽博会开幕式。

红十字志愿者在高考期间开展温馨服务

【组织建设工作】 成立了市卫生系统红十字会并举行了市卫生系统红十字会成立大会暨长春市红十字医院揭牌仪式。市委常委、副市长郑文芝等领导参加了仪式,并为市卫生系统红十字会授牌,为市红十字医院揭牌。同时,还下发了《长春市卫生系统红十字会工作细则》。成立了全市教育系统红十字会，并结合纪念世界红十字日，组织了市教育系统红十字会成立大会暨市红十字会多恩地产百万博爱助学基金启动仪式。市委常委、副市长郑文芝等领导出席了启动仪式,并为市教育系统红十字会授牌，为贫困学生发放助学金。还下发了《长春市红十字会青少年工作细则》。

（李　力）

长春市个体劳动者私营企业协会

【概况】 截至2011年,长春市个体劳动者私营企业协会(以下简称市个体协会)有会员239 439户。其中，个体会员183 216户,私企会员56 223户。协会工作人员8人。所属各县(市)、区、开发区、直属基层协会18个。2011年市个体私营企业协会连续5年被长春市社科联评为“先进社团”,所属农安县个体协会被中国个体劳动者协会评为“全国服务工作先进单位”。

【基层组织建设】 各基层协会普遍对本级协会理事会进行了调整和增补，增强了协会的生机活力。各基层协会坚持每半年召开1次理事会会议，研究部署协会工作。农安县、绿园区、汽车开发区、二道区、德惠市、宽城区、光复路等协会坚持每逢重大事项都要由理事会研究决定的制度。为调动理事的工作热情,发挥理事带头作用，市个体协会组织到辽宁盘锦个体协会进行了学习考察,二道区、绿园区、经济开发区个体协会分别组织理事到吉林市、四平市和南方先进省市进行学习考察。每逢个体协会组织重大活动,包括捐赠、慰问等,都由理事带头出钱出物。2011年,市、县(市)区两级协会理事中多人获得市级荣誉,其中,宽城区王子奇获市委表彰为优秀共产党员标兵;绿园区李景忠、黄建生获长春市“五一”劳动奖章;有4人被推选担任县区政协委员、人大代表,有5人被推选为长春市青年企业家协会理事。在创先争优活动中，翟丽清等16名理事获长春市个体私营企业协会先进理事荣誉，受到表彰。

【宣传教育工作】 开展诚信教育。组织开展了第6个“7·18”诚信日宣传活动。2011年活动主题是“把诚信送给你,把责任留给我”。各基层协会利用多种形式开展了宣传教育活动，使个体私营企业树立“民无信不立,业无信不兴”的理念,树立个体私营企业的良好形象。开展“防艾”宣传活动。协会具体承担了全市个体工商户和私营企业及从业人员的防艾宣传工作,成立了领导小组,制定了工作方案发放防艾宣传手册3 000册，入户宣传材料近万份。建立了外来打工人员名册,加强了监测和宣传力度。开展了“六五”普法活动。按照中个协“六五”普法规划，市个体协会和各基层协会制定了普法方案,并举办法律知识讲座4次,为理事会成员订购《经营者实用法律问答》120册。

【服务会员工作】 2011年,认真贯彻落实全国个体私营企业协会服务工作会议精神，做好服务个体私营经济发展和服务会员工作。1.开展融资服务。通过与多家金融机构合作,组织银企洽谈会、建立担保基金等方式为会员融资服务。同时,协助工商部门组织的利用股权出资、商标权质押、动产抵押等融资平台,共为个体工商户和私营企业融资贷款达7亿1千万元。农安县、汽车开发区、光复路、高新个体协会协会专门组织金融部门为会员进行现场融资服务。汽车产业协会协调建立的“汽车零部件企业贷款担保基金”，向业内80多家企业发放贷款近5亿元。同时,召开了“实现创业梦想”小额担保贷款宣讲会,有11家企业和个人符合条件并向银行进行了申报。2.组织会员就业、创业和培训活动。5月中旬，市个私协会邀请中国个协光彩之星教育科技中心专家来长春市，为120名个体私营企业老板和管理者进行了培训,有10人参加认证考试并获得中级职称证书。各基层协会举办了各种技能培训16次,培训人员近千人。高新区个体协会联合人才中心和南北区人事局召开了失地农民再就业招聘、创业服务大型会议,现场组织辖区63家企业，招聘岗位575个。南关个体协会组织会员参加市就业服务局和市人力资源协会举办的“帮您创业,助您就业2011年创业就业大型招聘对接活动”。汽开区先后接收汽车专业学校、经济干部管理学院20余名大学生到分局科所实习。3.建立维权服务中心,开展法律服务工作。4月,市个体私营企业协会与吉林关东律师事务所签订了为期3年的法律服务合作协议，为全市个体私营企业会员开展全面的公益性法律服务活动。市个体协会统一定制了5万张“法律服务会员卡”,发放给每个会员。据统计共办理法律咨询187件，上门服务26家企业,32人次。九台市、农安县、绿园区、二道区、双阳区等单位还另外聘请了法律顾问，累计受理咨询和投诉128件次。

【社会公益活动】 元旦春节期间，开展献爱心,送温暖活动。市个体协会党委向所属各基层协会和党组织发出号召,组织广大会员开展“献爱心 送温暖”活动。长江路、朝阳区协会坚持多年慰问部队官兵;二道区、宽城区、德惠市个体协会坚持多年慰问敬老院;绿园区、经济开发区个体协会多次慰问贫困会员；光复路协会连续多年高考期间慰问执勤交警等等。2011年,市个私协会组织个体业户和私营企业与帮扶对象结成帮扶对子156对,为进一步推动和落实“三帮扶”工作,市个体协会于8月24日,在宽城区王大勺吉菜酒店召开了“三帮扶”工作现场会。截至年底,帮扶投入资金和物资折人民币28万余元。

【个体私营企业党建工作】 认真抓好非公党建调查摸底和组建工作。根据要求，市个体协会党委对全系统个私协会及党组织进行具体部署。各县(市)、区、直属个私协会党组织，及时取得数据资料，建立档案，积极协调帮助企业组建党组织22个。积极做好培养积极分子和发展新党员工作。市个体协会党委注重在广大个体业户和私营企业员工中培养党的积极分子和发展党员工作。5月在绿园区委党校举办了为期4天的培训，培训党的积极分子50人。全年共发展新党员40名。组织开展纪念建党90周年活动。绿园区、西新经开区个私协党总支在七一前夕，分别召开了以"抓好非公党建，促进民营经济发展"为主题的理事会扩大会议，工商分局领导班子和驻区有关单位领导参加了会议。光复路个体协会党支部联合长春各大新闻媒体，在东北电器城举行了隆重的升国旗、发党旗、给党员业户授党旗活动。宽城区个体协会党总支与华正批发市场联合举办了唱红歌歌颂党大型演唱会。德惠市个体协会党总支开展了"让党员过一次组织生活；给党员上1次党课；搞1次党员问卷调查"“三个一”活动，经开区个体协会党总支组织党员到四平市参观解放战争纪念馆。榆树市个体协会党总支在企业中开展了党团共建活动等等。

（刘国忠）

长春市消费者协会

【概况】 2011年，全市各级消协组织紧紧围绕党和政府的中心工作，深入贯彻落实科学发展观，全面履行法律赋予的各项职能，以"消费与民生"年主题为主线，着力解决消费者最关心、最直接、最实际的问题，推动消费维权工作深入发展，为拉动内需、促进消费、构建良好和谐的消费环境发挥了积级作用。2011年，长春市消费者协会（以下简称市消协）荣获全国消协组织消费维权先进集体称号。

【"消费与民生"年主题座谈会】 "3·15"前，长春市各级消协分别以不同形式召开年主题座谈会。市消协组织企业、消费者代表、新闻媒体以"消费与民生"为主题，就如何推进新形式下消费维权工作，提振消费信心，为服务经济社会又好又快发展进行了理论探讨和交流。与会的专家和企业代表对"消费与民生"的关系、长春市消费品市场的走势等问题进行了深层次解读，与会企业代表结合自身实际就年主题进行了发言，消费者代表提出了维权建议，深化了对"消费与民生"年主题的认识。南关区消协走进大学校园，与师生共话消费与维权。西新经开区消协走进商企，同企业中层以上负责人就"诚信服务求发展"问题开展了座谈，并取得预期效果。

长春市个私协会"三帮扶"工作现场会

【开展"送知识、送技能、送服务"下乡活动】 4县(市)、双阳区消协分别以不同的形式组织农业专家、农机、农资质检机构、企业和一些个体商户开展了"扶农、帮农、助农、富农"活动。双阳区消协多次走进农家大院，现场为农民解惑答疑；全系统在活动期间共发放各种宣传品8千余份，为农民提供咨询等服务2千多人次；走访农户422户，查验家电、农机、1 230余台次，其中排除农机、家电大小故障等27台次。

【"3·15"系列宣传咨询活动】 "3·15"当天，副市长高学章通过长春日报发表了纪念文章。全市各级工商、消协共设120余个宣传点，出动工作人员近2 000余人，开展形式多样的"3·15"宣传纪念活动。市工商局和市消协联合宽城分局在太阳城国际家居广场，组织和邀请了市仲裁委、常春法律事务所、质检站等多家机构，以及长春电视台、长春日报社、长春晚报社等多家媒体共同参与的大型纪念活动。现场展示了家电、建材等30余种假伪劣商品和真品的比对；设立法律咨询服务台和消费纠纷受理调解平台。同时，对消费者的投诉举报问题快速反应，现场解决，就地曝光。受到了广大消费者欢迎。当天全市"3·15"现场悬挂宣传条幅263余幅，设宣传展示板169块，发放宣传资料14万余份，展示各种假伪劣商品130余种，接待消费者咨询6 250人次，受理投诉72件，现场解决43件。吉林电视台、长春电视台、长春交通之声、长春晚报、新浪网站等多家媒体进行了现场报道，有效地宣传了消费维权工作，各县(市)、区都采取新颖的现场宣传形式，取得了良好的效果。

【宣传工作】 从2011年初，市消协同长春市五大主流媒体合作推出了纪念"3·15"国际消费者权益日专栏，与新文化网共同开展在全市诚征维权律师团自愿者活动。3月14日，网络维权律师团成员在新文化报社举行成立暨宣誓仪式；通过市政府民生热线、经济广播经济栏目、咨讯广播、吉林人民广播电台高端访谈栏目，长春电视台新闻栏目突出宣传了消费维权有关政策法规、消协组织近期工作动态及年主题有关内容与消费热点解答。“3·15”期间市消协还通过各大媒体发布了“维权十大案例”、“十大消费陷井”、“预付消费侵权分析”、“商品房与汽车销售服务问题”。同时，组织编写、印制了3万份维权知识宣传手册，内容涉及到法律、维权、消费等方面常识。

【构建消费维权长效机制】 市消协通过维权体制、机制的完善与创新，积极推动形成司法保障、行政干预、行业自律、社会监督、消费者参与相结合的消费维权新格局。特别是把认真处理好消费纠纷，积极构建“大调解”服务工作作为重点，广泛开展多形式消费维权保障机制。1.用制度规范，提高做好受理消费者投诉工作质量。市消协用制度规范受理工作程序，截至2011年，各级消协共处理投诉4 007件，为消费者挽回损失378万元；受理咨询2.83万人次。其中接待异地转办（包括维权联盟单位）信件投诉24件，投诉解决率为95.6%，接到表扬信10封，锦旗两面。2.推行集体、重大投诉约谈制，促进了企业与消费者和解机制的建立。对消费者投诉较多的企业，市消协通过约谈经营者，提出整改建议，敦促企业诚信经营。先后对邮政服务行业、超市零售业和通讯企业等9家企业约谈12次，并同企业达成共识，有效地制止了服务侵权问题。3.加大畅通消费者诉求渠道，方便消费者及时维权。市消协还利用每月的工商局长接待日平台、市消协秘书长随时接诉平台及热线电话受理各类消费纠纷1 078件；解答各类消费咨询问题6 300余件。为消费者挽回经济损失100余万元。同时在《长春晚报》、《东亚经贸新闻》两报和长春电视台设立了“有事我帮办”维权平台，及时接诉和应诉，化解消费纠纷。4.推进惠民法律服务救助工作体制建设，进一步强化消费维权的救助机制。根据新《人民调结法》的实施，年初又建立了人民调结委员会；与“常春”律师事务所、新文化网合作建立了2个专家律师团，推出了对生活困难者免费法律援助，使法律救助活动真正落到实处。5.加强投诉分析软件录入质量规范。提高分析的准确性，实行资料、信息跟踪查对，月有评议，季有通报。在加大人员培训指导同时，在全系统各级分会、站（工商所）要求有外网的都安装投诉软件，以保证投诉信息准确性。

【消费教育和消费指导工作】 1.组织开展消费调查，用数据和第一手资料指导消费。年初，市消协与长春晚报针对“预付”消费侵权难点问题开展了社会调查和大接访，并在媒体设立专栏，征集破解难题金点子；针对供热不达标、测温不科学等民众反映集中问题开展了问卷调查，并将综合评议分析和消费者的意见与建议提供给有关部门，取得了良好的效果。针对汽车销售服务、金银珠宝饰品侵权、中介服务无标准、化妆品标识等16个消费问题做了市场调查，并发布了消费警示。针对银行“储蓄”变“保单”等陷阱问题在各大媒体发布消费警示。全年发布消费警示18条，消费提示1 780余条。2.开展商品比较试验，为消费者提供客观、真实的消费信息。针对儿童玩具、家具、服装等19个品种400个批次进行了抽检试验，并将结果在各媒体公布，为广大消费者购买和使用商品提供客观、科学的指导信息，同时对经营者重视产品质量问题起到了警醒。3.创新举措，提高消费教育针对性、实效性。积极争取各部门配合开展消费教育工作，通过部门联动，使消费教育工作有效延伸了工作的空间。组建“消费教育自愿者宣讲团”，深入到农户，为农民消费者提供消费信息、专业知识和咨询服务。双阳区、榆树市、德惠市消协聘请农业专家走入乡村开展消费教育活动。建立特色消费教育基地。根据消费诉求人群变化，以长春市老干部大学为依托，建立两所老年消费教育基地；同新文化报联合开设“出国留学安全知积”大讲堂。全年两级消协共举办各类消费知识讲座、消费教育活动13次，培训2 500余人。

【加强对商品和服务的社会监督】 1.消费者协会积极配合行政执法部门参与市场整顿工作。利用受理消费者投诉所掌握的信息，积极为政府执法部门提供伪劣商品和违法经营者的线索，农安县、德惠市、榆树市、九台市消协针对食品安全、农机化肥销售等问题参与行政执法检查30余次，使一些侵害消费者权益的案件得到及时查处，净化了市场消费环境。2.深入开展对不平等格式条款点评活动。市消协组织开展了对不平等格式条款点评及“回头看”活动，重点对通信、房地产、金融、商业、公用服务等领域开展了点评及“回头看”活动，同时与有关行政主管部门密切协作，纠正了一批损害消费者合法权益的不平等格式条款，为营造公平的消费环境作出了努力。3.与商务局等16个单位联合开展了“诚信兴商宣传月”活动。监督生产经营者诚信守约、依法经营，倡导企业争创“诚信维权先进单位”。与14家商企签署《诚信服务自律公约》，以感召全市各经营企业牢固树立诚信理念。4.积极推进“一会两站”建设。各基层消协组织在加强基层消费维权“一会两站”的规范化建设上下功夫。下发了在全市开展创建基层消费维权“一会两站”示范会站活动的意见，实行半年有检查，年终有考核，全市“一会两站”有效覆盖率达100%。

【开展消费者权益保护理论研究】 1.重视消费者权益保护法律与理论研究。紧紧抓住消费者最关心的问题，建立消费维权形势和情况分析制度，针对消费维权工作中的“热点”、“难点”问题，适时发布消协观点，加大消费者权益保护宣传工作力度，进一步增强消费者协会消费维权工作的社会影响力。2.组织开展消费热点评论活动。评论涉及“预付费侵权如何规范”、“餐饮霸王条款”等消协观点，涉评问题受到了社会的广泛关注，中央人民广播电台就“预付费侵权严重如何规范”等2个专题问题与市消协进行了播出中电话联线对接，促进了涉评问题的解决。3.积极参与中消协联动开展消费者权益保护课题研究。市消协所撰写的“预付费侵权破解出路”文章被作为全国消协理论研讨会交流经验材料，并受到中消协肯定。

（钟　萍）

长春市归国华侨联合会

【概况】 2011年，长春市有归国华侨1 130人，新归侨30人，侨眷5万人，基层侨联组织13个。长春市归国华侨联合会（以下简称市侨联）认真履行各项职能，不断加强自身建设，坚持国内、海外工作并重，老侨、新侨工作并重，为促进社会和谐、推动长春市的建设发展作出了贡献。

【九届六次全委会】 2月15日，市侨联召开九届六次全委扩大会。全委会审议通过《关于动员广大归侨侨眷和海外侨胞为实现“十二五”时期目标任务贡献力量的决议》，号召各级侨联把动员工作作为“十二五”时期开局之年的重要任务，通过各种形式向归侨侨眷和海外侨胞广泛宣传“十一五”时期中国经济社会发展的巨大成就，深入宣传“十二五”时期中国经济社会发展的宏伟蓝图，统一广大归侨侨眷的思想和认识，凝聚广大海外侨胞的智慧和力量，为实现“十二五”规划目标和夺取全面建设小康社会新胜利再建新功。

【纪念建党90周年活动】 6月14日，市侨联召开“侨心向党，与祖国同行”纪念中国共产党建党90周年座谈会。座谈会回顾中国共产党成立90年以来的历史，回忆侨界人士在中国共产党领导下同舟共济、携手奋进的历程。6月18日，组织长春市侨联机关工作人员及部分侨界代表观看爱国主义教育影片《建党伟业》。6月21日，组织机关全体参加统战系统纪念建党90周年表彰先进及学习活动。6月24日，组织机关干部参观长春市统战系统纪念建党90周年“同心铸伟业”图片展。开展向建党90周年献礼活动。2月长春市侨联与中国华侨出版社计划合作出版大型系列丛书《侨星谱》吉林卷，《侨星谱》是一部集中展示归侨侨眷和海外侨胞优秀人物的群英谱。现稿件征集工作已基本完成。

【“亲情中华”系列活动】 3月2日，市侨联针对利比亚内乱，中国政府为保护中国侨民和中国公民安全所采取的撤侨行动，电话采访了长春市部分侨界人士，同日整理发表“祖国永远是我们最强大的后盾”长春侨界评价利比亚撤侨行动的文章，中新网、新浪网、中国侨网等多家网络媒体予以报道。3月11日，日本大地震的消息传出，市侨联在第一时间通过电话、传真、互联网等形式，联系长春籍旅日华侨、华人及留学生和他们在国内的亲属，了解他们目前的生活情况，并对在日长春籍侨胞表示慰问。同日发出题为《日本强震华人感同身受 战胜灾难期待携手》的倡议书，呼吁长春侨界人士及其海外亲属，以力所能及的各种方式，援手日本人民。3月15日，长春市侨联代表长春市归侨侨眷，通过电子邮件致电并委托驻日本侨团向生活在地震灾区的旅日侨胞发去慰问电，表示关心与慰问，并表示愿为受灾地区的旅日侨胞提供力所能及的帮助。3月16日，通过电子邮件向长春籍旅日华侨、华人及留学生和他们在国内的亲属发布《旅日侨胞：你的身后是“中国”》专题图文信息。

【创先争优活动】 开展量化测评活动。3月3日市侨联召开侨联机关工作人员量化测评会议。组织侨联机关工作人员进行业务知识学习及考核。3月29日、4月12日市侨联组织侨联机关干部进行了两期业务知识学习及考核。加强社会主义核心价值体系建设。4月18日，长春市侨联召开机关办公会，专题研究开展社会主义核心价值体系学习教育活动。市侨联相继开展“五个一”活动：即召开一次动员会议、开展“一帮一”扶贫助困活动、开展一次爱国主义教育活动、组织一次集中学习讨论、阅读一部爱国主义书籍（或观看一部爱国主义影片）。筹备成立侨商会。为整合侨商资源，积极探索新的侨商发展模式和融资平台建设，长春市侨联筹备成立长春市侨商联合会。侨商会章程、办公地点、人员构成等工作已完成，现正完善部分材料筹备申办注册工作。组织侨联机关干部参加经验交流会。5月组织侨联机关干部参加了“全国省会中心城市侨联工作经验交流会”、“全国侨联信访工作会议”、“全国侨联文化宣传工作会议”等经验交流会与各地侨联单位交流学习建立合作。

【宣传工作】 市侨联在2011年围绕科学发展和加快转变经济发展方式主题主线等内容加大了宣传工作力度。拓宽宣传渠道，活跃宣传形式。市侨联与中新网、新浪网、凤凰网等主流网络媒体，达成合作共识。市侨联共发送信息40条，经主流媒体采用信息12条。加强队伍建设，理顺宣传工作体制。2月14日召开会议，在全市侨联系统中广泛征聘侨联新闻报道通讯员。全年发展基层侨联通讯员12人。严格工作纪律，规范宣传工作程序。市侨联办公室负责承担各级侨联宣传信息的汇总、审订和报送工作，并定期与各级侨联研究和拟定宣传工作计划、活动方案、工作安排。各级侨联结合具体工作分工提出信息报送和新闻报道的意向，负责提供宣传稿和相关素材。建立激励机制，加强宣传工作考核。市侨联把宣传报道的绩效作为各级侨联年终考评的事项之一，各级侨联每月必须投稿1篇以上，工作成绩评估采用积分累计的办法，按上报信息和提供新闻线索的数量，被上级部门和各主要媒体采用稿件的数量，以及为各新闻单位采访提供服务情况等累计积分。根据积分情况，进行专项表彰奖励。

【侨联公益事业】 市侨联努力开拓侨联光彩事业、为热心公益事业的海外侨胞、港澳台同胞畅通捐赠的渠道，搭建宽广的舞台。继续做大做强“侨爱心工程”。1月，长春市侨联开展春节前走访慰问归侨侨眷“送温暖、献爱心”系列活动。慰问组还深入街道社区、乡镇及归侨侨眷家里，向生活困难的归侨、侨眷送去了慰问金和慰问品。同时要求基层侨联，要经常关心归侨侨眷，主动向有关部门反映贫困归侨、侨眷的实际困难，积极协调解决一些实际问题，把党和政府对归侨侨眷的关心和爱护落到实处。拓宽捐赠款的范围和渠道。2月市侨联与浙江省新华爱心教育基金会拟在长春推行“捡回珍珠计划”项目，创立“珍珠班”，旨在资助家庭特困、成绩特优学生有机会完成高中三年的学业。经过多方考核现已与榆树一中达成合作意向，具体事宜正在进行中。开展丰富多彩的公益活动。5月27日，二道区侨联到劝农镇中心小学、开展“六一”儿童节慰问和爱心助学活动。此次是二道区侨联自筹资金连续7年到劝农镇中心小学捐助品学兼优的贫困学生10名。

（刘英佳）

长春警备区

【概况】 2011年,长春警备区认真贯彻落实主题主线重大战略思想,突出筑牢军魂建队育人,坚持聚焦中心履职尽责,着力改进作风夯实基础,勇于破解难题推进建设。官兵团结奋进的精神风貌得以集中展现,应急力量建设实现重大突破,基层建设水平呈现上升趋势,典型挖掘宣传取得显著成果,党管武装工作不断创新发展,安全稳定工作有效落实,为部队全面建设进步与发展奠定了坚实基础。

【抗洪抢险冲锋舟集训】 6月28日至7月14日,长春警备区在双阳区双阳水库组织了民兵抗洪抢险分队冲锋舟操作手集训。此次集训,共有58人参训,其中,现役军官24人,民兵专武干部、民兵骨干34人。为搞好此次集训,长春警备区进行了认真的组织准备,专门成立了组织领导机构,聘请了冲锋舟操作手教员,制定了训练、保障和安全等规章制度和措施。集训主要完成了渡河常识、操舟机基本原理、操舟要领、离靠岸、单舟航行、水上救护、编队航行等课目训练。7月14日,组织了汇报演示,受到了省军区首长、长春市领导及各县(市)、区主管武装工作人员的一致好评,达到了培养人才、探索训练路子、提升应急抢险救援能力的目的。

【应急抢险救援演练活动】 为全面检验市、县两级民兵应急抢险救援分队建设成果,长春警备区于9月23日在新立城水库组织了民兵应急抢险救援分队汇报演练,此次演练重点演练了长春市民兵应急抢险救援分队第一时间应急出动能力、人装配套建设以及应急抢险救援能力建设情况。演练共分静态展示和动态演练2项内容,静态展示通过实物装备和图板展示了长春市民兵应急抢险救援分队建设基本情况、长春市及部分县级民兵应急抢险救援分队装备建设情况、长春市军地应急指挥实施流程和长春地区民兵应急抢险救援装备统计情况。动态演练采取战术背景条件下全员、全装、全要素综合连贯演练的方式,主要演练了森林扑火、矿山救援、水上救援3个课目,其中森林扑火主要演练快速应急前出、灭火战斗和组织讲评总结3个部分;矿山救援主要演练快速动员集结、侦察火灾区域、搜救井下被困人员、坑道灭火、快速密闭5个内容;水上救援主要演练搜救落水群众、转移群众及物资、水上自救互救、队形变换、水上打捞、方队行进6个课目。此次演练,受到了省军区、长春市领导的高度好评。

【征兵工作】 2011年,长春警备区党委在调查研究的基础上,提出了“五个不因为”(不因为消化理解政策时间短,就在落实中产生指导偏差;不因为总体兵役登记人数仍不稳定,就随意降低体检、政

长春市民兵抗洪抢险分队在新立城水库组织冲锋舟操作演练

审标准;不因为前期宣传发动有起色,就盲目乐观见好就收;不因为适龄青年报名参军热情不高,就忽视廉洁征兵的重要性;不因为集中精力抓征兵,就放松了部队的安全管理工作)的具体要求,严格落实党委管征、领导分片包点、机关干部蹲点指导等措施。大力开展向锦程街道先进典型学习活动,自觉把选好入伍作为职责,市(县、区)和乡镇街道坚持把征兵工作纳入"一把手"工程,纳入工作绩效考核内容,明确任务和责任。全市累计召开应征青年和家长座谈会 71 场,播发、刊登征兵工作新闻 170 余条,张贴标语 1 万条(幅),发放宣传单 16 万余份。采取封闭体检站、预征青年编号、医生挂牌上岗等办法,坚持标准,准确认症。实行县、乡、村三级政审、区域联审制度,签定《应征青年政治审查责任书》,确保了新兵政治合格。积极发动高学历青年应征,对大学生开设"绿色通道",实施"三优先"(优先报名、优先体检、优先审批定兵)。坚持集体定兵、择优定兵的原则,确保了全面衡量,好中选优,圆满完成征兵工作。

【民兵抢险救援装备集中采购招标】 2011 年,长春警备区积极协调市委、市政府,大力加强长春市民兵抢险救援装备建设。7 月 15 日和 8 月 24 日,长春警备区牵头负责分别组织召开了长春市抢险救援装备器材集中采购招标会。招标由市财政局、市民政局、市安监局、市防火指挥部、市防汛指挥部、长春警备区、长春预备役高炮旅 7 个单位领导共同参与,领导干部有组织权、询问权、指导权,遇有特殊问题的有纠正权,但没有投票权。按照国家招标法及长春市有关法规文件,从长春市采购办评审专家库中选出 100 位专家,编制了评审专家库,采取招标前一天下午临时抽组方式抽出 13 位评委,13 名评审专家以平等的身份组成评标委员会,采取票决制方式决定中标单位,每个评标委员只有 1 次投票权力。规定了招标程序。采取了宣布招标规则、交标的、供应商介绍产品、开标、竞争性谈判、定标、公布中标单位、签订合同等 8 个程序。两次招标严格按照招标规定和相关程序进行,共采购抢险救援通用、抗洪抢险、森林扑火、矿难救援装备器材 5 大类 60 项 30 195 件装备器材。

【总结宣传锦程街道先进事迹】 2011 年 3 月,吉林省双拥工作考评组莅临长春市检查指导,听取了锦程街道"跟踪教育、真情服务官兵"的情况汇报,感到锦程街道继承和发扬"兵妈妈"张敏的光荣传统,坚持 20 年真情服务官兵,具有很强的时代意义和引领作用。长春警备区组成调查组,深入挖掘总结了《20 年情暖子弟兵——长春市锦程街道 "跟踪教育"稳军心励斗志》的经验做法,在《人民日报内参》发表后,军委、总政首长给予充分肯定。6 月 23 日至 30 日,吉林省委宣传部、省民政厅、省军区政治部以及长春市委宣传部、市民政局、长春警备区政治部和西新区党办组成联合调查组,深入锦程街道进行调查了解,形成了调查报告和故事集。7 月 1 日至 14 日,省市新闻媒体深入锦程街道进行采访,之后,利用一个半月时间进行了集中宣传报道。7 月 7 日,长春市委、市政府、长春警备区作出了《关于开展向锦程街道学习活动的决定》。7 月 29 日,吉林省委、省政府和省军区授予锦程街道 "真情服务官兵模范街道"荣誉称号。8 月 5 日,中宣部副部长申维辰专门听取了锦程街道先进事迹的汇报,给予高度评价。11 月 12 日,民政部副部长孙绍骋专程到锦程街道进行实地考察,并给予充分肯定。为进一步学习宣传锦程街道的先进事迹,9 月 29 日,吉林省委、省政府和省军区在长春市举行了首场先进事迹报告会,并先后在吉林、延边等 5 个地区做了巡回报告。之后,又分别在辽、吉、黑三省组织了 4 场军地报告会,引起了社会各界的强烈反响。12 月 8 日至 12 日,《人民日报》、新华社、人民网、中央人民广播电台和中央电视台、《解放军报》、《光明日报》、《中国青年报》、《工人日报》、《经济日报》、《法制日报》、《科技日报》、《中国妇女报》等 17 家中央媒体,组成记者团到长春市锦程街道进行了集中采访。2011 年 12 月 19 日至 2012 年元月 4 日,全国各大主流媒体对锦程街道的先进事迹相继进行了集中深入报道。

【纪念建党 90 周年系列活动】 6 月 24 日,长春警备区在长春市太阳山部落组织"纪念建党 90 周年"系列活动,警备区和人武部全体干部、战士、职工和部分警备区离退休老领导参加了活动。在活动中,重温了入党誓词,组织了签名仪式,开展了庆"七一""飞跃杯"篮球赛机关代表队对宽城人武部代表队的决赛、歌咏比赛、演讲和书画展等活动。此次活动的举行,使全体人员和党员增强了对党的认识,感受到了党的建设成果,更加坚定了听党话、跟党走的信心和决心。

(李世博　霍秀田　刘百川)

武警长春市支队

【概况】 2011 年,武警长春市支队(以下简称市武警支队)在武警吉林省总队党委和长春市市委、市政府的坚强领导下,深入贯彻落实科学发展观,紧密联系实际,狠抓工作落实,圆满完成各项任务。

【党委班子建设】 突出破解难题。常委负责人深入实地、艰苦协调、钻业务、拿建议,定期组织召开警所联席会议,努力争取建设经费,有力推进钢网墙和四配套建设进程。在处理官兵涉法问题上,坚持主动介入、法律援助,解决 5 起涉法问题。坚持重心下移。每月派 6 名常委到部队跑面蹲点,派出 146 名机关和大队干部到中队蹲点代职,共为基层上教育课 36 场次,谈心 860 多人次,培训各类骨干 157 人次。

【思想政治建设】 改进思想作风。组织官兵认真学习主题主线重大战略思想和胡锦涛总书记"七一"重要讲话,深化机关党性教育和理论集训成果,扎实推进 7 个问题专项治理,坚持把改进思想作风的落脚点放在涉及部队长远发展和官兵关心的问题上,召开干部大会对干部使用、工程建设等 16 项内容进行公开承

武警官兵防暴演练

诺。深化主题教育。把开展主题教育与学习党史军史、学习创新理论、开展创先争优活动结合起来，抓好纪念建党90周年和党史军史知识竞赛活动，在南湖纪念碑前组织入党宣誓仪式并在《吉林新闻联播》播出；开展“奉献在哨位，岗位建功业”活动，扑救民房火灾2起。抓好知兵工作。开展“深知兵，真爱兵”活动，组织思想和心理骨干网上培训，把驻长19名已婚士官全部走访一遍，基层中队主官100%与新兵家长通了电话，先后为1 500名官兵提供心理咨询服务，转化67名重点关注人员。

【执勤战备工作】 狠抓军事训练。抓好执勤业务大练兵、勤训轮换、狙击手和器械班集训以及预提士官培训，开展优秀“四会”教练员、“十大训练标兵”评比以及应急小分队和基层警官军事会操，在射击考核和军事会操中表现优秀的给予表彰。治理执勤隐患。制定《支队、大队值班管理措施三十条》，坚持网络查、电话查、实地查以及干部查勤在最远哨位报告制度，执勤“常见病”得到较好解决。推进执勤信息化建设，将长春市重要目标、道路监控图像接入支队指挥中心，为5个中队改建了钢网墙和刀刺网。加强处突战备。搞好快速抽组、机动备勤、拉动演练，每日拉动3人应急小组，提高部队的机动能力。2011年，完成重大临时勤务35起，担负押运押解勤务118起，处置群体性上访事件236起、有碍目标安全事件3起。

【整治警容风纪】 坚持从严治警。开展“三查一除”和警容风纪专项整治活动，防范和纠治仪容不整、对外涉警、违规行车等4个方面16个问题。严格落实车辆和枪弹安全管理规定。深入开展“强化安全理念，争创和谐警营”竞赛活动，突出内部关系建设，落实三级测评、搞好专题教育、开展心理辅导、组织经验交流、严肃实施纪律手段。坚持从严治官。通过学习文件、组织集体谈心、实行诫勉谈话、召开民主生活会管好干部思想；采取召开表彰大会、电话了解、节日走访等形式，管好干部“三圈”行为；深入开展“正三观，纯三圈，防三乱”教育活动，集中抓了治赌、治酒、防止不健康交往教育，坚持每天不定时以电话了解和网络点名的形式，检查基层干部的在位情况，促进了干部履职尽责。坚持典型引导。开展创先争优活动，搞好“士官标兵、优秀士官”和“四个十佳”评选，大力宣扬十五中队八班班长娄永峰拾金不昧的典型事迹，隆重召开庆“八一”表彰大会，邀请干部家属参加，给好主官、好干部、好军嫂、好家庭和优秀司务长发证书、发奖金，组织优秀干部和士官典型到吉林市游玩，支队各级领导走访慰问干部家属。

【基层基础建设】 注重培养人才。利用集训、网络、蹲点等平台，先后组织新训干部、副连职以下干部、新毕业学员、拟提拔干部、两大群众组织、网络维护员、后勤专业技术兵等9个批次246人次的能力培训。先后选送9名干部参加院校学习，组织50名官兵参加自学考试。注重解难帮困。在保证官兵休息权和休假率的同时，针对生活困难和涉法问题，坚持看望有病干部家属、走访慰问两地分居和赴疆官兵家庭，先后为6名家庭变故、受灾的官兵送爱心；坚持党委牵头、深入实地、法律援助，有效解决战士家庭财产纠纷、土地纠纷和干部维权等问题，挽回实际经济损失50多万元。注重综合保障。着眼保生活、保基层，共投入810余万元，为8个中队新建、改建、修缮营房，为3个中队改造备勤室，为6个中队配发床铺，为3个中队新建障碍、战术、器械、队列训练场，为10个中队新建、改建荣誉室，为基层购置300台电脑，绿化营区3 000多平方米。

（张　菁）

人民防空

【概况】 2011年，长春市各级人防部门，坚持以科学发展观为指导，深入贯彻落实中央、沈阳军区和省关于加强人民防空工作的各项决定和第六次全国人民防空会议精神，针对军事斗争形势需要，以打造“准军事化”机关为载体，以全面提升应急能力为目标，抢抓机遇，加快发展，全面推进，各项工作都取得了显著成效。

【组织指挥建设】 针对信息化条件下城市防空袭特点，重新修订了《城市防空袭预案》。人防指挥中心和机动指挥所建设基本完成，已投入使用。752预备指挥所改造工程全面开工。对全市7支人防专业队,共计6 835人进行了整组,专业队伍结构进一步优化。防化专业队训练全面落实,专业队实战能力和快速反应能力进一步提升。组织了代号为“1101”的网上防空袭研究性演习和“9·18”城市居民紧急隐蔽演练,组织指挥能力明显提高。在农安县新建人口疏散基地1个,占地面积4 600平方米,人口疏散基地建设初见成效。依法确定了147个乡镇、街道武装部门的人民防空职能,基层人防工作逐步规范。

【通信警报建设】 警报器社会化管理进一步落实,警报器的使用状态保持良好,在“9·18”警报器试鸣活动中,鸣响率达100%。各区统一购置了视频会议系统,即将建成具有综合信息处理和传输交换能力的指挥信息化平台。人防数据库基础数据的采集工作基本结束,归纳、整理和录入工作正在进行。通信队伍技术人员在岗训练逐步规范,业务素质进一步提高。战备执勤工作得到加强,每天保持对上、对下联络,电台沟通率达到100%,报务无差错率符合要求,综合保障能力稳步提高。

【防空地下室建设】 全市新建工程建设率达95.93%。对全部在建工程实施了质量监督,在建工程质量监督率达100%。利用社会资金建设人防工程取得新进展,双阳区地下商城项目已完工,九台市站前地下商业街工程正在建设中。早期工程加固改造按规定组织设计和竣工验收,工程质量全部达到合格标准。已建工程的维护管理继续加强,工程完好率达85%,比2010年增加10个百分点,工程维护管理率达97%,工程的使用状态保持良好。

【人防行政审批】 全市各级人防部门认真执行国家规定的结建政策,严格按规定权限进行行政审批,全市人防行政审批工作逐步走上规范化、法制化的轨道,有效杜绝了政策外减免。2011年,全市共审批符合结建规定的民用建筑项目221项,地上建筑面积1 528万平方米;收取易地建设费1 470万元,结建率达到98.92%。核定拆除早期人防工程2 622平方米,拆除后补建185平方米,补偿438万元;拆除地上口部房116平方米,收取补偿费58万元。

【人防工程开发利用工作】 积极探索早期人防工程开发利用新路子,拓宽早期工程的使用领域,人防工程利用率逐年提高,获得了良好的经济效益和社会效益。全年完成营业额57 172万元,税金2 433万元,利润7 013万元,平战结合收入3 600万元,为社会提供就业岗位1.1万余个。全市各级人防部门及市办直属企事业单位,都能把安全放在第一位,建立健全各项安全制度,落实消防、防汛等防范措施,开展经常性的安全检查和消防演练,对存在的各种安全隐患及时整治,确保了全市人防工程的使用安全。

【行政执法工作】 依法履行人防行政执法职责,严格按照法定程序和行为规范对人防易地建设费的收取和人防工程建设等方面的违法行为进行查处,对违法行为做到发现一起,查处一起,保证人防法律、法规和规章制度的全面实施,查处违法案件的结案率达到50%以上,保护了人防合法权益。全年组织人防系统执法人员进行了两次培训,参训人员业务素质进一步提高,全年未发生任何执法过错行为。县(市)、区及开发区的行政执法工作取得新进展,“三段式”执法模式继续推广,从市人大常委会、警备区、市法制办联合执法检查的结果来看,各地区依法决策、依法管理和依法办事的能力和水平明显提高。

【人防宣传教育】 全市各级人防部门充分利用多种形式、多种途径,大力宣传人民防空的法律、法规和相关知识。特别是围绕2011年“防灾减灾日”主题活动,开展了人防宣传“进机关、进社区、进企业、进学校、进网络”的活动,有效提高了市民的自我防护意识和自救、互救技能,收到了较好的宣传效果。通过各种形式的宣传,增强了社会各界对人防工作的认识、理解和支持,为长春市人防事业的发展营造了良好的外部环境。

【机关“准军事化”建设】 2011年,全市各级人防部门根据国家、沈阳军区和省人防办关于“准军事化”建设的要求,结合自身工作实际,以“政治坚定、业务精湛、纪律严明、作风过硬、廉政高效”的要求为目标,全面加强机关自身建设,充分调动了干部职工的积极性,增强了人防队伍的整体素质,提高了战斗力,全市人防系统在战备应急建设和办公秩序建设上均有新提高。

(陈英义)

综 述

2011年，全市政法系统认真贯彻市委、市政府的决策部署，围绕加快发展、改善民生、建好城市、促进和谐大局，充分发挥职能作用，着力推进社会矛盾化解、社会管理创新、公正廉洁执法等重点工作，为促进经济快速发展、维护社会和谐稳定、保障人民安居乐业作出了积极贡献。

社会稳定 各政法机关全面落实矛盾纠纷排查化解、属地稳控、领导包保等制度。深入开展"局长接待日"活动，依托"12345"政府热线、"百姓说事点"和基层维稳部门，及时排查、化解、稳控了一大批社会矛盾纠纷。各地相继建立了综治维稳工作中心和联合接访大厅，"联调联动"的整体效能进一步提升，人民调解、行政调解、司法调解三位一体的工作体系基本建立，覆盖城乡的"大调解"组织网络逐步形成。依法按政策化解涉法涉诉信访问题，对涉法涉诉信访案件实行"一个案子、一名领导、一套班子、一个方案、一抓到底"的工作机制。2011年，各类调解组织调处矛盾纠纷24 770件，调处率达97.8%，全市信访总量比2010年下降20%，到省集体访比2010年下降13%，进京非正常访数量比2010年下降5%。同时，妥善处置了东天光路干扰执法、吉林大学新疆籍学生死亡和省实验学生斗殴致死案等群体性事件和敏感事件。加大反分裂、反恐怖、反渗透、反间谍工作力度，侦破了一批大案要案，有力维护了国家安全和政治稳定。

社会管理 按照中央和省委的要求部署，坚持把加强和创新社会管理摆在突出位置，强力推进各项工作落实。2011年11月，市委常委会专题研究部署社会管理创新工作，决定将市社会治安综合治理委员会更名为市社会管理综合治理委员会，赋予指导和协调社会管理创新工作职能，设立了流动人口、两新组织、社会治安等11个专项工作组，市综治委成员单位增加至50个，并将市民政局纳入政法系统管理，进一步加强了社会管理的组织领导和工作力量。市综治委认真履行职能，健全社会管理体制机制，研究制定了《全市加强和创新社会管理的意见》，确定了8大体系30项重点工作任务，并以市委、市政府文件形式下发。相继组织召开了一系列座谈会、研讨会、成员单位会议、专项组组长单位会议，对社会管理工作进行安排部署。各地各部门创新工作理念和方式方法，在工作创新和任务落实上取得了初步成效，创造了"幸福无线社区"、"百姓说事点"、"网格化管理、组团式服务"、社会管理综合信息平台系统等一批成功经验，为全面加强和创新社会管理奠定了良好的工作基础。

平安创建 按照市委提出的"打造最具安全感城市"的目标，全市政法机关密切配合，提高了打击犯罪的整体合力，深入开展严打整治斗争和打击"三类组织、五类犯罪"、"打四黑除四害"等专项行动，依法惩处了一批违法犯罪分子，有效遏制了刑事犯罪高发势头。开展"安全建设年"活动，重点解决食品安全、消防安全、卫生安全、生产安全等重大安全问题，一批安全隐患得到及时整改。2011年7月以来，进一步加大了治安防控力度，加强夜治安巡逻防控网、警务责任区防控网、街路治安防控网、单位内部防控网、视频监控防控网、群众志愿者防控网"六张治安防控网"建设，在社会治安防控体系中起到了重要作用，取得了显著成效，实现了110有效警情、刑事和治安案件、道路交通事故、消防安全事故"四个明显下降"。天网工程二期投入使用，全市可视监控探头总量达10万个，基本覆盖主要街路、出城卡口和要害部位。针对全省群众安全感测评中反映的突出问题，市委政法委成立2个督导组，深入各县(市)、区进行面对面指导，对突出问题进行挂牌督办、集中整改、限期解决，使群众安全感得到明显提升。2011年，在全市群众安全感测评中，群众安全感满意率达93.1%。

公正执法 政法各部门结合实际，相继出台了一系列执法管理制度，执法方式方法明显改进。大力推行"阳光执法"，警务、检务、院务、狱务公开力度进一步加大，执法办案透明度大幅提高。司法体制机制改革取得明显成效，司法拍卖、民商事审判、检察机关职务犯罪侦查、公安机关经济犯罪侦查、司法行政机关狱政管理等五项重点改革任务基本完成。按照中央八部委《关于党委政法委员会对政法部门执法活动进行监督的规定》要求，制定出台了《市委政法委执法监督工作实施细则》，强化了党委政法委执法检查、案件督办、案件协调、案件评查职能，加强了对重点环节和关键岗位的监督，有效促进了政法机关转变执法理念、改进执法方式、提高执法质量、公正廉洁执法。

队伍建设 按照中央政法委的统一部署，深入开展“发扬传统、坚定信念、执法为民”主题教育实践活动。结合“三满意”机关创建活动和“三帮扶”、大走访等系列活动，为基层群众解决了大量实际困难，全市广大政法干警理想信念更加坚定，警民关系更加密切。加大了对政法系统先进典型的选树宣传力度，充分发挥其示范带动作用。加强了对政法专家型人才的培养和储备，积极筹建“长春政法杰出人才库”，鼓励广大政法干警积极奋发向上、钻研业务，争作本职岗位的行家、专家。开展了长春市“十大政法英杰”评选表彰活动，通过电视、报纸、网络等新闻媒体，大力宣传候选人的先进事迹，采取网上投票的形式最终评选出了10名人民群众满意、工作成绩杰出的先进典型，在全社会集中展示了政法队伍的良好形象。积极向上级政法机关推荐工作成绩突出的先进典型，先后向省委政法委推荐了先进基层党组织3个、优秀党务工作者3名、优秀党员干警12名，向中央政法委推荐了先进基层党组织1个、优秀党员干警3名，进一步激发了政法干警立足本职、建功立业的工作热情，在全市政法系统形成了当标兵、做楷模、学先进、做贡献的良好氛围，提高了政法队伍的凝聚力和战斗力。

机制建设 市委政法委充分发挥领导、管理和统筹、协调政法工作的职能作用，相继出台了一系列政策措施，加强了党对政法工作的绝对领导。建立了大要案协调、行政执法与刑事司法衔接工作等“七项联席会议”机制，以及重大事项报告等“五项制度”，理顺了维护稳定、平安创建、信息报送等方面的25项工作制度、机制，印制了《市委政法委工作制度汇编》，把政法委的主要职责和政法机关的工作原则以制度形式固定下来，形成了政法委总揽全局，政法部门各司其职、分工协作、协调运转的工作格局。加大了对领导班子和领导干部的管理力度，制定出台了《市委政法委协助市委及市委组织部管理政法部门领导干部实施细则》，明确了市委政法委对政法机关领导干部的提名权、考察权、审批权和备案权。一年来，市委政法委按照干部管理权限，共审批正处级领导干部37人，其中提拔14人、平职调整12人，免职11人。2011年8月，市委办公厅转发了市委政法委《关于县(市)区党委换届中进一步加强政法委领导班子建设的意见》，对选优配强党委政法委书记提出具体要求。按照文件精神，市委政法委会同相关部门新任了9名政治素质高、协调能力强、工作经验丰富的县(市)、区委政法委书记，并通过举办培训班、列席市委政法委员会全体会议等方式进行集中培训。同时，加强了政法委机关自身建设，大力开展“强化六个意识、创建六型机关”活动，进一步增强了机关干部的政治意识、忧患意识、责任意识、服务意识、自律意识和争创意识，形成了创建学习型、效能型、服务型、廉洁型、创新型、和谐型机关的良好氛围。

（李志国）

公　安

【概况】 2011年，长春市公安局(以下简称市公安局)以打造“最具安全感的城市”为目标，积极探索，开拓创新，忠诚履责，深入推进治安防控体系建设，全面提升公安工作水平，夺取了“追逃清网行动”等一系列重大行动的胜利，有力地维护了国家安全和社会稳定，得到党委、政府的肯定和人民群众的认可。国务委员、公安部长孟建柱签署表彰命令，给长春市公安局记集体一等功。在2011年全市“万人评议机关”活动中，市公安局被评为“三满意”机关。

【治安防控体系建设】 着眼于全市经济社会发展大局，积极探索构建全方位、全天候、立体化的治安防控体系。自2011年7月起，市公安局从市局和分局机关抽调1 000名民警开展夜巡，实行智能化管理、科学化保障、信息化考评，推动警力下沉，提高了市民见警率和安全感，对犯罪分子形成了强大的震慑，全市治安状况得到了明显改善，110接警总量1 248 855起，比2010年下降34.55%，出警总量442 760起，比2010年下降70.38%。从2011年9月开始，白天把长春市区划分成234个警务责任区进行白天警务责任区防控巡逻，使白天可防性案件比2010年下降31.29%。在市区汽车保有量新增10万辆的情况下，改革交警勤务模式，调整交通勤务机制，街路治安防控促进了城市畅通，有效地保持了全市的交通快捷。“天网工程”新增监控探头3.1万个，全市监控探头总量累计

警体运动会反恐演练

达10万个,实现了城市主要路口和社会单位的全覆盖,整个城市的安全系数明显提高。

【严厉打击犯罪】 紧紧围绕影响群众安全感的突出问题,建立大刑侦工作格局,严厉打击各种刑事犯罪。全市破获刑事案件10 744起,其中命案196起,现案破案率达96%,创历史最高水平。特别是攻克了"2·24"劫持人质案、"8·06"、"8·22"两起抢劫金店案件和"10·08"省实验中学学生砍手门等一批大要案件,全市刑事案件立案比2010年下降14.9%。全市共打掉犯罪团伙165个。打掉黑恶团伙数在全省名列第一。共破获各类侵财案件11 320起,盗窃、抢劫、诈骗案件比2010年下降17.7%、38.1%和17.9%,人民群众安全感和满意度明显提升。"追逃清网"行动战果辉煌,全市共抓获逃犯1 499名,其中,抓获公安部B级逃犯3人,部督逃犯8人,省督逃犯11人,命案逃犯171人,潜逃10年以上的命案逃犯119人,抓获本省外市和外省逃犯303人,在全国36个大城市公安机关排名第8,全省位居第2。公安部为长春市公安局记集体一等功,省公安厅给长春市公安局通令嘉奖,先后3次发贺电表扬。

【维护社会政治稳定】 始终坚持"长春稳则全省稳"的工作理念,以建党90周年安保为重点,全力维护社会政治稳定。规模性群体事件预警率达100%,妥善处置群体性事件895起。成功处置了宽城区"7·14"凯悦世纪广场业主堵路、"8·04"东天光路亚泰大街烧烤店千人聚集等一批影响较大的群体性事件。稳妥处置了"海天"和赛诺斯等涉众型经济犯罪案件上访群体、出租车司机群体停运、哈大铁路征地拆迁户等重大涉稳问题,全市没有发生影响政治稳定的重大事件。圆满完成"两节"、"两会"、建党90周年、汽博会、农博会、民博会、东北亚博览会、国庆、党的十七届六中全会、市委十一届九次全会、市人代会、市政协会等重大政治活动安保任务。集中开展市政府局长接待日活动12次,中央政法委、公安部和省公安厅交办的131起信访案件息访117起。

【社会治安整治】 紧紧抓住群众反映强烈的治安突出问题,全面落实打防管控各项措施。打击假发票犯罪、打"三电"、打击非法广告、整治校园周边治安秩序、"亮剑"等专项行动成果在全省排名第一。冬季治安整治行动共打掉犯罪团伙142个,抓获团伙成员519名,比2010年翻两翻。破获"两抢一盗"案件2 718起,查处黄赌毒案件1 284起,破获"四黑四害"案件142起。持续开展交通、消防、校园、校车等各项安全隐患排查整治行动,全市交通事故1 959起,比2010年下降17%;死亡563人,比2010年上升0.5%;受伤2 157人,比2010年下降20.5%。火灾事故3 054起,比2010年下降26.2%;死亡18人,比2010年上升80%;受伤2人,比2010年下降33.3 %,全年未发生重特大治安灾害事故。

【创新社会管理】 坚持以人为本、服务为先,深入推进公安机关社会管理创新。完成实有人口信息采集核查,摸排实有人口204.3万户、610万人,大力推行流动人口居住证制度,人口管理水平大大提升。加强网上涉警、涉稳、涉热点、敏感问题舆情监控,及时发现处置一大批网上有害信息,没有发生落地影响社会稳定的事件。全面加强和改进公安交通、消防、户政、出入境管理、治安等行政管理工作,放宽城市户口落户条件限制,创新居民身份证服务管理,方便群众办理驾驶证、出国、出境证件。长春市公安局被市政府授予"优秀行政审批管理办公室"。涉案财物和执法办案场所涉案人员专项治理得到公安部和省公安厅肯定,南关分局被公安部命名为"全国公安机关执法规范化示范单位"。制定了《长春市公安局执法工作规范》。全警通过执法资格考试。率先在全省实现警综平台网上办案自动批量签章功能。旅店业、网吧信息管理系统覆盖率达100%。警综平台和大情报平台实现了对接。

【公安队伍建设】 始终把队伍建设作为公安工作的根本和保障来抓,坚持"抓班子、带队伍、促工作",队伍正规化和警务保障水平明显提升。全面开展了民警从优待警状况大调查,出台了13条从优待警措施,做了12件增加民警货币性收入的实事。制定了民警纪律作风管理和表彰奖励规定,涌现出一批先进集体和先进个人。全面实施"轮训轮值、战训合一"的训练模式,民警参训率达到98%。大走访"开门评警"活动受到群众好评。政行风和软环境建设深入推进,严肃查处民警违法违纪案件。加强公安文化建设,举办了警体运动会,成立了长春市公安文联,开展丰富多彩的警营文化活动,提升了公安机关社会影响力。

(鲍彦名)

【交通管理工作】 2011年,市公安局交警支队确定了"树立新理念、提升软实力、打造硬队伍、建设小机关、做强大基层"的总体工作思路,优化交通组织,实施了三年严管行动计划,实现了警力下沉,提高了路面见警率和交通、治安管控效率,完善了队伍管理机制,支队各项工作得到了上级领导和广大群众的肯定。

主动向党委政府建言献策,得到了党委政府的全力支持 在交通形势日益复杂的情况下,一方面全队民警不等不靠,强化管理,一方面主动汇报,争取支持,得到了市委、市政府的高度重视。交警支队班子先后争取到指挥中心改造资金及交通管理设施经费1.43亿元,增加民警出勤补助费540万元,激励了广大民警的出勤积极性。同时,增加100名事业干部,新增500名协勤员,理顺了4个开发区大队的正处级编制,重新整合了车管所架构,新增交通设施规划处。市公安局交警支队的交通管理工作得到领导和社会各界的普遍认可。

采取"7+1"交通管理举措,全市交通微循环系统功能显现 "7"就是采取7项主要措施实施7期交通流调整:1.调整单行线142条,全市单行线总数已达217条。区域性环型路网结构已初步形成,在缓解交通拥堵方面成效显著。2.在市区人民大街、解放大路等主要街路设置公交专用道10条,逆向公交车道5

交通环境整治迎文明城检查攻坚战动员部署会

条，全市逆向公交车道已达18条；设置公交车左转弯专用信号10处，公交车整体通行速度平均提高了30%。3.对全市97个路口、183个方向采取了方向性限制，提高了路口通行能力。4.在解放大路、西安大路的道路中心分段增设了一条机动车左转弯专用道；长春大街缩窄了机动车道，施划为双向8车道。有力地提高了交通繁忙区域的道路通行能力。5. 限制机动三轮车进入市内12条主要街路，分时段限制摩托车进入市内11条主要街路，在人民大街、自由大路、吉林大路和人民广场实行小型车尾号限行措施，优化了交通流的时空分布。6.由标线隔离大举向物体隔离转变，在全市24条主要街路大规模推进中心隔离护栏建设，已安装中心隔离护栏81公里，道路通行秩序显著改观。7.实施了4期路口渠划改造，主要交通节点全部采用路口绿化带后退、加大左转弯半径、改造行人过街通道等工程性措施，其中绿化带及转弯半径改造共76处，行人过街通道改造共56处，路口交通流吞吐能力大幅提升。“1”就是强化自身职能，加大管理力度，打一场缓堵保畅攻坚战。2010年以来增加了16万辆，机动车总量已达61万辆，道路翻修达30%，地铁一号线、二号线等重大道桥工程对日常交通干扰严重的不利形势下，基本化解了车辆快速增长带来的交通矛盾，道路交通拥堵状况没有进一步恶化。

大胆深化勤务改革，扩大了警力管控的时空范围和效能 持续开展勤务改革工作，打造了巡查的四级10种全警勤务模式。共设置46处区域固定岗、28处机关早晚高峰定点疏堵岗、58台巡逻车勤务岗、145台摩托车勤务岗、8处公路卡点勤务岗、支队领导勤务岗、处队领导勤务岗、中队干部勤务岗、机关民警双休日勤务岗和交通应急预案勤务设置，建立了以外勤民警为主体，机关民警为辅助，多层次实施的警务防控体系，实现了点疏导、线巡逻、面防控的管控新格局。同时，警控时间扩大到早6：30分至晚22时，并实行“零容忍”勤务考核制度，提升了路面见警率。有警时间基本上5分钟就能到达警情现场和堵点。

组织全队警力坚持从严整治交通秩序，交通环境明显改善 1.高标准落实150天市容环境综合整治行动，打造了城市交通环境新亮点。新增交通标志1 150面，拆除绿化树池29处，对主干道路和部分支路巷道的交通标线进行了复线和施划，15条精品街路的交通管理设施成为样板。2.以市政府名义高规格启动了“三年严管行动计划”。3.落实创城工作部署，组织全队民警重点打击“三车”交通顽疾。将干扰通行机动三轮车、人力三轮车和手推车规划至城市外围区域。特别是在创城迎检工作中，全体交警严格执法、文明管理，成为全市一道亮丽的风景，得到领导和市民的充分肯定。

实施了《文明交通三年行动计划》，进一步强化了交通安全教育手段 召开了市交安委局际联席会议，调整了组成人员，进一步夯实了交通安全社会化管理基础；组建百名出租车交通信息员队伍，拓展了路面信息采集渠道；组建百名冬季车辆助推志愿者服务队，强化了疏堵保畅的社会力量；组织支队相关部门改版了《交通警视》和《交警网站》，与长春晚报联合创办了《领航》交通特刊，交通安全宣传的受众人数已超过百余万人，“多元化出行和小限制服务大交通”的理念正在被更多的交通参与者认同和接受，城市文明交通品位得到了有效提升。

健全完善交通事故预防机制，交通安全形势持续稳定 在全支队推行交通事故支、大队两级研判制度，有针对性地强化秩序管理、车驾管源头管理、隐患排查等各项措施；实行“五到五强力”措施，圆满完成了“追逃清网行动”任务，撤网率达100%。全年全市共发生适用一般程序交通事故1 959起，死亡563人，伤2 157人，万车死亡率4.63，比2010年分别下降16.99%、0.71%、20.46%和10.44%，实现了交通安全形势持续稳定的目标。

组织完成了交通指挥中心升级改造的前期准备，信息化建设正稳步推进 投资近一个亿的交通指挥中心升级改造资金已经落实，改造方案招标工作已经完成，相关设计正在进行。同时，支队于5月份全面启用了交通管理综合应用平台。升级了社会化服务系统，公路卡点系统建设也正在进行招标；执法自助处罚系统、地理信息系统、互联网站迁移已经进入调试阶段，交通科技建设正在向前迈进。

带领全队民警完成了各类大型交通安保任务，展现了公安交警的良好形象 2011年，全队共完成中央首长及中外来宾交通安保任务19次，完成省、市领导公务活动交通安保任务165次，完成汽博会等各类大型经贸文体活动交通安保任务35次，动用警力约2万人次，确保了交通安保任务的万无一失和“三节”、“两会”期间交通氛围的安宁祥和。

大力加强社会管理创新，便民服务体系日臻完善 组织支队相关部门与省保监局联合出台了《交通事故快速处理办法》，并正在深化和完善；“四位一体”事故处理机制正在有序推广；在主城区大队开通了车驾管业务；新增了3条驾驶员体检线；车管所实现了“一窗式”办公；遍布全市各区域的11家交通管理服务站运行良好；通过公开招标，在汇通、君安两家驾校设立了社会化便民考试场，制定出台了《道路交通十项轻微违法行为管理规定》，对轻微违法不予处罚，彰显了人性化管理特色，受到广大市民好评。

始终坚持政治建警、从严治警，队伍的整体风貌明显转变 注意强化支队班子整体功能建设，带领班子成员和全队处科两级干部，深入一线，率先垂范，并着力解决民警的后顾之忧，同时注意强化全队民警“国家有难，军人义不容辞；交通拥堵，交警责无旁贷”的思想意识，牢固树立“围绕基层、路面第一”、“疏堵有责、急如救火”的工作理念。组织开展了“大走访”、“开门评警”、“奉献在岗位·温暖在窗口主题教育”、“队伍纪律作风十项查找改”、“车管所十个严禁·五个一律队伍教育”等活动。重新修订了《绩效考评方案》及《考核实施细则》，实行全员岗位绩效考评。同时，上半年共交流57名科级干部，精简50名机关警力，并通过对支、大队机关警力实行轮流挂职半年下派基层的办法，下派民警112人，清理机关借调人员18人，全部充实到基层。从严队伍管理，给予4名违纪民警调离热点岗位等处理，队伍的和谐向上的氛围进一步形成。在全局警体运动会上，支队勇夺团体第一名，彰显了公安交警风貌。

（潘 东）

【消防工作】 2011年，长春市公安消防支队（以下简称市消防支队）以“五大”活动为主线，扎实推进构筑社会单位消防安全“四个能力”建设，深入开展“清剿火患”战役，努力建设具有长春特色的现代化公安消防铁军，圆满完成了全年工作任务，实现了火灾形势持续稳定、部队高度稳定的目标，为服务长春经济社会发展、保障人民安居乐业作出了贡献。

围绕中心服务大局，努力赢得政府支持 支队党委紧紧围绕“清剿火患”战役和建设现代化消防铁军这一中心，团结协作，主动作为，通过广泛征求党委、政府合理化建议及意见，对多个省级重点招商引资项目提供优质消防服务等措施，赢得了各级党委、政府的充分肯定和大力支持。省委书记孙政才，省委常委、市委书记高广滨，市长崔杰等省市领导及各县区党政领导带队检查消防安全、视察消防部队，解决了一批制约消防工作和部队建设发展的重大问题。各级政府消防经费投入进一步加大，全市消防部队业务费总量2.3亿元，支队本级消防业务经费基数增长8%，大队经费基数增长10%，为可持续发展奠定了坚实基础。

努力创建平安长春，排查整治扎实有效 充分发挥各级政府、职能部门工作合力，对商场、市场及公众聚集场所开展了10余项消防安全整治专项行动。特别是“清剿火患”战役开展以来，全体官兵日夜奋战，采取超常规举措，倾力打造“八大战略体系”和“十项推进措施”，推行消防安全网格化排查、户籍化管理，不断掀起战役高潮。战役期间，全市各项火灾数据以及有关指标大幅下降，没有发生较大以上以及有影响的火灾，使长春市消防安全环境得到了强力改善。由于战绩突出，2011年12月，长春市公安消防支队被公安部消防局评选为“清剿火患战役先进支队”。

关注群众切身利益，增强宣传教育实效 完善社区消防工作机制，发放400台社区消防宣传电动自行车，购置10台消防宣传车，社区消防安全防控能力明显提升，在长春市朝阳区同德社区成功举办了全国城市社区消防宣传工作现场会；组织“大宣传”活动周等10余项宣传活动，举办了教育系统消防宣传工作现场会和乡镇长培训教育现场会。媒体宣传成果显著，全年在各类媒体、网络共发稿1万余条。

立足灭火救援实战，强化消防铁军建设 支队立足实战需要和城市发展要求，深入开展灭火救援攻坚组专项训练，组织“铁军大队”、“铁军中队”评比活动，强化辖区“六熟悉”等基础工作，积极开展灭火和各类灾害救援演练；围绕长春市“七大商圈”和城市消防站布局，推行区域联防作战机制，重点打造了5个中心消防站；圆满完成了总队训练基地应急救援演练任务，向公安部及省市各级

消防官兵苦练业务

领导展示了练兵成果。2011 年，支队共接警出动 4 077 次（其中参与灭火救援行动 3 054 起），出动警力 3.5 万人次，出动车辆 7 300 台次，抢救遇险和疏散人员 2 500 人，抢救财产价值 3 300 万元，出色地完成了全年灭火救援任务，赢得了各级党委、政府及人民群众的高度认可。支队被总队评为“全省执勤岗位大练兵优秀支队”。

着眼部队建设需要，团队活力明显增强 支队大力加强官兵思想政治建设，组织开办了政治教育大讲堂、“文化夜校”，打牢官兵思想基础；加强警营文化建设，举办了“七一”主题党日活动及庆祝建党 90 周年文艺演出；启动“清剿火患”战役工作政治服务保障预案，发放夜餐“爱心饭盒”，慰问官兵及家属，送医下基层，提升官兵福利待遇，鼓舞官兵士气，为中心工作提供了政治保障。扎实开展“大走访”开门评警活动、“大讨论”活动，组织一线执法监督人员面向社会单位述职述廉，聘请了 60 余名社会特邀监督员。深入开展“条令条例学习月”活动和“五无安全创建年”活动，全年部队无违纪和责任事故发生，确保了部队安全稳定。在全省消防部队举办的条令条例知识竞赛、队列会操比赛中，支队代表队 2 次荣获了第一名的好成绩和多个奖项。典型培树工作收到丰硕成果，特勤一中队中队长助理孙军荣获全国“青年五四奖章”和全国公安消防部队模范共产党员称号，受到了党和国家领导人的亲切接见，并直接破格提干。特勤一中队中队长助理王洪伟荣获第九届“感动吉林十大人物”称号。全年支队共有 55 名官兵荣立三等功，200 余名官兵受到嘉奖。

切实加强基础建设，提升后勤保障能力 2011 年，完成了特勤二大队和战勤保障大队的建设任务。双阳大队、榆树大队、农安合隆消防站、高新综合训练馆和高新北区消防站建设完成并投入使用。另外，积极支持总队训练基地建设，完成总队训练基地硬化等援建任务。支队共投入 6 000 余万元购置装备器材，购置执勤战斗车辆 47 台，购入各类消防器材 3 712 件（套）。结合灭火救援实战需要，向市政府申请 620 万元专项经费，购置 1 台 100 吨越野轮胎起重机，进一步增强城市消防安全保障水平。支队一次性载水量达 1 000 吨，一次性载泡沫量 70.1 吨，在全国省会城市中处于中等装备水平。

（宫 健）

检 察

【依法打击刑事犯罪】 按照“严到位，宽适度，重化解，讲效果”的工作思路，认真贯彻落实宽严相济的刑事政策，促进社会长治久安。坚决打击危害国家安全和社会稳定的严重刑事犯罪，积极参加“惩治和预防严重刑事犯罪专项行动”，共批捕刑事犯罪嫌疑人 4 441 人、起诉 5 652 人。配合公安机关开展“清网”追逃专项行动，联合发布《追逃公告》，联合制定《跟踪监督在逃人员工作制度》，共批捕落网逃犯 979 人、起诉 1 451 人。与有关部门协同开展了打击侵犯知识产权和制售伪劣商品犯罪“亮剑”行动，共批捕 88 人、起诉 76 人，有力地震慑了犯罪。

【查办和预防职务犯罪】 按照“保持平稳，突出质量，注重效果，确保安全，惩防并举”的工作思路，深入开展查办和预防职务犯罪工作，推动了反腐倡廉建设。全年共查办职务犯罪案件 352 件。其中，贪污贿赂案件 215 件、渎职侵权案件 137 件；大案 145 件、局处级要案 43 件；起诉 330 件，已判决的 319 件全部作出有罪判决。集中开展了查办危害民生民利渎职侵权犯罪专项工作，共办理 67 件案件，切实维护了群众利益。两级院深入机关、企事业单位开展法制宣传，发送宣传手册 5 000 余册、举办法制讲座近 80 场。市检察院成功举办了“全国检察机关惩治和预防渎职侵权犯罪展览”，省、市主要领导参观了展览，并作出重要指示。

【诉讼监督工作】 按照“以监督效果为风向标，监督质量为核心，监督力度为保障”的工作思路，不断深化诉讼监督工作，重点监督严重侵犯人权、损害群众权益的诉讼违法行为。注重监督有罪不究的问题，共监督立案 42 件、追捕 65 人、追诉 152 人。注重监督侵犯当事人合法权益的问题，共监督撤案 45 件；对侦查机关移送的案件，认为不构成犯罪不批捕 41 人、不起诉 1 人，防止了冤错案件的发生。加强审判活动监督，共提出刑事抗诉 14 件；对民事、行政裁判提请抗诉 30 件、抗诉 7 件、发再审检察建议 41 件；对 216 件裁判正确的案件，认真开展析法说理，积极协助审判机关做好息诉工作；督促起诉国有资产流失案件 37 件，挽回经济损失 200 余万元，维护了国家和集体的利益。共查办司法腐败案件 8 件 12 人，对严重侦查违法行为提出纠正意见 133 件次。

【自身监督工作】 牢固树立“监督者更要自觉接受监督”的理念，认真推进职务犯罪案件逮捕权上提一级改革，持续开展案件评查，防止和纠正自身执法中存在的问题。主动接受党委领导和人大、政协监督。重大事项和重大案件，及时向党委、人大请示报告。9 月份，市检察院向市人大常委会专题报告了查办和预防职务犯罪工作，并认真落实常委会的《审议意见》。主动走访代表、委员，征求对检察工作的意见和建议。进一步深化检务公开，全面推行人民监督员制度。市检察院重新聘请了 102 位人民监督员，组织监督员监督 27 件拟撤案、不起诉的职务犯罪案件，监督意见被全部采纳，保证了办案质量，促进了自身严格执法。

【服务经济工作】 根据长春市“十二五”规划纲要，市检察院经过广泛调研，制定了《服务长春经济社会科学、加快、率先发展的工作意见》，提出了“只要不违反法律规定、只要有利于发展，就坚持主动服务”的指导思想，推出了一系列新举措，服务政策更加完善，服务措施更加具体。市检察院对原来包保的 187 个大项目进行了全面的需求调查，确定了 59 个需要“紧密型”服务的项目作为重点服务对象，分阶段开展服务活动。按照“助大扶弱”的理念，市检察院确定了 20 户大型民营企业和 30 户中小型民营企业作为服务的重点。既注重支持龙头企业做大做强，也注重为刚刚起步的中小企业提供法律服务，为企业排忧解难。

【队伍建设】 1.加强班子建设，积极倡导建设“讲团结、讲正气、讲实干、讲服务、作表率”的领导班子，提出“作好表率、向我看齐”的要求，班子内部形成了相互信任、相互包容、相互理解、相互支持的良好氛围。认真履行协管干部职责，协助地方党委完成了县、区院领导班子的换届工作，领导能力进一步增强。2.加强思想教育，提高检察人员的政治素质。深入开展“发扬传统、坚定信念、执法为民”主题教育活动。积极开展“三走进、三联手、三促进”和“三帮扶”活动。两级检察院共建立帮扶点26个，检察长带头深入基层，帮助解决各种困难。市检察院干警为困难群众捐款10万余元。3.加强业务培训，提升检察人员的执法能力。采取检察官教检察官、约请专家讲学、典型案例研讨、办案技能竞赛等形式，对领导干部和一线办案人员普遍进行了轮训。在“全省公诉人与律师论辩赛”中，长春市代表队取得包揽团体赛前两名、个人赛前六名的佳绩。以长春市为主体的吉林省公诉代表队获得全国六省“公诉人论辩赛”团体第一名和个人第一名。4.加强廉政建设，强化检察人员的职业纪律。以“廉政文化建设年”为载体，通过编发《警钟长鸣》专刊、参观警示教育基地、举办爱岗敬业演讲比赛等形式，大力加强反腐倡廉教育，提高干警廉洁自律的意识，市检察院被评为“全国检察机关纪检监察工作先进单位”。

【标准化建设】 全市两级院按照“突出特色，逐次推进，借鉴创新，持续提升”的工作思路，认真开展标准化建设，初步建立了符合现代管理理念和管理体系。1.抓思想发动，做到真懂真信。举办管理知识大讲堂，聘请专家辅导，管理骨干传授经验等措施和培训，使全体检察人员认识到推进标准化建设对检察工作科学发展的重要意义，增强了积极性和主动性。2.抓机构建设，加强组织领导。两级检察院均成立了标准化建设办公室，专门负责推进标准化建设。下半年调整了内设机构，成立了基层建设指导处、案件管理办公室和警务处，为推进标准化建设提供了组织保障。3.抓制度建设，健全管理机制。两级检察院围绕案件管理、队伍管理、事务管理3个重点，建立健全了执法办案标准、人员素质标准、基础保障标准和绩效考核标准体系。共制定和完善规章制度200余项，初步形成了“职责分工明确、工作标准清晰、执法程序规范、绩效考评科学”的检察管理体系。4.抓人员调整，优化人力资源配置。按照岗位需求和人员效能最大化的要求，公开选拔了24名中层干部，交流了30名干警的工作岗位，提高管理效能。

（梁峥华）

长春市第二届公诉人与律师论辩赛

审 判

【概况】 2011年，长春市中级人民法院（以下简称市中级法院）紧紧围绕全市发展大局，自觉坚持市委领导，主动接受人大、政协监督，积极争取政府和社会各界的大力支持，各项工作取得了明显成效。全市法院共受理各类案件77 049件，审结74 084件，结案率为96.15%，法定审限内结案率为99.54%。其中，市中级法院受理各类案件10 736件，审结10 187件，结案率为94.89%，法定审限内结案率为99.69%。

【依法惩治刑事犯罪】 市中级法院受理一、二审刑事案件648件，审结632件。依法从快审结了沙金河等14人黑社会性质组织犯罪案、王宏亮贩毒案、李卫兵致人毁容案等一批有重大社会影响的案件。对15件醉驾案件进行集中宣判，取得了良好效果。实行轻伤害刑事案件和解制度。未成年人犯罪缓刑适用率达36.48%。回访假释人员54人次。加强量刑规范化工作的对下指导，交通肇事、故意伤害等15种常见刑事案件上诉率比2010年下降3.15%，退赃退赔率比2010年上升12.51%，刑事附带民事调解率比2010年上升6.42%，得到了中央政法委督查调研组的高度评价。

【积极化解民事纠纷】 市中级法院受理各类民事案件1 619件，审结1 585件。发挥诉前调解功能，全市法院14 018件案件进入诉前调解程序，调解成功4 989件，开展巡回审判1 402次，审理、调解案件1 879件。调解解决非本集体经济组织成员购买农村土地房屋案4件，妥善化解了47名农民工讨薪案，统一了法医类伤残鉴定标准，对异议复议案件执行严格听证程序，都取得了较好效果。全市基层法院民商事案件调撤率达69.50%，市中级法院达32.28%。

【妥善处理商事案件】 市中级法院受理各类商事案件1 586件，审结1 368件，为企业执行回款3.24亿元。妥善审理了德大集团重整案，推动企业逐步走向复苏。采取调查令等新型工作方式，加快新华证券、泛亚投资等重大破产案件审理进度。较好解决了大唐热电二厂借款合同纠纷案、高新区超越大厦建筑施工合同纠纷案。加大知识产权保护力度，审理了吴太药业商标权纠纷案、27 家网吧著作权纠纷案等案件，知识产权案件调撤率达 80.77%。

【推动依法行政】 市中级法院受理行政案件 379 件，审结 358 件。出台了《关于审判(执行)国有土地上房屋征收与补偿案件的指导意见》，强化对行政征收行为合法性审查。建立提前介入机制，在长吉一体化、城市重大基础设施建设中制定矛盾纠纷处理预案。推行行政首长出庭应诉制度，提升了行政审判效果。开展行政诉讼简易程序改革工作，更快捷地化解行政纠纷。继续专项分析行政败诉案件，发布行政审判白皮书。行政庭深入重点执法部门开展对接交流，组织 9 个城区法院行政庭长集体走访行政机关加强协调。省人大调研组对全市法院行政审判工作给予了高度肯定。

【化解信访积案】 坚持领导包案和责任倒查制，制定了案件信访评估预防实施细则，运用教育、协调、救济等工作方法，妥善化解上级机关交办的涉诉信访案件 405 件，案件化解率达 96%，实现了省高院要求的 90%以上的目标。开展了创建“无执行积案法院”和“反规避执行”活动，宽城法院被省法院评为“无执行积案先进法院”。在清理审判积案、执行积案、信访积案“三案三清”活动中，排查积案 1 222 件，审结 1 040 件。市中级法院被评为“全省法院系统涉诉信访工作先进单位”。

【服务企业工作】 出台了《关于加快经济发展方式转变、促进“三化”统筹的意见》、《关于为我市县域经济发展加强司法保障和服务的工作意见》，提出了服务发展的具体措施。1 332 家涉诉企业通过绿色通道进入立案程序。依法为企业减、缓、免诉讼费 659.2 万元。开展“百名法官进百企”活动，深入企业进行法制讲座，防范经营风险。与保监局、驻长各大银行召开座谈会，提出司法建议。对长春市国有企业破产案件审理工作进行了专项调研，受到相关部门重视，市中级法院被评为“全国法院审理企业破产案件先进集体”。

【开展专项维权】 开展“和谐乡镇”、“和谐社区”、“和谐军营”活动，走访驻军部队 46 次，为 5 000 余位官兵提供法律服务；深入 699 个社区、乡镇、村屯，针对民生热点问题，及时提供法律帮助。市中级法院被评为“全市五.五普法依法治理先进单位”。开展“妇女儿童维权服务直通车”活动，通过设立巡回法庭、开办“法官说法大讲堂”等形式，实现了妇女儿童维权在宣传教育、法律咨询、多元调解、审判执行和帮扶救助等 5 个方面的直通。此项工作受到了全国妇联党领导和省委领导的肯定，并在全省法院推广。

【深化立案窗口建设】 全市法院诉讼服务中心增设了法律志愿者服务窗口，免费为当事人代写文书、答疑解惑。增设了优抚窗口，为弱势群体优先立案、优先服务。21 个人民法庭实现了电子签章和网络远程立案，推广预约立案、上门立案等服务。省委常委、市委书记高广滨作出批示，认为“长春两级法院立案窗口建设做的很好，方便了群众诉讼，促进了社会和谐”。市中级法院、二道区法院、九台法院被评为“全国法院立案信访窗口建设先进集体”。

【开展司法救助】 认真落实《长春市 2011 年民生行动计划》，积极开展刑事案件受害人救助工作，为 21 名申请人发放 51 万元救助款。慎重启动执行专项救助，为 5 件案件提供救助款 25 万元。全市法院依法为广大群众减、缓、免诉讼费 662.7 万元。积极组织两级法院开展信访救助工作，为生活确有困难且符合条件的上访人申报信访救助，市中级法院(含经开法院)申报并获批救助资金 187.57 万元，两级法院共计 615.39 万元。

【畅通民意沟通渠道】 开展“大走访心连心”活动，市中级法院领导干部走进社区、企业、学校，征求 200 名人大代表、政协委员的意见。先后邀请 109 名人大代表、政协委员到法院视察工作、列席审委会、旁听庭审。两级法院收到人大代表建议、政协委员提案 19 件，全部办结。深入开展“大接访”、“下访心连心”活动，下访 216 次，接待群众 1 012 人次，密切了与群众的血肉联系。开展“公众开放日”活动，主动邀请群众走进法院，了解审判工作、提出建议意见。市中级法院接听院长公开电话 627 次。推进裁判文书上网。坚持人民陪审员制度，一审案件陪审率达 58.49%。

【开展民商事审判方式改革】 以二道区法院和市中级法院民一庭、民四庭为试点单位，开展民商事审判方式改革。针对庭审程序、发回改判标准等方面存在的问题，出台了各项规范化标准和诉讼服务措施，明确了审判主体和审判管理主体的职责、权限，厘清了管理节点与审批程序，强化了对司法鉴定机构的监管，以程序公正促进实体公正。总结分析了 8 类最常见民商事案件同案不同判的原因，统一了法律适用标准和司法裁判尺度，推出主审法官负责制，强化普通法官、法官助理和书记员的保障配合职能，为民商事审判中规范法官裁量权做了有益探索。市中级法院二审案件开庭率达 63.78%，民商事案件结案率达 92.14%。

【实施执行分权机制改革】 在朝阳区法院试点的基础上，在全市法院推广执行分权机制改革，打破一人负责到底的传统工作方法，将执行权分为执行审查权、实施权、监督权，采取“分段实施、分权制衡、重点环节和关键节点控制”为特征的办案模式，实现了一案多人、流动承办、整体联动、相互制约，同时提高当事人参与执行的程度，促进了执行公开。市中级法院受理执行案件 586 件，执结 345 件，执结率达 58.87%，执行标的额到位率达 42.10%，比 2010 年上升 10.10 个百分点。按照新流程执行的案件，无积案、无新访。省高院充分肯定了长春执行机制改革工作，并在全省法院推广长春经验。市人大对此项改革给予了高度评价。

【开展司法拍卖工作改革】 在东北地区首次进行了司法拍卖工作改革，将城区法院10万元以上、县（市）法院100万元以上标的物拍卖进入长春产权交易中心，采取互联网电子竞价方式公开竞拍，形成了法院、产权交易中心、拍卖公司三方监督制约机制，使司法拍卖与法院和法官相隔离，并对拍卖工作中的职责分工、拍卖流程、文书样式等方面都做了相应规范，从而切断“法槌”与“拍卖槌”之间可能产生的灰色利益链，实现拍卖标的物交易价格最大化，最大程度保障债权人和债务人的合法权益。首次网上竞拍中，竞拍次数15次，标的物增值率达7.71%。省高级人民法院、市纪检委和市委政法委对此项改革给予了充分的肯定。

【完善审判管理】 完善各项审判管理制度，进行月评析、季通报，并将考评结果与提职晋级、评先选优挂钩。开展了“万起案件评查”活动，对案件信息录入、流程管理进行了专项检查，对各个专项清理活动进行统筹调度，针对问题进行评析指导，将评查的差错情况纳入考评指标。出台了《长春市中级人民法院问责管理办法》，对审判工作中的7类问题实行问责。规范审判管理行为，开设审判质效评估、案件质量评查、审判管理信息、审判管理问责4个网上专栏，及时发布信息、督促管理。在全省法院审判管理工作经验交流会上，市中级法院介绍了做法。

【加强基层基础建设】 建立了市中级法院党组巡察制度，考察、监督基层法院执行法律政策、工作部署及党风廉政建设情况，协助解决困难和问题，并对重要工作实行跟踪督办。对人民法庭工作进行了专项调研分析，表彰了“优秀人民法庭”、“扎根法庭标兵”等一批先进单位和个人。实行动态化对下指导，基层法院劳动争议案件质量有了大幅提高。对下发督办函及督促执行令的案件实行全程跟踪，确保案件监督落到实处。充分发挥信息化技术对审判工作的支撑作用，集中推广九台市法院信息化技术运用经验，建成科技法庭22个，九台市法院、农安市法院开通了互联网站。

【打造优秀法官队伍】 深入推进“三满意”机关建设，出台了《关于进一步加强全市法院队伍建设工作的意见》。深入开展“发扬传统、坚定信念、执法为民”主题教育实践活动和“我的岗位我负责、我的工作请放心”大讨论活动，进一步推进“社会主义法治理念再学习、再教育活动”，切实解决司法不公、司法不廉等问题。继续层层签订《党风廉政建设责任书》。实行领导干部问责制度。出台规定防止法院内部人员干扰办案，对配偶子女从事律师职业的领导干部和法官实施任职回避。将廉政风险防控机制建设与审判管理、行政管理和队伍管理工作机制改革相结合，提出防控意见67条。认真开展“五个严禁”、“八个严禁”、“规范司法行为、促进司法公正”、“整治司法不公、严惩司法腐败”等专项活动，对各类举报线索和问题案件进行了评查和处理。市中级法院被评为“全市反腐倡廉宣传工作先进单位”，并在全市党风廉政建设经验交流会上作经验介绍。组织开展“万名干部进社区”活动，市中级法院203名党员干部利用工余和双休日的时间，对普阳街道办事处7个社区19 693户居民入户走访宣传。积极开展创先争优活动，评选出20个党员先锋岗，选树了31名“翟树全式好法官”。市中级法院被评为“全省法院党建先进单位”，在全省法院党建工作经验交流会上介绍了作法，在全市创建“三满意”机关经验交流会上作典型发言。市中级法院在全市“万人评议机关”活动中，连续3年被评为“群众满意单位”，在市委目标责任制考核中连续3次获得优秀等级。市中级法院民三庭被最高院政治部评为“全国法院先进集体”、市中级法院宣教处被全国妇联评为“巾帼文明岗”。女法官协会长春分会被评为“省法院系统‘巾帼建功’活动优秀组织奖”。积极开展扶贫帮困工作，市中级法院被评为长春市“慈善救助双日捐先进单位”。

【推进文化建设】 开展建党90周年纪念活动，举办第二届法院文化艺术节，组织全市千余名法官干警开展了9大类文体活动，征集并确立了“厚德尚廉，明断致公”的院训。市中级法院在市直机关运动会中获得团体总分第四名，同时获得精神文明奖。加强法官队伍人才培养，创建学习型法院，丰富干警培训内容，对干警调研成果进行物质奖励。开展了司法警察岗位大练兵活动，在全国法院“司法警察岗位大练兵”吉林省考核评比中名

市中级法院举行涉讼资产进场交易启动仪式

列第一。

【强化宣传工作】 长春法院网继续保持良性运作，点击率达40万余次。市中级法院编发信息34期211条，简报57期，发表各类新闻稿件435篇，制作专题片7部，及时反映、宣传了法院整体工作；播出《百姓与法》节目49期，收视率节节攀升。市中级法院被最高法院评为“《中国审判》宣传报道、通联、发行工作先进集体”、“《人民法院报》司法宣传工作先进单位”，被省法院评为“全省法院系统新闻宣传工作先进单位”，在“全省社会治安综合治理优秀作品”评选活动中分获通讯报道和摄影作品二等奖，被省高院评为“全省法院信息工作先进单位”，被市委评为“全市信息工作标兵单位”。

【新建审判法庭投入使用】 11月20日，位于南部新城的市中级法院新建审判法庭正式投入使用。新建审判法庭4层，配有法庭42间。诉讼服务中心占地775平方米，设置服务窗口9个，诉讼调解室1间，并配备了LED显示屏、排队叫号系统等便民服务设施。实现了远程提讯、远程审判和电子签章功能，为人民群众提供了更人性化的、更高质量的诉讼服务环境。

【法官翟树全获中央政法委、最高法院表彰】 翟树全是农安法院哈拉海法庭助理审判员，1989年到农安法院工作，主动要求到法庭工作。翟树全在哈拉海法庭任5年书记员、15年助理审判员，在一间不足10平方米、靠烧煤取暖的人民法庭里，审理了2 200多起民事案件，无一上访、无一申诉、无一矛盾激化，调解率达到90%以上，为辖区群众化解了大量的矛盾纠纷，被群众亲切地称为“乡村法官”。2009年，翟树全被市中级法院荣记个人三等功；2010年，被评选为2009年度“感动吉林”十大人物，省高院为其荣记个人一等功，2010年3月31日，长春市委、市政府作出了向翟树全学习的决定，授予翟树全“扎根基层、执政为民的好法官”荣誉称号；2011年，被中央政法委授予“全国政法系统优秀党员干警”称号，被最高法院授予“全国党建先进个人”、“全国优秀法官”称号。

（吴　丹）

司　法

【概况】 2011年，全市各级司法行政机关坚持以“情系基层年”为主线，紧紧围绕三项重点工作，切实履行服务保障职能，情系基层，激发活力，开拓进取，奋发有为，全市司法行政工作又迈出了新步伐，取得了新成果。

【人民调解工作】 深入宣传贯彻《人民调解法》，建立健全行业性、专业性、区域性调解组织，积极构建人民调解、行政调解和司法调解紧密衔接的大调解工作格局。认真实施“人民调解防护网”工程和“争当人民调解能手”活动，在全市建立集信息收集、矛盾化解、普法宣传等功能为一体的“百姓说事点”2 172个，开展“局长接待日”12次，组织180名律师到各级信访部门上岗值班178次，全年共成功调处矛盾纠纷28 729件，接待来访群众127人次，律师参与接待处理涉法涉诉信访近3 000人次。宽城区“百姓说事点”经验得到了省司法厅领导的批示肯定，要求全省学习借鉴。

【社区矫正和安置帮教工作】 社会管理创新涉及司法行政各项工作，长春市首先抓住社区矫正和安置帮教两项重点工作，认真落实教育矫正、监督管理和帮扶救助任务，组织社区服刑人员到监狱接受警示教育，建立社区服刑人员公益劳动基地。积极构建刑释解教人员从监所到社会帮教组织的“一体化”帮教安置体系，在全省率先建立了包括3家省级彩虹基地在内的36个过渡性释解人员安置基地。全市新接收社区服刑人员868人，刑释解教人员2 091人，安置1 821名释解人员临时就业。省委常委、市委书记高广滨、市长崔杰先后多次批示表扬社区矫正和安置帮教工作。长春市社区矫正工作办公室被人社部、司法部授予全国司法行政系统先进集体。

【监狱劳教工作】 扎实组织开展监狱劳教系统规范化管理年活动，不断加强“五项机制”和“四防一体化”建设，加强监所内生产安全管理，加强计财装备工作，严格枪支和警用车辆管理，“一狱三所”连续第9年实现“六个零”目标。认真贯彻监管工作首要标准，努力创新教育转化载体和形式，成立了市监狱劳教协会，组织开展了监管安全竞赛、教育转化能手评选等活动，教育转化质量进一步提高。

【法律服务工作】 大力开展“优秀律师挂职优秀企业”、“同心·律师服务团”法律服务、“公证质量提升年”、“司法鉴定为矛盾纠纷化解服务”、“幸福·尊严法律援助应援尽援”等专项法律服务活动，积极介入项目建设、民生工程、企业发展等领域，组织38名优秀律师对接服务长春市38家企业，组建20个法律服务团。全市律师共办理案件10 040件，公证机构办理案件102 857件，司法鉴定机构办理案件1 800件，完成法律援助案件2 519件，顺利完成2011年国家司法考试7 987名考生的考试组织工作。

【普法依法治理工作】 深化“法律六进”主题教育实践活动，抓好流动人口和特殊人群法制宣传教育，加强法治文化建设，组织开展了“三八”妇女维权周、“3·15”消费者权益日、“争创文明城、送法进社区、帮扶解民忧”、公交车普法等专题法制宣传活动和法治长春、法治县（市）、区、法治乡镇（街道）及“依法行政示范单位”、“民主法治村”、“民主法治社区”创建活动，全年共举办各类普法宣传活动488次，开展法律知识培训792次，民主法治示范村（社区）达到总数的50%。认真总结“五五”普法经验，启动实施“六五”普法工作，长春市再次荣获“全国法制宣传教育先进城市”称号。

【“四个一”活动】 认真组织以赠送一份“爱心礼物”、开展一次“爱心传递”、组织一次“爱心走访”、举办一次“爱心联谊”为主要内容的情系基层“四个一”活动，端午节期间为局直属各单位和局机关全体干部职工每人发放了1份节日礼物；"七一"前夕向全系统1 000余名干警职工家属发放"庆祝建党90周年，传递爱心，共创和谐"慰问信；中秋节前夕对局直属各单位和局机关100名困难干部职工进行了一次集中走访慰问；元旦前夕组织全局副科级以上干部进行1次集体联谊，向一线干警表达慰问致谢，在干部职工及其家属中产生良好反响。

【"三项建设"工作】 制定下发了《长春市司法局关于推进司法业务用房建设工作的指导意见》，稳步推进县（市）、区司法局司法业务用房建设工作。德惠市和榆树市司法局的司法业务用房建设项目正有序推进；认真组织开展"五化"达标司法所创建活动，全市70%的司法所达到省级规范化标准；扎实推进司法行政信息化建设，进一步完善长春市"上挂下联，四级联动"信息化管理体系，实现了一狱三所、县、（市）区司法局、司法所和市司法局的信息互通，148法律服务热线、长春司法网站共受理群众网上咨询5 000余人次，发布消息900余条。

【干部队伍建设】 扎实开展"发扬传统、坚定信念、执法为民"主题教育实践活动，举办"唱红歌，扬传统，颂党恩"主题演唱会等纪念建党90周年系列活动，深化创先争优和大走访活动，召开"创先争优暨三帮扶活动"表彰大会，表彰宣传10名自强敬业共产党员，营造了团结奋进的工作氛围。认真落实中央政法委"四个一律"要求，扎实开展反腐倡廉教育，深化廉政风险评估，切实加强软环境和政行风工作，深入推进狱政管理改革，确保了公正廉洁执法执业。2011年1月，司法部政治部对长春市司法局干部队伍建设工作给予充分肯定。

（熊 强）

城建 环保

综 述

重点项目完成建设计划 围绕提升城市承载能力，投资75亿元，重点实施了“十大”重点基础设施建设工程和“十大”城市交通节点改造工程等市政基础设施建设工程。公平桥、繁荣桥、东荣桥建成通车，打通人民广场小外环和一汽配套路网建设如期完工，地铁一号线开工建设，轻轨4号线实现试运营，西客站综合换乘中心主体封顶，长春站综合交通换乘中心北广场交付使用，机场大道高架桥、亚泰大街光复路高架桥与台北大街互通立交桥、远达大街贯通等工程完成年度建设任务，“两横两纵”快速路体系和两甲污水处理厂建设的前期工作基本就绪，大中修道路164条，维修养护道路929条。

建筑与房地产业稳步发展 全市在建工程4 820个，总建筑面积4 910万平方米，签订合同额1 420亿元。从业人数超过40万人。建筑业各项经济指标在宏观经济形势趋紧的形势下，继续保持了较快增长。2011年，完成建筑业总产值787.5亿元，比2010年增长17.6%，建筑业增加值308亿元，比2010年增长21.1%。全市产值超亿元的建筑企业56家，比2010年增长43.6%。建设工程质量稳中有升，有18项工程荣获“哈、沈、长”三市优质创优工程。认真落实房地产调控政策，推动房地产业健康持续发展。全市房地产开发投资666.4亿元，比2010年增长22.8%。全年房屋销售交易1.1万套；销售交易额492.9亿元，微涨0.1%。房地产市场处于平稳运行态势。加强了住房公积金监管，住房公积金归集额达到62.46亿元，比2010年增长35%；发放个人贷款20亿元，比2010年增长25%；发放保障性住房建设贷款10亿元，比2010年增长14%；实现增值收益2.4亿元，增长1%。

生态环境进一步改善 扎实推进空气污染减排，对48家单位的62台超标排放污染物锅炉进行了限期治理，督促实施19个二氧化硫和4个氮氧化物减排项目，全市减排二氧化硫5 000吨、氮氧化物2 300吨。空气质量优良级天数继续保持在340天以上。伊通河城区段综合治理全面推进。伊通河排水管网改造90%标段完成建设任务，完成君子兰基地排水管线铺设，东南污水处理厂管网工程完成管线方案、施工图设计。对翟家、绿园等六条明沟进行了污水截流改造。新建续建长东北城市湿地公园、八里堡湿地公园、都市森林公园、大顶山公园、锦程公园、中山公园、光明公园等7个公园。新建大块绿地67块，彩化街路100条，新植街路59条。拆除牌匾3 689块、更新牌匾2 525块，清理取缔马路市场85余处，清理违章占道生产加工经营15 026余处，清理取缔烧烤点4 938余处，收缴暂扣各类违法占道经营物品9.982万余件，清理占道堆放物1.7万余处，清刷覆盖非法广告30万余处。主要街路、重点商圈和商业街实现全天候保洁，四环路以内增设移动式垃圾转运站219个，城乡接合部主要村屯卫生清扫实现城区化管理。

办好民生实事 大规模实施了“暖房子”工程，完成2 287栋、1 060万平方米老旧楼宇外墙保温、楼顶防水、地沟清掏、管网平衡改造工程，配套进行既有建筑管网平衡及热计量改造1 475栋732万平方米。新、改、扩建区域锅炉房19座，并网改造小锅炉房311座，新增供热能力3 100万平方米。对30个“老旧散”小区实施了环境、绿化、道路综合改造，旧貌换新颜。更换二次供水区间管网77公里，实现每天降低漏失差3万吨。改造150处二次供水泵站，解决了近13万户居民的饮用水安全问题。正式启动一水厂改造和三水厂扩建工程的前期工作，五水厂主体完工。改造燃气高危管网352公里，新建管道燃气管网50公里，发展燃气用户5.5万户。初步建成了10 963公里的城市地下管网二维、三维数据库。开工建设6 433套廉租房、11 439套公租房、12 950套棚户区回迁房，分层次、多形式的城市住房保障体系基本形成。拆除城区D级危房320栋。无籍房确权200万平方米。集中建设240万平方米农民回迁小区，2.8万户被征地农民喜迁新居，基本实现先回迁、后拆迁。

规划与国土保障 完成了“十二五”基础测绘规划编制，积极推进“数字长春”的建设，编制了《数字长春地理空间框架建设试点项目的方案》。积极开展违法建筑拆除整治，全年拆除各类违法建筑22 851处，75万平方米。实施了南广场、人民大街站前段、胜利大街一期、铁南街区改造工程，南大营、沙俄领事馆等20座历史建筑按原貌修复工作。

城市发展用地 完成建设用地预审331件，面积7 909万平方米，获得征地批复7 303万平方米。实施积极的土地调控政策，科学引导土地市场需求，全市供应土地7 831万平方米，成交价款313.55亿元。不断加大土地收储力度，全年累计投入资金51.7亿元，收储土地42块、面积556.2万平方米。

（周卫涛）

城市规划

【规划编制】 1.城市规划战略研究。按照市政府的要求，邀请国务院研究室、同济和清华大学、以及美国、瑞士、澳大利亚等一批国内外的研究设计团队，在法定规划体系基础上，在东北亚、东北地区、长吉图等大区域的背景中，开展对长春市的远景战略规划进行研究。研究的内容包括长春市的发展定位和策略、长吉一体化的联合都市区、城市空间结构优化，以及交通发展、环境保护、水资源和能源战略等10多个专题。2.乡（镇）总体规划和控制性详细规划。在调整完善总体规划、专项规划的基础上，重点编制完成了26个乡（镇）总体规划和控制性详细规划，同时对中心城区的控制性详细规划进行公示和论证，完成向市政府报批的前期工作。这些成果标志着长春市已经实现详细规划对规划区内建设用地的全覆盖，实现了规划法的“先规划，后建设”要求，满足了城市快速发展的需要，规划支撑了“三城两区”战略的实施和重大基础设施的投资建设。3.专项规划。重点编制了《长春市物流专项规划》、《地铁1号线站点及周边地区地下空间控制性详细规划研究》、《伊通河、东新开河、永春河等3河治理专项规划》和《城市交通“十二五”发展规划》等。这些规划适应了长春市建设区域性物流中心的需要，指导伴随地铁建设而来的对地下空间开发利用的进一步研究，交通发展规划已经由市政府公布实施，解决了当前阶段城市快速发展和汽车大量增加中的城市交通问题。

【规划管理】 1.核发各类规划许可。全年，共核发《建设用地规划许可证》672件，批准建设用地面积5 114公顷，超出2010年的65%；核发《建设工程规划许可证》832件，批准建筑面积3 101万平方米，超出2010年的43%；核发《建设工程竣工规划核实通知书》328件，确定建筑面积979万平方米；受理建设用地规划条件达到了1 225件。核发规划许可的数量和质量都得到了明显的提高。2.规划监督检查。加大对建设工程的监督检查力度，不断扩大管理覆盖面，建立了快速反应机制、违法建设案件处罚机制、部门联动机制，立足于抓早、抓小、抓实。坚持“堵”与“疏”相结合；法规宣讲与严格执法相结合；法治与德治相结合，使规划监察管理由从抓集中整治向抓长效管理转变、由一般管理向从严管理转变、由重查处向整治与查处相结合转变。3.违法建筑拆除整治。按照年初市政府关于开展“奋战150天市容环境综合整治”行动的部署，市规划局积极发挥综合协调和指导作用，全力开展拆违工作。年初公布《市政府关于拆除违法建筑的通告》，全年拆除各类违法建筑22 851处，面积近75万平方米；在此期间，调度各区开展大规模集中行动36次；下发督办通知8次；刊发简报43期，汇总各区拆违信息并上报总指挥部共90余件；组织各区街道办事处开展“制止违法建设，共建美好家园”主题宣传活动，发放宣传材料近万册。以专项指挥部名义对各区集中行动进行督察，督促各区完成上级交办件20余件，使上级领导关注、群众反映强烈的20余处违法建筑得到有效处理。4.历史文化街区的保护和恢复。在继续深入的对城市历史街区和历史建筑调查研究同时，积极组织编制历史文化街区保护规划、特色风貌地块保护规划。专题组织光机小学原伪满新京政法大学旧址、春谊宾馆原大和旅馆复原、胜利大街整治的历史建筑或历史街区的规划方案研究，积极为业主单位和城区政府提供规划服务，并对其实施的保护修复项目进行监督管理。实施了南广场、人民大街站前段、胜利大街一期、铁南街区改造工程，南大营、沙俄领事馆等20座历史建筑按原貌完成修复。筹备成立规委会历史保护专业委员会。所有历史文化街区内的建设项目按照紫线保护等条例规定，先期进行历史保护论证，提出历史保护的要求后，再进入一般的许可程序。5.市政重点工作的规划任务。2011年，市规划局完成了哈大客运专线牵引变电站电力线路选线，为丰田配套的丰越变电站新建线路选线，二道区长江区域水毁工程高压线改线方案规划，铁北二路管线排迁方案确定，南部新城、西部新城高压输电线路改造方案研究和南部新城道路网竖向设计方案专家论证，城市立交桥下建设公交停车场方案研究，城市出口绕城高速硅谷大街互通立交桥方案研究，“两横两纵”快速路的管线排迁规划等工作。

【基础测绘和测绘行业管理】 1. 编制“十二五”基础测绘规划。《长春市“十二五”基础测绘规划》，从2010年开始启动编制工作，工作成果经过审查论证，于2011年6月获得市政府的批准，这标志长春市的基础测绘工作在未来的5年里，在年度计划制订上有章可循，在资金的保障上有了可持续发展的能力。2.日常测绘监管。配合省测绘局完成了对长春市所属单位进行的测绘资质符合性检查、地理信息市场回头看检查、测绘成果质量检查、成果资料保密检查、地图市场检查、测绘市场日常监督检查等各项测绘行业管理工作。对3个不符合要求的单位下达了整改通知，对7个连续两年未注册的单位做出了吊销资质的处理，对外地来长的3家未备案的测绘单位进行了整改和处罚。3.“数字长春”建设。经省测绘局检查认定，国家测绘局批准长春市成为国家“数字城市”地理空间框架的试点城市。为此，长春市规划局已经完成《数字长春地理空间框架建设试点项目的方案》，以及相关硬件、数据系统整合等工作。在传统的基础测绘基础上，建立城市地理信息中心，承担城市地理信息公共服务平台建设任务，使长春市真正意义上的“数字城市”建设，推进到新的层面。4.《测绘法》宣传。2011年省测绘局把《测绘法》宣传试点设在长春市，市规划局采取多种方式加强对测绘法规的宣传，把相关法律、法规刻成光盘，利用到测绘单位进行检查的机会进行分发；利用网络优势把相关法律法规挂到局的办公平台上，通过邮件发给各测绘单位，方便大家查阅；印制宣传画册等宣传材料向学校、企事业单位和社会各界分发。

【雕塑规划建设管理】 2011年长春市成功举办了第三届中国长春世界雕塑大会，大会正式代表和嘉宾600余人参会，其中外国驻华使节、国外雕塑家和国外嘉宾共代表100余个国家、200余人，与前两届相比，规格更高、规模更大、参与人员范围更广、活动内容更丰富，是长春历届展会国外友人参与人数最多的一次。中央电视台、《人民日报》进行专题报道并给予高度评价，扩大了长春的影响力。在雕塑大会期间还组织了1项国际雕塑作品邀请展、8项专题展览、3项雕塑论坛、两项全国会议等一系列活动。世界雕塑公园经过两年近1.4亿元的投入，完善了公园的基础设施，提高了公园环境品质，进一步塑造良好的综合形象。非洲雕塑艺术馆的开馆，更加展示了国家级名园的风采。雕塑公园作为世界雕塑大会的主场地，还是各国雕塑家进行艺术交流的会所，全年雕塑公园参观人数超过40万人次，通过7场“万人看雕塑”活动，使城市雕塑走进了这座城市的千家万户。截至2011年，长春市已经建成展示448件作品的世界雕塑公园、展示9件作品的友好城市雕塑园、展示26件作品的双阳雕塑公园、展示55件作品的汽车公园雕塑园、展示108件作品的高新长东北湿地雕塑公园，加上园外的作品，在全市已经有700多件的精美雕塑作品装扮着这座美丽的城市。

【法规体系建设】 根据长春市查处违法建筑的需要，市规划局组织完成了《长春市制止违法建设、拆除违法建筑若干规定》起草和论证，形成了在市政府第39次常务会议通过的政府规章，于5月18日公布实施后，推动了全市拆除违法建筑的行动。根据市人大立法计划，完成了《长春市历史文化街区和历史建筑保护条例》的初稿，上报法制部门审查。完成了全市的《建筑日照管理规定》草案，在国内普遍面临此类问题缺少明确调节办法的情况下，探索出具有长春市自己特色的解决问题的思路。

【城乡规划展览馆建设】 按照建设国内一流展馆和使展馆成为长春市标志性建筑的要求，市委、市政府决定在南部新城建设主题为“城市之花”的城市规划展览馆。由于建设国家文化公共体系示范区需要，在规划展览馆建筑中，加入长春市博物馆和文化艺术展览馆项目，称为“三馆”建设项目，总建筑面积约4.7万平方米，为长春市增添了展示美好规划远景的永久性场所。11月8日，举行了长春市规划馆、博物馆、文化艺术馆“三馆”开工仪式。

【规委会工作】 根据工作需要，召开市规委会会议，审议《长春市城市交通“十二五”发展规划》、《“两横两纵”快速路系统工程方案》、《规划展览馆、博物馆、文化艺术展览馆设计方案》，使影响城市发展的重要规划项目及时得到市政府的批准，保证了工程建设需要。

（王国志）

城市建设

【概况】 2011年，长春市的城市建设积极开展BT合作、垫资建设，采取市场化运作方式筹措资金，多渠道解决资金短缺问题，除老城区改造和新城区路网配套受到了一定影响外，重点工程建设进展比较顺利，建筑业平稳发展，城建经济发展态势良好，促进了全市经济平稳较快增长。长春市市本级城建重点工程年度计划总投资75亿元（不含轻轨、地铁和开发区项目）。东荣桥、繁荣桥和公平桥建设和打通人民广场小外环以及一汽周边配套路网建设等89项工程均已完工。全年完成了投资75亿元的计划任务（包括暖房子工程）。

【“十大”重点基础设施建设工程】 三环路拓宽改造工程。飞跃路下穿京哈铁路桥，经过桥梁框构施工，2011年底前完成部分桥梁建设。东三环路道路拓宽工程完成招标，并进行施工前准备。三环路与惠工路节点下穿桥实施了征地拆迁；机场大道高架桥工程。2011年主要开工建设第一、二标段和第五标段，截至2011年底，桥梁部分主体完成，道路部分恢复通行能力；远达大街贯通工程。高新区境内12公里全线通车，二道区境内2.3公里进行了拆迁和施工；硅谷大街与绕城高速互通式立交桥及南延长线工程。高速公路以内区域基本完成征地、拆迁，并进行了施工准备；四环路完善工程。四环路联络线主要完成征地拆迁，启动道路建设，截至2011年底，四环路排水工程的串湖水系、翟家明沟清淤工程已完成；亚泰大街光复路高架桥与台北大街互通立交桥工程。主要实施双塔斜拉桥和台北大街互通立交桥建设；西部大通道建设工程。铁北二路立交桥及主线桥（辽宁路凯旋路高架桥及铁北二路立交桥）工期2年，2011年主要实施上跨哈大铁路桥的主跨部分和铁路站场内桩基部分；西客站综合交通换乘中心续建工程。截至2011年底，主体结构已经封顶，土方工程已全部完成；长春站综合交通换乘中心续建工程。2011年主要进行北广场主体内部装修。南北市政通道完成主体封闭；景阳大路三、四环连接线建设工程。2011年主要进行征地拆迁。

【“十大”城市交通节点改造工程】 一匡街下穿长白铁路桥工程已完成全部框构预制，公平路（含跨伊通河桥）、繁荣路（含跨伊通河桥）建设工程已实现正式通车，一匡街跨伊通河桥建设工程已启动项目前期工作，自由大路下穿人民大街隧道、卫星路下穿人民大街立交桥、宽平大路与开运街节点改造、南湖大路下穿人民大街隧道、自由大路东延长线等工程的设计方案进行了研究和论证。另外，按照长春市委、市政府的总体部署，从2011年2月份启动了“两横两纵”快速路体系方案设计工作。截至2011年底，已经完成方案设计，征求了人大代表、政协委员和国内专家意见，市规委会进行了审定，方案基本敲定并组织全线的拆迁调查和地质勘查，计划2012年开工建设。

【道路大中修维护及打通断头路、卡脖路工程】 完成安庆路、乐园路、革新路等110条道路大中修和596条道路小修；打通人民广场小外环、来安南街、和乐北街等3条断头路、卡脖路；实施了一汽周边配套路网建设工程。双丰大街、支农大街、富民大街等10项路网建设工程已全部竣工，打通了一汽与主城区、西客站以及对外物流通道。

【轨道建设工程】 轻轨4号线工程的东大桥站至车场站13公里高架桥于2011年6月30日实现观光运营，9月26日投入试运营。火车站北广场至伪皇宫站3.3公里地下隧道已经贯通，于11月中旬全线实现试运营，并与3号线实现换乘，形成长春轻轨的基本线网。地铁1号线建设全面启动。繁荣路车站完成盖挖顶板施工，恢复了路面交通。北人民大街庆丰路站、北环路站基坑工程完成。解放大路、自由大路、南湖广场、卫星广场、南三环车站陆续开始施工。地铁2号线可研报告已上报国家发改委，国家发改委委托中铁三局对2号线可研报告进行了评估，力争2012开工建设。

【环境建设改造工程】 伊通河城区段综合治理全面推进。伊通河排水管网改造的90%标段完成建设任务，君子兰基地铺设198米排水管线工程已完工，东南污水处理厂管网工程的管线方案、施工图完成设计，对翟家、绿园、北十条、宋家、抚松路、小南明沟进行了污水截流改造。两甲污水处理厂建设工程完成了选址、可研和施工图设计，与国电龙华公司签订了框架合作协议并起草了正式协议。

【建筑业】 2011年，长春市的建筑业稳步发展，建筑业规模不断扩大，产业结构日趋合理。完成建筑业总产值787亿元，比2010年增长17.5%，建筑业增加值308.5亿元，比2010年增长13.7%。全市在建工程4 820个，总建筑面积4 910万平方米，签订合同额1 420亿元。从业人数超过40万人。截至2011年底，长春市有资质的建筑业企业1 427家，其中总承包企业362家，占25.3%，专业承包企业763家，劳务企业302家。总承包企业中，一级以上39家，占10.8%。勘察设计企业264家，审图机构7家，从业人员1.8万人。建设监理企业88家，其中甲级40家，乙级27家，丙级21家，从业人员4 000余人。企业资质结构有所改善，向更趋于合理的方向发展。1.行业信用化动态管理。继续加强建筑市场信用体系建设，逐步实现对建筑各方主体的信用化管理，突出根据评价结果实行差异化管理。继续实行信用评定制度，对533家建筑业企业和91家监理企业进行了信用评定，对勘察设计企业进行了全面检查。对信用评定结果为A级的建筑业企业列入产业提升计划，在资质管理中给予了重点扶持。根据现有建筑业企业资质结构，适当调整审批政策，使资质结构更趋合理化。2.施工许可前期管理。从勘察设计管理入手，实行了勘察纲要备案制，从源头上强化了勘察质量。认真组织初步设计审查，从根本上加强了设计质量管理；特别是对施工图审查严格把关，全年对施工图审查备案1 832万平方米，保证了工程质量和安全，为建设单位节约了投资。对国有投资项目的设计实施公开招标，逐步推动设计招标工作的开展。加强对招标程序的监管，重点打击围标、串标等违法现象，推动了招标行为的规范化。在施工招标中推行计算机辅助评标，提高了招标工作的科学性。全年建设工程施工招标项目2 236项，总投资397亿元。完成监理招标监管211项，监理合同备案131项，并对3宗应进行监理招标而未招标的行为进行了处罚。严格质量、安全监察登记制度，为施工过程中的管理提供准确基础数据。加强农民工工资保障金管理，确保农民工基本权益。落实劳务分包制度，实行劳务合同备案制，推进建筑市场承包模式的转变。3.施工现场的监督。认真贯彻执行国家法律、法规和强制性标准，加强对施工现场的巡检和抽查。实施新建工程质量、安全监督1 730项。其中房屋建筑工程1 614项目；市政基础设施工程116项、“暖房子”工程质量监督2 142项。在质量监督过程中巡查、抽查3 167次，下发质量问题整改通知974份；对检查中发现的各类问题在全市进行了通报。对严重质量违法行为立案查处18项，处罚金19.77万元。受理各类群众投诉408件，解决群众投诉404件，占整个投诉的99%。全市建设工程质量总体上保持比较平稳状态。在安全检查中共查处一般隐患2 089条，整改率98%，重大隐患55条全部整改。有效地控制和预防了一般以上安全生产事故的发生，实现了“百亿元产值死亡人数控制在4人以内，确保全市建筑安全生产形势持续稳定发展”的工作目标。全年发生一般生产安全事故5起，死亡5起，事故数与2010年基本持平，死亡人数下降18%。4.专项整治工作。加强了依法行政检查和对违法、违规行为的查处力度。针对2011年上半年全市拆除市场出现的强拆事件，开展针对拆除市场的专项整治活动。积极配合相关部门搞好案件调查工作，出台了《长春市建(构)筑物拆除管理办法》，并下发了《关于实施〈长春市建(构)筑物拆除管理办法〉的若干规定》，完善了施工许可法规体系。结合全市创建文明城工作有效开展了施工现场环境综合整治工作。将工地围挡、道路硬化、洗车设施配备纳入开工审查条件，出台了《长春市建设工程施工现场环境卫生管理办法》，使文明施工管理纳入地方性法规体系。同时，针对地铁施工这一新项目，制定下发了《长春市地铁施工安全生产、文明施工标准化管理实施细则》，落实安全责任主体，保证安全状态可控。5.“暖房子”工程。2011年，共完成既有建筑外墙保温节能改造1 060万平方米。根据长春市实际，制定了《关于2011年长春市暖房子工程使用苯板的有关规定》，通过实验修改了吉林省《民用建筑外保温工程防火技术规程》，严格了审查程序，既方便施工、利于质量控制，又节约了上亿元的投资。在施工过程中，加强质量、安全控制，监管部门进行了多次专项检查，保证了工程质量和施工安全。6.企业和农民工合法权益保护。2011年因建筑市场环境原因，“清欠”工作面临巨大压力。长春市继续抓好防止“双拖欠”长效机制，推进“无拖欠诚信工地”建设进程，在全市367个施工现场设置了“无拖欠诚信工地”标牌，扩大了对建筑农民工的宣传渠道，使拖欠问题进入“阳光”程序。实行了农民工工资保障金信用化管理，根据企业信用情况上下浮动，在有效保障同时加强了引导。建立各方联动机制解决突发性、群体性事件，确保农民工平衡回家过年。7.从业人员培训和管理。2011年全市培训企业自聘项目经理1 100人，施工现场“三员”11 344人。培训鉴定现场技术工人5 151人，外墙保温节能工人3 848人。建立技术工人信息库，将全市所有经培训鉴定的技术工人录入信息库，实现了劳务人员信息化管理。对农民工“一卡制”管理进行了初步探索。8.建筑节能管理和新能源应用。通过规划阶段的建筑节能专项审查、初步设计审查和施工图审查备案，对工程设计执行节能标准的情况进行监督落实，全面保障新建建筑执行落实节能标准。以太阳能利用为突破口，推广可再生能源应用。下发了《关于推进太阳能在建筑中利用实施的若干意见》，要求在12层以下的新建居住建筑中全面应用太阳能热水系统。与吉林省住房和城乡建设厅共同制定了《住宅产业化试点方案》，确定以长春城开集团在建的政府保障房为平台，试点工作进展顺利。9.新型材料改革与推广。全市生产新型墙体材料660万立方米，应用炉渣、粉煤灰等废旧资源650万吨，折合标准砖45.2亿块，实现节约耕地0.54万亩，节约标准煤28万吨。下发了《关于加强长春市新型墙体材料专项基金使用管理的通知》，进一步规范墙改基金的使用工作。下发了《加强建筑节能产品出厂合格证管理的通知》，组织专业人员对各墙材企业产品的质量进行了全面检查。实行建筑节能产品备案管理，全面加强产品合格证管理。完成对80家、总建筑面积334万平方米的大型能耗统计，落实了长春华天大酒店等4户大型公共建筑作为安装节能测试仪器的试点。10.加强建设工程造价管理。截至2011年底，全市有工程造价咨询企业75家，其中甲级25家，乙级40家，暂乙级10家；造价专业人员3 805人，其中造价师841人，造价员2 964人。2011年，通过对市场深入、广泛调查完成了“暖房了”综合造价指标测算。完成了住宅(4种类型)、学校幼儿园(2种类型)和医院(3种类型)的房屋建筑质量安全成本测算、全市3个季度的建筑人工成本(18个工种)和建筑工程实物量成本(36项)调查、测算、发布和上报工作；测算和公布了2011年建设工程造价指标。开展竣工结算备案和招标控制价备查工作。全年受理竣工结算备案270项，工程造价47亿元；受理招标控制价备查61项，工程造价42亿元。

（周卫涛）

城市管理

【市容管理】 1.户外广告牌匾专项整治成果显著。不断完善管理法规，出台了《长春市建筑物临街门面装饰管理办法》和《长春市户外广告设置管理办法》，下发了《关于加强和规范长春市户外广告设施审批管理工作的通知》和《关于加强和规范长春市建筑物临街门面装饰审批管理工作的通知》等规范性文件，细化了标准，明确了责任。开展专项整治，继续对三环以内的户外广告和主要街路、重点商圈的牌匾进行了整治规范；对15条精品街路牌匾进行改造升级；对同志街等24条市容标准街路牌匾进行规划设计和规范。共拆除各类户外广告1 775块牌，牌匾15 489块、更新牌匾8 517块。规范全市LED电子显示屏广告的设置。制定了《关于规范长春市户外小型LED电子显示条屏广告设置的指导性意见》，下发了《关于确定禁止设立户外电子显示屏广告设施的主要街路的通知》等配套性文件。拆除违规设置的大型LED广告设施2处、小型LED条屏200余块。提升工地围挡广告设置档次。对200余处工地围挡进行上档升级和维护改造，使全市工地围挡广告设置的标准和质量得以全面提升。2.打击非法广告工作突显成效。高标准清刷覆盖，对解放大路等15条精品街路非法广告和同志街等24条标准街路非法广告进行了高标准的清刷覆盖；其他街路非法广告实现全覆盖清刷。动员各方力量参与，形成了市容环卫部门、相关单位、街道社区、驻街单位各司其职，清刷覆盖非法广告的工作格局。源头打击，与公安部门密切配合，查源头、端窝点。全年端掉制假窝点22个，打掉团伙18个，刑事拘留57名，治安拘留252名，清刷覆盖非法广告30万余处，追呼停机电话号码326个，在主次干路增设公共信息栏16块。3. 治理露天占道烧烤工作有成效。4月25日至10月10日，与公安、工商等部门联合执法，集中整治。全市出动执法人员5万余人次、执法车辆1.5万台次，清理取缔烧烤点4 938余处，收缴暂扣违法经营物品4.2万件，行政罚款21万元。通过整治，主要街路和重点场所露天烧烤已不复存在，多发区域和易发地带得到了有效控制，背街小巷总量明显下降。

【环卫管理】 1.加强清扫保洁。在区域上，全面接管了四环路及其与三环路之间的环境卫生工作。实行了机械化作业为主、人工作业为辅的作业模式，仅此一项，全市新增清扫保洁面积1 413万平方米，增幅33%。在管理上，试行网格化管理。保洁作业由过去的以街路为主变为现在的以区域为主，并通过对保洁员、作业班组、保洁大队、区保洁处的定岗定位，形成了4级作业网格，建立了多元化收运体系，促进了环卫管理水平的再提升。在模式上，城乡结合部区域逐步推行城乡一体化管理。投资1.54亿元，其中，市财政投资1亿元，各城区、开发区财政配套5 400万元，用于城市周边区域环卫基础设施建设。2. 实施“春风行动”。开展以整治春季环境卫生为重点的“春风行动”。全市累计出动环卫工人136 700余人次，铲车、自卸车、清扫车、洗扫车等各类环卫机械59 360余台次，清刨较大冰包冰面5 266处，清运冰包积雪、建筑垃圾、绿化带杂物37 442余车，清洗主要街路610条次，调度各区环卫部门彻底清理了城乡接合部、城市出入口等区域的垃圾，居民区卫生死角，以及街路两侧绿篱内的杂物，为年度环境卫生再提升奠定了基础。3.冬季清除冰雪。市政府办公厅下发了《长春市2011年～2012年度城市清除冰雪工作实施方案》，并召开了全市清除冰雪工作动员大会，确定清雪街路1 343条，总面积3 742.71万平方米。4.加强建筑垃圾工程渣土清运管理。创新管理机制。制定下发了《长春市市容卫生管理局2011年度建筑垃圾综合整治方案》和《长春市市容卫生管理局2011年度建筑垃圾工程渣土考核细则》，明确管理责任和考评标准。组建了市容环卫局等6个部门组成的28人8台车辆的联合执法队伍，进行连续不间断的夜查。加大监督检查力度。全年共查处违规运输车辆187台，教育违规运输人员240多人次，对12处建筑工地做了停工处理，建筑垃圾工程渣土清运管理取得明显成效。5.蘑菇沟垃圾场部分后续工程建设按计划完成。完成污水处理设备的安装和调试。按照工程总体建设计划，经过招标、采购、安装，调试，污水处理出水达到了国家《生活垃圾填埋场污染控制标准》排放标准。高质量完成蘑菇沟垃圾场绿化工程。场内绿化面积15公顷，栽植果树和观赏树25种79 426棵；完成了场内净水湖凉亭、环湖鹅卵石道路等景观建设。

（姜晓峰）

城市公用事业

【概况】 2011年，市政公用行业围绕暖房子工程、市政公用综合监管平台、市政设施维护改造、燃气高危管网改造等17项任务扎实工作，效果明显。1.突出职能特色，全力服务民生。“暖房子”工程成果卓著，供热首日开栓率达99.54%，创近年来最高水平。城区供水完善改造了150处二次供水泵站，对1.94万用户的水表实施了出户改造，解决了近13万户居民的饮用水安全问题。积极与上游气源企业沟通，确保全市燃气供应充足，天然气供应量达3.72亿立方米，煤制气1.22亿立方米，走访燃气用户479 058户，成功完成室内安检293 534户。通过局长接待日、供热大走访、公用大走访、“12319”下社区等活动，接待市民超过1万名，切实解决了市民期盼的民生问题。2.体现行业管理特色，夯实基础设施。首次推行供热特许经营制度，与17家供热企业签订了特许经营协议，采暖期试行了供热企业信用等级评价，建立了供热信用档案。正式启动一水厂改造和三水厂扩建工程的前期工作，五水厂预计今年底竣工投产，通过更换二次供水区间管网77公里，改造1 608栋居民楼内的地沟、立厅管网，实现城区每天降低供水漏失差3万吨。全市计划用水管理率95%以上，节水器具普及率近98%，绝大多数用水单位实现了计划内用水，计划节水量540万立方米。打破常规，高标准完成了年初市委、市政府确定的改造城区高危燃气管网333公里任务，截至2011年末，累计改造燃气灰口铸铁管和小区庭院管352公里，完成了东郊制气厂3号焦炉大修改造，中石化大岭门站至一汽输气站新址建设，新建管道燃气管网50公里，发展燃气用户5.5万户。城市公用行业发展的基础环境进一步补足配齐。3.打造数字城建特色，探索社会管理新思路。完成地下管线探测11 486.7公里，初步建成了10 963公里的城市地下管网二维、三维数据库，成果数据已经应用到市规划院正在着手制定的地下管网专项规划中。市政公用综合监管平台二期建设顺利完成，本采暖期，大平台已经实现对5家热电厂、57座区域锅炉房、400个换热站的供热参数全部实行在线监测，供热运行过程实时视频调度，监控区域覆盖全市10 283万平方米的在网面积，达到全市总建筑面积的75%。同时，为了第一时间受理市民的测温诉求和供热投诉，还为全市318个社区配备了公用事业专干。市政公用执法支队实行24小时巡查，对全市市政公用设施进行全覆盖、无缝隙监管，全年纠正、查处各类违法、违规案件1 628件。2月26日，建设部部长姜伟新到平台检查时，对长春市数字化管理方式高度肯定。4.积极参与创建全国文明城、奋战150天市容环境综合整治行动。大、中、小修道路775条，改造了城区51个交通节点，加固、更换检查井1万座、街路牌1 000套，城区道路完好率达96%以上。对19座桥梁安装了超载动态监测系统，保证了城市重要部件的安全运行。清掏市政排水管线3 609公里，修缮弃管排水设施32处。城市景观亮化效果明显，继续对298栋楼体安装了景观照明设施，伊通河沿岸夜景风光带已经成为长春市的特色景观。

【市政设施维修养护工作】 2011年，市政设施维修养护和管理工作再上一个新台阶。全年道路大中修改造70条，面积662 864.7平方米。桥梁罩面15座，面积102 067平方米。对全市55座桥梁进行日常维护和部分桥梁安装超载检测系统。排水设施维护改造工程。汛期隐患位置改造，针对低洼位置、管径偏小及老化的管线进行改造。包括平阳东胡同、湖西一胡同等22处街路的排水改造。弃管住宅区排水设施改造。包括西朝阳胡同住宅区、洗衣机宿舍、新华小区等32处弃管小区的排水设施改造。井具专项改造工程。2011年专项对城乡结合部和背街小巷路检查井进行更换和改造，解决井具被盗和检查井跳车和噪音问题，改善道路行车环境。改造主次干路非市政井具3 000套，改造城乡结合部和背街小巷市政井具7 000套。街路牌改造工程。在2010年街路牌安装的基础上，2011年重点对胡同街路牌进行改造，计划改造街路牌1 000个。城市照明维护工程。重点实施伊通河两岸楼体亮化，伊通河风光带亮化，南湖水域亮化；完成四环路以内且具备施工条件道路路灯安装全覆盖；维护一座广场、两座桥梁、11条街路的照明设施，安装路灯、景观灯3 794套。截至2011年12月，市政设施维护完成道路大中修159条34.6万平方米，小修596条83 475平方米，人行步道93 017平方米，改造城区51个交通节点11 536平方米，加固、更换检查井1万座、街路牌1 000套，城区道路完好率达96%以上。维护桥梁64座，对19座桥梁安装了超载动态监测系统，10座桥梁安装了限高护栏。清掏市政排水管线3 609公里，污水检查井、雨水检查井162 672座次，清理疏通明沟、暗渠26 473米，翻建改造市政排水设施2 528米。加强城市亮化及景观照明建设，对298栋楼体实施了夜间景观亮化，打造了伊通河沿岸夜景风光带，街路整体亮灯率达98%以上，尤其在农博会、东北亚博览会等大型活动期间，确保主要街路亮灯率100%。重点解决了一大批市民投诉较高的民生问题，改造住宅区内道路61 600平方米，修缮弃管排水设施32处，安装路灯2 000盏。结合创城和奋战150天市容环境综合整治行动，对10条主干路、30条非主干路、20个交通路口及主要商业街区、文化场馆、车站、新老城区街巷的市政设施进行了部分更换改造和整治，完成了同志街等20条街路的标准化改造和解放大路等12条精品街路改造，更换破损方砖3万平方米。城区防汛指挥部在汛期共组织疏散群众3 109人，各城区设置临时疏散安置场所56处，未发生一起人员伤亡和房屋倒塌事故。市政公用监管平台完成了防汛指挥调度系统建设，对17个主要积水点实现全程监控、9大城区视频电话会议全覆盖。

【"暖房子"工程】 截至2011年底，长春市新增供热能力6 135吨(可供6 135万平方米)，并网改造分散采暖锅炉房895座，改造供热管网755公里，组织对4 476栋309.5公里地沟进行了清理，完成既有居住建筑节能改造3 428栋1 704万平方米，其中配套进行热计量和管网平衡改造1 924栋1 006万平方米，完成了34个"老、旧、散"小区99栋楼宇的环境综合整治，出台了《长春市供热特许经营实施办法》、《关于规范长春市城区供热价格及有关问题的通知》、《住宅供热温度检测和退费有关事项的通知》等一系列规范城区供热秩序的文件，市政公用综合监管平台实现了对全市5家热电厂、57座区域锅炉房、200个换热站的供热参数的实时在线监测，监测范围超过1亿平方米，占全市总供热面积的68%，11个城区、开发区、5家热电厂、33家大型供热企业开通了视频调度系统。通过连续2个采暖期的回访显示，城区供热整体水平显著提高，经过节能改造的老旧楼房室内温度普遍提高3℃左右，一批上世纪80年代建成的老旧楼宇改造效果尤为明显，平均室温提高5℃左右，长期以来市民供热投诉最多的室温不达标、管道跑冒滴漏问题明显减少。

【城市街路亮化】 推进城市重点区域、重点街路亮化工程的实施，完成了新建、改建、民生和伊通河亮化等照明工程，完成施工产值为1.05亿元，新改建街路共安灯806套1 182盏，LED点光源1 494套；民生工程共安灯2 244盏；伊通河夜景照明工程安装各式景观灯1 647套1 723盏，各式LED灯12 282套，亮化楼体550座。在维护管理工作中，保证城市照明设施的完好率，使支路亮灯率达96%以上，主干道亮灯率达98%以上，在节假日和重大活动期间，重点街路亮灯率达100%，极大改善了城市人居环境质量。路灯管理处党总支获得了市政公用系统2011年度先进基层党组织，维护所被长春市总工会授予"工人先锋号"荣誉称号。完成了四环路以内区域中具备条件的无灯街路和小区的照明建设工程，安装路灯2 244盏，架线21万余米，完成施工产值1 346.4万元。完成了东岭南街、繁荣路和人民广场小外环等"八路一环"的新建照明工程，完成了东荣大桥、远达大桥和北站房等"八桥一站房"的照明建设工程，安灯806套1 182盏，LED点光源1 494套，完成施工产值1 637万元。伊通河两岸的夜景照明建设，完成伊通河两岸274栋楼体、5桥1坝(东大桥、荣光桥、自由大桥、南湖大桥、卫星桥、自由拦河坝)、3个园区(市风情园、民族园、回忆岛)的夜景照明建设任务，安装各式景观灯1 647套1 723盏，各式LED灯12 282套，完成施工产值7 610万元。市区内照明设施的维修养护工作。对辖区内的11万多盏照明设施进行定期和不定期地维护管理，全年替换灯泡28 446只、镇流器2 344个、更换变压器12台、更换电缆及架空线近4万米、补灯杆53根、补照明器59套。如对由于地质变化所产生的电缆下沉而导致的不亮灯进行临时性抢修；对重庆路、人民大街(师大门口)等21处事故点进行了紧急抢修；并恢复了瘫痪已久(电缆和变压器被盗造成)的长沈公路的路灯，维修了16军门前路、南三环桥、102国道等照明设施。

(于克冰)

房地产业

【概况】 2011年，长春市住房保障和房地产管理局全面贯彻落实国家和省一系列房地产宏观调控政策，认真研究部署，积极采取措施，把握正确的住房消费舆论导向，规范和完善行业监管和服务，以民生为根本，加快了保障性住房建设进度，住房保障体系进一步完善，坚持以稳定促和谐，物业、房屋安全等行业管理水平进一步提高，全市房地产行业继续保持平稳健康发展态势。

【住房保障】 全年建设各类保障性住房17 908套、95.9万平方米，其中，建设廉租住房6 433套、30.92万平方米。截至2011年末，廉租住房已有414套、2.05万平方米进行室外配套，2 329套、11.14万平方米主体施工，3 690套、17.73万平方米基础施工。公共租赁住房建设11 475套、64.98万平方米，有9 543套、53.34万平方米主体施工，1 932套、11.64万平方米基础施工。新增实物配租、配售对象2 848户，发放租赁住房补贴41 997户，其中新增941户，9 113.6万元补贴资金全部发放到位。"2011长春市公租住宅设计竞赛"活动取得圆满成功，保障房设计方案更加优化。在保障制度建设上，拟订了《长春市廉租住房配建暂行办法》等多项政策文件，拓宽了廉租住房房源筹集渠道；出台了《长春市人民政府关于加快推进保障性住房建设的实施意见》，明确了今后两年长春市住房保障的工作目标；联合市财政局、市民政局下发了《关于进一步规范住房补贴发放工作的通知》，规范了长春市租赁住房补贴准入标准和办理程序，促进了长春市住房保障工作的发展。

【房地产市场管理】 房地产开发投资额、商品房施工量继续保持高位运行态势，且保持了高速增长。全市房地产开发投资666.4亿元，比2010年增长22.8%，其中，住宅开发投资472.7亿元，比2010年增长16.8%。商品房施工量为727.4万平方米，比2010年增长34.4%。其中，住宅施工量为2 828.7万平方米，比2010年增长30.3%。商品房新开工量为1 799.6万平方米，比2010年增长62%。其中，住宅新开工量为1 355.4万平方米，比2010年增长49.6%。新房上市供应量、可售量刷新历史高位。新上市楼盘107个，新房上市量为996.7万平方米，比2010年增长25.8%。新建住房上市量为818.2万平方米，比2010年增长23.6%。可售新房面积为1 050.5万平方米，比2010年增长44.4%。可售新建住房面积为695.4万平方米，比2010年增长58.5%。房地产市场基本处于平稳运行态势，受“国八条”、限购、限贷等宏观调控政策影响，房屋销售交易额增幅回落。全年房屋销售交易10.71万套，销售交易量1 065.9万平方米，比2010年下降12.2%，销售交易额492.9亿元，比2010年微长0.1%，其中住宅交易9.2万套，销售交易量848.3万平方米，比2010年下降12.6%，销售交易额377.1亿元，比2010年下降3.9%。房屋全年销售交易量比2010年下降10%、销售交易额与去年同期基本持平。新房登记销售套数为7.2万套，销售面积为706.2万平方米，比2010年下降14.7%，销售金额为428.6亿元，比2010年微长0.5%。其中，新建住房登记销售套数为5.9万套，销售面积为579.5万平方米，比2010年下降17.8%，销售金额为340.4亿元，比2010年下降2.5%。存量房交易小幅下降。全年存量房成交3.5万套，成交面积359.6万平方米，比2010年下降6.8%；成交金额64.3亿元，比2010年下降2.4%。其中，存量住房成交3.3万套，成交面积268.7万平方米，比2010年微长1.3%；成交金额36.6亿元，比2010年下降15.7%。存量住房交易与新建住房销售的存增比为0.46∶1，存量住房交易与新建住房销售形成良好的互动效应。房屋租赁管理职能作用有效发挥，全年计登记管理户数11 965户，面积346.4万平方米，办理租赁登记备案证明459件，收缴租赁手续费1 427.1万元，比2010年同期增加195.3万元；征收土地收益金128.4万元，完成年计划指标的107%。房地产交易、房产档案受理量创历史新高。全年受理工作量16.5万件，发证工作量16.7万件，商品房买卖合同登记备案7.22万套，收取交易手续费、登记费1.37亿元（不含政策性减免），协助税务局征税近12亿元。房屋档案受理64 885件，比2010年减少466件，比2010年微降0.7%。其中，交易查档41 477件，占总量63.9%；业务查档928件，占总量1.4%。双阳中心全年完成各项收入320万元，比2010年增收18.5%。其中，收取交易手续费215万元，登记费45万元，抵押手续费40万元，租赁手续费16万元，其他收费4万元。全年办件总量5 000余件，房屋交易总额3.5亿元，抵押金额12亿元，与2010年相比都有大幅度提高。房地产市场专项整治工作稳步推进。自2011年10月全市房地产市场专项整治大会召开后，市房地产局和各领导小组成员单位积极配合，对全市房地产开发项目进行了重点检查，检查开发企业32家。联合检查组在企业自查自纠的基础上，通过现场座谈，听取开发企业汇报等方法，充分发挥服务意识，帮助企业重点解决项目在开发建设、房屋预售、核实验收、房屋权属登记阶段遇到的主要问题，整治工作取得了一定实效。成功举办两届房交会。为活跃全市房地产市场，2011年举办了两届房交会，房屋成交达5 512套，成交总额37.68亿元。其中，住宅成交4 984套，43.76万平方米，24.16亿元；非住宅566套，6.65万平方米，4.21亿元。

【行政审批】 全年办理行政许可844件。其中，办理物业资质69件，商品房预售许可330件，预售许可延期445件，发放件数量和面积达历年最高。受理审核开发企业资质352家，受理房地产开发企业资质等级及诚信经营情况审查确认函125件。验核61个竣工项目，审核核发“两书”43 308套。向长春市国土资源部门出具《开发项目建设条件复函》212件，已核发《意见书》54件。对79个

2011秋季房交会开幕式

棚户区及危旧房改造项目地块进行了现场踏查，审批 44 个地块，占地面积约 1 060 万平方米，拟拆除面积 385 万平方米。

【棚户区及危旧房改造】 全年拆除各类房屋建筑面积约为 238 万平方米，占市计划 119%，征收总户数 25 105 户。其中，有照房屋 89 万平方米，无照房屋 92 万平方米；违章建筑 8 997 处、19 万平方米；其他 38 万平方米。回迁房建设实际开工 15 427 套，建筑面积 102.13 万平方米；已竣工并办理回迁入住 13 239 套，建筑面积 88.77 万平方米，完成了计划任务的 111%。

【无籍房确权】 2011 年初以政府会议纪要形式确定了“无籍房新政”，放宽确权年限，扩大清理范围。新政实施以来，共有 1 485 栋、673.2 万平方米住宅经联合审批会审核通过，基本符合确权条件。已完成 1 779 栋，735.6 万平方米历史遗留未登记房屋的确权工作，其中，住宅 1 013 栋，437.1 万平方米；非住宅 766 栋，298.5 万平方米。为整栋楼确权、为住户个人确权总计 203.2 万平方米，为 11 611 户、90.6 万平方米房屋办理了房屋所有权证。

【住房货币补贴】 自 2011 年 5 月开始，长春市市直机关和全额拨款事业单位退休人员住房货币补贴工作全面开展。举办了住房货币补贴培训班，进行政策解读和业务培训。2011 年末长春市离退休人员住房补贴基本结束，在职人员住房补贴工作进入调查、核实阶段。完成住房货币补贴工作 7 972 万元，4 136 人。公房出售政策得到进一步落实，全年完成公房出售 64.45 万平方米，11 624 户。

【立法和行政执法】 《长春市国有土地上房屋征收与补偿暂行办法》于 2011 年 5 月 12 日经市政府第 39 次常务会议通过，8 月 3 日公布施行。全年行政应诉案件 66 件，胜诉 34 件，32 件尚未审理终结，无行政复议案件。监察支队在行政执法方面全年共接各类案件 154 件，受理 38 件，罚款 12 700 元，责令有关单位退还违规资金 200 余万元，赢得了社会各界的赞誉。

【物业管理】 2011 年 8 月 1 日～12 月 31 日，开展全市物业服务企业清理整顿工作。建立企业档案 420 家，换发资质证书 340 家。按照重新修订的《长春市物业服务招标投标管理办法》，全年实行物业服务公开招标项目 10 家，并确定中标单位。积极配合“创建全国文明城市”工作，并将创城对物业企业的考核结果记入企业诚信档案，作为一项考核内容。物业管理达标创优工作创历史新高，有 57 个物业服务项目获得优秀称号。其中，国家级 3 个，省级 26 个，市级 28 个。长春市申报的国家和省级达标项目占全省总数的 50%。物业维修资金管理新办法出台后，交存存量大幅增长，新开发小区交存率实现 100%。全年收缴 15.3 万户，16.77 亿元，比 2010 年增长 244.1%。物业维修资金管理中心荣获团中央“青年文明号”荣誉称号。

【“老旧散”住宅区环境综合整治】 结合暖房子工程，确定了 30 个“老、旧、散”住宅区，总占地面积 235.77 万平方米，总建筑面积 431.94 万平方米，有 837 栋，总户数为 56 623 户。在各城区积极配合下，投资整治 1.33 亿元，完成绿化面积 31.1 万平方米，铺装方砖甬道、维护道路 39.28 万平方米，增设了景观小品、休闲座椅、便民设施和健身设施共 1 270 个。各区因地制宜，采取多种形式，为改造后的 30 个“老、旧、散”住宅区提供基本物业服务。整治后的小区整洁有序，美观宜居，居民居住条件明显改善。

【房屋安全管理】 深入开展房屋安全隐患排查，从 2011 年初开始，组织排查房屋安全隐患 1 280 处。根据排查情况，组织专业技术人员 1 000 余人次进行房屋安全鉴定，鉴定房屋 200 余万平方米，下发《危险房屋治理通知书》197 件、《危险房屋通知书》98 件。已治理安全隐患 800 余处。为应对台风“梅花”，市、区两级房屋安全主管部门提前进入应急状态，组织开展“地毯式”排查，建立点、线、面相结合的监控体系，实行 24 小时值班；各城区和有关单位投入资金 70 余万元，紧急转移安置危旧房居民 1 500 余户。市、区两级房屋安全主管部门及时发现和处理拆改房屋结构案件 300 余件。利用应急资金 90 余万元，及时有效处置滨河小区东区 515 栋 601 室阳台断裂、全安广场两栋居民楼女儿墙断裂等 12 起重大房屋安全险情。房屋安全鉴定全年各项收入 800 万元，比 2010 年增长 15.9%，危房排查和无籍房鉴定费（挂账 280 万元不在其中）总计 1 080 万元，实现了历史性突破。D 级危房拆除力度不断加大。2011 年，共拆除 D 级危房 320 栋，各城区投入资金 3 000 余万元，采取异地安置、过渡安置等方式，妥善安置住户 5 000 余户，完成了年初确定拆除 317 栋的工作任务。

【信访工作】 信访投诉量持续下降。全年接待群众来访 4 855 批次 1.28 万人次，其中，集体访 421 批次 8 400 余人次，个人访 4 434 人次。组织 12 次局长接待日活动，接待来访 3 306 人次，其中，集体访 79 批次 2 144 人次，个人访 814 批次 1 162 人次。受理反映问题 893 件，其中，现场化解 678 件，后续办理 190 件，正在办理 25 件。受理市长公开电话 1 650 件和读报 32 件，办结率 100%。受理局长信箱市民留言 746 件，办理回复 715 件，办结率 95.8%。重点处理了超期回迁问题。为宽城区贵阳商城等 3 家工企单位发放困难补助款 6.18 万元；使用信访救助资金解决了 4 人超期回迁问题；协调启动了蓝星公司回迁楼的收尾工程建设；由市政府投入资金解决了春港公司开发项目的宽城福利总厂超期回迁问题；梳理联合置业、兴城公司等涉法问题，呈报市政府高位统筹法院予以解决。

（王迎超）

环境保护

【政务信息】 长春市环境保护局向上级

部门报送政务信息85条，被中共长春市委评为“全市党委系统信息工作标兵单位”，被长春市人民政府评为“上报省办优秀单位”。《长春环境保护网》累计编发工作动态214条、通知通告153条、领导讲话26条、环境信息110条、环境要闻72条、图片新闻45条，实时播报空气环境质量信息365条、专题报道6项、组织网上直播9次，群众累计点击阅览84 633人次。

【环境信访】 组织大接访、开展大走访，坚持面对面接访，心贴心交流，实打实解决问题，真诚为群众排忧解难。开展“局长接待日”活动12次，接待群众104人次，受理解决问题47件。通过“局长信箱”受理诉求49件，“12345”市长公开电话平台受理5 597件，环保热线“12369”受理2 435件次，“读报读网”发现问题176件，办理来信67件、接待来访225人次，认真解决污染环境、损害群众健康的突出环境问题。办理人大代表议案6份，政协委员提案6份，办结率、面复率和满意率均达100%。长春市环境保护局被中共长春市委、长春市人民政府评为“民生工作突出贡献单位”，“信访工作目标责任制先进单位”，“市长公开电话工作先进单位”，“2006年～2010年全市法制宣传教育先进单位”。

【投资与规划计划】 组织申报《松花江流域水污染防治“十二五”规划》项目62个，总数为“十一五”时期(17个)的3.6倍，投资为“十一五”时期(17.69亿)的2.4倍。申报“十二五”水专项项目4个，获得3 000万元资金支持，比“十一五”时期翻一番。研究制订《第二松花江水质改善达标实施计划》，组织编制《第二松花江长春段优先控制单元水污染防治综合治理方案》。

【污染减排】 中共长春市委、长春市人民政府把污染减排作为环境保护的首要任务，将减排指标纳入考核体系，强化政府主导地位和企业主体责任。加大结构优化、工程治理、监督管理“三大措施”实施力度，加快统计、监测、考核“三大体系”建设。长春市人民政府下发《关于落实2011年主要污染物总量减排任务的通告》，强化污染治理，淘汰落后产能，推进主要污染物总量减排。督促华能九台电厂等19个二氧化硫(SO_2)减排项目、大唐长春第三热电有限公司等4个氮氧化物(NOX)减排项目完成治理目标。全年工业和生活削减二氧化硫(SO_2)6 533吨、氮氧化物(NOX)4 121吨，削减化学需氧量(COD)5 520.41吨、氨氮(NH3-N)475.34吨，圆满完成年度主要污染物总量减排任务指标。

【环境影响评价】 认真落实国家产业政策，严格执行《国家产业调整目录》。积极开展“服务发展县(市)区行”活动，深入基层开展项目对接，深入企业现场服务，帮助解决环保问题。全年审批项目3 716个。其中，环境影响报告书项目198个，环境影响报告表项目1 871个，登记表项目1 647个。对136个敏感项目组织专家进行评估审查，对16个不符合环保规定和要求的项目予以“一票否决”。受理申请验收项目134个，通过验收105个，不符合条件未予验收29个。确定31家重点企业开展清洁生产审核，为再生利用企业出据审核材料40件，为企业上市(再融资)出据守法证明文件33件。对2008年以来规模以上投资项目进行全面排查，落实“规范环评审批、强化环境执法、加快建章立制、加强验收管理、完善工作机制”等综合治理措施。排查500万元以上政府投资项目409个，3 000万元以上其他投资项目655个。长春市环境保护局被长春市人民政府评为“招商引资九个月攻坚行动优秀服务单位”、“固定资产投资及项目建设先进单位”。

【污染防治】 1.着力强化烟尘和机动车排气污染防治，空气环境质量保持较高水平。长春市人民政府下发《关于对违法排污单位进行限期治理的通告》。对48家单位的62台超标排放污染物锅炉进行限期治理。2.空气环境质量持续改善，可吸入颗粒物(PM10)、二氧化硫(SO2)、二氧化氮(NO_2)年均值分别为0.091、0.026和0.042毫克/立方米。空气污染指数(API)年均值为71，首要污染物为可吸入颗粒物(PM10)。各项大气主要污染物指标均符合国家年平均二级标准。城区空气环境优良级天数345天，优良率94.5%。其中Ⅰ级(优)天数44天，Ⅱ级(良)301天，Ⅲ级(轻微污染)以上天数为20天。3.新华通讯社在《国内动态清样》上，刊发《连续9年享受340个“蓝天”-- 长春市创新内陆城市污染治理城市绿化模式调查》的专题文章。中共中央政治局常委、国务院副总理李克强作出重要批示：“注意总结内陆城市加强污染治理和绿化工作、创造良好环境的做法和经验，以资借鉴”。4.加强机动车环保检验，严格外埠机动车转入管理。检测机动车25万台(次)，发放环保合格标志23.18万枚，检验率86.5%，在线监控率100%，实现外埠“黄标车”、老旧机动车等高污染、高排放车辆零转入。5.全力实施水污染综合整治，城乡地表水环境持续改善。开展流域及重点支流污染防治督查，饮马河、伊通河污染防治专项研究，推进伊通河综合整治工作。实施地表水平水期、丰水期出入境断面水质监测考评，依法治理点源污染、着力减少面源污染、科学防治内源污染。参与西北部生态经济区“引新济太”工程建设，开展新凯河、太平池水库环境状况调查和监测。6.实施水源地及上游水质专项调查，组织饮用水源环境状况评估。对水源地水质进行111项指标综合评价，石头口门水库和新立城水库两个水源地4个监测点位监测数值全部达标，城市集中式饮用水水源地水质达标率100%。7.推动落实《长春市服务业环境污染防治条例》，强化餐饮服务业污染治理，集中查处噪声扰民等问题。协调开展部门联合执法，对固定源噪声、建筑施工噪声、社会生活噪声、交通噪声进行综合整治，实施中高考期间“绿色护考”行动，对116家噪声超标单位的扰民污染源进行专项整治。城市区域环境噪声平均等效声级值为53.1分贝，道路交通噪声平均等效声级为68.5分贝。8.参与150天市容环境综合整治行动，配合排查烧烤店铺786家次，督促99家完成整治任务，督导16家转项经营。组织排查各类服务业企业7 453家，督促415家存在污染扰民问题的业户进行整改，对89家服务业企业实施行政处罚。

【辐射和危险废物安全监管】 深入开展"国家医疗废物综合管理示范城市"创建工作。加强危险废物处置监管，在全省首家开通电子废物拆解远程监管系统。排查危险废物产生和处置单位145家（次），下达限期整改通知书26份；检查涉及重金属排放企业37家，电子废物拆解企业3家，监督拆解废旧家电50余万台，未出现危险废物流失。办理危险废物转移联单2 257份，转移危险废物16.8万吨。办理跨省、跨地区转移危险废物53项，未发生环境污染事故。加强辐射环境监管，对43家放射源应用单位，625枚放射源，16个开放型实验室实施安全核查，强制收贮8家单位废弃放射源12枚，检查覆盖率100%。对原长春气象仪器厂地下埋藏30多年的镭源进行监测定位、科学挖掘、安全收贮，未发生放射性污染事故。

【环境监察与排污收费】 开展节假日和夜间突击检查，环境现场检查频次和检查面大幅增加，行政处罚和强制执行力度显著增强，环保设施正常运行率持续提高，企业规范建档建账率实现倍增，环境现场监管执法质量进一步提升。组织联合执法行动29次，出动执法人员20 556人次，排查各类企业8 220家，查处和整治违法排污企业126家。其中，对84家企业实施限期或停产治理，对27家严重违法排污企业进行取缔关闭。现场稽查排污企业200余家，对5家严重违法排污企业实施行政处罚，责令限期整改12家，责成辖区处理并跟踪督办32家。开展集中整治"回头看"活动，对132家企业实施环境执法后督察。深入开展"整治违法排污企业保障群众健康环保专项行动"。加大城市污染防治设施和造纸等重点行业监管力度，严查企业超排、直排、偷排和不正常运转环保设施等违法行为。集中整治重金属污染问题，对涉水排污企业和105家涉安涉危企业进行专项排查。对14家存在突出环境问题的企业，实施政府挂牌督办。检查锅炉及各类环保设施设备6 330台套，正常运转率97%。对125个建设项目进行滚动排查，跟踪督导280家单位完成整改治理任务。坚持"依法、科学、全面、足额"征收原则，制定了《关于进一步规范排污收费行政行为的通知》，细化排污费申报、核定、征缴各个环节，实行"申报核定、排污费催征、资金收缴"三分开机制。严格执法、规范征收，应收尽收、强化追缴，排污费征收额再创新高，征收排污费1.38亿元。研究制定《长春市环境保护局行政处罚自由裁量权细化标准（试行）》，成立"行政处罚案件审理委员会"。探索实施环境监察执法先教育、后整改、再处罚的"三段式"新模式，环保审验"审评分开，评验分离"的新机制。下达环保行政处罚262份，收缴罚款534.2万元。

【农村环境保护】 农村生态建设不断加强，完成榆树市弓棚镇等5镇3村省级生态乡镇、生态村验收。完成九台市西营城镇等3镇5村国家级生态乡镇、生态村验收。完成双阳区奢岭街道等39个村市级生态村创建及命名。落实"以奖促治"和"以奖代补"政策措施，九台市、双阳区等7个单位71个村开展农村环境集中连片整治，启动水源地保护、生活污水处理、生活垃圾收集处理、畜禽粪便污染防治工程。二道区英俊镇6个村、双阳区太平镇沃土村等农村环境综合整治项目全部完工。加强农村规模化畜禽养殖污染防治、秸秆禁烧和自然保护区监管。榆树市加强农村环保机构建设、构建环保组织体系的做法，得到环保部东北督查中心的充分肯定，在全市推广实施。

【环境宣传教育】 开展"六·五"世界环境日、"以纸换树"、"金点子"环保创意大赛等活动，强化环保宣传教育。在《中国环境报》、《吉林日报》、吉林电视台、长春电视台等媒体刊（播）发稿件40余篇（条），在《长春日报》刊发环保专版11期，营造浓厚的社会氛围。

【开展"联保共建"活动】 长春市人民政府制定下发《关于开展"联合保护城乡环境，共建绿色宜居城市"活动实施方案》，环保、公安、工商等22个政府部门联合下发18项推进落实文件，组织开展10大行动，35项共建活动。全市各级环保机构与管理相对人和服务对象，签订"联保共建"责任书、协议书6 142份，努力构建社会环保大机制，逐步形成资源节约、环境友好的国民经济体系和社会组织体系，促进经济发展方式、生活消费模式、环境管理方法转变（构建"一个机制"、逐步形成"两个体系"、促进"三个转变"）。

【创建"国家环境保护模范城市"】 长春市人民政府制定下发《长春市再创国家环境保护模范城市工作方案》。建立健全各项指标技术档案，完成26项指标技术报告和工作报告，通过吉林省环境保护厅的技术预评估，长春市人民政府向环境保护部递交复核请示。

【环保队伍和机关建设】 1.开展纪念建党90周年和"三帮扶"系列活动。走访慰问离退休老干部10人，贫困党员、特困户17人，送去慰问金1.8万元，为镇（街道）捐赠图书800余册。"双日捐"活动捐款58 650元。2.深入德惠市岔路口镇桥头村、黎明村开展结对共建活动。帮助研究《生态村创建3年规划》，谋划发展项目6个，提供项目信息3项，开展实用技术培训5次。深入双阳区齐家镇曙光村帮助修编生态村建设规划，为湿地净水新技术示范项目首批拨付扶持资金20万元。3.积极开展"创先争优"活动，在长春市开展的"万人评议机关"活动中，长春市环境保护局群众满意率99.23%，比2010年提高2.59个百分点，位次前移5位，被评为满意机关。环评处、审批办满意率100%，并列参评窗口单位第1位，被评为创建"三满意"机关先进处室；市环境监察支队满意率99.89%，被评为群众满意单位。县（市）环保局、分局等14个基层参评单位，有13个进入前3名或一类单位行列。4.在第七次全国环境保护大会上，榆树市环境保护局被环境保护部、人力资源和社会保障部授予"全国环境保护系统先进集体"荣誉称号；榆树市环境保护局、长春市环境监察支队被省环保厅授予“2011年度全省环境监察先进集体”称号。5.加强班子党风廉政建设和环保执法队伍建设。推行“问责问廉问效”和“述职述廉述效”机制。严格执行《党政领导干部选拔任用工作条例》、《公务员职务任免与职务升降规定(试行)》,按照德才兼备、以德为先的用人导向,通过制订方案、竞职演讲、民主测评等程序,对机关、局属单位的22名干部进行选任、晋升和调整。6.环保系统软环境政行风建设实现“升级晋档”目标。在吉林省环保系统软环境政行风内评中,长春市环境保护局满意度排在9市州第1位,双阳区分局、绿园区分局列县级环保局前2名,德惠市环境保护局、经开区分局进入前10名。

【环境质量】 空气环境质量。空气环境以煤烟型污染和机动车排气污染并重的复合型污染为主,空气中首要污染物是可吸入颗粒物(PM_{10})。空气环境质量持续改善,可吸入颗粒物(PM_{10})、二氧化硫(SO_2)、二氧化氮(NO_2)年均值分别为0.091、0.026和0.042毫克/立方米,空气污染指数(API)年均值为71,均符合国家年平均二级标准。

与2010年相比,城市空气质量持续好转,未出现酸性降水。在全年365天中,城区空气质量达到Ⅰ级(优)天数44天,Ⅱ级(良)301天,优、良天气之和占总天数的94.5%,Ⅲ级(轻微污染)以上天数为20天,占总天数的5.5%。空气质量Ⅲ级(轻微污染)天气主要分布在冬季采暖期和春季大风期,空气质量Ⅰ级(优)主要分布在夏、秋两季。

地表水环境质量。地表水环境以机械加工、粮食深加工、屠宰等行业生产环节排放的工业废水和居民生活污水形成的综合型有机污染为主。饮用水源地——石头口门水库和新立城水库城市集中式饮用水水源地,水质状况总体较好。据对水源地水质进行的111项指标综合评价,两处水源地4个监测点位监测数值全部达标,城市集中式饮用水水源地水质达标率100%。废水排放——2011年全市工业废水排放量为6 347.26万吨,比2010年增长9.1%;生活污水排放量为20 425.31万吨,比2010年下降16.1%。废水中化学需氧量(COD)排放量为43 754吨,比2010年下降9.0%;废水中氨氮(NH_3-N)排放量为8 546.08吨,比2010年下降3.9%。

声环境质量。声环境以交通运输形成的交通噪声和商业、娱乐经营活动形成的生活噪声为主。城市区域声环境质量持续好转,区域环境噪声等效声级值为53.1分贝,与2010年的55.9分贝相比,等效声级下降2.8分贝。长春市声源构成比中,生活噪声占63.4%,交通噪声占28.3%,工业噪声占3.3%,施工噪声和其他噪声均占2.5%。道路交通噪声平均等效声级为68.5分贝,比2010年度增长0.4分贝。监测道路总长度279.7公里,其中有215.9公里长路段的道路交通噪声等效声级低于70.0分贝,占监测路段总长度的77.2%。

固体废物监管。固体废物以工业固体废物为主,主要包括粉煤灰、炉渣、煤矸石、化工渣和冶炼废渣等。工业固体废物产生量为566.11万吨,比2010年增加19.4%;工业固体废物综合利用量为562.18万吨,工业固体废物综合利用率99.3%。生活垃圾产生量为101.93万吨,处理量为93.31万吨,生活垃圾无害化处理率为91.5%。工业危险废物产生量为4.18万吨,综合利用量为0.11万吨,处置量为4.09万吨;医疗废物产生量为4 665吨,处置量为4 665吨。

核辐射与环境监管。核辐射与环境质量较好,陆地γ辐射空气吸收剂量率和水质放射性核素浓度均保持在天然本底范围内,典型环境电磁辐射水平和典型污染源的外环境电磁辐射水平均不超过国家限制标准。对41家放射源应用单位,625枚放射源,15个开放型实验室实施辐射安全检查,覆盖率100%。

农村自然生态环境。农村的空气环境质量较好,在监测的3个村中,二氧化硫、二氧化氮均达到国家《空气环境质量标准》(GB3095-1996)中日平均一级标准的要求,可吸入颗粒物达到日平均二级标准的要求。农村土壤环境质量较好,监测的3个村的土壤环境质量状况均达到《土壤环境质量标准》(GB15618-1995)中二级标准的要求,适合农作物种植。

主要污染物总量减排:全年工业和生活削减二氧化硫(SO_2)6 533吨、氮氧化物(NO_X)4 121吨,削减化学需氧量(COD)5 520.41吨、氨氮(NH3-N)475.34吨,圆满完成年度主要污染物总量减排任务指标。

国土资源管理

【国土规划】 全市三级土地利用总体规划全部完成报批。对市级土地利用总体规划中的中心城区控制范围和允许建设区范围所涉及的乡(镇)进行重新确认和上报;2011年初,5个县级土地利用总体规划在全省率先获得省政府批准;依据省政府授权,市政府先后批准了各县(市)、区的105个乡(镇)土地利用总体规划。《长春市矿产资源总体规划(2008年~2015年)》已获得省政府批准,由市政府发布实施。《长春市优势矿产资源开发利用专项规划》、《长春市地热资源勘查专项规划》、《长春市普通建设用黏土开发利用专项规划》和《长春市矿山地质环境恢复治理专项规划(2008年~2015年)》等4个专项规划经市政府批准并发布实施。

【耕地保护】 全面落实最严格的耕地保护制度,市、县、乡各级政府主要领导层层签订耕地保护目标责任状,耕地保护共同责任机制不断完善。进一步加强土地整理复垦开发工作,2008年由市本级立项的24个土地开发整理项目,已通过市级验收23个,新增加耕地6 474公顷,已报请省厅终验。积极推进农村土地综合整治工程,向省国土资源厅、财政厅申报的吉林省整体推进农村土地整治4个示范项目、5个重大工程项目已获得立项批复,总建设规模37 593公顷,总投资72 736万元,预计新增耕地1 200公顷以上。此外,全年获得省上拨付新菜田建设资金10 682万元,有效支持了全市“菜篮子”工程建设。截至2011年底,全市实际耕地面积146万公顷，基本农田面积118万公顷，均超过规划指标。

【新增用地】 加强征地管理，严格执行“两公告一登记”制度和听证制度，充分保证被征地农民的参与权和知情权。全面落实干部包保制度，科学调配用地指标。2011年，全市累计完成征地预审7 909公顷，是2010年的1.8倍；累计获批征地7 303公顷，比2010年增长33%。认真落实国土资源部关于将“批后征地率”和“征后供地率”作为土地计划指标分配、建设用地审批等重要依据的要求，进一步规范征供地管理，建立了新增建设用地批后检查管理制度和批而未用土地整改月报制度，全市新增建设用地的征地率和供地率大幅提升。

【市场建设】 科学调控土地市场，不断完善土地供应机制，引导土地市场需求。创新土地出让方式，扎实推进网上招拍挂出让，9月29日，完成全市第一块土地网上挂牌交易工作，土地出让工作更加规范透明。建立招拍挂出让预申请制度，继续大力推行敞口公告制度，对经营性用地采取挂牌或拍卖组合方式出让，进一步提高供地效率。加大土地收储力度，积极盘活存量土地。以南部新城、西部新城和企业退城进区项目为重点，投资51.7亿元，收储面积556.2公顷，超年初计划11%。2011年，全市累计供地7 831公顷，比2010年增长89%；实现土地出让成交额313亿元，占全省总成交额的2/3；财政入库333.7亿元，土地成交价款和财政入库数双双突破300亿元大关。

【棚户区改造】 积极推进棚户区改造，共拆迁居民和工企单位1 459户，拆除建筑面积95万平方米，超计划19%。实施回迁房建设项目6个，规划建筑面积25.5万平方米，竣工项目4个、面积10.4万平方米，按期回迁居民1 635户，当期回迁率达100%，为改善棚户区居民的生存环境、维护社会稳定起到了重要作用。严格落实国家房地产调控政策，为保障性住房供地251万平方米，是年初计划的2.3倍。

9月26日，国家耕地保护责任目标考核组到长春市检查工作

【法制监察】 大力推行全员参与、全面覆盖、全程监管的土地执法监察“三全”管理模式，强化“三定、三包”责任，建立了市、县、乡、村4级责任体系和遍布城乡的5级动态巡察网络，做到早发现、早制止、早处理。进一步完善国土、纪检、法院、检察院、公安等多部门联动机制，建立了政府牵头，相关部门协作配合的国土资源共同执法监管机制。出台了《长春市人民政府办公厅关于印发长春市国土执法监管长效机制建设和试点工作方案》、《关于进一步推行国土资源执法监察包保责任制的通知》、《长春市国土资源执法监察责任追究制度》，进一步明确了各部门及工作人员的职责、工作程序、应负责任及责任追究方式。按照“150”专项行动部署，在全市范围内积极开展集中查处集体土地违法行为专项行动，查处违法用地309万平方米，恢复耕地149万平方米。在国家2010年度土地矿产卫片执法检查中，全市共整改查处违法用地、用矿案件106宗，立案率、结案率均达100%，违法占用耕地面积占新增建设用地占用耕地面积的比例为0.5%，比2010年下降88%。

【矿政管理】 探矿权、采矿权管理进一步加强，编制了《长春市矿业权设置方案》，对辖区内的地质勘查项目全部进行了实地检查。全面实行矿业权招标拍卖挂牌出让制度，全市有偿出让采矿权258家，依法依规收缴采矿权价款1 532.8万元。积极开展资源储量动态监测和利用现状调查，对全市范围内地下开采的25个煤矿和非煤矿山进行了储量动态监测。编订了《长春市矿产资源利用现状调查方案》，将4个矿种(煤炭、金、硫铁矿、萤石矿)、61个上表矿区、42个核查单元纳入矿产资源利用现状调查范围。进一步加强矿山地质环境保护，编制完成了《矿山地质环境保护与治理恢复方案》，并通过专家的评审。德惠市周边矿区矿山地质环境恢复治理、长春羊草沟煤矿矿山地质环境恢复治理、八面石煤矿北部塌陷区治理、榆树市周边矿区矿山地质环境恢复治理等已经完成治理的项目通过省厅组织的专家组验收。2011年，全市矿山环境恢复治理面积31公顷，存储矿山环境治理保证金1 024.5万元。积极开展地质灾害防治，编制实施了《长春市2011年地质灾害防治方案》，并完成了地质灾害群策群防“十有县”建设任务，农安县、榆树市、德惠市“十有县”建设通过省厅验收。

【地籍管理】 在全国率先开展了城区三维地籍数据库管理系统建设工作，中心城区350平方公里建库任务已基本完成，得到了以中国工程院院士刘先林为组长、国土资源部地籍司司长朱留华为副组长的专家论证组的一致肯定，被确定为“数字化长春”的重要组成部分。城乡土地发证工作取得积极进展，发布实施了《长春市土地登记办法》(市政府29号令)和《长春市城区及开发区农村宅基地审批的指导意见》,为进一步规范城乡土地登记颁证提供了依据。全市累计完成农村土地所有权、集体土地使用权、宅基地使用权、国有土地使用权等各类登记75 000册。土地变更调查工作取得明显成效,全年累计完成47个建制镇地籍调查工作和231个村庄的权属调查及地籍测量工作，分别是省国土资源厅规定目标的1.6倍和3.6倍。

【国土信访】 全面落实信访工作目标责任制、局领导包保责任制、敏感期驻京接访等工作制度。建立了信访工作矛盾纠纷排查机制，使信访矛盾纠纷排查制度化、规范化。积极开展局长接待日活动，全年共开展12次，接访案件445件，接待来访群众1 292人次，办结427件，办结率达到了96%。局长接待日活动获得省信访局和省国土资源厅领导好评，《中国国土资源报》作了专题报道。认真抓好12345、12336群众投诉举报电话的办理工作，到省访和进京访数量大幅降低，有效维护了社会稳定。

【党风廉政建设】 加快推进防腐倡廉长效机制建设，市县(区)、乡3级国土部门层层签订党风廉政建设责任状，全员签订责任书，并建立了党风廉政档案，党风廉政建设目标责任制得到全面落实。扎实推进预防职务犯罪联系点工作，与市检察院签订了预防职务犯罪共建协议，加强对重要部门的监督管理。深入开展“两整治一改革”专项行动，被中纪委驻国土资源部纪检组、监察部驻国土资源部监察局进行了专题报道。

【政行风建设】 深入开展创建“三满意”机关活动和党员“创先争优”活动，积极开展现场服务和预约服务。不断创新服务方式，持续推进万能窗口建设。为重点项目工程和灾后重建项目开通了“绿色通道”,提供“一站式”直通车服务。进一步深化行政审批权改革，优化整合审批流程，行政审批不断提速提效，即办件比例达86%以上。加快推进门户网站建设，认真开展政务信息网上公开工作，不断提高政务公开水平。全面推进依法行政，制定了《长春市国土资源系统全面推进依法行政规划(2011年~2018年)》(征求意见稿),编制了《长春市国土资源系统开展法制宣传教育的第6个五年规划(2010年~2015年)》,市国土局被国土资源部评为2006年~2010年国土资源管理系统法制宣传教育先进单位，被省国土资源厅评为全省国土资源系统依法行政先进单位。

(王小峰)

园林绿化

【概况】 2011年，长春市城区新增绿化面积335公顷。截至2011年底，长春市城区园林绿地面积9 360公顷，其中公园绿地面积4 059公顷；绿化覆盖率41.5%；绿地率36.5%；人均绿地面积11.6平方米；城区共有公园32个，面积1 007公顷。

【街路绿化】 2011年，全市新建大块绿地67块，新植街路59条；完成100条街路彩化和300个单位庭院门前摆花工作；重点对四环路具备绿化条件地段进行了绿化，共种植乔木15 261株、灌木16 300株，绿化面积57公顷。

【庭院、小区绿化】 完成2011年初制定的“绿化彩化庭院、小区30个”工作，并根据《2011年长春市“绿化模范小区”和“绿化模范单位庭院”评选活动方案》,长春市园林绿化局组织专家和有关人员对全市小区、庭院进行检查、评比。

【公园建设】 2011年，长春市各公园着重在环境提升、品位提升上作文章、出精品。文化广场、儿童公园在其主要位置设置了以庆祝党的生日为主题的立体花坛；玫瑰园、郁金香园进行了花卉更新、替换，加大了管理养护力度；南湖公园进行了2号门特色铺装、小水域改造，建设了生态停车场；胜利公园进行了60余项小景区改造。全市新建、续建公园7个，分别是西新区的锦程公园、宽城区的都市森林公园、净月区的大顶山公园、高新区的长东北城市湿地公园、经开区的中山公园、二道区的八里堡湿地公园和南关区的光明公园。锦程公园、都市森林公园已建成，大顶山公园、长东北城市湿地公园、中山公园、八里堡湿地公园和光明公园正在建设中。

【义务植树】 2011年4月12日，长春市绿化办与吉林省绿化办共同组织了省、市领导及省直100名厅长参加的义务植树活动。在2公顷面积里栽种蒙古栎、冷杉等树木800株。同时，省直机关的百名厅长参加了“厅长林”的栽种。长春市绿化办还组织开展了“党员林”、“省直机关干部林”、“记者林”、“企业家林”、“民建林”、“大学生林”、“家庭林”、“师生林”等多种形式的义务植树活动。长春市绿化办还组织开展了以“回收一页废纸，播撒一片绿色”为主题的长春市第十届“以纸换树”活动，与吉林电视台都市频道在胜利公园联合组织了“感受都市春天——营造绿色生活”为主题的植树活动。

【园林植保】 2011年，全市城区补检苗木60余个品种、16万株，复检苗木563批次、70余个品种、25.4万株，复检花卉3 760平方米；建立覆盖全市的预测预报网络，全市建立预测预报点14个；及时发布园林植保信息，编写简报9期，发布测报信息150余条，发布各类动态信息30余条；圆满完成全年对日本松干蚧调查监测工作，调查寄住植物16万株，未发现新的疫点；在全市重点地段设置60个美国白蛾诱捕器，诱捕到29只美国白蛾雄成虫；对332万余株寄主树木进行了调查，发现2处共3 000余头美国白蛾幼虫危害；完成人民大街黑松次生性害虫小蠹虫的监测工作；对全市500余家庭院、388条街路的432万株树木进行了食叶类害虫、刺吸类害虫、光肩星天牛、杨树烂皮病的防治。

【绿化监察】 2011年,长春市园林绿化局加大了绿化监察工作力度,把预防工作作为工作重点,采取各种有效措施对园林绿化进行保护。处理案件做到措施得当,标准合理,证据确凿,先后侦破并处理了多起重大案件。全年处理案件200余起,立案98起,结案88起,接到群众举报100余件,回复率达到100%,群众满意度达95%以上,上缴财政罚没款140多万元。

【园林科研】 全年引进试验树种5种(大羽春、极品忍冬、竹柳、抗寒红枣、紫叶风箱)、扩繁用砧木2 500株(红叶李1 700株,垂枝冬红柳800株)、寒地月季(共8个试验新品种)12 000株。长春市园林科研所同黑龙江省佳木斯大学联合进行的美国悬铃木试验工作已进行了3个冬天,播种苗已长到1米,且表现出了良好抗性,越冬返青率达70%以上。

2011年长春市绿化工程检查评比结果

项目名称	获奖单位	
	城区	开发区
精品工程	青浦桥绿地(绿园区) 乙二路全线南侧绿地(市直) 东盛大街与自由大路节点绿地(二道区) 亚泰大街与解放大路渠化口绿地(南关区) 南湖大路春季园(朝阳区) 小南立交桥(宽城区) 甲五路延伸段绿地(双阳区)	洋浦大街开放式绿地(经开区) 前进大街节点绿地(高新区) 荷花垂柳园北侧绿地(净月区) 汽车厂七号门绿地(西新区)
彩化优秀单位	朝阳区、南关区、绿园区	高新区、净月区
新增绿地优秀单位	双阳区、宽城区	高新区、经开区
新植街路优秀单位	宽城区、二道区、双阳区	经开区、净月区
补植(改造)优秀单位	绿园区、宽城区、市直绿化处	高新区、经开区
养护工作优秀单位	绿园区、二道区、市直绿化处	经开区、高新区
绿化模范小区	吉盛小区二、四区(二道区) 南湖湾(朝阳区) 正大光明城(宽城区) 吴中印象(宽城区) 中海国际社区(南关区) 樱花苑(二道区) 长客花园(绿园区) 上海绿地2(南关区) 万龙名城(二道区)	国信美邑(净月区) 万科洋浦花园(经开区) 东方万达城(经开区) 万科惠斯勒小镇(净月区) 保利罗兰香谷(高新区)
绿化模范庭院	长春市检察院(南关区) 吉林大学绿园校区(绿园区) 长春工程学院(朝阳区) 吉林省高检院(南关区) 吉林农大发展学院(双阳区) 长春石油销售分公司(朝阳区) 长春市十一高中(绿园区) 新月集团(宽城区) 双阳区162中学(双阳区)	长春卷烟厂(经开区) 一汽综合公司(西新区) 伟峰领袖领地(净月区) 科技馆(净月区) 长春农业地理所(高新区)
义务植树先进单位	朝阳区、南关区、二道区	净月区、经开区
绿化宣传先进单位	朝阳区、绿园区、南关区	高新区、经开区

【绿化宣传】 2011年3月12日，长春市园林绿化局在人民广场组织了以反映10年绿化美化吉林大地成果为主题的大型宣传活动。省、市、区、街道4个级别的领导来到人民广场参与宣传工作，形成了宣传战线上的四位一体。宣传活动以10年绿化美化吉林大地图片展为主，全市出动车辆100多台次，悬挂植树节旗、彩旗780面、条幅77面，立宣传板报320块、拱门10个，设升空气球80多个，组织秧歌队、乐队12伙，发放一次性纸杯20 000个、花卉种子10 000袋。榆树市、德惠市、九台市、农安县和双阳区在植树节当天也开展了绿化宣传活动。

【绿化验收评比】 2011年8月，长春市园林局组织专家及相关人员，依照《吉林省城市绿化工程验收评定标准》、《彩化工程评比标准》、《绿化模范小区评比标准》、《绿化模范庭院评比标准》和《精品工程评比标准》，对长春市6个城区、市直绿化处及4个开发区2011年的绿化新建工程和绿化改造等工程进行了检查验收，共评选出11项精品工程、5个彩化优秀单位、4个新增绿地优秀单位、5个新植街路优秀单位、5个补植(改造)优秀单位、5个养护工作优秀单位、14个绿化模范小区、14个绿化模范庭院、5个义务植树先进单位和5个绿化宣传先进单位。

【行政审批】 2011年，长春市园林绿化局进行绿化审批18件，可绿化面积558 786平方米；验收14件，已绿化面积281 801平方米。

(王文涛)

伊通河管理

【防汛排涝蓄水】 伊通河城区段现有拦河闸(坝)5座，排涝站10座，排水涵洞12座，排水暗涵及排洪沟各1条，建成段防洪标准达200年一遇。伊通河防汛坚持“以防为主，安全第一，科学调度，蓄泄结合，全力抢险”的工作方针，认真贯彻上级对防汛工作的要求，层层落实防汛责任制，积极开展防汛准备及防御工作。超前部署，落实措施，加快防洪工程建设进程。坚持统一调度，统一指挥，全力做好各项防汛工作。2011年1月～9月，全市总降水量394.4毫米，比2010年同期少240.1毫米，属于枯水年份。新立城水库持续放流25天，伊通河管委会科学安排，合理调控，组织、调度蓄泄河水，既保证了景观蓄水，又提高了水质。

【水体管理】 加强对伊通河城区段污水排放的调查和监管工作。坚持每周巡视检查制度，密切关注各吐口排污情况。加大监察力度，及时沟通经开管委会、市维管中心、净月管委会等相关排污管理机构，有效减少污水排入河道，减轻了水体污染。每半月定期出《水质监测简报》1期，全年累计出简报22期。保证市委、市政府和相关单位及时了解水体污染变化情况，为科学决策提供有力依据。

【行政执法监督】 本着“严格执法，为民服务”的理念，加强伊通河沿岸防洪设施、公益设施、园林小品的管理，实行执法人员及夜巡员24小时全天候、全方位立体管理措施，积极开展联合执法，加大综合整治力度，为市民创造一处安全整洁的休闲娱乐场所。加大执法力度，协调交警、派出所、各区执法局开展联合执法，维护河道水事活动规范有序，严厉打击管理范围内各种违章、违法行为，认真做好创文明城迎检工作。加强24小时巡查，重点监督了各施工工地、露天烧烤、乱倒垃圾、绿地停车、烧纸、野广告、非法捕鱼、捕鸟、私搭乱建等行为。全年累计处理各类案件245起，其中，制止乱倒垃圾17起，开荒种地22起，露天烧烤35起，绿地停车31起，捕鸟10起，非法捕鱼48起，飙车10起，损坏树木4起，烧纸38起，清理市场外溢15次，拆除违章建筑7起，拆除非法广告1处30米，制止偷盗1起，制止向河道内排泥浆1起，车辆带泥上路5起。严格监督各项涉河工程，及时制止和纠正影响河道行洪的违章行为。清除东大桥和东莱桥之间的铁路废弃桥墩，监督轻轨公司和长吉公司，清除河道内围堰和施工结束后现场的建筑材料及暂设，监督伊通河污水管网改造工程，使之能在规定范围内规范施工。

【环境卫生保洁】 2011年伊通河的环境卫生保洁工作列入长春市民生行动计划，并全面通过民生工作验收。为配合开展的市容环境综合整治行动，做到“两扫全天保”，使环境卫生实现清扫保洁常态化、垃圾清运标准化、环境管理规范化，确保伊通河沿岸及园区环境卫生达到市级公园水平。在建成段保洁的基础上，增加了卫星桥至南三环桥段两岸卫生保洁任务。组织人员共计清除新保洁段垃圾、

伊通河音乐喷泉

杂物10余车,保障了伊通河建设成果以整治的形象呈现在市民面前。

【园林绿化养护】 主要完成保护小黄花、树盘人工抚育、按时浇水、及时修剪、清除枯死树和杂草、适时防治病虫害等6项养护工作任务,使养护质量在原有基础上得到了一定程度的提高。伊通河全线野生小黄花面积占园区面积的70%以上,树盘人工除草有效地防止了割灌机打死花灌木枝条。及时浇水有效的防止了因干旱,树木、花卉、草坪死亡等问题。适时适法修剪促进了树木的正常生长,充分发挥观赏效果,达到通风透光的目的。及时有效地防治了天牛、蚜虫、白粉病、白蜡蚧等病虫害。全年因污水管网改造排迁、清淤工程等,移栽树木18 786株,其中,针叶树1 490株,阔叶树9 577株(丛),移栽模纹711米。在重点绿化地段栽植金娃娃,紫花玉簪,矮牵牛等花卉5种,计855 225株。确定了合理的株行距,及时施用肥料,按时浇水,花卉长势良好,起到了美化环境、扩坡等多重效果。

【工程建设】 完成新立城坝下至南绕城高速公路桥段防洪工程和一间堡铁路桥至北绕城高速公路桥段防洪工程的立项、可研批复工作;组织完成南绕城高速公路桥至南三环桥段的防洪工程招标工作;南溪公园工程概念性设计方案招标工作;月亮岛公园、“三园一带”、公平路至岭东路段防扩林带、苗木园改造工程等7项工程设计方案的立项和可研报批工作;境静园建设工程大部分完工,完成投资5 650万元;城市风情园提升改造工程全面完工,完成投资2 550万元;完成小板桥橡胶坝至自由拦河闸段的河道清淤工程,工程投资300万元;基本建成段“五园”补植工程(“五园”为民族广场、回忆岛、英俊园、同乐园和野趣园),补植树木25 698株。

(国　徽)

综 述

2011年,长春市拥有各级各类开发区23个。其中,纳入国家管理序列3个,纳入省政府管理序列19个。由市政府直接管理的开发区5个,由县(市)、区政府直接管理的开发区18个。全市开发区共批准规划面积1 259.26平方公里,已开发面积442.93平方公里,建成区面积341.6平方公里,区域总人口247万人。全市开发区(工业集中区)管委会共下设324个内设机构、95个派驻机构,现有管委会领导班子成员136人,中层干部803人,机关干部3 330人。全市开发区已批准设立各类企业18 894户,企业总人数93.35万人。

经济建设 2011年,开发区经济总量已占全市68%以上,对工业经济贡献率达到86%以上,全市有90%以上的利用内外资,95%以上的工业投资、85%的高新技术产值集中在开发区。高新区、经开区、净月区、西新区等市直4大开发区经济发展继续呈现向好的态势,地区生产总值、全口径财政收入、规模以上工业增加值、固定资产投资等主要经济指标占全市比重分别达到59.4%、76.8%、30.4%和64.2%。

招商引资 2011年,全市开发区实际利用内资533.52亿元,比2010年增长19.76%,占全市91.2%;实际利用外资29.88亿美元,比2010年增长20.48%,占全市97.01%。截至2011年底,落位开发区外资企业894户,央企48户,世界500强企业已入驻63户。高新区新引进世界500强企业3户,与34户央企洽谈合作项目58个;参加第五届中国吉林东北亚投资贸易博览会、第十届中国长春国际农业食品博览(交易)会等招商活动,签约项目12个,总投资780亿元;组织招商局及32户驻区企业代表先后赴通化、延吉开展项目交流,签约项目19个;配合长春市政府在北京举行“长春市城市基础设施建设项目首次推介会暨签约仪式”,洽谈项目201个,签约项目50个,总投资5 351亿元。经济技术开发区组织60余次招商活动,成功举办20余次招商推介会;全年完成实际利用外资10.54亿美元,其中直接利用外资完成2.17亿美元;实际利用内资完成75.71亿元,其中,省域外内资完成48.27亿元。净月经济开发区成功引进了德国大陆汽车电子、德国巴斯夫、日本三菱、荷兰TNT、美国沃尔玛等8家世界500强企业,并与菲律宾SM、德国麦德龙、日本丸红、韩国SK、台湾富士康等9家世界500强达成投资意向;围绕行业领军企业,引进德国格拉默、韩国KDC、北京世纪金源、青岛海尔、深圳航盛、江西泰豪、四川明宇、广州亿华、中石化东北总部等洽谈合作项目145个;参加省、市组织的经贸交流活动、欧洲经贸活动、东南亚经贸活动、东北亚博览会、广博会、夏洽会、香港服务贸易大会等展会活动,签约项目8个,总投资57.5亿元;在净月潭瓦萨国际滑雪节经贸洽谈会上,向25个国家和地区开展招商推介,实现签约137亿元。全年“请进来”接待各类投资考察团体389个,“走出去”拜访考察企业435家,洽谈项目324个,实现新签约项目总额836亿元。西新经济开发区全年引进工业项目88个,其中,亿元以上项目58个,10亿元以上项目8个,世界500强企业项目2个(日本电装和麦格纳卡斯马),总投资达328亿元,创历史新高。莲花山旅游度假区成功洽谈合作项目2个,总投资130亿元。参加省、市组织的经贸交流活动,签约项目1个,总投资80亿元;在杭州举办“长三角知名企业家交流合作恳谈会”,与上海鹿鸣谷有限公司签订佘山莲花山生态休闲运动度假村项目投资协议;参加菲律宾商务出访活动,与SM集团、陈永栽财团、华美集团等企业进行了洽谈合作,华美集团已在度假区注册公司,合作项目深入推进。宽城经济开发区全年洽谈合作项目7个,总投资128.8亿元;参加省、市组织的经贸交流活动2个,签约项目5个,总投资28.8亿元。朝阳经济开发区与上海市、广州市、宁波市等企业洽谈合作项目10个,总投资20亿元;参加省、市组织的经贸交流活动7个,签约项目54个,总投资50.5亿元。德惠经济开发区全年引进项目50个,总投资156亿元;参加省、市组织的经贸交流活动8个,签约项目6个,总投资12亿元;赴北京和省内等地区举办招商引资合作会4次,签约项目7个,总投资16.3亿元。双阳经济开发区全年洽谈项目12个,总投资87.6亿元；参加省、市组织的经贸交流活动3个，签约项目6个，总投资14亿元。绿园经济开发区全年参加省市组织的经贸交流活动20个，举办并参与“中国北方(长春)高速动车产业基地配套项目战略合作签约仪式”、“中国（长春）国际轨道交通与城市发展高峰论坛”、“长春汽车、轨道客车配套项目(南京)推介会”等招商活动20余次，成功签约项目37个，总投资138亿元。九台经济开发区全年与23家公司洽谈合作项目5个，总投资9.76亿元；参加省、市组织的经贸交流活动3个，签约项目3个，总投资5.62亿元。合隆经济开发区全年共有38个项目签约落地，签订意向协议4个。五棵树经济开发区先后与北京市、上海市、河北省、陕西省、辽宁省等地知名企业进行洽谈合作，成功签约机械、生物制药、畜牧加工等项目128个，总投资376亿元；参加省、市组织的经贸交流活动81个，签约项目69个，总投资196亿元。文化印刷产业开发区与长春国信集团洽谈合作项目3个，总投资101亿元；参加省、市组织的经贸交流活动3个，签约项目5个，总投资331亿元；承办长春市包装协会理事会2011年年会，引进长春乾利彩印包装有限公司项目，项目土建工程已封闭。长春国际物流经济开发区共洽谈引进新项目24个，总投资535.65亿元；参加省、市组织的经贸交流活动22个，签约项目24个，总投资535.65亿元；在北京市、天津市、大连市等举办推荐，洽谈活动5次，洽谈项目13个，总投资300多亿元。南部都市经济开发区全年接待客商500余人(次)，专题推介(洽谈)40余次，出席记者招待会10余次，洽谈合作项目14个，总投资54.33亿元；签约项目14个，总投资110亿元。榆树环城工业集中区全年共同洽谈项目40个，总投资120亿元。农安工业集中区洽谈项目87个，签约21个，计划总投资额30亿元。九台工业集中区全年举办招商活动6次，签署协议25个；与长春市华星集团、长春市莱德科技有限公司、吉林省翰群农机装备有限公司等洽谈项目8个，总投资6亿元；参加省、市组织的经贸交流活动15次，签约项目5个，总投资6亿元。米沙子工业集中区全年引进项目84个，总投资80.09亿元，项目包括军用、民用、航天工业等诸多领域。西新工业集中区全年签约项目31个，总投资45亿元；参加省市组织的经贸交流活动20个，举办并参与了“中国北方(长春)高速动车产业基地配套项目战略合作签约仪式”、“中国（长春）国际汽车博览会”、“长春汽车、轨道客车配套项目（南京)推介会”等招商活动20余次。

项目建设 2011年，全市开发区共开工项目1 416个，完成投资2 274.26亿元。其中，工业项目1 022个，完成投资1 390.54亿元；服务业项目151个，投资616亿元；社会事业项目94个，投资114亿元；基础设施项目149个，投资198亿元。高新区开工项目185个，总投资2 420.9亿元。其中，投资100亿元以上项目3个，10亿元以上项目30个，亿元以上项目86个。经开区开工项目130个，总投资365.47亿元。其中，亿元以上项目93个，10亿元以上项目10个，100亿元以上项目1个。引进秦川实业、新金享、深国际物流、佛吉亚保险杠、采埃孚高铁变速箱、萨科斯减震器、科士达汽车电子、KTC机床刀库、统一食品、希杰生物等一批较大外资项目。净月区全年共开工项目150个，总投资362.7亿元。其中投资亿元以上项目28个。省科技文化中心综合馆完成专项验收，启明孵化中心建成并投入使用，启阳科技等16户创新型企业相继入驻，长春市第一家超五星级白金酒店喜来登酒店开始试运营，万科·惠斯勒、万科新城、远洋·戛纳小镇等高档楼盘实现当年开工、当年销售，知合国际动漫产业园、吉林省工艺品博物馆建设快速推进，德国大陆汽车电子、川渝环球贸易中心、华荣泰商业综合体等一大批高端项目支撑起西部现代产业园区的基本框架。西新区开工项目148个，总投资655亿元。一汽轴齿制造中心、一汽大众MQ200变速箱、大众EA888发动机、日本电装和麦格纳卡斯马等重大项目全面开工。一汽丰越项目年底试生产，纳铁福、霍富车锁、北特、嘉信热处理等项目建成投产。莲花山旅游度假区开工项目10个，总投资195亿元。宽城经济开发区开工项目14个项目，总投资26亿元，包括金达洲4S店、新世纪钢构、新农村四期、兆丰地产、锅炉仪表等。朝阳经济开发区开工项目25个，总投资18.1亿元，包括投资亿元以上的苏宁电器、天津佳成汽车零部件总部及汽车地毯等。德惠经济开发区开工项目64个，总投资59.7亿元，包括山东泉林纸业秸秆综合利用、吉林杰隆生物科技动物原性蛋白、百老泉酒业白酒生产、周家隽星年加工2万吨有机杂粮、中涵新型墙体年产50万立方米新型墙体材料、东方机械制造年产30万套汽车配件等。双阳经济开发区开工项目33个，总投资61.5亿元，包括4个投资10亿元以上的净月南湖香港小镇、通用机械汽车配件、大力集团纳米低碳产业园和铸诚实业工业园，投资1亿元以上的国药一心制药扩能、东北坊酒业白酒加工、修正生物工程鹿产品深加工等。绿园经济开发区开工项目32个，总投资138亿元，包括投资亿元以上的长春龙祥环境科技、吉林省希尔工贸、长春兰普电器、长春轨道交通保顺等15户。九台经济开发区开工项目229个，总投资164.63亿元，包括投资1亿元以上的长春精优药业、长春翔通药业、吉林建华管桩二期、长春金维轨道基础材料制造、长春市雷力机械制造等23户。合隆经济开发区开工项目62个，总投资77.4亿元，包括华能热电四厂等亿元以上项目27个。五棵树经济开发区开工重大项目46个，总投资154.45亿元，包括荷兰帝斯曼年产6 000吨6-APA、泰国正大1亿只肉鸡产业化、鉴田环保科技年产21万吨生物质燃料加工等重大项目。文化印刷产业开发区开工项目20个，总投资46.91亿元，包括中石油长春采油厂油气开发等亿元以上项目8个。长春国际物流经济开发区开工项目36个，总投资526.35亿元，包括长春总部经济园、中国北方出版总部基地产业园、长春上海城市商业中心、东北亚时尚广场、金汇国际商贸总部基地等投资10亿元以上的项目10个。南部都市经济开发区开工项目29个，总投资54.33亿元，包括成基铂寓、省图书馆、省电力大厦、恒大御景一期、绿地中央广场、中海紫金苑等高端商务和住宅项目。榆树环城工业集中区开工项目43个，总投资96.5亿元，包括国能榆树生物发电、稻壳及米糠资源化综合利用、4YZ-4型自走式玉米联合收获机、大连实德集团16万吨PVC节能建材（长春）基地、京粮集团古船米业榆树精洁米加工仓储物流基地等投资亿元以上的项目9个。农安工业集中区开工项目31个，总投资79.73亿元，包括北京光彩长城东北亚长春光彩商贸物流城、中国华能集团生物发电、河南众品食业120万头生猪屠宰加工、大连成达集团1.5亿只肉鸡屠宰加工、长春新大石油柴油精制等投资亿元的项目9个。九台工业集中区开工项目24个，总投资43.73元，包括投资1亿元以上的长春华星轨道客车配件生产、长春莱德科技汽车配件生产、广泽农牧科技奶牛养殖等。德惠米沙子工业集中区开工项目84个，总投资80.9亿元，包括长春蓝天密封材料生产、航天三院PE管材、银河制药药品生产等超亿元的项目25个。西新工业集中区开工项目31个，总投资45亿元，包括投资亿元以上的一汽综合利用、吉林省凯达管业、长春林泉汽车零部件、长春灯泡电线等14户。

园区建设 截至2011年底，开发区已规划建立23个特色产业园区。其中，省级特色园区2个；省规划管理园区10个；市级授牌特色园区2个；其他重点园区9个。高新区围绕先进装备制造、生物与医药、光电子、新材料新能源、精优食品加工、高端生产性服务六大主导产业，加快推进了“汽车电子产业园、长春软件园、生物医药园、吉林动漫游戏原创产业园、中国吉林东北亚文化创意科技园”建设。其中，中国吉林东北亚文化创意科技园被认定为“吉林省文化产业示范园区”，已入驻企业200余户。经开区5大产业园区积极为项目建设提供平台。“长春兴隆综合保税区”作为吉林省对外开放新平台，正式获得国务院批准；“生物产业园区”被省政府命名为吉林省特色工业园区；“专用车园区”引进项目55个，投产项目24个，其中，一汽通用20万辆整车项目“坤程”皮卡已投产；“生产力促进中心”5个地块厂房全部建设完成，成为土地集约、企业集中和产业集聚的典范；“装备制造业园区”和“新兴产业园区”项目全面铺开，签约项目36个，已投产5个。净月区启明软件园已形成规范的运营模式，在全国建立分中心及子中心近270家，服务全国30多个整车厂、150多家大型物流公司，及相关政府机构，入网车辆近10万辆；长春旭阳汽车内饰件工业园区三期工程即将竣工；长春光电信息产业园区已引进德国大陆汽车电子等一批知名企业入驻；知和国际动漫产业园入驻了加拿大普菲达国际公司等动漫游戏开发企业，已形成动漫全产业链条；宇平旅游纪念品产业园二期工程的工艺品展销中心即将竣工，三期工程宇成百艺园项目开始规划。西新经济技术开发区（国家（长春）汽车电子产业园区）做为省级特色园区，已经搭建起汽车电子产业发展平台。区内已形成日系零部件工业园、凯达工业园、模具工业园、一汽动力总成工业园等产业集群，日系零部件、一汽模具、二发发动机、大众MQ200变速箱、大众EA888发动机等重点企业集聚落位。朝阳经济开发区的“汽车与零部件配套产业园”孵化器四期31栋厂房已全部完工，16家汽车零部件企业已进驻。双阳经济开发区的“吉林省梅花鹿产业园区”集聚了国药一心、长双鹿业特产、鹤年堂参茸制品等重点企业已形成了以梅花鹿饲养、繁育，鹿产品初加工，鹿产品研发、深加工为主的鹿系列保健品、药品产业链和以农副产品种植、加工为主的绿色食品工业两大产业链。绿园经济开发区的“长春轨道交通装备制造产业园”重点打造高速动车组整车制造及其核心零部件配套产业，2011年实现产值高达260亿元。九台经济开发区的“长春九台农业机械装备制造产业园”重点打造农业机械整机及配件制造等产业，2011年实现产值37.4亿元。合隆经济开发区的“广东工业园”，一期规划建设面积2平方公里，已有96家企业落位，完成投资78亿元。文化印刷产业开发区的“长春文化印刷产业园区”已形成以高等教育、生态居住、休闲养老度假及都市农业为主导的特色产业，2011年实现生产总值9.05亿元。环城工业集中区的“榆树酒业产业基地”以中国驰名商标“榆树钱”和省知名品牌“吉久王”为载体，以华泽集团（金六福企业）榆树钱工业园项目、榆树吉酒王酒厂年产5千吨白酒及基酒基地建设两大酒类项目为依托，形成了中高端酒业、饮料业产业集群。西新工业集中区的“绿园西新汽车与零部件配套产业园”重点打造汽车整车、汽车零部件制造，及其核心零部件配套产业，2011年实现产值178亿元。

基础设施 2011年，市本级投入100亿元用于基础设施建设，全市开发区完成基础设施投资240亿元，启动基础设施建设项目149个，新增和完善“七通一平”配套面积370平方公里。高新区投入基础设施建设资金75.2亿元，新建道路82公里，北湖大桥箱梁安装全部完成，远达互通立交桥建成通车，远达大街“两跨一穿”工程快速推进，北郊污水处理厂具备通水条件，铁路专用线完成施工图设计审查，南北两区86平方公里配套设施全覆盖；新增绿化面积450万平方米，南区富裕河带状公园基本完工，富强城市公园加快建设，北区“五点三线”精品工程全面推进，长东北生态湿地公园一期对外开放，森林公园完成规划设计。经开区投入35亿元完成6大类121项基础公建工程。新建续建道路48条；大成铁路专用线工程竣工通车；北区玉米2号变电站完成主体工程；装备制造园、生物产业园、专业车园基础设施配套基本完成；新兴产业园、综合保税区基础设施加快完善，北区配套达20平方公里。净月区坚持基础设施引领项目建设、项目建设推动基础设施发展，全年投入25亿元，开展大规模的基础设施配套建设。净月立交桥全线竣工通车，丁22路立交桥完成主体工程，中央景观大道向南延伸5.5公里，东南污水处理厂达到通水试水条件，完成水、电、气、热、信管网铺设120公里，新建换热站10座，城市基础设施覆盖面积达到52平方公里；开展城市精品绿化和立面彩化20.8万平方米。西新区投入15亿元，建设乙六路等10条总长8.2公里道路，完成丰越、西湖二次变、三水厂供水专线等重大项目配套工程，东风大街下穿高速公路涵洞竣工通车；完成支农大街、长沈路绿化亮化，东风大街大屋檐建筑及1号门广场维修；新建了“江南园林”风格的精品锦绣北园，汽车公园进一步完善；全区新增绿化面积22.3万平米。莲花山旅游度假区投入20亿元，启动东自由大路、东吉林大路、长吉南线、东吉林大路，净莲大街、雾开河大街、劝农大街等7条道路建设工程，道路总长度91.6公里；在道路建设的同时同步开展了供热、供电、供暖、供气、绿化工程设计等配套设施建设。宽城经济开发区基础设施建设进一步推进，新建道路12条，森工路与富盈路下穿桥俊工通车，新建铁路下穿桥1座；广宁66千瓦二次变电站投入运行；完成兴旺路1.2公里物流园区供电配套、凯旋公园线路改造等供电工程；完成北凯旋路供水管线三期工程300米，铺设创业路燃气管道800米。朝阳经济开发区投入15亿元，新建道路8条，长度6.02公里，对6条道路实施高标准绿化，绿化面积12万平方米。德惠经济开发区投入5.1亿元，完成北区2平方公里道路、排水管网、绿化、亮化、电网、通讯等基础设施建设；完成了东振兴街(城市北出口)、万寿路道路和排水管网建设；东部新城“七路一桥”、“龙凤路”基础设施开工建设；南部新区长虹街、长惠街、纬三路道路及排水工程完成施工设计。双阳经济开发区投资3.3亿元，完成道路、绿化、桥梁及天然气管道铺设等工程。绿园经济开发区投资0.86亿元，完善供电、供水、供气等基础设施配套项目。新建开发区10千伏供电线路，供水管线、排水工程、乙四路和长客路延长段等道路工程全面开工；新建占地3 000平方米的开园66千伏输变电工程建成送电。九台经济开发区投入1.86亿元，完成了工业北区三期道路工程8.3公里、排水管线17公里、供电线路8.85公里、工业园区与卡伦镇区给水连接线5.55公里以及甲三路与经开区成都大街连接的路桥工程、工业北区亮化工程。合隆经济开发区投入3亿元，新建道路9条，总长17.64公里，凯旋北路、荣发路竣工通车；铺设排水管线10.87公里、通讯管线3公里、供热管线3公里、新建换热站2座，绿化、美化、亮化2万平方米。五棵树经济开发区投入4亿元，实施了道路、五跃变电站、医药产业园区污水处理厂、引松入五供水工程等项目建设。文化印刷产业开区投入2.42亿元，实施了站前路网、奢岭污水处理厂、污水管网及供水管网等建设，奢岭污水处理厂及污水管网工程建成投入使用。国际物流经济开发区投入13.38亿元，新建道路21条(段)，总长24.4公里，全部投入使用；实施了腾达热力、污水处理、天然气管道铺设等设施的建设。南部都市经济开发区投入3.02亿元，新建道路21条，实现通车29.7公里，全面实施已通车主次干路和支路的绿化、彩化工程；启动高压线改线、天然气改线、一次供水建设工程，并完成供热管线、通信管线的跟进配套，全年累计完成管线铺设16公里。榆树环城工业集中区投入2.66亿元，完成主规划区“七横七纵”路网建设，亮化、绿化面积达到20万平方米，起步区基础设施建设基本达到“七通一平”。农安工业集中区投入0.5亿元，修建了农安大路1.2公里延伸段道路，铺设排水管线3公里、给水管线4公里，使区内路网、水网建设得到进一步完善。米沙子工业集中区投入12.2亿元，完成集中区内天燃气站及管网铺设、高速公路出口基础路基及一次变工程主体工程建设。西新工业集中区投入1.8亿元，使区内道路框架实现四纵六横，供暖、供气、供电、供水等基础设施实现九通一平。

土地使用 2011年，全市开发区坚持节约、集约利用土地资源，不断提高土地投资强度和土地利用率的原则，积极破解土地瓶颈，土地经营和管理进一步加强。高新区全年上报征地73件，面积3 134公顷，取得批复59件，面积2 371公顷，完成计划的158.1%，占长春市征地总面积的32.5%。经开区全年上报征地33件，面积1 435公顷，取得批复10件，面积473公顷。净月区全年报征地15件全部获批，面积1 042公顷，占全市征地13%。西新区全年完成用地审批面积254公顷。莲花山旅游度假区累计使用新增建设用地48.7公顷。宽城经济开发区全年上报征地20件，面积488.08公顷，取得批复15件，面积346.36公顷。朝阳经济开发区全年上报征地8件，面积317.27公顷，取得批复5件，面积243.31公顷，占全市征地6.5%。德惠经济开发区全年上报征地63件，取得批复25件，面积222公顷，约占全市征地40%。双阳经济开发区全年上报征地6件全部获批，面积112公顷。绿园经济开发区全年上报征地8件全部获批，面积100公顷。九台经济开发区全年上报征地6件，面积172.66公顷，取得批复4件，面积105.27公顷，约占全市征地9%。合隆经济开发区全年上报征地8件，共161.48公顷，取得批复7件，面积136.89公顷。五棵树经济开发区全年取得征地批复7件，面积23.7公顷。文化印刷产业开发区全年上报征地7件，面积136.5公顷，取得批复4件，面积121.5公顷。国际物流经济开发区全年上报征地17件，面积322公顷，取得批复15件，面积260公顷，占全市征地3.6%。南部都市经济开发区全年取得征地批复6件，面积630.75公顷。农安工业集中区全年取得征地批复11件，面积234.30公顷。九台工业集中区已使用新增建设指标用地1 350公顷，剩余建设指标用地1 650公顷。绿园西新工业集中区全年取得征地批复8件，面积100公顷。

民生工作 2011年，开发区社会事业加快建设，民生状况持续改善，公共服务设施全面得到加强。高新区一实验学校、兴华学校及幼儿园投入使用，东北师大附小幼儿园开工建设，市委党校迁建项目完成主体工程，奥林匹克公园“一场三馆”基础建设基本完成，警民健身中心对外开放，北区农民文化活动中心、奋进社区卫生服务中心即将投入使用；高标准建设农民回迁住宅123万平方米，做到当年拆迁当年入住，完成6个回迁小区平改坡任务；新开发就业岗位12.2万个，“零就业家庭”保持动态为零；被征地农民基本养老金全额发放，兑现区片综合地价补差款16.8亿元；低保对象实现应保尽保，新农合做到应参尽参，养老、失业、医疗、工伤等保险扩面工作全面达标；深入开展基层党组织服务民生工作和“三帮扶”活动,困难群体得到有效救助。经开区民生改善与和谐社会建设扎实推进。选择兴隆山镇中心地段和远达大街东侧,大投入、高质量打造了北区回迁楼群,兴隆丽景A、B区和金色家园一期36万平方米已建成交付使用,安置居民5 059户,同时高标准打造周边环境,投资9 000万元,毗邻回迁楼建设了中山公园,完善了学校、医院、社区服务中心等的公共服务设施;充分发挥人力资源市场平台,重点强化北区就业帮扶力度,城镇新增就业4 098人,新农合参合率、城市农村低保金发放覆盖率均达到100%;中山小学新校落成使用,对安龙小学、威海小学等8所学校进行重建和维修,全区文化市场秩序得到进一步规范。净月区坚持以民为本,社会事业成果丰硕。投入3 600多万元,对南环小学、净月潭实验小学、五十五中学进行了新建、扩建和改建;投入5 000多万元,围绕净月潭水库、小河沿子河等水域,开展水毁工程治理,实现当年水毁、当年上报、次年完工;全面完成农村饮水安全工程,累计铺设供水管线560公里;完成24个村屯的土地补偿费发放;投入9.7亿元,完成西部回迁小区一期33万平方米回迁房建设;安置就业1.3万人次,失业、养老、工伤、新农合等各类社保的覆盖面进一步提升。西新区大力改善民生,全面实施民生行动计划。全区城镇新增就业4 106人,下岗失业人员再就业1 083人,农村转移就业1 000人;城镇居民医疗保险75 600人,新增养老保险1 100人,失业保险870人,工伤保险5 310人,完成5 602名60周岁以上老人养老保险,发放低保金716.5万元,与311个困难家庭结成救助对子;完成2万平方米廉租房、9万平方米回迁住宅建设,投资9 000万元完成“暖房子”改造64栋、32万平方米。

（王允军）

长春高新技术产业开发区

【概况】 长春高新技术产业开发区（简称长春高新区）于1988年5月经吉林省人民政府批准建立,1991年3月经国务院批准为国家高新技术产业开发区。建区以来,高新区依托长春市的科教优势和产业基础,重点发展先进装备制造、生物与医药、光电子、新材料新能源等主导产业,加快产业结构调整和经济发展方式转变,经济总量迅速提升,主要经济指标始终保持超常规、跨越式发展势头,形成良好的产业基础、较强的创新能力和突出的品牌优势,已成为长春市乃至吉林省经济发展的核心引擎、自主创新的主要阵地、对外开放的重要窗口。在科技部组织的4次评选中,长春高新区均被评为“先进国家高新技术产业开发区”。2011年与德惠市合作建设“长德新区”,新增发展空间337平方公里,地处德惠市米沙子镇,紧邻长东北核心区,大力发展智能装备制造、健康绿色食品产业,打造“三化统筹”示范区。

【主要经济指标】 2011年,长春高新区营业总收入实现3 016亿元,比2010年增长25.9%;工业总产值实现2 855亿元,比2010年增长20.2%,其中规模以上工业总产值实现421亿元,比2010年增长22.7%;地区生产总值实现667亿元,比2010年增长25.3%;固定资产投资完成354亿元,比2010年增长41.2%,其中工业投资完成185亿元,比2010年增长38.8%;一般预算财政收入实现98.7亿元,比2010年增长59%。全年实际利用外资9.07亿美元,比2010年增长16.3%;实际利用内资77.88亿元,比2010年增长16.6%。

【主导产业】 2011年,全区注册企业发展到3 617户。其中,汽车及零部件企业发展到165户,生物与医药企业200余户,光电企业95户,汽车电子产业集群成为首批国家级“创新型产业集群”。产业结构趋向合理,全区生物医药、光电子、新材料、新能源等战略性新兴产业实现产值120亿元,现代服务业总收入335亿元。产业链条加快构建,高新电动与金航汽车完成资产重组,生产的纯电动客车通过工信部产品公告,获得新能源客车生产资质;吉林环宇公司P-OLED项目第一条生产线即将试生产,吉林奥来德光电公司有机发光材料形成规模化生产能力;以东北亚文化创意科技园为代表的7个文化产业园加快建设,有1个列为国家级文化产业示范基地,3个列为省级文化产业示范重点园区,5个列为全市文化产业十大项目。

【特色园区】 1.汽车电子产业园。2011年启动建设,规划占地12.3万平方米、建筑面积6万平方米,分3期建设。截至2011年底,园区基础设施建设、厂房改建等基本完工。2.长春软件园。2011年,长春高新区软件及服务外包产业实现收入80亿元,比2010年增长20%。软件及服务外包企业超过450户,产业规模占吉林省70%以上。2011年,16户软件企业和65项软件产品通过吉林省工信厅“双软认定”。3.生物医药园。园区有各类企业200余户。其中,生物制药企业32户,中药企业42户,医疗器械企业45户,其他企业80余户,生产品种600余个。疫苗品种占国家已批准生产品种的50%,在研项目储备150余项。4.吉林动漫游戏原创产业园。2007年6月经吉林省政府批准建立,由吉林动画学院投资3.9亿元建设,占地5万平方米,建筑面积6.4万平方米,2009年9月正式启动运营。2010年被文化部批准为“文化产业示范基地”。截至2011年底,园内有动漫游戏企业30余家。5.中国·吉林东北亚文化创意科技园。园区及引进项目总投资30亿元,占地20万平方米,一期建筑面积18万平方米,被认定为“吉林省文化产业示范园区”。截至2011年底,入驻企业200余户。

【招商引资】 2011年,长春高新区新引进世界500强企业3户;与34户央企洽谈合作项目58个,计划总投资1 008亿元,建筑面积1 050万平方米。其中,中石油东北地区燃气运输总部等4个项目投入运营,兵装新能源产业园、中航产业园等8个项目开工建设,中信电子科技总部基地、国控吉林物流基地等7个项目正式落位。低碳产业园科技生态碳汇区、四季城等 18 个项目签约。参加第五届中国·吉林东北亚投资贸易博览会、第十届中国长春国际农业·食品博览（交易）会等招商活动，邀请参会参展企业 120 户，签约项目 12 个，签约金额 780 亿元。组织招商局及 32 户驻区企业代表先后赴通化、延吉开展项目交流，签约项目 19 个。配合长春市政府在北京举行“长春市城市基础设施建设项目首次推介会暨签约仪式”，邀请企业 182 家，参会人员 229 名，洽谈项目 201 个，签约项目 50 个，总投资 5 351 亿元。

【项目建设】 2011 年，长春高新区新落位项目 59 个。其中，产业类项目 39 个，其他类项目 20 个，总投资 511.4 亿元，总产值 237.7 亿元，总税收 22.8 亿元，总购地面积 681 万平方米，总建筑面积818 万平方米。新开工 3 000 万元以上项目 190 个，完成投资 227.8 亿元，开工面积 783 万平方米。其中，投资百亿元以上项目 3 个，10 亿元以上项目 30 个，亿元以上项目 86 个。兵装新能源产业园整机、叶片项目投产，中航产业园部分主体框架封顶，一轿质保中心项目部分投入使用，长春佛吉亚汽车排气系统项目建成；鸿达疫苗、百克生物主体完工，即将投产；远达生产资料交易市场 71 栋市场用房封顶，长东北钢材物流基地一期建成投入使用。

【科技创新】 2011 年，长春高新区精心打造创新平台，建立以集约、集聚、集成创新为特征的区域创新体系。长东北科技创新中心建设取得较大进展，光电子、新材料、生态农业等专业技术平台实现主体封闭，7 大公共服务平台（行政服务平台、科技企业孵化平台、知识产权服务平台、人才服务平台、金融服务平台、信息服务平台、国际合作平台）基本建成，科研教育区 3 所大学（长春工业大学、长春师范学院、吉林交通职业技术学院）项目开工建设；中俄科技园顺利实现增资扩股，中白科技园直线电机项目厂房投入使用；与中科院合作取得明显成效，签约落位 20 家以上国家级研发机构。国家服务外包人力资源研究院东北院签约落户，开启与清华大学深度合作；全区新建、在建孵化基地 20 个、总面积 150 万平方米；启动建设了长东北百万米孵化加速园区和 50 万平方米新兴产业示范园项目。全区按新标准认定的高新技术企业突破 92 户，总量保持占全市 61%、全省 37%以上；参与修订、制定国家技术标准 35 项；3 年申请专利 2 700 项，发明专利 1 200 项，获得各级各类计划 704 项，获各级科技立项扶持资金 6.2 亿元。2011 年，长春高新区被命名为“吉林省首批高层次人才创新创业基地”和“吉林省人才特区”，全面实施“长白慧谷”英才计划。

【金融服务】 长春高新区积极申报国家“科技和金融结合试点园区”，按照试点方案的精神和要求，全力推进“建立有效的政策体系”、“建立接续投资结构”、“搭建科技金融合作平台”等关键关节的建设工作。建立金融信息管理系统，开发了包括“股权融资、债券融资和上市融资”三大子系统的“高新区金融服务信息管理系统”，建设了“融资需求企业”、“重点服务企业”、“银行与担保”、“股权投资机构”、“券商及中介机构”5 大数据库，实现金融服务动态管理。集聚金融服务机构，新引进金融机构 24 家，其中，小贷公司 8 家、证券公司 6 家，担保公司 1 家，金融机构达到 100 家以上。扩大股权投资规模，股权投资机构引进达到 28 家，其中，2011 年引进 11 家，注册资金达到 58.4 亿元，总注册资金规模达 160 亿元。区内股权机构已与 11 家企业达成投资协议，累计投资 2.32 亿元，已到位资金 1.32 亿元。探索多种债券融资途径，合作银行 13 家，其中 2011 年新增 6 家，全年 17 家科技企业完成信贷融资3.1 亿元。积极推动企业上市融资，迪瑞股份、长生生物两家企业分别得到深交所和港交所的上市受理，将在创业板和香港 H 股上市融资，境内外上市储备企业达 9 家；新发展拟上新三板企业 16 家，总数达 30 家，其中 2011 年新签约企业 9 家。

【开发建设】 2011 年，长春高新区投入开发建设资金 100 多亿元，新建道路 82 公里，南北两区 86 平方公里配套设施实现全覆盖，达到现代化国际城市中心城区标准。北湖大桥箱梁安装全部完成，远达互通立交桥建成通车，远达大街“两跨一穿”工程进展较快，北郊污水处理厂具备通水条件，铁路专用线完成施工图设计审查，集装箱办理站完成选址及项目审批前期工作。全年新增绿化面积 372.3 万平方米，南区富裕河带状公园基本完工，富强城市公园正在建设；长东北核心区“五点三线”精品工程全面推进，长东北生态湿地公园一期对外开放，文化旅游产业园一期完成部分主体工程，森林公园完成规划设计。2011 年 9 月 1 日，第十二届中国长春（高新区）国际雕塑作品邀请展揭幕仪式在长东北城市生态湿地公园举行。

【长德新区开发建设】 长德新区是长春高新区与德惠市合作开发的工业园区。经过洽谈与协商，长春高新区与德惠市正式签署了《长春高新区与德惠市合作建设长德新区的协议》，确定了“属地承担社会事务，双方合作分成”的合作开发模式，以及“政府 + 公司”双轨并行的投融资模式，并成立了集团公司。2011 年 1 月，长德新区管委会（简称新区管委会）正式成立，机构设置工作、建章立制工作相继完成。新区管委会承担新区投资、开发建设、招商引资、整体运营以及长德新区范围内的农村工作、社会事务、维护社会稳定工作等。长德新区产业发展（一期）规划设计、空间发展规划研究及编制工作均已完成。

【城市精细化管理】 2011 年，长春高新区实行了网格式管理，开展了城市设施精细化管理“进在建工程、进公用配套企业、进社区活动”，实现部门、企业、社区及群众“四方”互动，确保市政公用设施保护完好，扩大精细化管理覆盖面；高新南区市政公用设施数字化管理平台基本建成，部分监控系统安装完毕，具备对高新南区主要街路城市水、电、气、热、排水、路灯等市政公用设施的数字化、电子化、综合性的管理功能，方便对各类信息的查询、浏览以及设备设施基础资料的统计汇总、日常管理工作，做到城市管理问题的快速发现、快速反应、快速分解、快速处置、快速解决。深入开展奋战150天市容环境综合整治行动，市容环境呈现新面貌。

【民生与社会事业】 2011年，长春高新区全力实施富民增收、社会救助、住房保障、医疗惠民等十大民生工程，120项民生行动计划全部完成。公共服务能力加强。一实验学校、兴华学校及幼儿园已投入使用，东北师大附小幼儿园开工建设，引进北京“维思德”、台湾“星福儿”、宋庆龄基金会等知名幼儿园；长春市委党校、长春工业大学北湖校区、吉林交通职业技术学院、长春师范学院等迁建项目工程进展顺利；长春奥林匹克公园“一场三馆”基础建设基本完成；警民体育健身中心对外开放；北区农民文化活动中心、奋进社区卫生服务中心投入使用；完成5个社区养老日间照料站建设；积极开展行业卫生精品示范街建设活动，公共场所卫生达标率95%；全区人口自然增长率控制在5‰以内。社会保障水平提高。社会保障工作提高了被征地农民基本养老金标准，并及时足额发放；全区650户、1 127名低保对象实现应保尽保；农民新农合做到应参尽参；全年发放各类补贴、救助金、慰问金998万元，救助各类困难群众1 780户、4 068人，困难群体救助覆盖率100%。平安高新建设扎实推进。强化安全稳定责任体系建设，开展各类专项整治，无重大事故发生；开展“信访积案化解年”活动，解决一批历史遗留和群众关注的困难问题；强化社会治安综合治理，加大违法犯罪打击力度，社会环境保持和谐稳定。

【企业服务】 2011年，长春高新区整合原企业服务中心、政务中心、软环境办公室和纠风办公室的职能，成立长春高新区企业服务管理办公室，构建求助、投诉、咨询、服务“四位一体”的企业服务平台。2011年受理各类企业咨询及诉求134件，限时办结率95%。完善南区政务大厅服务功能，构建审批服务区、资料填写区、等候休息区、商务服务区4个功能区；增设基层党组织服务民生窗口，金融、人才服务窗口，技术监督部门的组织机构代码证办证点正式入驻大厅，开创区级机关设立办证点先例。长东北核心区政务中心2011年部分投入使用。

【体制机制创新】 2011年，长春高新区继2009年、2010年之后进行第3次体制机制调整，组建南区、长东北核心区、长德新区3个分区管委会，建立了“属地管理、分区而治” 新型管理体制和运行机制，收到了“重心下移、责任落实、职能转变、效能提升”的效果。调整后，高新区管委会所属部门及直属机构44个（未含3个单列机构），南区管委会内设机构16个，长东北核心区管委会内设机构20个，长德新区管委会内设机构9个。明确高新区管委会各部门与各分区管委会对应部门的各自事权，逐步建立一级核算体制下的以财务责任管理为核心，以预算管理为主线的分级财务管理模式。按照体制机制调整后“分区管理”的实际情况，对局(处)级领导干部进行了调整，同时在全区范围内，对一般干部实行双向选择。

（田莎莎）

长春经济技术开发区

【概况】 2011年，长春经济技术开发区（以下简称经开区）深入落实“三化”、“三动”战略，立足转变发展方式，全面推进兴隆新城建设，经济社会保持平稳快速发展。2011年，完成地区生产总值728.5亿元，比2010年增长20.75%；工业总产值1 750亿元，增长21.28%；一般预算全口径财政收入64.6亿元，增长34.6%；实际利用外资10.5亿美元，增长15.5%，实际利用内资75.7亿元，增长14.3%；固定资产投资343.2亿元，增长38.4%，其中，工业投资185亿元，增长38.8%，实现了“十二五”规划的良好开局。在商务部对全国133个国家级经济技术开发区投资环境综合评价中，排名第13位；在中部38个国家级经开区中，连续5年排名第一。经济总量和质量双提升。产值超亿元工业企业已达70户，对长春市工业增长贡献率居全市四大开发区之首。产业结构进一步优化，汽车及零部件产业实现产值892.5亿元，占全区工业总产值的51%；生物化工产业实现产值612.5亿元，占工业总产值的35%，其中大成集团产值跃升到400亿元。第三产业实现增加值170亿元，比2010年增长27.06%，经开区被省政府列为首批服务业改革试点区。

【招商引资】 招商引资和项目建设稳步发展。2011年，全区共完成实际利用外资10.54亿美元，完成全年任务的100.4%，增速16%；其中，直接利用外资完成2.17亿美元，完成全年任务的101.5 %。实际利用内资完成75.71亿元，完成全年任务的100.01%，增速14.3%；其中，省域外内资完成48.27亿元，完成全年任务的100.5%。

【重点企业与项目】 2011年签约项目175个，其中，工业项目141个，商业项目34个，投资总额579亿元，占地面积8.3平方公里。全年开工项目130个，其中，亿元以上项目93个，10亿元以上项目10个，100亿元以上项目1个。2011年签约引进的较大外资项目有：秦川实业、发电设备、窄轨客车、新金享、深国际物流、佛吉亚保险杠、采埃孚高铁变速箱、萨科斯减震器、佩尔则隔音隔振、科士达汽车电子、伟速达汽车电子、KTC机床刀库、统一食品、希杰生物等项目。汽车及零部件产业、生物产业、现代服务业、装备制造业、综合保税及物流业等五大产业，包装项目155个，采取中英文对照方式，高标准高质量印制成册，增强对投资者的吸引力。

【特色园区建设】 5大产业园区为项目建设提供平台。长春兴隆综合保税区作为吉林省对外开放新平台。生物产业园区被省政府命名为吉林省特色工业园区，成为第一批15个特名工业园区之一，围绕大成集团初步形成了产业链集群，现有46个项目已投产15个。专用车园区引进项目55个，投产项目24个，其中一汽通用20万辆整车项目“坤程”皮卡已投产。生产力促进中心5个地块厂房全部建设完毕。装备制造业园区和新兴产业园区项目全面铺开，签约项目36个，已投产5个。

【土地利用情况】 全年上报征地33件，面积1 435公顷，其中，报国务院审批城市建设用地620公顷，报省政府815公顷。取得批复10件，面积473公顷。完成供地55宗，面积288.8公顷。其中，经营性用地出让5宗，面积18.5296公顷，实现成交价款9.74亿元；工业用地出让13宗，面积95.2公顷；划拨用地11宗，面积58.77公顷。征收工作实行区、镇(街、道)、村三级联动，对九台市卡伦镇6个村约66平方公里进行合作开发，合作区基本农田得到全部平移，为下一步建设的实质推进提供有效保障。

【管理与服务】 2011年，成立行政审批中心。全年679件督办事项办结率93.5%。开展“创城”工作和奋战150天市容环境综合整治行动，打造特色街路，实施“暖房子”工程，改造老旧散弃管小区环境，大规模开展了广告牌匾、占道经营、环卫保洁等市容环境和交通整治专项战役。区域环境质量大幅提升，为全市成功创建全国文明城做出了应有的贡献。回迁楼建设取得积极进展。兴隆丽景A、B区和金色家园一期36万平方米已建成交付使用，安置居民5 059户。高标准打造周边环境，毗邻回迁楼建设了中山公园，配备了学校、医院、社区服务中心等完善的公共服务设施。社会保障体系不断完善，城镇新增就业4 098人；新农合参合率、城市农村低保金发放覆盖率均达到100%。文教事业有序开展。中山小学新校已落成使用，对安龙小学、威海小学等8所学校进行了重建和维修，全区文化市场秩序得到进一步规范。建立健全三级信访网络和多元化纠纷调解体系，集中解决一批群众关心的热点、难点问题；完善矛盾纠纷排查化解机制，有力预防和减少越级访、集体访和重复访，促进全区和谐稳定。产权办理取得重大进展，完成历史遗留未办理产权的277栋房屋资料的上报，已完成16栋回迁楼的私有产权分户。安全生产监管和防范得到强化，计生、民政等各项社会事业全面发展。

（杜　萍）

长春净月经济开发区

【概况】 净月开发区成立于1995年，原名长春净月潭旅游经济开发区，2006年3月6日第4批通过国家发改委审核，核定面积22.46平方公里，并更名为长春净月经济开发区。全区下辖玉潭、新湖、新立城3个整建制镇，净月、永兴2个街道办事处，总人口近40万人。辖区内拥有长春伪满皇宫博物院、长春汽车文化园和净月潭国家重点风景名胜区、新立湖国家水利风景区，幅员478.7平方公里，其中林水总面积达243平方公里。2010年8月17日，净月开发区被国家发改委确定为国家服务业综合改革试点区；8月26日，被长春市委、市政府确定为长春市文化产业集中发展区。

【经济运行体情况】 2011年，全区完成地区生产总值400亿元，比2010年增长20%，达到全市GDP总量的10%；完成全口径财政收入49.7亿元，比2010年增长39.2%，财政收入的增量、增速居长春市各城区、开发区之首；完成固定资产投资253亿元，比2010年增长31.1%。各项主要经济指标均好于年初预期，创历史最好水平。

【招商引资】 把世界500强作为招商重点，成功引进德国大陆汽车电子、德国巴斯夫、日本三菱、荷兰TNT、美国沃尔玛等8家世界500强，并与菲律宾SM、德国麦德龙、日本丸红、韩国SK、台湾富士康等9家世界500强达成投资意向；引进德国格拉默、韩国KDC、北京世纪金源、青岛海尔、深圳航盛、江西泰豪、四川明宇、广州亿华、中石化东北总部等上百家龙头企业。全年共接待各类考察团体389个，拜访考察企业435家，实现新签约项目总额836亿元，完成西部新区项目摆放13平方公里，项目平均投资强度达到1.2万元/平方米，彻底改变建区之初“小、散、弱”项目的低水平布局。在2011年5月全市集中开工的50个5亿元现代服务业重大项目中，净月区有21个。在净月潭瓦萨国际滑雪节经贸洽谈会上，净月区向25个国家和地区开展招商推介，实现签约137亿元，成为全市2012年招商引资的“第一大单”。

【项目建设】 2011年，共开工招商项目89个，当年完成投资额219亿元，是2010年的1.3倍。省科技文化中心综合馆完成专项验收正式开馆；启明孵化中心建成并投入使用，启阳科技等16户创新型企业相继入驻；喜来登酒店开始试运营，成为长春市第一家超五星级白金酒店；万科·惠斯勒、远洋·戛纳小镇等高档楼盘实现当年开工、当年销售，全面提升净月区的宜居品质；知合国际动漫产业园、吉林省工艺品博物馆建设快速推进；德国大陆电子、川渝环球贸易中心等一大批高端项目，支撑起西部现代产业园区的基本框架。净月区真正实现项目大落位带动经济大发展。加快项目用地报批，全年批复可建设用地指标800公顷，总量居全市各城区、开发区之首；成功置换伊通河以东251公顷和农大300公顷的“黄金地段”，土地出让价格创造了3 282元/平方米的历史最高价。加大征地拆迁力度，全年完成征地1 486公顷，拆迁房屋6 402栋，拆迁房屋总面积65万平方米，拆除温室大棚及苗木287万平方米。加强“三级管理”，全年拆除违法建筑物3.6万平方米、构筑物280万平方米，有力地维护了开发建设秩序。

【城市建设】 坚持把握净月城市建设快速升级，从规划、建设、管理3个环节入手，抓好点，建好线，管好面，努力打造精品城市。深化西部新区城市设计。聘请荷兰、澳大利亚、美国等国际知名公司，开展净月西部新区三、四组团的城市设计，保证净月区世界级规划水平的连续性和完整性；提请市人大常委会通过决议，全面破解净月分团二期项目层高的限制因素；围绕中信欧风小镇、湿地雕塑公园、锦绣新湖公园等重点工程开展规划设计,为南部区域的点式启动创造了条件。全年投入资金17亿元,开展大规模的基础设施配套建设。净月立交桥全线竣工通车,丁22路立交桥完成主体工程,中央景观大道向南延伸5.5公里,东南污水处理厂达到通水试水条件,完成水、电、气、热、信管网铺设120公里,新建换热站10座,城市基础设施覆盖面积达到52平方公里,区域整体价值大幅提升。加强城市环境治理,开展市容环境综合整治行动,打造净月大街等5条市级精品街路,新增绿地100万平方米,城区增绿创历史新高;加强市政维护和环卫管理,大力整治占道经营、运输超载等行为,处置部分高档小区私搭露台、乱建车库等新型违建案例,提升了城市文明形象;加强对老、旧、散小区的改造,科伦小区商业街改造模式受到市领导高度肯定,净月开发区成为全市创建文明城先进单位。强化建设资金保障。与各大金融机构建立良好的合作关系,全年实现融资61.7亿元,为征地拆迁、土地收储和基础设施建设提供保障。

【提升区域知名度】 坚持挖掘区域资源,做大做精旅游品牌,扩大净月区在国内外的影响力,提升长春市的国际化城市水平。策划2012年瓦萨国际滑雪节,隆重推出7项专业赛事和16项节庆活动,邀请25个国家1 000多名专业运动员和滑雪爱好者参加瓦萨系列赛,精心打造典礼仪式、火炬传递、书画笔会等品牌活动,集中展示了10年瓦萨的辉煌成就。成功举办第十届中国长春农博会,有4 000多家国内外企业参展,实现签约金额226亿元,长春农博会已经成为中国农业博览领域的"第一品牌"。推进大遗址保护、大环境整治、大景观建设,伪满皇宫博物院被批准为第7批全国重点文物保护单位,成为长春市首批国保单位之一,打造一流的世界警示性教育基地。规划建设净月潭瓦萨博物馆并正式对外开放,集中展示中欧冰雪文化的交流成果,作为中国第一家滑雪博物馆,在中国冰雪运动发展史上具有里程碑意义。立足净月潭景区,设计完成净月女神大型雕塑,推进门前区广场改造、荷花垂柳整治、木栈道修缮,景区品质全面提升。

【优化生态环境】 开展造林行动。科学调整自愿还林优惠政策,调动农民还林积极性,全年完成造林504公顷、矿山复绿5处,实施林相改造500公顷,荣获"十年绿化美化吉林大地先进单位"称号。有效遏制日本松干蚧等病虫害,检测覆盖率达到100%;深入开展季节性封山、景区平坟、疏导"驴友"等专项行动,确保森林无火灾,被省政府授予"连续30年无重大森林火灾模范单位"。推进湿地建设。净月潭湿地公园全面竣工,为净月潭景区增添了一处独具特色的休闲旅游景观,提升了景区品位,产生了良好的生态效益和社会效益。完成净月潭水库除险加固工程和小河沿子河综合治理,切实加强对净月潭、新立湖等重点水域的污染监管,开展"联保共建",加快推进"蓝天工程"。净月开发区的整体环境质量达到历史最高。

【民生建设】 坚持把解决群众生存性、发展性、安全性等民生问题作为重点,努力为群众办好事、办实事、办大事。投入资金3 600万元,对南环小学、净月潭实验小学、五十五中学进行新建、扩建和改建,夯实了教育发展基础;开展公共卫生服务,加强医疗、食品等公共领域的卫生安全监管,连续3年荣获全市开发区组卫生综合绩效考核第一名;普及人口与计划生育宣传,加强流动人口管理,代表全省接受国家"诚信计生"工作评估;开展有针对性的专项临时救助,建立起医疗、教育、住房相配套的综合性社会救助体系。开展农村工作。投入资金5 000多万元,围绕净月潭水库、小河沿子河等水域,开展水毁工程治理,实现当年水毁、当年上报、次年完工,在全省名列前茅;完成农村饮水安全工程,铺设供水管线560公里,荣获吉林省农村饮水安全工作先进单位;完成24个村屯的土地补偿费发放工作,受到市直主管部门的肯定。维护社会稳定。投入资金9.7亿元,完成西部回迁小区一期33万平方米回迁房建设,近3 000户居民春节后将喜迁新居,回迁遗留问题得到解决;安置就业1.3万人次,提升失业、养老、工伤、新农合等各类社保的覆盖面,妥善处理市长公开电话和群众来信来访,营造和谐稳定的社会环境。

(贺国峰)

长春西新经济技术开发区

【概况】 长春西新经济技术开发区区域范围东起普阳街、长沈铁路,南至公主岭市范家屯镇,西到西新开河,北接长沈高速客运铁路。幅员110平方公里,建成区面积23平方公里。区内总人口22.3万人,其中,非农人口18.7万人;中小学24所。驻区企业总数3 160户,其中工业企业444户,交通运输仓储业227户,服务业928户,批发零售贸易业1 176户,金融业51户,建筑业50户、房地产业16户,农业46户,住宿餐饮业75户。

【经济指标】 2011年,是"十二五"开局之年,是汽车区二次创业第1年。全年GDP完成404亿元,比2010年增长18.6%。固定资产投资完成364亿元,比2010年增长44%。区属规上工业产值55亿元,比2010年增长35.1%。全口径财政收入完成54.6亿元,比2010年增长33.7%。实际利用内资完成86.8亿元,比2010年增长14.4%。实际利用外资完成4.24亿美元,比2010年增长17.5%。主要经济指标继续位居全市前列,固定资产投资总量、实际利用内资总量、利用外资增速、区属规上工业产值增速等4项指标全市第一,连续4年被评为长春市经济目标责任制优秀奖。

【产业发展】 全年共引进工业项目88个,计划总投资328亿元,预计可实现产值390亿元。新建续建工业项目83个。轴齿制造中心、大众MQ200变速箱、大众EA888发动机、富奥电装等重大项目全面开工,一汽丰越完成试生产,纳铁福、霍富车锁、北特、嘉信热处理等项目建成投产。这些重大项目的建成，推动了开发区汽车产业的新发展。

【城市建设】 新区建设快速推进。完成征地、供地9平方公里，完成拆迁1 600户、40万平方米，建设乙六路等10条、8.2公里道路，完成丰越、西湖二次变、三水厂供水专线等重大项目配套工程，东风大街下穿高速公路涵洞竣工通车。大力实施“奋战150天市容环境综合整治行动”，完成支农大街、长沈路绿化亮化，对东风大街大屋檐建筑及1号门广场进行了维修，建设了“江南园林”风格的精品锦绣北园，汽车公园进一步完善。全区新增绿化面积22.3万平方米。进一步完善城市功能。引进大润发、沃尔玛等大型超市，居民生活更加便利。汽车贸易稳步发展，高力北方汽贸城、汽配商街运营有序，长沈路整车精品一条街形成规模，新引进4S店4家。

【民生工作】 全年完成民生实事105项。积极推动就业。全区城镇新增就业4 106人，下岗失业人员再就业1 083人，农村转移就业1 000人。加强社会保障工作，城镇居民医疗保险75 600人，新增养老保险1 100人，失业保险870人，工伤保险5 310人，超额完成市里下达的指标。顺利启动城乡居民养老保险，完成5 602名60周岁以上老人办理工作。进一步提高低保标准，发放低保金716.5万元。深入开展结对救助活动，与311个困难家庭结成救助对子。大力改善群众住房条件，完成了2万平方米廉租房、9万平方米回迁住宅建设。投资9 000万元完成“暖房子”改造64栋、32万平方米，近2万名群众受益。

（刘　晶）

长春莲花山生态旅游度假区

【概况】 长春莲花山生态旅游度假区（以下简称“莲花山度假区”）是2007年4月经省政府批准成立的省级开发区，2010年9月省编委正式批准莲花山度假区为长春市政府直管开发区。莲花山度假区位于长春市东部，北起经开区——台市界，南至净月区、双阳区界，西起洋浦大街，东至石头口门水库——马河，规划控制面积417平方公里，辖2镇1乡（劝农山镇、泉眼镇、四家乡），总人口5.9万。莲花山度假区地处长白山余脉大黑山森林带，生态环境良好，自然景观优美，交通条件便捷，区位优势突出，是落实省委、省政府“长吉一体化”发展战略的先行先试区和体制创新区，是“长吉一体化”的重要节点和功能区域。

【启动规划编制】 按照“规划先行”的原则，重点推进了度假区《发展战略规划》、《总体规划》、《控制性详规》、《总体城市形象设计规划》等规划的编制工作。《度假区发展战略规划》已通过省发改委批准，《度假区总体规划》也获得省政府正式批复，其他专项规划大部分也已编制完成。

【基础设施建设】 启动东自由大路、东吉林大路、劝农大街、净莲大街、雾开河大街、林溪大街、泉眼大街7条道路建设工程，道路总长度80多公里，计划总投资40多亿元，2011年完成总工程量的60%以上，完成投资16亿多元。做好度假区的供水、供电、天然气、供热、污水处理、给排水、通信等基础设施建设的前期准备工作。

【生态环境保护】 按照“生态先行、环境立区”要求，全面推进生态建设。1.关闭区内所有采石场，完成新植补植造林83.9公顷，退耕还林近100公顷，还湿地近20公顷。2.对石头口门水库水源地的保护，做到一、二级水源地范围内坚决控制任何项目建设，实施水库大坝除险加固工程，提高了蓄水能力；治理水土流失面积11.15平方公里，改善河流生态环境；启动雾开河治理和带状生态湿地公园建设前期工作。3.采取措施逐步迁出现有的工业和污染企业，并坚决控制工业和污染项目在区内落地；4.严厉打击抢建违建行为，拆除房屋、大棚等违法建筑共计397处，面积为10万平方米。5.投入近千万元，增设了区、乡镇、村屯农民环卫工，购置垃圾清运车等环卫设备，解决农村道路保洁、固体废弃物、生活垃圾的处理问题。组织乡镇修建了一体化围墙4万多米，对村民房前屋后进行绿化美化，使乡容村貌得到提升。

【推进社会事业发展】 提出了“居有所住、病有所医、老有所养、中青有所业、少有所学、幼有所育”的工作目标。启动了高标准回迁小区建设项目。把广大农民纳入新农合体系，将住院报销比例提高10个百分点。全面推行基本药物制度，拨付基本药物补偿资金260万元。把失地农民全部纳入社保体系，解决百姓的后顾之忧。开展“帮群众理财”工作。把优先吸纳当地富余劳动力作为项目进区的前提条件，保证群众能够就近就业。对区内的教育资源进行整合，区域内5所村小全部并入乡镇中心校。举办首届长春莲花山自行车赛、莲花山雪季启动仪式暨滑雪公园落成典礼，扩大度假区的影响力。做好防汛工作，实现安全度汛；采用赤眼蜂防治玉米螟8 666.67公顷，实施水稻高产创建项目666.67公顷，增加了农民收入；在主要道路两侧种植38公顷兼具景观效益和经济效益的向日葵，拆迁房屋2 000多户近19万平方米。

（李　勇）

综 述

2011年，全市商务系统面对复杂多变的国内外经济形势，采取切实有效措施保增长、稳出口，超额完成各项商务经济指标。进出口总额完成173.4亿美元，比2010年增长31.2%。其中，出口完成22.7亿美元，增长13.3%；进口完成150.7亿美元，增长34.4%。对外承包和劳务合作营业额完成2.15亿美元，境外投资办企新增6户。实际利用内资完成590.4亿元，增长16.2%。实际利用外资完成30.8亿美元，增长15.5%。航班飞行4.1万架次，机场旅客进出港497万人次，内陆港集装箱到发量6万标箱。

（赵兴华）

招商引资

【概况】 2011年，长春市全面完成了省、市下达的年度招商引资任务。引进内资项目404个，其中8 000万以上大项目177个，引进资金542.2亿元，占全市引资金额的91.83%，增长18.4%，其中工业类大项目23个。全年新批外资企业44户，其中超千万美元企业12户。引进世界500强企业3户，已有63家世界500强企业在长投资了66个项目。

【九个月攻坚行动】 在第4轮招商引资九个月攻坚行动中，全市共储备项目4 183个，完成攻坚计划的149.4%；已签约项目1 854个，完成攻坚计划的154.5%。其中工业项目1 052个，完成攻坚计划的140.3%；引进大的战略投资者22个，完成了攻坚计划。1.打造长吉图国际合作平台。高新区引进了中航工业长春航空科技产业园项目，总投资100亿元，建成后将形成以航空产业、新材料、汽车零部件、电动汽车及锂电池为龙头的产业集聚区；宽城区围绕轨道装备园区进行招商，由国内500强企业中国北车股份有限公司在园区内投资兴建了“机车厂迁建项目”，为园区早日达产奠定了坚实的基础；二道区着力打造长春东部中央商务区、长东北现代物流中心区和长吉生态经济区三大产业功能分区，充分体现了打造长吉图国际合作平台的战略构想。2.引进战略投资者。重点针对世界500强、国内500强、中直大型国有企业进行定向招商。审批超千万美元的外资项目24个，投资总额16.2亿美元。超亿元内资项目104个，总投资924.7亿元。其中，高新区引进的世界500强法国佛吉亚(中国)投资有限公司与长春佛吉亚旭阳汽车内饰系统有限公司的合作项目，投资总额2 929万美元；双阳区引进国内500强中国电力投资集团，投资40亿元兴建大型热电联产项目；宽城区引进国内500强中国国电集团，投资26.4亿元的热电一厂迁建项目，到位资金3.4亿元，已开工建设。3.加快发展战略性新兴产业。围绕先进装备制造业、生物医药、光电信息、新材料、新能源五大战备性新兴产业，推动长春市经济结构优化升级。高新区引资20亿元兴建了北方医药产业园项目，同时，高新区还引资15亿元兴建兵装集团新能源产业项目，主要生产风电整机、叶片和光伏电池组件等；在新材料方面，德惠市引进河南圣泉集团，投资25亿元兴建了“吉林圣德新材料科技产业园”；光电信息方面，农安县成功引进投资20亿元的富士康科技园项目。4.强化交通装备制造。西新区以打造汽车产业集群为目标，打造了以一汽大众MQ200变速箱项目为代表的一系列重大项目；经开区引资20亿元，组建了华信装备制造集团有限公司，为长客配套铝合金车体、不锈钢车体和车体所用的不锈钢冷弯型钢及整车配套部件等；绿园区引进烟台三创机电有限公司，与吉林省投资(集团)有限公司共同出资兴建了吉林省车家国际汽车贸易城项目，有力推动了汽车贸易博览产业集中、集群、集约发展；九台市规划出面积达10平方公里的“农业机械装备制造产业园区”，实现了农机具产业集群化发展。5.深化农牧产品加工。依托长春市丰富的粮牧资源，各相关作战单位围绕“2012年全市农产品加工业实现新增产值1 000亿元”战略目标，以延伸产业链条、提高产品附加值为重点，谋划、包装、推介了一批符合国际标准的农牧业项目。榆树市在第九届中国长春农业食品博览会上与新远东(加拿大)国际有限公司和北京源基鸿投资有限公司分别签订了投资1.6亿元的生物有机肥项目和投资3.5亿元的365农资批发市场项目；农安县在食品加工业方面进行攻坚，成功引进了计划总投资6 000万美元的旺旺食品工业园项目和计划总投资20亿元的的阿满系列食品项目；九台市依托域内的金锣集团和天景集团，积极在农产品深加工和上下游产品的开发利用上进行攻坚，天景集团玉米花丝饮料已经上市，休闲玉米系列产品生产线已经建成。6.大力发展现代服务业。朝阳区围绕本区的产业特点，有针对性地引进了大连万达集团，投资50亿元开发长春万达中心城市综合体项目，致力于打造长春乃至东北地区最高端商业中心；净月区以发展现代服务业和文化产业为重点，成功引进了喜来登酒店、国际心脏病专业医院等59个建设项目；南关区紧紧围绕本区的产业定位，突出抓好中央商务区、金融总部集中区、绿地商圈、卫星商圈等项目的推进工作，招商银行、省农行、开发银行、中石化、伟峰商务楼、浙江商会大厦等金融项目正在协商落位事宜。7.攻坚重大活动。"请进来"大型招商活动中，第六届"东北亚博览会"共完成签约项目（包括合同类项目和协议类项目）58个。其中5亿元以上项目32个，投资总额582.0亿元；10亿元以上项目21个，投资总额515亿元。在第九届农博会上，组织10个农业和食品项目，总金额42.8亿元，其中在农博会组委会组织的省招商引资项目说明会暨项目签约仪式上，长春市签约项目4个，金额26.6亿元人民币，签约成果创农博会历史新高。2011年3月份，邀请了宁波欧洲工业园考察团一行来长春市进行实地考察，与长春市就汽车及汽车零部件、轨道交通装备制造、生物医药、肉食品加工等长春市重点产业项目进行了对接。"走出去"大型招商活动中，参加了"吉林省-央企(名企)联谊会"，对接项目8个，总金额354.7亿元；3月，赴长三角经济发达地区，成功举办了"长春汽车零部件、轨道客车配套项目推介会暨签约仪式"，有20个项目签约，签约总额32.9亿元；3月末，长春服务外包考察团赴大连市考察了当地的服务外包发展状况，向当地推介了长春市服务外包企业；在9月的厦洽会上，长春市组织相关企业，围绕汽车及零部件、农副产品深加工、光电信息产业及产业园区等180个项目，与来自香港、江苏以及厦门本地的参会客商进行了交流与洽谈。

【区域经济合作】 区域经济合作稳步推进，已与省内外31个城市签订了经济合作或区域一体化框架协议。

（赵兴华）

对外贸易

【概况】 2011年，以调结构拓市场为重点，进出口总量再创新高，对外贸易实现新突破。长春市外贸进出口总额以占全省79%的份额再创新高，增幅在全国15个副省级城市中位居前列，超额完成省政府下达的奋斗目标。

【进出口情况】 外贸经营主体实力不断壮大。2011年，全市有进出口实绩的外贸企业766家。其中，进出口总额超500万美元以上的118家；超千万美元以上的78家。一汽大众、一汽进出口合计进口近百亿元，占长春市进口总额比重的86%。一汽进出口、轨道客车、大成等企业出口均在3亿美元以上，轨道客车近两年自营出口大增，同时带动进口实现翻番增长，成为长春市外贸领军企业。出口发展后劲不断增强。以汽车零部件、生物医药两个国家级基地和轨道客车、农副产品加工、光电子信息、金桥地板等4个省级出口基地为依托，完善出口基地基础设施及相关配套设施，健全基地出口公共服务平台。2011年使用各类外经贸资金4 000余万元。其中，13户企业申报了2011年省级汽车出口和市场开拓补助资金；24户企业申报了省级外经贸区域协调发展专项资金；6户国家级出口基地企业和4户省级出口基地企业申报了2011年吉林省外贸公共服务平台建设资金，对于支持企业创立出口品牌、提升技术水准、加快公共服务平台建设以及开拓国际市场起到了重要作用。长春市大成、皓月等6户企业被批准为省级出口基地。

【开拓国际市场】 2011年，长春市在保持传统市场份额的前提下，实施多元发展战略，积极开拓国际市场。先后组织企业赴境外参加了13个国际展会和"广交会"、"高交会"等境内展会。2011年，长春市对欧洲、北美出口市场得到进一步巩固，出口总额相对平稳；对南美、非洲、伊朗、俄罗斯等新兴市场出口取得突破，分别达到1.3亿美元、1.4亿美元、2.4亿美元和6 848万美元，分别增长28.76%、55.26%、191.16%和169.08%，均高于全市平均增幅；对香港出口增长迅猛，总额达1.3亿美元，增长405.29%。

【口岸建设】 2011年，长春市把提高通关能力作为重点，口岸工作稳步发展。龙嘉机场旅客吞吐量达497万人次，增长4.7%，飞行4.1万架次。长春航空口岸吞吐量达31万人次，增长6.7%，航班飞行2 401架次。龙嘉机场行货邮吞吐量6.2万吨，内陆港集装箱到发量完成6万标箱，增长13%。龙嘉机场飞行等级已正式升为4E级标准，新增长春至台中航线。长春兴隆综合保税区已正式获国家批准，成为吉林省第1家，全国第19家综合保税区。

（赵兴华）

2011 年长春市商品进出口综合情况统计表

单位:万美元

项　目	金　额			比　重		
	2011 年	2010 年	同比%	2011 年	2010 年	同比增减
一、进出口总额	1 733 662	1 321 424	31.20			
出口额	226 249	199 764	13.26	13.05	15.12	-2.07
进口额	1 507 413	1 121 660	34.39	86.95	84.88	2.07
二、出口按商品构成						
初级产品	47 835	38 580	23.99	21.14	19.31	1.83
工业制成品	178 414	161 184	10.69	78.86	80.69	-1.83
三、进口按商品构成						
初级产品	44 791	47 603	-5.91	2.97	4.24	-1.27
工业制成品	1 462 622	1 074 057	36.18	97.03	95.76	1.27
四、出口按企业性质						
国有企业	108 756	94 747	14.79	48.07	47.43	0.64
外商投资企业	68 017	53 664	26.75	30.06	26.86	3.20
集体企业	1 236	1 072	15.30	0.55	0.54	0.01
私营及其他	48 240	50 281	-4.06	21.32	25.17	-3.85
五、进口按企业性质						
国有企业	766 153	504 173	51.96	50.83	44.95	5.88
外商投资企业	723 337	603 447	19.87	47.99	53.80	-5.81
集体企业	4	38	-89.47	0.000	0.003	0.00
私营及其他	17 918	14 002	27.97	1.19	1.25	-0.06
六、出口按贸易方式						
一般贸易	163 274	130 764	24.86	72.17	65.46	6.71
加工贸易	59 278	64 257	-7.75	26.20	32.17	-5.97
其中:来料加工	13 657	10 130	34.82	6.04	5.07	0.97
进料加工	45 621	54 127	-15.71	20.16	27.10	-6.93
其他贸易	3 697	4 743	-22.05	1.63	2.37	-0.74
七、进口按贸易方式						
一般贸易	1 447 819	1 058 678	36.76	96.05	94.38	1.66
加工贸易	25 824	25 403	1.66	1.71	2.26	-0.55
其中:来料加工	6 767	6 617	2.27	0.45	0.59	-0.14
进料加工	19 057	18 786	1.44	1.26	1.67	-0.41
其他贸易	33 770	37 579	-10.14	2.24	3.35	-1.11
八、农产品进出口额	103 884	92 163	12.72	5.99	6.97	-0.98
出口额	61 922	50 795	21.91	27.37	25.43	1.94
进口额	41 962	41 368	1.44	2.78	3.74	-0.96

2011 年长春市进口市场情况统计表

单位:万美元

市场名称	金　额			比　重		
	2011 年	2010 年	同比 ± %	2011 年	2010 年	同比 ± %
总　计	1 507 413	1 121 660	34.39			
亚洲	296 462	279 673	6.00	19.67	24.93	-5.27
其中:东盟	25 294	19 699	28.40	1.68	1.76	-0.08
欧洲	1 151 987	779 710	47.75	76.42	69.51	6.91
其中:俄罗斯	1 173	2 861	-59.00	0.08	0.26	-0.18
南美洲	25 080	21 004	19.41	1.66	1.87	-0.21
北美洲	29 898	35 929	-16.79	1.98	3.20	-1.22
大洋洲	1 746	1 791	-2.51	0.12	0.16	-0.04
非洲	2 240	3 553	-36.95	0.15	0.32	-0.17
主要国家小计	1 390 098	1 011 752	37.40	92.22	90.20	2.02
1 德国	729 860	486 994	49.87	48.42	43.42	5.00
2 日本	248 560	236 998	4.88	16.49	21.13	-4.64
3 斯洛伐克	153 572	81 489	88.46	10.19	7.27	2.92
4 匈牙利	95 886	84 587	13.36	6.36	7.54	-1.18
5 比利时	40 374	23 365	72.80	2.68	2.08	0.60
6 美国	29 008	33 469	-13.33	1.92	2.98	-1.06
7 捷克共和国	27 853	21 854	27.45	1.85	1.95	-0.10
8 意大利	24 014	18 141	32.37	1.59	1.62	-0.02
9 巴西	21 014	9 985	110.46	1.39	0.89	0.50
10 法国	19 957	14 870	34.21	1.32	1.33	0.00

2011 年长春市出口市场情况统计表

单位:万美元

市场名称	金　额			比　重		
	2011 年	2010 年	同比 ± %	2011 年	2010 年	同比 ± %
总　计	226 249	199 764	13.26			
亚洲	127 543	112 546	13.33	56.37	56.34	0.03
其中:东盟	16 238	19 714	-17.63	7.18	9.87	-2.69
欧洲	40 911	38 879	5.23	18.08	19.46	-1.38
其中:俄罗斯	6 848	2 545	169.08	3.03	1.27	1.75
南美洲	12 629	9 808	28.76	5.58	4.91	0.67
北美洲	16 553	17 171	-3.60	7.32	8.60	-1.28
大洋洲	14 331	12 161	17.84	6.33	6.09	0.25
非洲	14 282	9 199	55.26	6.31	4.60	1.71
主要国家及地区小计	136 030	117 717	15.56	60.12	58.93	1.20
1 伊朗	24 303	8 347	191.16	10.74	4.18	6.56
2 日本	23 635	23 149	2.10	10.45	11.59	-1.14
3 韩国	15 962	12 607	26.61	7.06	6.31	0.74
4 澳大利亚	14 154	11 887	19.07	6.26	5.95	0.31
5 美国	13 672	14 767	-7.42	6.04	7.39	-1.35
6 香港	12 804	2 534	405.29	5.66	1.27	4.39
7 德国	8 685	11 131	-21.97	3.84	5.57	-1.73
8 印度	8 365	5 575	50.04	3.70	2.79	0.91
9 沙特阿拉伯	7 602	25 175	-69.80	3.36	12.60	-9.24
10 俄罗斯	6 848	2 545	169.08	3.03	1.27	1.75

2011年长春市重点进口企业情况统计表

单位:万美元

序号	企业名称	2011年	2010年	同比+-%
	小计	1 428 360	1 056 914	35.14
1	中国第一汽车集团进出口公司	638 500	397 102	60.79
2	一汽－大众汽车有限公司	568 501	478 968	18.69
3	长春轨道客车股份有限公司	74 560	54 789	36.09
4	吉林粮食集团进出口有限公司	36 875	38 989	-5.42
5	大陆汽车电子(长春)有限公司	29 781	29 445	1.14
6	长春博泽汽车部件有限公司	11 425	9 839	16.12
7	伟巴斯特车顶系统(长春)有限公司	7 956	8 297	-4.11
8	一汽－凯尔－海斯汽车底盘有限公司	7 616	4 808	58.40
9	一汽丰田(长春)发动机汽车有限公司	6 788	6 906	-1.71
10	长春奥托立夫贸鸿汽车安全系统有限公司	5 467	3 812	43.42
11	长春富奥石川岛增压器有限公司	5 382	3 248	65.70
12	采埃孚富奥底盘技术(长春)有限公司	4 940	430	1 048.84
13	吉林省国际仓储运输有限公司	4 839	3 206	50.94
14	本特勒长瑞汽车系统(长春)有限公司	4 677	2 354	98.68
15	锦湖轮胎(长春)有限公司	4 301	3 654	17.71
16	法雷奥压缩机(长春)有限公司	4 178	2 833	47.48
17	吉林省福达集团有限公司	4 037	4 943	-18.33
18	吉林省机械电子进出口(长春)有限公司	3 012	1 440	109.17
19	吉林省环宇显示技术有限公司	2 807	0	0
20	福耀集团长春有限公司	2 718	1 851	46.84

2011年长春市重点出口企业情况统计表

单位:万美元

序号	企业名称	2011年	2010年	同比+-%
	小计	171 083	135 386	26.37
1	中国第一汽车集团进出口公司	44 015	29 104	51.23
2	长春轨道客车股份有限公司	36 515	44 076	-17.15
3	大成集团	30 365	21 935	38.43
4	吉林省瑞发进出口有限公司	7 857	0	0
5	大陆汽车电子(长春)有限公司	7 630	10 102	-24.47
6	吉林德大有限公司	5 436	4 833	12.48
7	吉林粮食集团进出口有限公司	4 694	3 661	28.22
8	一汽非洲投资有限公司	4 614	0	0
9	锦湖轮胎(长春)有限公司	3 663	2 470	48.30
10	吉林省长春皓月清真肉业股份有限公司	3 634	3 239	12.20
11	吉林森工金桥地板集团有限公司	3 538	4 112	-13.96
12	吉林中粮生化能源销售有限公司	3 488	3243	7.55
13	吉林省隆源农业生产资料集团有限公司	2 759	0	0
14	长春房角石服饰有限公司	2 597	1 091	138.04
15	长春迪瑞医疗科技股份有限公司	2 137	1 119	90.97
16	吉林大华机械制造有限公司	2 014	1 303	54.57
17	新尼杰特摩托车系统(长春)有限公司	1 757	1 284	36.84
18	长铃集团长春摩托车工业有限公司	1 645	1 195	37.66
19	长春皮尔金顿安全玻璃有限公司	1 372	1 171	17.16
20	农安县东北杂粮有限公司	1 353	1 448	-6.56

长春海关

【概况】 2011年,长春海关税款实际入库126.76亿元,比2010年增长16.08%,再创历史新高。其中,征收关税39.91亿元,增长12.95%;征收进口环节税86.85亿元,增长17.57%。全关区共监管进出口货物219万吨,货值88.6亿美元,分别增长17.5%和19.5%;监管进出境运输工具18.3万辆(架)次,增长38.6%;监管进出境人员144.6万人次,增长17%;监管进出境邮(快)递物品89.9万件,增长4.8%。共立涉嫌走私犯罪案件31起,案值1 713.13万元,涉嫌偷逃税款349.8万元,分别增长14.8%、84.2%和107.8%;立案调查行政违法违规案件204起,案值5 932.96万元,涉税464.17万元,分别增长15.9%、下降43.1%和下降59.1%。

【税收征管】 1.强化税收分析监控。坚持税收分析与通报制度,综合运用关税分析监控系统、风险管理平台等对税收征管实施动态管理。2.规范审单业务操作,引入风险分析机制。通过深化审单绩效管理,推进风险式审单作业新模式,提升关区规范化申报水平,有效地促进了税收征管质量的进一步提高。3.深入开展税收调研。主动走访汽车及零部件等重点税源企业,建立税收动态跟踪调研机制,对关区税收形势准确分析预判。4.认真做好减免税审批管理。扶持企业发展壮大,为扩大税源创造有利条件。关区全年审批减免税货值11.23亿美元,比2010年增长254.26%;减免税款9.51亿元人民币,比2010年增长254.85%。

【大监管体系建设】 制定下发《长春海关进口分类通关改革工作实施方案》,开展业务操作培训。2011年9月13日起,在长春海关驻机场办事处启动了进口分类通关改革试点。截至年底,共办理进口分类通过报关单3 152票。其中,低风险快速放行117票;低风险单证审核2011票;高风险重点审核1 024票。分别占3.71%、63.80%和32.49%,低、高风险报关单比率为67.51%∶32.49%。先后查获“4·01”、“5·24”枪弹走私案、“4·15”红豆杉苗木走私案、“7·04”毒品走私案等多起重特大案件。积极协调地方政府推动口岸基础设施建设,为长白、沙坨子、古城里等口岸正式升级验收做好准备。对关区现有海关监管场所强化督促整改,对老虎哨、圈河等筹建海关监管场所做好前期指导。年内先后完成了对珲春沙坨子口岸和监管中心、临江海关办公楼和口岸联检楼、集安青石口岸、图们铁路口岸的视频监控改造。

【缉私工作】 关区各级缉私部门充分发挥税收促进作用,较好地实现了缉私成果向税收实效转化。2011年罚没款项实际入库786.53万元人民币,比2010年增长4.2%;追补税款1 051.48万元,增长17.3%。立案侦办非涉税走私案件25起,比2010年增长8.7%。其中,毒品走私犯罪案件12起;珍稀动植物及其制品走私案件11起;武器弹药走私进境案2起。抓获犯罪嫌疑人32名。查获冰毒4 370.23克,盐酸曲麻多3 362片;查获红豆杉原木、枝叶、木段合计6 423千克,红豆杉树苗2 554株,熊掌117只;查获各类枪支27支,仿真枪零部件306件,小口径子弹5 000余发,军用子弹1 400余发,铅弹12 000余发。两起走私武器弹药案件被公安部列为一级督办案件。

【稽查职能管理机制】 贸易统计和业务统计上报数据继续保持零差错。全年累计审核贸易统计数据213 421条,纠正错误数据421条,涉及金额2 731.4万美元。审核业务统计数据9 745条,发现并及时更正问题数据23条。建立联合稽查工作机制,确定12家企业作为2011年稽查重点。稽查企业105家,年内办结105家,发现问题39家,下发限期改正通知书20家,补税入库45.64万元。年内共受理并评定AA类企业申请5家,A类企业申请14家,B类企业2家,下调企业类别18家。

【依法行政】 2011年5月,长春海关被评为“五五”普法全国法制宣传教育先进集体,是海关系统9个全国先进集体之一。积极组织开展“双打”专项行动,制定了《长春海关打击侵犯知识产权和制售假冒伪劣商品专项行动实施方案》。围绕边境口岸、空港及邮递物品集散地等重点区域,集中开展了5次专项行动,查获侵权案件37起,共涉及“苹果”、“耐克”、“迪奥”、“三菱”等各类国内外知识产权49项,查扣手机、运动鞋、化妆品等侵权货物10.6万件,货物价值达943万人民币,提升了海关的社会形象和影响力。

【支持地方经济社会发展】 1.为内贸货物跨境运输稳步开展做好服务。长春海关主动加强与入境地海关的联系协调,在保证有效监管的前提下为运输企业提供优质通关服务,促进业务良性发展。在跟踪服务过程中,就拓展运输方式、健全运营功能、提高政策效益等提出合理化建议,为逐步扩大吉林省跨境运输货物种类、增加运输口岸积极创造条件。2011年以内贸货物跨境运输方式向华东地区运送煤炭4.8万吨。2.长春兴隆综合保税区顺利通过审批。按照省政府关于保税区申报和筹备“边规划、边申报、边建设、边招商”的要求,长春海关专门成立了综合保税区筹建工作海关推进领导小组。长春海关相关职能部门积极参与综保区规划、申报、建设和招商工作。在海关积极支持配合下,年内综保区主体工程建设项目完成60%,招商工作顺利推进,有10家企业正式签约,43家企业签署合作意向书。2011年12月16日,国务院正式批复设立长春兴隆综合保税区,是吉林省首个综合保税区。3.积极支持吉林省对朝合作。为确保吉林省对朝合作项目顺利推进,长春海关专门成立了对朝合作项目海关工作领导小组,召开专题会议研究涉及海关方面的各项工作。对涉及对朝合作的人员、物资、车辆进出境进行认真研究,积极协调大连海关为对吉林省朝合作物资给予通关便利。2011年6月,长春海关为在朝举办的中朝共同开发罗津港项目启动仪式提供了完善的通关服务保障,为开创对朝合作新局面作出了贡献。4.积极助推吉林省扩大对外开放合作。大力支持吉林省发展会展经济，为第七届东北亚博览会提供全程咨询、驻会监管、现场备案等便捷服务。省政府对海关的优质服务给予高度肯定，授予长春海关优秀服务单位和6名关员先进个人称号。全力支持中俄珲卡铁路恢复运营，积极参与筹建珲春特区经济区项目意向政策研究。积极支持通化内陆港、吉林内陆港、吉林市国际邮件互换站项目，为吉林省拓宽对外开放献计献力。5.积极支持吉林省重点企业和项目。对吉林市碳纤维产业化系列项目、一汽大众公司节能型汽车项目以及中新食品区建设项目、通化东宝7 000万支胰岛素及通钢百万吨冷轧项目，长春海关都因地制宜推出了担保验放、快速转关、提前申报、政策咨询等支持措施，为企业降低成本，提升产品竞争力积极主动服务。6.做好统计分析及监测预警。2011年，国际经济形势纷繁复杂，美国及欧洲债务危机对国际贸易影响较大。对此，长春海关进一步加强吉林省外贸进出口状况分析和宏观调控效果跟踪监测，为地方党政领导及时了解全省经济运行状况提供了重要依据。长春海关关于《中东局势动荡导致今年前2月我省汽车出口下降》的专题报告和《2011年1-5月我省进出口形势分析》得到了省领导的批示。7.加强电子口岸建设。2011年，长春海关进一步创新管理手段，引入激励机制，实施目标管理和量化考核，为广大进出口企业提供优质专业的电子口岸服务。共制卡1 440张，发放软件467套，读卡器548个，为企业录入海关注册备案数据341家。

（费红伟）

2011年长春海关主要数据统计表

项目		2011年	同比(±%)
进出口货运量（万吨）	合计	219	17.5
	进口	154	14.5
	出口	65	25.5
进出口贸易总值（万美元）	合计	894 165	21.2
	进口	766 359	23.3
	其中：江、海运输	689 139	21.4
	铁路运输	2 833	61.8
	汽车运输	33 567	57.1
	航空运输	40 444	33.2
	邮件运输	320	78.4
	其他运输	56	215.4
	出口	127 806	9.8
	其中：江、海运输	20 220	2.7
	铁路运输	5 789	22.7
	汽车运输	94 816	13.9
	航空运输	6 306	-24.6
	邮件运输	542	49.8
	其他运输	133	228.9
税　收（万元）	两税合计	1 267 600	16.8
	关税入库	399 100	12.95
	进口环节税入库	868 500	17.57

农　业

综　述

2011年,全市农业部门认真贯彻落实中央和省市农村工作会议精神,坚持“三化”统筹,实施“三动”战略,加快推进农业发展方式转变,农业农村各项工作都取得了可喜成绩。全市一产增加值实现290亿元,比2010年增长4.7%;农民人均纯收入实现7 965.07元,比2010年增长19.5%。

粮食产量稳步提升　粮食总产量达812.5万吨,亩产达443.6公斤。全市农作物播种面积达133.3万公顷,粮食作物播种面积发展到122.1万公顷。全市蔬菜播种面积达10.26万公顷,产量达340万吨。

农产品加工业实现千亿元目标　全市农产品加工业规模以上企业实现产值1 020亿元,比2010年增长25.9%,成为继汽车之后又一个千亿级支柱产业。一批大项目、新项目建成投产,开工建设项目112个,完成投资236.3亿元,比2010年增长15.2%。农业产业化龙头企业群体进一步壮大,带动能力不断增强,全市规模以上农产品加工企业达到287户,国家级和省级农业产业化龙头企业分别达到17户和70户,在全国同类城市中处于领先地位。

农产品质量安全监管力度加大　积极组织实施“安全建设年活动”,开展蔬菜、水果等农产品质量安全专项整治行动,配合国家和省例行监测7次,专项抽检5次,合格率均达96%以上。市级抽检6次,合格率均达98%以上。在市蔬菜中心批发市场和果品批发市场设立了两个检测站,开展全天候监测,做到每车必检。新认定无公害农产品生产基地5个,认证产品26个,新认定绿色食品基地4个,认证产品10个。

农业大丰收

农村改革不断深入　全市农村“普九”化债任务全部完成,共化解债务6.86亿元。争取到“一事一议”财政奖补资金8.54亿元,议成建成项目1 309个。建设农村土地流转服务中心2个,指导签订土地流转合同7.5万份。农民专业合作社发展到1 748个,带动农户20.1万户。农业保险事业健康发展,全市参保农户59.5万户,农作物参保面积55.4万公顷,获得理赔金额6 652万元。

农资市场监管力度不断加强　共组织专项整治、联合检查、交叉互检等大规模集中农资执法活动5次,农资执法部门开展日常检查385次,累计出动农资执法人员12 024次,检查农资市场902个次,检查农资生产经营企业12 655个次,立案70起,没收假劣种子6.35万公斤,监督强制转商14万公斤,罚没款75.89万元。

新农村建设扎实推进　以“七线三环”188个行政村为重点,全面开展了乡容村貌专项治理行动。167个省级示范村共完成建设项目166个。完成泥草房改造5 670户,建设农村道路246公里,整修道路879公里,营造林5 200公顷,绿化美化村屯352个。新建标准化储粮仓50 880套,长春国家粮食交易中心功能进一步提升。解决了25.46万农村居民和8.51万师生饮水安全问题。启动了城乡双向一体化试点工作,7个试点镇建设全面推进,成为连接城乡的重要节点城镇。

(赵亮亮)

种植业

【概况】 2011年,长春市种植业成绩喜人,粮食产量稳步提升,种植业结构不断优化,农业科技支撑作用突显,农业机械化水平迅速提升,农业效益大幅度增长。粮食总产量达812.5万吨。其中,玉米产量618.7万吨,稻谷产量153.2万吨。

【结构调整】 全市粮食作物播种面积达到122.1万公顷,占农作物总播种面积的91.6%。玉米、水稻两大高产作物种植面积占粮食作物播种面积的94.7%。20个特色经济作物种植园区面积发展到9.1万公顷,比2010年增加0.92万公顷。

【农业科技】 全市共举办各级各类培训班3 008期,电视讲座56期,发放各类资料80.2万份,培训县乡两级农业技术指导员1 485人、农业科技示范户7 850户、骨干专业农民8.42万人、农业生产明白人80万人次。扎实开展"阳光工程"培训,全年完成培训任务2.65万人。全市农作物良种覆盖率达98%,先进适用农业科技推广面积达67.3万公顷。积极开展粮食高产创建,建设万亩高产示范片98个,比2010年增加47个。

【农业机械化】 全市共落实农机购置补贴资金2.72亿元,拉动农民投资5亿多元,新购置各类农机具2.15万台(套),拖拉机和配套机具保有量达到57.9万台(套)。全市农机总动力达468万千瓦,比2010年增长9.6%。综合农机化作业水平达66.4%。全程农机化示范区面积发展到16.3万公顷。

(赵亮亮)

林 业

【概况】 2011年,长春林业以科学发展观为指导,坚持林业生态建设和产业发展并重的思路,实施工程带动和见缝插绿战略,大力抓好森林资源管护,较好地完成了各项工作任务,林业建设持续稳定发展。造林绿化稳步推进,农防林防护效益进一步提升;森林资源管理得到强化,侵占林地和毁坏林木等违法犯罪行为受到严厉打击;森林防火工作扎实有效,连续31年无重大森林火灾发生;美国白蛾得到有效监控,以日本松干蚧和杨树蛀干害虫为主的林业有害生物防治成效明显,森林资源得到有效保护;集体林权主体改革成果得到巩固,林业产业得到发展,林业经济总量进一步提升。

【造林绿化和营林生产】 2011年,长春市积极采取多种形式开展植树造林政策宣传,营造了造林绿化良好氛围。据统计,全年在报纸、电台、电视台、网站等媒体发表宣传造林绿化新闻稿件60篇,共印制下发植树造林宣传资料10万份。2011年全市共投入造林绿化资金7 000万元,栽植苗木1 200万株(其中杨柳等针阔叶树大苗800万株,占总用苗量的75%),植树造林5 702.13公顷(超年度计划任务的14%),其中,农防林更新改造675.9公顷(超年度计划任务的12.5%),完成"三北"防护林和退耕还林等国家重点工程造林3 940.4公顷,有林地造林、低产低效林改造500.83公顷,完成环城绿化带、机场路风景林带、波罗湖湿地和东南部丘陵区域等各项生态工程补植造林585公顷;同时,完成封山育林5 573公顷,本年新封3 000公顷,完成"四旁"植树187万株,绿化美化村屯352个(超年度计划任务的17.3%),绿化公(乡)路和江河堤防总里程400公里。年内,成林抚育面积2 457公顷,中、幼龄林抚育1 826.3公顷,新增育苗面积327公顷,苗木产量4 095万株;年末实有母树林262公顷,种子园76公顷。

【农田防护林更新造林】 2011年,农安、德惠、榆树和九台四县(市)为完成农防林造林任务,在2010年秋季封冻前完成了林带采伐和造林整地任务,2011年春节过后就着手落实造林苗木和造林工程队,开展技术培训,备齐各种物资和设备。4月10日开始进行农防林更新造林,到4月25日造林全部结束。全市共完成农防林造林面积675.9公顷,新造林带850条,栽植杨树大苗160万株。同时,完成农防林更新改造未成林带补植450公顷。

【村屯绿化美化】 2011年初,长春市按照吉林省政府村屯绿化美化建设工作的部署和要求,组织、指导各县(市)、区边设计边筹集资金,提早落实绿化苗木。未纳入省里建设计划的其他城区(开发区),按照市政府办公厅《关于开展村屯绿化的实施意见》要求,由各城区、开发区财政参照省里每个村屯绿化投资标准组织实施本区村屯绿化美化。全市各级林业部门积极组织技术人员深入村屯帮助指导完善绿化设计,推广造林绿化技术。5月20日全市村屯绿化建设任务全部完成,并对近两年因灾绿化未达标的村屯进行了补植完善。据统计,2011年长春市完成绿化美化村屯352个,其中,完成省里计划任务330个(农安县、德惠市、九台市各完成50个,榆树市完成60个,双阳区完成120个),城区和开发区绿化美化村屯22个,经省检查验收全部达到绿化标准和要求。

【环城绿化带综合治理】 2011年5月19日至21日,组织开展了环城绿化带环境综合整治行动,出动321人次,动用挖掘机18台次,铲车12台次,清理重点工程周边垃圾11处,掩埋生活垃圾358立方米,清理建筑垃圾350立方米,平复坟头140座,清理废品收购站4处,清理私扣大棚26处,拆除私搭乱建物97处,清理开荒种地72处。

【森林防火】 2011年1月，调整完善了各级森林防火指挥部。各级党委、政府分别于3月、9月组织召开了春、秋季森林防火工作会议，部署了工作，保证了森林防火工作任务的落实。加强了森林防火宣传，全市共出动防火宣传车600台次，发放防火命令和宣传单10万份，增设旗阵400处，建设特大防火宣传碑4块，建立永久性艺术宣传标识210块。春、秋季森林防火期间，各县(市)、区严管理野外火源，组织了农田秸秆定点烧除，净月经济开发区、双阳区、莲花山、九台市等重点林区，在“清明”、“五一”、“十一”等重点时段，加大巡护力量，及时排除了森林火险。加强了森林防火基础设施建设，新建防火瞭望塔1座。5月在双阳区召开了森林防火宣传设施建设现场会，推广了经验做法。积极组织扑火队伍培训和演练，净月经济开发区、二道区、九台市、双阳区先后组织森林火灾扑救演练8次，取得了很好效果。2011年全市无重大森林火灾发生。

【林业有害生物防控】 2011年，全市投入林业有害生物防控资金325万元，购置氧化乐果、苦叁烟碱等防治药剂12吨，完成林业有害生物防治总面积10 992.5公顷（其中栎粉舟蛾6 916公顷，日本松干蚧1 941.5公顷、兴安落叶松鞘蛾898公顷、青杨天牛146公顷、白杨透翅蛾53公顷、杨锦纹吉丁虫197公顷、尺蛾24公顷、杨树烂皮病273公顷、杨树溃疡病313公顷、杨灰斑病211公顷、鼠害20公顷)，无公害防治率达到100%。同时，积极抓好美国白蛾防控工作，长春市政府与各市(县)、区政府及市直各相关部门签订了《林业有害生物防控责任状》，明确了防控美国白蛾责任和目标。加强了美国白蛾监测，在长春通往四平的交通要道、重点苗木集散地及市区内重要景区、公园、车站等区域设置监测站7处，监测点115个，诱捕到美国白蛾越冬代雄成虫28头。8月8日、9月1日组织经开区、双阳区对美国白蛾幼虫进行了封锁扑灭，防止了美国白蛾扩散。

【森林案件查处】 2011年，积极开展了“打击滥砍盗伐和非法侵占林地专项斗争”和“滥挖林木大苗集中整治活动”，对涉林违法犯罪活动进行了严厉打击。全市共查处各类林业案件408起，其中，林业行政案件323起，刑事案件85起；处理违法人610人，收缴木材220立方米；刑事案件侦结率达95%，批捕率达100%。

【野生动物保护】 2011年，全市利用“爱鸟周”，积极开展野生动物保护宣传活动，悬挂宣传彩球、条幅136个(条)，发放宣传单6 000份，在市政府及人民大街等主要街道的电子屏连续播放保护野生动物公益广告7天、计1 100余条。进行专项治理，对伊通河沿岸、西湖、回民公墓等鸟类栖息地的乱捕滥猎野生动物行为进行打击10次，对西一条、青怡坊等花、鸟、鱼销售市场违法销售野生动物及其产品的行为集中整治32次，联合执法6次，共收缴粘鸟工具52套、鸟笼210个，集中放飞野生鸟3 000只。

【林业改革】 2011年，针对省检查验收中对各县(市)、区提出的整改意见，采取县(市)、区自检、全市统一复检的方式，对集体林权制度改革主体改革工作进行了“回头看”：一看需要整改的问题是否得到整改，二看主体改革中存在的突出矛盾是否得到有效化解，三看林权证发放前的各项准备工作是否就绪。通过“回头看”，各县(市)区整改积极，除仍有个别矛盾和历史遗留的权属问题没有得到彻底解决外，省里检查验收中提出的整改意见得到了较好的落实，进一步巩固了集体林权制度改革主体改革成果。

【林业产业】 2011年，依托林业科技和现有森林资源，大力发展林业富民产业，林业产业质量和总量得到提升。抓好九台波泥河、榆树五棵树等苗木花卉基地建设，规范指导个体私有苗圃的育苗工作。年内，引进繁育新品种8个，育苗株数近60万株。进一步挖掘了净月经济开发区、双阳区、莲花山的森林资源潜力，提升了森林旅游质量和效益。对木材加工市场进行了规范管理，对木材加工“龙头”企业进行了帮扶，进一步增强了木材加工业的竞争力。发展了蓝莓、晚李等经济林产业，实现了规模化发展，产业化经营。指导国有林场发挥资源和技术优势，加快林下经济开发，大力发展了林下种植和养殖业。2011年全市林业产业总产值93.1亿元。

【林业行政审批】 2011年，加强林业行政审批，简化办事流程，缩减办理时限，共办理林业行政综合审批事项608件，提前办结率达100%，并实现了零投诉。特别是西新经开区12个项目共占用林地近16公顷，在占地指标不足的情况下，与项目单位积极协调，求得了省林业厅的大力支持，仅用一周的时间就将采伐指标、林地审批落实到位，保证了项目顺利开工。

【班子和队伍建设】 2011年围绕“建设学习型、高效型”机关，积极开展了“争先创优”、“查、找、改”和精细化管理活动，有力地加强了班子和机关建设。局党组认真坚持了中心组理论学习制度，围绕科学发展集中学习4次，形成调研文章3篇。2011年，林科院党支部被评为长春市先进党支部，2人评为优秀党员。扎实开展了“加强廉政效能风险管理，年内没有发生行政执法违纪问题，无行政复议案件发生；在2011年“三满意”机关测评中，林业局位列经济管理类部门第一名。加强了市长公开电话和人大政协议案的办理，全年共承办市长公开电话承办单76件，办理市人大、政协建议提案5件，处理读报信息3件，接待群众上访496人次，使群众反映的问题得到了较好地解决。积极开展了“服务民生 践行宗旨”、“大走访”、“三帮扶”、“包保”、“献爱心”等活动，结成了互助对子1个，包保特困户7个、在乡老兵1人，低保救助对象4个，下岗职工家庭3个，资助贫困学生2名，捐款5万余元。举办了“建党90周年歌咏”比赛，参加了省林业厅、市直机关开展的《绿色赞歌》、乒乓球、篮球赛等文体活动，展现了林业干部职工积极向上、昂扬奋进的精神风貌。

（张建军）

2011年长春市林业生产情况统计表

单位：公顷、万立方米、万株

项目＼单位	造林								四旁植树	育苗面积		封山育林(面积)		成林抚育面积	中幼龄林抚育面积	幼林抚育作业面积	幼林抚育实际面积	年末母树林	年末种子园
	总计	重点工程造林			有林地造林	低产低效林改造	农防林更新改造	其他造林		本年新育	苗木产量（万株）	年末封山育林	本年新封面积						
		小计	日元贷款造林	三北四期造林															
全市总计	5 702.13	3 940.4	1 000	2 940.4	346	232.83	675.9	585	187	327	4 095	5 573	3 000	2 457	1 826.3	10 445.7	3 835.7	202	76
榆树市	1 466.83	1 333.3	1 000	333.3		71.63	61.9			60	150								
农安县	596						373	223	30	80	800			30	1 000	4 000	1 000		
德惠市	239					72	167			9	70			1894	388				
九台市	2 286	2 067		2 067	219	30	48		100	50	2 000	2 000	2 000	400		3 000	1 500		
双阳区	592.5	533.3		533.3		59.2			50	50	200	3 573	1 000		333.3	205.7	205.7		
朝阳区									1						50	40	10		
宽城区	5	5					5			5	10								
二道区	1.1							1.1											
绿园区	36.8	6.8		6.8			21	9							30				
净月区	386				118			268		52	900			133		3 200	1 120	202	76
其它	92.9				9			83.9	6	21	55				25				

2011年长春市各县(市)、区林业总产值情况统计表

单位：万元

项目＼单位	林业总产值	第一产业			第二产业			第三产业产值		
		总 计	涉林产业合计	林业系统非林产业	总 计	涉林产业合计	林业系统非林产业	总 计	涉林产业合计	林业系统非林产业
长春市	931 001	181 960	161 813	20 327	502 187	135 664	366 523	246 854	151 044	95 810
榆树市	25 992	19 292	18 392	900	5 800	5 800		900	900	
农安县	24 430	12 460	12 460		10 970	10 970		1 000	1 000	
德惠市	21 479	16 525	16 525		4 224	4 224		730	730	
九台市	104 640	64 540	64 540		37900	37700	200	2 200	2 200	
双阳区	234 854	9 954	2 002	7 952	224 000		224 000	1 900	1 900	
朝阳区	37 000	5 000		5 000	12 000		12 000	20 000		20 000
宽城区	20 685	5 265	5 265		15 420	15 420				
南关区	12 400				12 400	12 400				
二道区	6 850	50	50		6 800	6 800				
绿园区	16 000	4 500	3 800	700	7100	2 000	5 100	4 400	500	3 900
净月开发区	76 275	8 895	7 839	1 056	23 600	10 200	13 400	43 780	43 780	
其他单位	349 396	35 479	30 760	4 719	141 973	30 150	111 823	171 944	100 034	71 910

2011 年长春市各县(市)、区林业机构及人员情况统计表

单位:个、人、元

项目 单位	单位个数	单位性质				单位类别						年在册职工及其他人员工资								
		合计	企业	事业	机关	国有林场	国有苗圃	林业工作总站	木材检查站	病虫害防治站	其他	在册职工总数	在岗职工总数	在岗职工年工资总额	专业技术人员	下岗待安置工人数	离开本单位仍保留劳动关系人员	其他从业人员	年末实有离退休人员数	离休人员年生活费
全市合计	178	178	4	162	12	22	10	114	4	7	21	3431	3 302	76 038 996	478		409	10	1 062	20 757 988
榆树市	37	37		36	1	3	2	29		1	2	526	526	6 412 056	36				184	3 278 400
农安县	34	34		33	1	3	3	22	1	1	4	866	866	19 052 000	160				160	2 600 000
德惠市	27	27	4	22	1	3	1	19	1	1	2	241	241	6 077 201	28				101	3 268 200
九台市	27	27		26	1	5	1	16	1	1	3	704	957	19 330 046	78		147		199	3 745 000
双阳区	18	18		17	1	5	2	8		1	2	530	268	7 521 816	43		262		255	4 182 000
朝阳区	5	5		4	1			4			1	17	17	850 000	7			10		
宽城区	2	2		1	1			1			1	28	28	880 000	6					
南关区	1	1			1						1	4	4	147 744						
绿园区	5	5		4	1			3			2	7	7	250 000					5	180 000
二道区	1	1			1			1				4	1	38 400						
净月开发区	9	9		8	1	2		5		1	1	328	211	6 494 800	58				117	2 595 022
其他单位	12	12		11	1	1	1	6	1	1	2	176	176	8 984 933	62				41	909 366

畜牧业

【概况】 2011 年,全市畜牧业实现产值 254.5 亿元,实现增加值 110.2 亿元,比 2010 年增长 8.4%;畜产品加工业实现产值 315.65 亿元,比 2010 年增长 21.4%;农民畜牧业人均收入 2 415 元,比 2010 年增长 8%。畜牧业总量占全省畜牧业的比重近一半。到 2011 年,畜牧业实现产值连续 11 年占据全市农业总产值的“半壁江山”,畜牧业人均收入占农民人均收入的近 40%,畜牧业已成为长春市农村经济的重要支柱产业和农民收入的重要来源。

【养殖业】 2011 年,全市畜禽总量发展到 7.19 亿头(只)。全市生猪发展到 945.4 万头,出栏 564.5 万头;黄牛发展到 294 万头,出栏 111 万头;奶牛存栏达 7.3 万头,家禽发展到 3.4 亿只,出栏 2.3 亿只;鹿存栏达 24.7 万只。肉类总产量达到 262.7 万吨,禽蛋产量达到 52.5 万吨,奶类产量达到 15 万吨。

【园区建设】 2011 年,全市规模以上畜产品加工企业已发展到的 64 户,已经形成了生猪、肉牛、肉鸡、肉鹅、乳制品、鹿产品和肉兔等 7 条龙型经济。1.生猪产业园区:园区内规模以上屠宰加工企业 9 家,包括华正、精气神、东旭、佳龙、一汽实业、绿邦、聚缘、四海、金锣。年屠宰加工能力达到 1 050 万头,实际屠宰加工达到 550 万头。销售收入 9.15 亿元。省级以上名牌产品已经达到 10 个。园区内生猪饲养场(小区)达到 850 个,占生猪饲养量的 53%,规模饲养场(户)达到 5 500 户,占生猪饲养量的 28%以上。2.肉牛产业园区:长春市肉牛年屠宰加工能力 80 万头,清真熟食加工能力 10 万吨,肉牛饲料生产能力 36 万吨,皮革制品 50 万标张、生物制品 1 200 吨。2011 年园区内肉牛存栏 300 头以上的健康养殖小区 212 个,饲养量达到 55.5 万头。3.肉鸡产业园区:主要有德大、鸿大和曙光等 11 家企业,屠宰加工能力达到 4.95 亿只,2011 年长春实际屠宰加工肉鸡 2.9 亿只。新增肉鸡规模养殖场(小区)267 个。4.乳品产业园区:以广泽乳业、新高乳业为龙头,全市乳品加工能力已经达到 45 万吨的水平。5.鸭鹅产业园区:有榆树的兰池鹅业(年加工能力 50 万只)、农安的南京紫燕(年加工能力 1 000 万只)、天歌鹅业(年加工能力 1 000 万只)、鼎皓 2 000 万只肉鸭等项目。6.梅花鹿产业园区:有长双鹿业、修正药业等 8 家规模鹿产品深加工企业。7.肉兔产业园区:农安康大公司年屠宰肉兔 200 万只,出口欧盟、美国、俄罗斯 200 吨,创汇 140 万美元,已建立年生产兔颗粒饲料 10 万吨的饲料加工厂,生产的康都品牌饲料供应全县的兔业小区和兔业合作社。在农安县建设兔业小区 102 个。

【牧业小区】 2011 年规模化养殖小区达到 2 669 个,得到市级以上奖补的 1 741 个,其中 2011 年得到省奖补的162 个。标准化养殖量占全部饲养量的比重占 50%左右。全年建成市级标准化示范场(小区)100 个,通过省级验收的标准化示范场(小区)11 个,通过国家验收的标准化示范场(小区)15 个。

【畜禽良种工程】 狠抓繁改，促进了畜禽品种品质的提高。全面完成了新牧科技公司的政府接管交接工作，并全面组织恢复生产。积极争取市政府对良种繁改的资金支持。市政府决定分别给与皓月、广泽两户企业各100万元的良种补贴资金。加强种畜禽场建设。2011年计划建设的18个种畜禽场，均开工建设。同时，落实国家良种补贴政策，补贴种公猪站3个、种公牛站1个，争取国家补贴资金400万元。

【动物防疫】 认真抓好动物春秋防疫工作。全市1 500多万元防疫资金和疫苗、器械、消毒药及时足额到位，禽流感、口蹄疫等12种疫病的免疫率均达到100%。重大动物疫病的监测效果良好。加强防疫员队伍建设。在春秋防疫之前，以各县(市)、区为单位，分别对村级防疫员进行岗前培训，为扎实做好防疫工作提供了技术保障。切实做好永吉无口蹄疫免疫区缓冲区建设。九台市、双阳区和莲花山在加强软硬件建设上做了大量工作，正在准备迎接国家的检查验收。着力推进乡镇畜牧兽医站改扩建工程。2011年有20个站高标准完成了建设任务。抓好动物及动物产品溯源体系建设。建立健全动物免疫档案，强化免疫耳标佩戴，牛、猪、羊的耳标佩戴率分别达到95.18%、90.82%和90.6%。强化动物检疫和卫生监督工作。加强病死(害)动物及动物产品监管和屠宰加工环节检疫监管。

【畜产品质量安全】 开展"瘦肉精"专项整治行动。制定印发了《长春市人民政府关于打击制售、使用"瘦肉精"等违禁药品行为的通告》等4个文件。组织各县(市)、区畜牧部门与辖区内各屠宰加工企业、养殖户分别签订了《畜产品质量安全承诺书》和《不使用"瘦肉精"保证书》。加强了屠宰加工环节检疫和动物卫生监管，严格审批外埠产品入长资质。加强肉品监管力度，严厉打击私杀滥宰、逃避检疫、注水肉行为。完成了450个批次兽药和200个批次饲料的抽检任务。加强奶站管理，与各奶站签订《生鲜乳收购站监管工作责任书》，落实了监管责任。

【饲料开发】 积极组织挖掘饲料企业的增产潜力，饲料产量进一步提高。2011年工业饲料产量达到310.5万吨，完成秸秆饲料生产277万吨，优良饲草、专用饲料种植面积达11.04万公顷。深入开展了"诚信企业"、"放心饲料"、"名牌产品"的评选推介活动。加强科技培训等各项服务，推进了饲料工业的健康发展。在粗饲料开发利用上，大力实施粗饲料"百千万工程"，加速推进粗饲料专业化、规模化、产业化进程，秸秆资源综合开发利用率大幅提高。

【强牧惠牧政策】 争取国家养猪大县财政奖补资金约3 200万元。2011年九台市被增加为国家养猪大县，同农安县、榆树市、德惠市共4个县市享受国家养猪大县财政奖补政策。争取国家标准化规模养猪场扶持资金约800万元。2011年有162个标准化养殖场(小区)通过省验收，获得省财政补贴1 800万元。申报国家发改委2011年生猪标准化规模养殖场(小区)项目34个，争取扶持资金760万元；申报国家发改委2012年生猪标准化规模养殖场(小区)项目37个，争取扶持资金800万元。全年新建生鲜乳收购站10个，争取省补贴资金200万元。

(张众人)

2011年长春市畜产品加工企业名单

序号	企 业 名 称	地 址	类 别
1	长春皓月清真肉业股份有限公司	绿园区皓月大路1111号	国家级
2	吉林德大有限公司	德惠市经济开发区	国家级
3	吉林广泽乳业有限公司	长哈(102国道)6公里	国家级
4	吉林省德莱鹅业有限公司	净月开发区五一工业园	国家级
5	吉林华正食品有限公司	农安县合隆工业园	国家级
6	吉林省阿满食品有限公司	长春市经济开发区	国家级
7	长春市吉星实业有限公司	德惠市	国家级
8	长春市佳龙实业有限公司	德惠市经济开发区	国家级
9	吉林康大食品有限公司	农安县经济开发区	国家级
10	吉林德祥牧业有限公司	德惠市	国家级
11	吉林精气神实业股份有限公司	长春市经济开发区	省级
12	吉林省老昌食品有限公司	长春市经济开发区	省级
13	长春金锣肉制品有限公司	九台市营城镇	省级
14	吉林德莱羽绒有限公司	九台卡伦镇	省级
15	吉林鸿大牧业有限公司	德惠市夏家店	省级
16	长春新高食品有限公司	高薪区超凡大街333号	省级

续表：

序号	企业名称	地址	类别
17	长春市天成牧业有限公司	德惠市	省级
18	长春东旭肉食品开发集团有限公司	长春市经济开发区	省级
19	长春市长双鹿业有限责任公司	长春市双阳区	省级
20	吉林宝缘丰禽业有限公司	德惠市米沙子镇	省级
21	辽宁曙光实业有限公司	农安县哈拉海	省级
22	吉林正通牧业有限公司	德惠市经济开发区	省级
23	长春汉德食品有限公司	榆树五棵树开发区	省级
24	榆树四海发展实业有限公司	榆树五棵树开发区	省级
25	吉林省聚缘肉类产品加工有限公司	绿园区长白公路	市级
26	榆树市绿发鹅业有限公司	榆树市怀家乡	市级
27	吉林科龙生物工程产业有限公司	九台市西营城镇	市级
28	长春顺德八珍食品有限公司	宽城区蔡家工业园	市级
29	长春市稻麦香食品有限公司	长春市绿园区	市级
30	吉林省长白山乳业公司	长春市经济开发区	市级
31	吉林省鹿业科技有限公司	长春市双阳区	市级
32	吉林省盘古生物制品有限公司	长春市双阳区	市级
33	吉林省山水鹿业有限公司	长春市双阳区	市级
34	农安县军财裕牧业有限公司	农安县哈拉海	市级
35	长春市一汽实业食品有限公司	农安县	市级
36	吉林德生牧业有限公司	德惠市	市级
37	长春市国安肉类产品加工有限公司	宽城区蔡家工业园	市级
38	吉林绿邦肉业科技有限公司	榆树市榆树镇	市级
39	长春新牧科技有限公司	净月开发区	市级
40	北农大科技有限公司	榆树市五棵树开发区	市级
41	长春中汇鹿产品科技发展公司	长春市双阳区	市级
42	农安天歌鹅业有限公司	农安县农安镇	市级
43	吉林阔源牧业有限公司	德惠市夏家店	市级
44	长春大北农肉食品有限公司	榆树市榆树镇	市级
45	长春老韩头清真食品有限公司	绿园区经济开发区	市级
46	吉林省康亚畜禽加工有限公司	宽城区蔡家工业园	市级
47	长春市冠宇牧业有限公司	长春市双阳区	市级
48	长春未来时代畜牧发展有限公司	朝阳区乐山镇	市级
49	吉林省成达食品有限公司	农安县农安镇	市级
50	吉林鹤年堂参茸制品有限责任公司	双阳区	市级
51	吉林辽丰禽业有限公司	德惠市布海镇	市级
52	长春嘉藤食品有限公司	德惠市米沙子镇	市级
53	长春永旭牧业有限公司	德惠市同太乡	市级
54	吉林省银田环保科技有限公司	榆树市五棵树开发区	市级
55	吉林庆雨牧业有限责任公司	双阳区山河乡	市级
56	吉林兄弟木业集团锦鹿生物制品有限公司	双阳区经济开发区	市级
57	九台市疆宁肉业有限公司	九台市纪家	市级
58	九台市顺达鹅业有限公司	九台市	市级
59	吉林省兴华饲料有限公司	双阳区奢岭镇	市级
60	长春谷实饲料公司	长春市经开区	市级

续表：

序号	企 业 名 称	地 址	类 别
61	长春禾丰牧业有限公司	长春市经开区	市级
62	科菲特饲料(长春)有限公司	高新区	市级
63	吉林德泰饲料科技发展有限公司	朝阳区乐山镇	市级
64	吉林长成饲料有限公司	净月开发区	市级

蔬菜业

【概况】 2011年,长春市蔬菜播种面积10.6亿公顷,总产量56.2亿公斤,总产值82.4亿元，分别比2010年增长0.37%、15.4%和5.64%。其中2011年新建露地蔬菜面积600公顷，设施蔬菜面积1 400公顷。设施蔬菜面积达1.74亿公顷,产量达11.6亿公斤,分别占全市蔬菜总面积和总产量的16.4%和20.6%。露地蔬菜面积8.86亿公顷,产量44.6亿公斤。

【组建长春市“菜篮子”工程领导小组】 为进一步加强对“菜篮子”工作的组织领导,市编委正式下文,成立了以市长崔杰为组长,15个相关部门和12个县(市)、区政府为成员单位的长春市“菜篮子”工程领导小组,领导小组下设办公室,办公室设在市农委。主要承担贯彻落实国务院和省、市政府有关“菜篮子”工作的方针政策,研究制定全市“菜篮子”工作重大政策、战略规划,对各成员单位的组织领导、综合协调、检查督导,全市“菜篮子”工作的总体决策和安排部署等职能。同时,市委、市政府还联合下发了《关于实施新一轮“菜篮子”工程建设的意见》,对蔬菜产业发展给予支持。

【棚膜蔬菜建设项目】 2011年,全市计划新增棚膜蔬菜面积1 400公顷，实际完成1 402.4公顷。主要采取了以下措施:1.制定合理规划,签订目标责任书。为确保“十二五”期间全市“万公顷蔬菜基地建设规划”的顺利进行,实现2011年新增棚室蔬菜1 400公顷，露地蔬菜600公顷的目标,市农委以“万顷蔬菜基地建设”的基本原则为指导,将任务指标分解到各县(市)、区,并于3月初同各县(市)、区签订了“长春市2011年棚膜蔬菜建设工程工作目标责任书”。2.借助平台,大力宣传棚膜经济。2011年全省棚膜经济工作现场会议在长春召开。长春市组织各(县)、市区近百人参加会议,认真学习会议精神，要求各地务必抓住国家新一轮“菜篮子”工程建设和省百万亩棚膜建设提供的有利条件，大力发展棚膜蔬菜经济。同时还借助有关媒体宣传发展棚膜蔬菜的重要意义，在《长春日报》发表了题为“‘万顷蔬菜基地’掀起第一轮建设高潮”的宣传报道,产生了很好的效果。3.实行月调度制度。为确保蔬菜基地工程建设的落实,采取月调度制度,要求各县(市)、区按照要求进行月度报表,并深入到9个县(市)、区的50余个已建成和正在新建的基地进行督促检查,全面掌握蔬菜生产和基地建设情况。4. 积极争取资金，扶持棚膜蔬菜园区。2011年市农委积极向国家和省里争取资金，扶持集中连片建设的棚膜蔬菜园区,2011年共有5个国家级标准园、5个省级标准园通过了检查验收，获得了奖补资金。5.全面做好棚膜蔬菜基地建设检查验收工作。市农委在项目建设进程中，先后数次深入施工现场进行督导和检查。并陪同省专家验收组分别在9月、11月、12月对新建的棚膜蔬菜产业园区进行了检查验收。

蔬菜基地冬季生产

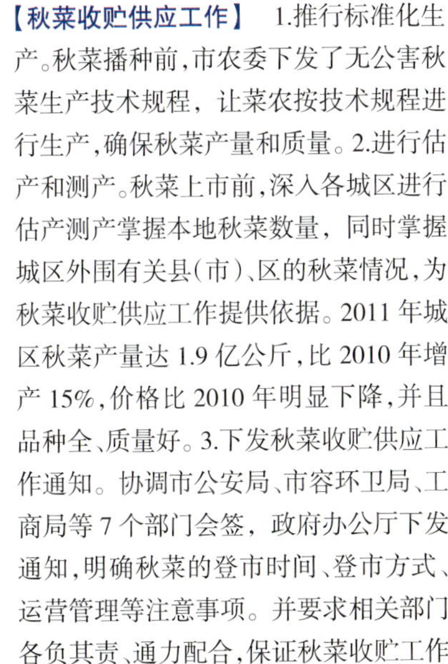

【秋菜收贮供应工作】 1.推行标准化生产。秋菜播种前,市农委下发了无公害秋菜生产技术规程，让菜农按技术规程进行生产,确保秋菜产量和质量。2.进行估产和测产。秋菜上市前,深入各城区进行估产测产掌握本地秋菜数量，同时掌握城区外围有关县(市)、区的秋菜情况,为秋菜收贮供应工作提供依据。2011年城区秋菜产量达1.9亿公斤,比2010年增产15%,价格比2010年明显下降,并且品种全、质量好。3.下发秋菜收贮供应工作通知。协调市公安局、市容环卫局、工商局等7个部门会签，政府办公厅下发通知,明确秋菜的登市时间、登市方式、运营管理等注意事项。并要求相关部门各负其责、通力配合,保证秋菜收贮工作

平稳运行。4.加强秋菜质量检测。本地秋菜上市前，委托市农产品质量安全与检测中心对城区秋菜基地每2公顷抽取1个样本进行检测，共检测2 131个样本，合格率达100%。同时根据检测结果，将“秋菜市场准入证”发放到菜农手中，凭证上市销售。对外阜进入长春市场销售的秋菜实行市场检测，上市期间市农委安排了4台秋菜流动检测车，采用快速检测的办法进行随机抽检，共检测了1 200个样本。对检测合格的发放“秋菜市场准入证”，对检测有问题的依据《中华人民共和国农产品质量安全法》进行封存，然后进一步进行实验室检测，确实质量不合格的作销毁处理。5.实行秋菜上市日调度制度。在10月5日到25日，每天都对城区上市的秋菜品种、上市量和上市价格进行统计分析，做到随时掌握市场动态，随时组织调度。2011年城区共上市销售秋菜11 300万公斤，其中，白菜4 540万公斤，秋葱3 460万公斤，大萝卜330万公斤，其他秋菜品种2 970万公斤。6.及时发布秋菜生产相关信息。市农委在上市前和上市期间积极与新闻媒体沟通，发布相关信息，为买卖双方构建合理的预期，给农民卖菜、市民买菜创造宽松和谐的社会氛围。

（杨　亮）

水　利

【概况】 2011年，共完成水利投资8.8984亿元，农村饮水安全工程建设完成年初任务数的170%，提前两年完成了计划内任务目标；重点水利水毁工程在主汛期前全部修复完成，确保了安全度汛；14座水库除险加固任务提前完工；水源地保护、水土保持、水产渔业等均保持快速发展势头。

【防汛工作】 2011年，按照“安全第一，常备不懈，以防为主，全力抢险”的防汛工作方针，加强检查，落实预案，修复险段，各项准备扎实有效。市本级已储备抢险编织袋66.5万条，土工布16万平方米，救生衣2 990件，冲锋舟13艘，发电机组600千瓦，还有投光灯、帐篷、铁线等物料。各县（市）、区共储草袋16.8万条，编织袋642.2万条，麻袋4万条，铁线341.4吨，木桩2 110立方米，共建立抢险队伍14.49万人。完成长春市防汛抗旱指挥系统建设一期工程，工程投资457.6万元，涵盖石头口门、新立城、双阳、黑顶子、净月等5座大中型水库的视频监控系统和水情遥测系统，实现了榆树市、农安县、德惠市、九台市、双阳区防汛抗旱指挥部与长春市本级的视频异地会商。按照省防汛抗旱指挥部吉汛［2011］6号《吉林省人民政府防汛抗旱指挥部关于开展汛前检查和做好各项防汛准备工作的通知》要求，自3月上旬开始，各县（市）、区对辖区的水库、江河堤防、涝区等防洪除涝工程进行了全面检查。并编制了《汛前检查报告》上报省防汛抗旱指挥部和市政府有关部门。4月中旬，重点对小河流、小水库进行了检查，同时，对全市19座大中型水库，九台、双阳、德惠城区防洪及德惠五大围堤防洪预案等各类预案进行了完善。依据《中华人民共和国防洪法》及《中华人民共和国防汛条例》等有关法律条例规定，对长春市的各大中小型水库、重点江河、城市防洪的行政责任人进行了落实，明确了第一责任人。并上报省防。5月10日，省监察厅与省防汛抗旱指挥部联合发文，对大中型水库及城市防洪行政责任人进行了公布。6月9日，市政府召开了全市防汛委员扩大会议。各县（市）区、开发区都召开了防汛会议，并按要求进一步部署防汛工作。自6月1日起，市防办及各县（市）、区防办实行24小时值班值宿制度，确保安全度汛。8月7日晚，长春市人民政府防汛抗旱指挥部召开长春市防御台风“梅花”视频会议，贯彻落实省防汛指挥部防御台风视频会议精神。市防汛抗旱指挥部发出《关于做好防御第9号强台风“梅花”的紧急通知》，全面做好防风、防汛和防涝的各项准备工作，并派出5个工作组，分赴榆树、农安、德惠、九台、双阳等县（市）、区指导防汛防台工作。据受灾县（市）、区统计，全市受灾乡（镇）26个，受灾人口6.55万人，倒塌房屋70间，农作物受灾面积2.09万公顷，减产粮食6.97万吨，直接经济总损失1.489亿元。

【河道管理工作】 4月6日下发了《关于加强城区中小河流管理的通知》，要求各区加强对全市中小河流的管理。4月末，对全市中小河流进行了全面检查，对发现的问题限期整改。同时，对河道内阻水障碍物进行清理。对新立城水库库区和伊通河朝阳区辛屯桥段的阻水民堤、围堰进行了清理。多次到东新开河、伊通河等水毁工程修复现场进行检查、协调，使水毁工程修复能够顺利进行。对跨越河道的管道、光缆、桥梁进行严格审查、管理。对应急度汛项目进行审批及工程管理，共计批复涉河工程20余项。为落实省水利厅、国土资源厅、公安厅等9部门下发的《关于开展吉林省打击河道非法采砂专项行动的通知》文件精神，于7月21日在德惠市召开全市打击河道非法采砂工作会，并会同省河务局利用一周时间对全市河道采砂情况进行检查、指导，发现问题及时处理；对石头口门上游190水位以内的砂场进行了清理。通过严格执法，加大检查力度，保证了堤防安全，增强了全民护堤意识和防洪观念。依据《中华人民共和国水法》、《中华人民共和国防洪法》、《中华人民共和国防汛条例》、《中华人民共和国河道管理条例》及《吉林省河道管理条例》等法律法规，完成了《长春市河道管理办法》初稿。

【水库移民工作】 2011年，按照省水库移民管理局的总体部署，长春市认真做好水库移民扶持政策的落实工作。长春市（不含榆树、德惠、九台、农安）在扶持范围内的大中型水库现有4座（石头口门、新立城、双阳、黑顶子），涉及10个区，47个乡（镇），390个村，共已核实直补搬迁移民12 512人，这部分移民的直补资金已经发放至2011年第一季度。完成了2010年度水库移民监测评估报告初稿部分。编制了水库移民十二五直补扶持规划和长春市关于大中型水库库区和移民安置区基础设施建设和经济发展规划（2011年～2015年）。

【农田水利工程建设】 投资3 900万元，在被确定为中央财政小型农田水利重点县的榆树市、农安县、德惠市、九台市和双阳区，新建渠系建筑物114座，维修排涝站7座，完成渠道衬砌48公里，新打水源井255眼，配套节水灌溉设施547套。投资2 808万元，完成松沐灌区总干渠渠道衬砌5公里，分水闸17座、渠下涵4座、渡槽4座、节制闸1座、农道桥1座；投资2 100万元，完成饮马河灌区渠道衬砌10.7公里，分水闸10座、农道桥4座、配水房1座；投资5 500万元，开工建设松城灌区泵站更新改造工程。

【水库除险加固工程建设】 "十一五"期间，全市共有39座水库进行了除险加固。其中，大型水库1座，中型水库12座，小Ⅰ型水库23座，小Ⅱ型水库3座，工程概算总投资44 464.42万元，列入国家第二批病险水库除险加固中央补助项目和《全国病险水库除险加固专项规划》的水库共有36座；地方自筹资金加固的水库3座。2011年，长春市列入《全国重点小型病险水库除险加固专项规划》的病险水库共有12座，其中，下达计划的水库10座，及时组织对朝阳区三家子等10座小(1)型病险水库除险加固工程实施方案进行了审批。计划投资1.8亿元，力争启动太平池水库除险加固工程，对12座小型水库开展除险加固前期工作。同时，完成了石头口门、太平池、黑顶子、净月潭等4座水库水毁工程，伊通河朝阳区乐山镇辛屯段、二道区东新开河等2处河道水毁工程实施方案审批工作。

【水利水毁工程修复】 2010年全市水毁项目104项。德惠"五大围堤"塘沽和套子里两大围堤均出现了不同程度的水毁，塘沽围堤发生7处决口，2011年底，塘沽围堤修复工程已经完工。2011年，投资840万元，完成42公里德惠段回水堤的整修；投资1 010万元对九台双丰、太平等7条回水堤进行了土方加固，特别对经常出险的双丰回水堤进行了混凝土护坡。长春市财政投资1 200万元，在这些回水堤上修建了10座防洪桥，已投入使用。除上述工程外，农安松花江卧牛石等4处决口、伊通河东大桥护岸，九台松花江南三家子险段，德惠伊通河边岗周家站堤防脱坡，双阳饮马河官马、三姓险段，朝阳区伊通河乐山后辛屯段堤防均已修复。石头口门水库上游14座排涝站的维修和变电所重建等工程均建设完工。东新开河堤防加固工程涉及二道、经开两个区，现已完成7公里，占总工程量的80%。但由于小白桥处河道狭窄、桥梁阻水，必须拓宽河道、桥梁扩孔才能达到行洪标准。由于两岸违章建筑多，拆迁问题难以解决，工程尚未完工。

【农村饮水工程】 按照国家的统一部署，2005年～2013年全部规划内解决饮水安全问题，长春市本着"先急后缓、先重后轻、突出重点、分步实施"的原则，2011年全市计划解决农村15万居民饮水安全问题，积极与省里沟通、协调，省里下达长春市目标任务是解决农村25.46万居民和8.51万师生饮水安全问题。2010年11月底就对全市农村饮水安全工作就进行了布置，落实了工作任务。在2011年5月和10月先后2次召开农村饮水安全工作调度会，听取各县(市)、区农村饮水安全工程进展情况汇报，并根据工作进展情况对农村饮水安全工程建设提出了具体要求。总的要求是各县(市)、区2011年8月末完成供水水源工程建设，9月末完成管网工程建设，10月20日前完成管理房和机电设备安装工程建设。全市计划新建农村饮水安全工程339处，其中，水源工程275处，管网安装339处。各县(市)、区按照会议精神积极开展农村饮水安全工作，各地于6月完成农村饮水安全工程实施方案的编制和审批工作，于7月末完成农村饮水安全工程项目的招投标工作，并相继开工建设，全部工程10月末完工。

【水利安全生产情况】 2011年初，印发了《关于加强春季水利安全生产工作的通知》，重点部署开展小型水库安全隐患排查工作，并对排查出存在安全隐患的17座小型水库进行了登记造册，对存在重大隐患的水库，要求空库运行确保度汛安全；对两大水库春季森林防火进行全面细致部署死看死守确保了防火安全；及时统计并公布了全市水库大坝安全和防汛政府责任人、水行政部门责任人、管理单位责任人名单和联系方式。针对2011年长春市在建项目多的实际，对在建项目安全生产管理和安全度汛工作进行部署，要求项目法人、施工、监理等单位落实安全生产责任和保障措施。同时，及时转发《吉林省水利厅关于印发水利工程建设领域预防施工坍塌事故专项整治工作方案的通知》，对专项整治工作进行部署。重点检查施工单位专职安全管理人员是否履约到位，并切实履行施工安全管理职责；施工现场安全保障措施是否落实到位，是否制定了切实可行的度汛方案。对存在问题的项目，当场下达了整改通知书并限期整改到位。及时转发《吉林省水利厅关于认真做好水库防汛工作的通知》、《吉林省水利厅关于加强汛期安全生产工作的紧急通知》，对水库安全度汛和汛期安全生产工作进行部署。指导在建项目法人单位编制度汛方案和超标准洪水应急预案，并督促落实各项度汛措施，确保工程安全度汛。按照上级部门要求，还先后开展了"打非治违"专项行动、开展汛前和建党90周年前安全生产检查、"安全生产月"活动等，取得了良好的效果。

【水源地保护工作】 石头口门水库水源地污染治理工程。2011年主要完成了划界立标工程和水毁修复工程建设。其中，划界立标共完成防护围栏26.98千米、界碑80个、标牌20个、界桩700个。完成投资181.29万元。水毁工程共计完成芦苇补栽518.9公顷；荷花补栽9.9万株；乔木4.6万棵、灌木1.4株。完成投资1 194.8万元。9月末，石头口门水库水源地污染治理工程已经完成全部建设任务。新立城水库水源地污染治理工程(一期)2011年主要完成了2处小流域生物治理和水毁工程建设任务。两项工程已基本完工。其中，小流域主要完成了芦苇、香蒲种植41公顷，灌木栽植16公顷，修建溢流堰2座，进水闸3座，泄水闸5座。完成综合工程量：土石方18.94

万立方米，砼 645 立方米，完成投资 920 万元。水毁工程主要完成了刺铁丝防护网修复 15 公里，植物防护带补栽 86.09 公顷，其中，杨树 13.08 公顷，柳树 70.05 公顷，水曲柳 2.96 公顷，完成投资 300 万元。

【水利依法行政】 水利系统现行政执法范围包括水资源、水土保持、河道堤防、渔政渔港监督、水源地保护等多个方面，为了加强和进一步改善水行政执法工作，及时完善和调整了依法行政、行政执法责任制工作领导组织，狠抓执法队伍建设，在结合普法，邀请专家学者进行全面学习培训的同时，对现有执法人员进行了重新登记，严把入口关，特别强调新上岗的人员必须进行综合培训，还选派业务骨干参加省内外各类涉水执法培训班，进一步强化依法行政意识，普遍提高了执法水平。同时，进一步完善了《水行政执法监督检查制度》、《水行政执法人员行为规范》、《行政执法错案责任追究制度》等多项规章制度，使水行政执法工作更加规范化、正规化。

【节水型社会建设】 2011 年 6 月 24 日，全面开展了长春市水资源动态监测工作，审定发布了《2010 年长春市水资源公报》。按照国家统一安排，长春市全面开展了长春市节水型社会建设试点中期评估工作，4 月 28 日，形成了《长春市节水型社会建设试点中期评估报告》，顺利通过中期评估验收。

【水土保持工作】 坚持以国家重点治理区为龙头，带动了综合防治工作的开展。据统计，2011 年，长春市水土保持治理面积 26 594 公顷，其中，基本农田 2 351 公顷，水保林 4 148 公顷，经济林 380 公顷，种草 166 公顷，封育治理面积 13 230 公顷，其他 6 319 公顷。完成投资 2 516.88 万元。完成土石方工程量 408.90 万立方米，群众投工、投劳 75.42 万工日。全市江河堤防绿化长度 70 公里，绿化宽度 10 米，绿化面积 70 公顷。

【渔业工作】 2011 年，全市城区成鱼产量为 1 620 吨，鱼种产量为 165 吨。其中石头口门水库渔业产量 610 吨，约占城区渔业生产总量的 37.7%；新立城水库渔业产量 520 吨，占城区渔业产量 32.1%；各城区渔业产量为 490 吨。2011 年，全市城区实现渔业经济产值 13 950 万元。其中渔业产值 9 720 万元；都市休闲渔业收入 4 230 万元（含垂钓业及渔业旅游经济收入）；完成无公害池塘商品鱼标准化健康养殖推广面积 66.7 公顷，每公顷 7 500 公斤，每公顷收益 40 500 元。

【水产品安全监管】 2011 年，制定下发了《2011 年长春市水产品质量安全工作的通知》、《2011 年长春市水产品产地专项整治活动方案》、《加强养殖地水产品质量安全宣传月活动方案的通知》、《关于长春市水产品禁用药物和有毒有害物质残留问题专项整治方案》等文件，积极深入开展水产品规范养殖和用药的整治活动。重点加大对渔饲料、渔药等投入品的安全使用的有效监管和宣传力度。通过与省水利厅共同举办了“健康水产品上餐桌”行动。对长春市以及各县（市）、区的水产品批发市场和重要渔业水域的渔用药物使用情况的检查和指导工作。对全市重点渔业水域的水质情况进行检测。2011 年 5 月和 8 月市渔业环境监测站两次赴榆树市、农安县、德惠市、九台市、双阳区等地进行水样采集和分析。并对拉林河、饮马河、伊通河、石头口门水库、新立城、德惠夏家店渔场、九台渔场等长春市重点渔业水域进行了水样化验，建立了 2011 年渔业水域水质检验数据库。2011 年，重点对石头口门、新立城等城区重要水产品产地进行指导，严格执行国家制定的水产品质量安全记录追溯制工作，确保长春市养殖地水产品的质量安全。全市各级渔政部门采取走访教育、专业培训等办法强化了《渔业法》、《吉林省渔业管理条例》等法律法规的宣传、教育工作，使广大渔民增强了依法生产、守法经营的意识。按照国家要求，市渔政渔港监督管理站对全市渔政执法人员进行了换证培训，共培训渔政人员 63 人。

（韩成龙）

2011 年长春市各县(市)、区灌区效益及管理情况统计表

灌区名称	设计灌溉面积(千公顷)							有效灌溉面积(千公顷)							实际灌溉面积(千公顷)						
	合计			其中:				合计			其中:				合计			其中:			
	计	水田	旱涝	机电站		机电井		计	水田	旱涝	机电站		机电井		计	水田	旱涝	机电站		机电井	
				处	面积	处	面积				处	面积	处	面积				处	面积	处	面积
甲	1	2	3	4	5	6	7	8	9	10	11	12	13	14	15	16	17	18	19	20	21
长春市	352.47	248.58	103.89	443	147.69	20 038	138.43	244.13	191.60	52.53	440	73.58	19 763	114.85	240.56	153.97	86.59	416	80.78	19 869	124.31
朝阳区	3.43	2.07	1.36	4	0.18	245	3.01	3.19	1.83	1.36	4	0.13	245	2.9	1.626	1.36	0.266			225	1.626
南关区	1.35		1.35	11	1.07	25	0.28	1.02		1.02	11	0.74	25	0.28	0.48		0.48	11	0.2	25	0.28
宽城区	4.26	2.18	2.08	33	2.97	1 409	0.92	3.38	1.76	1.62	33	2.25	1 409	0.88	2.88	1.17	1.71	33	1.94	1 409	0.84
二道区	2.46	1.54	0.92	13	1.02	224	1.25	2.1	1.35	0.75	13	0.97	224	0.93	1.58	1.06	0.52	13	0.44	224	1.03
绿园区	5.19	0.36	4.83	45	2.23	186	2.79	3.41	0.49	2.92	45	0.9	186	2.18	5.19	0.36	4.83	45	2.23	186	2.79
双阳区	18.25	17.78	0.47	45	3.68	1 818	8.23	15.01	14.59	0.42	45	2.94	1 818	8.11	12.24	12.24		45	2.42	1 818	6.7
净　月	2.1	0.91	1.19	18	0.82	107	0.73	1.1	0.72	0.38	16	0.16	107	0.73	0.77	0.46	0.31		0.16	84	0.56

续表

灌区名称	设计灌溉面积(千公顷)							有效灌溉面积(千公顷)							实际灌溉面积(千公顷)						
	合计			其中:				合计			其中:				合计			其中:			
	计	水田	旱浇	机电站		机电井		计	水田	旱浇	机电站		机电井		计	水田	旱浇	机电站		机电井	
				处	面积	处	面积				处	面积	处	面积				处	面积	处	面积
甲	1	2	3	4	5	6	7	8	9	10	11	12	13	14	15	16	17	18	19	20	21
榆树市	93.53	85.12	8.41	37	19.35	6 009	57.63	74.69	68.34	6.35	37	12.45	5 734	52.12	59.75	53.67	6.08	39	5.41	6 006	49.2
农安县	79.84	10.78	69.06	11	36.88	1 411	31.46	41.52	9.82	31.7	11	5.99	1 411	14.59	79.84	10.78	69.06	11	36.88	1 411	31.46
德惠市	99.24	87.25	11.99	158	67.07	5 689	22.86	63.94	59.2	4.74	157	37.14	5 689	22.86	50.78	47.45	3.33	157	24.88	5 566	22.64
九台市	42.82	40.59	2.23	68	12.42	2 915	9.27	34.77	33.5	1.27	68	9.91	2 915	9.27	25.42	25.42		62	6.22	2 915	7.18

2011年长春市各县(市)、区机电井情况统计表

县市	打井(眼)		配套机电井(眼)					配套井按用途分(眼)					农田灌溉面积(千公顷)								
	本年新增	累计达到	本年新增	累计达到	其中完好数量	装机		农田灌溉井	牧业井	人畜水井	防病井	林业井	设计			有效			实灌		
						台	千瓦						计	水田	旱浇	计	水田	旱浇	计	水田	旱浇
朝阳区	7	258	11	258	258	258	1 745.2	245		13			3.21	1.65	1.56	2.905	1.545	1.36	1.626	1.36	0.266
南关区		245		245	245	245	176	198		47			0.28		0.28	0.28		0.28	0.198		0.198
二道区	10	239	3	239	239	239	1 583.5	220		19			1.22	0.68	0.54	0.93	0.53	0.4	1.03	0.63	0.4
绿园区	3	204	3	204	204	206	2 591	186		18			3.36	0.12	3.24	2.79	0.12	2.67	2.18	0.06	2.12
宽城区	2	116	2	116	116	116	1 015	106		10			0.34	0.13	0.21	0.3	0.09	0.21	0.28	0.07	0.21
净　月	9	116	7	116	116	116	601.5	102		14			0.73	0.46	0.27	0.73	0.46	0.27	0.56	0.41	0.15
双阳区		2 637		1 927	1 927	1 927	12 523	1 818		100	9		8.23	7.83	0.4	7.84	7.44	0.4	6.7	6.7	
德惠市	32	8 094	32	5 876	5 876	5 876	70 556	5 719		154	3		22.86	19.51	3.35	22.86	19.51	3.35	22.64	19.31	3.33
榆树市	259	4 303	259	4 303	4 303	4 303	57 005	3 769	30	504			59.34	53.08	6.28	52.12	45.84	6.28	48.73	43.65	5.08
九台市	125	3 065	108	3 037	3 037	3 090	18 679	2 898		129	10		8.71	8.4	0.31	8.71	8.4	0.31	7.18	7.18	
农安县	158	8 861	158	2 318	2 318	2 318	18 177	1 566	81	239	387	45	31.32	4.97	26.35	19.44	4.97	14.47	4.99	4.99	

2011年长春市各县(市)、区江河堤防情况统计表

市州县市区	合计			主要江河						一般江河			堤防绿化累计长度(公里)
	堤防长度(公里)	保护耕地(公顷)	保护人口(万人)	松花江流域			其他流域			松花江流域			
				堤防长度	保护耕地	保护人口	堤防长度	保护耕地	保护人口	堤防长度	保护耕地	保护人口	
长春市	1 834.87	232 343	89.43	667.99	114 830	43.635	303.6	24 333	16.9	863.28	93 180	28.895	491.86
朝阳区	15	2 800	1.2	15	2 800	1.2							10
南关区													
宽城区	20.6	2 000	0.9	20.6	2 000	0.9							
二道区	6.1	1 820	0.9	6.1	1820	0.9							
绿园区	24	5 650	1.35							24	5 650	1.35	24
双阳区	182.7	10 650	19.3	81.49	5 230	4.75				101.21	5 420	14.55	6
净月开发区	1.3	310	0.13							1.3	310	0.13	
榆树市	344.6	28 333	20.9	41	4 000	4	303.6	24 333	16.9				129.1
农安县	532	62 300	15.8	62	10 100	4.36				470	52 200	11.44	177.05
德惠市	524.77	98 000	16.05	258	68 400	14.625				266.77	29 600	1.425	145.71
九台市	183.8	20 480	12.9	183.8	20 480	12.9							

2011 年长春市各县(市)、区水利工程年供水量统计表

单位:万立方米

单位	合计					蓄水工程				引水工程				机电站			机电井		
	计	农业	工业	城镇生活	另:水电供水	农业	工业	城镇生活	另:水电供水	农业	工业	城镇生活	另:水电供水	农业	工业	城镇生活	农业	工业	城镇生活
长春市	199 730	165 519	360	33 851		26 227	360	28 020		1 290	0	840		46 565			91 427		4 991
朝阳区	1 260	1 260															1 260		
南关区	360	360												205			155		
宽城区	1 112	1 102		10		36								800			266		10
二道区	1 462	1 442		20		80								474			888		20
绿园区	3 906	3 887		19		390								1 080			2 417		19
双阳区	9 115	9 086		29		2 020								1 936			5 120		29
净月	6 140	640		5 500		52		5 500						100			488		
榆树市	59 546	56 351		3 195		5 132								5 784			45 435		3 195
农安县	9 598	8 478	360	760		1 868	360	520		840				2 290			3 480		240
德惠市	57 692	57 219		473		5 060				450				29 209			22 500		473
九台市	49 539	25 694		23 845		11 589		22 000				840		4 687			9 418		1 005

2011 年长春市各县(市)、区易涝区域统计表

涝区名称	易涝面积(千公顷)	除涝面积(千公顷)					现有易涝面积(千公顷)	机电排涝站							
		合计	其中:水田	在合计中				装机						排水面积(千公顷)	
				3 年~4 年	5 年~9 年	10 年以上		设计			实际			设计	有效
甲	1	2	3	4	5	6	7	处	台	千瓦	处	台	千瓦	10	11
长春市	322.264	302.148	101.69	6.63	66.515	229.003	77.225	158	489	63 398	149	443	50 467	174.398	148.05
朝阳区	2.51	2.51	2.1		0.26	2.25									
南关区	0.26	0.26	0.12		0.19	0.07									
宽城区	3.92	2.42	0.64		0.82	1.6	1.5	4	11	448	4	11	448	1.59	1.48
二道区	2.66	2.21	0.64	0.02	1.12	1.07	0.45	2	8	176	2	8	176	1.18	1.18
绿园区	5.65	5.65	0.83		3.36	2.29		4	12	340	2	7	236	0.46	0.46
双阳区	15.61	15.31	9.12	0.07	1.85	13.39	0.3	11	27	1 882	4	14	1 020	3.97	3.97
净月开发区	0.84	0.84	0.21		0.09	0.75									
榆树市	86.8	86.8	17.4	2.27	18.78	65.75		23	77	6 825	23	76	6 670	29.45	22.68
农安县	90	90	6.69	1.11	10.72	78.17		52	161	32 841	52	151	22 841	49.82	49.82
德惠市	67.754	58.038	48.21		22.765	35.273	66.825	45	141	15 896	45	126	14 346	67.808	48.45
九台市	46.26	38.11	15.73	3.16	6.56	28.39	8.15	17	52	4 990	17	50	4 730	20.12	20.01

综 述

2011年是长春市工业经济转型升级，实施"十二五"规划的开局之年，全市工业经济深入实施工业强市战略，紧紧围绕转方式、调结构、促升级的工作要求，坚持"投资拉动、项目带动、创新驱动"不动摇，坚持政策引导和规划引领，积极推动三大优势产业转型升级，五大战略性新兴产业快速崛起，开发区发展方式深刻转变，中小企业不断成长壮大。全市工业经济发展环境不断优化，产业规模不断扩大，发展质量不断提升，实现了"十二五"良好开局。

工业生产 2011年，长春市规模以上工业企业(新的统计口径：年销售收入2 000万元以上工业企业。下同)完成产值7 005亿元，比2010年增长22.9%。按类型划分：轻工业完成产值1 224.1亿元，比2010年增长37.3%；重工业完成产值5 780.9亿元，比2010年增长20.3%。按所有制划分：国有工业完成产值1 268.6亿元，比2010年下降12.3%；集体工业完成产值11.1亿元，比2010年增长4.6%；股份合作制企业完成产值57.5亿元，比2010年下降6.3%；股份制企业完成产值2 194.2亿元，比2010年增长49.5%；外资企业完成产值3 365.1亿元，比2010年增长27.5%。按隶属关系划分：中央工业完成产值3 859.4亿元，比2010年增长11.3%；省属工业完成产值6亿元，比2010年增长4.7%；市及市以下工业完成产值3 139.6亿元，比2010年增长41.0%。

经济效益 2011年，长春市规模以上工业企业实现销售收入6 812.6亿元，比2010年增长26.3%；实现税金362.1亿元，比2010年增长25.0%；实现利润614.5亿元，比2010年增长31.6%。其中：国有企业实现销售收入1 995.1亿元，比2010年增长13.9%；实现税金93.0亿元，比2010年增长14.6%；实现利润101.4亿元，比2010年增长55.5%。集体企业实现销售收入11.8亿元，比2010年增长8.3%；实现税金4 975万元，比2010年下降25.3%；实现利润4 992万元，比2010年下降48.3%。股份合作企业实现销售收入77.5亿元，比2010年增长31.2%；实现税金1.3亿元，比2010年增长48.4%；实现利润5.1亿元，比2010年增长3.1%。股份制企业实现销售收入1 963.7亿元，比2010年增长48.0%；实现税金61.3亿元，比2010年增长38.4%；实现利润88.9亿元，比2010年增长28.6%。外资企业实现销售收入2 665.1亿元，比2010年增长22.5%；实现税金203.7亿元，比2010年增长26.6%；实现利润415.2亿元，比2010年增长27.8%。国有控股企业实现销售收入4 700.8亿元，比2010年增长24.7%；实现税金311.7亿元，比2010年增长32.2%；实现利润480.6亿元，比2010年增长43.3%。全市规模以上工业企业总计1 009户，其中：盈利企业907户，亏损企业102户。2011年，按月报口径计算，长春市规模以上工业企业经济效益综合指数达到368.2%，比2010年下降8.7个百分点，高于全省48.1个百分点；全市工业增加值达到1 843.9亿元，比2010年增长17.4%，其中规模以上工业增加值达到1 749.4亿元，比2010年增长14.2%；工业产品产销率达到99.13%，比2010年下降0.54个百分点；总资产为5 549.2亿元，比2010年增长5.0%；成本费用利润率为10.3%，比2010年增加0.9个百分点；流动资金周转次数达到14.7次，与2010年持平；产成品资金占用171.5亿元，比2010年增长2.2%。

2011年长春市30户盈利大户盈利额统计表

企 业 名 称	实现利润(万元)	同2010年比±%
一汽一大众汽车有限公司	3 296 287	42.9
中国第一汽车集团公司	1 015 987	80.9

续表

企 业 名 称	实现利润(万元)	同 2010 年比 ± %
长春大成实业集团有限公司	200 103	0.2
吉林亚泰(集团)股份有限公司	168 777	65.2
长春轨道客车股份有限公司	142 070	122.8
富奥汽车零部件股份有限公司	54 613	-37.8
长春一汽富维汽车零部件股份有限公司	48 877	-0.2
一汽丰田(长春)发动机有限公司	45 689	-21.3
长春大合生物技术开发有限公司	43 250	260.0
长春富维－江森自控汽车饰件系统有限公司	41 593	398.7
大陆汽车电子(长春)有限公司	37816	-68.3
吉林烟草工业有限责任公司长春卷烟厂	32 056	10.9
福耀集团长春有限公司	29 966	-22.1
吉林省长春皓月清真肉业股份有限公司	25 796	9.7
李尔长春汽车内饰件系统有限公司	25 709	-37.4
长春博泽汽车部件有限公司	24 383	9 641.6
长春奥托立夫汽车安全系统有限公司	22 697	17.7
长春住电汽车线束有限公司	22 450	-0.7
吉林东光集团有限公司	21 757	-15.3
长春大成发酵发展有限公司	21 531	223.5
长春长生生物科技股份有限公司	21 285	179.9
长春佛吉亚排气系统有限公司	21 003	-1.9
长春玉成淀粉糖有限公司	20 241	571.7
吉林省电力有限公司	19 136	853.9
长春金赛药业有限责任公司	18 928	79.8
长春华翔轿车消声器有限责任公司	18 883	25.4
吉林省吴太感康药业有限公司	16 765	-19.9
采埃孚富奥底盘技术(长春)有限公司	15 429	-14.2
伟巴斯特车顶系统(长春)有限公司	15 220	1 675.1
长春汉高表面技术有限公司	13 420	283.4

2011 年长春市 30 户盈利大户利税额统计表

企 业 名 称	实现利税(万元)	同 2010 年比 ± %
一汽一大众汽车有限公司	5 133 525	43.5
中国第一汽车集团公司	1 638 098	42.2
吉林亚泰(集团)股份有限公司	256 059	63.6
吉林烟草工业有限责任公司长春卷烟厂	229 998	31.7
长春大成实业集团有限公司	200 103	0.2
吉林省电力有限公司	199 224	57.8
长春轨道客车股份有限公司	152 332	137.8
富奥汽车零部件股份有限公司	71 250	-35.5
长春一汽富维汽车零部件股份有限公司	60 605	6.3
一汽丰田(长春)发动机有限公司	58 912	-1.5
长春富维－江森自控汽车饰件系统有限公司	55 229	456.6
长春大合生物技术开发有限公司	45 472	246.8
大陆汽车电子(长春)有限公司	38 817	-71.6

续表

企业名称	实现利税(万元)	同2010年比±%
吉林东光集团有限公司	36 429	-3.3
福耀集团长春有限公司	35 695	-21.7
李尔长春汽车内饰件系统有限公司	33 885	-19.0
长春奥托立夫汽车安全系统有限公司	29 288	25.5
长春住电汽车线束有限公司	29 149	6.7
吉林省长春皓月清真肉业股份有限公司	27 993	10.9
长春长生生物科技股份有限公司	25 533	190.1
长春博泽汽车部件有限公司	24 383	9 274.5
长春大成发酵发展有限公司	22 907	138.5
长春金赛药业有限责任公司	22 571	72.3
长春华翔轿车消声器有限责任公司	21 513	39.1
长春佛吉亚排气系统有限公司	21 003	-2.9
长春玉成淀粉糖有限公司	20 612	189.8
伟巴斯特车顶系统(长春)有限公司	20 053	1 404.9
采埃孚富奥底盘技术(长春)有限公司	19 952	8.9
长春汉高表面技术有限公司	18 928	430.2
吉林省吴太感康药业有限公司	17 670	-26.2

重点产业 2011年,长春市围绕汽车、农产品和轨道客车三大优势产业,培育和发展先进装备制造、光电信息、生物医药、新能源、新材料等五大战略性新兴产业,推动全市工业产业集中度不断提升。2011年,全市8个重点产业完成产值6 482.7亿元,比2010年增长22.9%,占全市规模以上工业总产值的比重达到92.5%。其中:三大优势产业完成产值5 632.7亿元,比2010年增长20.8%。五大战略性新兴产业完成产值850亿元,比2010年增长39.3%,净增产值240亿元,对长春市工业增长贡献率达到18.4%。同时,全市除一汽集团之外的工业企业完成产值占全市规模以上工业总产值的比重达到55.3%,首次超过央企。全市重点产业竞相发展,汽车工业完成产值4 181.9亿元,比2010年增长13.6%,占全市的比重为59.7%;农产品加工业完成产值1 003.1亿元,比2010年增长38.3%,占全市的比重为14.3%;生物医药产业完成产值81.7亿元,比2010年增长24.9%,占全市的比重为1.2%;光电子信息产业完成产值435.6亿元,比2010年增长29.4%,占全市的比重为6.2%;材料工业完成产值450.3亿元,比2010年增长57.7%,占全市的比重为6.4%;能源工业完成产值512.6亿元,比2010年增长15.6%,占全市的比重为7.3%;装备制造业完成产值447.7亿元,比2010年增长74.3%,占全市的比重为6.4%;其他行业完成产值244.7亿元,比2010年增长42.1%,占全市的比重为3.5%。

重点企业 2011年,长春市规模以上工业企业规模结构不断扩大和改善。产值超亿元的企业户数达到460户,比2010年增加137户,其中,产值超千亿元企业2户,产值100亿元~1 000亿元企业6户,10亿元~100亿元企业41户,1亿元~10亿元企业411户,全市工业企业呈现良性发展态势。其中,30户重点企业完成产值5 158.9亿元,比2010年增长17.2%,占全市工业总产值的73.6%;净增加产值758.8亿元,占全市净增加产值的58.1%。

2011年长春市30户重点工业企业产值统计表

企业名称	完成工业产值(万元)	同2010年比±%
一汽大众	21 329 143	27.5
一汽集团公司	9 983 849	-19.2
长春大成玉米有限公司	4 000 029	35.6
吉林亚泰(集团)股份有限公司	3 041 653	73.9
吉林省电力有限公司	2 516 210	8.2
长春轨道客车股份有限公司	2 365 975	133.4
长春皓月清真实业有限公司	1 388 192	44.6
一汽天合富奥汽车安全系统长春公司	578 010	22.5

续表

企　业　名　称	完成工业产值(万元)	同 2010 年比 ± %
吉林东光集团	562 992	41.4
一汽富维汽车零部件股分有限公司	543 856	-8.8
长春丰越公司	504 338	14.3
大陆汽车电子(长春)有限公司	439 371	0.5
长春富维江森自控汽车饰件系统公司	389 394	5.9
吉林烟草工业有限责任公司	328 055	23.3
大众一汽平台零部件有限公司	325 751	51.3
新大农安石油化工有限公司	254 092	79.8
长春大合生物技术开发有限公司	238 397	56.4
李尔长春内饰件系统公司	223 456	37.0
采埃孚富奥底盘技术(长春)有限公司	221 170	36.5
金锣集团(九台)有限公司	216 304	16.4
长春旭阳工业(集团)有限公司	205 544	65.5
一汽丰田发动机公司	201 953	18.8
吉林龙家堡矿业有限公司	199 007	40.0
佛吉亚(长春)排气系统公司	174 811	24.9
中粮生化能源(榆树)有限公司	168 444	4.6
吉林华正牧业开发股份有限公司	167 333	79.9
吉林森工集团	157 849	0.7
长春轨道客车装备有限公司	144 567	97.3
福耀集团长春有限公司	118 941	12.6
吉林德大有限公司	114 976	-44.8
长春海拉车灯有限公司	86 001	-30.2
长春百事可乐饮料有限公司	75 524	37.5
修正药业集团长春高新制药有限公司	68 163	6.5
启明信息股份有限公司	66 384	89.3
吉林省吴太感康制药有限公司	49 246	-8.2
长春发电设备有限公司	37 079	-52.9
长春生物制品研究所	32 209	1.9
长春汽车改装有限责任公司	29 385	-47.3
长春长客－庞巴迪轨道车辆有限公司	26 027	-26.3
长铃集团	15 466	52.0

重点产品　2011 年,长春市 28 种工业重点产品中,有 11 种产品产量比 2010 年实现增长,其中,动车组、普通铁路客车、CC 轿车等 3 种产品实现了 100%以上的增长,分别达 224%、109%和 107%。有 17 种产品产量下降,其中,鸡肉、拖拉机、轻型货车、油漆、重型货车、数控机床等 7 种产品产量下降幅度较大,分别下降 49%、43%、42%、37%、36%和 33%。

2011 年长春市工业 30 种重点产品产量统计表

序号	产品名称	计量单位	年产量	同 2010 年比 ± %
1	中重型货车	辆	193 586	-30
	其中：重型货车	辆	152 035	-36
	中型货车	辆	41 551	5

续表

序号	产品名称	计量单位	年产量	同2010年比±%
2	轿　　车	辆	1 250 172	8
	其中：奔腾轿车	辆	110 674	-18
	捷达轿车	辆	207 770	-9
	奥迪轿车	辆	199 780	13
	睿翼轿车	辆	31 173	-24
	速腾轿车	辆	126 617	12
	迈腾轿车	辆	87 316	10
	新宝来轿车	辆	200 692	15
	马自达轿车	辆	90 523	-6
	高尔夫轿车	辆	99 691	69
	CC	辆	37 160	107
3	大中型客车	辆	3 916	-13
4	轻型货车	辆	49 742	-42
5	改装车	辆	21 274	-28
	其中：汽车改装	辆	3 177	-38
	一汽改装车	辆	16 217	-25
6	拖拉机	辆	4 086	-43
7	铁路客车	辆	2 211	67
	其中：普通铁路客车	辆	163	109
	动车组	辆	856	224
	城轨客车	辆	1 192	22
8	锦湖轮胎	万套	385	-5
9	汽车油箱	只	272 572	-7
	其中：考泰斯公司	只	233 626	-5
	汽车油箱公司	只	38 946	-18
10	汽车离合器	万套	186.9	-11
11	汽车安全玻璃	万平方米	631.9	7
	其中：福耀集团	万平方米	604.7	9
	皮尔金顿	万平方米	27	-26
12	汽车座椅	台份	209 613	-9
13	畜肉产品	吨	616 418	-6
	其中：九台金锣	吨	125 812	-21
	榆树四海	吨	19 177	-25
	农安华正	吨	61 843	2
14	牛肉(皓月)	吨	133 101	6
15	鸡肉及制品(德大)			
	其中：鸡肉	吨	56 063	-49
	饲料	吨	70 371	-75
16	饮料	吨	547 873	22
	其中：百事可乐	吨	363 317	23
	可口可乐	吨	184 556	20
17	啤酒	千升	383 903	6
	其中：农安	千升	216 962	5
	双阳	千升	120 723	16
	榆树	千升	30 737	2

续表

序号	产品名称	计量单位	年产量	同2010年比±%
18	彩电	万台	325 757	50
19	淀粉及制品(大成)			
	其中：玉米淀粉	吨	2 200 000	-8
	淀粉糖	吨	2 750 000	7
	变性淀粉	吨	110 000	-8
	赖氨酸	吨	595 837	-16
	蛋白粉	吨	105 600	-12
	玉米油	吨	183 337	91
	饲料	吨	458 337	19
20	煤炭	吨	3 279 290	8
	其中：羊草集团	吨	1 095 717	-3
	双顶山	吨	447 588	1
	营城矿业	吨	937 416	23
21	数控机床	台	35	-33
22	变压器	台	391	3
23	油漆	吨	5 632	-37
24	卷烟	万箱	34.4	8
25	棉纱	吨	4 800	-6
26	亚泰水泥	万吨	1 646.6	-18
27	汽柴油	吨	300 022	-5
	其中：汽油	吨	150 698	-4
	柴油	吨	149 324	-5
28	发电量	万千瓦时	2 218 656	30
	二热电公司	万千瓦时	189 282	7
	热电发展公司	万千瓦时	268 459	0
	龙华热电公司	万千瓦时	552 754	-2

特色产业园区 2011年，按照《吉林省特色园区管理办法》要求，全市以加快经济发展方式转变为主线，以加快新型工业化进程为目标，推动特色产业园区加快建设步伐，全市特色产业园区规模、质量不断提升。长春轨道交通装备产业园、九台农机装备制造产业园区、经开装备制造园区、德惠休闲食品工业园区等4个特色园区被纳入省规划管理，使全市纳入省级规划管理的特色园区达到13个。长春汽车产业园区、长春生物产业园区、经开装备制造园区、绿园西新汽车零部件配套产业园、皓月国际皮革工业园、宇平旅游纪念品产业园等6个特色工业园区，争取到省工信厅特色工业园区专项资金975万元，比2010年增加了495万元。全市重点推进的特色工业园区26个，其中，省级园区2个，省规划管理的园区13个，市级授牌园区7个（省规划管理园区和市级授牌园区有交叉），其他重点园区9个。

2011年长春特色产业园区统计表

序号	园区名称	备注
1	长春汽车产业园区	省级园区、市级授牌园区
2	长春生物产业园区	省级园区、市级授牌园区
3	长春专用车产业园区	省规划管理园区、市级授牌园区
4	中科院长春光电子产业园区	省规划管理园区
5	温馨鸟服装工业园区	省规划管理园区
6	长春旭阳汽车内饰件工业园区	省规划管理园区
7	启明软件园	省规划管理园区

续表

序号	园区名称	备注
8	长春文化印刷产业园区	省规划管理园区
9	吉林省梅花鹿产业园区	省规划管理园区
10	德惠玉米食品工业园区	省规划管理园区
11	皓月国际皮革工业园	省规划管理园区
12	长春轨道交通装备产业园	省规划管理园区、市级授牌园区
13	九台农机装备制造产业园区	省规划管理园区、市级授牌园区
14	经开装备制造园区	省规划管理园区
15	德惠休闲食品工业园区	省规划管理园区
16	净月光电信息产业园	市级授牌园区
17	兵装新能源产业园	市级授牌园区
18	朝阳汽车与零部件配套产业园	其他重点园区
19	知和国际动漫产业园	其他重点园区
20	宇平旅游纪念品产业园	其他重点园区
21	东北亚文化创意科技园	其他重点园区
22	吉林动漫游戏原创产业园	其他重点园区
23	绿园西新汽车零部件配套产业园	其他重点园区
24	长春广东工业园	其他重点园区
25	榆树酒业产业基地	其他重点园区
26	长春国家光电子产业基地	其他重点园区

工业投资 2011年,全年完成工业固定资产投资1 118.1亿元,按可比口径净增236.7亿元,比2010年增长26.9%,占全社会固定资产投资比重达到46%,全面完成市政府下达的指标任务。1.项目建设步伐加快,工业投资高速增长。2011年,全市共落实3 000万元以上工业项目1 050项,比2010年增加171项,项目总投资4 047.6亿元,当年计划投资1 374.5亿元。其中,新开工项目488项,项目总投资1 958.3亿元,当年计划投资787.8亿元;续建项目562项,项目总投资2 089.3亿元,当年计划投资586.7亿元。1 050个工业项目中,超百亿元项目8项,超50亿元项目15项,超10亿元项目85项。工业投资增速在全国15个副省级城市中居第4位。2.重点工程实现突破,重大项目进展顺利。全年重点推进的100个重大工业项目,项目总投资1 837亿元。当年计划投资405亿元,占全年工业投资任务目标1 115亿元的36.3%。总投资120.5亿元的一汽集团轴齿制造中心工业园项目、总投资120亿元的兵装集团天威新能源产业园项目、总投资120亿元的大成百万吨化工醇工程项目、总投资100亿元的中航集团长春航空科技产业园项目、总投资41.5亿元的一汽丰越20万辆轿车项目等重点项目进展顺利。全年100个重大工业项目中有65个项目建成或部分建成投产。3.新兴产业快速崛起,产业结构不断优化。全年共落实“五大”战略性新兴产业项目305项,项目总投资1 933.1亿元,2011年计划投资587.6亿元,项目数量、总投资和年度计划投资分别占1 050个项目的29%、47.8%和42.8%。全年战略性新兴产业完成投资455亿元,比2010年增长53.3%,高于全社会固定资产投资23个百分点。4.积极争取专项支持,加强项目资金保障。长春国家光电子产业基地工程技术中心有限公司光电信息产品系列模组公共服务平台、启明信息技术股份有限公司光电测控仪器设备产业化技术改造等57个项目,列入国家和省专项资金计划,共获得国家专项资金9 259万元。

技术创新 2011年,全面实施“创新驱动”发展战略,以技术中心建设和产学研合作为重点,以“五个一批”技术创新工程项目为依托,形成了一批核心技术和拥有自主知识产权的新产品,促进工业经济又好又快发展。1.新产品。全市工业完成新产品产值3 214亿元,比2010年增长23.1%。长春市完成新产品产值位居全省第一,占全省的77.2%。新产品产值率达45.9%。2.企业自主创新。围绕三大优势产业和五大战略性新兴产业,组织实施了长春市“四个技术创新工程”计划。该计划共计152项,技术开发投入24.9亿元,项目完成后可实现销售收入374.1亿元,利税54.7亿元,工业企业自主创新能力将得到明显提升。3.产学研合作。吉大生物医药产业化促进平台、中科院长春分院新兴产业科技成果产业化服务平台、光机所光电信息产业服务平台、长春理工机电光电信息产品检测公共平台等9个公共技术服务平台,累计完成投资4 164万元,进行了平台基础设施改造、建设相关实验室及购买配套试验仪器,转化了微生物发酵工程药物-细胞因子等40项科技成果,开展了重型车轮胎异常磨损试验分析与轮胎静特性试验台改造等35项技术服务。4.企业技术中心建设。2011年,全市新认定省级企业技术中心6户，省级以上企业技术中心总数达68户，其中，国家级4户，省级64户，企业技术中心数量在全国15个副省级城市中排名第11位。拥有全部发明专利715项，国际发明专利71项，科技活动经费支出额达到67.1亿元。5.驰名和著名商标。全市有鸿达、广泽等6件商标获得了中国驰名商标称号，全市拥有中国驰名商标23件，吉林省著名商标117件。

节能与减排 2011年全市规模以上工业企业综合能源消费量1 105万吨标煤，全年单位工业增加值能耗比2010年下降了5.73%，较好地完成了省政府下达的节能目标。长春市文教锅炉厂等17户企业节能节水和资源综合利用项目，得到省1 440万元财政资金支持；全市推荐和认定了综合利用粉煤灰9万吨，炉渣3万吨，再生水200万吨，废漆渣7 000吨，废矿山车胎9 000条，年减免税300余万元的6个资源综合利用认定项目。全年共对45户用能企业和单位进行节能监察，对15户工业企业进行能源审计，并提出技能指导建议115条、整改措施102条。

淘汰落后产能 2011年，长春市积极推动全市淘汰落后产能工作。全市共申报关闭落后小企业4户，分别是长春市双阳区银峰矿业有限公司、长春市衡旺白云灰厂、吉林省隆泰矿业有限公司和长春银龙纺织集团兴业印染有限公司，涉及关闭白灰产能23.5万吨、印染产能1 200万米，上述4户企业已被列入2012年关闭计划。加强对焦化行业企业监督，市工信局对长春燃气股份有限公司东效制气厂进行现场审查，针对企业焦炉除尘设备不完善的情况，提出整改意见，促进企业积极进行整改，投资3 500万元建设焦炉地面除尘站一座，将于2012年4月底前完工。

（李　义）

交通设备制造业

【中国第一汽车集团公司】 2011年，中国第一汽车集团公司(以下简称“一汽”)整车销售260.14万辆；销售收入3 685.3亿元，实现利润330.4亿元；实现利税630.5亿元。全年进口各种整车105 250辆，进口金额4.19亿美元。出口整车10 913辆，比2010年增长9.3%；出口金额2亿美元，比2010年增长41.71%。2011年一汽进入预算项目170项，投资规模1 404亿元，年度预算307亿元，实际完成232亿元。2011年，一汽列美国《财富》杂志世界500强第197位，列中国机械500强第3位。被中国机械工业联合会授予“装备中国功勋企业”称号；被国务院授予“全国文明单位”称号；连续第5年被中共中央、国务院授予“全国先进基层党组织”称号。董事长、党委书记徐建一荣获CCTV中国经济年度人物“自主创新奖”、中国机械工业联合会“装备中国功勋企业家”称号。

2011年中国第一汽车集团公司主要经济指标统计表

项 目	计量单位	2010年	2011年	比2010年增长(%)
资产总额	亿元	1 725.5	2 142.1	24.1
所有者权益	亿元	697.4	1 077.9	54.6
营业收入	亿元	2 930.4	3 673.0	25.3
利润总额	亿元	309.6	330.4	6.7
净利润	亿元	249.0	265.1	6.5
归属于母公司所有者的净利润	亿元	143.9	148.5	3.2
技术开发投入	亿元	58.2	66.0	13.4
利税总额	亿元	571.9	630.5	10.2
应交税金总额	亿元	404.7	479.2	18.4
全员劳动生产率	万元/人·年	74.6	78.7	5.5
净资产收益率	%	36.27	22.66	-13.61
总资产报酬率	%	20.71	17.32	-3.39
国有资产保值增值率	%	139.85	125.90	-13.95

经营管理 2011年，一汽生产体系以生产计划为抓手，注重挖潜增能，转变生产管理工作模式。生产计划大纲完成率达99.24%。全年整车发运244.37万辆，完成计划的97.84%。持续开展丰田生产方式(TPS)推进工作，全年实现改善22.97万项，比2010年增长83.31%；人均改善数量增长110%。设备故障停台时间比2010年减少17.8%。1.大力实施节能管理。2011年万元产值综合能耗(可比价)比2005年下降49.52%，万元增加值综合能耗(可比价)下降53.22%；全年组织完成节能改造项目106项，投资7 000万元，比2010年增加45.6%；吉林省质量技术监督局对能源计量和能源消耗量化达标复查，一汽获得全省最高分96分。全年以污染减排，化学需氧量和二氧化硫排放量实现双下降。安全管理实现零死亡、零重伤的突破，实现重大事故隐患整改率100%、特种作业人员持证上岗率100%的工作目标，被确定为机械行业2个安全生产标准化典型示范企业之一。2.推进员工素质提升工程。制定《集团公司2011年员工素质提升工程实施意见》，全面开展分级分类培

训。制定下发《培训管理评价细则》、《教育经费管理规定》，加强培训体系建设，全年开展各级经理人员培训 9 700 人次；职能部员工和项目管理人员分层轮训 9 062 人次；专业技术人员培训 1.3 万人次；生产操作人员培训 12.58 万人次；新入职大学生培训和管理培训生培训 1 600 人次。3. 深化专家人才队伍建设。加强专家人才聘期考核，阶段性完成重点项目工作 1 920 项，完善标准制度 280 余个，提出合理化建议 800 余条，撰写论文 700 余篇，培训培养后备骨干 700 余人次。组织优秀专家人才推荐工作，推荐吉林省管高级专家 25 人、长春市第 9 批优秀青年大学毕业生 4 人、第十二届中国青年科技奖候选人 1 人、吉林省留学人员科技创新项目资助经费申请 1 人、长春市第 5 批有突出贡献专家 15 人。制定《职能系统人才队伍建设指导意见》；形成《人力资源系统人才队伍建设方案》。4.推进职位资格体系建设。组建职位资格体系前期导入筹备组，形成《职位体系、资格体系和配套体系框架》方案草稿，初步制订各职位层级的资格标准、研讨了评价方式、职位晋升及薪酬晋级等体系操作细节，完成咨询公司的选择和技术方案的确定。5.加强薪酬管理。完善高级经理绩效年薪分配办法，修订《高级经理业绩考核结果运用实施细则》、《绩效年薪基数计算办法》。建立职能工资与绩效考评结果挂钩的分配制度。启动薪酬分配制度改善研究，形成各单位年度工资总额管控方案并进行实时跟踪。进一步强化职工福利性支出及劳务派遣人员费用管理。6.深化绩效管理。出台《关键绩效指标评价细则》和《全员绩效管理指导意见》，开展对集团公司班子成员、职能部及子公司绩效指标的制定、分解、考核、评价，推进了全员绩效管理；制定并实施了高级经理、二级经理、高级专家和专家绩效指标考核；进行了一般员工绩效管理工作试点。7.推进信息化建设。从建立基础资源数据库开始，重新定位驾驶舱管理功能，推动产品生命周期管理流程在“A 级车项目”上的运行。监控集团和子公司部分在线经营数据和 23 个集团重大风险管理状态，完成

Oley(欧朗)轿车发布会现场

系统原型设计和数据源确认及数据抽取周期，年底正式上线运行。在 ERP 项目上，完成夏利公司 28.5%、吉林汽车公司 70%的项目进度；完成解放青岛汽车公司、锡柴厂的项目验收和车桥项目的计划修订。在 CAPP 项目上，完成大连客车公司 54%、无锡客车公司 99%的项目进度；完成解放发动机分公司项目的上线运行。为加强统一的数据源管理，启动集团数据中心机房建设。

重大创新 1.整车产品开发。在商用车方面，开发了 J6P 6×4 轻量化牵引车、J6vP 自卸车改进型、J5M 8×4 国Ⅳ自卸车、长头国Ⅳ牵引车、J6 系列消防车底盘、J6M 平板运输车、J6M 车载旋挖钻机等新车型，投放了 8.6 米、10 米团体客车和城市消防车；推出了坤程皮卡。在乘用车方面，投放了奔腾 B70 年型车、奔腾 B50 天窗版、奔腾 B50 年型车；威志局部改进车、夏利 N3 局部改进车、R008、V80、V70 周年版、V52 加强版、V52 大马力实用型等产品已进入生产准备。2.核心总成及关键技术。电控单体泵发动机、新道依茨发动机、10TA 和 12TA 变速箱、轻量化小速比后桥、单层车架、少片簧等自有核心技术、核心总成产品，被广泛应用于解放整车；CA3GA1、CA4GA1T1 发动机点火成功，CA6DN1 发动机、换代轻型车用 4DD1 发动机、CA8GV 增压发动机、6T123 换代变速器、超级重型贯通桥等重点项目有序推进；围绕节能环保、安全舒适、可靠耐久、电子智能和工艺材料五大领域以及汽车电子技术和新能源技术开展的技术研究，取得新进展。3.生产制造技术。全面启动“十二五”规划的 56 个制造技术专题。2011 年制造技术创新项目 157 项，结题 90 项。开展了对解放公司、轿车公司、吉林汽车公司、客车公司、铸造公司、夏利公司、富维公司等 7 家子公司 16 个单位的工艺管理评审及整改跟踪评价。推进技术改进 1 081 项，推进管理改善 131 项，整改率 100%。“U 型杆输送系统开发”、“汽车涂装车间监控及故障诊断系统开发”、“轿车涂装线设备标准化和模块化设计”、“双轨悬挂旋转输送机”、“汽车涂装烘干生产线废气焚烧供热系统开发”等成果，已经应用于新基地建设，提高了一汽核心装备水平。

改革发展 一汽深化企业改革，主业重组、集团改制取得重大进展。6 月 28 日，注册成立“中国第一汽车股份有限公司”。中国第一汽车集团公司注入资产，持股比例为 99.6154%；一汽资产经营管理有限公司持股比例为 0.3846%。加强

对海外及衍生业务管理。组建成立一汽海外事业部,统一管理海外业务。衍生业务加快发展,成立了汽车金融公司,筹建鑫安汽车保险股份有限公司;财务公司的汽车金融、集团金融、证券业务、保险经纪四大业务全面发展,年内利润超过7亿元。物流规划有序实施,东山物流、轴齿中心园区物流、大岭物流园区项目进入建设阶段。

海外基地建设 按照"布大局、谋长远、建基地"战略构想,海外基地建设取得重大进展。1.建立驻印度机构。7月,成立一汽进出口公司驻印度办事处。办事处位于印度古捷拉特邦(Gujarat)库驰地区(kutch)普捷市(Bhuj)。2.中重卡车基地项目。巴基斯坦重卡项目。在巴基斯坦建成单班年产1 500辆CKD解放重卡工厂并投入运营,解放卡车第一次实现海外建厂,当地销量超过日本品牌和其他中国品牌,连续2年位居第一;俄罗斯商用车项目。成立集团级项目组,组织规划部、解放公司、技术中心、九院、生产部、进出口公司、财控部等单位协同推进嘎斯(GAZ)项目进展;完成投资股比、投资形式、合资产品、市场单位以及工艺设计、组织机构、公司章程等项准备工作;双方拟按50∶50比例、初步投资100万美元生产中重卡车,年生产0.5万辆,面向俄罗斯市场投放,并将正式签署合资合同,由一汽解放公司负责该项目的对口建设及运营;南非卡车项目。新成立的一汽非洲投资有限公司与中非发展基金以55∶45的投资股比,在南非建设年产0.5万辆产能的中重卡车生产厂,双方批准投资8 000万美元,基地选在曼德拉市库哈(COEGA)开发区;已完成预可行性研究,由一汽青岛汽车分公司牵头组建项目组,年内正在细化优化投资建设方案;伊朗中重卡车项目。全面展开品牌与网络推广、服务站筛选、服务技师培训等前期工作,全年首批100辆CKD组装车投入生产。3.乘用车基地项目。在埃塞俄比亚,夏利N5轿车组装出厂,一汽首次实现轿车在海外散件组装。与伊朗工业发展及革新组织(IDRO)签定联合开发、本地化CKD生产备忘录;利用一汽轿车平台开发并生产联合品牌轿车,合资建设年产15万辆以上能力的工厂及研发中心;已完成实车测试、产品选型、前期商务谈判。在独联体,完成俄罗斯、乌克兰市场调研和实车测试、产品适应性改进调研、合作伙伴筛选及初步接触、乌克兰前期市场开发和产品导入计划。在巴西,完成前期市场调研和奔腾B50、威志、威志V2预排放试验。在南非,启动森雅、威志V2等产品右置开发。4.轻微客车基地项目。在乌克兰,轻卡组装项目恢复生产。在哈萨克斯坦,轻卡组装开始批量生产。在墨西哥,优化SKD当地接货、索赔流程;引进赛虎轻卡和新款微卡,完成样车路试。在巴基斯坦,启动轻卡小批量当地组装。在越南,与GMC(解放汽车股份公司)合作CKD生产新型加长微卡;客车公司为越南五一厂专门设计的CA6110D84-3客车底盘已交付客户。

党建工作 1.开展重点项目攻关活动。2011年,一汽紧密围绕"三年两改观"和"十二五"重点任务,确立重点攻关项目8类38项,发动基层党组织和广大党员大力开展重点项目攻关活动。各基层单位确立攻关项目2 289项,各基层党组织和党员先后确定绩效目标56 248项,承诺立项33 642项,完成急难险重任务1 077件,完成改进改善项目12 743项,提合理化建议54 551条。2.基层党组织建设。努力构建基层党组织创先争优、保持先进性的长效机制。严格按标准开展了集中换届改选,对符合换届条件的单位加强了指导监督。指导基层在"三会一课"制度上创新形式、拓展内容。以"把党员教育培养成能人,把能人教育培养成党员"为手段,全年集中培训党员29 605人次。以纪念建党90周年为契机,广泛开展一汽共产党员风采展示活动。大力开展"提能力、强服务、促发展"和"百个职能部门下基层"活动,共征求意见5 752条,梳理问题3 818条,制定措施2 688条;建立帮扶联系点630个,解决实际问题722个,结对帮扶困难职工1 925人、困难党员653人。3.人才资源配置。完善二级经理TAS测评技术。实施高级经理后备队伍114人。全年干部考核覆盖率达到95.8%,配合中央巡视组完成高级经理谈话338人。优化干部资源配置,组织实施高级经理内部公开竞争上岗。对铸造技术类、生产质量类、共青团类、党群类等4类12个高级经理职位(资格)实施公开选拔招聘,应聘报名174人,进入面试环节86人。组织实施高级经理交流调配7次,其中交流34人、提职8人、新提拔1人;实施高级经理助理选拔8次,提拔19人。4.反腐倡廉。各级纪检监察组织扎实推进"担双责、践双诺、争双优"主题实践活动,践行经营管理目标和廉洁从业两项承诺。全年效能监察立项85项,挽回和避免经济损失472万元,节约资金1.8亿元,直接增加经济效益2 466万元,建立完善管理制度309个。以查办阻碍和影响自主投资项目实施的失职渎职案件、私设"小金库"、违反廉洁从业规定以及侵害企业和职工利益的案件为重点,共受理信访64件,处理违纪违法人员17人,其中经理人员9人,挽回经济损失616万元。5.企业形象传播。开展一汽品牌故事征集活动,增强了品牌形象的影响力和品牌文化的感染力。以创先争优活动为契机,在《求是》、《党建》杂志发表署名文章;在中央电视台《红旗飘飘》等多个栏目播发李骏研发团队的事迹。人民日报、新华社、经济日报、中央电视台等中央主流媒体,围绕一汽"双发展"宣传主题进行联合采访和深度报道,提升了一汽的企业形象和品牌形象。6.员工利益维护。一汽各级党政工团关注和解决事关员工切身利益的重大问题,职工代表向职代会、战略研讨会提交提案150件,均得到及时解决和反馈。集团公司领导班子成员和高级经理与困难职工结对子,在物资、技能等方面给予直接帮扶。各级工会组织以"进百家、访千户"为主题,走访困难职工1 124户,送去慰问金、慰问品折合人民币187万元。开展"金秋助学"和"温暖母亲"活动,为特困职工子女发放助学金19万元。继续实施廉租住房分配工作,114名困难员工入住廉租房。

履行社会责任 一汽坚持践行企业公民理念,认真履行社会责任,以务实行动回馈社会。继续推进一汽"333爱心助学”系列活动，首批“333爱心助学班”毕业生已经入职一汽－大众成都分公司。全年在支援西藏、投资教育、扶贫济困等方面捐赠2 594万元，其中由一汽对口扶贫的吉林省“镇赉解放社区”一期工程已经竣工，80户农民喜迁新居。向吉林大学、哈尔滨工业大学捐赠整车、发动机和变速箱等设备，用于高校教学与科研。大力开发低碳节能技术，在第十四届上海车展上发布“蓝途战略”。一汽统战人士积极参加“同心献智”活动，通过各种形式，为服务社会作出贡献。

（杜 克）

【长春轨道客车股份有限公司】 2011年，长春轨道客车股份有限公司（以下简称长客股份公司）员工总数13 677人。其中，具有高级专业技术职称503人，中级专业技术职称892人；高级工人技师98人，技师381人。公司设立直属机构26个（其中职能部室13个），二级机构122个。长客股份公司固定资产原值51.65亿元、净值39.68亿元；设备总数为10 157台（套）。生产用地109.71万平方米。全年营业收入233.89亿元、净利润12.29亿元。2011年公司被评为“全国文明单位”、“国家技术创新示范企业”、“全国优秀博士后科研工作站”、“国家安全文化建设示范企业”、“资源节约型环境友好型企业创建试点企业”、“国家级培训先进单位”等称号。高级工人技师李万君获“全国五一劳动奖章”和“中华技能大奖”，总经理卢西伟获得“全心全意依靠职工办好企事业最佳经营管理者”和“吉林省五一劳动奖章”，董事长、党委书记董晓峰获得“2011年度长春市有突出贡献企业家”荣誉称号。

改革改制 深入优化公司矩阵式管控体系，2011年发布机构调整文件14份。完善高速动车组制造中心、动车组检修中心机构设置；增设城铁客车业务部售后服务部下属机构；调整信息化部下属机构；设立符合精益物料配送模式的转向架制造中心生产部物流工部；根据生产经营需要，对分公司物资采购、公司环境监管等职责进行调整。

企业管理 从制度层面规范企业管理，持续推动流程建设工作。公司建设有效版本流程802项、规范517项和办法238项。开展精益改善项目31个，单位自主开展5S、TPM、标准化操作等各类精益改善项目122项，完成新一代高速动车组制造系统的首轮改善。在城铁车辆项目上实现由“现场改善”向“流程改善”、“研发改善”、“供应链改善”的转变。强化财务管理，全年审减预算总额2.5亿元；采取开具银行承兑汇票、外币融资等降低融资成本方式全年节省支出1亿多元；开展税务筹划工作，实际增值税减少0.86%，实现进口免税3亿元，完成出口退税额1亿多元；强化经营分析工作，建立“财务分析制度”，成本费用控制能力和财务管控能力进一步提高。信息化建设稳步推进，在SAP系统应用支持、技术信息化系统实施、办公自动化系统应用、企业内外部网站建立、计算机网络基础设施建设以及档案业务管理等方面取得了显著的成绩。安全环保成效突出，继续保持“零死亡、无重伤”纪录，安全生产事故降至历史最低点，工业“三废”排放达标率均为100%。

生产发展情况 铁路客车系统坚持科学管理，高质量地完成了827辆高速动车。城铁车系统完成923辆。转向架系统进一步强化计划执行和调度指挥，完成5 398个转向架。动车组检修系统在北京、长春两大场地，共完成CRH5型动车组三、四级修256辆。冲压件分公司从精益管理上寻求突破点，实现了生产计划兑现率100%、零部件产品交检合格率100%的“双百”目标。内饰件分公司全面完成了27个项目的配套任务。生产指挥系统通过超前预测、统筹资源、科学排产、精准计划等手段使计划兑现率达到98.6%。采购物流系统提高采购件质量和物资配套率，完成了各项物资供应任务。

新产品新技术自主开发 产品研发本着“生产一代、开发一代、储备一代”的指导思想，通过技术攻关与创新、深度国产化，完善了CRH5型动车组技术平台，确保在线动车组的安全运营；开发出了CRH380BL、CRH380B、CRH380CL动车组并完成技术整改工作。开发了伊朗单双层客车、巴基斯坦铁路客车、巴西EMU客车等产品车型，基本完成了城际动车组的设计工作。针对城铁市场需求，开发设计了A型不锈钢宽轨巴西1A地铁车，以北京地铁6号线项目为依托搭建完成了B型不锈钢车产品平台，以哈尔滨地铁车辆为依托搭建了B型铝合金车产品平台。单轨车产品在车体、牵引、制动、网络、转向架重要部件等研发上，完全实现国产化。规划并完善了公司转向架六大系列产品平台。在基础研发上，重点围绕“突破核心技术”，在国家工程实验室开展了“两个中心、十个技术平台”建设。规范了SAP系统数据，逐步解决了标准物料申请一物多码问题，并初步建立了原材料和采购件的数据库。科技管理全年共投入技术开发费4.43亿元，实现技术开发100多项，申请专利184项。全年获得国家以及地方专项经费支持1.2亿元。“高速轮轨铁路引进、消化吸收与创新项目”和“高速列车研发平台建设项目”通过验收。同时完成了国家级企业技术中心评估以及高新技术企业复审等工作。

技术引进消化吸收和国产化工作 在消化吸收技术引进成果的基础上开展创新，搭建了以CRH3动车组为基础的300公里～350公里/时速动车组技术平台和以CRH5动车组为基础的200公里～250公里/时速动车组技术平台。高压系统、牵引系统、辅助系统、制动系统、内装、空调等关键系统掌控能力得到提高，形成了车体、转向架、网络控制系统三大核心技术的研发能力，具备了高速动车组系统集成能力。公司的设计平台、制造平台、管理平台得到了质的提升，并取得了相应的专利、制定了行业与企业技术标准，形成了专有技术等自主知识产权成果。建立了铝合金车体设计制造平台，掌握了铝合金车体静强度、模态、焊接结构整体疲劳强度分析计算技术，具备了车体静强度、气密强度、模态研究性试验和型式试验能力。优化了铝合金车体制造的工业化布局及制造工艺，开发了搅拌摩擦焊工艺技术，全面提升铝合金车体设计水平、制造质量与效率。建立了转向架设计平台，实现了与ANSYS

CRH380BL 动车组作为京沪线开通的首发车 G1 次车驰骋京沪线

等软件的接口及数据传输，掌握了转向架动力学性能仿真分析技术，借助国家工程实验室试验平台，掌握了试验研究技术，具备了转向架的自主创新能力。在研究 CRH5 和 CRH3 动车组网络控制系统的基础上，建立了基于TCN 标准的列车网络控制系统研发平台，结合消化吸收成果，制订了CRH380CL 动车组接口规范及列车控制逻辑，开发了全新的 CRH380CL 动车组网络控制系统。通过动车组及城市轨道车辆列车网络控制系统的开发及应用，公司具备了动车组及城市轨道车辆列车网络控制系统系统集成及开发能力。

市场营销 在国内铁路客车市场上，完成 CRH5 型动车组第四单的签约，签约额 38.7 亿元。完善配件销售公司的管理体制，全年实现配件签约 5.08 亿元。在国内城铁车市场上，取得了北京地铁 5 号线增购、重庆 2 号线、3 号线延长线、北京 14 号线 A 包共计 4 个项目。再加上 2010 年中标 2011 年签约的北京 6 号线、哈尔滨地铁 1 号线两个项目，全年共中标及签约 6 个项目 1 160 辆车，总金额 78.76 亿元，并实现配件销售 3.29 亿元。在国际市场上，共取得 4 个项目 326 辆车订单，加上备件、售后维护及培训等合同金额，共实现出口签约 4.6 亿美元。2011 年，公司在三大市场上总计中标及签约 1 726 辆车，总金额达 155 亿元。

优化人才结构 坚持引进与培养并重、竞赛和评选结合。在人才引进上坚持高起点，将重点大学和具备大专以上学历的优秀毕业生作为招收新员工的标准，全年共招收 183 名高校毕业生，其中，博士生 3 名、硕士生 68 名、本科生 112 名。强化培训，按照“精心构造知识共享平台、持续提升员工技能水平”的方针，全年内部培训共开展 29 000 多人次，委外培训累计近 300 人次，用户培训 1 100 多人次。在中国北车第五届职业技能竞赛上，评出的 6 个全国技术能手中公司占 5 人，8 个中央企业技术能手中公司占 5 人，16 个北车技术能手中公司占 10 人。突出劳动立功竞赛作用，共有 9 300 余人次参加了各类竞赛活动，促进了职工技艺技能快速提高。

党群工作 公司党委不断探索工作思路，促进了党建工作与生产经营的有机融合。深入开展“创先争优”、“四强四优”、“双培”活动，激发基层党组织活力，提升党员素质。开展了“提质提能、再攀高峰”主题教育实践活动。围绕公司动车组召回，组织开展了“统一思想，坚定信心，高质量完成整改目标”教育活动。创新职工教育方式，开展了“讲述身边精细故事活动”。开展了“质量文化年”活动，营造了良好的质量文化氛围。加大形象文化建设力度，在中央、省、市各类媒体上发表宣传稿件 317 篇，中央电视台《新闻联播》、《经济半小时》、《焦点访谈》等重要栏目对公司进行了连续报道。开展了第四届职工岗位技能竞赛、技艺传承等特点鲜明、内容丰富的活动。以庆祝建党 90 周年为契机，组织举办了“攀高峰、创辉煌”百日消夏艺术节等文体活动，鼓舞了职工士气，增强了职工队伍战斗力和凝聚力。

（姜　辉）

农产品加工业

【概况】 2011 年，是“十二五”规划开局之年，也是市委、市政府提出把农产品加工业打造成“千亿级”产业最后一年。为了如期实现“千亿级的跨越”，长春市紧紧围绕“打造千亿级第二大支柱产业”战略，以推进重点项目建设为载体，积极加大产业服务力度，坚持实施投资拉动、项目领跑、品牌带动战略，全力推进玉米加工、肉牛加工、生猪屠宰加工等十大加工体系建设，切实帮重点项目建设单位和重点企业解决实际困难，实现了“千亿级的跃升”。2011 年农产品加工业实现产值 1 020 亿元，比 2010 年增长 25.9%，超额完成了市委、市政府提出打造“千亿级”产业的宏伟目标。农产品加工业正式成为长春市继汽车业之后新增的又一个千亿级产业。

【重点企业】 亚洲第一、世界第二的玉米深加工企业大成集团，中国肉牛加工业龙头、占全国市场出口份额过半的皓月集团成为长春市农产品加工业提供了强劲的推动力。2011 年，长春市农产品加工业重点企业增速加快，其中大成集团实现产值突破 400 亿元，比 2010 年增长 17.6%；皓月集团实现产值 135 亿元，比 2010 年增长45%；达利食品公司实现产值 11.1 亿元，比 2010 年增长 49.1%；鸿大牧业公司实现产值 6.8 亿元，比 2010 年增长 43.1%。

省领导到长春皓月集团调研

【重点项目】 2011年，随着全市重点项目建设推进力度的不断加大，长春市农产品加工业迎来了新一轮投资开发、项目建设的新高潮，实现了项目建设开工数量多、规模大、质量好的预期目标，重点建设项目实际开工数量、完成投资额均创历史最好水平，大成集团年加工225万吨玉米生产100万吨化工醇和100万吨差别化聚酯及配套项目，完成投资8亿元以上；山东泉林纸业有限公司200万吨秸秆造纸项目，完成投资4亿元。成为全市农产品加工业新的重要经济增长点。全年实际开工建设重点项目112个，完成投资236.3亿元，比2010年增长15.2%；其中超亿元开工项目45个，占全部开工项目40%。

【打造产业"航母"】 2011年，长春市积极强化经济运行监控和调度，重点打造十大产业"航母"，培育壮大龙头企业群体，其中大成、皓月、中粮等一大批龙头企业"筋骨强壮"，已成为拉动长春市农产品加工业实现又好、又快发展的重要载体。截至2011年，全市农产品加工业市级以上龙头企业总户数达到176户，比2010年增加44户，其中省级以上龙头企业总数72户，比2010年增加11户。176户市级以上龙头企业实现产值780亿元，占全市农产品加工业比重达74.2%。

（于长胜）

君子兰产业

【概况】 2011年，长春市君子兰产业在基地建设、市场开拓、举办展会等方面均取得新成绩。到2011年底，长春市君子兰生产基地已发展到20多个，君子兰占地面积近150公顷，拥有温室数量1 200多栋，温室面积近100公顷，养兰1.5亿多株，规模以上养兰户近3 000户。新建成吉林宏大兰地君子兰花卉产业园、红丹绮君子兰产业园、吉林省东郡君子兰产业基地等3个大规模园区。成功举办了第二届君子兰迎春花展、第七届中国长春君子兰节两大君子兰盛会。

【产业基地建设】 2011年是君子兰产业园区建设大发展的一年。吉林省宏大兰地有限责任公司投资1.4亿元，在农安县小合隆经济开发区兴建了吉林宏大兰地君子兰花卉产业园，该园区占地面积50公顷，已建成日光温室350栋，投入使用120栋；红丹绮有限责任公司投资8 000多万元，在绿园区合心镇新农家村兴建了红丹绮君子兰产业园，该园区占地面积27公顷，已建成标准日光温室60栋，投入使用60栋；吉林省东郡生态花卉养植有限公司在绿园区合心镇岳家村新建了吉林省东郡君子兰产业基地的二期项目，占地20公顷，建成100栋君子兰日光温室。新建的君子兰产业园区，注重同发展生态旅游、观光结合起来，建设集多功能于一身的产业园区，使君子兰基地由单一基地建设不断向多功能产业园区方向迈进。

【市场开发】 组织养兰户积极到外地参展参会。3月份，组织100多户养兰户

君子兰温室大棚

赴沈阳参加君子兰花卉展销会，实现销售额100多万元。5月份，又组织150多户养兰户去大连参加大连首届君子兰精品展，实现销售额近200万元。建设君子兰露天市场。经努力，在宽城区西一条建设了一个小型的露天市场，解决了长春市君子兰无露天市场的问题。

【长春市第二届君子兰迎春花展】 2011年1月29至2月7日，长春市举办第二届君子兰迎春花展，展会地点欧亚卖场10号共享大厅，展会历时十天，共有150户养兰户参展，总计观展人数突破30万人，现场成交额50余万元。这次君子兰迎春花展以“喜迎新春”为主题，延续了第一届迎春花展的风格，以扩大销售渠道，增添节日气氛，增加养兰户收益为目的，达到了预期的效果。

【第七届中国长春君子兰节】 3月18日至22日，长春市举办第七届中国长春君子兰节，展会地点长春君子兰花卉交易中心，展位500个，参展参会人数突破30万人次，现场交易额达到1 100万元，签约意向性金额3 000多万元。第七届君子兰节以“君子傲天下、兰香满春城”为主题，以“展示成果、推动交流、促进销售”为宗旨，坚持“精品、务实、和谐”的办展原则，共安排了“花卉展销、成果展览、产业论坛、名花评选、精品拍卖”五项内容。市人大副主任方曙光出席开幕式并宣布本届君子兰节开幕，副市长陈巳致辞对君子兰产业发展寄予殷切希望。哈尔滨市、沈阳市、大连市、大庆市、鞍山市、吉林市、四平市、松原市、辽源市等城市农业部门领导以及君子兰协会代表前来参会。

（项　微）

烟草业

【概况】 2011年，长春市烟草专卖局(公司)(以下简称市烟草专卖局)共有各类人员1 381人，长春市烟草专卖局(公司)内设15个职能部门；在榆树、农安、德惠、九台4县(市)各设1个局(分公司)；在二道区、南关区、朝阳区、宽城区、绿园区、双阳区、净月旅游开发区、高新技术产业开发区共设8个分局(营销部)、在市本级设有特业分局（营销部)；3个县级烟叶经营管理站，服务管理各类卷烟零售户29 820户，烟叶种植户1 602户。

【经济运行】 综合效益。全市实现卷烟销量285 700箱，比2010年增加8 491箱，增长3.06%，占全省卷烟销售总量的28.55%。实现两烟利税118 574万元，比2010年增加19 864万元，增长20.12%，超计划4.02%，占全省两烟利税的36.83%，其中，卷烟实现利税107 800万元，比2010年增加16 330万元，增长17.85%，占全省卷烟利税的33.24%；实现卷烟销售收入535 535万元，比2010年增加87 392万元，增长19.5%，占全省卷烟销售收入总额的36.78%。销售结构。卷烟单箱销售收入实现18 745元，比2010年增加2 578元，增长15.95%，比全省平均水平高4 193元。一、二类卷烟销量36 825箱，比2010年增加16 228箱，增长了78.79%，比重为12.89%，比2010年提高5.46个百分点，高于全省平均水平2.08个百分点。其中，一类烟销量20 639箱，比2010年增加5 568箱，增长36.95%，比重为7.22%，比2010年提高1.78个百分点；二类卷烟销量16 185箱，比2010年增长192.93%，比重为5.67%，比2010年提高3.68个百分点。一、二类卷烟销售收入为192 068万元，比2010年增加66 485万元，增长52.94%，占总销售收入的35.86%，比2010年提高7.84个百分点。

【物流配送】 以物流“无缝化”管理为目标，实行各环节各负其责、各时间点全程监控，使到货时间大幅提前，到货准确率大幅提升。根据品牌规格销量合理利用仓储区域，实行预出库和整件预打标，使出入库效率大幅度提高。对车辆管理实行“三公”制度，改卷烟破损事后处理为事先控制，改设备故障后维修为故障前保养，使费用损耗得到有效控制，从而使物流费用占收入比重、单箱物流费用和单箱管理费用三项指标始终保持行业领先水平。

【品牌培育】 市烟草专卖局(公司)以工商互动活动为载体，发挥专门机构作用，全年扎实开展市场调研、品牌推介等协同营销活动20余次，在品牌上规模、货源有保证上取得了实效。基层单位根据辖区实际情况，开展了一系列联手营销活动及品牌推广会、分析会，使骨干品牌市场占有率显著提升。吉林省烟草专卖局(公司)确定的12个重点品牌实现销量179 844箱，比2010年增加39 790箱，增长28.41%，占销售总量的62.95%，比2010年提高12.43个百分点。实现销售收入427 253万元，占总销售收入的79.78%，比2010年提高9.66个百分点。重点品牌成长规模和发展趋势也出现了新变化。一类烟中的黄鹤楼、云烟、玉溪和长白山品牌共销售8 970箱，占一类烟总销量的43.46%，比2010年提高5.04个百分点，打破了一类烟中中华、芙蓉王两家独大的格局，品牌过于集中和分散的矛盾得到了较好解决。同时，长白山、黄金叶、利群、黄鹤楼等二类烟品牌销量成倍增长，出现了多个品牌竞相发展的好趋势。

【网络建设】 网上订货。市烟草专卖局(公司)采取了超常规的工作措施，加强入户动员、加大培训措施、解决入网难题，使网上订货率达到了100%，提前一年完成了省烟草专卖局规定的目标，得到了省烟草专卖局的肯定。信息化建设。在切实加强网络环境建设，及时搞好已建项目维护完善的同时，完成了一号工程项目、新商盟系统项目、卷烟生产经营数据统计应用项目和一体化办公平台项目建设任务，对相关人员进行了业务培训，提升了信息化工作水平。

【现代烟草农业】 科技研发。与湖南中烟联合研发的“优质填充型山地烤烟生产技术研究”项目进展顺利。双方共同签订了《2011～2013年品牌导向型烟叶基地建设合作框架协议》。基地建设。按照国家局、省局关于开展烟叶基地单元建设的总体部署，以“一基四化”建设为重点，在柳河县和榆树市新建了3座现代烟草农业示范园区。同时，以示范园区为中心，积极开展土地流转工作，提高了烟区烤烟种植规模化程度。全区户均种烟面积达到34.4亩，比2010年增加7.68亩。全区有万亩乡1个、千亩村13个，并发展生产合作社3个、100亩以上的家庭农场54个、种植专业户1 527户。标准化管理。按照省局“制标、培训、宣贯、检查”的标准化要求，制定了《2011年烤烟标准化生产实施方案》，对相关人员进行了生产环节技术规程培训。全区实行了温室大棚集约育苗、双层施肥法、“三带”移栽和“三段式”烘烤技术，实行了机械化作业，有效提高了烟叶产量和质量。

【专卖管理】 专卖内管。从加强专卖基础管理入手，在进一步完善专管人员岗位规范的基础上，实现了由以层级监管、事后监管、集中检查发现解决问题为主，向以同级监管、日常监管、同步监管发现解决问题为主的转变，加大了内管监督力度，强化了基层单位规范经营意识。联合办案。依托四部门联合办案机制，破获了案值超百万的“1·10”、“4·24”、“6·15”网络案件，三起网络案件共抓捕7人，已判刑2人，正在审理2人。其中，“1·10”网络案件涉案金额（含上下线）累计超过千万元，主犯吴伟山获刑7年，被处罚金90万元，是2011年吉林省破获的最大一起网络案件。专项行动。2011年“两节”前后开展了旨在稳定卷烟市场秩序的专项行动，按照省局部署，4月份全面开展了“净土行动”查处无证无照及各类违规商户762家，实现了预期行动目标，有效保持了专卖打假高压态势。特别是通过对“净土行动”经验的提炼固化，将“四摸清”和“四统一”方法成功引入日常管理，有效提高了专卖监管水平。

【企业管理】 “两标”工作。在贯标工作上，通过在完善中执行，在执行中完善，基本达到了体系目标化、管理流程化、流程信息化、基础规范化、改进持续化的工作标准，顺利通过了国家局验收和第三方认证。在对标工作上，在完善对标指标体系、运行体系、考核体系基础上，不断地对照先进找差距，制定措施抓改进，有力提高了对标工作水平。省烟草专卖局公布的11项对标指标中，长春有7项名列前茅，2项接近全国先进水平。财务审计管理。市烟草专卖局以从严、从紧、从俭的原则，认真执行财务预算，严格控制费用支出，切实加强资产管理，使企业运行成本得到了有效控制。同时，高度重视同级审计和全面审计工作，建立健全了内部审计监督制度，并对物资采购、工程项目、宣传促销等专项资金进行了严格审计，切实发挥了审计工作的监督保证作用。“两项工作”机制。按照省烟草专卖局“两项工作”现场会要求，市烟草专卖局（公司）出台了《“两项工作”实施方案》和《办事公开民主管理工作实施办法》，编制了以“三重一大”和“三项工作”为重点的公开事项目录，形成了完整的运行架构和流程规范，切实保证了“两项工作”落到实处。法制管理。认真进行了“六五”普法工作准备，开展多种形式的法律法规宣传活动，进行了专卖行政处罚案卷自查和集中评查，全面开展了涉法事项审查工作，提高了企业依法行政、依法办事水平。

【队伍建设】 班子建设。发挥理论中心组的集中学习作用，促进了领导干部思想理论水平提高。坚持民主生活会制度，以“两项法规”贯彻执行为中心议题开展了自查自纠，组织副处以上党员领导干部形成自查自纠报告，认真开展批评和自我批评，增强了班子团结和战斗力。不断加强党风廉政建设，开展了廉政教育“五个一”活动和法规教育七项活动，进一步落实了党风廉政建设责任制。队伍建设。一方面强化了岗位技能培训。全年共举办培训班24个，培训员工2 000人次。营销系统突出了客户经理营销能力、服务能力培训。专卖系统突出了真假烟鉴别能力和文明执法能力培训，政工系统突出了信息报道人员摄影录像能力和宣传报道能力培训，同时，加强了绩效考核，发挥三级考评作用，按月对员工工作进行严格考评，根据考评结果认真兑现奖惩，切实提高员工工资待遇，充分调动员工的工作积极性。榆树烟草专卖局（公司）“抓三力，促三通，推进榆树‘卷烟上水平’”和“1234”创优工作经验，得到省烟草专卖局（公司）肯定并被推选为全国创优工作先进集体。

（庄政学）

医药业

【概况】 2011年，全市食品药品监管系统，深入贯彻落实国家和省食品药品监管管理局、长春市委、市政府的工作部署，大力加强食品药品监管，加快推动医药产业发展，深入开展创先争优活动，顺利完成年初部署的各项重点工作。

【医药产业】 以推动产业升级为中心，以产业化、规模化、国际化为重点，积极引进中国远大集团、安徽国药集团来长投资。承办第三届九省市医药行业协会联盟会议，进一步密切长春市企业与九省市医药企业间的交流与合作。稳步推进鸿达生物药业产业园一期中试楼等5个重点项目建设。促进药品企业兼并重组，促成了中国远大集团收购国奥药业，国药控股收购吉林省隆泰药业，长春生物制品所、祁健生物、一心药业加盟中国医药集团，百克制药与吉林华康合作成立长春百益制药有限公司。积极发展现代医药物流，吉林省永新现代医药物流配送中心、华润吉林医药有限公司、益和医药物流中心3个公司配送额累计达48.5亿元。面对原材料涨价、新版GMP实施等诸多因素，长春市医药产业仍保持良好的发展势头，全年医药工业总产值完成220亿元，比2010年增长20%。

【餐饮服务食品监管】 实现了“保平安”的工作目标。2011年，是市食品药品监管管理局履行餐饮服务食品安全监管工作第一年。市食品药品监管管理坚持“逐步完善监管体系，建立科学监管机制”的基本原则，加强执法队伍建设和制度建设，深入整治和规范餐饮服务市场秩序，经过一年的努力，全市结构合理的餐饮服务食品安全监管体系基本建立，制度建设取得积极进展，专项整治收到显著成效，日常监管工作步入正轨。重点开展了无证无照经营专项整治，全市餐饮服务企业持证经营率达90%以上，提高了15个百分点；餐饮服务从业人员持证上岗率动态达100%。集中开展违法添加非食用物质和滥用食品添加剂、地沟油等14个专项整治行动，查办各类案件6 612件，严厉打击了违法违规行为，餐饮服务食品安全突出问题得到有效解决。建章立制，各项规章制度、各种台账记录得到全面落实。全面实施分级准入、分级管理，量化分级管理率达90%以上。开展示范创建活动，创建市级示范街6条，示范店79个，形成了点、线、面相结合，全业态立体式发展的格局，较好地发挥了辐射和带动作用，全市餐饮服务行业整体水平明显提高，赢得了社会各界的肯定。

【药械安全监管】 实现了"上水平"的工作目标。为期2年的药品安全专项整治圆满完成。药品安全监管责任体系落实到位，联合打假、联合执法、联席会议等长效机制逐步建立，全市药品质量安全控制水平明显提高，企业安全责任意识显著增强，药品生产经营秩序显著好转，公众药品消费信心明显提升。严厉打击制售假劣药品行为。全年开展了非药品冒充药品、高风险药品生产等11个专项整治，突出问题有效解决。成功破获两起重大制售假药案件，公安机关批捕犯罪嫌疑人2名，始终保持对制售假劣药品违法犯罪行为的高压态势，起到强有力的震慑作用。强化基本药物质量监管，对所有中标品种开展了工艺和处方核查。全市基本药物目录招标上市的品种生产企业全部纳入药品电子监管网，并按照要求进行了生产线改造，入网率和改造率达到100%。全市经营电子监管品种的企业入网率达到了100%，13家基本药物配送企业全部实现电子监管核注核销，监管检查覆盖面达到100%，检查频次每户企业达到4次以上。强化特殊药品监管，对特殊药品销售流向进行重点核查，对大宗购销可疑行为的企业，移送公安机关追查。继续深入开展药品零售企业分级管理和中药材中药饮片市场整治，全市药品经营秩序进一步好转。加强行政执法，开展依法行政督导和调研，举办全系统行政执法岗位"大练兵、大比武"竞赛活动，制定和完善了《移送涉嫌犯罪案件工作规则》等7项管理制度，保证执法工作规范运转。强化检验和监测，提高技术支撑能力，新增药品检验参数21项。开辟"绿色通道"，优化办案检体、送检检体的检验程序，缩短检验时间，为行政监督和公安部门打假提供及时可靠的技术支撑。药品不良反应监测四级网络基本建立，药械不良反应监测工作取得新进展。集中开展了"全国安全用药月"活动，制作宣传展板36块，印制安全用药手册4万余册，张贴海报3万余张。在机关、学校、社区、部队巡展56场次。在长春电视台播出公益广告24次。在公交车站点张贴宣传画、宣传海报3 000余张。开展了安全用药知识有奖问答活动，进一步提高了全社会对药品安全的关注度和参与度。

【党风廉政建设】 实现了"三到位"的工作目标。党风廉政建设责任制落实到位。坚持标本兼治、综合治理、惩防并举、注重预防的方针，大力推进阳光政务，完善各项权力监管制度，强化监督检查，确保党风廉政责任制的落实。反腐倡廉警示教育到位。通过各种形式开展了反腐倡廉警示教育活动。上半年组织全系统工作人员450人到净月监狱开展反腐倡廉警示教育活动，通过服刑的职务犯罪人员现身说法，提高了党员干部的拒腐防变能力，真正做到自重、自省、自警、自励。创先争优等各项活动开展到位。以建党90周年为契机，结合创先争优活动，局党委举办了演讲比赛、红歌汇演、参观党史纪念馆等一系列活动，既丰富了党员干部的精神生活，增强了党性，净化了心灵，也增强了队伍的凝聚力、向心力，成功地打造了一只廉洁高效的监管队伍，为全局监管中心任务完成提供了组织和纪律保障。

（赵景军）

供电业

【概况】 长春供电公司是吉林省电力有限公司所属的国家大型一类供电企业，担负着长春市区及4个县（市）147万客户的供电任务和东北电网的电能传输任务，供电面积2.571万平方公里，售电量143.05亿千瓦时，固定资产82.71亿元，截至2011年，长春电网拥有500千伏变电站2座，220千伏变电站18座，66千伏变电站212座，66千伏及以上变电总容量1 347.76万千伏安，线路回长5 131.835公里。2011年，长春供电公司相继荣获全国文明单位、全国供电可靠性管理金牌企业、全国"安康杯"竞赛优胜单位、中国职工互助保险先进单位、全国"五五"普法先进单位；东北电监局优质服务先进单位、省消协"诚信维权先进单位"；吉林省电力有限公司"四好"领导班子、文明单位标兵、先进党委；长春市国资委先进党委标兵。

【安全生产】 深入推进"两抓一建"安全风险管控活动，开展安全大检查和"回头看"，发现并整改问题173个。加强基建、农网工程施工安全管理，强化春秋检、迎峰度夏、安全生产月等专项安全检查。开发应用"作业风险控制管理信息系统"。编制下发《10千伏配网设备抢修作业现场安全管理十条红线》等规章制度。全面完成德惠220千伏变电站标准化建设。编制应急总体预案及23项专项预案，组建应急救援基干队伍，加快应急指挥中心建设。按照"一场、一馆、一册"的原则，制定"十二冬会"25个涉会场馆保供电手册和应急预案，组织实地应急演练，顺利完成"十二冬会"等21项重大保供电任务。

【电网建设】 2011年实现电网投资16.5亿元，新增变电容量55.905万千伏安，新增线路回长255.476公里，1项220千伏扩建工程，6项66千伏扩建工程实现投运，南部新城线路迁建工程建设全面启动。开展电网建设"百日大会战"专项行动，工程项目全面竣工。220

千伏玉隆变工程获国家电网公司优质工程,220千伏米沙子变工程获国家电网公司安全管理流动红旗,66千伏广宁、柳影变获吉林省电力有限公司优质工程。完成净月换电站主体施工。中信城智能用电小区样板间对外展示。大力实施绿色能源替代工程,与万科地产共同开展电采暖样板间运行参数测试,净月1万平方米回迁小区整体安装电采暖。

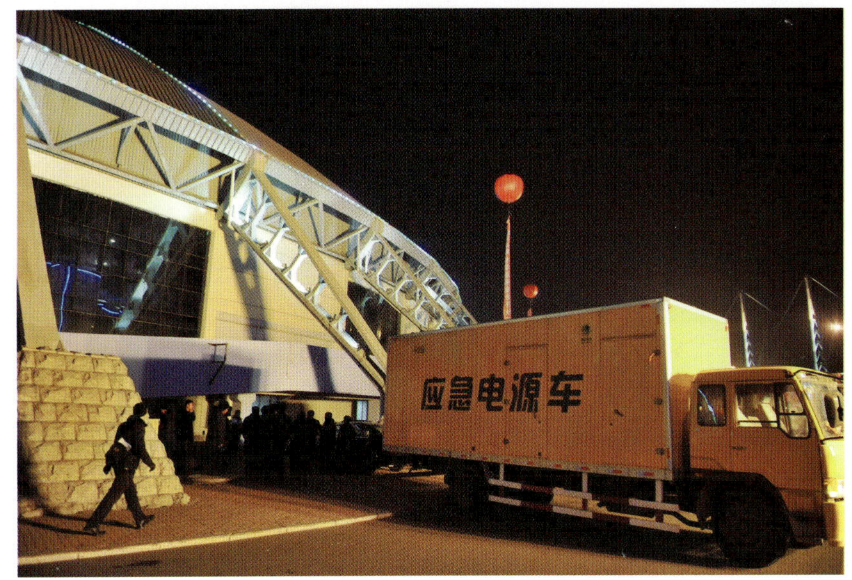

长春供电公司举行综合性反事故专项应急演练

【营销管理工作】 完善营销智能体系,全采集、全覆盖步伐不断加快,6个供电分公司远程抄表成功率达90%以上,农安供电实现自动远程抄表。扎实开展"六查一控"活动,累计消除异损台区458个;形成营销部、反窃电稽查大队、各供电分公司治理高损台区"三位一体"的管理格局。在全国首创有线电视"电费提醒"业务,巩固"10分钟缴费服务圈"成果,银电联网代收网点发展至700个。坚持"你用电、我用心",提升服务标准和质量,实现公司4个月零投诉,服务质量跃升全省前列。中央电视台连续两期对公司服务"黑楼道亮化"工程进行典型宣传。

【农电工作】 全面完成农网改造升级工程任务,农网供电质量大幅提高。城郊农电成为全省首家10千伏项目竣工单位,九台城子街66千伏变电站、兴隆山10千伏工程被吉林省电力有限公司树为样板工程。农网综合降损辅助决策系统和典型供电模式试点建设经验在全国推广。打造玉潭、卡伦供电所服务品牌,兴隆山和米沙子供电所通过国家电网公司标准化示范供电所考评。城郊农电通过国家电网公司"科技进步先进县供电企业"验收,成为全省首家创建单位。充分发挥专业职能部门作用,逐步建立农电可持续发展机制。在全省率先完成农电信息网络改造工程,实现了SG186营销应用系统和ERP系统上线运行。农安农电顺利通过国家电网公司一流验收,长春地区6家农电公司全部实现一流县供电企业目标。

【经营管理工作】 高质量完成11个方面突出问题集中清理自查自纠。深入开展"制度执行年"活动,重新梳理并完善254项规章制度。作为国家电网公司电子商务平台应用试点单位,在吉林省电力有限公司系统率先实现网上竞标处置废旧物资,荣获吉林省电力有限公司同业对标综合管理、资产经营管理、人力资源管理标杆单位。加强重点项目监察力度,深化工程建设领域突出问题专项治理,规范项目开工管理,确保依法合规、管控到位。连续6年荣获国家电网公司效能监察优秀成果一等奖。

【党建工作】 深入开展纪念建党90周年"九结合"系列活动和创先争优活动,成功举办首届职工技能运动会,并申报国家电网公司创新奖。召开了公司第十次党代会,选举产生第十届党委委员会和纪律检查委员会。深入推进企业文化建设"三大工程"。扎实开展"品牌塑造年"活动,品牌标识标准化建设通过国家电网公司验收。高度重视维稳工作,开展爱心帮扶和送温暖活动。深入实施党风廉政"一岗双责"。建立党风廉政警示教育基地,举办第四届廉洁文化作品展,与市检察院开展"检企共建",全面实现党风廉政建设责任目标。

(苗 威)

民营经济

中小企业

【概况】 全市中小企业取得了令人瞩目的成就,并荣获2011年度全省新一轮民营经济腾飞竞赛活动先进市优胜奖,实现了"十二五"良好开局,为全市中小企业"十二五"持续快速发展和转型升级奠定了坚实基础。2011年中小企业主营业务收入完成7 715.5亿元,比2010年增长22.4%,占全省的40%;中小企业实现增加值1 661.2亿元,比2010年增长20%,占全市GDP的41.5%;中小企业实现税金267.1亿元,比2010年增长53.8%,占全市全口径财政收入的33.4%,比2010年提高2.6个百分点,占全省44.5%;中小企业户数达64 014户,比2010年增长5.4%,比2010年增加3 214户,占全省49.6%;中小企业"三上"企业户数达2 178户,比2010年增长7.5%,增加131户;个体工商业户数达42.55万户,比2010年增长4.7%,增加19 500户;中小企业从业人员达182万人,比2010年增长6.8%,增加11.7万人。中小企业已经成为长春市经济增长的重要力量,地方税收的重要来源,扩大城乡就业的主渠道,对改善民生和推动和谐社会建设发挥着重要作用,也为"十二五"加快发展奠定了良好的基础。

【发展特点】 1.中小企业继续呈现快速发展的态势。2011年中小企业主营业务收入增长速度比全市GDP增长速度7个百分点以上,中小企业增加值的增长速度也高于全市GDP增长速度近5个百分点。2.经济增长质量明显提高。2011年全市中小企业税收的增长幅度高于主营业务收入30个百分点以上。实缴税金净增近100亿元,占全市增量的近40%。截至2011年底,纳税超亿元中小企业和民营企业10户,超5 000万元企业达到25户,超千万元达195户。主营业务收入超百亿元民营企业3户,超10亿元的达29户,超亿元的达497户。3.转型升级和结构调整效果显现。高端服务和文化产业占第三产业比重提高2个百分点,占中小企业第三产业的10%。战略性新兴产业和高新技术产业中小企业户数增加500户。4.中小企业对全市社会和谐做出了积极贡献。2011年全市中小企业新增户数占全市企业增量的99%,安排就业人员占全市增量的90%以上。

【服务年活动】 2011年是全市中小企业和民营经济发展服务年。1.认真开展生产要素需求服务衔接活动。先后用1周时间到朝阳区、高新区、西新区、九台市和榆树市以及中小企业培训中心、服务中心调研,听取了各地、各单位的介绍,召开企业座谈会,实地走访了20户企业,全面了解企业生产要素需求情况。2.积极开展机关事业单位干部帮扶百户民营企业和中小企业大走访活动。为贯彻落实《吉林省新一轮民营经济腾飞计划》关于"百名机关事业单位干部联系帮扶百户中小企业"活动工作方案的精神,市工信局从机关和事业单位选派19名干部担任企业联络员,对百户民营企业开展包保服务,每名干部联系5户到6户企业,以加强企业与政府间的联系,帮助企业用足用好国家、省、市制定出台的相关扶持政策,为中小企业发展创造有利条件,营造良好发展环境。从6月份开始,先后走访了朝阳、经开、双阳、二道、九台等县(市)区的企业80多户,开展包保服务,帮助企业解决生产经营和投资发展中遇到的突出困难和问题。3.努力做好百名优秀律师挂职百户中小企业法律服务活动。组织长春市35名律师与35户企业进行对接,送法律服务进企业。4.全力开展产学研对接服务活动。市工信局积极组织深入到重点服务地区,由省内高校、科研院所专家到企业现场进行产学研对接活动,解决企业实际生产经营中遇到的技术难题。5.积极开展搭建中小企业管理创新平台活动。现有5户企业与简柏特就服务外包形成基本共识。一汽徐港在精益六西格玛方法论导入及持续改进体系搭建,提供改进项目辅导形成共识;禹衡光学在销售管理流程改善方面形成共识;阔尔科技在业务流程体系诊断方面形成共识;吉韩模具在企业组织架构设计方面达到共识;芳冠电子在采购分析及采购管理优化方面达成共识。以上5户企业正在与简柏特进行深入协商。6.深入开展企业人才培训活动。市工信局与组织部联合开展

“千名企业家培养提升”工程。把“双百企业”、创新型科技企业的高层经营管理者和具有培养前途的优秀中青年经营管理人员作为培训重点。创新培训方式,启动开展“1111 工程”活动。即打造 10 个培训基地,培育 100 个优秀专业辅导师、面向 1 000 户重点企业,年培训中小企业各类人员 1 万人次。

【综合平台】 2011 年 7 月长春市推进中小企业转型升级综合服务平台正式启动。综合服务平台包括四个子平台:管理创新服务平台、融资担保服务平台、人才培训服务平台、网络信息服务平台。市工信局分别与简柏特公司、一汽徐港电子有限公司、深圳证券交易所签署了“战略合作框架协议”、“长春市推动中小企业转型升级管理创新平台服务协议”、“促进长春市中小企业利用资本市场加快发展合作备忘录”。综合服务平台的开通为长春市市中小企业发展提供全方位、高效、低成本的服务,促进中小企业转型成长和管理创新。

【创业指导】 1.成功申报中小企业“窗口”服务平台建设项目。长春市工信局成立项目编制和推进工作领导小组,撰写了《长春市中小企业窗口服务平台项目建设方案》。成为吉林省第一批中小企业“窗口”服务平台建设试点单位,并获得 240 万元国家专项资金扶持。2.积极开展创业项目对接活动。依托“第二届中国·长春创业(就业)博览会”推介优秀创业项目。向组委会成功推介 216 个创业项目,提供大量创业孵化基地图片和影像资料,并设立长春市工业和信息化局展台。组织“省暨长春市中小企业创业项目推介对接大会”。2011 年 9 月在吉林省人才市场召开“2011 年中小企业和民营经济服务年活动吉林省暨长春市创业项目推介对接大会”。长春市负责组织展位 80 个,各类展板展牌 326 个,组织 800 人参会。3.成立“长春市中小企业创业咨询服务专家团”。组建由政府相关职能部门业务精通人员、服务中心负责人、专业咨询服务机构专职咨询师、科研院所的专家学者、企业界精英人士等组成的创业咨询服务专家团。为有创业意愿的社会各界人士、初创型企业小老板们提供公益性的咨询服务,并负责长期跟踪、辅导、评估,降低创业阶段风险,促进小企业快速生成。

【培训工作】 加大培训工作力度。实施中小企业人才培训“1111”工程,即打造 10 个中小企业人才培训基地,培育 100 个优秀专业培训辅导师、面向 1 000 户重点中小企业,年培训各类人员达 1 万人次。围绕“1111”工程,积极开展“千名企业家培养提升工程”、“万名创业者、万名小老板”培训工程、“银河培训”工程等 3 项重点工程,创新开展企业培训“四进”(进企业、进基地、进校园、进社区)、“四定”(定单、定向、定点、定额)和“四送”(送信息、送政策、送技能、送岗位)工作。积极组织“职业经理人培训”,加强与社会培训机构的合作,组织了“首期清华大学企业管理能力高级研修班长春班”和两期企业高级经营管理者走进北大活动。通过组织开展企业管理、融资担保、资本运作、品牌培育、企业文化、人才引进、创业常识、创业技巧、法律知识和企业维权等方面培训,2011 年培训达到了 1 万人次以上。

【孵化基地】 全市建设创业孵化基地 52 个,被认定为国家级的 7 个,省级的 33 个;规划占地面积 754.4 万平方米,累计完成建筑面积 490.1 万平方米,累计完成投资额 126.3 亿元。入住在孵企业 1 630 户,入住率达 89%。其中,工业企业 311 户、科技企业 656 户、其他企业 663 户。累计毕业企业 340 户,毕业率达 21%。累计带动就业 5.1 万人。争取省财政专项资金支持 2 220 万元。建设模式采取企业化运作方式,约占 56%;政府出地出资建设方式,约占 22%;开发区、工业集中区出地,企业出资建设的区企合作建设方式,约占 13%;村集体出资的建设方式,约占 9%。

【资金扶持】 2011 年,长春市利用国家、省和市中小企业专项资金,对促进中小企业起到了积极的推进作用。1.引导中小企业的投资,促进其健康发展。长春市吉韩模具有限公司、长春印刷机械有限责任公司、长春迪瑞医疗科技股份的限公司、长春光华微电子设备工程中心有限公司等 11 家受益企业,在国家 1 480 万元专项资金的支持下,项目共投入资金 4 亿元,其中,吸引银行贷款 1.2 亿元,自筹资金 3.2 亿元。项目全部完成后,可年新增产值 12 亿元,新增利税 2 亿元,新增就业人员 1 556 人,企业经济效益得到了提高。2.加快技术改造和创新的步伐,增强企业发展后劲。长春新产业光电技术有限公司,对企业高性能风冷黄绿光激光器生产线进行技术升级改造,项目 2011 年底竣工后,形成年产 1 000 台高性能风冷黄绿光激光器产品的能力。实现销售收入 2 000 万元,税后利润 502 万元,税金 299 万元。吉林省德泰饲料科技发展有限公司投入 3 000 多万元进行企业二次扩建,自筹 1 000 万元,银行贷款 2 000 万元,建设项目包括新建一套时产 50 吨的现代化饲料生产机组、年收储能力 5 万吨玉米原粮收储库及粮食烘干塔设备一套,项目建成后可实现销售收入 1 亿元。3.促进产品结构优化升级,提高技术含量和产品质量。长春一汽备品汽车零部件有限公司的低地板客车车桥及零部件项目、项目建成后产业规模领先于国内同类产品,提高了长春市装备制造业整体配套能力和制造水平。项目建成达产后年可新增销售收入 1.6 亿元,利润 1 809 万元,税金 452 万元。长春中之杰食品有限公司 2011 年申请了 500 万元流动资金贷款。贷款主要用于原料的采购、产能扩大、销售网点的建设等方面,由于公司加大了投入,并获得了“吉林省著名商标”称号,使产品的销量大幅度提升,市场占有率提高到 40%以上,同时也提高了公司的形象,“中之杰”品牌在顾客心中树立了牢固的位置。长春市英俊精密铸造有限公司斥资 3 600 万元,自筹资金 2 600 万元,银行贷款 1 000 万元,引进国际先进的日本新东铸造生产线,建设了一座现代化的球墨铸铁生产基地,该项目一期工程设计年产量 12 000 吨,年产值超过 8 400 万元,利润 450 万元,上缴税金 120 万元。吸纳了 60 余名社会剩余劳动力，创造了经济效益和社会效益双丰收的大好局面。4.加快中小企业服务体系建设,不断拓宽服务领域。长春市中小企业服务中心、长春市中小企业人才培训中心,利用国家、省、市给予的资金扶持，使创业服务工作更加突出公益性的特点,吸引了较多创业者,为创业者开辟了专门的创业场地，实行免费入驻的政策，帮助各类创业者开展创业活动。每年为 3 000 名创业者提供各类创业辅导、专家咨询等活动,已成为长春市创业者首选的服务部门。长春市中小企业人才培训中心每年培训企业高、中级管理人员 2 000 人次，已成为长春市为中小企业和民营企业开展人才培训继续教育优秀基地。5.加快中小企业市场开拓步阀。截至 2011 年,市工信局先后组织 110 户中小企业和民营企业参加了由工业和信息化部、国家发展和改革委员会、财政部、商务部、国家工商总局、国家质检总局、中国银监会、广东省政府及有关部门联合在广州主办的第六届、第七届、第八届“中国国际中小企业博览会”。由工业和信息化部主办,外交部、科技部、商务部、福州市人民政府支持在福州举办第六届 APEC 技展会，由国家商务部等 27 个部委在新疆乌鲁木齐主办“首届中国—亚欧博览会”等多项博览会和展销会，涉及参展行业 16 个，参展产品 200 多种。投入资金 211 万元，取得了显著成绩，如在第六届中博会期间，有 1 263 家企业与长春市中小企业实现场内外洽谈合作，长春市企业与广东、河北、青岛、江苏、温州、河南、江西、四川、福建等地签订或洽谈了销售合同，签署了合作意向,达成销售意向协议金额 5.6 亿元人民币。启明信息技术股份有限公司生产的系列汽车电子控制系统等电子产品深受国内外客商的喜爱，分别与日本 3 家公司进行了洽谈。吉林省阿满食品公司充分利用此次展会时机，进行市场调查,找出南北方口味差异之处,为其生产的熟食品打入广州市场做好准备。另外具有长春地域特色的鹿茸、保健酒饮品等产品成为展会的一个亮点，深受客商青睐。双阳区鹿乡绍武鹿业养殖场的鹿茸制品突出了长春市鹿产品之乡的特点,其展区显著位置制作了“梅花鹿之乡”的宣传挂图,吸引了参会客商的广泛关注,现场成交额 200 多万元。长春百利君子兰花卉公司君子兰花木吸引了大量参观人员。吉林大禾食品发展有限公司与佛山市良友饼业、良俊贸易公司达成 300 万元意向协议。吉林省兴通酒业有限公司的“东三福七彩鹿滋补”系列酒，与广东 3 家公司签订了 2 000 万元人民币的协议供货合同。在第八届中博会期间，长春市天一蜂业有限公司与珠海酒店达成近 300 万元的蜂蜜、蜂花粉、蜂王浆销售意向。此外,吉林省长双鹿业特产开发集团有限公司、长春市双阳区鹿乡绍武鹿业养殖场生产的梅花鹿、鹿茸等产品，吸引众多客商前来了解这种保健产品的特性。吉林省大禾食品发展有限公司在展会现场搭建了玉米挂面现场品偿专柜，受到了美食爱好者好评。与广东、深圳、湖北经销商达成了 360 万元销售协议。为期 4 天的中博会,长春参展企业接待参展客商 2 000 多人次，成功签订贸易意向 23 项，成交意向金额 6 800 多万元。

【融资服务】 1.全力推进中小企业上市融资进程。继续协助高新区争取“新三板”试点工作,材料已上报科技部、国家证监会。市重点 5 户上市企业长春迪瑞医疗科技股份有限公司、长春鸿达信息技术股份有限公司、吉林省宇光能源股份有限公司、博超汽车零部件(长春)有限公司、长春富奥汽车零部件股份有限公司各项前期准备工作都已就绪。2.不断强化与金融机构的合作力度。年初在全市工业经济转型升级大会上，长春市工信局牵头组织分别与建行、交行、开行、市担保公司等几家金融机构围绕长春市工业经济八大产业签署总计 40 亿元的《促进工业经济转型升级扶持中小企业发展合作协议》,并对在长有融资需求的企业实行推荐备案制，按企业诉求及时向金融机构推荐，截至 2011 年,累计向金融机构推荐企业两批 50 家,其中战略性新兴产业企业 36 家，促成合作 28 家,达成支持意向 10 家。3.是探索建立新兴产业投资平台。通过着手组建长春市市新兴产业股权投资基金有限公司，探索搭建长春市市新兴产业投资平台。4. 进一步完善信用担保体系建设。2011 年为长春市市 4 家业绩突出担保机构争取到国家专项资金 1 300 万元；争取到省级担保奖励资金 300 万元;同时为进一步鼓励长春市市担保机构发展，拟对长春市备案融资性担保机构开展业绩奖励，计划用于奖励资金近百万元。为促进长春市担保行业健康发展,提高担保机构管理人员的综合素质，加强担保机构的风险防范及产品创新能力,9 月底组织长春市 23 家担保机构共计 45 人赴外地进行了担保业务知识培训。截至 2011 年,长春市备案担保机构已发展到 44 家，经过省工信厅重新审核已有 36 家取得《融资性担保机构经营许可证》。36 家担保机构注册资本金达 23.9 亿元,新增资本金 1.4 亿元,担保机构行业累计担保额近 300 亿元。

【企业调查】 为全面了解长春市中小微企业融资基本情况，推进和缓解中小微企业融资难题,下半年,市工信局两次开展调研，有近 50 家中小微企业参加,同时还实地走访了近 20 家中小微企业。9 月份发放中小微企业融资调查表 140 张，回收 122 张。在 122 户企业中微型企业 17 户，小型企业 64 户，中型企业 41 户。其中,一产企业 2 户,二产企业 98 户,三产企业 22 户。122 户企业资金需求 71 842 万元，平均每户企业需求 589 万元。资金缺口 31 483 万元,平均每户资金缺口 258 万元。在填报调查表的企业中 80%有资金需求,75%以上企业有资金缺口。17 户微型企业中,一产种植业 1 户，二产工业企业 11 户，三产商贸服务企业 5 户。17 户企业资金需求 1 962 万元，其中流动资金需求 962 万元,项目建设需求 1 000 万元,平均每个企业需求 115 万元。资金缺口 1 067 万元,缺口 54.4%,其中 85%以上微型企业有资金需求,平均每户资金需求为 36 万元。80%以上微型企业有资金缺口,平均每户缺口需求为 19 万元。64 户小型企业中，一产养殖业 1 户，二产工业企业53户，三产商贸服务企业10户。64户企业资金需求13 500万元，其中，流动资金需求6 350万元，项目建设需求7 000万元，平均每个企业需求211万元。资金缺口7 356万元，缺口45.5%，其中，80%以上小型企业有资金需求，75%以上小型企业有资金缺口。41户中型企业中，二产工业企业34户，三产商贸服务企业7户。41户企业资金需求56 380万元，其中，流动资金需求22 880万元，项目建设需求33 500万元，平均每个企业需求1 375万元。资金缺口23 060万元，缺口40.9%，其中，75%以上中型企业有资金需求，70%以上中型企业有资金缺口。

【破解融资瓶颈】 出台了一系列旨在增强中小企业融资能力的政策措施。主要有增加中小企业融资贴息资金；为市中小企业担保公司增资；建立绿色通道，鼓励中小企业参与政府采购；探索组建中小企业融资服务中心，帮助企业运作上市等。长春市地税局提出了为扶持中小企业发展，梳理、明确了四大类共计20项税收优惠政策，其中包括对中小企业出现的一般性涉税违法行为，继续实行新办企业3年内首违不罚或按最低标准处罚等制度；为全市百强中小企业和成长型中小企业开辟办税“绿色通道”等。市财政局提出将再增加1 000万元工业经济发展专项资金，使资金规模达5 000万元，主要用于中小企业融资贴息、产品结构补贴等。鼓励长春市中小企业参与政府采购，通过建立政府采购需求通达中小企业的绿色通道，形成中小企业根据生产能力单独或组团参与政府采购的模式。建设银行吉林省分行、吉林银行、市中小企业信用担保公司等金融机构也提出了进一步创新服务，加大力度帮助长春市中小企业破解融资瓶颈。

【小微企业】 截至2011年底，长春市有小型微型企业58 893户，占全部中小企业的92%，其中，一产农林牧渔业有小型微型企业1 613户，占小型微型企业的2.74%；二产小型微型企业13 601户，占小型微型企业的23.09%，其中，工业小型微型企业11 595户，占小型微型企业的19.69，建筑业小型微型企业2 006户，占3.4%；三产小型微型企业42 229户，占小型微型企业的71.71%，三产中零售业、餐饮业占的比重最大，分别占小型微型企业的20.38%和19.89%；其他未列明行业小型微型企业1 449户，占小型微型企业2.46%。截至2011年底，小型微型企业主营业务收入完成3 363亿元，占全部中小企业主营业务收入的41%，小型微型企业实现增加值647.87亿元，占全部中小企业的39%。小型微型企业上缴税金82.8亿元，占全部中小企业上缴税金的31%。小型微型企业从业人员121.94万人，占全部中小企业从业人员的67%。

【市场开拓】 长春市组织了长春新产业光电技术有限公司、吉林省亮达医疗器械有限公司、长春市迪美光电技术有限责任公司、长春万成生物电子工程有限公司、长春市迪美光电技术有限责任公司、吉林众方科技发展有限公司等12家企业参加第八届中国国际中小企业博览会。展区在本届中博会重点推介电子、光电行业企业参展。激光器及激光打标机、激光美容仪器生化分析仪、血液分析仪、中药熏蒸治疗机、中频治疗仪、食品、保健品深加工特色产品。清一色的“科技型”面孔，迥异于前7届，令人印象深刻。“长春展区”有参展摊位12个，参展面积108平方米，展出参展企业相关产品70多种，统一对展位进行布展，使长春展区独具魅力，显得十分亮丽，吸引了各级新闻媒体及观展领导、客商的眼球，人气激增。长春的参展、办展工作，充分体现长春中小企业小中见大、由小到大、技术进步和产品升级换代的特色，充分展示了长春优越的投资环境。为期4天的中博会，长春参展企业共接待参展客商达2 000多人次，并成功签订贸易意向23项，总成交意向金额达6 800多万元，并有相当部分客商表示要到长春进行商务考察。

【帮扶企业】 为扶持中小企业，特别是小型微型进一步健康发展，长春市工信局从机关和事业单位选派18名干部担任企业联络员，对百户民营企业开展包保服务，每名干部联系5户企业，以加强企业与政府间的联系，帮助企业用足用好国家、省、市制定出台的相关扶持政策。

【法律服务】 2011年举办14期法律进企业活动。服务对象为中小企业股东、董事长、总经理、高级管理人员以及财务负责人，风险控制人员等。提供企业法律风险诊断和评估服务，对企业的股权结构、治理结构、合同管理、人力资源管理、对外合作、合资并购、知识产权等方面进行法律知识服务，使企业第一时间了解与自身经营切实相关的最新法律动态，并根据新法变化，全方位、全过程协助企业建立、更新各种规章制度。根据企业的需要和邀请，参与企业重要经营活动的法律论证、谈判、签约活动，为企业决策提供法律依据。根据企业的发展实际情况和需求，采取灵活多样的服务方式，为企业提供全方位、多角度的、无偿的法律服务。

【扶持措施】 2011年为支持中小企业发展，特别是小型微型企业发展，组织制定了《长春市关于进一步促进中小企业发展的若干意见》。对推进长春市中小企业调整结构和转型升级起到了积极作用，促进了中小企业又好又快发展。

【政策汇编】 为使长春市中小企业更好了解国家、省、市中小企业发展政策，长春市工信局组织编制了长春市中小企业政策文件汇编。政策汇编收集了近些年长春市扶持中小企业和民营经济发展的政策措施。同时还收集整理了国家和省近期出台的支持中小企业发展的法律法规和政策措施。开展送政策下基层、进企业活动，通过会议和到企业把政策汇编发放到县(市)区、开发区和中小企业和民营企业。

【编发《长春中小企业发展动态》】 2011年，长春市工信局创刊了《长春中小企业发展动态》。全年编发9期，对宣传长春市中小企业和民营经济发展起到了积极作用，营造了有利于中小企业发展良好氛围。

（李光华）

乡镇企业

【概况】 2011年长春市市乡镇企业发展到17 053户。按登记注册类型划分：集体企业222户，股份合作企业4户，联营企业226户，有限责任公司3 044户，股份有限公司141户，私营企业13 393户，港澳台商投资企业10户，外商投资企业13户。按国民经济行业划分：农业企业559户，工业企业8 557户（其中，采矿业174户，制造业8 346户，电力燃气及水的生产和供应业37户），建筑企业555户，交通运输仓储业604户，批发零售业3 704户，住宿及餐饮业1 554户，居民服务、其他服务业和娱乐业1 321户，其他类型企业199户。全市乡镇企业从业人员达338 083人，实现增加值3 507 579万元、营业收入11 291 436万元、上缴税金246 233万元。全市乡镇企业个体工商户总户数达202 058户，从业人员592 917人，实现营业收入8 268 564万元，上缴税金83 767万元。

全市营业收入500万元以上乡镇工业企业716户。其中规模以上工业企业281户，从业人员71 079人，实现营业收入5 733 666万元，上缴税金188 784万元。全市有乡镇出口企业62户，实现出口产品交货值297 122万元，年出口交货值500万元（含500万元）以上的企业18户，实现出口交货值292 152万元。

【固定资产投资】 全市乡镇企业完成固定资产投资6 152 281万元。其中，新建项目完成5 171 695万元，改建项目完成2 146万元，扩建项目完成759 327万元，其他项目完成219 113万元。固定资产投资资金来源：国家及有关部门扶持资金23 439万元，金融机构贷款1 283 889万元，引进资金1 568 797万元（其中，引进外资63 788万元），自有资金2 963 775万元，其他资金312 381万元。固定资产投资1 000万元～5 000万元项目335个，5 000万元～1亿元的项目71个，其中1亿元（含）以上项目49个。固定资产完成投资额中，用于设备购置1 787 243万元。

【资金扶持】 积极组织长春市乡镇企业申报省乡镇企业发展专项资金，有7户企业获得105万元省乡镇企业发展专项资金。

【教育培训】 以乡镇企业职业技能鉴定和蓝色证书培训为平台，重点围绕全市乡镇农产品加工企业的发展需求，开展重点工种的技能培训与鉴定工作。共完成450名乡镇企业在岗职工的培训鉴定工作。组织全市21名企业家和管理人员参加农业部举办的“第二期农产品加工企业（乡镇企业）证券融资培训班”，开拓企业家和管理者的视野，拓宽发展思路。

【“创业杯”竞赛】 按照省乡镇企业创业杯竞赛活动领导小组部署，长春市成立了以主管副市长为组长，副秘书长和农委主任为副组长的“创业杯”竞赛活动领导小组，不断加大乡镇企业工作力度，层层落实责任，积极开展乡镇企业各项工作。长春市人民政府、榆树市人民政府和德惠市人民政府分别获得2011年度省乡镇企业“创业杯”奖，九台市经济局获竞赛“组织奖”。长春市人民政府已连续6年获得“创业杯”奖。

（靳朝辉）

综 述

生产经营 2011年,长春地区全年铁路货物发送量完成789.5万吨,完成年计划的104.3%;旅客发送量完成2 784.8万人次,完成年计划的100.5%;全年完成运输收入307 270.2万元,完成年计划的106.4%。南航吉林分公司建成了覆盖全国主要城市,连通周边国家和地区的航空运输网络。全年完成运输总周转量36 964万吨公里,比2011年增长0.7 %;累计运输旅客231.35万人次,增长2.82%;实现货邮始发收入3 704.03万元,指标完成率为105.60%;在册飞机日利用率为10.4小时,同比提高0.6小时,全年盈利33 560万元。长春龙嘉机场开通航线68条,通航城市45个,完成旅客吞吐量497万人次、货邮吞吐量6.23万吨,比2010年分别增长4.68%和0.95%;保障航班起降4.12万架次,比2010年下降1.42%。长春机场出港客座率达82.8%,比2010年增长5.7%。吉蒙黑区域合作取得实质性进展,三省机场集团、地方政府和旅游部门联合签署了《"吉蒙黑"区域航线开发合作框架协议》,并先期开通呼和浩特-通辽-长春区域合作航线,区域合作初见成效。长春地区完成公路客运量10 749万人次,公路货运量12 500万吨。全市有公路客运站点(不含出租车站点)84个、临时站点168个,共有公路客运线路1 336条,营运客车(不含出租车)3 119台,营运货车99 172台。机动车维修企业706户。驾校77所,年培训能力达164 200人。全市企业物流和物流企业有3 676户。社会物流总额突破1.25万亿元,与2010年相比递增16.5%;物流业增加值276.67亿元,与2010年相比递增18.6%,占全市服务业比重14.7%,对GDP的贡献率为6.34%;社会物流总费用687.8亿元,比2010年增幅15.7%,物流总费用占GDP的比率为17.17%,与2010年相比下降0.67个百分点。

基础设施建设 长吉城际铁路于2011年11月正式通车运营,累计完成投资58亿元。哈大客运专线长春枢纽改建工程、哈大客运专线长春西客站工程等项目于2011年完成投资5亿元。全市公路交通基础设施建设完成全口径投资20.29亿元,比2010年增长5.6%。公路总里程20 842公里,比2010年增长2%。全市公路网密度达101.4公里/百平方公里,比2010年增长2.1%。城市公共交通加快发展。新建公交候车亭328座,新建和改造公交集合式站牌503座,对16个公交与轻轨接驳站点进行了改造,50米内实现同台换乘。更新公交车辆528台,"暖车厢"改造4 096台。配合公安交警部门设立了28条公交专用道,调整延长公交线路10条。长春龙嘉国际机场改扩建工程通过竣工验收。航站楼总建筑面积由原来的47 000平方米增至73 485平方米。二期扩建工程前期工作全面启动,已编制完成预可研初稿和两套建设方案。机场飞行区等级由4D升至4E,消防等级提升至8级,最大可使用波音B747-400型同类及其以下机型。

生产经营状况 截至2011年12月31日,长春站实现无责任较大及以上事故10 525天;无一般B类及以上事故2 470天;无责任人身重伤及以上事故2 189天,连续4年实现安全年,实现历史最长安全周期。长春北站实现无责任行车一般A类事故2 141天;无责任行车一般B类事故2 141天;无责任行车一般C类事故2 141天;无责任行车一般D事故2 141天。南航吉林分公司全年共安全飞行49 314小时、22 407架次,比2010年增加616小时,杜绝飞行、空防和航空地面事故,实现飞行安全19年。公司深化SMS体系建设,积极开展预见性的安全形势分析和安全提示,层层落实安全责任,及时下发各类安全预警提示,有效把握了安全主动权。长春机场全年安全运行态势总体平稳,未发生机场原因造成的航空地面事故和事故征候,实现飞行安全53周年,空防安全18周年。同时,全面推进安全管理体系(SMS)和航空安保管理体系(SeMS)建设,深入开展违规危险品运输、控制区证件、机坪标志标识、FOD防范、鸟击防范等专项整治,修订完善各类应急预案,组织各类应急救援演练57次,有效提升了机场应急能力。机场安全评价符合率达100%。公路交通运输安全持续稳定。长春市交通运输局对公共客运、危货运输安全生产情况进行了排查,对125艘船舶适航状况进行了检查，完成7艘渡船改造。对净月、南湖水上交通安全实行全程视频监控。整合水上搜救资源，初步形成了专业力量为主、社会力量为辅的水上救援体系。

现代物流业 2011年，全市社会物流总额突破1.25万亿。企业物流和物流企业3 676户，其中国家3A级以上企业20户，企业总资产在500万元以上的218户，经营线路85条，基本覆盖了全国各省主要城市。城区内有物流园区12个，其中入驻20户以上企业的10个，物流从业人员28万人，全市运输车辆总数达7万多台，装卸设备4 856台，货物运输量1.2亿吨，仓储面积315万平方米，其中冷库面积15.4万平方米。具有区域性辐射功能的市场20多处，逐渐形成5大市场集聚区，即北部生活资料和农资生产资料市场集聚区、东部生产资料和家居建材产品市场集聚区、西部行走机械和农副特色产品市场集聚区、西南部汽车及汽车零部件专业市场集聚区和东北部长东北综合类专业批发市场集聚区。

（厉彦明）

铁　路

【概况】 2011年，沈阳铁路局继续加大对吉林省铁路建设的投资，迅速推进哈大客运专线建设，加快长春枢纽改建工程和长春西客站工程建设。长春经济吸引区以运输汽车、铁路客车、粮食、煤炭、石油、医药、焦炭、化肥农药、建材等为主要货运服务项目，以日常旅客、出境、国内旅游、会展、节日旅游旅客运输为主要客运服务项目，为吉林省和长春地方经济发展做出贡献。2011年，长春境内铁路运输业单位有8个。

【主要运输指标完成情况】 2011年，长春北站发送货物70.5万吨。其中，发送粮食2.1万吨、煤0.6万吨、化肥农药2.3万吨、其他品类8.4万吨；长春车务段各站发送货物719.0万吨。其中，发送粮食318.1万吨、煤41.5万吨、石油31.1万吨、焦炭61.2万吨、钢铁1.2万吨、化肥农药30.2万吨；长春站旅客发送量为2 219.5万人次，长春车务段管辖各站旅客发送量为565.3万人次（2011年长春站不办理货运）。

【铁路重点建设项目】 长春至吉林城际铁路，2011年完成投资1亿元；哈大客运专线长春枢纽改建工程（路局代建项目），2011年完成投资0.81亿元；哈大客运专线长春西客站工程（路局代建项目），2011年完成投资4.2亿元。

【长春站】 长春站站内主要行车设备包括上、下行正线和吉林正线各1条，长吉城际铁路联络线1条，到发线22条，牵出线4条，电动道岔179组。车站固定资产主要包括改造后的候车室供暖系统1套；改造后的动车组候车室、小车库、垃圾站等生产房舍3 082.57平方米；客运监控系统8套、引导系统2套，广播系统1套；客票服务系统1套。车站在岗职工1 343人，其中，干部153人，工人1 190人。全年旅客发送量完成2 207万人次，比年计划增长207万人次，增长10.4%，比2010年增加259万人次，增长13.3%；全年加开临客531趟，加挂4 013辆次，多发送旅客52.8万人次，增加收入4 971.8万元。客运收入完成153 361万元，比年度计划145 080万元超8 281万元，增长5.7%，比2010年增长21 342万元，增长16.2%。截至2011年12月31日，实现无责任较大及以上事故10 525天；无一般B类及以上事故2 470天；无责任人身重伤及以上事故2 189天，连续4年实现安全年。

【长春北站】 长春北站按业务量为一等站，按业务性质为货运站，按技术作业性质为编组站，主要承担哈尔滨、棋盘、四平、大安北、烟筒山方向货物列车改编作业和中转技术作业；办理货运业务及专用线取送作业，是区域性主要编组站。长春北站现有正线3条，到发线24条，编发线6条，分类线13条，西部线群联络线1条，专用线58条，换装线2条，禁溜线2条，迂回线1条，安全线2条，机待线7条，机车走行线1条，机车出入库线5条，牵出线2条，站内道岔352组，减速器23组，可控停车器54台，信号楼4个、调度楼1个、驼峰楼1个、半自动化驼峰1座，调车机7台。固定资产原值3 945万元，净值1 473万元。2011年末，车站有职工620人，车站日均办理14 345辆，其中有调办理3 617辆，日均到发列车256列，中转时间2.6小时，全年开行重载组合列车567列，拆组列车11列；2011年1月1日至12月31日期间货运收入完成10 787.8万元，装车完成14 275车，比年计划多完成2 880车，货运发送量完成70.5万吨，比年计划多完成85万吨。截至2011年12月31日，车站实现无责任行车一般A类事故2 141天；无责任行车一般B类事故2 141天；无责任行车一般C类事故2 141天；无责任行车一般D事故2 141天。

【长春车务段】 长春车务段管辖41个车站(其中代管合资铁路10个车站)。管内营业里程589.1公里，共有专用线226条，站内货物线56条，配有调车组车站30个，简易驼峰1座(长春东站)。2011年全段有职工1 869人。全年货物发送吨完成719万吨，完成年计划的103.5%；旅客发送人完成565.3万人次，完成年计划的73.4%；客运收入完成16 813.6万元，完成年计划82.7%；货运收入完成91 784.7万元，完成年计划的108.9%；建设基金完成15 675.1万元，完成年计划的125.1%；运输总收入完成124 273.4万元，完成年计划的106.1%，超7 153万元。劳动生产率计划68.3万元/人，实际完成73.5万元/人，完成全年计划的107.6%。截至2011年12月31日实现安全生产31天。2011年11月30日0时38分，管内开安站站内发生一起调车脱轨一般D类铁路交通事故。

【长春客运段】 长春客运段负责担当长春至吉林、乌兰浩特、白城、北京、广州、西安、上海、齐齐哈尔、牡丹江、呼和浩特东、大连、天津等65.5对列车的乘务工作，其中，直通列车18对，管内列车47.5对，吉京、长京动车3对，长吉城际列车

27对。固定资产原值为2 029.8万元。2011年总结推广T271/2次列车经验,促进担当列车质量全面提升。在路局“十项”验收检查中T60次获第1名;D24、D22次分获动车第2、3名;K77/8、128/7次分获“三进”列车和直通标杆车第2名。全年完成运输收入18 848万元,提前88天完成16 000万元全年收入任务。全年成本计划91 626万元,完成91 617万元,节支9万元;运输收入计划16 000万元,完成18 848万元;能源消耗总量计划18 435吨标煤,完成16 892.9吨标煤;水消耗总量计划79 000吨,实际完成78 580吨;运输业劳动生产率计划21 003元/人,完成22 110元/人;运输业职工期末人数计划7 998人,完成7 896人。3月29日发生一起责任职工死亡事故。

【长春车辆段】 长春车辆段地处哈大干线700公里处,主要承担客车车辆运用职能。配属客车1 863辆。固定资产308 699.46万元。全年完成辅修(A1修)2 344辆,临修965辆,旋修轮对1 132条。完成K518、K75、2262次等12组列车的车体换型。对集便器装置、轴温报警器、浦厂问题轴承等进行了改造或更换。对TCDS监控系统、客车列尾检装置等12项设备进行了更新。2011年开行临客78组1 174辆,套跑116组1 187辆,加挂1 305辆,开行军运124辆。春运支南临时客车14组,266辆。自制8大类315项段制产品。截至2011年12月31日,全段实现无行车一般D类及以上事故733天(2009年12月28日4317次在运行途中发生制动管系漏泄故障,构成行车一般D类事故,终止全段安全天数),无人身轻伤以上事故、无路风问题、无火灾爆炸事故、无设备事故均为2 132天。

【长春供电段】 长春供电段担负着京哈、平齐、通让、大郑、长白、白阿、长吉、四梅、陶舒(委管)、长双烟(委管)、长吉城际共11条线路110个站1 935运营公里线路的生产、生活供电维修管理任务。全年处理侵限树木81 056棵,牵引供电方面,完成接触网施工天窗359次、维修天窗409次、临时天窗6次、配合天窗455次,其中综合利用天窗52次。绝缘子擦拭7 601个(串);绝缘子整治3 212个(串);处理动态检测缺陷908处;接触网缺陷处理4 536处。电力方面,完成施工作业1 460项,累计检修电力线路6 082公里;发变配电设备9 158台(座);更换绝缘线325 729米,更换PS-15绝缘子2 432个,扶正电杆834棵,电杆护砌256个,安装拉线1 424条,对管内2 895个站台灯塔、灯桥、灯柱进行全面保养,同时,按照路局统一部署,先后完成西安桥、宽平桥改造;长客供电线改造工程;团山堡站软横跨改单杆;长北四环桥改造工程;一间堡－米沙子上跨桥接触网过渡改造;长春站站改过渡施工;配合二十三局新建太平川－保康－茂林贯通线施工;平齐线线路排迁及郑家屯站改;完成4座5T电源工程;四平大修基地电力供应工程;配合松陶铁路建设及设备排迁等一系列重点施工任务。全年电损控制在9.10%范围内,比计划降低了0.04%;居民用电户移交256户,比路局下达指标多移交100户。发电设备合格率完成100%,变配电设备合格率完成96%,电力线路合格率完成97%,照明及其他设备合格率完成90%。截至2011年12月31日,实现无责任重大、大事故2 114天;无责任一般事故597天;无责任人身重伤及以上事故597天;无责任火灾2 114天;无轨道车运行事故2 114天。

【长春电务段】 长春电务段承担着京哈、通让、长白、平齐、白阿、长吉、陶舒、四梅8条干支线1 752.31公里、110个车站的信号设备养护维修任务。固定资产总产值97 380万元。长春电务段有职工1 472人,其中,干部319人,工人1 153人。完成路局重点工作17项、段重点工作22项,完成信号设备大修施工3个站、完成公主岭、乌兰浩特、四平站五楼合一设备集中改造工作,新建乌兰浩特北站和穆家店站,完成沈山线CTC改造3个站、完成平齐线CTC微机联锁6个站及84公里区间自闭改造,完成长春站改过渡施工52次、完成道岔大修138组、完成秦沈线改造的葫芦岛北站和4个中继站的配合施工任务。信号设备综合合格率达98.88%,设备优质率达79.90%。完成年总产值26 166.4万元。截至2011年12月31日,实现无行车重大大事故22 698天,无责任人身死亡事故22 698天,无责任重伤事故18 076天,无火灾事故22 698天。

【长春工务段】 长春工务段主要负担线路的线桥养护维修任务。固定资产净值290 483.26万元。全段有职工2 872人。全年正线综合修876.4公里;到发线综合修65.7公里;站线综合修44公里;正线道岔综合修329组,站线道岔综合修89组;到发线保养修82公里;站线保养修42公里;到发线道岔保养修183组;站专线状态修151公里;站专线道岔状态修432组;钢轨打磨112.5公里,道岔打磨82组。无缝线路短轨焊复654头,道岔胶结362头,长轨放散61.7公里。线上更换新钢轨9.5公里,更换再用钢轨15.6公里,焊补锰钢辙叉71个;更换新尖轨107根,更换新辙叉131个;更换基本轨96根,维修更换Ⅲ型枕77根,Ⅱ型枕2 356根,69型枕92根,木枕757根,砼岔枕16根,木岔枕800根。道岔破底筛46组,清筛翻浆冒泥3 500空/2.1公里。清理排水设备10.5公里,线路全年补碴743车/27 875立方米。冻害注盐1 124处/17.4公里注盐70吨。无缝线路倒边计4.4公里。道岔大修完成20组。长轨大修完成58.5公里,再用轨大修完成10公里。线路中修:大机清筛完成55公里,道岔破底清筛完成46组。桥梁综合修38座/578.9米,涵渠综合修61座/286.58米。长春站站场改造工程包括对既有线路的恢复以及既有线路的临时性拆除。道岔增加2组,拆除1组。七家子新建辽源金刚水泥厂站场改造工程因新建辽源金刚水泥厂对七家子站进行了局部改造,道岔增加4组;道口拆除1处。截至2011年12月31日,实现了无一般D类事故470天、一般C类事故10 411天、一般B类事故9 950天、一般A类事故23 067天;无较(重)大事故

23 067 天。无道口责任一般(重大)路外伤亡事故 10 593 天,无责任一般(重大)火灾爆炸事故 23 067 天。

(张耀锟)

公路运输

【概况】 到 2011 年末,全市公路总里程 20 842.176 公里。其中,国道 739.651 公里、省道 922.149 公里、县道 1 013.906 公里、乡道 4 120.1 公里、专用公路 27.316 公里、村屯道 14 019.054 公里。全市公路网密度达 101.4 公里 / 百平方公里。长春通往周边主要城市和各县(市)用高等级公路相连,市区主要公路出口达到一级公路标准,城乡相连,四通八达的公路网络基本形成。2011 年完成货运量 12 500 万吨、货运周转量 2 546 526 万吨公里、完成客运量 10 749 万人。到 2011 年末,全市有公路客运站点 84(不含出租车站点)个、临时站点 168 个,有公路客运线路 1 336 条,其中,跨省线路 85 条、跨市州线路 164 条、跨县线路 182 条,县内线路 902 个。全市有营运货车 99 172 台、营运客车 3 119 台(不含出租车)。全市机动车维修企业达 706 户。全市有驾校 77 所,年培训能力达 164 200 人。

【基础设施建设】 2011 年交通基础设施建设完成全口径投资 20.29 亿元,比 2010 年增长 5.6%。1.路网工程建设平稳有序。分别完成长春经济圈环线高速公路九台至双阳段初步设计和施工图外业勘测工作;安龙泉互通立交桥引桥、匝道及主线附属设施工程;长余高速公路米沙子出口路基土方和桥梁工程;珲乌公路饮马河大桥至东方广场 31.3 公里一级公路改扩建征地拆迁和路基桥涵工程;龙双公路东湖镇至新安镇 22.82 公里改扩建征地拆迁、路基桥涵及部分路面工程。2.农村公路建设深入发展。投资 4.79 亿元,新建农村公路 1 053 公里,超年度计划的 110%,水泥(油)路通屯率达到 54 %。3.运输场站建设积极推进。投资 3 456 万元,完成了长春高速公路客运站、榆树市客运北站、德惠市米沙子客运站改造工程和德惠市菜园子、天台客运站续建工程。新建 102 国道沿线候车亭 42 个,改造渡口 4 处。4.公路养护明显加强。投资 1.53 亿元,完成干线公路大修 9.9 公里、县级公路大修 26 公里,改造危桥 41 座。干线公路好路率保持在 80%以上。珲乌线、长天线、长太线、黑大线、科铁线和榆三线 6 条文明样板路顺利通过国检复查验收。

【服务保障建设】 城市公共交通加快发展。新建公交候车亭 328 座,新建和改造公交集合式站牌 503 座,对 16 个公交与轻轨接驳站点进行了改造,50 米内实现同台换乘。更新公交车辆 528 台,“暖车厢”改造 4 096 台。配合公安交警部门设立 28 条公交专用道,调整延长公交线路 10 条。节假日旅客运输安全高效。2011 年完成道路客运量 1.08 亿人次,比 2010 年提高 5%。2011 年春节和“十一”黄金周期间完成的客运量分别比 2010 年增长 13.9%和 12.8%。

【秩序整治工作】 运输市场秩序明显好转。对城市公交、出租汽车、公路客货运输、机动车维修和驾驶员培训市场实行综合执法,深入开展了以打击非法营运、无故甩客、强行拼客为重点的专项整治。公路路产路权得到有效保护。共清理整治公路道口 143 处、路障 2 642 处、非公路标识 320 块、纠正路政违章 425 件。交通运输安全持续稳定。对公共客运、危货运输安全生产情况进行排查和整改,对 125 艘船舶适航状况进行了检查,完成 7 艘渡船改造。对净月、南湖水上交通安全实行全程视频监控。整合水上搜救资源,初步形成了专业力量为主、社会力量为辅的水上救援体系。

(郭　昊)

民用航空

【概况】 吉林省民航机场集团公司(以下简称吉林机场集团)是首都机场集团公司的全资子公司。2011 年,所属长春龙嘉国际机场完成旅客吞吐量 497 万人次,货邮吞吐量 6.23 万吨,比 2010 年分别增长 4.68%和 0.95%。保障航班起降 4.12 万架次,长春龙嘉国际机场出港客座率达 82.8%,比 2010 年增长 5.7%。

【安全运营】 吉林机场集团全年安全运行态势总体平稳,未发生机场原因造成的航空地面事故和事故征候,实现飞行安全 53 周年,空防安全 18 周年。针对一季度机场安全态势不稳的客观实际,结合伊春“8·24”空难事故,及时开展“五查五摆”安全整顿;特别是“7·23”铁路动车事故发生后,按照首都机场集团统一部署,深入开展安全大检查。着力完成了东北局 3 个挂牌督办重大隐患整改工作。全面推进安全管理体系(SMS)和航空安保管理体系(SeMS)建设。成立 SeMS 体系建设领导小组,下发了体系建设方案。长春龙嘉国际机场安全评价符合率达 100%。深入开展违规危险品运输、控制区证件、机坪标志标识、FOD 防范、鸟击防范等专项整治,制定下发了《吉林机场集团开展违规运输危险品专项整治活动实施方案》及《长春龙嘉国际机场外来物防范手册》等规范性文件,专项整治工作扎实开展,取得预期效果。进一步修订完善各类应急预案,组织各类应急救援演练 57 次,有效提升了机场应急能力。

【服务质量提升】 2011 年未发生机场责任原因造成的重大服务质量投诉事件,旅客有效投诉为零,ACI 旅客满意度稳步提升。长春机场第三季度 ACI 旅客满意度分值为 4.59,比二季度提升 0.08 分,全球会员机场排名第 19 位,位列同层级会员机场第 3 名。长春机场航班放行正常率为 93.85%,高于首都机场集团成员机场平均值 2.6%。推行服务标准化建设。修订完善规章制度 549 个,程序文件 473 个。依据《长春机场服务质量标准》,联合驻场单位共同开展长春机场运行效率测评工作,机场运行品质逐步提高。适时启动 ASQ 机场服务质量项目,对接国际标准,查找不足,全年共落实 17 个服务质量提升项目。持续深入开展服务品牌创建。地服公司“金达莱”成功

9月5日，长春龙嘉机场首降E类宽体客机

入选首都机场集团首批挂牌品牌，吉林机场集团成为首都机场集团首批命名的“中国服务”品牌示范单位。深入开展大面积航班延误专项整治，编写完成《长春龙嘉国际机场大面积航班延误应急处置手册》，确立了吉林机场集团在大面积航班延误处置工作中的主导地位，明确了机场各运行保障单位、各驻场单位的职责与义务，大面积航班延误处置联动机制初步形成。积极推进综合管理体系认证工作。在“质量、环境和职业健康安全标准”基础上引入“食品安全管理”标准，并顺利通过中国质量认证中心的再认证审核。

【航空市场拓展】 积极与地方政府联系，向省航线推进工作领导小组上报了《关于吉林民航“十二五”航线规划情况及相关意见》的报告。经过不懈努力，促成省政府出台了《吉林省航线补贴专项资金管理暂行办法》，航线补贴资金暂定2 000万元，并初步确定了2012年全省重点航线补贴范围。积极推动主管副省长赴南航、东航、春秋航和吉祥航等航空公司走访，大力宣传和推介吉林航空市场，与多家航空公司达成合作意向。吉蒙黑区域合作取得实质性进展。在首都机场集团2011年度支线机场研讨会上，3省（区）机场集团、地方政府和旅游部门联合签署了《“吉蒙黑”区域航线开发合作框架协议》，并开通呼和浩特－通辽－长春第一条区域合作航线。重点走访天津航、四川航和东航等多家航空公司，联合多家机场企业共同对意向航空公司开展市场营销，并就吸引运力、开通航班等进行深入磋商。积极协调局方增加运力资源。推动基地航空公司向总部争取运力，协调民航华东管理局解决长白山至上海浦东航线时刻；全力促成海航利用自有北京机场剩余时刻，增加北京至长春航班。2011年长春机场累计开通航线68条，通航城市45个。

【基本建设】 2011年，机场集团重点基建工程相继开工，资源补充稳步跟进。长春机场航站楼改、扩建工程已投入使用；气象雷达楼迁建主体工程全面建成并移交吉林空管分局；航站楼安检通道扩建工程顺利通过竣工验收。1号路维修工程全面完工；服务车道维修工程完成工程总量的80%。机场飞行区等级由4D升至4E。除冰坪建设工程前期工作扎实推进，征地工作已近尾声。2期扩建工程前期工作全面启动，已编制完成预可研初稿和两套建设方案。1月11日，长吉城际铁路正式通车运营，长、吉两市旅客可乘动车到达长春龙嘉机场，实现了民航、铁路、公路3种交通方式“零换乘”。1月26日，长春龙嘉国际机场改扩建工程正式通过竣工验收。该工程以2015年为设计目标年，可满足年旅客吞吐量650万人次的需求。改扩建后，航站楼总建筑面积由原来的47 000平方米增至73 485平方米。

（潘利剑）

【南航吉林分公司】 南航吉林分公司是中国南方航空股份公司所属分公司之一，成立于1992年8月8日，是吉林省惟一的基地航空公司。到2011年末，公司有执管飞机13架，其中空客A321飞机5架、空客A319飞机5架、空客A320飞机3架。经营航线43条。其中，国内航线31条；国际、地区航线12条。通航城市35个。其中，国内城市27个，

地面服务保障部工作人员为旅客托运行李

地区城市3个，国际城市5个。建成了以长春、延吉为基地，覆盖全国主要城市，连通周边地区和国家的航空运输网络。

2011年，南航吉林分公司安全飞行49 314小时/22 407架次，比2010年增加616小时，杜绝飞行、空防和航空地面事故，实现安全年。全年完成运输总周转量36 964万吨公里，比2010年增长0.7%；累计运输旅客231.35万人次，增长2.82%；实现货邮始发收入3 704.03万元，指标完成率为105.60%；在册飞机日利用率为10.4小时，提高0.6小时，全年盈利33 560万元。在运力短缺的情况下，通过提高飞机日利用率，用13架飞机保住了15架飞机的航权和时刻。

公司以南航航线网络为依托，加密干线航班，增加京、沪和日韩航班量，增加省会通航点，成功启动了欧美、中东、南亚等旅游市场。实现了长白山、浦东、台湾航线增量，乌鲁木齐航线冬季执行，大阪航线直飞等战略调整。东北亚博览会期间，历史性地成功引进A330双通道机型进入吉林市场。响应省政府号召，克服重重困难，确保长白山机场不断航。空中、地面服务满意率分别为98.1%和98.9%。基地出港航班正常率达82.64%，比2010年提升6%。推进"品牌服务推广年"活动，为吉林省委、省政府多个代表团及新兵运输等重要任务提供优质服务，圆满完成"两会"、"东北亚贸易博览会"和省内援疆代表团的服务保障工作。推出"快速过站中转无忧"服务，打造无缝隙空地服务，以"金达莱"乘务组和"向阳花"地面服务中转组为主带动品牌服务建设。获得多项公司级以上荣誉，地面服务保障部员工康英艳获得"南航集团优秀共产党员"，工会被南航股份公司评为"先进职工之家"，公司被推荐为民航局和全国"创建和谐劳动关系先进单位"。

（黄　可）

城市公交

【概况】 2011年，市交通局办理从业人员资格证6 500人；整顿规范营运秩序，建立了正常的行车秩序和停车秩序，重点处理违章停车、随意停车、非站点上下车、越站甩客、载客加油、不正点发车等问题；接待处理市长公开电话投诉件1 860件，办结率、满意率、反馈率99%，接待来信来访，省市人大代表、政协委员建议37件，反馈满意率达98%，接到读报信息平台工单37件，及时处理解决。确保营运车辆安全。长春市交通局每月初召开一次行业安全管理例会，查找营运车辆安全隐患，分析事故原因，定期与各公交线路企业法人签定"安全建设年"营运车辆安全责任书，定期组织驾驶员参加交通安全常识考核，全年开展营运车辆技术安全检验工作，检查营运车辆3 400余台，对检验不合格存在安全隐患的车辆，及时下发限期整改通知书，整改合格后，方可营运。

【公交设施建设】 2011年，市交通局对长春市红旗街等6大公交集散地客运线路终点公交站牌进行标准化建设改造。新建集合式公交站牌186座、更新集合式站牌内外饰板及站序线路走向图99座；对长白等6大出城口公交站牌进行标准化改造。新建集合式公交站牌80座；对18处公共汽车与轻轨站点进行接驳。新建集合式站牌18座，迁移集合式站牌17座，迁移公交候车亭32座；对长春市红旗街、建设街等24条标准化街路公交站牌进行标准化建设改造。新建公交站集合式站牌378座、更新集合式站牌内外饰板及站序线路走向图228座、规范分离、错位站牌与候车亭设置46座；人民广场小外环站务设施改造，新建设公交集合式站牌8座，更新站牌、站序945座，迁移站牌23座，迁移公交候车亭7座，改造语音报站器478台；规范经济开发区公交设施，新建公交集合式站牌214座；为全市4 096辆公交车安装取暖设施。

（郭　昊）

物　流

【概况】 2011年长春市社会物流总额突破1.25万亿元，与2010年同期相比递增16.5%；物流业增加值达276.67亿元，与2010年同期相比递增18.6%，占全市服务业比重14.7%，对GDP的贡献率为6.34%；社会物流总费用687.8亿元，比2010年增幅15.7%，物流总费用占GDP的比率为17.17%，与2010年相比下降了0.67%。全市有企业物流和物流企业3 676户。其中，企业物流644户，占总数的17.5%，第三方物流企业3 032户，占总数的82.5%。在3 000多

改造后的城市公交候车亭

户物流企业中，运输型企业 2 285 户，占总数的 74%；仓储型企业 290 户，占总数的 9%；综合型企业 514 户，占总数的 17%；应用物流信息化管理系统的企业 1 440 户，占总数的 46.6%；为一汽服务的物流企业 250 户，占总数的 8%。

【区域性批发市场建设】 2011 年，长春市各类商品交易市场年成交额在亿元以上的有 40 余个，具有区域性辐射功能的市场 20 多处。在建的有中机（长春）物流科技园、长春雨润全球采购中心、长春海吉星农产品配送中心、吉林省隆源农资物流园、长春国际工业品交易中心等区域性批发市场 8 个，累计完成投资 60 多亿元。至此，长春市逐渐形成 5 大市场集聚区。

【完善物流统计体系】 2011 年市发改委已经形成了具有长春特色的物流统计模块，经过中国物流与采购联合会审核后，长春市的物流统计体系已经纳入中国物流与采购联合的统计体系。物流统计核算囊括了农产品、工业品、外部流入、单位与居民物品物流总额等数据；全市货运量、货运周转量、物流行业固定资产投资等数据；运输环节、保管环节、加工环节的收入以及费用支出等指标。物流统计核算时还要依据全市一、二、三产的各项季度指标要素，以确保物流统计核算的合理性和实用性。长春市的物流统计核算体系得到了中国物流与采购联合会的高度肯定，其成熟度居东北地区副省级城市首位。

【创新物流结算方式】 2011 年市物流办、物流协会联合银联商务吉林分公司共同开发出物流运单电子结算管理系统，该系统开创了物流结算方式的先河，具有传统结算方式无法比拟的优势。同时，长春市也是银联商务总部在全国推行该系统的惟一试点城市。2011 年长春市在物流电子运单管理系统在测试上取得圆满成功，有多家物流企业开始试用该系统，物流结算方式升级改造，使长春已经走在了全国前列。

【物流行业大普查】 2011 年，在长春市城区内开展了一次全面的物流企业普查工作。长春市大小物流企业和企业物流近 3 600 多家。其中，物流企业总资产在 50 万元以下的 2 376 户、50 万元～500 万元的 495 户、500 万元以上的 218 户。截至 2011 年底，全市城区共有大小物流园区 12 个，其中入驻 20 户以上企业的 10 个，物流从业人员 28 万人，全市运输车辆总数达 70 000 多台，其中个体车辆数为 31 000 多台，占总数的 44.2%，物流企业运输车辆总数为 47 904 台，装卸设备 4 856 台，货物运输量 1.2 亿吨，仓储面积 315 万平方米，其中冷库面积 15.4 万平方米。长春市物流企业经营线路 85 条，基本覆盖了全国各省主要城市。全市城区物流企业普查工作于 2011 年 12 月完成，物流企业、企业物流数量、分布、类型、发展特点，行业发展优势，存在问题，以及物流企业反映的问题均进行了普查登记，完成了物流企业普查工作报告和物流企业普查分析报告两篇材料并上报市政府。

【物流信息网建设】 长春物流信息网 2011 年吸纳了电信、银联、保险、金融、教育、法律等多家加盟单位。该平台涵盖了物流企业专用号段申领，物流企业贷款融资，物流企业人才招聘、培训，物流企业结算方式升级改造，物流企业咨询、投诉、应急、求货、求车等多项业务。2011 年 12 月完成的长春市城区物流企业大普查与长春物流信息网密不可分，长春物流协会在长春物流公共信息平台上建立了长春物流企业信息资源储备库，准确翔实的物流企业数据为物流企业数据库充实了资料和内容，并把普查数据全部录入企业信息数据资源库。只要在数据库检索栏中输入相关检索信息，就可以查到数据库中任意一家物流企业的全部情况。该数据库每年更新一次，及时录入新注册企业。

（崔永哲）

信息产业

综　述

信息基础设施建设　2011 年全市通信光缆总长度达 18 700 皮长公里，互联网用户数达 590 万户，固定电话用户达 190 万户，移动电话用户达 890 万户。同时，市工信局与中国移动吉林分公司签订合作协议，确定了在电子政务、电子商务、公共安全、应急救灾、市政管理、公共交通、教育卫生等领域加强合作，共同推动长春市的无线城市建设。

电子政务建设　1.推动长春市政务信息资源目录体系与交换体系的建设。按照《长春市基于政务信息资源目录体系支持部门间信息共享与业务协同试点建设实施方案》所确定的任务，以社区二期信息化服务平台建设为契机，依托社区城市居民个人数据库和企业共享数据库，构建社会大救助服务系统，提出地方税收联合征管系统建设方案，得到了市政府的批准。同时制定了长春市政务信息资源开发利用的标准和管理办法。2.由市纪检委、工信局牵头，协调建委、规划、土地、交通等部门完成了建设工程信用信息公开的试点工作。依托长春信息港建设长春市建设工程信用信息公开平台，为长春市建设工程的信息公开提供了统一的平台。同时，在省纪检委的推动下，试点工作的经验在全省推广。3.推进长春市经济运行分析系统平台建设。组织人员对相关处室进行调研，提出了具体需求，与财政沟通，通过政府采购的方式确定了单位。

信息化和工业化融合　1.推进两化融合示范城市的工作。向省工信厅申报两化融合示范城市的请示，省工信厅批复长春市为全省两化融合的示范城市。为了推动两化融合示范城市的建设，下发关于申报长春市信息化和工业化融合示范企业的通知，经过各县(市)、区的申报和推荐，确定了 10 户示范企业。2.由省发改委牵头，市发改委、工信局等部门共同配合，开展了电子商务示范城市的申报工作。2011 年上半年，市工信局与发改委共同组织相关部门完成了电子商务示范城市的申报材料，以长春市和吉林市联合的名义向国家发改委申报电子商务示范城市，9 月份，通过专家答辩，11 月份获得国家相关部门的批复。3.推动中小企业综合服务平台建设和应用。加快推进中小企业信息化建设，提高政府对中小企业服务的水平，启动了长春市中小企业综合服务平台的建设，7 月份召开了启动仪式。4.完成吉林省信息产业发展资金的申报工作。向吉林省工信厅进行信息产业发展资金中信息化项目的申报，申报 17 个项目，有 10 个项目得到了 700 万元的支持。

社会信息化建设　完成社区信息化服务平台二期建设。进一步完善社区的管理和服务信息网络，将社区信息服务平台的应用部门扩展到了就业、教育、计划生育等 10 个部门，以提高社区公共服务水平，促进服务型政府建设。推动地理空间系统的建设。配合市公用局，完成了公用综合监管系统，该系统以地理信息系统为应用平台，采用宽带网络和数字化技术，对全市市政供热系统实施了动态监控和管理。完成教育系统信息化校园建设方案的编制，并通过专家评审。加快土地信息化平台的应用和开发，加强了土地管理和监察。

（刘　鑫）

邮　政

【概况】　2011 年，长春市邮政局坚持以提速度、扩规模、强管理、提能力、增效益、促转型为发展思路，提升有效收入和运行质量，实现了企业发展和员工收益双提高的发展目标。截至 12 月末，长春市累计实现业务收入 4.65 亿元，增幅 12.1%。

【业务发展】　1. 强化专业化经营转型，专业营销能力有新提升。2011 年实现金融业务收入 24 494 万元，增幅 11.5%。储蓄余额达 130 亿元，在全国省会局中提升一个位次，列第 15 位；新增余额超过 25 亿元，增幅位居全国省会局第 7 位。全市小额优质客户实现新增户数 10 万户，吸收储蓄存款余额 23 亿元。邮务类业务实现收入 1.95 亿元，增幅 12.3%。其中函件和集邮的专业利润率分别位居全省第一。2.项目营销拉动作用显著，营销能力得到提升。全市实施营销项目 74 个，实现收入 1.31 亿元，完成计划的119%，金融类专业项目形成流转余额20亿元;邮务类专业项目实现收入1.1亿元,仅建党90周年与邮博会的结合项目就形成收入1 500万元。在实施专业团队营销的同时，对重点项目、重点业务实施非专业团队助力营销。在全市组建58个营销团队，累计收入9 176万元，占全市业务收入的21.3%。全年客户经理实现业绩4 496万元,人均32万元。2011年对大客户的分层分级开发、管理、维护战略,增强维护深度,提高收入贡献率。已成功开发战略大客户40户,实现收入3 208万元,专业维护开发的重点大客户324个，实现收入2 856万元。县(市)局维护大客户实现收入467万元。全市现有万元以上大客户459户,累计用邮6 531万元。3.县(市)局发展持续提速。长春市邮政局强力推进5县(市)局的发展,确定打造经营型县（市）局的发展方向，采取专业对县(市)局一管到底,营销项目互动、复制,县(市)局间交流互访等有效措施,收入增幅连续3年保持快速增长。2011年县(市)局全年实现收入1.46亿元,比2010年增长19.7%。3个县(市)局的收入绝对值进入全省前10名。5县(市)局累计新增余额14个亿元,其中,德惠局年增额超5亿元,在全省县(市)局增额排名中列第2位;榆树、九台局余额总规模突破10亿元。

【平台建设】 深化平台体制建设。在发行投递局进行发投体制改革，将发行与投递分开,组建个性化商务投递队伍。个性化投递中心累计投递各类银企对账单5.1万件,妥投率、回执率均超规定标准。加强网点能力建设,实施规范化服务。全年共计投资2 480万元，装修改造网点46处,尤其是加大对金融网点标准化改造投资力度,实现余额增长。新建、改造29处金融网点实现储蓄余额增长2.24亿元。健全平台功能,拓宽服务领域。在现有平台搭载票务、缴费等新兴业务，2011年在平台办理的业务已达8种,银企账单、商函及无名址邮件妥投率达到100%,回执及回执自送协议书收取率达100%。加强邮政的社会化功能,已建便民服务站665个,集邮专卖店2个。切实加强信报箱工作，新建楼房的信报箱工作已正式纳入市建委工程建设审批流程,2011年新建楼房上箱率达100%。

【精细化管理】 加强财务管控，降低成本支出。2011年完成收支差额3 600万元。全市出租房屋资产实现收益873万元,处置资产实现收益163万元,核减车辆减少费用50万元。建立远程无人监控系统,节省成本80万元。全年完成工程审计50项,审计金额1 100万元,审减额200万元,审减率18%。强化人力资源管理,从业人员保持负增长。全地市从业人员比2010年度减少90人。全年累计解除劳动合同230人,其中,通过星级考评解除63人,调整盘活A类员工105人。加强人员结构调整,突出支撑重点专业，为金融、投递等专业补充人员129人。大力推进流程优化工作。全年盘活人员86人、减员19人,核减车辆21台,外包县(市)局自办邮路8条,年节约成本520万元。

【企业文化建设】 2011年长春市邮政局开展多层次、内容新、方式全的教育培训，提升员工素质。全年共完成73项285期的培训,累计培训1.49万人次。坚持星级服务考评，三大平台整体人员素质得到明显提升。与2010年度评定结果相比，三大平台员工的业务技能成绩平均提升10分。党政工团通过开展“创金牌服务品质、树服务示范窗口”等系列活动,进一步提升服务质量。完善投诉受理机制，有效减少用户投诉升级和媒体曝光，投诉量比2010年同期月均下降50%。11185客服中心KPI指标在全国综合考评中位居前位。进一步做好员工的暖心工作,为27个网点建立了小家厨房。以创建“平安邮政”为目标,开展防火、资金等大检查活动,全年无重大事故发生。2011年企业顺利通过全国文明单位检查验收，君子兰储蓄所被授予长春市工人先锋号。

（江　琳）

联　通

【重点业务】 2011年,3G净增出账用户17.8万户,达29.7万户。宽带净增用户1.7万户,达60万户。2G净增出账用户16万户,达196.1万户。“沃家庭”净增用户10.74万户，带动新增3G发展3 821户、2G发展8.49万户、宽带4.4万户。行业应用拓展能力逐步增强。签约行业应用项目194个，发展行业应用用户13万户。

【网络建设】 2011年新增3G基站138个，达到1 138个，高速公路覆盖率达67%,乡镇覆盖率达70%。新增2G基站109个,达1 908个,行政村和交通干线覆盖率达90%。新增宽带端口31.5万，达109.2万。行政村光纤覆盖率达87%,比2010年底提升7个百分点。完成主干电缆光进铜退262条，拆除电缆40.01万线对公里。3G网络接通率提升到98.03%,掉话率下降到0.33%。长途交换网网络接通率、一级干线传输电路可用率继续保持全国先进水平。

【改进服务】 全面推行宽带装修移“无条件”受理,通过压缩工单流转时限、提升末梢服务水平，宽带装机一日通率提升至98.2%。客户投诉率和升级投诉率呈下降趋势，宽带投诉在全省占比由53.61%降低到34.12%。深化3G专属服务,VIP拍照客户增加到5.39万户,3G拍照VIP客户保有率达81.7%。深化VIP客户专属服务内容，新建VIP客户俱乐部活动基地,确保VIP客户服务向专业化、个性化、系统化迈进。

【精细管理】 围绕市场经营、建设维护、物资采购、财务管理、风险控制、安全生产等重要环节,进一步规范政策、明晰流程、落实责任、强化执行,各项基础管理的精细化水平得到提升。强化资源配置，全面启动并完成3年发展规划编制工作。积极推进节能减排，全年累计下电设备503个,减少能耗合计205万元。加大安全生产检查、整改和打防力度,全年未发生安全生产责任事故，全年电缆被盗发案率降低42%，破案率达30%，被评为全省打防专项斗争先进单位。

（王科峰）

移　动

【概况】　2011年，中国移动通信集团吉林有限公司长春分公司深入结合省公司工作会议精神及公司工作实际，严格落实“效益年”各项工作部署，坚持效益引领，强化管理牵引，做实基础保障，实现重点突破。截至10月末，长春地区运营收入累计完成27.94亿元，完成基本目标值的85.33%，完成挑战目标值的84.53%。数据增值业务收入累计完成6.28亿元，完成基本目标值的85.50%。新业务收入占比为22.48%，比2010年同期增长11.55%。WLAN收入19.1万元，完成年度目标值136.7%。动态中高端客户数为35.72万户，完成基本目标值的97.71%，比2010年增长1.89%。拍照中高端客户保有率为82.21%，优于省公司全年基本目标值12.21个百分点，优于挑战目标值7.21个百分点。重点拍照中高端客户保有率为82.59%，优于省公司全年基本目标值2.59个百分点。TD净增客户数5.4474万户，完成基本目标值的36.32%。新增净增比为6.64：1，距离目标值1.64个百分点。WLAN业务流量17 234万兆，完成年度目标值的98.48%。

【市场营销】　农村市场方面，坚持以提升用户市场占有率为核心，以用户发展和有效维系为主线，积极深化农村属地经营的支撑和管理，不断提升属地化效能。持续巩固提升新增和净增用户市场份额，保持农村市场用户领先优势。1月～10月，4县市1区发展新增用户199.2万户，比2010年同期提升34.72万户。净增通话用户25.97万户，比2010年同期提升18.77万户。校园市场方面，按照集团公司、省公司关于“校园市场营销常态化”的总体要求，围绕“创新产品，智慧竞争、协同营销”三个方面，从学生、教师、学校三方需求出发，结合公司产品、资源、营销策略全面开展2011年校园市场营销工作。大众市场方面，牢牢把握营销时机，深入人才市场、建筑工地、社区、商圈等流动人口聚集地，精准寻找目标用户，主动上门发展、服务并开展现场办公，充分利用神州行创业卡等优惠资费套餐和入网送洗浴套装等促销活动，大力发展流动人口用户，进一步提高新增用户市场占有率和净增用户市场占有率。累计开展现场办公187次，新增用户6 707户，其中发展“神州行创业卡19元套餐”2 885户，销售终端100台，缴费3.5万元。数据业务方面，实现用户规模和收入规模双提升。创新营销思路，开展多样性营销活动。以彩铃、手机上网、短彩信等成熟型产品为主线，重点发展手机报、手机上网等业务，通过开通赠送话费的方式刺激用户开通、使用。紧紧把握高校动感地带用户，精选首发游戏，开展手机游戏营销活动。有效利用线上渠道，积极开展线下活动，扩大手机阅读业务用户数。通过体验营销，增强用户感知，培养用户使用习惯，促进移动MM业务发展。截至9月末在营业厅前台共发展MM用户2 352户，通过体验营销平台共下载MM客户端2 093个，下载MM应用8 603个。TD营销方面，大力推进TD营销，实现G3用户规模发展。截至10月末，通过各类合作渠道的建设及各种形式营销活动的开展，销售G3手机终端99 823部，净增G3用户87 440户，转化比87.60%。

【全业务运营】　2011年，长春分公司联合铁通分公司通过开展“携手感恩、真情回馈”联合促销及“办理铁通宽带、赠送移动话费”两项营销活动，同时积极利用省公司“幸福家庭—易享套餐”营销政策，截至10月末，累计新增协同发展结算宽带用户14 217户，协同发展宽带用户29 253户，分别完成KPI指标的92.92%、下半年市场经营重点工作的83.58%。

【品牌管理】　截至2011年10月，全球通品牌客户净增96 207户。动感地带品牌以“M-ZONE人行动创造未来”为主题，在学生群体中提高品牌美誉度，塑造动感地带品牌优势。神州行品牌以“实惠新生活——我看行”为主题，以农村市场为关注核心，同时面向流动用户群，提高品牌认知度和普及率。活动开展期间，电影放映465场次、办理缴费回馈10 905笔，回流对手客户3 904户，销售TD座机162部，TD终端135部。

【网络建设】　深入开展各项专题工作和网络结构调整，根据市场需求建立合理的网络结构。通过路测及投诉情况，确定分析弱覆盖区域，全力开展城市重点站、居民小区及1 800M网络建设，提升网络覆盖深度。实行话音优先策略，开展双频优化工作，确保入网载频发挥作用，提升用户感知。开展上行干扰排查工作，集中进行“三高整治”、“深耕行动”和“工兵行动”、“外部干扰排查”等各项工作，通过各项工作的落实，干扰小区占比下降明显，从2010年11月的25%左右，降低到2011年12月的3.96%左右，干扰小区数量明显减少。创新组织管理，全力开展网络建设。通过建立网络建设专项工作组，引入监理单位，建立一体化监理，形成网络建设跟踪管理体系，持续关注监督管理工程进度、工程质量，将工程建设包保到人，执行成果考核，有效确保了工程量的完成。截至11月末，安装AP17 538台，开通13 216台，已开AC22台。建设并开通宏基站86个，建设全业务专线64条。为适应网络发展，提升网络承载能力，开展接入环拆环改造工作、长链改环工作以及大本地网建设工作，共拆分23个接入环和郊县环，新增2M数量达4 100条。创新基础维护手段，提升维护工作价值。基础维护方面以市场营销区域为单位展开，以支撑区域的市场发展为目标，建立了快速的区域应急处置、投诉响应及网络支撑的新维护机制，全面提升了维护质量和客户感知。对各个核心机房进行安全自检，及时发现问题，对部分机房的电源设备进行了专项整治工作，排除安全隐患。积极探索，逐步引入新材料、新设备，改进维护方法，实现“绿色行动计划”的节能减排目标。积极参与省公司“种子工程”，实施动力环境监控系统优化，有效发挥动力环境监控系统对通信电源网络的支撑作用。传输网安全提升方面，重点解决干线网络安全提升，通过长春至德惠出城、长伊二干割接，解决长期困扰的我们高危段落，提升了干线网络的安全性，确保的了传输 KPI 指标的完成。通过水毁重建和大修改造对 123 处危险点进行整改和排迁，有效地提升了传输网络的抗风险能力。

（刘学楷）

中国电信长春分公司

【打造精品通信网络】 2011 年，公司宽带接入项目全部采用 FTTH 方式建设，积极推进“宽带中国·光网城市”战略，以光纤接入网络突显宽带业务和综合业务优势。已建成全市完善的固定电话及宽带接入网、移动网、业务网、数据互联网和传输网，全面覆盖了长春市的各个角落，使长春老百姓享用到了真正的绿色、健康、环保、快捷的通信服务。

【创新经营】 公司坚持以创新为企业发展核心，紧跟新技术、新业务发展方向，不断推出满足市场需求和客户需要的适用性产品。公司拥有“天翼领航”、“天翼 e 家”、“天翼飞 Young”、“号码百事通”等知名品牌，针对不同消费群体而设，满足消费者的不同消费需求，全面推动中国电信向“世界级综合信息服务提供商”的目标迈进。公司充分利用自身的先进通信技术，积极开发企事业单位的行业应用产品，与医院、高校、服务外包产业、汽车工业、农牧业等各个领域进行全面合作。与省政府、一汽集团、吉大第一医院、东北师范大学、吉林大学和长春净月开发区管委会签署了战略合作协议。双方强强联手，将通信技术与政府、企业、人民的生产、生活需要有机结合起来，有效促进国家信息化和社会信息化的大发展。

【为客户提供优质服务】 公司全面落实《全业务服务标准》及“五个一”服务承诺，改进服务工作短板、解决客户焦点问题。为充分保障客户权益的基本诉求，公司对客户公开承诺客户投诉先行赔付、计费差错双倍返还。完善用户信息提醒功能，保证业务变更和费用提醒准确及时，向客户提供公正、清晰、透明的优质服务。结合精神文明单位创建活动，在全体员工中推行“首问负责制”，开展丰富多彩的岗位竞赛活动，强化了全体员工服务意识和主人翁责任感，开展无边界合作，确保承诺服务的兑现。围绕“天翼影迷俱乐部”、“天翼体育俱乐部”、“天翼旅友俱乐部”、“天翼爱心俱乐部”4 个主题子俱乐部全力推进“圈子文化”体系建设，建立俱乐部沟通平台，开展俱乐部会员活动，通过提供尊贵、专属的服务，提升用户的身份认同感，增强客户归属感。公司通过践行“大服务”理念，向亲情服务、文化服务和细节服务迈出了坚实的一步，全面提升用户感知，实现了整体服务水平的稳步提高。

【自身建设】 公司担负着保障国家通信安全畅通的任务，并圆满地完成汽博会、东北亚博览会等重大社会活动的通信支撑任务，为重要节假日以及重大的突发事件、信息安全保密等工作提供了值得信赖的通信保障。吉林永吉县遭遇特大洪涝自然灾害，公司应急通信保障队伍第一时间奔赴灾区，率先恢复当地的移动网络信号，为抗洪救灾的有效指挥调度提供了坚强保障。公司党委、团委组织青年志愿者开展助学帮扶活动，先后向农安县中心小学、双阳区贺家村小学、双阳区双营乡黄金小学捐款、捐赠图书和桌椅，并建立了“中国电信希望工程图书室”。辛勤耕耘与用心经营，中国电信长春分公司得到了社会的认可和客户的信赖，先后被授予“全国通信行业用户满意企业”、“吉林省社会质量责任测评 AAA 级优秀单位”等 30 多项殊荣，累计有 125 个集体和个人获省、部级以上表彰。

（武海丹）

电信青年志愿者开展助学帮扶活动

综合经济管理

宏观调控

【概况】 2011年,全市完成地区生产总值达4 003.1亿元,增长13.3%,三次产业比重为7.2∶52.3∶40.5。全口径财政收入完成803.2亿元,增长42.6%;地方财政收入完成288.6亿元,增长59.6%。全社会固定资产投资完成2 433.4亿元,增长30.3%。规模以上工业总产值7 005亿元,增长22.9%。城镇居民人均可支配收入和农民人均纯收入分别达20 487元和7 965.1元,分别增长14.3%和12.5%。

【组织实施"十二五"规划】 实施"十二五"规划。2011年1月,《长春市国民经济和社会发展第十二个五年规划纲要》在市第十三届人民代表大会第四次会议上正式通过,进入实施阶段。为此,市发改委按年度细化目标任务,把目标任务纵向细化分解到每一年,横向细化分配到各部门,并制定形成规划考核体系,推动和保障规划落实。建立完善规划体系。"十二五"规划包括1个总体规划、42个专项规划和4个区域规划。深入研究重大问题。围绕扩大经济总量、城市空间布局、产业协调发展等规划纲要提出的重点领域,深化、细化政策研究,形成了《关于长春市经济和社会发展一些重大问题的研究》、《长春市十二五时期城市空间生产力布局研究》、《关于加快推进长春市服务业跨越发展的对策研究》、《商贸业与现代物流业联动发展战略研究》、《关于对长春市金融服务业发展的几点思考》等调研报告,为市领导决策提供有力依据。

【制定并组织实施年度计划】 2011年初,市发改委科学制定《长春市2011年国民经济和社会发展计划》,提出了GDP增长14%左右的导向性目标。起草完成《长春市2011年国民经济和社会发展计划上半年执行情况及下半年主要工作安排的报告》,指出了经济运行中存在的问题并对下半年重点工作进行部署。加强经济监测预测,先后高质量完成一季度、上半年、三季度经济运行分析,提出解决问题的意见和建议。年末,完成《长春市2011年国民经济和社会发展计划执行情况与2012年国民经济和社会发展计划草案的报告》,全面总结2011年全市经济和社会发展状况,综合分析各方面因素,确定了2012年的工作思路、发展目标及重点任务。出台了《经济目标考核责任制》,将年度目标进一步分解,落实到各个城区、县(市)和市直有关部门,明确任务、严格考核,确保年度主要计划指标的顺利完成。

【项目建设】 2011年,市发改委继续加大投资和项目建设力度,确保了固定资产投资连续5年保持较快增长。1.建立完善"三位一体"推进机制。筛选"十二五"期间的150个重大项目,总投资5 716亿元,实施市级领导包保、部门联系、属地负责的三位一体推进机制,全程跟踪、调度、服务,确保重大项目顺利推进。2.着力实施"双百工程"。开展百日集中审批工程,对重大项目实施绿色审批通道,采取帮办制、代办制、并联审批等方式,集中为项目办理前期手续,提高项目前期成熟度。实施百日集中开工工程,二季度,实施百日集中开工工程,共组织10余次,440个重大项目集中开工。3.大力实施"2132项目储备工程"。围绕长春市重点产业和民生事业,按照国家投资方向和投资次序,健全和完善项目滚动管理推进机制,加大项目谋划和储备力度。全市共谋划、储备项目2 492个,总投资14 401亿元。4.为项目争取资金支持。着力于解决项目资金的瓶颈制约,强化"发改委牵头汇总、各部门分工协调"的联动机制,全年有185个项目获得国家和省资金支持,资金总额8.5亿元,极大地缓解资金紧张问题,确保项目建设顺利推进。

【服务业发展】 统筹推进全市服务业加快发展,着力提高服务业在全市经济中的比重和地位,全年服务业增加值预计实现1 620.2亿元,比2010年增长13%,服务业投资占比超过50%。1.强化服务业政策体系建设。市发改委先后制定出台了《关于支持现代服务业集聚区建设的意见》、《关于支持城市商业综合体、区域性专业批发市场、五星级酒店建设的若干意见》等政策文件,对促进长春市服务业发展起到了推动作用。2.推动城市商业综合体、区域性批发市场等服务业重大项目建设。先后组织认定24个商务综合体项目和4个综合性批发市场项目顺利推进。3.推动金融、现代物流等重点产业加快发展。制定出台《长春市人民政府关于支持金融业发展的意见》实施细则,推动金融功能区建设,加大金融机构引进和设立力度。2011年,盛京银行长春分行、华夏银行长春分行等3家银行类金融机构顺利开业,全市银行类金融机构数量达24家。现代物流业加快发展。谋划布局5大市场集聚和5大物流集中区,完善物流行业统计体系,全市物流业软硬件水平得到快速提升。全市物流业增速超过17%,社会物流总额达到1.2万亿元,物流企业数量达3 000家。4. 加快推进服务业集聚区建设。集中力量抓好重点园区、重点项目、重点企业"三大载体"建设。规划和启动了南部都市现代服务业集聚区、莲花山生态服务业集聚区等20个规模较大、集聚度高、发展特色鲜明的服务业集聚区。

【重点民生专项工程建设】 1.加快推进社会事业重大民生专项工程。推进中小学校舍安全工程、基层就业和社会保障服务工程、精神卫生防治体系等10余项重大民生专项工程,涵盖教育、医疗、就业和社会保障等重点领域,争取国家、省投资资金2亿元,保障项目建设顺利开展。2.圆满完成农村泥草房改造和农村饮水安全工程。完成农村泥草房改造5 670户,2011年争取到补助资金2 141.7万元,并全面完成了省下达长春市的120 513户农村泥草房5年改造任务。农村饮水安全工程年度任务顺利完成。争取到国家投资9 973万元,省级补助资金6 648万元,推动建设农村饮水安全工程339处,解决农村25.46万居民和8.51万师生饮水安全问题。3.积极推进保障性住房和"暖房子"工程建设。长春市发改委继续协调、分解落实保障房工作指标,加强与省发改委沟通,积极争取保障房项目中央预算内补助资金。2011年,开工建设6 433套廉租房、11 439套公租房、12 950套棚户区回迁房,分层次、多形式的城市住房保障体系基本形成。积极做好相关部门的协调服务工作,努力推动"长春市既有居住建筑节能改造"、"市暖房子工程供热管网改造"、"小锅炉房供热系统并网改造"等30多个项目建设。

【重点领域改革】 加快推进医改工作。在市级公立医院、县医院和村卫生机构推进基本药物制度实施,药品价格下降29.2%、住院费用下降21.3%、就诊患者人次上升10.7%。实施乡村卫生机构一体化改革试点,解决村级卫生机构的建设和基本药物制度的实施问题。在全国率先实施医保"议价谈判",10个病种患者个人支出平均降低53%,3 233个常规诊疗项目费用平均降价23%。首创建立"721"模式的资金保障机制、"同城同价"的药品管理机制、"三险统一"的报销补偿机制和"软硬跟进"的配套服务机制。推动以长吉一体化为重点的城镇化工作。加强对长吉一体化的总体目标、空间布局、产业发展、对吉合作等关键问题的研究。加强与省和吉林市沟通,在规划、基础设施、产业发展、合作平台、机制建设等8个方面进一步深化长期合作。推进全省"十强镇"发展改革试点,对长春市"十强镇"进行动态考核。组织申报全国发展改革试点城镇,指导和帮助试点镇编制规划和试点方案。2011年,长春市有24个镇被评为全省"十强镇",其中西新镇、合心镇、米沙子镇等8个城镇被评为全国发展改革试点城镇。

【节能减排工作】 市发改委充分发挥部门职能,突出抓好重点行业、重点企业和重点领域的节能减排,确保节能减排工作不断迈上新水平。全力推进节能降耗工作。省政府下达给长春市的节能目标为单位国内生产总值能耗同比下降3.6%。2011初,市发改委将指标任务分解到14个县(市)区政府、开发区管委会,明确责任,强化考核,推动目标任务顺利实现。研究制定《固定资产投资项目节能评估和审查委内工作细则》,开展固定资产投资项目节能评估和审查工作,加强节能评估和审查。认真研究国家有关政策,组织条件成熟的节能服务公司积极申报国家备案,争取获得从事合同能源管理项目实施的资格,加强合同能源管理。截至2011年,长春市有30家节能服务公司在国家发改委备案。扎实开展循环经济工作。积极抓好国家级循环经济试点工作,推动亚泰集团和一汽集团先后被列入国家循环经济试点单位。继续争取省级循环经济试点工作。有效挖掘"城市矿产",争取省发改委批复长春亿北再生资源有限公司为省级循环经济试点单位。3.积极争取中央及省项目扶持资金。2011年,争取中央预算内和省级专项资金12 365万元,有效缓解了项目建设资金紧张问题。

(伏圣兴　吴秀虹)

统计工作

【统计服务】 统计监测范围扩大、重点突出。瞄准全市经济发展总体目标任务,及时与有关部门合作,定期开展经济发展态势研讨,分析和预测全市经济运行状况,加强预警、提出建议,及时完成了《前三季度全市经济运行分析及全年经济走势预测》、《十一五期间长春与相关城市经济社会发展对比分析》等预测分析。重点加强对工业、投资、能耗、房地产、贸易等重点领域敏感指标的监测预警,确保及时反映苗头性和趋势性问题,并在第一时间报送市委、市政府,实现了对经济动向的跟踪监测和快速反应。围绕长春市"十二五"规划,对市委、市政府特别关注的新型工业化,新农村建设、产业化经营等重大问题加大了专题调研力度。统计分析数量、质量均有大幅提高。2011年,全系统完成统计分析报告110篇,重大课题20余个。其中,《1月~7月房地产投资及销售情况分析》等5篇分析材料得到了市政府主要领导的高度关注和签批。各县(市)、区在统计服务上也是亮点纷呈。绿园、二道、双阳、九台等分局撰写的统计分析报告分别得到县(市)、区党委政府主要领导的重视和批示,有力地服务了地方经济发展。

【"四大工程"建设】 国家提出的"四大工程"是统计理念的重大革新,是统计调查流程的系统再造。作为"四大工程"的核心,"企业一套表"的实施,标志着全市统计数据生产方式的一次深刻变革。1."企业一套表"试点改革取得阶段性成果。"企业一套表"是2011年国家统计系统方法制度改革的"第一号任务"。全市各级统计部门高度重视,周密部署,制订了翔实的工作计划和实施方案,在市、县两级全面建立改革领导组织机构,落实了工作责任。经过全市统计系统的共同努力,2 300余户试点企业直报率基本接近100%,为全市"企业一套表"的正式实施奠定了良好基础。2.基本单位名录库建设步伐加快。2011年,长春市进一步规范名录库的管理,建立健全了运行管理、维护更新、质量检查、数据应用等工作制度。全市新增企业单位近4 000家,"三上"企业年度审批新增148家。3.统一平台软件应用和联网直报稳步推进。对全市各级统计机构5 000余人进行了一套表统一平台软件培训,对一套表程序功能进行了修改、完善,实现了部分专业在统一平台上的应用。全市各开发区在暂无统计内网权限的不利条件下,完成了"企业一套表"两次试报。其中,经开区率先在全市开发区中开通网络直报操作平台,为企业一套表实施打下了坚实基础。

【统计改革】 创新举措,加大重点领域统计监测力度。建立了全市重点投资项目的跟踪监测数据库,完善了《全市重大项目统计监测制度》和《十大功能版块统计监测制度》,加大监测频率,提高监测效率,强化预测预警。建立了全市部门和重点用能单位节能统计监测和预警工作会议制度,构建了节能统计监测评价指标体系,在全市范围内实施了月度节能监测工作,全面加强了对工业耗能大户的跟踪监测工作。建立了长春市现代农业发展评价体系,客观评价全市现代农业发展状况。开展了服务业重点企业监测工作,对长春市86户服务业重点企业运行情况进行动态调查和监测。完善了市级文化发展绩效评价指标体系。开展了保障性安居工程完成情况的统计监测。创新理念,为新发展战略提供坚强的统计保障。2011年,市统计局开展了对新兴产业统计指标体系的研究,初步建立新能源产业、生物技术和新医药产业、节能环保产业等统计指标体系,综合反映新兴产业发展的规模、水平和结构。

【人口普查和各项统计调查】 圆满完成第六次人口普查。自2009年开始,按照国务院统一部署,全市各级人口普查机构组织了4万多名普查员和普查指导员勤奋工作,圆满完成了长春市人口普查各项工作。宽城分局被国家评为第六次人口普查先进集体,市局和朝阳、南关等分局、农安、德惠等县(市)局被省政府和省人普领导小组双双评为省级先进集体,人口普查资料开发、课题研究等后期工作正在有序地进行。专项调查取得成效。2011年,长春市首次开展了非公有制企业人才资源状况抽样调查。同时,围绕转变经济发展方式主线,先后开展了文化产业、节能减排、劳动力工资、粮食生产、农民收入等方面的20余项专项统计调查。

【统计保障】 2011年,全市统计工作以双基建设、发展建设和信息化建设为切入点,全面增强统计保障能力。1.基层基础建设取得重大进展,县级和乡镇统计工作条件明显改善。在部分城区成立镇(街道)统计所,确保了统计工作任务落实有的放矢。开展"深入基层,走进企业"活动,鼓励全市统计干部下基层调研,全面掌握基层统计机构和企业的第一手资料,市、县两级已形成20余篇调研报告。加强对基层统计工作的检查指导,完成了全市"三上"企业核查。2.依法统计能力明显提升。市局重点完善了全市重大统计违法案件审议、统计违法案卷评审和统计执法检查回访等制度。结合"五五"普法验收和典型案件查处,增强了党政领导、统计对象和社会公众的统计法律意识。市局普法工作分别被市依法治市办公室和市政府法制办评为全市"五五"普法和行政执法工作先进集体。积极配合"企业一套表"改革试点开展针对性执法,为统计改革保驾护航。截至2011年底,全市完成统计执法检查814家,发现并纠正统计违法行为3件。3.统计信息化建设稳步推进。长春市统计局全面加大基层信息化建设投资力度,市、县、乡三级统计网络建设取得重大突破,市、县统计系统联网数达到100%。推进统计综合数据库建设,完成2008年、2009年的历史数据和2011年进度数据的加载使用,部分专业已完成了最近10年数据的加载。信息化应用成效显著,统计地理信息系统初步实现了全市普查区域地图的电子化管理、名录库基层数据的在线查询。市局全面加强对县、乡两级网络设备的日常维护,安装

全市统计工作暨长春市第六次全国人口普查总结表彰大会

全市客户端安全管理系统，确保了网络的安全性与可靠性。

（曹军飞）

国有资产监管

【出资企业经济发展】 截至2011年末，市国资委出资企业资产总额达910亿元，比2010年增长13.8%；国有权益375亿元，比2010年增长48%；实现营业收入135亿元，比2010年增长18.3%；利润6.1亿元，比2010年增长38%。其中，生产经营类企业实现营业收入77亿元，利润3.7亿元，比2010年分别增长29.4%和14.9%。投融资类企业实现融资117亿元。公益性企业实现营业收入40.2亿元，5户企业实现盈利。各出资企业加大投入，整改隐患，提高安全生产管理水平，全年未发生重大安全生产责任事故。

【出资企业重组发展和经营模式创新】 1.出资企业战略重组和资源整合稳步落实。以做实签约项目促进产业升级。在将国投公司收购的长拖骏升二期资产增资注入长拖、完成股权划转审计及增资入股资产评估的基础上，9月，长拖和国机集团战略重组协议在第七届东北亚博览会正式签署，开启了长春市农机产业发展新篇章。以整合优势资源促进上市公司再融资。将燃气控股持有的天然气公司20%股权，以协议方式转让给长春燃气，兑现了股改承诺，为长春燃气实现再融资、加快发展奠定了坚实基础。国家证监会正在复审长春燃气非公开发行股票融资申请。以加大多产业投入打造国资新业态。国投公司国有资本扩张速度加快，成功取得“融资性担保机构经营许可证”，行业信用评级提升为AA-级，主要业务指标居全省行业前列。开辟了做市商和二级市场股权投资业务，拓展了资本市场股权投资新领域。出资组建国中传媒，在文化产品投资和电子商务领域，开创了东北地区国有投资行业的先河。接收长春市报废汽车回收中心，积极拓展了新业务领域。成功回购长春一机股权，保留发展了长春市机床制造业。在房地产行业调控从紧的情况下，“和源”项目一期顺利开盘。全年经营收入增长62%，主业更加突出，资产质量进一步提高。以拓展功能发展壮大产权交易市场。产权中心交易平台不断向多元化发展。司法涉诉资产拍卖规范进入产权市场，11月24日，全省首宗涉诉资产项目通过电子竞价顺利成交，法院、产权中心与拍卖机构三方制衡的阳光交易方式已经建立。公共资源交易迈出历史第一步，市区停车泊位经营权项目公开进场挂牌转让，2个标的2 645个停车泊位分别以77%、106%的增值率成交。金融债权交易实现“零”突破，华融资产公司首笔债权包项目通过竞价实现增值。吉林环境能源交易所正式挂牌运营，先后受理6个节能减排交易项目。吉林股权交易所完成注册，成为吉林省惟一从事非上市公司股权交易的机构，已受理12户企业挂牌申请。文化产权交易所开业运营，推动了吉林省文化产业与资本对接，促进了文化资源整合和文化产业发展。全年完成交易136宗，资产额15.3亿元。2.竞争性企业核心竞争力进一步增强。旭阳集团在巩固扩大拳头产品汽车座椅骨架现有市场的基础上，引资合作有新突破。与法国佛吉亚公司新组建的两个合资企业已揭牌投产，并协议在佛山合资建厂。与日本中势公司合作生产橡胶制品项目，进入实质性谈判阶段。与美国凯迪拉克汽车公司合作生产中高档表皮材料项目及与瑞士艾斯潘科公司合作生产儿童安全座椅项目正在积极推进。农户科学储粮仓形成规模化生产能力并投产。建工集团建筑施工自营工程由承建普通住宅向承建重点工程推进，自营项目快速增长，产值和施工面积实现双突破，建材工业生产实现全产全销、产销两旺。欧亚集团扩张步伐加快，新开门店6个，新增面积近8万平方米。已形成4省10市43店、总建筑面积140多万平方米的企业规模。成功竞拍郑州百货大楼国有股权，成为郑百第一大股东，经营触角拓展至中原。店庆营销、特色营销、目标营销等模式不断创新，竞争优势不断提升，商业龙头地位进一步巩固。

【公益性企业社会服务保障】 1.公益性企业社会服务保障水平全面提升。水务集团安全供水能力持续增长，2011年增加供水量3 650万立方米。重点工程稳步推进，五水厂改造基本完成，铺设管线70公里，引松入长二期改造全部完成，累计引水1 000万立方米，有效缓解了长春市原水不足问题。污水处理实现达标排放，4座污水处理厂日均处理污水55万立方米，完成了省、市减排任务，并部分实现再生利用。燃气控股公司管网建设取得新进展，新建配套管线50公里，改造旧管线319公里，新发展用户48 234户，“走进社区、服务千万家”活动持续深入，入户安检37万户，解决了7 100多户燃气安装历史遗留问题，用户满意率再创新高。2.天然气公司输气保供能力进一步提升。完成输气量19 638万立方米。用户开发力度加大，铺设南部新城、宽城机车工业园等20多处管线76公里，推动了长春市新区建设和重大项目落地。安全隐患排查整改成效显著，入户安检12万户，进户率96%，现场整改安全隐患5 344处。轨道交通集团轻轨三期工程高架线路部分实现试运营，地铁1号线工程7个标段2010年6月正式开工。轻轨客运量持续增长，日均客运量9.3万人次，快速便捷的轨道交通得到市民普遍认可。公交集团运营能力和服务质量进一步提高，年客运总量4亿人次，比2010年增长4千万人次。营运里程1.6亿公里，比2010年增加590万公里。更新车辆518台，其中混合动力车100台。“暖车厢”工程全面实施，得到社会广泛好评。热力集团“品牌效应”和供热能力不断提高，新增供热面积155.9万平方米，改造不热栋号32栋及不热单户120户，用户满意率达98%。供热公司管网改造力度加大，新增供热面积160万平方米，全年完成基建、技改、维修等项目投资4.3亿元，保证了正常供暖。3.融资类企业商业运作模式日趋成熟。城开集团融资主业稳步发展，成立土地置业中心，落实了土地收储（一级整理）职能。创新贷款模式，获得国家开行第一笔保障性住房项目信用贷款。完成融资26亿元，还本付息47.7亿元，维护了政府融资平台的信用。项目建设精品纷呈，长春站换乘中心地面广场已交付使用。全省第一个公租房建设项目团山街公租房建设已完工16栋，质量和进度受到国家住建部好评。多元经营全面拓展，与航天三院合资组建了PE管材厂，完成销售额近亿元。并购白山市江源区中小企业信用担保公司，新增担保额3.8亿元。润德集团融资、建设、经营等方面成效显著。全年融资21.5亿元，实现4个公租房地块整体授信48亿元。长春市规划及文化艺术综合展馆成功引进BT联合体合作伙伴。西客站换乘中心完成主体工程，实现暖封闭。

【企业监管】 1. 产权管理进一步规范。按照国务院国资委《企业国有产权转让管理暂行办法》及相关规定，严格规范国有产权转让行为，批准出资企业产(股)权转让7项，促进了国有产权有序流转。严格审批出资企业出资及增资行为，批准出资10项、1亿元，批准增资6项、26亿元，保证了出资企业合理投资发展。严格审核资产收购及出租行为，审核资产收购5项、资产出租2项，确保了国有资产保值增值。2.经营业绩考核功效进一步增强。坚持分类考核。针对公益性、投融资和竞争领域企业确定导向性考核指标，与10户企业签订《资产经营责任书》，落实了2011年资产经营目标责任。强化业绩考核。对2010年签订《资产经营责任书》的企业进行专项审计和业绩考核，兑现了奖惩。规范薪酬管理。根据长春市2011年企业工资增长指导线，对出资企业增资幅度、增资人数及增资总量进行核定，调动了企业广大员工的积极性。3.企业领导人员管理进一步加强。切实加强董事会、监事会建设。制定下发了《长春市市直企业董事会建设指导意见》，并对城开集团等7户企业董事会、监事会的组织构架及人员构成提出规范性指导意见，进一步规范了公司治理。科学调配企业领导人员。通过组织选拔、竞争上岗等方式，调整企业领导人员53人，其中提拔9人，进一步优化了班子结构。规范出资企业聘用高管人员行为。制定下发了《关于规范市直企业配备总经理助理等高管人员的意见》和《关于进一步规范市直企业聘用顾问的意见》，并对贯彻落实情况进行跟踪督察，纠正了照顾性安置等现象，严肃了管理制度，减少了企业成本支出。4.企业财务监督和国有资本经营预算管理进一步推进。加强企业内部审计。11户出资企业开展内审项目277项，提出合理化建议33条，落实整改3项，有效发挥了内部审计在增加效益、规范内部风险控制中的监督作用。加强企业财务预决算管理。开展了出资企业年度财务预算编制工作，强化企业财务决算管理，提高财务信息编报的准确性，为绩效评价、干部管理等提供可靠的数据支撑。推进长春市国有资本收益收缴和国有资本经营预算编报。与市财政局联合下发了《长春市属企业国有资本收益收取管理暂行办法》，组织监管企业完成了2012年度国有资本经营预算编报。5.企业法制建设和法律服务工作力度进一步加大。加强制度建设，制定下发了《关于进一步加强出资企业法制建设的意见》，进一步规范了出资企业合同管理、招投标管理、债权管理等经营管理行为。加强涉诉纠纷调处，依托国资委法律顾问委员会，积极为出资企业提供法律服务，协调处理涉法涉诉纠纷，切实维护了企业和出资人合法权益。加强法律实务培训，对出资企业法律事务工作人员进行专题培训，进一步提高了法律风险防范意识和水平。

【企业改革和遗留问题处理】 1.企业破产工作加速收尾。按照年度工作目标，配合法院加强对各破产清算组的协调与督促，无线电一厂、冷弯型钢厂等企业依法实现破产终结。2.厂办集体企业改革工作有序推进。为54户省属和60户市本级厂办集体企业、7 344名职工发放经济补偿金8 412万元。同时，对32户市本级厂办集体企业进行职工基本养老保险接续缴费能力认定，并为5户企业284名职工核定发放一次性社保补贴107.7万元。3.职教幼教退休人员待遇落实工作启动。对长春市职教幼教退休人员情况进行调查摸底，起草并上报了《长春市解决国有企业职教幼教退休教师待遇问题的实施意见》。4.改制遗留问题处理力度加大。积极协调市直改制破产国有企业退休人员统一医疗保险标准问题。与省国资委沟通协调，2011年12月份启动了操作程序，正在按计划推进。积极落实改制国有企业距法定退休年龄不足5年人员享受采暖费补贴和医疗保险政策。对71户企业808名职工享受采暖费补贴和37户企业1 007名职工办理医疗保险进行了审核认定。积极办理职工信访案件和重点个案。接待职工群众来人访380批次，上访职工3 300余人次，电话接访1 100人次，处理和回复市领导签批的信访件30件，回复市人大、市信访局等部门转办的信访件25件，反馈市长公开电话交办单480件，妥善处理多起信访疑难个案。

【国企党建工作】 深入开展创先争优，企业党建工作成效显著。开展迎接建党90周年系列活动。举办了企业党委书记革命传统教育培训，组织了“爱党爱国爱家乡爱企业”征文活动，召开了系统创先争优表彰大会，对138个集体和291名个人进行表彰。系统各企业也开展了形式多样的纪念活动，一批集体和个人受到省市表彰。圆满完成市十二次党代会代表推荐选举工作，同时，推选了省十次党代会和十八大代表人选。落实“三帮扶”工作任务。开展了结对帮扶，向困难党员和困难群众发放钱物折合人民币120万元。开展窗口单位和服务行业争创活动。全面落实“三有两公开六设立一统一”工作，提高了为民服务效能。加强制度建设，企业党风廉政建设不断深入。进一步完善党风廉政建设“承包机制”和“一岗双责”制度，与系统内企业签订《国有企业领导人员廉洁自律承诺书》318份，与企业党政“一把手”签订《清理“小金库”责任书》53份，落实了党风廉政建设责任制。加大对企业评标工作的监督，把出资企业承担的全市重大建设项目作为监督重点，对轨道交通集团和水务集团345个标段、39.3亿元招标额度的评标工作进行现场监督，促进重大项目的合规实施。加强对企业纪委案件查办工作的指导，规范案件查办和管理，完成初核信访举报案件13件。

（杨继章）

工商行政管理

【概况】 截至2011年末，全市实有登记注册的内资企业8 526户，比2010年同期增长10.92%；注册资本2 080.34亿元，比2010年增加82.94%。外商投资企业1 191户，比2010年增长4.66%；投资总额78.59亿美元，比2010年增长4.31%，注册资本48.68亿美元，比2010年增长7.06%。外方注册资本28.36亿美元，占注册资本总额的58.26 %，比2010年下降5.32%。个体工商户18.32万户，比2010年下降0.01%；从业人员33.93万人，比2010年下降0.13%；注册资金68.22亿元，比2010年增长7.38%。私营企业5.62万户，比2010年增长11.51%，私营企业雇工27.97万人，比2010年增长12.69%，注册资本金总额830.87亿元，比2010年增长23.62%。农民专业合作社6 400户，比2010年增长189.72%，成员总数2.86万人，比2010年增长111.85%，出资总额71.73亿元，比2010年增长107.07%。

【服务经济发展】 落实两级重大招商引资项目"联络员"制度，为205户重大项目和近千户招商引资企业办理"无障碍"准入登记。上门为一汽集团整体上市破解多项难题，全程指导设立全市保障房建设投资主体，受到市政府肯定和企业欢迎，连续3年被评为全市"招商引资攻坚战优秀服务单位"。通过办理股权出质、股权出资、动产抵押，为企业融资和指导出资785.8亿元，有效帮助中小企业解决了融资难题。认真落实有关服务经济发展的各项优惠政策，指导601户个体工商户升级为私营企业。创新服务方式。为4.52万户企业上门年检，为12.58万户个体工商户集中验照，分别占年检验照户数的80%和87.5%，网上年检率达100%。编制《市场主体信用分类监管办法》，确定6类20个信用分类项目，融入业务系统，实现微机程序管理。编发《市场主体发展情况报告》，为政府决策提供参考。服务新农村建设。深化"合同帮农"工作，指导签订农业订单7.1万份、托管土地5 898公顷，比2010年增长79%。在国家总局合同工作座谈会上作了专题介绍，国务院领导在有关长春市实行"土地托管合同帮农"的工作信息上作出重要批示。开展"红盾护农"执法行动，春耕前在媒体滚动播出农资消费维权公益广告380条次。定向监测化肥170个批次，查处农资违法案件692件，为农民挽回损失386万元。下放登记权限，登记农民专业合作社6 400户，发展联社13户。深化"商标富农"工作，完成"一所一标"工程，稳步推进"一所多标"工作，注册农产品商标116件。为弱势群体服务。认真落实促进就业再就业优惠政策，办理现代服务业企业647户、大中专毕业生和其他就业困难群体自主创业104户，对农民自产自销增加收入免于登记489户。为第二届长春创业就业博览会征集51个创业项目，为4 780人办理"五·七"家属工参保企业信息查询确认手续。4.积极参与社会管理。圆满完成150天市容环境综合整治、"百城万店无假货"街路、打假治劣和食品安全监管等迎检任务，清查重点街路831条，参与联合执法207次。认真做好东北亚博览会、农博会、十二冬会等展会现场经营秩序管理工作。

【法制建设】 全系统各级法制机构严格依法行政、规范执法行为，各项工作取得较好成绩。市局被市政府授予"依法行政示范单位"和"五五普法先进单位"称号。1.严格文件管理。审核本局制发的事关行政相对人的规范性文件37件，提出修改意见16条。参与研究、修改总局和省市人大、政府及相关部门转来的法规、规章、规范性文件草案41件。制定了《关于准确运用〈商标法〉及其〈实施条例〉强化注册商标专用权保护的指导意见》，就查封扣押涉嫌侵犯服务注册商标专用权物品、计算侵权非法经营额等问题，提出了明确的指导意见。2.坚持集体决策。全年两级机关共召开依法行政领导小组会议17次、案件审理复议委员会会议196次、登记注册疑难问题会商会议39次。3.力求和谐执法。制定下发了《关于认真落实胡锦涛总书记重要讲话精神在加强社会管理工作中严格依法行政妥善化解社会矛盾的指导意见》，针对反映强烈的城市拆迁范围不准登记注册问题，明确要求凡是市、县级人民政府尚未作出房屋征收决定的，一律正常登记注册。全面规范了行政复议案件的申请、受案、审理、决定等各环节，全年受理6件复议申请。4.强化内外监督。实施行政处罚案件网上管理，做到办案流程阳光作业，全面开展行政执法监督。全系统法制机构核审行政处罚案件近9 000件，罚没金额超过5 000万元。全年纠正执法中存在的问题13个，依法对2名存在过错的执法人员予以追究，其中1人被调离执法岗位。通过互联网的执法监督举报邮箱，收到对违法行为和对执法人员的举报21件，对其中留下联系方式的17个全部予以反馈。主动与司法机关建立沟通协作机制，下发文件鼓励倡导处长、分局长出庭，得到市、区两级法院的好评。5.推广行政指导。制定了《行政指导程序规定》和《行政指导建议书》样本，共开展行政指导200多次。在市场准入方面，通过向企业下达《证照期限届满提示书》，提示企业提前办理证照变更手续，通过向注册资本分期注入的企业下发《注册资本缴付提示书》，提醒企业按期注资，防止因超期而被处罚。在办案执法过程中，对57户违法情节轻微、尚未造成后果的企业，下达了《行政指导建议书》，收到较好效果。

【反垄断与不正当竞争执法】 加强对水、电、气、通讯、殡葬等垄断行业的监管，查处公用企业限制竞争和政府部门指定经营者滥收费行为。查办医药、中介等行业商业贿赂案件33件，收缴罚没款273.77万元。查办虚假表示、网络虚假宣传、欺诈消费者乱收费案件72件。拓宽执法领域，治理商业贿赂。依法查处长春市某建筑消防器材厂在承揽工程项目中行贿案等8件商业贿赂案，有力地维护了工程建设领域的经济秩序；依法查处药品经销商向医疗机构及有关医生行贿案件2件，查处长春市某医院等医疗机构受贿案件2件；查处某软件（中国）有限公司长春分公司在销售过程中向对方行贿等商业贿赂案件5件；对群众关心的社会热点领域商业贿赂行为加大查处力度。依法查处啤酒经销企业向酒店服务员回收瓶盖等商业贿赂案件3件，查处在建筑装潢材料销售中的商业贿赂案件3件，教材采购领域商业贿赂案件1件；依法查处吉林省某房地产开发有限公司等企业在住宅小区通信配套工程建设中的变相受贿行为。对长春市某营养配餐有限公司在向各学校送餐过程中的商业贿赂行为进行了查处。依托企业信用分类监管系统，建立防治商业贿赂长效机制。开展打击商业欺诈专项行动。依法查办了对种子、农药、化肥、农机具进行虚假宣传和虚假表示案件，有力地保护了广大农民的利益。先后查办了九台市某医疗器械经销处的虚假宣传行为案，长春某健康咨询企业对其经销的保健品夸大具有治病疗效的虚假宣传案；依法查处了吉林省某防护工程公司利用网站对该公司作引人误解的虚假宣传案；依法查处了北京某教育科技发展有限公司吉林省分公司在公务员培训中的虚假宣传案；依法查办了销售分量不足大米、数量不足烟花爆竹欺诈消费者等案件。

【直销监督管理】 2011年全系统立案查处传销违法案件15件，结案7件，移交司法机关2件，罚没3 661.52万元。取缔捣毁传销窝点25处，遣散参与人员221人。加大对利用互联网进行传销违法行为的查处力度，有力查处了“江西精彩生活”网络传销案，冻结违法资金4 000多万元，罚没款3 000多万元。落实打防责任，构建打击传销的长效机制。建立并落实打击与防范传销责任制和责任追究制等项制度，强化属地监管职责，落实监管责任。市局、各县（市）局、直属分局、负有区域管辖职责的派出分局、基层工商所（分局）及其管理员，层层签订打击传销和“创建无传销社区（村）”责任书，逐级分解并落实责任，实施网络化监管。并把打击和防范传销工作纳入到各相关单位年度目标任务考核，深入开展“创建无传销社区（村）”和“防止传销进校园”活动。全市城乡创建“无传销社区（村）”的活动面达100%。积极开展打击传销规范直销宣传教育，提高人民群众识别和抵制传销的能力。利用新闻媒体向市民发布“打击传销警示”；在全市4城区街道社区、乡镇村屯和各所高校共张贴发放了禁止传销宣传材料5.6万份；组织禁止传销知识宣传教育讲座9次；在电视台播放了国家总局统一制作的打击传销公益广告和打传影片，并登录在吉林大学等高校的校园网上，不断扩大宣传教育的覆盖面和渗透力，营造打击传销的舆论攻势和抵制传销的社会氛围。加强直销监管，规范直销行为。建立直销企业档案和台账，抓住直销企业招募、培训、计酬和产品宣传及销售等重点环节加强了监管。对直销企业及其经销商进行法制宣传教育，年内举办禁止传销、规范直销法律知识讲座4次。接受直销企业信息报备127次794条，实施现场监督检查351场次。对直销企业实施提示、警示告诫5次，查处违规直销案件3件，罚没款30万元。在加强外部监管的同时，还注重抓企业的内部自律。2011年6月，组织召开了“直销企业自我管理、自我规范经验交流会”，对增强直销企业自我管理和自我规范意识和能力起到了促进作用。

【消费者权益保护】 全面落实国家及省局消费者权益保护工作会议精神，制定了《2011年消费者权益保护工作要点》，组织召开了全市消保工作会议，对全年工作进行细化和全面部署。全系统“12315”中心和各级消协共受理咨询、投诉5.46万件，组织各类专项整治12次，查处消费侵权案件228件，案值346.2万元，收缴罚没金额300余万元。为消费者挽回损失814万元。开展流通领域非食品类商品质量监测。科学制定年度非食品类商品质量监测计划，确保监测商品种类增加，监测商品覆盖面增大。全年共监测商品19个种类，400个批次，维斯凯服饰、情人草家纺等119个批次监测结果为不合格商品，及时发布各类消费提示10余次，为指导消费起到重要作用。加强服务领域消费维权工作。在餐饮、娱乐、美容、美发、洗浴、洗染等服务行业开展消费维权专项整治，重点整治餐饮业经营者强制收取消毒餐具费、禁止消费者自带酒水、强制收取开瓶费、最低消费等侵害消费者知情权、自主选择权和公平交易权的违法行为。在城区餐饮酒店等经营场所悬挂提示牌1 500余块，对610家存在侵害行为的经营者下达了责令改正通知书。开展服务领域中的“霸王条款”专项整治，严格规范VIP卡、购物卡、消费券以及店堂告示中“最终解释权”等内容，检查经营主体19.9万户次，责令涂改、销毁不合格消费卡28.7万张，拆除店堂告示379条。并对典型案件通过新闻媒体予以曝光，受到社会各界好评。

【市场规范管理】 全系统查办各类经济违法案件6 404件，案值1.72亿元。加强成品油、建材等重点商品质量监管，监测非食品类商品19种400个批次，下架不合格商品119个批次，发布监测信息和消费提示12期。抽检143个加油站170个批次成品油，44个批次不合格产品交由属地立案查处。1.对重点商品市场实施专项整治。先后组织开展了针对纸巾纸、建材、汽车轮胎、电动自行车、汽车空调制冷剂等重点商品市场的专项整治，共检查经营单位42 845户次，受理消费者咨询1 509人次，取缔无照经营43家，捣毁制假销假窝点1处，查扣假冒伪劣不合格商品3 505件，查处各类违法案件124件，案值200余万元，罚没金额170.43万元，为消费者挽回经济损失41.45万元。对重庆路、桂林路等重点商业圈进行专项检查，依法查扣假冒CK、LV等10余种名牌商标的假冒伪劣服装、箱包、眼镜、香水、腰带等商品1 500余件。2.加大对流通领域商品质量案件的查处力度。查处吉林某超市有限公司四联分公司经营不合格食品等案件59件，查处吉林某石油销售有限公司加油站经销不合格柴油等案件58件，查处长春市某经贸有限公司经销不合格钢材、木工板、电缆、家具等案件16件。3.加强农村市场商品质量监管。累计出动执法人员6 877人次，检查经营主体9 805户次。对646个“家电下乡”网点和140个“摩托车下乡”网点进行走访核实，完善备案资料。德惠市工商局依法查处了王某销售假冒“永久”牌自行车案，没收非法所得及假冒“永久”牌自行车61台。

【食品流通监督管理】 严把准入关口，登记食品经营主体2.98万户。先后开展瘦肉精、塑化剂、地沟油等18次专项整治，检查经营主体68 733户次，取缔无证无照经营704户，查办违法案件190起，下架不合格食品7 123公斤。清缴涉嫌批发“地沟油”业户流入市场的食用油3.13万公斤，下架“美汁源”饮料投毒案同批次饮料10.32万瓶。实行乳制品经营主体登记特别标注和质量月检制度。为全市3 027户现场制售食品经营者建立监管档案；印制张贴非食用物质和易滥用食品添加剂名单4 000份；督促小作坊公示自制食品添加剂使用情况；率先实行食品添加剂购销“实名制”。开展校园周边食品经营秩序百日整治行动，在校园张贴消费警示宣传单6 000份。常规抽检食品614个批次，专项抽检成品粮油286批次，按照月检要求抽检婴幼儿配方乳粉88批次，快速检测集贸市场食用农产品3 600批次。有效开展了面粉增白剂和食盐市场专项整治。推荐认定省级食品安全示范店16家、市级60家、县区级542家。

【市场主体注册登记】 2011年登记内资企业325户，注册资金总额845.49亿元；外商投资企业126户，投资总额1.79亿美元，注册资本1.35亿美元；个体工商户60 596户，从业人员10.88万人，注册资金26.28亿元；私营企业12 241户，雇工5.18万人，注册资本金128.75亿元；农民专业合作社4 195户，成员总数1.25万人，出资总额35.51亿元。

【市场主体监督管理】 认真落实各项政策，促进市场主体发展。全系统办理放宽企业集团设立方式和设立条件限制的企业集团10户，办理放宽企业名称中有关行业特征表述限制的企业32户，办理放宽企业名称登记条件企业223户，办理现代服务业企业647户；办理在经营范围中核定“投资建设××项目”重大项目企业36户，办理放宽住所（经营场所、营业场所）限制市场主体5 799户，办理简化住所（经营场所、营业场所）使用证明市场主体6 563户，改变对利用住宅从事经营活动提交材料的审查方式新增市场主体7 338户；办理生产加工型企业的住所和生产场所分设91户，允许113户市场主体多点经营；办理大中专毕业生和其他就业困难群体自主创业104户，通过鼓励农民通过自产自销增加收入，免于工商登记登记户数489户。集中开展了“亮照经营排查治理月”整治行动。检查各类经营性公共场所7 212户，对670户未亮照经营的市场主体下达了责令改正通知书；组织开展“打非治劣”专项整治行动。对煤矿、非煤矿山、建筑施工、烟花爆竹、人员密集场所等行业3 109户市场主体的登记注册行为开展了检查，查处取缔无照或证照不全的64户；开展小修配厂、小加工厂专项整治，清理规范195户，查处超范围经营170户，取缔91户，立案132件，罚没款44.43万元；开展废旧金属收购站点专项整治，检查废旧金属收购企业487户次，个体工商户657户次，查处取缔无照经营50户，罚款5.17万元；开展人力资源市场清理整顿工作。检查各类中介机构121户，取缔未经许可和登记，擅自从事职业中介活动的黑职介13户。清理规范各种代理、咨询、调查、认证、报关等市场中介组织2 060户，取消6户，重新审批规范22户，督促整改114户。开展取缔无照经营攻坚战，下达责令改正通知21.3万份，督促新办照1.14万户，取缔无照经营2 279户，抄告相关部门2.28万户次。

【广告监督管理】 理顺广告行政审批模式，实行登记与监管分离。全天候监测药品、医疗、保健品等25类媒体广告64万余条，向办案部门提供违法广告版本151个，违法率持续降低。召开2次广告联席会议，对媒体告诫谈话5次，下达行政建议书13份，停播广告68个。查办广告违法案件40件，发布警示公告5期。对全市1 207块公交户外广告、853块LED户外广告进行全面清理规范。通过清理小印刷厂和打字复印社，对“野广告”实施源头治理。有效清理滥用“特供”、“专供”标识行为。成功承办首次中国城市户外广告论坛。

【商标管理】 拟定“十二五”长春商标工作规划和具体指导意见，《长春市著名商标认定和保护条例》列入立法计划，有7件商标成功获认驰名商标。全市注册商标达2.3万件，其中，驰名商标23件、著名商标184件、地理标志4件。创新服务举措，深入商标争创企业现场调研，发放“三书一函”4.96万封，有力推进商标战略的实施。开展打击侵犯知识产权和制售假冒伪劣商品专项执法行动，重点整治经营农产品、人参、汽配等行业，查处侵权假冒案件106件，没收侵权商品2.92万件、商标标志2.57万件。严厉打击商标侵权行为。先后查办了侵犯“剑南春”、“贵州茅台”、“国窖”、“五粮液”、“小天鹅”、“小鸭”、“皓月”、“LV”、“GC”、“耐克”、“惠普”等知名品牌注册商标案，有力保护商标注册人的合法权益。

【队伍建设】 加强党建工作。全系统28个基层党组织、1 338名党员积极参加“创先争优”、基层党组织服务民生和“三满意”机关创建等活动。深化学习型机关建设，组织1 300人次参加3次党课集中辅导，2 900人次参加局域网“读书日”学习。市局、分局两级共举办42期培训班，培训干部2 700人次，开发应用远程在线培训系统，组织203名所长参加10期全国工商所长网络培训班。组织“创先争优”表彰、队列表演、文艺汇演、书画展等纪念建党90周年系列活动。投入70万元积极做好对口援疆、援藏工作。年检验照期间统计出非公经济党组织1 602个、党员13 135人。加大党风廉政建设力度。加强廉政和效能风险防控，配备105名基层兼职纪检监察员，走访168

名执法相对人，开展登记窗口实时视频监控试点。创新社会管理工作，解决群众关心的热点难点问题。成功组织“工商开放日”活动，11 次局长接待日共接待群众 152 人次，解决问题 94 件，满意率 100%。回访新办市场主体 90 373 户，满意率 99.9%。市工商局受理的 23 件投诉举报全部办结，下达 3 份监察建议书，对 1 人进行纪律处分。

（杨俊天）

物　价

【价格调控监管】 CPI 呈现较高水平，价格调控难度加大，通胀压力明显提高。1 月～12 月份 CPI 涨幅分别是 4.6%、4.9%、5.5%、5.3%、5.5%、6.2%、6.5%、6.5%、7.0%、6.1%、3.9%和 3.7%，全年 CPI 涨幅在 5.5%，高于 2010 年 3.6%的水平，也高于年初预计 4%左右的目标。原因主要是受 2010 年翘尾因素影响，大体上占全部涨价因素的 80%左右，按八大类分析，还是以食品类涨价为主。此外，由于受日本地震影响，在全国范围内出现了“食盐”抢购风。长春市在 3 月 17 日也出现了食盐抢购和乱涨价问题，市物价局在不到 48 小时内使食盐供应紧张趋缓，价格稳定。

【疏导资源性商品价格矛盾】 1.继续做好民用天然气和混合燃气价格调整的前期准备工作。密切关注和分析居民消费价格指数，随时把握煤炭价格走势，核算燃气企业的成本费用，掌握第一手资料。为弥补煤炭价格上涨部分新增成本，减少企业的压力，提出非居民混合燃气价格先行调整的方案，与燃气主管部门共同到混合燃气非居民用户调研；召开非居民混合燃气较大用户参加的座谈会，征求用户的意见和建议，为调整非居民混合燃气价格做好准备工作。2.及时贯彻国家发改委和省物价局调整成品油和石油液化气价格的文件精神，密切关注长春市成品油及石油液化气市场价格。10 月下调成品油价格，按照国家和省文件精神，认真组织贯彻成品油和石油液化气价格调整。3.出台修改了规范长春市供热价格及有关问题的通知，修改后的 13 条将更符合长春市实际，更利于操作，维护了各方面的利益，有利于社会稳定。4.出台了继续执行 2010 年中水价格的文件。2010 年长春市确定的中水价格 0.80 元／立方米，试行 1 年。5.研究确定了计量热价退费办法，并提出了采暖期计量热价的具体操作意见。经过与市公用局、试点单位多次调查、分析，研究确定了对 8 个小区 29 万平方米进行退费，其中热力集团 21.13 万平方米，每立方米退费 1.04 元。6.认真完成调查研究工作。供热价格调研。年初组织了全市供热企业生产经营及成本情况的调查，全市有供热企业 287 个，其中，热电联产供热企业 11 个，锅炉供热企业 276 个。全市供热面积 1.4 亿平方米。并于 10 月 9 日长春与市市政公用局联合下发了《关于制定居民住宅供热计量试行价格的通知》。车用天然气调研。全市车用天然气年经营量 5 925 万立方米，经营总成本 5 720 万元，单位生产成本每立方米 0.96 元，2010 年上半年销售价格每立方米 3.55 元，下半年每立方米销售价格 3.83 元。全市有使用燃气的出租车 5 000 余辆，公交车 1 300 余辆，出租车每辆年补贴 12 240 元，全年补贴 18 850 万元；公交车每辆年补贴 53 665 元，全年补贴 7 100 万元。

【幼儿园收费】 全市有幼儿园 271 所，其中，民办 195 所，公办 76 所。民办收费标准由 200 元～2 000 元／月／孩，其中，200 元／月／孩以下有 54 所，200 元～500 元／月／孩有 90 所，500 元～700 元／月／孩有 21 所，700 元～1 000 元／月／孩有 10 所，1 000 元～1 500 元／月／孩有 13 所，1 500 元～2 000 元／月／孩有 6 所，2 000 元／月／孩有 1 所。公办收费标准由 100 元～1 800 元／月／孩，其中，省市示范园 400 元～1 800 元／月／孩有 10 所，一类一级 300 元～1 000 元／月／孩有 4 所；校办幼儿园 100 元～660 元／月／孩有 62 所，其中，100 元／月／孩以下有 8 所，100 元～200 元／月／孩有 29 所，200～300 元／月／孩有 7 所，300 元～400 元／月／孩有 11 所，400 元～500 元／月／孩有 5 所，500 元～600 元／月／孩有 1 所，600 元／月／孩有 1 所。

【行政事业性收费】 重视年审工作。认真布置指导年审工作，要求上报时间及时，数据准确。全面贯彻落实国家、省有关收费政策，保证全市收费依据的正确性。认真指导全市整体年审工作。对每项收费依据、收费标准、收费项目等收费情况及软件操作规程等工作都做了一一解答，对年审工作中存在的软件问题做到了一一指导，达到年审统计工作零差错。2011 年度审检《收费许可证》230 证次，其中，行政事业性收费 135 个，民办教育、医疗 64 个，物业 31 个。

【规范办班】 制定或调整民办学校对接受学历教育者收取的学费标准，由民办学校提出书面申请，按学校类别和隶属关系，分别依据市教育局审批的民办学校办学许可证或市劳动局的批准文件，按照审批程序，窗口接件，经过长春市工农业产品成本调查监测所的成本测算，“民办学校学历教育学费标准按照补偿教育成本的原则并适当考虑合理回报的因素制定”。2011 年全年审核 20 多所民办学历教育学校。对全市办班（培训）行政单位的培训对象、培训人数、收费标准、培训内容、培训依据、培训计划等情况进行审核，规范 13 个单位党政机关办班。

【规范基层医疗教育收费】 对挂号费、诊查费、注射费、输液费、药品经销成本等进行了调查，医疗、药品和其他等进行了统计，摸清了基层医疗卫生机构的部分收费情况。做好教育收费项目调查。对 22 所高中的高中收费、高中自费生收费、国际合作班收费、课本费、印题费、会考费、艺术特长班学费、宿费、留学生学费、纯净水、校服等收费进行了调查，为规范高中收费做好了准备。

【清理经营服务性收费】 1.经营性收费管理工作情况。组织实施全市出租车收取燃油附加费工作。年初针对燃油价格上涨对全市出租车行业的影响，进行了认真调研，在短时间内，详细了解和掌握了全市出租车行业的基本情况，根据燃油价格上涨幅度，测算分析了燃油涨价给出租车经营者增加的成本负担，同时还对4个直辖市及15个副省级城市出租车收取燃油附加费的时间、收费方式、收费标准等情况进行了认真调查，按国家和省油运联动的有关规定，提出了全市出租车收取燃油附加费的意见，经市政府同意于5月4日开始实施，绝大多数市民对此项政策都很理解和支持，乘客与出租车司机之间的收费纠纷也很少，这一措施的出台，既保证了市民的出行需求，也减轻了出租车经营者的负担，促进了社会和谐稳定。2.完成长途客运票价调整工作。5月初针对燃油涨价给经营者造成的成本和经营压力，全市客运企业提出了调整长途客运票价的申请，根据行业主管部门的意见，按省油运联动的有关规定，在认真测算的基础上及时与行业主管部门对长途客运票价浮动给予了批复，平均每人每百公里票价提高1.8元，此次票价调整，缓解了因油价上涨给企业带来的压力，保证了客运行业的正常经营，满足了广大人民群众的出行需求。3.完成长春市土地交易收费标准的审核工作。依据国家、省、市关于土地交易收费管理的政策规定，参照外地的经验做法，提出了长春市收取土地交易收费的具体意见，上报省物价局获得批准。4.批复轻轨3、4号线网络运营票价。根据《吉林省定价目录》及《长春市轨道交通集团有限公司轻轨3、4号线网络运营票价定价成本监审结论报告》，参照全国部分城市现行的轨道交通票价水平，考虑长春市经济发展水平和居民承受能力，结合几年来轻轨3号线的运营情况，对轻轨3、4号线网络运营票价给予了批复。新制定的票价水平，低于3号线现行的票价水平。5.全面开展停车场收费调查和收费管理工作。区分不同路段等级，对公安部门施划的停车泊位制定了收费标准，通过价格杠杆的调节作用，来缓解停车困难的问题。6.完成了经营性收费日常管理工作。根据经营性收费管理的有关规定，按审批流程和办理程序，全年审批了7个机动车停车场的收费标准，为31个物业服务小区办理了物业收费许可证，为54个民办非学历学校办理了收费标准备案，为企业的正常运行和服务收费提供有效依据。7.认真做好咨询、投诉及新闻媒体上反映的有关经营性收费问题的解释和答复工作。截至年底接到有关物业、停车及燃气安装收费等方面的咨询、投诉300余件，都按政策规定，给予耐心认真地解答，有效地化解了矛盾和纠纷，为维护社会稳定起到了一定作用。同时参加局长接待日工作，全面梳理了相关收费文件，现场提供解答，咨询和上访人都很满意。8.做好项目工作调度。加强与绿园区的项目对接联系工作，2011年底绿园区累计完成项目投资141.9亿元，工业投资完成67.1亿元。

【整顿市场价格秩序】 2011年，立案查处各类价格违法案件14件，处理遗留案件22件，收缴各类价格违法案件收入43万元。1.开展涉农价格和收费的专项检查。在春耕备耕期间，以化肥、种子和涉农收费为重点，开展了农资价格和收费专项检查，通过政策宣传、市场引导、监测巡查，打击违法，确保农资价格的稳定，确保春耕生产顺利进行。2011年全市各单品种化肥价格比2010年分别上涨3%～17%，种子价格略有下降，及时开展农资价费的专项检查，对稳定农资价格，保证春耕生产顺利进行，促进农业发展起到了积极的作用。2.开展医药卫生服务价格的专项检查。对全市医疗机构、药品生产、销售企业（含社会零售药店）、民办医疗机构、乡镇卫生院、城市社区医疗卫生机构、疾病预防控制中心、血站等与医药卫生服务有关的部门和收费单位进行一次全面检查。市直重点对市属12个医疗单位和两个医疗机构进行了检查，并配合省物价局对7个中省直和外地医疗单位进行了检查，同时组织安排各城区对所属医疗服务机构进行了全面普查，对一些违法问题已经进行了立案查处，一些案件正在审理中。3.开展教育收费的专项检查。对全市各类学校义务教育和高中收费情况开展专项清理检查，重点是对义务教育阶段的招生和收费政策落实情况以及学生补课辅导、教材、作业本、住宿、校服、班车等收费情况，对高中阶段的“三限”政策落实情况，“四独立”执行情况，学费、住宿费、班额等收费以及政策执行情况进行全方位的清理检查。市直重点安排的40个学校，已对31所学校进行了检查。4.开展市场摊位费价格的专项检查。根据省的统一安排，对15个农贸市场和较大型超市摊位费的执收情况进行了全面检查，为全省规范摊位费管理提供基础依据。5.稳妥处置食盐抢购涨价事件。3月中旬，由于过度担忧日本核电站核泄漏影响和南方部分地区抢购食盐的波及，全市也出现了群众抢购食盐，造成市场食盐脱销断档，个别商家和个体经营者趁机高价销售，谣言蔓延，投诉激增，群众恐慌的事件。对此，市物价局及时启动了应对市场价格波动工作机制，加强监测巡查，加强舆论引导，加大打击力度，在较短时间内，澄清不实信息和传言，消除群众恐慌心理，打击乱涨价违法行为，保持了市场价格稳定。6.加强商品房销售价格的规范管理。贯彻落实国家新颁布的《商品房销售明码标价规定》，5月，组织在长的170家商品房经营单位进行了《吉林省<商品房销售明码标价规定>实施细则》政策解读，广泛宣传和积极贯彻，并对19个开发企业，21个小区楼盘的明码标价工作进行了面对面的指导。从6月1日起，组织开展了商品房销售明码标价执行情况专项检查，重点整治商品房销售中的不执行明码标价规定和价格欺诈行为。7.开展墓地价格的专项调查。在清明节期间，针对群众对墓地价格的集中反映，组织对长春市现有的6家墓地的基本概况和价格水平进行全面调查，并就全市墓地现状、价格水平、存在的问题进行了研究分析，提出了规范管理的建议。8.开展节日期间市场价格的专项检查。在节日期间，制发了检查方案，市区联动，以生活必需品价格和节日供应商品为重点，对全方位区域覆盖的40多个农贸市场和20多个连锁超市实施不间断的监测巡查，对不执行明码标价规定等价格违法行为进行了警告、查处、纠正,引导经营者加强自律,诚信经营,自觉规范价格行为,优化节日消费环境,规范节日期间市场价格秩序。9.开展遗留案件违法收入追缴工作。根据国家的部署,组织对全市2005年以来遗留未结案的57起价格违法案件进行了违法收入的催缴工作,已办结22起案件,其他案件正在处理中。

【农产品成本监审工作】 2011年,先后对轻轨票价、幼儿园、民办中小学、民办职业学校收费等行业进行了成本审核;完成了对部分农副产品成本及收益情况的调查。截至10月底,对45个企业进行了成本监审,出具结论报告31个(含幼儿园),监审数量比2010年增长80%。初步统计审核成本8.7亿元,核减成本2.6亿元。年初,入园贵、入园难的问题成为社会焦点。对部分幼儿园的成本进行测算。涉及全市23家公办、校办、民办幼儿园。在对民办中小学进行成本审核时,本着既要保证教育公平又要促进教育发展的原则,对新朝阳实验学校、净月实验学校、解放大路学校等4所民办学校的原始账目、学校现状进行了实地成本核算,对超过使用期限、折旧计提完毕的固定资产进行了清理,把超标配置和未达标配置区别开来,按照学校实际情况和未来规划合理确定教育成本,使民办学校的成本处在一个合理的区间内。在对轻轨公司票价成本进行核算时,在3号线运营成本的基础上,根据4号线专家预测的客流量报告,结合3号线客流量及运行里程,剔除建设、运营中重复计算的成本,最后测算出轻轨网络运营票价的定价成本。农产品成本调查工作。每年需向国家和省里上报十几种大棚蔬菜和养殖业的生猪、蛋鸡、奶牛以及种植业的水稻、玉米等品种成本及收益情况,还要对农民种植意向和存售粮情况进行调查。在做好工作的同时注重抓队伍建设,抓人员培训,抓调查点的布置。重点加强对调查报告的分析工作,提高撰写质量,在已完成的报告中大部分被有关媒体采用,有的还被《期货网》、《三农网》、《新浪网》等转载,较好地完成了预定目标。

【市场监测】 1.进一步加强对关系国计民生的重要商品价格动态监测,截至12月份(12月份数据为预估),向国家发改委和省价格监测中心采集报送价格监测数据125 886笔,没有发生漏报和错报情况。根据国家发改委价格监测中心价格监测报告制度执行情况的通报显示,长春市价格监测中心监测数据上报率为100%。加强对粮肉蛋禽和蔬菜价格的节前和节日期间的价格监测工作,安排好节日值班,确保重大情况不漏报、不迟报。向国家发改委采集报送价格监测数据106 416笔,省价格监测数据19 470笔。2.做好价格异常波动期间的价格监测工作。完善价格异常波动的预警和应急机制,切实履行价格预警和应急监测工作职责,进一步完善市场巡视、预警报告、应急值班、跟踪监测等各项工作制度,保证预警值班电话24小时畅通。中心共向国家上报应急监测数据88 740笔,没有发生漏报和迟报现象。3.做好政务信息报送工作。专门制定了粮油副食品价格周报和重要商品月报制度,即每周向市委、市政府报送我市粮油副食品价格情况,每月报送重要商品和服务价格情况,如遇价格异常波动,及时撰写价格情况反映,使领导能够随时掌握市场主要商品价格运行情况。向市委市政府上报地方价格动态信息427篇,被市委市政府采用23篇,被市政府采用上报给国办或省政府的信息15篇,国家采用5篇(截至10月末)。4.做好信息发布工作。加大价格信息发布工作力度,中心不仅在《长春日报》、《新文化报》、《东亚经贸新闻》、长春电视台、长春广播电台等新闻媒体上继续发布粮油副食品主和蔬菜价格信息,还在长春信息港政府网站及发改委网站上发布价格信息,发布价格信息81 250笔。5.做好价格形势分析和调研工作。围绕群众最关心、最直接、最现实的问题,特别是春耕、农资、粮食生产、肉禽副食品价格等与群众生活密切相关的价格热点问题,及时开展调查研究,为政府实施宏观调控和价格监管出谋划策。为深入分析当前生猪生产、市场等有关情况,准确把握后期市场价格走势,3月初,对分布于农安县5个乡的15户生猪养殖户进行了问卷式调查,并走访相关部门了解生猪生产的具体情况,在调研的基础上,形成了《长春市生猪市场3月份调查报告》。

【价格调控】 1.发挥价调基金调节作用。2011年征收价调基金1 574.47万元,落实秋菜储存专项经费55万元,落实蔬菜批发市场入场费补贴840.45万元,落实市级生猪补贴资金30万元,落实少数民族肉食补贴资金341.2万元,落实蔬菜购销点业户摊位费补贴107.38万元,落实“绿色早餐”工程补贴资金28.5万元,落实豆制品“放心工程”补贴资金1 000万元,总计投入使用2 402.53万元用于调剂市场、平抑物价和食品安全工程。2.积极推进“平价商店”建设。按照“政府引导,政策扶持,企业运作,产销对接,惠民利企,渐进发展”的建设思路,把“平价商店”作为平抑物价、保持农副产品价格基本稳定的重要载体和重要的调控措施纳入重要日程。会同有关部门,提出了“平价商店”建设框架构想,明确了中长期发展规划和总体目标,就“平价商店”的设立,资质条件、资质认定、规范管理和政策扶持等相关问题进行了深入研究和论证,提出了加快建设的意见建议。按照阶段性建设目标要求,2011年,依托具有一定规模,已形成一定市场覆盖的城区内较大型连锁超市,初步建设10家“平价商店”,通过试点运营,不断总结经验,逐步探索和建立完善“平价商店”准入、扶持、补贴、运营和管理体系,深入推进全市“平价商店”建设。首批“平价商店”在年内挂牌运营。3.落实低困群体物价补贴。2011年,为进一步完善城市社会救助和保障标准与物价上涨挂钩联动机制,全年先后6次实施低困群体的物价补贴措施。2011年1月,城市低保标准从月人均305元提高到350元;农村低保标准从年人均1 500元提高到1 800元。在春节期间,按照400元的标准为城市低保家庭每户送50公斤大米、25公斤面粉和5公斤豆油。4月～6月按照城乡低保对象、农村五保对象和重点优抚对象每人每月发放临时物价补贴

25 元，低保边缘人员每人每月发放临时物价补贴 20 元的标准进行物价补贴，计救助补贴 121 388 人，发放补助金 888.8 万元。4 月 ~ 6 月按照长春市社会福利院、儿童福利院和救助站供养人员每人每月补贴 25 元，领取失业保险金人员每人每月补贴 20 元的标准进行物价补贴。在 7 月 ~ 9 月份继续按照二季度执行的标准和范围，实施物价临时补贴。从 10 月份开始，将临时补贴纳入低保标准，城市低保标准从月人均 350 元提高到 375 元；农村低保标准从年人均 1 800 元提高到 2 100 元。

【价格认证】 市认证中心完成全市各级司法、行政执法机关委托的各类涉案物品价格鉴定 3 910 件，鉴定总金额 9 382.99 万元。其中刑事案件 1 900 件，鉴定金额 6 318.32 万元；民事案件 14 件，鉴定金额 992.73 万元；车损案件 1 996 件，鉴定金额 2 071.94 万元。依法履行价格认证工作职能，全面提升价格认证工作质量。制定了《2011 年长春市价格认证工作要点》。

（吴丽娟）

质量技术监督

【产品质量监督检验】 1. 定检工作。2011 年初计划定检企业 1 494 户，实际检查企业 1 326 户，检验产品 1 451 批次，合格率达 96.76%，定检计划完成率为 88.76%。2.抽查及后期处理。收到并处理监督抽查不合格报告 18 份(含食品及相关产品 3 份)。3.专项整治和打假工作。开展农资执法打假、“知识产权双打”活动、建材市场秩序专项整治等一系列专项整治和专项打假工作，所有预定任务目标已按时完成。4.投诉举报及交办案件处理。受理上级交办案件 3 件(市长电话 2 件、省局 1 件)，群众举报案件156 件，已全部及时处理。5.信息报送工作。2011 年上报了包括全市行政执法案件汇总报表、产品质量定期监督检查报表等 4 类 20 期次综合信息统计报表。

【食品安全专项整治】 全市新增食品生产加工企业 123 户，新办许可证 123 个，换证 173 个。全年对 2 户乳制品企业的原料奶和产品进行周抽样检测三聚氰胺，合计 350 个批次，平均每周 9 个批次，合格率 100%。对全市 173 户含乳制品企业生产的产品抽样检验 3 526 批次，合格率 95.2%。对全市 1 104 户获证食品生产加工企业的 23 大类 2 311 个批次产品进行了监督抽样检验，合格率 92.5%。完成小作坊摸排工作，登记建档 954 家。在“质监邀您看企业，食品安全大家行”活动中，组织人大代表、政协委员、专家、群众及新闻工作者 45 人次，观摩企业 4 家。

【标准化工作】 长春市质监局提出了“标准兴农，标准利农”的工作思路，将农业标准化作为工作重点，先后下发了《关于做好第四批省级农业标准化示范区工作的补充通知》、《关于在建的国家级、省级农业标准化工作有关问题的通知》《关于对农业标准化示范区进行检查指导的通知》指导性文件，在各示范区项目单位成立领导小组，设立标示牌，并制定了标准体系表 13 个，相关的技术标准、管理标准等 69 项。2011 年，长春市已建有国家级、省级农业标准化示范区项目 13 项。其中，第 7 批国家级标准化示范区项目 2 项，第 4 批吉林省农业标准化示范区项目 11 项。在榆树市玉米宽窄行休闲种植标准化示范区，全年实际落实玉米休闲种植示范面积 4 325 公顷，实测单产 12 020 公斤 / 公顷，比示范前平均增产 1 520 公斤 / 公顷，增产幅度为 14.47%，示范区增产玉米 6 574 000 公斤，按每公斤 1.60 元计算，增加收入1 051.84 万元。各示范区在农、林、牧、渔等方面合计实现增收数千万元，农业标准化工作成绩显著。在工业标准化方面，以名优产品为采标重点，推动整个产业结构进行优化调整。2011 年共对长春大成实业集团有限公司等 10 户企业的 21 项产品完成采标验收。在服务业标准化方面，长春市质监局下发了《关于做好 2011 年度省级服务标准化试点项目的通知》，组织推荐了英杰家政服务有限公司等 3 家企业申报 2011 年度省级服务标准化试点工作，并获得了省质监局的批复。截至 2011 年末，长春市已建有国家级服务标准化试点项目 2 个，省级服务标准化试点项目 9 个。

【认证工作】 强制性认证产品执法检查。按要求组织了玩具产品的专项检查，但由于玩具产品在全市无重点生产企业，故检查效果不明显。机动车安检机构专项监督。长春市质监局聘请专家组成检查组，对长春市辖区内 20 家机构车安全检验机构开展了专项检查。通过此次检查，长春市质监局对长春市辖区内的机动车安检机构建立监管档案，实现常态化监管。推动自愿性认证工作。制订了工作方案，通过企业申报标准化示范试点及标准备案工作，积极向企业宣传开展认证的好处及相关程序等，并向企业优先推荐省内认证咨询机构，以促成合作，确定了吉林省汽车制动器厂等 4 户企业作为重点对象。

【质量管理】 组织推进实施名牌战略。结合以往申报经验，确定了推龙头、抓重点、保优势、助成长的计划。即突出长春优势和特色，又注重以点带面，推动中小型企业的发展建设，确保推出更多名牌产品，为企业发展建设提供有益帮扶。通过对 30 余家企业的深入走访调查，根据企业产品生产、质量、销售、市场占有率等情况，将长春市企业划分为绝对优势型、有影响力型和快速成长型 3 大类，在申报时形成梯队优势。将更多优势产品列入 2011 年省名牌评比序列，以确保全市更多产品能被评为吉林省名牌产品。已确定上报 10 类 30 多种优势产品参评吉林省名牌产品。市政府出台了相关扶持政策，每年奖励获得“吉林省名牌产品”的企业 5 万元。在“质量兴省”活动中市质监局采取组织企业培训和实地检查指导的方式，宣传先进的质量管理方法，帮助企业规范生产标准，改进生产方法，提高企业质量效能。多次组织企业以食品、特设、标准化为题开展诚信宣传活动和召开会议。全年有 16 户企业建立了质量档案。

【特种设备安全监察】 特种设备动态监管系统建设。2011年初，市质监局对此进行了认真清理，对未纳入监管系统的6 004台和617公里压力管道的在用特种设备进行了摸底登记，并将其全部纳入到监管系统中。市质监局监察机构和检验机构均已采用了特种设备动态系统进行监察和检验工作。建立辖区监管责任制。全市质监系统已建立和实行了特种设备辖区监管工作机制，设监管辖区146个，确定监管人员51名，聘用辖区协管员24名。全年出动巡查人员2 386人(次)，巡查设备20 012台(套)，建立企业档案10 799个。辖区内特种设备定期检查。其中，锅炉和压力容器的定检率达98%，机电类特种设备的定检率达100%。设备定检率显著提升。排查治理特种设备隐患。全年组织排查企业827户，排查出安全隐患546项，隐患整改率达100%。全年未发生特种设备安全事故。

【计量监管】 民生计量工作。对长春市部分餐饮企业进行诚信计量检查，共打造样板单位10户。抽查"三表"累计完成拆表检定537块，总拆表率为90.10%。其中，实拆检定水表51块，燃气表18块，电能表468块，电能表的拆表率达100%。对14种商品的定量包装进行抽样检验，合格率57%，对加油站进行监督检查20余次。能源计量工作。完成了30家工业企业的能源计量监督检查，对其中10家开展节能达标量化评价。计量技术机构管理工作。2011年机构复查检定项目152项，校准项目162项，商品量检测项目4项，通过率100%。

【法制工作】 1.依法行政工作。制发了《长春市质量技术监督局加强普法宣传教育第六个五年规划》、《长春市质量技术监督局推进"法治质监"建设实施方案》和《长春市质量技术监督局立案办理案件行政处罚相关规定》，完善了立案处罚办理程序，增补了审理、审议和领导签批等程序环节。2011年全系统办理执法案件1 140余件，无败诉案件。2.法制基础工作。制发了《长春市质量技术监督局规范性文件管理办法》，制定了行政执法责任制考核评分细则，完成了执法人员信息及相关信息录入工作，组织了全系统行政执法人员参加培训。3.监督检查工作。全年完成年度执法监督、随机执法监督、抽查行政审批卷宗各1次。针对监督中发现的问题，下发了《长春市质量技术监督系统行政执法办案的六点指导意见》及《长春市质量技术监督系统行政执法监督检查通报》。4.宣传工作。全年市质监局在各级各类媒体平台上发表文章85篇，组织大型主题宣传活动17次，发放各类调查问卷、法律资料、宣传手册等数千册，组织参加了长春市"法治杯"依法行政建设法治政府书面知识竞赛活动。此外，市质监局还重点做好宣传影像和读网、读报信息的整理、归档工作，向基层单位下发法律讲座音像资料，快速普及新法律法规的精神和内容，更好地依法行政和依法管理。

市质监局检查特种设备安全落实情况

【科技规划工作】 新增榆树钱酒（榆树大曲）为地理标志产品保护。新增省级科研项目立项2项。计量院申报的研发项目《水泥混凝土渗透仪校准装置》和《人参重金属含量电化学分析仪》已通过省局组织的专家答辩，后续工作正在进行。在综合管理方面，按照省局有关技术装备、执法装备管理要求进行日常动态管理，并积极参加食品专业技术带头人培训班。在信息化建设方面，视频会议、公文传输及特种设备安全监管、食品生产企业动态监管、企业基础数据库、车载钢瓶电子监管等系统相继建成并投入使用，行政许可项目和政府信息全面实现网上申报和公开。检测和办公现代化、自动化正在变成现实。局门户网站"CC12365"在全市72个政府部门网站评比中始终保持前5行列，2011年位居第2名。

【技术机构建设】 全年全系统累计投入资金1 700余万元用于检验仪器设备的更新和技术改造，新增检定检测项目30余项，检测领域进一步拓宽。各县级局按照"办公有场所、检测有设备、执法有车辆"的标准，用于加强基础建设的投入达到150万元，检验机构按省局确定的考核标准，达标率100%。

（黄　宁　李洪权）

安全生产监督管理

【概况】 2011年，市安监局采取切实有效措施，保持了全市安全生产形势的总体稳定。1月～11月,全市发生各类事故4 887起,比2010年下降15.7%;死亡517人,比2010年下降6.8%。其中,生产事故30起,比2010年上升15.4%,死亡31人,比2010年下降29.5%;道路交通事故1 813起,比2010年下降17.7%,死亡468人,比2010年下降7.0%;火灾事故3 044起,比2010年下降14.6%,死亡18人,比2010年上升125%。未发生重特大事故,各类事故死亡人数低于省政府下达阶段性控制指标51人。

【安全生产目标责任制考核】 召开全市安全生产工作会议,与各县(市)区、开发区签订安全生产目标责任状,部署全年工作任务;印发全市《2011年安全生产工作要点》,下达年度控制考核指标;制订《长春市生产经营单位安全生产主体责任规定》,于5月12日政府常务会讨论通过,进一步明确企业主体责任;牵头成立"安全建设年"生产安全专项推进组,先后召开5次市安委会全体会议、1次县区安监局长调度会,调度推进工作。

【隐患排查治理】 把隐患排查作为全年工作主线,开展春季安全大检查、安全生产集中大检查、安全生产检查督察等专项行动。1月～11月,在企业排查的基础上,各级政府、各部门共排查检查企业9 242户,排查出一般隐患17 154项,整改17 012项,整改率99.17%。市县两级挂牌督办重大隐患45项,已全部整改完毕。

【安全生产专项整治】 煤矿方面,突出瓦斯治理和防治水害专项整治,严格执行"一通三防"各项措施,严格落实矿领导井下带班作业制度,严把节后开工复产验收关,严厉打击"三违"行为和"三超"现象;非煤矿山方面,实行非煤矿山企业法人安全生产承诺制,加强复工企业检查验收,并将水平分层台阶式开采、中深孔爆破、机械铲装及液压锤2次破碎纳入开工验收条件;在全国非煤矿山安全生产工作暨安全避险"六大系统"建设推进会议上,市安监局作了经验介绍;危险化学品和烟花爆竹方面,实行企业法人安全生产承诺制,深入推进加油站阻隔防爆技术推广应用工作;加大春节烟花爆竹解禁期间安全检查频次和力度,开展烟花爆竹批发企业库房改造提升工作,有效防范事故发生;工商贸方面,对市直管企业进行全面排查,加强机械、轻工、纺织、烟草、商贸等行业领域"三同时"监管力度;"三同时"监管,加强源头管理,开展高危行业建设项目"三同时"许可、备案工作,完成危化品和非煤矿山许可及"三同时"办件528件。

【职业危害安全监管工作】 按照民生计划要求,积极筹建职业危害检测检验中心,制定实施方案,及时上报市编办、财政等相关部门,扎实有效推进。11月11日,经长春市编委会审议,同意成立长春市职业危害检测检验中心(全额拨款事业单位,处级职数2人,编制11名)。开展水泥生产、碳素制品、汽车4S店、木制品加工等行业的职业危害专项治理,严厉查处各类违法行为。

【"打非治违"专项行动】 按照国家和省里要求,在全市集中开展严厉打击非法违法生产经营建设行为专项行动,组织开展检查排查3 256次,开展联合执法49次,查出非法违法行为6 138起,依法取缔关闭739户,停产停业332户,下达整改指令书1 735份。截至12月末,立案查处22件,已办结18件,4件按程序办理中。累计罚款150.36万元,已收缴罚款95.36万元。

【安全生产宣教】 广泛开展《职业病防治法》宣传周和"安全生产月"活动,市安监局被授予全国"安全生产月"和"安康杯"竞赛活动及全省法制宣传工作优秀组织奖;召开全市安全生产培训工作现场会,推广先进经验;培训企业主要负责人、安全管理人员、特种作业人员等"三类人员"7 100余人次。

【企业安全生产标准化达标工作】 通过组织召开动员会议,聘请专家作专业辅导,指导企业开展自评等形式,在煤矿、非煤矿山、危险化学品和烟花爆竹、机械等行业继续开展达标活动。截至2011年末,全市有28户机械和水泥企业参加了2级安全生产标准化创建工作,并已完成企业自评工作;37户采石场申报达标,实现了开工生产企业100%申请考评的目标;5户危险化学品生产企业提出3级标准化达标申请;15户煤矿企业、18对生产矿井列入达标计划。

【推广先进适用技术】 实施科技兴安战略,大力推广先进适用的安全技术,继续推广煤矿壁式采煤方法和非木支护改革;巩固露天矿山"水平分层台阶式开采"、"中深孔爆破"等技术,推广非电起爆技术;在使用危险工艺化工企业推行连锁自控技术和危险化学品生产经营重大危险源自动监控技术;继续推广加油站阻隔防爆技术。全市所有安全距离不足的加油站通过采取阻隔防爆技术改造等措施已基本消除了由此带来的安全隐患,其中列入补贴的43户加油站,已有37户完成阻隔防爆技术改造,另外6户已按要求整改完毕。

【提高应急保障能力】 制定年度执法计划,经政府批准实施,增强安监工作科学性和计划性;编制《长春市安全生产"十二五"规划》,将安全生产纳入经济社会发展总体布局;加强应急保障能力建设,提请政府统筹解决矿山救援中心建设问题,2011年划拨专项资金用于矿山救护队员工作经费补贴,每月人均2 200元,对于稳定队伍起到了很好作用。另外,还从民兵预备役中选调240名人员作为矿山应急救援补充力量,有效提高应急处置能力;完善应急救援机构,经市编委会审议,同意市安监局独立设置应急救援办公室(增加1名处级职数,2名行政编制),为进一步加强应急救援工作提供了重要保障。

(韩　鹏)

财　政

【财政收入】 2011年,全市地方级财政收入完成288.6亿元，比2010年增长59.6%，增幅在全省9市州和15个副省级城市中均位列第一；地方级收入加上划中央和省收入后的一般预算全口径财政收入完成803亿元，比2010年增长42.6%。从收入结构上看，地方财政收入占全口径财政收入的比例和全市全口径收入占全省的比例，均比2010年提高3%。6城区和4县市财政收入首次全部超过10亿元。

【保障民生】 确保民生政策落实。市级财政通过优化结构、向上争取等措施，拨付“暖房子”工程资金6.5亿元。本级筹措资金12.8亿元，向上争取6.5亿元，推进保障性住房建设，落实了中低收入人群住房保障政策。拨付离退休职工住房货币补贴6 066万元，启动市直机关事业单位在职职工住房货币补贴发放工作，落实住房货币化分配改革政策。支持医疗卫生体制改革，投入3.57亿元，将居民医保、新农合财政补助标准由120元提高到200元。投入8 292万元，将基本公共卫生服务人均补助标准从16元提高到25元。加大财政投入，实施了基层医疗卫生机构基本药物制度改革。市级投入2亿元资金，更新购置500台公交车。安排1 100万元，完善公交车供热设施。推进市级厂办大集体改革，向职工发放经济补偿金4 085万元。启动“五七家属工”和“厂办大集体”企业职工参加和接续养老保险工作。发放临时物价补贴近2 000万元，拨付2 569万元，用于蔬菜价格调控，保障了市民基本生活。完善家庭经济困难学生资助体系，落实校舍安全工程资金，促进了教育均衡发展。先期投入4 445万元，支持了文化基础设施建设。及时拨付粮食直补资金、新农村建设、防汛救灾等资金，落实了国家强农惠农政策。

【支持经济发展】 各级财政部门积极筹措调度资金，优化专项资金投向，通过直接投入和财政贴息等方式，充分发挥财政资金杠杆作用和引导作用，支持经济发展方式转变，取得了积极成效。市本级财政安排工业发展专项资金4 000万元，用于扶持汽车、客车配套企业以及战略性新兴产业和中小企业发展等。落实新能源汽车补贴政策，拨付配套资金11 100万元，用于采购混合动力公交车。投入配套资金2 250万元，补贴私人购买新能源汽车，发挥政策对新能源汽车推广的引导作用。投入资金4 750万元，支持市中小企业信用担保公司规范运作，促进其职能作用的发挥。拨付贴息资金810万元，引导发放小额担保贷款4 877万元，支持小微企业发展。及时拨付专项经费，支持了全市重点展会和招商引资工作。落实清费减负政策，减轻企业负担，优化了经济发展环境。加强资金调度和周转，利用国库间歇资金往来借款，支持开发区项目建设。加大“三农”投入，支持农业产业化发展、农作物良种推广、退耕还林、旱田节水灌溉、玉米保护性耕作技术推广以及水利工程建设。争取上级补助资金，支持大成、皓月等农业产业化龙头企业发展。着力调整政府债务结构，积极推动落实5个外债项目。调整城市基础设施配套费标准，拓宽了地铁建设筹资渠道。在融资难度加大的情况下，利用部分资金分段安排产生的“利率差”活化资金，实现了偿债资金效益最大化。

【科学理财】 推进财政支出绩效评价改革，构建评价指标体系，对气象、卫生、公安等5个部门开展项目支出绩效评价。推行政府采购协议供货方式，搭建统一的政府采购信息管理应用平台，探索政府采购支持中小企业融资的实现方式。完成国库集中支付扩面和公务卡试点前期工作，推进了财税库银横向联网工程。对市直行政事业单位资产实行信息化动态管理，促进公有资产合理高效使用。研究制定《长春市市属企业国有资本经营预算编报暂行办法》和《长春市市属企业国有资本收益收取管理暂行办法》，启动了2012年市级国有资本经营预算编制工作。在财政对外门户网站公开市本级一般预算财政收支预算表、决算表，以及季度财政预算执行数据，增强了预算透明度。

【财政管理】 对市区两级财政资金账户管理进行检查，清理撤并财政专户26个，增强了财政资金的安全性。对12个开发区的市级财政收入进行检查，开展“小金库”专项治理和低保等4类专项资金检查，纠正了违规违纪问题。开展全市公务用车专项治理，为加强公车管理奠定了基础。加大对全市重大项目的招标控制价和预结算评审力度，市财政评审中心完成提报值145亿元，审减资金20亿元。采取公开拍卖、竞争性谈判、以资抵债等多种方式处置罚没物资和超编车辆，增加了资产处置收入。发挥委派财务总监优势，强化了对重大项目、大额资金的财政监管。加强财政内审工作，进一步规范了业务管理行为。开展土地收储交易资金审核，严格了土地成本核算。对代理记账公司进行清理检查，注销4户不具备执业能力的公司。完成会计人员信息采集、会计人才培养及各类会计考试工作，在全市大中型企业推动企业会计准则实施。

（杜　鹏）

国　税

【概况】 长春市国家税务局负责长春市增值税、消费税、企业所得税、储蓄存款利息个人所得税、车辆购置税等中央税、中央与地方共享税的征收管理和出口退税的管理工作。2011年，长春市国税局在职职工2 830人。市局下辖10个城区局(含开发区)，4个县(市)局。市局机关内设15个行政处(室)，5个直属机构，5个事业单位，1个机关党委办公室、1个离退休干部处、1个机关纪委、1个机关工会。管理纳税人户数为139 704户。其中，内资企业65 599户，外资企业1 753户，个体工商业户72 263户，非企业性单位89户。

【国税收入】 2011年，全市共组织税收收入501.1亿元，越过400亿元关口，直接突破500亿元，占全省税收收入的58.2%，比2010年增收133.8亿元，增长36.43%。在15个副省级城市中收入规模排在第10位，增速排在第1位。其中组织地方级税收收入96亿元，占全省地方级收入的60.39％，比2010年增收25.2亿元，增长35.6%。全系统认真落实税收优惠政策，全年累计办理各类减免税总额99.12亿元，比2010年增长32.25%，较好地发挥了税收调控经济、调节分配的职能作用，市局被市委、市政府授予“长春市服务业工作先进单位”。

【依法治税】 1.规范税收执法。按照《长春市国税系统加快推进依法行政实施方案》和《长春市国税系统“依法行政示范单位”评定办法》两个基础性文件，对全系统依法行政工作进行综合考评和总结验收，全面推进全市国税机关依法行政工作。2.做好税收执法督察工作。强化税收执法考核系统日常监控工作，推进税收执法责任制有效落实。做好税收执法疑点信息库核查工作，完成77 705条疑点数据的核查，为切实提高全市国税机关依法行政的整体水平奠定了扎实的基础。3.加大税法宣传力度。通过内外网平台广泛开展政务公开，大力宣传税收法律法规，普及税收法律知识。税法宣传工作深入推进，全系统共有6个项目被省局评为税收宣传月优秀创新项目。市局被市委、市政府评为2006年～2010年普法依法治理先进单位。4.加大税务稽察力度。严厉查处大案要案、打击制售假发票行为，2011年稽查查补入库21 643万元。其中查处发票违法案件230起，查补税款4 362万元，切实整顿和规范了税收秩序。

【纳税服务】 1.加强纳税服务厅标准化建设。2011年全市投入300多万元对办税服务厅进行统一规范改造，在全市13个征收单位办税服务厅安装使用“排队叫号系统”和办税服务厅监控系统，办税服务厅功能得到全面提升。2.实现“同城通办”全区域覆盖。2011年6月1日，农安县局涉税事项“同城通办”正式开通；9月6日，九台、榆树、德惠“同城通办”正式运行。11月2日，《中国税务报》数字税收专刊以《长春国税同城通办网络实现全覆盖》为题进行了专题报道。3.开办纳税人学校。在全国第20个税收宣传月来临之际，长春市国家税务局和长春市地方税务局联合成立了长春市纳税人学校，采用总校、分校结合的实体校和互联网校为主的培训模式，为纳税人提供了多层次、权威性的免费培训。被国家税务总局评为全国税收宣传月优秀活动项目。《中国税务报》进行了详细报道。4.开展纳税人满意度调查和软环境内部评议工作。通过采取互联网调查、第三方调查的方式，对办税服务厅和税收管理员进行满意度评价；通过内部评议对基层税务所（分局）开展评议，同时开展了明察暗访活动。这两项工作，在市直机关为民服务创先争优部署会上介绍了经验。5.做好《网上开具缴款凭证系统》和《税源调查网上直报系统》的试点工作。在二道区局对“两个系统”进行了试点，《网上开具缴款凭证系统》实现了纳税人足不出户办理申报、缴税、开票“一条龙”服务；《税源调查网上直报系统》减轻了纳税人负担，提高了工作效率。11月23日，省国税局在二道区局召开了“两个系统”推广运行现场会。

【税收管理】 1. 开展征管状况监控分析。运用自定义数据查询分析平台制作8期分析报告，对相关征管指标进行状态提示和风险提示，初步实现了及时提示整改、有效监督管理、提升数据质量和征管质效的作用。2.加强个体税源管理工作。市局派出解剖工作组利用近1个月的时间，对欧亚大卖场等3个封闭市场的税收管理情况进行解剖。6月10日，召开全市个体税收征管专业会议。通报了封闭市场税收管理解剖情况，分析了当前个体税收征管现状，明确了加强管理的意义，提出了加强个体税收管理的要求。为进一步建立个体税收管理的长效机制，制定了《长春市国家税务局个体税收征收管理规范》，切实加强了个体税收征管工作。3.加强各税种的精细化管理。规范一般纳税人认定管理，建立了8个行业的评估模型，提高了增值税征收管理水平，受到省局通报表扬。完成800余户农产品生产经销企业的调查测算工作，为总局修改相关政策提供了准确的数据支持。应用进出口退税远程预申报系统，提高了审核效率，完成了跨境贸易人民币试点企业的评审上报工作。抓好所得税汇算清缴，加强对营业收入大且亏损企业的监管。扎实推进反避税工作，补缴税款1 751万元，取得反避税工作新突破，在总局召开的大陆集团全国联查协调会议上介绍了先进工作经验。加强和规范大企业管理与服务，积极探索风险管理新途径。加强车辆购置税征收管理，圆满完成了“车辆购置税电子档案系统”推广工作。

长春市国税局举行“党在我心中”知识竞赛暨“创先争优”表彰大会

【党风廉政建设】 认真落实“六个加强”党风廉政建设责任目标，从严治队，强化惩防体系建设，及时解决工作中存在的实际问题，为各项工作顺利进行提供了有力地保障。市国税局在全市反腐倡廉创新工作交流会上介绍了经验。市国税局纪检组监察室被总局评为全国税务系统纪检监察先进集体。构建党风廉政建设和反腐败工作责任体系。加强对党风廉政建设责任制落实情况的跟踪检查，不断加强对领导干部执行重大事项集体决策制度、履行“一岗双责”、述职述廉等制度情况的监督检查。加强廉政教育和廉政文化建设。把《廉政准则》及“三个配套文件”作为2011年反腐倡廉宣传教育的主要内容纳入教育培训工作计划，与业务学习培训同步考核。制定《2011年廉政文化建设系列活动实施方案》，在全系统掀起了税务廉政文化建设的热潮。开展了廉政文艺作品创作及展演活动，分别被省局评为一、二、三等奖。举办全市国税系统“反腐倡廉清风税苑”书画摄影作品展，营造了良好的廉政文化氛围。加强反腐倡廉机制建设。制定了《税风税纪有奖举报办法》，调查处理了3件涉及基层国税干部服务态度问题，对相关责任人进行了教育谈话。制定了《长春市国家税务局效能责任追究办法》，根据该《办法》，对系统内5人进行了责任追究。通过强化监督措施，有效地推进了软环境建设。

（梁继申）

地　税

【概况】 2011年，长春市全口径地税收入251.9亿元，比2010年增加93.6亿元，增长59.08%，完成年度计划的125.9%，收入实现两年翻一番，总量、增量、增幅、占全省地税收入比重等指标再创新高。在副省级城市中，收入总量前进1位，收入增幅排名第1位；在省会城市中，收入总量前进2位，收入增幅排名第2位，实现了争先进位目标。同时，代征“三金三费”10.4亿元。

【税收征管工作】 巩固征管互动机制建设成果，征管互动平台实现税收业务全覆盖，点击次数达122 684人次，发布信息3 868篇，业务请答792个，实现了答疑解惑、有据可查、资源共享、管理共鉴的目的；加强税种管理和分析，推进日常评估与专业评估的有机结合，评估广告、房地产、建筑安装等14个行业9 223户，评估税款5.9亿元，评估贡献率3.18%，以评促管成效显著；对18个行业确定计算机核税参数和系数，实现地税自管户计算机核税全行业覆盖，核定个体工商户97 482户，核定税额同比增长26%；对广告业、房地产中介、医疗行业、建筑安装业等重点税源企业开展专项检查，查补税款4.06亿元，比2010年增长21.6%；充分发挥发票“抓手”作用，破获制售假发票案件4起，缴销假发票64万份；对开具、取得发票情况开展清查整治，查处发票违规企业2 601户，虚假发票2 435份，罚款512万元。实施新的发票布奖方案，单张发票刮奖额最大达到5万元，奖金兑付率比2010年提高11%，发票源泉控管作用不断增强；积极推进社会综合治税，完善综合治税信息交换和个体税收委托代征制度，加强与国税、工商、公安、社区、行会等部门的协调与配合，提高零散税源管理水平。

【税收服务工作】 全面落实各项税收优惠政策，累计减让税收6.5亿元，为改善民生和市场主体发展壮大提供了有力支撑；深入落实大项目包保、“三段式”执法等制度，积极改进“三金二费”征收方法，实现了零投诉目标；在办税服务厅推行前置性和后延性服务，对减免税审批项目实行限时办结或先批后审，方便纳税人办税；组织开展“我与税收服务”大讨论和评议管理员活动，有针对性地完善服务措施；长春市地税局、各基层地税局与相关单位联合成立97个纳税人之家，组织活动116场次。与长春市工商联共同组建纳税人权益保障中心，妥善处理纳税人投诉7起，为服务纳税人提供了新平台；认真开展局长接待日和纳税人维权日活动，接访82人次，解决涉税问题55个，促进了征纳和谐。

【税收法制建设】 修订《税务行政处罚自由裁量权实施办法及标准》，减少执法弹性，规范执法行为；对334件重大税务案件进行集体审理，纠正不规范执法行为202起；深化执法内控机制，采取长春市地税局解剖示范、基层地税局自查互查的方式，集中组织税收执法检查，发现问题98个，查补税款及滞纳金9 014万元；各基层地税局内审部门积极发挥作用，整改问题241个，追究责任279人次，有效降低了干部执法风险和税收流失风险，促进了税收执法责任制落实。

（张婷娟）

审　计

【概况】 2011年，长春市审计局通过对109个项目开展审计及审计调查，查出违规问题金额321 513万元，管理不规范问题金额108 969万元。已上交财政金额3 396万元，其中，审计机关直接收缴入库1 249万元，审计查补2 147万元。通过固定资产投资审计核减多结工程价款3 807万元。向司法、纪检、监察等有关部门移送案件线索及事项26起，涉及金额3 191万元，涉及人员15人，为维护财经秩序，促进廉政建设发挥了积极的作用。

【财政审计】 先后组织安排了对市财政局组织市本级预算执行情况、市地税系统税收征管和税收政策执行情况及16个重点单位、部门预算执行情况进行审计，查出违规问题金额75 367万元，管理不规范问题金额58 367万元。同时，积极探索对市财政局决算草案情况进行审计，为政府编制决算提供服务。组织对3个区政府财政决算情况进行审计，重点关注政府财政决算的完整性、真实性和有效性，查出违规问题金额17 339万元，管理不规范问题金额30 632万元。按程序，向市政府提交了审计结果报告，受市政府委托向市人大报告预算执行审计情况，得到了充分的肯定。

【经济责任审计】 2011年，组织对18位领导干部开展了任期经济责任审计，同时，受市委组织部临时委托，对39位拟提拔的领导干部开展任前审计，查出领导干部应负直接责任的违规金额485万元，应负主管责任的违规金额15 247万元。

【政府重大投资项目审计】 积极探索，改进固定资产投资审计监督方法和手段，在认真抓好项目建设竣工决算审计的同时，把审计关口前移，对部分政府重大投资项目实行跟踪审计，及时发现、纠正问题，堵塞漏洞，减少损失浪费，提高审计质量和效果。截至2011年，共审计市政、房建、园林绿化等工程116项，审计项目资金总额16亿元，查出未按建设程序施工、未按规定进行招投标等各类违纪违规问题金额26 595万元，核减多结工程价款3 807万元，为节约建设资金，促进建设资金规范使用，提高资金使用效益，优化长春发展环境起到了积极作用。

【民生资金审计及审计调查】 重点安排对义务教育、惠农资金、保障性住房资金等关系百姓切身利益的专项资金开展了审计及审计调查。2011年初，根据省审计厅安排，组织全市审计机关对全市泥草房改造资金管理分配使用情况进行了审计。完成对乡(镇)、街道的审计，并对相关农户进行了入户调查，入户率达71.2%。针对审计中发现的问题，审计机关提出了有针对性的意见和建议，并督促相关部门及时纠正，促进了资金的规范合理使用。此外，还对2008年以来全市政府投资廉租住房保障资金管理情况、工程建设情况和廉租住房分配及分配对象管理情况进行了审计。通过创新审计方式，整合审计力量，利用计算机采集信息、比对信息，发现了廉租住房分配及分配对象管理中存在的问题，并及时通过要情专报的形式将审计结果向市政府有关领导作了汇报，得到了高度重视，各城区及开发区按照市政府的要求，对审计结果进行认真调查核实，并进行整改。2011年底，按照省审计厅统一部署，市审计局还对市属3县（市)2010年至2011年6月养老保险基金情况进行了专项审计调查，并针对存在的问题向长春市社会保险局发出整改建议函，要求该单位组织3县(市)相关部门进一步调查核实，保证养老保险基金不受损失。

【完成交办审计任务】 按照市领导要求，根据审计署及省审计厅的统一部署，全市两级审计机关抽调70余人，采取统一组织、上下联动、交叉审计的方式完成了对10个县(市)、区政府性债务情况的审计，审计调查了达1 500个单位和部门。确保了审计结果的真实、完整、准确。

（杨冬玲）

商业 旅游业

商业流通

【概况】 2011年全市社会消费品零售总额实现1 512.2亿元，比2010年增长17.5%,城乡市场实现全面增长。城镇实现消费品零售额1 430.4亿元，增长17.2%，占全市社会消费品零售总额的94.59%;乡村实现消费品零售额81.8亿元,增长23.4%,占全市社会消费品零售总额的5.4%。城镇市场消费仍占重要地位,但增幅低于农村市场6.2个百分点。2011年全市批发业实现销售额50.5亿元,比2010年增长21.1%。其中,限额以上企业实现销售额11.7亿元，增长21.6%；限额以下企业实现销售额38.9亿元，增长18.6%。零售业实现销售额1 340亿元,增长17.4%。其中,限额以上企业实现销售额638亿元,增长25.2%;限额以下企业实现销售额702.1亿元,增长10.6%。限额以上大型商贸企业不断提高服务质量、扩大商品销售规模,推动了全市批零贸易业的良性竞争，从而拉动整个行业稳速增长。2011年全市住宿业实现社会消费品零售总额14.7亿元,比2010年增长17.3%。其中,限额以上企业实现8.6亿元,增长16.6%;限额以下企业实现6.1亿元,增长18.9%。全市餐饮业实现社会消费品零售总额106.9亿元,增长17.5%。其中,限额以上企业实现15.7亿元,增长16.4%;限额以下企业实现91.2亿元,增长17.1%。

【消费品市场繁荣活跃】 开展家电“以旧换新”、家电下乡和各类促销活动。2011年是家电“以旧换新”政策实施的最后一年,家电“以旧换新”销售在年末掀起高潮,全年家电“以旧换新”销售额达17.27亿元；家电下乡商品扩展到10大类,累计销售额达17.4亿元;受理老旧汽车报废更新车辆503台，拉动新车消费近1亿元;二手车交易6万台,交易额40亿元，回收拆解报废汽车4 463台。全市各大型商业企业积极开展促销活动，全市限额以上批零贸易业实现销售额1 185亿元,增长18.02%。欧亚、卓展等大型商贸流通企业全年销售额增幅均达23%以上。以网上购物为代表的电子商务等流通新业态快速发展，网络消费活跃。地方名优产品推广进一步深化,市商务局组织企业先后参加了北京“吉林商品大集”、宁波“食博会”等6个展会,实现现场销售额500多万元,意向协议签约额8 000多万元，为长春市名优地产品外销起到了积极地推动作用。

【农村市场流通】 2011年新增“农家店”240户,扩建“商品配送中心”3个,商品配送额达2亿元。到2011年底,已在农安、德惠、榆树、九台、双阳等5个县(市)、区累计建成合格“农家店”2 077个。初步形成了以城区(县城)店为龙头、乡镇店为骨干、村级店为基础的现代农村商品流通网络,已实现在长春市92个乡(镇)、1 518个行政村全覆盖,农家店覆盖率达100%。商品配送率明显提高,农资类“农家店”配送率达100%;日用品类“农家店”商品配送率平均达50%以上。“万村千乡”连锁农家店、“金土地店店通工程”在双阳和九台开始正式运行，带动社会就业达2万人以上。全市10户承办企业及“农家店”年商品销售额超过50亿元。

【鲜活农产品体系建设】 2011年,长春市全面启动了“农超对接”工作,成立了以长春市副市长滕佳材为组长，市商务局、市农委、市国税局、市政研室为成员单位的工作领导小组，全面开展农超对接各项工作。工作领导小组开展形式多样的“农超对接”活动,在“农博会”期间,市商务局和市农委组织召开长春市农超对接洽谈会暨签约仪式,长春市10户大型超市及10户农民合作社、农业生产基地代表进行现场签约；参会的100余家农民合作社与20家大中型连锁超进行现场对接,现场签约项目23个,年度意向采购额5 830万元。现场对接以及会上发放的“农超对接”手册为农超对接双方工作开展提供了极大便利。2011年,长春市一批超市设立了“农超对接”专柜,建立了直供基地。欧亚超市已与21个种养殖基地、专业合作社建立了合作关系,带动专业户1 000多户;远方超市在山东、山西、海南、云南建立了自己的种植和采购基地;各县(市)、区结合区域特点开展了“农超对接”工作,朝阳区在乐山建立了千顷菜田基地,榆树市在11个乡镇建设蔬菜大棚近964栋，发放贷款 2 862 万元，给予“农超对接”项目贷款贴息 565 万元，免收农业合作社进城车辆公路费。

【便民化服务体系建设】 继续推进社区商业建设工作，全市国家级和省级商业示范区分别达 10 个和 38 个。积极开展北康酿造等 4 户企业“吉林老字号”的申报和再生资源回收体系网点建设工作。开展酒家酒店等级评定工作，5 户餐饮企业被评为国家级酒家示范店，可达酒店等 3 户企业成为国家四钻级酒家。进一步强化家政企业人员培训，2011 年共培训家政服务人员 5 万人次，得到国家商务部专项扶持资金 277.8 万元。“96616” 家政信息服务平台管理与建设得到进一步强化，智能化服务站和便民服务热线得到推广应用。在中介服务行业中开展 “百名优秀律师挂职服务百户优秀企业”活动，组织律师参与处理政府涉法信访案件。清理、规范中介组织 2 449 户，促进了中介市场健康有序发展。

（刘义春）

肉品管理

【部署肉管工作】 2011 年，长春市肉品管理办公室召开全市肉品管理办公室主任工作会议，对肉品管理工作进行了全面安排部署，从民生的角度，要求各相关单位和部门明确责任，狠抓落实。各县（市）、区肉品管理办公室主任作为辖区此项工作的第一责任人，组织肉品管理工作人员采取相应措施，把责任、任务落实到人，确保本辖区肉品管理到位；各屠宰加工厂（场）法人代表作为本企业此项工作的第一责任人，组织企业迅速建立健全相关规章制度，对全体员工严格实行确保肉品质量的岗位责任制、责任追究制，并搞好全员岗位培训，确保在质量上管理到位。各县（市）区、开发区肉品管理办公室对肉品管理工作高度重视，按照职能分工和目标责任要求，严格把好各自“关口”，为“放心肉”工程建设提供了坚实的组织保障。

【查处大案要案】 1. 查处 “注水狗事件”。2011 年 3 月 27 日晚 10 时许，绿园区肉品管理办公室接到举报称长春市绿园区经济开发区海达路与富强路交会处的实验犬屠宰场里有人给狗注水。市、区两级肉品管理办公室工作人员赶赴绿园区屠宰场核查，现场未发现注水行为，但发现了注水针管等注水工具。为此，长春市政府专门组织召开有政府相关部门、法律界、新闻媒体等人员参加的 “3·28 事件”专题研究会。依法对该场违规屠宰行为做出停产整顿并罚款 5 000 元的处理决定。2.查处“注水生猪事件”。2011 年 3 月 24 日长春市肉品管理办公室接到举报称绿园区有生猪注水，立即责成绿园区肉品管理办公室到现场调查处理，绿园区肉品管理办公室工作人员与《东亚经贸新闻》记者、《城市速递》记者在绿园区城西镇大营子村附近蹲守 4 小时，现场抓到了不法商贩给生猪注水的现行。绿园区肉管办按照《生猪屠宰管理条例》对其做出没收现场全部注水生猪并罚款 1 万元的行政处罚。3.查处“外地注水生猪涉嫌进入长春市属屠宰厂事件”。2011 年 5 月 23 日，长春市肉品管理办公室、南关区肉品管理办公室执法人员，与守望都市记者赶赴南关区长乐屠宰厂，就该厂涉嫌收购公主岭注水生猪事件进行调查。该屠宰厂厂长承认存在管理问题，南关区肉品管理办公室依法对其进行罚款处理。2011 年，长春市肉品管理办公室协同各县（市）、区肉品管理办公室，及时调查处理市长公开电话关于肉品安全的举报件，答复办结率 100%，并对举报投诉情况进行通报。

【畜禽屠宰厂审核换证】 2011 年，长春市辖区内定点屠宰企业有 25 家。其中，县以上生猪屠宰企业 14 家（城区 4 家，县区 10 家）；牛屠宰企业 4 家；禽屠宰企业 3 家；犬屠宰企业 3 家；大牲畜屠宰企业 1 家。此外还有 12 家周边和外埠畜禽屠宰加工企业产品入长。平均年供应生猪 130 万头，牛 16 万头，禽 950 万只，犬 18 万条。按照国家和吉林省《关于生猪定点屠宰企业审核换证工作的通知》要求，长春市肉品管理办公室严格依据《国务院生猪屠宰管理条例》、《猪屠宰与分割车间设计规范》做好定点屠宰厂的审核换证工作。县以上屠宰企业审核换证工作由长春市组织实施，县（市）、区配合；乡、镇屠宰厂审核换证工作由各县（市）、区组织实施。11 月长春市肉品管理办公室向政府上报了关于《落实 < 国务院生猪屠宰管理条例 > 由市级人民政府颁发证书的请示》，待政府同意批复后，将对生猪屠宰企业重新核发《生猪定点屠宰证》。各县（市）、区肉品管理办公室对保留的屠宰厂进行重新登记，报长春市肉品管理办公室备案。

【肉品经营许可管理】 各级肉品管理办公室依据《长春市肉品管理条例》，为畜禽产品生产、经营和销售企业办理、审批《畜禽屠宰加工许可证》和《肉品经营许可证》。长春市肉品管理办公室实行“限时 12 天办结制”，且免收工本费，为企业提供了高效快捷服务。2011 年办理畜禽屠宰和肉品经营许可证 350 份。

【提高监管能力】 按照《吉林省畜禽屠宰厂（场）设置规划》中“地级以上城市城区生猪屠宰厂（场）设置要少于 2 家，县（市）全境不超过 1 家，有条件的地方可以不设屠宰厂（场）”的要求，长春市原则上不再新建、扩建年设计屠宰能力在 100 万头以下的生猪屠宰厂；对现有县以上生猪屠宰厂，市肉品管理办公室联合各县（市）、区肉品管理办公室进行了排查，督促不符合《规划》要求的县（市）、区，对超标的企业以兼并或联营等方式进行整合；对乡镇临时屠宰厂要在现有基础上压缩 20%以上。为加强对市属生猪屠宰企业的监管，长春市计划在市属的聚源、聚德、圣奥、冠宇 4 个屠宰场的关键部位安装电子监控设备，监控整个生产过程，保证 24 小时不间断监控，杜绝屠宰场“注水肉”等违法事件发生。年底前，已将经费请示报至市政府，批复后将组织实施安装。

【调控肉品市场】 2011 年初，由于生猪外运和节日需求拉动，长春市生猪需求量骤增。为保证节日市场供应，平抑肉品价格，春节期间及时投放市级生猪储备6 000头，动用储备资金30万元，使肉品供应做到了货丰价稳。2011年，长春市生猪市场供应和价格波动都很大，从5月中旬开始，长春市生猪价格持续上涨，不断创出新高。市商务局采取措施，进一步加强生猪及肉品上市量和价格监测，对供长畜禽屠宰企业及主要农贸市场肉品登市量和价格行情进行周监测，重大节日实行日监测，并及时报送市政府。对长春市几家规模较大的生猪养殖厂、屠宰厂、两家农贸市场生猪及肉品价格监测，5月18日，出栏生猪均价16.20元/公斤，与2010年同期（2010年5月18日毛猪均价为9.4元/公斤）相比上涨6.8元/公斤，上涨72.34%。白条肉价格为20元/公斤，与2010年同期(2010年5月18日白条均价为12.6元/公斤)相比上涨7.4元/公斤，上涨58.73%。市场零售均价24.5元/公斤，与2010年同期(2010年5月18日零售均价为19.15元/公斤）相比上涨5.35元/公斤，上涨27.94%。经综合分析，猪肉价格明显上涨主要是因为生猪养殖成本加大、仔猪成活率明显降低，养猪的风险增大，养殖量萎缩，使出栏猪的数量减少，引起价格上涨。据此，长春市商务局及时发布预测预警信息，根据国务院及省政府的部署，在市场异常波动和重大节日期间，确保全市猪肉供应不脱销、不断档，价格稳定。

（夏艳新）

供销合作社

【概况】 截至2011年末，长春市供销合作社联合社(以下简称市供销社)有长春供销兴合资产经营有限公司（以下简称兴合公司）和长春市鸿兴再生资源有限公司2户所属企业。其中兴合公司股权占90%以上的绝对控股企业有6户、参股企业有3户。全市有5个县(市)、区供销联社和83个基层供销社。全市供销社系统有法人单位102个。其中，地(市)级以上9个；县以上19个；县以下74个。有产业活动单位483个。其中，地(市)级以上14个；县以上44个；县以下425个。主要从事农业生产资料、棉麻土特产品、再生资源、干鲜果品、日用消费品、农副产品、烟花爆竹、商品批发(集贸)等经营活动。市供销社系统有商品基地18个。其中，种植业6个，种植面积2 421亩；养殖业12个，联结农户2 476户。有庄稼医院62个，进行测土配方施肥45 600亩。为农民提供技术培训、咨询服务27 008人次；提供种子、种苗服务690万元。市供销社系统商品购进总额完成205 932万元，比2010年增长24.56%。批发零售贸易业购进总额完成205 458万元，比2010年增长31.88%；从工业企业购进总额完成473万元，比2010年有所下降；从生产者购进的农副产品额完成24 012万元，比2010年增长幅度较大。商品销售总额完成230 336万元，比2010年增长33.3%。批发零售贸易业销售额完成214 471万元，比2010年增长26.61%；消费品零售额完成46 574万元，比2010年增长14.98%；农业生产资料销售额完成114 813万元，比2010年增长28.71%。农副产品棉麻类销售548万元；茶叶类销售770万元；干鲜果品类销售34 836万元；粮食油料类销售18 220万元；肉禽蛋类销售2 206万元，均比2010年大幅度增长，主要是源于统计数字口径的改变、统计范围的修改和扩大。27个各类批发(集贸)市场贸易总额完成141 344万元，比2010年增长21.65%，其中农副产品交易额完成84 462万元，比2010年增长67.91%。盈亏相抵后利润总额实现797万元，比2010年增长89.1%。

【"新网工程"建设】 市供销社把"新网工程"建设作为长春市服务民生的一项重要工作来抓，实现了区域性连锁经营，初步形成了以地(市)为龙头，以县城为中心，以乡(镇)为骨干，以村(屯)为网络终端，城乡互动、方便快捷的农村现代流通服务网络体系。加快发展农村现代流通服务网络。按照合作制和市场导向的原则，通过改造、新建、收购、加盟相结合的办法，对农业生产资料、日用消费品、农副产品、再生资源、烟花爆竹5个体系进行改造升级，在县城发展配送中心，在乡镇发展连锁超市，在行政村发展连锁店。截至2011年末，市供销社系统共组建农资商品配送中心5个，总占地面积15万平方米，总营业面积7.8万平方米，发展农资商品连锁经营网点370个；组建日用消费品超市25个，总占地面积3万平方米，总经营面积1万平方米，发展日用消费品连锁经营网点408个，连锁销售额实现18 457万元；建设农村综合集贸市场26个，总占地面积12.16万平方米，总营业面积5.7万平方米，年交易额实现84 642万元；组建再生资源回收市场5个，总占地面积7.5万平方米，总营业面积1万平方米，发展再生资源连锁回收网点184个，收购总额实现1亿元；组建烟花爆竹配送中心5个，总占地面积2.2万平方米，总营业面积0.8万平方米，发展烟花爆竹连锁经营网点490个。推进农村社区综合服务中心建设。截至2011年末，市供销社系统共组建农村社区综合服务中心26个，都设有农资超市、日用消费品超市、文化书屋、娱乐健身室等。

【农业社会化服务体系建设】 强化基层供销社建设。截至2011年末，市供销社完成全市83个基层供销社的布局调整和改造发展任务，走出了一条既符合合作制原则，又适应时代发展要求，具有自身特色和优势的合作经济发展新路子。大力推动行业协会建设。截至2011年末，市供销社系统在市、县、乡共组建"两协"165个，发展会员7 879人，入会成员出资总额7 022万元。大力推进农民专业合作社。截至2011年末，市供销社系统共组建农民专业合作社46个，实现销售收入3 228.5万元，入社农户12.6万户，带动农户15.4万户，助农增收1 279万元。4.加强农村经纪人队伍建设。截至2011年末，市供销社系统累计培训农产品经纪人2 700人，使参训人员掌握了必要的知识和技能，保证了农产品经纪人队伍健康发展。

【商品储备管理和供应】 组织完成化肥储备管理和供应任务。2011农业年度，市供销社系统储备化肥41.8万吨，与2010农业年度持平；供应化肥41.6万吨，增加0.1万吨，增长0.24%，占全社会供应总量的50%以上。监管烟花爆竹储备管理和供应。推行总经销、总代理等经营方式，实行防伪标识，拓宽销售渠道，保证了居民节日喜庆需求。全面完成防汛物资储备管理和供应任务。会同省、市防汛抗旱指挥部，按照市委、市政府对防汛工作具体要求，制定了《长春市供销社2011年防汛工作实施方案》。汛期24小时值班，落实责任人和责任制，为长春市安全度汛提供了有力的组织保障。2011年，市供销社全面完成了防汛物资储备管理和供应任务，得到了市政府的表彰。

【培育农业产业化龙头企业】 引导龙头企业与合作组织有效对接，大力发展订单农业，促进高效、畅通、安全的现代流通体系建设，全面提高农业产业化经营水平。截至2011年末，市供销社共培育2个国家级龙头企业，成为促进农民就业增收、保障主要农产品有效供给的重要力量。

【市场建设】 长春地区规模最大的长春再生资源物流中心暨长春旧货交易市场正式运营，循环经济龙头企业示范作用初步显现。截至2011年末，市供销社建有6处批发市场，总占地面积230 939平方米，总营业面积62 100平方米，年交易额实现32.45亿元。

【市属企业改制验收】 2011年7月15日，市属企业改制验收工作全部结束，在改制期间，企业共出售房屋103处、建筑面积97 730.77平方米；出售土地45宗、占地面积299 968.56平方米，筹措改制成本总额23 874.07万元。

【招商引资】 按照省供销社下达的1.3亿元人民币招商引资任务，市供销社认真编制招商引资计划，并纳入目标责任统计表。面向国际、国内资本市场，运用市场机制，将招商引资与盘活资产、做大做强控股企业有机结合起来，采取企业招商、以商招商、组团招商等多种形式，大胆引进战略投资者，促进了社有企业创新和发展。2011年，市供销社完成3个招商引资项目，即果品市场、旧货交易市场改建项目和邦农公司化肥市场扩建项目，实际完成招商引资金额1.32亿元人民币，为计划任务的101.5%。其中，邦农百万吨复合肥项目完成7 200万元；市果品市场三期工程项目完成3 000万元；旧货交易市场项目完成3 000万元。

【供销合作网站管理】 加强和推进长春供销合作网站建设，修改相关栏目内容，完善相关数据和信息添加，健全信息员队伍，建成了一个科学有序、权威统一、迅捷畅通的信息网络系统，共培养10名信息员。坚持以“强化展示、扩大宣传、搭建平台、服务农户”为重点，以咨询服务为宗旨，规范网站管理，定期和不定期收集网络信息，做好网页和信息更新工作，实现了信息共享和网络化管理。截至2011年末，长春供销合作网站共上传信息1 886条，累计访问492 386人/次，受到了省供销社的好评。

（许　光）

粮食流通

【粮食收购】 2011年，全市各类粮食收储企业收购粮食733万吨。其中，国有粮食购销企业收购203万吨；非国有粮食购销企业收购323万吨；粮食加工转化企业收购207万吨，粮食收购数量再创历史新高。

【应急保障】 市粮食局制定了长春市城区10天成品粮油应急储备工作实施方案。为确保应急成品粮油储备工作的顺利进行，5月25日市政府召开了关于建立10天成品粮油应急储备协调会，成立了长春市城区成品粮油储备管理领导小组，明确了10天成品粮油应急储备的数量、品种和储存形式。成品粮油应急储备数量为大米16 000吨（折稻谷24 000吨），质量标准为国标(GB1354-2009)三级及以上，卫生指标符合国标(GB2715-2005)要求；储备食用玉米油1 600吨，质量标准为国标(GB19111-2003)三级以上。24 000吨稻谷全部存储在长春市直属东湖粮食储备库(长春市金谷米业有限责任公司)；1 600吨食用玉米油储存在大成集团长春万祥玉米油有限公司，市粮食局分别与承储企业签署了合作协议，初步建立了市级成品粮油储备，为确保长春市粮油应急供应，保证粮油市场价格和供应的基本稳定奠定了坚实基础。应急粮油供应销售网络初步形成，新建6 000平方米的物流配送中心，发展127个粮油应急供应网点，保证应急条件下粮油放销渠道的畅通；建立军地协同应急机制，把军地应急保障融为一体，并于2011年7月与部队联合进行了应急演练，军粮保障能力显著提高。

【民生工作】 2011年，市粮食局根据《长春市民生行动计划》，全面落实“食品安全建设年”和民生工作目标责任，专门制定了《长春市2011年成品粮油质量安全民生行动计划》、《长春市2011年成品粮油质量安全建设年活动实施方案》，明确了工作重点和预期目标、主要任务和具体措施、工作步骤和时间安排、工作要求和组织保障。成立了由主管局长为组长的长春市加强成品粮油质量监管工作领导小组，在全市组织开展成品粮油质量检验检测，抽检粮油280个批次。从抽检结果看，市场粮油质量明显提高，抽检合格率达95%以上。与长春市工商局联合开展面粉增白剂专项整治行动和批发市场地沟油专项检查，有力地促进了全市成品粮油质量提高。积极开展“放心粮油”进社区工程。发展东北名优农产品专卖店36家，为树立东北特色农产品品牌，保证市民吃上放心安全的粮油提供了保障。不断创新经营模式，市政府还先后与浙江温州、金华两市签署了《粮食购销合作协议》，建立营销网络，大力推广长春市名优粮油产品，取得经济和社会效益的双突破。积极培育粮油名牌产品，加强与正大、吉粮集团等龙头企业沟通协作，品牌整合步伐加快。2011年8月，国家粮食局局长聂振邦视察长春市“放心粮油进社区工程”，对长春市的做法给予了充分肯定和高度评价。2011年，市粮食局被市委、市政府评为全市民生工作创新单位。

【基础建设】 2011年省里下达给长春市农户科学储粮仓建设任务是50 880套，占到全省总量51%。市政府高度重视，将科学储粮仓建设任务纳入150个重大项目和民生工作计划，5万套农户科学储粮仓按时送达农户，装粮入仓，使农户储粮损失损耗由11.77%降至2%以下，5万套储粮仓每年可为农户增收1.1亿元，相当于再造0.43万公顷粮田。仓储设施日趋完善。各类企业投入建设资金1.68亿元，新增标准化平房仓8.5万吨，新增油罐0.5万吨，建设烘干机5台，日增加烘干能力1 500吨，新建地坪11万平方米，仓房改造投入210万元，维修仓容6.5万吨。

【安全储粮】 市、县粮食部门加强对农户安全储粮工作的督导检查，经过全市各级政府和粮食部门的共同努力，全市基本消灭了“地趴粮”，全年没有发生坏粮事故和安全生产责任事故。2011年～2012年度新粮上市后，市、县两级粮食部门又于11月9日在九台市启动了全市指导农户科学储粮专家组进农村、服务农户活动，宣传安全储粮方法，设立安全储粮公开服务电话，全市组成25个专家组，深入田间地头600多人次，随时随地为农民提供安全储粮咨询有服务，有效地促进了农民安全储粮水平的提高。安全生产和“四防安全”工作成效明显。市粮食局先后制定下发了《2011年城区粮食企业春季防火方案》、《关于做好安全隐患排查治理工作的通知》、转发《关于全省粮食行业安全生产工作的指导意见的通知》等3个文件，指导企业加强安全生产和安全防火工作，全年未发生一起安全生产事故。

【粮食执法】 积极开展粮食收购市场、政策性粮食竞价销售、植物油实物数量、储备粮库存等各类专项检查。全市共出动人员3 000多人次，检查企业900余户，全市没有发生一起打白条等坑农害农问题，有效地维护了粮食流通秩序，保护了粮食生产者、经营者和消费者的合法权益。深入开展国有粮食库存检查，共检查国有粮食企业60户，核实库存粮食120万吨，经检查，库存粮食数量准确、质量良好、账实相符。尤其是2011年开展的食用植物油库存检查，是国家首次食用植物油库存清查，市县粮食部门高度重视，严密组织，共检查企业8户、检查油脂库存3.4万吨，基本摸清了库存家底，提高了油脂库存管理水平。做好粮食流通信访和案件查处工作。全年共处理市长公开电话投诉举报5件，农民直接电话举报6件，对被举报的企业提出整改意见，并向举报人及时反馈情况，所有投诉举报均已办结完毕。及时对市粮食局制定的粮食行政处罚自由裁量权标准进行了修改，确保粮食行政执法工作的顺利开展。2011年，长春市粮食局被国家粮食局被为“五五”普法期间全国粮食系统法制宣传先进单位。

全市成品粮油质量监管暨农户安全储粮工作会议

【行业管理】 完成了社会粮食供需平衡调查和粮油统计工作。全市共抽样调查农户318户，城镇户279户，调查国有粮食经营企业170户，抽样和典型调查社会用粮及加工转化企业182户，掌握了农户分月或分季收支平衡状况，为国家粮食宏观调控提供了准确依据。对城区取得粮食收购证的企业的最高库存限量情况进行核定，完成了粮食最高库存限量核定工作任务。开展粮食收购资格核查。完成了长春市粮食行业协会第二届和粮食经济学会第四届换届工作，发展会员120名，会员单位涵盖了粮食深加工、油脂加工、稻米加工、粮食收储、粮油贸易等不同类别的企业。在会长、副会长、常务理事等人事安排上，不断改善服务措施，以发行协会期刊的形式，服务会员，指导工作，做到了协会功能的真正转型。

【行业服务】 市、县两级粮食部门整合粮食行业资源，全力支持和服务大成集团发展。制定了《全市粮食行业服务大成实业集团发展意见》，结合部门工作职能，从优化收购环境、协调组织粮源、强化政策服务等10个方面提出了服务大成实业集团发展的措施和办法。5个县（市）、区粮食局分别同大成集团签订了服务大成实业集团发展协议书，整合全市粮食行业资源，在保障原料供应、加强产销协作、提供政策支持、改善仓储条件、加强政策宣传等5个方面为大成实业集团发展壮大提供支持和服务。

（刘成军）

旅游业

【概况】 长春市以打造“滑雪之都·消夏名城”品牌为主线，积极发展生态休闲产品和乡村旅游，旅游业继续保持快速发展的良好态势。2011年，全市共实现旅游总收入431.65亿元，比2010年增长23.14%，其中外汇收入1.7亿美元、国内旅游收入420.62亿元，分别比2010年增长23.47%和23.23%。全年接待国内外游客3 114.33万人次，比2010年增长18.07%。其中，接待入境游客人数30.16万人次，接待国内游客3 084.17万人次，比2010年分别增长20.74%和18.05%。

【项目建设】 2011年，长春市开工建设旅游项目65项。其中，新建项目24项；续建项目41项。总投资480亿元，累计完成投资70亿元。莲花山国际中央休闲区、长影世纪城二期、喜来登酒店和庙香山旅游度假区等一批重点旅游项目进展顺利。同时，不断加强同国家、省市有关部门联系，积极向上争取旅游项目扶持资金，多渠道、多方式地解决企业资金“瓶颈”制约。全年为县(市)、区旅游行政管理部门及旅游企业协调解决项目建设专项资金580万元，用于长春市中英文对照旅游交通指示标识建设及净月潭、伪皇宫、莲花山、雕塑公园等景区基础设施改造。

【旅游节庆活动】 2011年，全市开展了消夏节、冰雪节等大型旅游节庆活动。2011中国长春冰雪旅游节暨瓦萨国际滑雪节以“激情瓦萨、魅力长春”为主题，历时87天，开展冰雪旅游、冰雪体育、冰雪文化、冰雪经贸等60项活动。冰雪节期间，全市共接待国内外游客1 055万人次，实现旅游总收入121亿元，比2010年分别增长8%和22%。第五届中国长春消夏节围绕“两项国际赛事”、“五大板块系列活动”和“八大重点旅游活动”展开，活动总量74项。消夏节期间，全市共接待国内外游客1 297.91万人次，实现旅游总收入169.71亿元，分别比上届增长21.3%和27.51%。消夏节开幕式于6月25日举办，随后进行的“净月潭瓦萨越野徒步、跑步赛”共吸引国内外3万多名徒步爱好者参加，群众的参与性强，场面壮观。消夏节旅游公众展于开幕式当日举办，本次展会展位数量超过200个，参展单位115家，有效提升了长春市旅游在境内外的影响力。公众展期间共吸引超过20万市民及国内外游客参观，消夏节民生取向进一步凸显、国际性进一步提升。

【旅游政行风建设】 着力引导企业诚信经营，引导游客文明出游、理性消费。开展“年度旅行社诚信体系建设优胜单位”评选活动，25家旅行社获得“长春市2010年度旅行社诚信体系建设优胜单位”称号，同时，将荣获“优胜单位”称号排序前14名的旅行社，向市工商局推荐，经公示合格后，将授予年度“守合同、重信用”单位称号，并以市政府名义进行表彰。

【旅游市场整顿】 大力加强旅游市场的监督管理，召开全市旅行社参加的综合治理整顿会议，会同省旅游局对全市旅行社市场开展集中整治，有效治理了部分旅行社、门市部的违法、违规行为。认真受理旅游投诉，2011年，共受理、处理旅游投诉48件，为消费者挽回经济损失16万元，对两起群体性旅游事件进行披露，对旅行社起到了很好的警示作用。强化旅游安全，在各“黄金周”、“小长假”和重大旅游节庆活动前，会同相关部门对全市旅游市场进行了重点检查和抽查，督促各单位完善安全工作预案及安全生产组织机构，预防和杜绝了各类旅游安全事故的发生。

【行业队伍建设】 2011年，长春市新审批旅行社19家，新评定星级旅游饭店4家，新审批导游人员580人。持续加大饭店星级评定、景区A级评定工作力度，配合国家旅游局、省旅游局完成了长春开元名都大酒店五星级终评工作，完成了长春国贸大饭店四星级评定和雪月山饭店、长春百家商务宾馆的三星级评定工作。净月潭国家森林公园继伪满皇宫博物院后，成为长春市第二个国家5A级旅游景区。加大旅游培训力度，举办了全市出境旅游领队人员培训班、导游人员岗前培训班及导游资格考试考前培训班。完成了全国导游资格考试招考工作，全年有1 862人报考全国导游资格考试。成功举办了“2011文明使者”优秀导游评选活动暨第四届中国长春导游大赛，为展示旅游行业风貌，提高长春市旅游业的整体服务水平和城市知名度作出积极贡献。

（邹　健）

2011中国长春冰雪旅游节暨复地净月潭瓦萨国际滑雪节开幕式

会展经济

【概况】 2011年,长春市共举办各类会展活动190项,展会直接收入24亿元,带动其他相关产业收入216亿元。截至2011年末,全市会展企业已经发展到86家,其中专业办展公司61家,具有会展业务的综合性公司25余家,在原有基础上增加29家。同时,会展人才培养取得突破性进展,长春职业技术学院和吉林省艺术学院先后开设会展专业,为长春市培养会展业专门人才600多人,毕业生对口就业率达80%以上。经过不断积累,会展经济总量占全市服务业增加值比重由2005年的不足2%上升到13.4%(2011年全市服务业增加值为1 620亿元),在推动全市经济发展中发挥了不可替代的平台和拉动作用,也奠定了会展业在全市经济发展中的重点产业地位。

【2011中国长春冰雪旅游节暨净月潭瓦萨国际滑雪节】 由长春市人民政府、中国滑雪协会、吉林省旅游局和瑞典诺迪维国际发展公司主办,于2011年1月2日在长春市举行,历时96天,涵盖了圣诞节、元旦、春节、元宵节等中外传统节日,开展冰雪旅游、冰雪体育、冰雪文化、冰雪经贸等67项活动。冰雪节期间,全市接待国内外游客1 055万人次,实现旅游总收入121亿元,同比分别增长8%和22%;与韩国KDC集团等25家企业签订了总金额高达150.9亿元的项目合同,取得了社会效益和经济效益双丰收。活动期间还举办了第六届中国“瓦萨天使”选拔赛、“瓦萨之夜”典礼仪式、焰火晚会、瓦萨晚宴及颁奖典礼、冰雪节开幕式、瓦萨赛事、勇士杯残疾人越野滑雪友谊赛、第四届长春冰雪旅游交流大会、净月潭瓦萨国际滑雪节经贸洽谈会等主题活动;长影世纪城“电影冒险乐翻天”系列活动、莲花山圣诞冰雪狂欢节、“奥索卡”冰雪嘉年华OST、庙香山醉雪狂欢节、冰雪灯谜会等旅游活动;第三届中国长春旅游餐饮娱乐行业高峰论坛、“瑞雪杯”青少年书画艺术优秀作品展、冰雪摄影征文大赛等文化活动;冰雪美食节、民俗小商品展销会、第二届吉林冬季农业博览会暨净月潭新春大集等经贸活动。

【第七届中国长春君子兰节】 由长春市人民政府主办,于3月18日~22日在长春君子兰花卉交易中心举行。本次展会参展人数突破30万人次,实现现场交易额30万元,意向性签约3 000余万元,创历届君子兰节交易新高。本次长春君子兰节共评选出10个花魁、40个金奖,其中9盆花魁君子兰参与拍卖,并全部拍卖成功,花魁君子兰“东方明珠0号”以100万元成交价拔得头筹。

【第二届中国长春创业(就业)博览会】 由人力资源和社会保障部、教育部、吉林省人民政府、长春市人民政府主办,于5月20日~22日在长春国际会展中心举行。本届展会共设立标准展位1 100个,比上届增加100个,提供创业项目2 322个,并首次将长春市22个创业服务平台和45个创业扶持网点纳入现场参展。2 500余家单位,为求职者提供就业岗位5.1万个,有33万观众参加活动。本届博览会首次开辟了创业服务“一条龙”示范服务窗口功能区,市工信局、工商局、地税局、创业培训机构、小额贷款担保机构全程安排工作人员进行“一条龙”服务和现场讲解,为5.5万人次提供了咨询服务;还与淘宝网共同建立了项目推介平台,集中推介了长春市2 322个创业项目。其中,各县(市)区、开发区创业项目280个;外埠城市创业项目45个。项目内容涵盖了科技成果转让、专利技术、加盟连锁、食品加工、手工艺品制作、地方特色产品等6大类别。据统计,本届博览会共有1 678个创业项目、35 700人达成对接意向协议,分别是上届的2.38倍和1.93倍,有848家用人单位现场提供招聘岗位17 300个,百米信息长廊发布1 315家用人单位岗位信息33 600个。据统计,本届展会接待应聘登记和信息查询25.6万人次,意向签约6.6万人次,分别比上届提高2.4%和4.7%。另外,博览会还专门设立了事业单位招聘咨询展台,为3万人次提供2011年全市事业单位招录报名政策咨询。展会期间,还同步举行了2011年“长春友谊奖”颁奖仪式,9名在长工作的外国专家获得“长春友谊奖”。另外,“创业项目校园行”、“创业扶持资金现场发放”、“就业政策社区行”、“岗位信息乡镇行”等主题活动也缤纷呈现。据统计,创博会期间发放创业扶持资金216万元,为10所高校送出创业项目2 000个、就业岗位信息3 500

个，为352个社区提供政策咨询服务10.5万人，为15个乡镇提供就业岗位信息3万个。

【第二届中国（长春）国际轨道交通论坛】 由吉林省人民政府、长春市人民政府主办，于5月25日在长春华天大酒店成功举办。本次论坛以"发展轨道交通，让城市更美好"为主题，邀请到国家部委相关领导、轨道交通建设、制造和运营相关领导、国内外有关轨道交通行业知名专家、学者、CEO及有关大专院校负责人达500余人，参会人员来自法国、德国、捷克、香港、台湾等12个国家和地区，出席的新闻媒体记者达到近百人，大大提升了本届论坛的影响力。副市长肖万民在论坛上作了《把握市场需求，体现国家战略，全力建设世界级轨道客车产业基地》的主旨演讲。中国国际贸易促进委员会秘书长徐沪滨、国际铁路联盟高级顾问胡鄗鄗、中国工程院院士施仲衡、中国安全防范协会名誉理事长柳晓川、国家发展和改革委员会基础产业司巡视员李国勇、长春轨道客车股份有限公司董事长董晓峰、韩国轨道协会副会长申东春出席了本次论坛。

【第七届长春国际动漫艺术节暨ChinaJoy Cosplay嘉年华东北赛区预选赛】 由长春市政府、吉林省委宣传部、吉林省文化厅、ChinaJoy组委会主办，于6月1日~6月8日在长春欧亚卖场会展中心举办。有76.2万人次参观展会，现场交易额达559.2万元，签约金额2 800万元。展会期间，成功举办了首届大型动漫、游戏人才招聘会，有近千名动漫人才与用人单位达成初步就业意向；在Cosplay大赛中，共有358支动漫团队、5 600余名选手参赛，两项数字均创历史新高；在"金松鼠奖"漫画、Flash、定格动画大赛中，有1 100名选手参赛，并有11名选手和7个短片获奖；在560人参加的"党在我心中"原创漫画征集大赛中，有6位选手获个人奖，东方美术学校获最佳集体荣誉奖；15名"小天使"与15名"大天使"战胜600位选手，顺利通过动漫天使选拔大赛；有2 800人参加了"爱家乡、爱老师、爱父母、爱生命"长春市青少年主题漫画大赛，并有46人获奖。

【2011长春图书博览会】 由长春市人民政府、吉林省新闻出版局主办，于6月1日~6月9日在长春国际会展中心举行。本届书博会的展销活动，无论是接待读者数量，还是展销图书品种、质量和销售状况，都比2010年有所提升，展会共为读者提供图书20多万种，接待读者80多万人次，销售码洋2 700多万元。

【第四届中国长春消夏节暨净月潭瓦萨国际森林徒步节】 由长春市人民政府、吉林省旅游局、瑞典诺迪维国际发展公司共同主办，于6月20日~9月27日在长春市举办，历时98天。本届消夏节以"休闲消夏 美丽长春"为主题，共组织涵盖了文化时尚、体育健身、休闲生态、商贸会展、乡村旅游等84项特色活动。消夏节开幕式上，净月潭瓦萨国际森林徒步赛这一当今世界规模最大的越野徒步赛事成功举办，来自瑞典、挪威、芬兰、美国等23个国家的200多名国外运动员，以及国内由市直机关、企业、社会团体等组成的徒步爱好者1.4万余人参加了此项赛事。消夏节期间还举办了2011中国长春消夏旅游论坛、旅游公众展、广场旅游行动、乡村旅游节、雪花啤酒狂欢月、旅游观光夜市、导游大赛及"游长春，度周末"系列活动。

【2011长春房地产暨相关产业产品展示交易会】 由长春市人民政府主办，2011长春房地产展示交易会分春秋两季举办，展会累计成交房屋5 512套，成交总面积为50.41万平方米，成交总额达28.37亿元。

【第八届中国长春国际汽车博览会】 由中国国际贸易促进委员会、中国汽车工程学会、中国汽车工业协会、吉林省人民政府、长春市人民政府主办，于7月15日~24日在长春国际会展中心举行。本届汽博会以"科技·绿色·未来"为主题，以"振兴汽车产业，打造国际汽车名城"为宗旨，共分汽车展览、汽车论坛和节庆活动三大板块。展出面积达18万平方米，比上届增加1.4万平方米，为历届之最。车展吸引了大众、丰田、本田、通用等132家海内外汽车业巨头齐聚长春；参展品牌达到139个，其中国内轿车品牌45个、国际轿车品牌42个、客车品牌12个、卡车及工程车品牌40个；有1 036辆展车参展，比上届增加109辆。其中，进口车216辆、国产车820辆、概念车25辆、新能源、新动力车50辆、全球及全国首发车10辆。涵盖乘用车、商用车、客车、工程车等所有车型，最新车型占所有参展车辆的90%，创下长春历届车展最高纪录。观众累计达60万人次，比上届增加10万人次。本届汽博会在展览的同时，还较好地实现了"汽车搭台、经贸唱戏"目的。汽车产业专项推介暨项目签约活动，共有12个项目成功签约，签约金额22.93亿元。展会期间共销售各种车辆10 320辆，比上届增加5 211辆。其中，乘用车9 231辆，占87.1%；商用车1 089辆，占10.6%；现场提车7 740辆，协议购车2 580辆；长春地区购车约占70%，外省市购车约占30%。实现购车交易额20.2亿元，比上届增加12亿元。展会期间还举办了2011中国（长春）国际汽车论坛暨中国汽车工程学会年会，历时4天，设置了（开幕式）高层论坛、技术峰会、技术交流分会和技术参观等4个板块内容。参加论坛人员突破1 000人，是迄今为止国内规模最大的汽车技术专业论坛。第四届中国长春汽车节与汽博会同期举办。期间，从全国征集的418份参赛作品中评选出汽车节吉祥物"卡尔"；从7月1日启动的"心向汽车城，手印画卷挑战吉尼斯纪录"活动，到7月15日手印画卷在伊通河水面上拼接完成，由来自英国的吉尼斯认证官现场测量，认证结果为手印画卷面积为3 715.86平方米，成功挑战吉尼斯世界记录。

【第六届中国（长春）民间艺术博览会】 由中国文联、中国民协、吉林省政府、长春市政府主办，于6月5日~14日在长春国际会展中心举行。本届民博会吸纳全国30个省、市、自治区极具代表性的优秀民间艺术品参展。俄罗斯、韩国等10个国家的优秀民间艺术家和民间工艺品竞相亮相。本届展会设立展位2 000个，总参观人数达201.4万余人次，总成交额1.56亿元，比上届增加55%；签约项目7项，达成意向性合作金额1.11亿元，比上届增加10%。展会期间组织实施了民间艺术品展销展示、“山花奖”评选、中国乡俗民艺摄影展、国际名家书画作品邀请展、民间艺术大师研讨会、项目合作洽谈等10余项主体活动。开展了陶瓷、面部彩绘、泥人、剪纸、民间手工现场创作表演，并邀请百名艺术家、农民工子女、贫困儿童、老军人免费参观民博会，通过文化惠民活动丰富市民业余生活。闭幕式暨颁奖仪式上，苏州五昌堂刺绣艺术馆的刺绣作品《维摩演教团》、吉林彭祖述的石雕《论语》、吉林李宝凤的剪纸作品《山妹子》等20位民间艺术家及其作品，荣获第六届长春民博会优秀民间艺术奖特等奖，并将在其中产生中国民间艺术最高奖“山花奖”工艺美术类入围作品。河南高顺旺的唐三彩作品《贵妇游春》等49人获金奖，浙江高奋荣紫砂作品《雄狮壶》等50人获银奖，江西胡素质的陶瓷作品《幽谷山泉》等84人获铜奖。

【第十二届中国长春(高新区)国际雕塑作品邀请展】 由长春市人民政府主办，于7月14日~9月1日在长春市高新区长东北城市生态湿地公园进行。本届国际雕塑邀请展以“创新·跨越·梦想”为主题，共收到美国、英国、法国、德国、意大利、新西兰、南非等96个国家和地区396名雕塑家提交的作品1 258件。最终评选出100件优秀作品在长东北城市生态湿地公园永久展出。

【第九届中国长春国际农业食品博览(交易)会】 由农业部、吉林省人民政府、长春市人民政府主办，于8月12日~21日在长春市净月经济开发区长春农博园举行。本届展会以“科技、绿色、交流、发展”为主题，集中展示了来自海内外的900个系列、近万种产品，吸引海内外4 000多家参展商、采购商参展参会，来自俄罗斯、英国、香港、澳门、台湾等国家和地区的200多位政要使节、专家学者、商家名流在展会期间进行了洽谈交流，接待国外来宾人数之多、国际化程度之高，创历届农博会之最。展会期间，依托第三届中欧农业研讨会，全省近百位专家学者和政商界人士与荷兰、英国、丹麦等国专家学者和企业界代表广泛寻求扩大合作，并进行项目洽谈对接。中国南非农业合作论坛集中围绕长春与南非农业合作，广泛开展交流并达成4项重要共识。有关市、县政府和企业积极开展互动交流，相继举办招商引资说明会、优势产业推介会等经贸合作洽谈签约活动。据统计，整个展会签订经贸合作项目125项、合同金额达226亿元，现场销售额达5.1亿元，经贸交流合作成果再创历届展会之最。本次展会是高新农业科技示范推广基地。种植业展示区配套组装示范国内外先进农业种植栽培技术、设施设备和模式50多项，现场示范种植栽培具有较高推广价值的新奇特优品种3 500多个。精品畜牧业展示区集中展示了18大类、260个畜禽良种，涵盖精品畜禽、克隆动物、珍禽宠物、标准化舍施、饲养技术等多项内容。农机展示区由256家农机产销企业展示展销8 000多台(套)各类农业机械。展会期间前来参展参观的人数达188万人次。

【第七届中国·吉林东北亚投资贸易博览会】 由商务部、国家发展改革委和吉林省人民政府主办，于9月6日~11日在长春国际会展中心举行。本届博览以“机遇、交流、合作、发展”为主题，以“构建交流平台、打造合作品牌、展示区域形象、促进合作发展”为宗旨。本届博览会参会客商总数达5万人，其中专业客商2万人，有来自东北亚、欧洲、美洲、非洲、东南亚等104个国家和地区的1万多名境外客商参会，有国内外副部(省)级以上政要101人参会。日本丰田、韩国现代、美国安利、德国赢创等101户世界500强企业和大型跨国公司，中粮集团、联想、神州数码、万达集团、中国机械工业集团有限公司、中国医药集团等143户国内500强和大型民营企业参会，还有近300户国内外知名采购商、商协会参会。展会设2 600个国际标准展位，吸引了国内外673户企业参展。境外企业277户，国际展位达1 206个，约占总展位数的50%；央企和外省企业255户，展位534个；吉林省企业141户，展位740个。博览会期间，对外商品贸易成交额达6.65亿美元，比上届增长13.8%。国内贸易成交额18.22亿元人民币，比上届增长13.3%。本届博览会期间，举办了第五届东北亚经贸合作高层论坛、第十六届东北亚地区地方政府首脑会议、中日韩自贸区官产学联合研究第6次会议、2011(吉林)中日经济合作会议、第七届中韩高层财经界对话会、第四届东北亚青年企业家发展论坛、中日韩名记者圆桌对话会等高规格会议论坛11项；博览会同期，作为东北亚区域文化交流合作重要平台的第二届中国长春·东北亚文化艺术周成功举办。本届东北亚文化艺术周由国家文化部、中国文联、吉林省政府、长春市政府共同主办，国内外众多艺术家、文化学者齐聚长春。本届艺术周以“多元多彩·共建共享”为主题，共分“演出”、“研讨”和“展览”三大板块，活动精彩纷呈，彰显了国际性、高规格和高品位。连续两场的《关东神韵》文艺晚会场场爆满，向国内外嘉宾展现了关东大地特有的魅力和吉林厚重的地域文化，为前来参加东北亚博览会的各国嘉宾奉献了一场沁人心脾的视听盛宴。第三届东北亚书画摄影展汇聚了名家力作和新人新作，征集作品6 800余件，国外作品520件，其中囊括吴昌硕、齐白石、张大千等大师作品200余件，集中展示了东北亚各国风光景色、风土人情、经济发展和传统文化。艺术周期间，各种艺术珍奇、文化产品和文化产业项目尽收眼底，为东北亚文化产业合作发展开拓了空间、搭建了平台，有12个文化产业合作项目签约，签约总金额近63亿元人民币。

(贾海涛)

综 述

货币信贷运行总体情况 截至2011年末，全市金融机构本外币各项存款余额5 619.05亿元，比2010年增加583.52亿元，增长11.47%，存款增长出现明显回升势头。人民币各项存款余额5 568.23亿元，比2010年增长11.69%，比年初增加588.11亿元。从存款内部结构上看，单位存款降幅稍大，期末余额2 852.8亿元，比年初新增217.9亿元，仅为2010年同期增量的49.2%；个人存款增长平稳，期末余额2 380.2亿元，比年初增加293.5亿元，比2010年多增68.2亿元，增长14.6%。各项存款回归常态运行。全市金融机构本外币各项贷款余额5 250.95亿元，比年初增加702.11亿元，增长15.22%。增幅比2010年同期放缓4.26个百分点，但比7月份最低点提高1.79个百分点，仅次于11月份居第2高位，其中人民币各项贷款余额5 155.96亿元，增长14.63%，比年初增加666.43亿元。1月～12月，各项贷款新增702.11亿元，少增58.7亿元。中长期贷款新增533.05亿元，占全部新增额的75.9%，中长期贷款占比下降，但主导信贷投放的低位没有改变，对于前期项目建设和新开工项目还是给予了较好的资金保障。票据融资较为活跃，2011年末，全市票据融资余额121.4亿元，比年初新增58.6亿元，增长92.3%；短期贷款出现明显收缩。2011年末，全市短期贷款余额1 316.8亿元，比年初增加95.9亿元，增长9.57%，比2010年同期下降0.5个百分点。总体来说，金融机构15.27%的贷款投放增速与GDP全年预计增速15.2%基本相当，较好地支撑了长春市各项建设的顺利进行。金融产业实现增加值125.4亿元，比2010年增长24.2%，占GDP的3.1%。截至2011年底，长春市银行类金融机构达24家，2011年开业的有南关惠民村镇银行、盛京银行长春分行、华夏银行长春分行。国家开发银行、农业发展银行、中国工商银行、中国农业银行、中国银行吉林省分行、中国建设银行、交通银行、邮政储蓄银行、光大银行、上海浦发银行、招商银行、民生银行、中信银行、兴业银行、华夏银行、盛京银行、韩亚银行分别在长开设了分行，其中外资银行1家。

其他金融业发展情况 截至2011年末，长春市有证券公司23家，设营业部91家，资金账户（含基金）总数167.32万个，A股和基金交易额5 546.66亿元，比2010年下降33.69%。2011年，上市公司亚泰集团、中科英华通过发行短期融资和中期票据融资达32亿元。股权投资基金增长较快，全年新引进和设立股权投资基金27家，其中管理公司11家、基金公司16家。有19家小额贷款公司开业，2011年新增开业11家，注册资本金达6.6亿元。有25家保险机构在长设立分支机构，包括中国人保财产、中国平安财险、中国太平洋财险、大地财险、天安财险、都邦财险、安邦财险、阳光财险、华安财险、安盟财险等10家财产保险公司，中国人寿保险、中国平安寿险、中国太平洋寿险、泰康人寿保险、新华人寿保险、平安养老保险、太平人寿保险、生命人寿保险、英大泰和保险、人民人寿保险、人保健康保险、合众人寿保险、阳光人寿保险、安邦人寿14家寿险公司，以及安华农业保险公司。2011年，保险业实现保费收入84.43亿元，比2010年增加9.5%。其中，财产险保费收入32.53亿元，增加19.2%；人身险保费收入51.9亿元，增加4.12%。期货公司4家，设营业部17家。

金融业发展特点 1.政策性银行和国有商业银行仍是信贷投放的主力军。从行际贷款来看，政策性银行和国有商业银行是全市信贷投放的主力军。1月～12月，政策性银行新增贷款242.6亿元，国有商业银行新增贷款217.6亿元，两者增加贷款460.3亿元，占全市贷款投放量的65.6%。股份制商业银行和地方性金融机构分别新增贷款122.5亿元和110.9亿元，占全市贷款的17.4%和15.8%。与2010年相比，政策性银行和地方性金融机构多增较多，分别增加113.9亿元和41.8亿元，国有商业银行、股份制商业银行分别比2010年减少129.5亿元和81.7亿元。2.信贷结构不断优化，重大项目建设、企业生产经营、制造业、中小企业、民生领域贷款大幅增加。积极支持重大工程项目建设。2011年，全市固定资产贷款新增285.6亿元，占全部新增贷款的40.7%，重点投向了长春市轻轨三期、水务集团膜下灌溉等大项目。积极支持企业生产经营。全市单位经营贷款、贸易融资、票据融资合计新增131.5亿元,比2010年增加44.4亿元,上半年企业经营贷款投放较少的局面得到明显改善。积极支持居民扩大消费。2011年,全市个人消费贷款新增116.4亿元,年末余额增长14.8%。制造业贷款比重增加。全市新增企业贷款202.9亿元,其中新增中小型企业贷款107.1亿元,占全部贷款的52.8%。3.企业上市推进工作取得良好成效。搞好培训。全年组织60多户企业,200多人次参加培训。3月初与吉林证监局合作,邀请申银万国证券公司、北京金诚同达律师事务所、利安达会计师事务所的专家为长春市拟上市公司进行国内证券市场相关知识要求培训。全市近50户左右的企业负责人、财务人员、董事会秘书等100多人参加。5月份组织长春市40户左右企业参加省金融办组织的上市培训。做好督促指导,拟上市企业取得积极进展。深入拟上市企业进行调研,了解企业上市进展情况及存在问题。吉视传媒、迪瑞医疗上市申报材料在年初上报到中国证监会。12月初,吉视传媒成功通过中国证监会发审会。鸿达信息、东师理想、宇光能源、星月时尚、博超汽车、普华制药等公司已在吉林证监局进行辅导备案。做好对拟上市企业的服务协调工作。对鸿达信息、金豆座椅、卓展集团等企业上市过程中遇到的有关问题进行协调和沟通,帮助解决问题。宇光能源、金豆座椅、卓展集团、新金享冷弯公司等企业已进入省上市百户工程名单,享受省相关扶持政策。4.积极推进股权投资基金的设立和引进,加快吉林股权交易所建设。积极与国内外投资基金联系合作,帮助企业与基金搞好对接和洽谈,为企业进行股权融资做好服务。全年新引进和设立股权投资基金公司27家。做好各项软硬件建设,积极进行股交所设立意义和相关规则要求的宣传发动工作,对拟挂牌企业筛选,与省金融、长春产权交易中心等部门合作,共同做好吉林股权交易所的制度设计、挂牌筹备等工作,为股权托管、转让等做好安排。5.积极做好小额贷款公司的设立和规范工作。严格审核,积极发展小额贷款公司。截至2011年末,长春市城区共有19家小额贷款公司开业经营,注册资本金6.6亿元。

(葛海兴)

人民银行

【各项存款回归常态运行】 2011年末,全市本外币各项存款余额5 619.1亿元,比2010年增长11.47%,比全年最低增速(4月份)提升7.6个百分点,存款增长出现明显回升势头。全市各项存款在派生存款效应影响下增速呈持续下滑趋势,进入4季度存款增速有所回升,但仍低于历史同期平均水平4.6个百分点。从存款新增量看,各季度新增存款分别为248.5亿元、257.6亿元、-76.6亿元和154.1亿元,全年新增存款583.5亿元,同比少增112亿元,其中单位存款受派生存款能力减弱以及企业资金占用增加影响大幅减少。到12月末,全市单位存款余额2 852.8亿元,比年初增加217.9亿元,仅为同期增量的49.2%,同比增长7.09%,低于全市存款平均增速4.38个百分点。个人存款仍保持平稳增长。到12月末,全市个人存款余额2 380.2亿元,同比多增68.2亿元,同比增长14.06%。

【各项贷款增长放缓】 2011年末,全市本外币贷款余额5 251亿元,同比增长15.22%,增幅比2010年同期放缓4.26个百分点。比年初新增贷款702.1亿元,同比少增58.7亿元。贷款期限配置结构发生明显变化,中长期贷款继续主导信贷投放。2011年,中长期贷款占比呈下降趋势,但其主导信贷投放的地位没有改变。到2011年末,全市中长期贷款余额3 796.8亿元,比年初增加533.1亿元,占全部贷款新增额的75.9%,同比少增125亿元,占比同比下降10.6个百分点;票据融资较为活跃。2011年末,全市票据融资余额121.4亿元,比年初新增58.6亿元,同比多增153.2亿元,同比增长92.3%;短期贷款出现明显收缩。2011年末,全市短期贷款余额1 316.8亿元,比年初增加95.9亿元,同比少增100.6亿元,同比增长9.57%,比2010年同期下降0.5个百分点。

【信贷投放】 从行际贷款来看,政策性银行和国有商业银行是全市信贷投放的主力军。2011年,政策性银行新增贷款242.6亿元,国有商业银行新增贷款217.6亿元,两者共增加贷款460.3亿元,占全市贷款投放量的65.6%。股份制商业银行和地方性金融机构分别新增贷款122.5亿元和110.9亿元,占全市贷款的17.4%和15.8%。与2010年相比,政策性银行和地方性金融机构同比多增较多,分别多增113.9亿元和41.8亿元,国有商业银行、股份制商业银行分别同比少增129.5亿元和81.7亿元。信贷结构不断优化,薄弱环节和重点行业信贷支持力度加大。积极支持重大工程项目建设。全市固定资产贷款新增285.6亿元,占全部新增贷款的40.7%,重点投向了长春市轻轨三期、水务集团膜下灌溉等大项目。积极支持企业生产经营。全市单位经营贷款、贸易融资、票据融资合计新增131.5亿元,同比多增44.4亿元,2010年企业经营贷款投放较少的局面得到明显改善。积极支持居民扩大消费。全市个人消费贷款新增116.4亿元,年末余额同比增长14.8%。制造业贷款比重增加。全市新增制造业贷款112.1亿元,占全部新增贷款(不含票据融资)的17.4%,为长春市工业化战略的实施提供了良好资金支持。中小企业等薄弱环节等金融支持力度加大。全市新增企业贷款202.9亿元,其中新增中小型企业贷款107.1亿元,占全部企业贷款的52.8%。

(杨胜利)

工商银行

【概况】 截至2011年末,中国工商银行股份有限公司吉林省分行营业部(以下简称工行吉林省分行营业部)有从业人员3 930人,内退人员539人。除营业部本部外,下辖22个一级支行,6个附属单位,118个营业网点,15个离行式自助银行。主要经营指标再创历史新高,全年累计实现拨备后利润23.05亿元,持续成为域内最盈利的商业银行。

【各项存款】 2011年各项存款突破1 000亿元,成为长春地区首家存款余额过千亿的商业银行。年末本外币各项存款(含同业存放)余额1 024.7亿元,比年初增加93.3亿元。其中,储蓄存款余额554.7亿元,比年初增加50.4亿元;对公存款余额413.3亿元,比年初增加27.4亿元;同业存款余额56.7亿元,比年初增加15.5亿元。全部存款余额保持四行(工商银行、建设银行、农业银行和中国银行)排名第一,储蓄存款实现了存量和增量双第一。

【各项贷款】 各项贷款余额突破600亿元,域内第一信贷银行地位稳固。年末各项贷款余额621.9亿元,比年初增加62.2亿元,比2010年少增50.8亿元。其中,公司贷款余额462.9亿元,比年初净增23.9亿元;个人贷款余额151.3亿元,比年初净增45.7亿元;票据贴现余额7.7亿元,比年初下降7.4亿元。各项贷款总量和增量保持四行第一,个贷存量和增量实现双第一,个贷、贸易融资、小企业贷款快速增长,贷款结构得以优化。

【中间业务】 中间业务收入突破5亿元,高附加值业务为效益增长开辟了新渠道。2011年实现中间业务收入5.51亿元,同比增加1.5亿元,增幅37.5%。其中,资产托管收入4 668万元,同比增加3 785万元,增长4.3倍;担保承诺收入4 161万元,同比增加2 730万元,增长1.9倍。投资银行、人民币结算、代理及个人理财、银行卡等项中间业务收入同比分别增加1 507万元、2 495万元、2 183万元和1 650万元。

【国际业务】 国际业务保持良好发展势头,市场竞争力有所提升。2011年实现国际结算量63亿美元,比2010年增长51.4%;结售汇业务量45亿美元,增长16.6%;国际贸易融资累放14亿美元,增长234.2%。实现外汇中间业务收入6 386万元,增长7.7%。对外担保业务实现历史性突破,填补了长期以来传统业务的空白;同业代理业务实现增幅较大,办理了1.1亿美元信用证保兑业务,业务品种也有新突破,成功办理了8 300万美元营业部首笔同业信用证代付业务;跨境人民币结算业务实现突破,2011年实现跨境人民币结算量43亿元。

【不良资产】 不良贷款率降至历史最低点。2011年累计清收处置不良贷款3.8亿元。其中现金清收1.3亿元、重组转化1.3亿元、以物抵债清收112万元、呆账核销1.2亿元。年末不良贷款余额7.42亿元,不良贷款率1.19%,分别比年初下降3.45亿元和0.75个百分点。清收不良贷款实现拨备回拨10 180万元。

【信用卡及网上银行】 2011年新发行牡丹信用卡8.5万张,信用卡存量达51.6万张,实现消费交易额88.1亿元,比2010年增长20.9亿元。新增借记卡72.2万张,增长31%。年末借记卡存量突破240万张,实现消费交易额153亿元,增长34%;净增企业网上银行3 838户,净增个人网上银行23.8万户,新增手机(WAP)银行21.8万户,电子银行交易额1.4万亿元,增长4.2%;离柜业务占比达63.0%,增长5.81个百分点。

(阎立涛)

农业银行

【概况】 2011年,中国农业银行股份有限公司吉林省分行营业部(以下简称农行吉林省分行营业部)下辖16个一级支行,166个分支机构,在岗员工3 763人。全年人民币各项存款余额3 987 259万元,比年初增加229 668万元;各项贷款余额1 403 995万元,比年初净增51 050万元;实现中间业务收入15 546万元,比2010年增加3 222万元;实现拨备前利润53 383万元,增盈13 789万元;实现拨备后利润55 402万元,增盈19 406万元。

【服务"三农"】 2011年,涉农贷款余额30.02亿元,比年初增加3.33亿元。其中,法人客户贷款余额17.07亿元,2011年累计投放14.8亿元,比年初增加1.99亿元;农户小额贷款存量授信10.77万户,授信金额24.88亿元;累计用信17.65亿元,年末用信余额12.95亿元,比年初净增1.35亿元;收回农户小额到期贷款16.3亿元,到期贷款回收率为99.05 %,高于总行4.95个百分点。不良贷款余额1 047万元,不良率0.81%;累计发放惠农卡81.11万张,比年初增加3.91万张,惠农卡发卡量、覆盖率、激活率、卡存款余额均居全省农行第一位;在成功代理国家一、二批试点"新农保"业务的基础上,独家代理了长春市周边城区"新农保"业务,完成60周岁以上、3.5万农户养老保险金的代理业务,代发养老金1 491万元;积极与各级政府合作,推出了农户粮食直补贷款,放大了党中央的惠农政策,成功实现小农贷与大政策的对接。截至2011年末,在榆树市、农安县、德惠市、九台市及双阳区,累计投放农户财政直补资金担保贷款3.18亿元,与76个乡镇、538个行政村展开农户财政直补资金担保贷款业务,覆盖了2.1万农户。

【支持城市发展】 围绕长春工业化建设,扶持了一批区域龙头企业,累计投放贷款187.79亿元,对华能集团、轨道客车、大唐电力、省电力集团、亚泰集团等优质企业给予了支持。特别是对长春市重点企业大成集团加大支持力度,累计为其投放资金近36亿元,支持这类龙头企业做大做强。围绕长春城镇化建设,省行营业部在改善居民居住环境上给予充分支持,2011年累计投放个人住房贷款16.25亿元。围绕投资拉动,通过投放信贷资金,对一些大型优质客户的中下游产业链给予支持。在项目带动上,主动与市政府有关部门进行沟通,与长春绿园经济开发区签署了全面合作框架协议,3年内意向性授信50亿元。在创新驱动上，省行营业部扩大服务范围，打开城乡市场上的产品通道，具体支持了大成集团、广泽乳业、双汇集团等横跨城乡的高端客户，把涉及业务的部分城区支行以及县域支行，作为经办行，既支持总部，又支持中下游产业链，满足了企业快速发展的需求。

【中小企业金融服务】 针对中小微企业“短、小、频、急”的特点，成立了中小微企业金融服务中心，为小企业客户提供高质量、高效率、全方位的金融服务。在风险可控的前提下，为更多的中小微企业提供帮助。截至2011年，累计发放中小企业贷款70.41亿元，为60户企业提供了支持，中小企业贷款余额达34.06亿元。

【网点建设】 围绕调整网点布局，2011年立项投资7 942万元。本着当年竣工当年决算的原则，斥资2 846万元开工建设22个项目，涵盖了城区和县域两个市场。斥资5 096万元新购网点3个，2011年新租扩租网点10个，网点建设步伐明显提速。紧扣形象工程，更换了92个网点的LOGO，占全部网点的71%。为提升经营层次，完成了25个网点的升格改造。借助明察暗防，采取神秘人现场评分、现场出具整改书等形式跟踪督导。通过“软”、“硬”环境建设，优质文明服务水平显著提升，网点的形象明显改进。

（曲洪生）

吉林银行

【概况】 截至2011年末，吉林银行资产规模达到1 837亿元，比成立时增长258%；存款规模达1 370亿元，比成立时增长205%；各项贷款余额938亿元，比成立时增长194%；资本金也从成立之初的34.22亿元，增加到70.67亿元。吉林银行资产规模和盈利能力已跻身全国城市商业银行前列，公司价值和品牌影响力大幅提升。2011年列英国《银行家》全球银行1 000强第391位，中国地区银行第32位。

【打造社区银行品牌】 吉林银行以“长白山卡”为支撑品牌推出满足社区居民多方位需求的金融服务，不断创新并完善服务渠道，做百姓身边的“社区银行”。同时为客户提供手机银行、电视银行、电话银行、金融短信息以及驾驶员卡等增值服务。截至2011年底，省内储蓄存款增幅高于同业平均水平0.45个百分点。长白山卡发卡量达427.58万张，比年初增加111.33万张，增长35.20%；银行卡存款148.55亿元，比年初增加27.10亿元，增长22.31%，卡均存款达3 474元。2011年，吉林银行已在长春市的100个社区建立了“社区金融服务站”，并在具备条件的社区安装了ATM等自助机具。

【支持地方经济建设】 2011年，吉林银行继续向通钢等省内重点钢铁企业投放贷款，并通过深入研究产业链供应模式，开发了供应链系列金融产品，缓解了钢铁行业上下游企业融资难的矛盾。设计研发汽车金融网业务，缓解一汽集团经销商融资难题，支持吉林省汽车行业发展；开发油田鉴证贷款业务，缓解民营油田融资难题，支持吉林省石化行业发展；积极贯彻落实国家文化产业政策，创新和开发适合文化企业特点的金融产品，在文化产业的贷款余额为4.77亿元。此外，吉林银行还通过加强与政府部门沟通、建设银政合作关系等途径，共同推进地方经济发展。截至2011年底，吉林银行累计为吉林省农资行业投放信贷70多亿元。吉林银行扶持的吉林隆源集团、吉林云升公司等大型农资行业龙头企业在吉林省化肥行业市场份额达35%以上，有效解决了企业在生产、采购期资金紧缺问题，满足企业季节性资金需求，保证农业生产资料的供应。在没有行业先例条件下，吉林银行通过自主创新，研发满足人参行业采购、生产、销售等产业链各环节融资需求的金融产品，对人参产业投放贷款17亿元，有效支持了人参产业的发展。

【小企业金融服务中心】 吉林银行在全国城商行系统第一家成立了小企业金融服务专营机构——吉林银行小企业金融服务中心。吉林银行积极协调政府、工信厅、房产、土地等部门进行合署办公，为小企业客户提供“一站式”融资服务。制定具有较强市场竞争力的“1+N”金融服务方案制，积极探索小企业业务批量化模式，打造小企业信贷工厂。为了促进省内小企业界以及社会各界人士之间的深度交流，吉林银行打造了温馨典雅的小企业家俱乐部，为小企业客户打造一个信息丰富、无障碍的交流平台，一个休闲放松、愉悦洽谈的精致空间。吉林银行已成为名副其实的小企业金融服务特色银行。吉林银行小企业金融服务中心成立3年来，累计发放小企业贷款385亿元，小企业贷款占全行贷款比重从吉林银行小企业金融服务中心成立之初的7.6%提高到13.73%(不含贴现)，累计支持小微企业16 000余户。仅2011年，吉林银行全年累计发放小企业贷款就达187亿元，比2010年增加54亿元，增幅达40.84%。

【IT综合业务系统建设】 吉林银行成立以来，积极推进新一代IT综合业务系统建设，先后完成了近60项信息科技系统建设项目，实现了全行数据大集中，建立了综合业务系统、管理系统、渠道系统、专业业务系统的基础布局，初步形成了先进的IT系统架构体系，并以此推动了在管理、产品、业务和服务等方面的创新。陆续完成门户网站、自助银行、POS交易、电话银行、网上银行、电视银行、短信通知平台、手机银行、新版呼叫中心系统等多渠道多样化的电子渠道系统建设和推广。完成对网银支付宝功能、代理村镇银行支付系统等支付系统的开发与完善。在中间代理业务方面形成了强有力的竞争优势，基本涵盖了省内全部大型代收代付业务。启动新核心系统和配套平台建设，一期工程已上线。

【实现跨区域经营】 吉林银行在夯实“本土”实力的基础上，开始谋求在异地“开疆拓土”跨区域发展。在中国银监会

吉林银行沈阳分行开业

和吉林省及大连市相关部门的支持和帮助下，2009年12月30日，吉林银行首家域外分行－大连分行获准成立。2011年沈阳分行开业，标志着吉林银行跨区域的步伐又迈进了一步。吉林银行已在吉林省内9个市州和大连、沈阳拥有10家分行、9家直属支行，营业网点达350个，已成为在省内和大连、沈阳具有重要影响力的地方性商业银行。除了在异地开设分行，吉林银行积极践行国家涉农金融政策，按照吉林省委、省政府关于吉林银行要"创新发展"的指示要求，结合吉林省十二五发展规划，提出了以大力发展村镇银行为切入点的多元化经营战略。2011年该战略实施以来，吉林银行分别在吉林省长春市双阳区、舒兰市、蛟河市、双辽市、珲春市和河北省永清县、沧县共开设了7家村镇银行。

（崔星迪）

农村信用社

【概况】 长春市农村信用社共有7家县级行社，其中3家农商行，4家县联社。营业网点314个，在岗员工总数6 213人。截至2011年末，资产总额666亿元，比2010年增加182亿元；各项存款余额481亿元，增加78亿元；各项贷款余额301亿元，比2010年增加49亿元；各项贷款累放227亿元，其中涉农贷款累放94亿元；实现利润11.7亿元，比2010年增加3亿元。

【服务"三农"经济发展】 在2011年宏观调控、通胀压力和流动性紧缩的形势下，全市农信社努力克服信贷规模控制的困难，优先发放农业贷款，累计发放涉农贷款94亿元，服务"三农"经济发展。备春耕贷款及时足额投放。春节前后至"五一"期间，全市累计投放农业备春耕生产贷款25亿元，为广大农户及时提供了购买种子、化肥、农机等生产资金。发放"直补保"贷款解决担保难问题。2011年，各涉农联社以发放"直补保"贷款为契机，积极抢占农村市场，加大支持"三农"力度，累计发放"直补保"贷款近20亿元，占全省50%。为有效解决种养业大户的资金需求，各县级行社重点以农户"四权"抵押为方式发放贷款。2011年累计发放农户抵、质押贷款6.3亿元，比2010年增加4.4亿元。充分发挥系统联网的优势，利用折卡关联交易结算功能，简化支付手续，减少结算环节，缩短了农民窗口办贷等待时间。积极发放目标农户群体贷款。2011年初，本着惠农、利农、便农的信贷投放原则，分别与市妇联、团市委等部门签署合作框架协议，开办农村妇女双学双比和农村青年创业小额贷款业务。这些贷款品种利率低、手续简便、方式灵活、优先办理，得到了目标农户群体的认可和欢迎。

【产权改革】 实行省县两级法人治理。为突出县级行社法人地位和经营主体作用，减少管理层级，按照省联社部署和银监局批准，2011年，原市联社改制为办事处。改制后，长春办事处主要承担着省联社赋予的"贯彻落实具体化、风险监督最强化、业务操作规范化、沟通协调有效化"4项工作职能。从运行情况看，收到了预期效果。鼓励两家农商行加快发展。长春、九台两家农商行成立以来，各项业务实现了健康、快速发展。两家农商行充分利用国家政策，先后在省内外开设7家支行及14家村镇银行，实现了跨区域经营，自身在逐步做大做强的同时，更提升了长春市的外部形象和影响力。2011年12月22日，榆树农商行挂牌开业，成为长春地区第3家、全省第6家农村商业银行。推动环城、双阳产权改革进程。环城、双阳联社已经达到或接近组建农商行标准，正在研究政策，时机成熟后实施产权制度改革。

【压降不良贷款】 加大清收任务考核力度。农安、德惠联社分别研究制定了《不良贷款责任清收管理办法》，对基层信贷人员下达清收计划，分解落实任务，实行按季考核，对完成清收任务低于60%的解除劳动合同。加大责任追究力度。德惠联社按照省联社关于不良贷款清收"四落实"要求，建立清收台账，实行垂直管理，将1.3亿元不良贷款清收计划细分到人、明确到户、限定时间。加大主观责任追究力度，于2月末召开公开处理大会，对14家信用社52名责任人进行了公开处理。扩大依法清收工作效果。农安联社协调当地法院，缓收诉讼费，并成立案件执行专案组，提高审判和执行效率，法院拘留赖债不还农户76人；德惠联社借助"法企共建"活动平台，主要领导与法院主管副院长亲临执行一线，当地电视台全程跟踪报道，营造了有利于不良贷款清收的舆论氛围。加强与地方政府沟通协调。6月末前，榆树、农安、德惠联社分别与当地政府联合召开了清收公职人员不良贷款动员大会。德惠联社及时与市委、市政府沟通协调,将公务员和村干部 732 笔 1 834 万元不良贷款名单统一提交到纪检委，纪检委通知要求相关人员必须 3 个月内还清贷款本息，逾期则给予党纪处分;榆树联社协调市委、市政府两次召开清收动员会,市纪检委、组织部下发文件配合清收,涉及金额 3 669 万元。

【打造区域稽核中心】 全面开展风险排查。3 月份,全市农信社组织开展了“八必查”集中活动月,收到了预期效果。部署开展专项活动。组织开展“三项整治”和“合规建设年”等活动。部署开展不良贷款清收和贷款新规执行情况检查。开展移位稽核试点。4 月份，研究制定了《员工岗位移位稽核试点指导意见》,7 月份以来在农安、德惠开展了试点。切实做好案件防控。及时与公安机关沟通,成立专案组,深入调查案件情况,全面排查贷款业务。

【严控新增贷款质量】 创新非农个贷产品。长春农商行引进“微贷”技术,设立“微贷工场”,发放贷款 2 000 多万元。开办了二手房抵押贷款业务,签订了“吉易贷”3 期项目。环城联社也大力扶持小微企业,提供贷款融资。实现县联社直接经营。环城联社 5 月份成立了“八部一中心”,上收了信用社经营管理权,集中进行贷款营销、调查和发放,并实行“岗位五统一”,按照贷款程序和环节,对签约审核、支付审核、放款执行、担保品管理和档案管理进行统一管理。推行“阳光办贷”服务。为有效防范道德风险,环城联社实行“阳光办贷”服务,在办贷过程中,给客户发放《反贪污贿赂声明信》,并附带特制的反馈信封，提示客户可直接邮寄到联社，检举反映基层信贷人员是否存在吃拿卡要报等违规行为。实行农业贷款集中管理。各涉农联社实行农贷管理“五集中”,全面提升了农贷管理水平。

（肖忠辉）

高等教育

【概况】　截至2011年末，长春市有高等院校43所。其中，教育部直属全国综合性重点大学2所，普通高等院校13所，专科5所，军事院校2所，警察院校1所，司法院校1所，成人院校3所，民办本科院校3所，民办独立学院8所，全日制民办专科院校3所，非全日制民办专科学校2所。有国家级重点学科32个，省级重点学科194个。国家级重点实验室11个，省部（委）级重点实验室161个。享受国家级政府特殊津贴1 066人，享受省级政府特殊津贴959人，享受市级政府特殊津贴50人。硕士学位授权点723个，博士学位授权点312个，博士后流动站64个。全市高校有专任教师23 315人。其中，教员2 433人，助教3 157人，讲师8 205人，副教授6 863人，教授4 133人。有中国科学院院士17人，中国工程院院士5人。国家级学科带头人48人，省级学科带头人198人。国家级突出贡献的专家学者26人，省级突出贡献的专家学者476人，市级突出贡献的专家学者49人。全市在校学生366 284人。其中，专科生51 469人，本科生271 383人，硕士生35 364人，博士生7 988人。全年全市普通高校招收学生100 315人，毕业生人数91 596人。

【高校教学改革】　2011年吉林大学不断加强创新人才培养体系建设，制定实施《吉林大学实施"基础学科拔尖学生培养试验计划"的若干意见》和《吉林大学"基础学科拔尖学生培养试验计划"学生学籍管理的有关规定（试行）》；首次向社会发布了《吉林大学2010本科教学质量报告》；电子信息科学与技术、物联网工程专业列入第7批教育部特色专业建设点；临床医学、计算机科学与技术专业顺利通过教育部专业认证。东北师范大学历时4年时间完成了新一轮本科人才培养方案的制定工作；2011年，学校首届1 524名免费师范生正式走上基础教育工作岗位；学校继续教育和民族预科教育实现稳步发展，全年招收学员1 900人，新开发网络课程63门；结合办学特色和办学优势，成功获批20项"国培计划"项目，其中示范性项目9个，数量居全国第一；完成4 000余名教师、中小学校长和骨干教师培训；教育部幼儿园园长培训中心获批建立，其主要职能是承担全国幼儿园园长示范性培训任务。教师培训工作已成为东北师范大学基础教育服务的新亮点。长春理工大学积极探索现代大学制度建设，总会计师制度改革试点工作进展顺利；学科建设实现重大突破，新增材料科学与工程、电子科学与技术、信息与通信工程、计算机科学与技术（立项建设）4个博士学位授权一级学科，新增法学、中国语言文学、外国语言文学、化学、控制科学与工程、软件工程6个硕士学位授权一级学科。2011年吉林农业大学探索并推行学分绩点制，进一步完善学分制管理制度；组织开展吉林省委组织部领导干部自主选学、万名村干部、乡镇骨干公务员、基层农技人员、大学生村官和新疆高校毕业生培训等多层次多形式的培训工作，承办培训班15类26期，培训学员5 748人。长春工业大学深入开展人才培养模式改革工作，启动并全面实施"卓越工程师教育培养计划"；积极推动班导师制的实施，进行班导师的考核工作。吉林建筑工程学院扎实推进教学改革与质量建设工程，工程管理专业（国际工程专门化方向）通过国务院学位办审批，获得双学位授予权。长春金融高等专科学校建立了东北第一个金融文化研究基地——吉林省金融文化研究中心，充分发挥了金融高等专科学校在金融文化建设领域的辐射作用。

【高校教学成果】　在质量工程Ⅱ期中，吉林大学孙正聿教授的《哲学通论》等3门课程被列入教育部2011年百门精品视频公开课建设计划；21门课程被评为吉林省精品课程；12个团队被评为吉林省优秀教学团队；1个临床技能综合培训中心、3个工程实践教育中心、1个法学教育实践基地以及西部受援高校教师和管理干部进修锻炼项目列入2011年质量工程建设项目，获得经费支持1 050万元，受资助经费总额居全国高校第二位；二本教材被教育部批准为国家精品教材，获吉林省优秀教材一等奖19项、二等奖31项、三等奖40项；6人被评为吉林省高校教学名师奖；新增省级实验教学示范中心10个。长春理工大学增加12个“十二五”吉林省优势特色重点学科；获批吉林省特色专业13个，吉林省优秀教学团队2个、吉林省实验教学示范中心建设单位3个、吉林省精品课程3门，吉林省优秀课程14门；获吉林省普通高等学校优秀教材15部、兵工高校优秀教材12部；获“全国第十一届多媒体课件大赛”一等奖1项、二等奖1项和“第二届全国教育影视优秀作品大赛”二等奖1项。长春工业大学2011年获批省级精品课3门，省级优秀课7门，省级优秀教学团队2个，“省教学名师”称号1人；“十一五”期间的7个省级特色专业全部通过验收，12个专业被确定为“十二五”省级特色专业；获吉林省普通高等学校优秀教材一等奖3部、二等奖6部、三等奖4部。吉林农业大学加强教学基本建设，获得省级项目34项，包括特色专业13个、精品课3门、优秀课程13门、优秀教学团队2个、实验教学示范中心3个；有1部教材被评为国家级精品教材，5部教材获得国家级奖励，12部教材获得省级优秀教材奖励；出版国家级、省部级“十一五”规划教材12部；增设本科专业1个。中医药大学2011年新增省级精品课程3门，省级优秀课程1门；成功申报各类出版社“十二五”规划教材立项主编22部，副主编42部，编委120人次。吉林财经大学有4个一级学科被评为吉林省“十二五”优势特色重点立项建设(一级)学科，有1个学科被评为立项培育(一级)学科；新增硕士学位一级学科6个。长春师范学院申报5个本科专业、1个专科专业和2个第二学位专业，有6个专业通过了省属院校新增学士学位学科评估；《思想道德修养与法律基础》、《中国古代史》等2门课程被评为2011年吉林省高等学校精品课程；《植物学》等6门课程通过吉林省高等学校优秀课程评审；9部教材获得吉林省优秀教材奖；物理实验教学中心和生物学实验教学中心被评为“省级示范实验教学中心”；申请到两个一级学科(中国史、马克思主义理论)和一个二级学科(分析化学)；引进了4A网络教学平台。

2011年在长高校学生积极踊跃参加各类比赛，取得了优异成绩。东北师范大学学生在第七届亚洲冬季运动会上，2名学生代表国家参赛，获得一金一银的优异成绩；在第13届自由式滑雪世锦赛上，勇夺女子空中技巧冠军，实现了我国运动员在该项目的四连冠；第9届全国舞蹈比赛中，参赛作品群舞《南京·亮》获得表演金奖，这是东北师范大学学生再次荣获中国舞蹈领域最高级别赛事奖项；在第4届“东芝杯·中国师范大学理科师范生教学技能创新大赛”决赛中，2名学生分获数学组、化学组三等奖。长春理工大学3 000余人次参与数学建模竞赛、机械创新设计大赛、电子设计竞赛、“挑战杯”等15种赛事，在各类竞赛中共获得省级及以上奖项195项，其中国家级123项。吉林农业大学学生在各类大赛中获得国家级奖项29项，省级奖项171项；学生申报的作品在第63届纽伦堡国际发明展中还获了大赛银奖。长春工业大学学生在大学生电子设计竞赛和数学建模竞赛中，共获得国家一等奖1项、二等奖12项、三等奖1项、优秀奖17项，省级一等奖30项、二等奖32项、三等奖49项；在“挑战杯”全国大学生课外学术科技作品竞赛中，获得一等奖1项、二等奖1项、三等奖2项、优秀奖2项，并再次获得“高校优秀组织奖”；在“挑战杯”吉林省大学生课外学术科技作品竞赛中，荣获特等奖1项、一等奖2项、二等奖1项、三等奖3项、优秀奖4项，学校总成绩名列全部参赛高校第2名，并荣获竞赛优胜杯和“优秀组织奖”。在吉林省“挑战杯”大学生课外科技作品竞赛中，长春中医药大学学生荣获一等奖1个、二等奖1个、三等奖5个。长春师范学院学生在第5届ABC全国青少年英语口语大赛全国总决赛中荣获金奖，在“阳光之星”全国青少年英语口语大赛全国总决赛中荣获一、二等奖；在第六届“毕昇杯”全国电子创新设计竞赛中荣获二等奖；在全国“挑战杯”大学生课外学术科技作品竞赛中荣获三等奖；在吉林省第12届高等学校学生语言文字基本功比赛中荣获一等奖2项。在天津举办的“2011年全国职业院校技能大赛”中，吉林省教育学院学生共获金奖4项、银奖12项、铜奖31项。长春金融高等专科学校学生在全国大学生数学建模竞赛中，获一等奖1名、三等奖3名；在全国大学生英语竞赛中，获一等奖3名、二等奖7名；在中国金融教育发展基金会举办的“中国工商银行杯”大学生暑期社会实践有奖征文大赛活动中，有11名学生在大赛中分别荣获二等奖、三等奖和优秀奖。

【研究生培养机制改革】 2011年，长春各高校创新培养模式，拓展招生领域，推进国际学术交流，研究生培养质量不断提高，学术成果显著。吉林大学改革博士生选拔机制，在3个学院进行博士研究生入学考试改革试点工作，在国家重点一级学科开展优秀本科生直接攻读博士学位研究生的选拔工作；获得首批工程博士专业学位授予权，在“先进制造”和“能源与环保”两个领域可招收工程博士；继续推进实施“研究生培养创新工程”，完成61门课程课件的制作和24部授课视频的录制，出版教材15部，其中全英文教材《材料热力学》在世界著名出版社—德国斯普林格出版社出版；推进实施“国家建设高水平大学公派研究生项目”，共选派153人赴国外攻读博士学位和联合培养；开展“研究生参加国际学术交流活动资助计划”，资助187名研究生出国(境)参加学术交流活动。加强学术道德和学术规范建设，加强对学位论文的质量评估工作，有2篇博士学位论文入选全国优秀博士论文、4篇入选全国优秀博士学位论文提名论文，18篇博士学位论文、29篇硕士学位论文被评为吉林省优秀研究生学位论文。东北师范大学博士生培养质量继续得到提升，1篇论文入选全国优秀博士学位论文，1篇论文入选全国优秀博士学位论文提名论文，另有8篇论文被评为吉林省优秀博士学位论文。长春理工大学研究生培养工作取得良好成果，4篇博士论文被评为省优秀博士论文，9篇论文被评为省优秀硕士论文，44篇论文被评为校优秀硕士论文。长春中医药大学1篇博士论文荣获“第三届全国中医药博士生优秀论文”。吉林建筑工程学院成功获得城乡规划学、设计学一级学科硕士学位授权。

【人才队伍建设】 2011年,全市高校深入实施人才强校战略,人才队伍整体素质不断提高。吉林大学师资力量雄厚,有中国科学院和中国工程院院士20人(双聘11人),哲学社会科学资深教授4人,国务院学位委员会学科评议组成员18人,中央马克思主义理论研究和建设工程项目首席专家5人,国家"973"项目首席科学家3人,国家有突出贡献的中青年专家14人,国家杰出青年基金获得者32人,教育部"长江学者奖励计划"、"长江学者和创新团队发展计划"入选者28人,聘任双聘院士 1 人,国家"千人计划"入选者3人,引进匡亚明等特聘教授6人、学术带头人2人、学术骨干13人、流动编教授2人。东北师范大学"高端人才计划"成效明显,2011年共引进"东师学者"特聘教授、讲座教授和教学名师等19名,29名教师被遴选为"东师学者"青年学术骨干,1名教师荣获教育部"第六届高等学校教学名师奖",6名教师入选教育部"新世纪优秀人才支持计划"。长春理工大学继续加大高层次人才引进力度,聘请双聘院士1人,海外高层次人才2人;还承办了2011年全国博士后论坛;教师队伍中有1人当选吉林省资深高级专家,5人当选吉林省第三批高级专家,1人被评为国家级教学名师,实现学校国家级教学名师零的突破,1人荣获全国教育系统职业道德建设标兵称号,2人当选为吉林省教学名师。长春工业大学继续开展"国图计划",组织第二、三批青年教师30人到北京国家图书馆查阅资料。同时,深入实施人才强校战略,2人参评青年千人计划,1人获吉林省人才基金项目,3人获留学归国人员创新创业资助项目,1人获吉林省教书育人楷模提名奖,2人获吉林省师德先进个人。吉林农业大学依托雄厚的学科实力和教学科研资源优势,坚持"以服务地方经济建设和社会发展为己任"的办学理念,探索并运行了"基础+平台"的人才培养模式。长春中医药大学积极引入优秀人才,人才强校战略稳步推进。新增教育部新世纪优秀人才1人,吉林省第三批高级专家5人,新世纪优秀人才4人,中青年科技领军人才1人,青年科技奖1人、教育厅"双百"人才1人,卫生系统拔尖创新人才11人,省级教学名师1人,教书育人楷模1人,优秀教学团队2个,首批科技创新团队2个,入选省卫生厅有突出贡献中青年专业技术人才考核5人,获得省级人才开发资金资助项目1人,获得省级留学人员科技创新创业项目择优经费资助1人,长春市"百名优秀科技工作者"3人,入选长春市第5批有突出贡献中青年专业技术人才考核2人。吉林建筑工程学院在注重人才队伍培养的同时,积极推进教职工职业道德建设,2011年,肖力光教授获得吉林省第三批"高级专家"荣誉称号,陈雷教授入选2011年度教育部"新世纪优秀人才支持计划",郭靳时教授被评为长春市"师德标兵",曹广军等10人被评为学校"三育人"标兵。

【高校国际交流与合作】 2011年全市部分高校不断拓展国际交流与合作的广度和深度,对外交流广泛,校际合作紧密。吉林大学已与美国、德国、韩国等40多个国家和地区的130余所院校和科研机构建立了合作交流关系;签署各类交流协议29个;召开了14次国际(含双边)学术会议,参会外宾200余人次,总人数900余人次;与27个国家146所高校和科研机构建立了合作与交流关系,同港澳台地区28所高校签署了校际交流合作协议;"高压技术与科学引智基地"成功获批立项,成为第4个"111"引智基地,从而使学校"111"基地总数保持全国首位;新增4个校级引智基地;2011年度共聘请外国专家610余人次来校讲学,聘请名誉教授7人,客座教授13人;接收来自98个国家的长短期留学生2 278人来校学习,其中研究生584人、本科生908人、进修和语言生786人。东北师范大学2011年共聘请短期外国专家412人次,长期外国专家及外籍教师54人,招收各类留学生639人;共派出220名学生赴国(境)外学习,派出教师、学生近200人参加学术会议、学术交流和合作研究等,其中学术出访130余人;与国(境)外12所大学和科研机构建立了友好合作关系,其中第5所合作建立的孔子学院——加拿大圣力嘉学院孔子学院成立;经教育部批准,"国际汉语教师资格考试研究与培训基地"建立,并完成国际汉语教师教学大纲、教学标准、考试试题的研发工作;学校还承办了非洲国家及发展中国家各类教育研修班,共有来自39个国家的97名教育官员接受培训。长春理工大学设有吉林省对外汉语教学培训中心、长春市中俄大学生交流基地,70多个国家的千余名留学生来此进行学历学习或语言进修;同俄罗斯圣彼得堡技术大学、布里亚特国立大学、韩国东新大学、日本东海大学、美国史蒂文斯工程学院等20多个国家的90多所大学或科研院所建立了友好合作关系;与美国、印度等国高校探讨以"2+2"或"3+1"模式开展国际合作办学,并达成初步意向;在吉林省属院校中是惟一被列为国家留学基金委"十二五"规划资助的特色专业建设学校;成功主办"3M-NANO"、"CSIE2011"、"第六届东北亚前沿论坛:现代中俄语言文学及教学发展趋势"等高水平国际学术会议,顺利召开国际纳米光子学与生物光子学联合研究中心成立一周年暨学术研讨会;获批国家外国专家局引进国外智力项目5项,首次获得国家外国专家局千人计划培育项目、重点项目资助;成功承办第4届在华留学生"汉语桥"吉林赛区初赛,俄罗斯籍学生尤丽娅成功晋级央视决赛;孔子学院继续完善和充实教学内容,开设基础汉语、中级汉语、商务汉语、HSK考试辅导班、中国文化常识等课程。长春工业大学2011年共接待来自美国、日本等国家和地区的教育代表团组20个,总计58人次;友好合作院校数量已增加至38所;派出代表团组8个19人次,分赴美国、加拿大等国家和地区进行考察、访问;派出访问学者8人;教师出国进修、培训5人。吉林农业大学先后与美国、日本、意大利、加拿大、英国、韩国、俄罗斯等国家的40多所院校和科研院所建立了校际交流合作关系,派出中青年骨干教师、科研与管理骨干赴国外访学、科研合作、参加学术交流会议近千人次。吉林财经大学高校联盟国际硕士项目进展顺利，海外本科生“2+2”合作项目、海内外在读硕士生“2+1”合作项目及与查尔斯特大学合作的“4+0”合作项目有了更深层次的探讨。中医药大学承办了世界中医药联合会中医手法专业委员会筹备会议；世界针灸学会联合会推拿师教育基地和考试分部在学校挂牌，学校当选为世界针联第1届轮值主席单位。长春大学2011年与美国、俄罗斯等国家签署各类合作协议16份，与俄罗斯各地区23所高校建立了友好合作关系；与中国（教育部）留学服务中心共建设立了赴俄留学培训基地。2011年，长春师范学院与西班牙拉斯帕尔马斯大学共建的孔子课堂升格为孔子学院；主办了吉台两地“2011高等学校教育发展论坛”，会议签署了“吉林台湾高等教育协作联盟宣言”。长春工程学院与英国西苏格兰大学合作举办的土木工程、机械工程专业本科教育项目正式获得教育部批准。

【科研工作】 长春各高校积极开展科研项目的申报立项及成果验收、鉴定等工作，科研项目获取能力进一步提升，并取得丰硕成果。吉林大学哲学社会科学研究共承担研究项目473项，到校经费5 523.4万元，创历史新高；承担各类重大项目6项，其中吴振武教授承担的国家新闻出版署“中华字库”工程“两汉、吴、魏、晋简牍文字的搜集与整理”获资助经费1 730万元，是首个哲学社会科学领域获资助经费超千万元的科研项目；获立国家社科基金重大项目4项，教育部重大课题攻关项目1项；获立国家社科基金重点及规划项目39项，列全国高校第6位；获立教育部人文社科项目36项，列全国高校第6位；1 276篇论文被南京大学“中文社会科学引文索引”(CSSCI)收录，排名首次进入全国高校前10名；成立东北亚五国国别研究机构，全面服务国家外交战略；自然科学领域科研经费到款总额10.04亿元，创历史新高，获批准国家自然科学基金各类项目347项，到校经费1.85亿元，获批准高新类项目326项，到校经费突破3亿元，横向经费到款2.11亿元；2011年新立项科技项目1 700余项，其中基础研究及国际合作项目立项480余项、高新技术项目立项320余项、横向项目累计签订合同900余项；10个经费超千万元重大项目获得批准立项，获批教育部创新团队项目4项；以第一完成单位获国家科技进步二等奖1项，以第二完成单位获国家自然科学二等奖2项，以参加单位获国家科技进步特等奖1项，以第一完成单位获得省部级特等奖1项、一等奖15项，获发明创业奖优秀奖1项。李子义教授主持的国家重大专项课题“高赖氨酸牛乳转基因奶牛新品种培育”研究取得突破，世界首例赖氨酸转基因克隆奶牛培育成功，该项成果在“从地到天”——2011年中国科技发展盘点中榜上有名；第一医院千人计划特聘教授于晓方的文章在《Nature》上发表；工程仿生国家地方联合工程研究中心获得批准建设。新增3个吉林省工程研究中心、5个吉林省工程实验室、5个吉林省国际科技合作基地、6个吉林省教育厅重点实验室。东北师范大学文理科科学研究持续呈现良好发展态势，科研经费大幅增长。2011年，在文科科研方面，共获得校外各级各类项目299项，经费总数4 735万元，比2010年增长43.7%，其中纵向课题224项，经费2 280万元；获批国家社科基金项目17项，经费334万元，其中“百年来欧美文学中国化进程研究”课题获立国家社科基金项目重大招标项目，国家社科基金项目、全国教育科学规划课题、教育部人文社会科学项目等高层次项目的申请再次取得突破；全年共发表文科学术论文1 345篇，其中CSSCI以上论文815篇；出版著作130部，其中专著54部；提交研究报告16篇，1篇得到中央领导批示；发表艺术作品236件，其中9件国家级作品、6件国家级获奖作品；获得各级各类成果奖170项，其中全国教育科学优秀成果奖8项、首届吉林省社会科学基金项目优秀成果奖26项；教师的国家社科基金项目成果《埃及与东地中海世界的交往》一书入选第4期“国家哲学社会科学成果文库”。在理科科研方面，共获批各类科研项目282项，合同经费总额达12 495万元，首次突破亿元大关，项目数量比2010年增长28.5%（其中，纵向项目207项，合同经费8 630万元；横向项目75项，合同经费2 328万元）；在获批项目中，国家自然科学基金项目增速较快，达86项，资助经费4 231万元，增长90.4%；国家自然科学基金面上项目获批资助率为39.37%，位居全国高校首位；教师承担和参与国家级重大项目层次显著提高，承担科技部、农业部、环保部和教育部等部委重大科研项目经费3 641.9万元，比2010年增长31.6%；科技论文质量和影响力继续稳步提升。SCIE检索收录论文554篇，在校科技人员作为第一作者于2005年～2009年发表的国际论文年被引用833篇2 835次，年被引篇数比2010年增长5.8%，全国高校排名第33位；学校获批省级重点实验室建设项目2项，“长江学者和创新团队发展计划”资助项目1项，获得吉林省级科学技术奖励6项。长春理工大学新增科研项目285项；首次作为主持单位承担国防973项目，获得经费支持2 500万元；完成科技成果鉴定27项；申请国家专利124项，授权63项（国家发明专利46项、实用新型专利17项）；发表学术论文1 159篇，其中SCI收录181篇、EI收录234篇；出版著作51部，其中专著23部；获各类科技成果奖励35项。长春工业大学产学研结合特色显著，与吉林化纤集团共同合作研发的年产5 000吨碳纤维原丝项目投产，该项目技术成果具有自主知识产权，属国内首创；“中国低碳经济发展研究中心”、“吉林省科普创作基地”和“长春工业大学高氮钢研究中心”3个研究机构的筹建工作已经完成；科研项目结项95项（其中科技部3项、教育部2项、省科技厅36项、省教育厅科技及社科项目47项、省哲学社会科学规划基金项目7项）；全校申报发明专利66项，同比2010年增长78.4%。吉林农业大学科研立项工作初见成效，教育部“创新团队发展计划”项目实现零的突破；获立吉林省世行贷款监管项目和科研课题22项，是吉林省立项经费和数量最多的单位；获得省科学技术奖20

项;1项成果荣获2011年度国家科技进步二等奖，实现了为第一完成单位的国家科技进步二等奖零的突破；科研平台建设与管理得到加强，小麦和玉米深加工国家工程实验室获国家发改委批准建设,实现了国家级科研平台零的突破;参茸产品质量安全风险评估实验室已列入农业部一期建设计划。中医药大学2011年组织申报各级各类科技奖励36项,已获批准23项，其中省部级科技进步奖10项,实现了学校获省科技进步一等奖科研奖励历史零的突破。

【学生工作】 全市各高校进一步改进和创新大学生思想政治教育工作，选树典型，开展了对学生的红色传统教育系列活动。吉林大学继续实施学生分年级分层次思想政治教育,先后安排37名优秀辅导员进行了5个专题讲座，累计100学时,9 000余名学生接受了系统教育;加大学生德育工作创新示范基地建设力度，丰富和完善了红色传统教育基地等9个基地的教育内容和形式，先后开展主题教育活动30余项,7 000余名学生在活动中受到教育；加大典型选树示范教育力度，选送收录国家奖学金风采录2人、两岸青年领袖研习营2人、全国大学生年度人物1人;开办“思想·理论·人生:100讲”主题讲座12场,直接受教育学生4 000余人次。坚持教育、管理、服务相结合。在高校工委的领导与协调下,各高校积极参加长春市书博会、大学生艺术节等各类社会实践活动。各高校深入开展大学生“三创”主题实践活动,开创了大学生就业、创业新格局。长春工业大学扎实做好就业指导服务，开设创业指导课程,选拔、培养了一批“就业形象大使”;“三个三”就业典型经验被教育部在全国进行推广。长春理工大学举办大学生创业培训班,组建了KAB创业俱乐部和4个创业团队；积极开展职业生涯规划大赛、优秀毕业生报告会、生涯人物访谈周、就业能力户外拓展训练等活动。吉林财经大学组建的“奇信科技”大学生创业团队,在首届“长春之光”大学生创业大赛上超越吉林大学创业团队荣获最高奖项一等奖撑。长春大学特教学生周旋被团中央、全国学联授予2011年度“中国大学生自强之星”;毕业生包和国、段晓羽被评为第五届吉林省高校毕业生十大创业先锋。

【精神文明建设】 深入开展“高校文明杯”竞赛评比活动。5月,市高校工委在长春工业大学举办了“长春市‘高校文明杯’竞赛活动表彰大会暨长春市‘十佳大学生’颁奖典礼”。为纪念中国共产党成立90周年,集中开展“爱党爱国爱家乡、促进长春新发展”主题教育活动,在长春大学、会展中心、吉林体育学院举办了3场红色歌曲演唱会。市高校工委还组织驻长高校参加万人红歌会演唱活动;为纪念“辛亥革命”100周年,市高校工委组织在长高校广泛开展以爱国主义为核心的民族精神教育。在长各高校大力推进“师德”建设。长春理工大学深入落实“创建和谐校园，加强精神文明建设工程”创建活动计划,在市高校工委组织的2011年“高校文明杯”暨精神文明创建检查评比活动中得到好评;2人被评为全省教育系统师德先进个人。长春工业大学开展了“青春在城市中闪光”、“我为长春添光彩”等形式多样的创建活动,承办长春市“高校文明杯”竞赛活动总结表彰大会暨“十佳大学生”颁奖典礼,并再次荣获长春市“高校文明杯”竞赛和精神文明建设全部最高奖项;2011年末,长春工业大学荣获“全国文明单位”称号,这是中央文明委授予的综合性最高荣誉，也是对长春工业大学精神文明建设的最高褒奖。东北师范大学人文学院连续4年荣获“长春市精神文明建设先进单位”称号,是惟一获得这一荣誉的独立学院。深化“送理论、送科技、送文化、送卫生,做文明使者”的“四送一做”志愿服务活动。开展“创文明城,做文明人”、“万名大学生志愿者进社区”主题活动,市高校工委组织高校志愿者深入城区各个角落,全市高校10万余大学生志愿者通过各个社团,先后参与了扮美长春“保护母亲河”行动、“大手牵小手——爱心助学”、慰问孤寡老人、交通劝导、社区医疗服务、创城宣传等各种志愿服务活动;吉林农业大学依托学生社团开展志愿服务活动,“绿野”青年志愿者协会作为全国高校惟一代表荣获中国第五届保护母亲河奖;在“2011长春图书博览会”和“长春市动漫艺术节”期间,有14 000余名、1 000余名学生受邀集中参加。

(李　楠)

基础教育

【学前教育】 2011年,长春市有幼儿园2 108所。其中，公办园861所,占40.8%;民办园1 247所,占59.2%。中心城区(不含双阳)有幼儿园792所。其中,公办园134所，占17%；民办园658所,占83%。4县(市)和双阳区有幼儿园1 316所。其中，公办园727所,占55.2%;民办园589所,占44.8%。全市学前三年在园幼儿135 560人。其中,公办园57 868人,占42.7%;民办园77 692人,占57.3%。中心城区(不含双阳)在园幼儿62 847人。其中,公办园24 962人,占39.7%;民办园37 885人,占60.3%。4县(市)和双阳区在园幼儿72 713人。其中,公办园32 906人,占45.3%;民办园39 807人,占54.7%。全市幼儿园有教职工14 092人,专职教师9 525人,在编教师2 960人,聘任教师6 565人。学历达标率98%,专业合格率72%。中心城区(不含双阳)有教职工8 828人,专职教师5 232人。学历达标率99%,专业合格率85%。4县(市)和双阳区有教职工5 264人，专职教师4 293人。学历达标率97%，专业合格率56.4%。城市普及学前三年教育，县镇所在地学前三年毛入园率85%。农村学前三年毛入园率50%。

【义务教育】 2011年,长春市有义务教育阶段中小学1 620所,在校生608 950人。其中，初中学校303所，在校生211 250人;小学1 317所,在校生397 700人。中心城区(不含双阳)有中小学281所,在校生236 148人;4县(市)和双阳区有中小学1 339所，在校生372 802人。中心城区(不含双阳)有初中95所,在校生86 533人;4县(市)和双阳区有初中208所,在校生124 717人。中心城区(不含双阳)有小学186所,在校生149 615人;4县(市)和双阳区有小学1 131所,在校生248 085人。2011年长春市义务教育阶段中小学招生132 641人,其中城区51 785人、4县(市)80 856人。全市小学招生70 410人,其中城区26 483人、4县(市)43 927人。全市初中招生62 231人,其中城区25 302人、4县(市)36 929人。2011年全市有5 394个公办优质空余学位采取电脑派位的办法录取,比2010年增加169个。其中,初中18所学校共有优质学位3 995个;小学14所,共有优质学位1 399个。5 517名适龄儿童、少年报名参加了派位。

2011年4月,召开了全市推荐生和自主招生工作会。将城区统招推荐生比例扩大到75%,4县(市)和双阳区普通高中统招推荐生比例扩大到40%~50%;自主招生比例扩大到统招计划的8%(占推荐生计划)。2011年长春市共有25所高中接收推荐生,招生计划人数为6 031人;有8所高中进行自主招生,人数为234人。进一步完善"大学区"管理模式,促进义务教育均衡发展。2011年,全市共组建111个"大学区"。其中,中心城区(不含双阳)47个,4县(市)和双阳区64个。

农村义务教育稳步发展,有效地控制了辍学。农村小学巩固率达100%,农村中学巩固率达94.7%。深化农村初中办学模式改革,有211所农村初中、20余万学生参加办学模式改革,实现了"绿证"教育覆盖率和办学模式改革校数2个100%;全市设立20多个"普职结合"试点校,对接学生3 000多人,对接专业30多个。

【特殊教育】 2011年,长春市特殊教育事业以《关于进一步加快特殊教育事业发展的实施意见》和《长春市特殊教育三年发展规划(2010~2012)》两个文件精神为主线,以实现"群体均衡"为目标,以"关注、扶持、倾斜"为重点,构建长春市"1+χ"的特殊教育管理模式,确保特殊教育健康发展。2011年全市有公办特殊教育学校9所,中心城区有4所,4县(市)和双阳区各1所。民办特教机构(学校)4所。有在校生1 552人,在职教职工469人,普通学校随班就读学生799人,就读于257个随班就读点。全市智障、听障、视障三类残疾儿童、少年义务教育阶段入学率连续5年达96%以上,高中升学率连续2年达90%。在巩固传统的三类残疾学生教育的基础上,脑瘫和孤独症儿童教育也得到发展。2011年在教育费附加中拿出947万元用于特教学校更新设施、改善办学条件。截至2011年9月,已对宽城区培智学校和绿园区杨家小学投入600万元设备。按照年初特教培训计划,2011年3月对160名长春市特殊教育教学校长及骨干教师进行专题培训,9个城区340名小学教学校长、主任参加了专题培训。9月5日,在长春市特殊教育学校召开首届长春市特殊教育"十大感人教师"表彰大会暨特殊教育师生文艺汇演。各特殊教育学校、机构师生,各县(市)区教师代表近千人出席大会。会上对长春市特殊教育学校王丹丹等10人进行了表彰奖励。虽然长春市特殊教育事业有了一定进步,但仍然在校舍、投入、师资数量、特殊儿童筛查、机构管理、孤独症儿童、少年康复教育等方面存在一定不足和问题。

【民族教育】 长春市民族教育主要由朝鲜族、回族、满族教育构成。2011年全市有少数民族学校19所,学生7 010人,教职工919人。其中,朝鲜族学校7所,市直高中1所,九年一贯制学校3所,小学3所,在校学生1 943人,教师316人;回族学校9所,九年一贯制学校2所,小学7所,在校学生2 997人,教师408人;满族学校3所,九年一贯制学校1所,小学2所,学生总数2 070人,教师225人。2011年针对朝鲜族义务教育的现状,重点改善绿园朝小和宽城朝小办学条件。异地新建绿园朝小,将原校舍改建为绿园朝小幼儿园;原地改扩建宽城朝小。年底2所学校新建、扩建项目的前期规划已经基本完成。12月,市教育局承办了"全省首届双语教学教研员省级培训班"的听课、评课及研讨课活动。作为全省教育援疆项目之一,2011年10月至12月,承担了为新疆阿勒泰地区共计23名中小学教师、管理干部教学实践和挂职培训任务,使新疆教师在长春市学习、培训期间取得较大收获,收到预期效果。

【流动人口子女就学情况】 2011年,市教育局为流动人口子女就学开设了中小学网上报名专用通道,实行流动人口子女网上报名与现场登记报名双轨报名机制,为流动人口子女入学提供了方便。同时,专门就流动人口子女入学政策和报名办法进行重点宣传,设立专门电话,解答并解决流动人口子女在中小学招生中遇到的各种问题,确保了所有流动人口子女及时入学。全市中心城区安排10 383名流动人口子女入学,占中心城区中小学招生总数的20.05%。其中小学6 656人,占中心城区小学招生总数的25.13%;初中3 727人,占中心城区初中招生总数的14.73%。

【高中教育】 2011年,长春市有高中学校68所(含完中、省直)。其中,城区高中学校39所,4县(市)和双阳区29所。农村高中学校12所。高中在校学生139 221人,城区高中在校生65 574人,4县(市)和双阳区高中在校生7 347人,其中,农村高中在校生942人。有高中专任教师7 00人,具有研究生学历的教师771人,占10.52%。2011年全市高考600分以上学生共计159人,占全省31.6%。全省理科前10名,长春市7人,文科前10名,长春市有4人。全省理科前百名长春市有61人,文科前百名长春市有41人。北大、清华在长春市录取61人,占全省招生比例的45%。本科进线率高出全省平均水平5个百分点。

技工教育

【概况】 2011年,长春市招生技工学校17所。其中,技师学院4所,省部级技工学校5所,合格技工学校8所。按隶属关系分,中直企业办技工院校1所,省直企业办技工学校1所,省属技工学校1所,市属技工学校6所，民办学校8所。按经费来源分，财政拨款2所，自收自支15所。在校学生17 124人，其中城镇生6 817人、农村生10 307人。有高级技工班学生1 202人，毕业生就业率达98%。技工学校有教职员工1 329人。教师944人，其中，文化理论课教师713人(高级讲师278人，讲师236人)，实习指导教师231人（高级实习指导教师44人）。“一体化”教师483人。全市技工学校占地面积336 692平方米，建筑面积282 647平方米。实习实验设备5 074件套，价值9 415.3万元。专业设置64个，其中复合性专业12个。年培训能力39 619人次。

【创新教学方式】　在省部级重点技工学校部分专业开展“一体化”教学试点，在全市技工院校推广“一体化”教学改革。通过推广职业行动导向教学法、模块教学法、任务驱动教学法、项目教学法，培养学生综合职业能力。深化人才培养模式和教学模式改革，创建与长春市经济社会发展相适应，与企业用工能力标准相适应的人才培养模式和教学模式。

【教学管理】　合理规范技工学校各项教学管理工作，组织评估组，按照省技工院校评估细则操作，从办学方向、办学条件、学校管理、质量与效益等4个方面对学校进行客观评价。通过评估，长春市技工院校校舍建设、教学设备设施等硬件条件得到改善，各项管理制度逐步规范健全，教师队伍建设明显提升。

【学校专业建设】　各学校围绕长春市十大产业对专业技能型人才的需求，积极开发新的专业，努力构建专业品牌的课程体系框架，保证学校在市场中能有核心竞争力，使技工教育跟着市场走，专业设置跟着需求变，为社会培养输送“产销”对路的学生。全年安置毕业生6 990余人，就业率达98%。在市场竞争中，牢固树立品牌意识，以名牌战略，打造精品专业。建立了以数控机械、机电一体化、汽车检测与维修、生物制药等专业为龙头的名牌专业。

【师资队伍建设】　2011年9月，与人社部全国职业核心能力推广中心合作，在长春组织技工学校教师47人参加全国职业核心能力师资培训和测评师认证培训，参加人员全部通过认证。

【实训基地建设】　依托高级技工学校、技师学院建设的实训基地，重点面向企业和社会提供高端技能培训，充分利用与企业紧密协作的关系，在企业建立稳定的生产实习基地，实行前校后厂、产教一体化的教学模式，保证学生有足够的时间进行实训，加快了由学生向技术工人角色的转变，使毕业生到企业能很快适应工作岗位的需要。

【办学资金管理】　协调政府有关部门，争取国家职业教育资金项目和城市教育费附加资金落实，按照做大做强的原则，重点扶持了长春工业技术学校等4所技工学校，用于增加实训设施、改善办学条件、扩大办学规模。加强对技工院校助学金、免学费补助资金管理，保证国家注册系统数据与实际助学人数保持一致。按学期检查资金管理工作，准确计算结余资金的数额，及时做好上报核销工作，严防以虚报学生人数骗取国家助学金、免学费补助资金等问题的发生，维护国家助学政策的严肃性，确保财政资金安全。

（李　钢）

职业与成人教育

【概况】　2011年，长春市属高等职业院校3所，在校生2.1万人。教育部门管理的中等职业学校115所（含民办中等职业学校67所），在校生8.9万人(含民办中等职业学校在校生2.75万人)。全市职业院校开设17大类125个专业，611个专业点。高职院校教职工1 795人，专业教师1 070人。中等职业学校教职工8 408人，专任教师5 395人，“双师型”教师总数占专业教师的63%。组建校企深度合作的职业教育集团9个。

【职业学校教育教学质量】　制定印发了《中等职业教育发展行动计划(2011—2013年)》和《长春开展地方政府促进高等职业教育发展综合改革试点方案》，为“十二五”期间长春市职业教育的改革发展明晰工作思路。围绕地方产业需求和人才培养模式创新，立项建设33个中、高职示范专业，开发60门精品课程，推进50个课题研究。中高职60门精品课，形成全新的课程思想、课程模式和课程标准。加强“双师型”教师队伍建设，完成300名市级骨干教师和50名专业带头人的选拔认定。市直550多名职校教师参与了重点实验项目的论证和建设。在教育部举办的全国中职信息化教学大赛中，长春市参赛教师占全省70%，总成绩名列全国第10位。

【职业教育基础设施建设】　2011年，市教育局完成了在合隆开发区征地60万平方米建设职教园区项目的论证后，启动征地工作。长春汽车工业高等专科学校迁入新校区，长春农业学校易地新建工程全面启动，市机械工业学校东风校区改造工程完成，长春职业技术学校汽车实训中心投入使用。依托6所职业院校新建9个专业实训基地。启动4所职业院校数字化校园建设，开发了交互性强的共享型专业教学资源库。

【职业教育学生实践能力】　2011年举办了18个专业的全市中等职业学校师生技能大赛。在全省首届高职院校技能大赛中，长春职业技术学院、长春汽车工业高等专科学校包揽了全部一等奖。在全国中职技能大赛中，吉林省共获4个一等奖，其中长春市3个。

【民办职业教育规范管理】　落实长春教育局《关于中等职业学校招生及相关工作的意见》和《长春市中等职业学校教学管理规程》。按照《关于对全市民办学历学校进行规范发展专项检查的通知》要求，2011年3月对62所民办中等职业学校，在机构设置、学校管理、教育教学、师资队伍、办学条件、财务制度、校舍安全等方面进行检查。通过专项检查，对不符合检查要求的29所民办中职学校下达限期整改意见，对6所民办中职学校下达终止办学意见。

【拓展职业与成人教育服务功能】 投入专项资金500万元，完善长春数字化学习港基础设施建设。“长春全民学习网”全面运行，网上学习资源增加5 000多个门类。每月的全民学习大讲堂等系列活动吸引了众多市民参与。组织“长春全民终身学习活动周”，被中国成人教育协会评为组织工作先进城市。面向社区居民，新建社区数字化学习示范中心50个。发动全市职业院校面向在岗、转岗、下岗职工、现役、退役军人，社会青年、未就业的大学生等，广泛开展了职业技能培训，完成培训4.5万人次。依托农村职教中心和乡镇“一址三校”，强化农村劳动力转移、农村实用技术等培训，完成培训5万人次。

德育教育

【德育实践活动】 《全国未成年人思想道德建设工作测评体系》是“创全国文明城”评价考核体系的一个重要方面，共包括73个测评项目155条任务，其中教育系统有53个测评项目，89条任务。测评工作中，下发模拟调查问卷43万份。国家检查组对市教育局的材料全部通过并予以好评。为“创全国文明城”助推。2011年10月，长春市万名中小学生走上街头，参加“文明行为倡导日”活动。学生们通过鞠躬提示、劝说等形式对一些常见的不文明行为进行劝导纠正。中央文明办于9月7日～8日，对长春市南关区东四小学、朝阳区68中学、长春市第二中学、长春市机械工业学校进行了实地检查，对长春市教育系统为创文明城所做的工作给予高度评价。开展“向国旗敬礼、做一个有道德的人”网上签名寄语和国庆节主题升旗日活动。9月26日9时，全市各中小学同时向国旗敬礼，表达对祖国的热爱和对国旗的敬意。承办2011年长春市全民阅读活动读书月启动仪式。举办“传承国学经典，做一个有道德的人”长春市中小学生读书系列活动，让学生们学习国学，了解中国传统文化。4月20日，举办“文明礼仪伴我行，争做合格小公民”长春市中小学文明礼仪示范校创建活动启动仪式。全市中小学生积极开展“践行文明在校园”、“践行文明在家庭”、“践行文明在社会”主题活动，培养了学生良好道德品质和文明行为。

【学生阳光体育活动】 积极开展《国家学生体质健康标准》测试数据上报工作，实现了测试数据上报85%的目标。举办2011年长春市中学生运动会。在开幕式上通过大型团体操及轮滑、威风锣鼓、空竹等特色表演，充分展示了长春教育在基础教育、职业教育、学前教育、艺术教育、国防教育等方面取得的丰硕成果。本次运动会有近4万名师生、37个代表队、1千余名运动员参加。长春市参加“吉林省中学生运动会”取得13连冠佳绩。长春市教育局被吉林省体育局推荐为全国“2011年全国健身活动先进单位”。

【卫生健康教育】 开展卫生知识培训，举办了“长春市中小学校传染病防控暨艾滋病预防知识培训会”和“长春市中小学食品卫生安全暨除四害知识培训会”，进一步夯实了学校卫生安全工作的基础。市教育局与市食品药品监督管理局联合印发了《2011年学校食堂与托幼机构食品安全专项整顿实施方案》，并于9月16日，联合召开了“进一步加强学校食品卫生安全工作会议”，对全市中小学校卫生安全工作进行部署，要求教育系统全面开展学校卫生安全工作大检查，重点检查学校食堂卫生安全工作。10月10日至10月24日，市教育局、市食品药品监督管理局和市卫生局联合对全市中小学校及托幼机构的卫生工作进行了检查，进一步加强了学校食品卫生安全工作，有效地预防了食品卫生安全事件的发生。5月中旬在南关区明珠小学召开了全市中小学突发公共卫生事件应急演练现场会，各中小学及职能部门明确了突发食品安全事件报告程序，提高了食品安全事故应急处理能力。

【艺术教育】 2011年4月12日～14日，组织全市200余名中小学音乐教师参加为期3天的合唱、舞蹈、行进管乐三项专业培训。认真落实省教育厅《关于举办吉林省首届幼儿艺术节的通知》精神，选拔美术作品、表演类作品、论文等3 000余件参加全省首届幼儿艺术节。长春市教育局获优秀组织奖。组织全市上万余名学生参加“童心向党”第十八届“千童之声”演唱会和“器乐大赛”。9月28日组织长春市中小学首届舞蹈大赛，有2 000多名学生参加。6月1日在长春

市教育局在南关区明珠小学召开突发公共卫生事件应急演练现场会

市会展中心举行"品味书香、文化校园"长春市中小学庆"六一"文艺演出。朝阳区明德小学校2 000余名学生参加了活动。演出受到国家、省、市领导一致好评。市委宣传部与市教育局联合举行了"童心向党"学生歌咏活动，选拔300名学生代表长春市参加全国百所学校"童心向党"歌咏活动网上展播，录制的节目在中央文明网上展播。

【国防教育】 2011年长春市教育局组织市直高一新生全部进行了军训并验收合格；参加沈阳军区组织的东北地区"学生军事技能训练座谈会"，长春市教育局在会上典型发言，受到了沈阳军区领导和东北各省代表一致好评。长春市教育局经验交流的内容在"东北后备军"杂志上发表。

教育科研

【教育科研成果展和论坛】 2011年出台了《长春市"十二五"教育科研工作规划》。2011年12月召开了长春市第6次教育科研工作会议暨第二届教育科研成果展。经过初评、复审，共评出优秀课题成果400项。其中被评为一等奖的课题成果经过提炼，编辑出版了《长春市"十一五"优秀课题成果集》、一本论文集《教育教学启示录》、一部校本课题研究专辑《小课题、大文章》。2011年举办了6个方面教育科研论坛，即"积极心理健康论坛"、"自主教育论坛"、"体验教育论坛"、"小课题论坛"、"'三生'培养论坛"、"德育论坛"。

教育行政

【长春市教育工作会议】 2011年11月23日，在省宾馆会堂召开了全市教育工作会议。会议由市长崔杰主持，市委常委、副市长吴兰作工作报告。会议下发了《中共长春市委 长春市人民政府关于贯彻国家、省中长期教育改革和发展规划刚要(2010—2020)的实施意见》、《长春市教育事业发展"十二五"规划纲要(2010—2015)》、《长春市人民政府关于加快学前教育发展的意见》等8个文件。

【督导工作】 加强了对14个县(市)、区政府履行推进义务教育均衡发展职责的监督、检查、评估和指导。通过暗访等方式，对14个县(市)、区的56所城乡中小学在规范办学行为、控辍保学、规范教师从教行为、校园安全等4个方面进行了随机检查，反映的问题令人信服，使各县(市)区对存在的问题积极采取有效措施进行整改。2011年8月，督导室会同市教育局基础教育处、发展规划处组成专项督导组，对14个县(市)区、开发区2011年列入全市民生计划中的学前教育、校安工程、少年宫工作情况进行了专项督导。本次督导共走访了51所幼儿园、7所少年宫，实地踏查了60余所学校的98栋校舍加固工程、46栋暖房子工程、20所新建、改扩建幼儿园工程。10月份，会同职业与成人教育处，对榆树市等5个县(市)的职教中心进行了专项督导。开展了普通高中督导评估试验工作。组成评估组对长春市七中等7所高中进行了评估验收。下发了《关于进一步加强信息报送工作的通知》，建立了全地区信息员网，明确专人负责信息报送工作。撰写和整理长春地区的督导信息及相关内容，做到第一时间报送上传省、市信息网。2011年报送省信息网的信息153条，全部被采用，居全省之首，有11条信息被国家教育部采用。

【校级班子建设】 在东北师范大学附属实验学校举办了2011年中小学校长任职资格培训班。组织54名德育副校长赴北京师范大学参加高级研修班。选送71名骨干校长分3期到东北师范大学和省教育学院参加了2011年吉林省中小学骨干校长高级研修班。与基础教育处共同完成了对200名幼儿园园长的培训。加强校级后备干部的选拔培养。在市直单位范围内公开选拔后备干部，在276名符合条件的优秀年轻干部中，确定校级后备干部242名。

【教育法制建设】 2011年制定了《长春市教育系统"六五"普法、"五五"依法治理工作规划》，并于11月25日召开了全市教育系统"六五"普法启动大会。组织市教育局机关干部全年参加3次法律法规知识培训和全市教育系统600余人参加的安全法律法规知识培训。与长春市教育学院联合，组织全市200余名教师参加法律法规知识演讲选拔比赛，评选出特等奖获得者10名，为参加全省教师法律法规知识演讲大赛选拔了人才。

【师德建设】 深入全市42所城乡学校开展调研，召开32场座谈会，发放18 000份问卷，广泛听取意见和建议，摸清了长春市师德建设基本情况，找准了存在的问题，重新修订了《长春市教师职业道德建设意见》。2011年长春市有7名教师荣获全省"教书育人楷模"称号，87名教师荣获全省师德先进个人，300名教师获得市优秀教师、优秀工作者，100名教师获得市师德先进个人，50个单位获得市师德建设先进集体，并于教师节大会上予以表彰。

【教师培训工作】 4月20日在长春八中举行了"长春市中小学教师远程培训平台启动仪式"，开通了长春市中小学教师远程培训继续教育网，率先在全省九个地区实现了网上全员培训，使全市近6万名基础教育专任教师在统一时间、统一科目、统一管理的继续教育网络平台接受了40学时的培训任务。加强骨干教师的培训。开设名师讲堂，结合长春市教师的实际情况和需求，邀请著名校长、专家将当今最前沿的教学理论、教学方法、教育管理方式方法传授给广大教师，全年共开设了5次名师讲座；以赛促培，带动学科培训，在英语学科开展了导学案设计大赛，在音乐学科开展了教学技能大赛，近1 000名骨干教师报名参赛，对其中100名优胜教师予以表彰奖励；组织近几年来在各项活动和竞赛中成绩突出的近200名学科教师，赴上海华东师大接受15天的通识培训和学科高端培训；制定并下发了《长春市中小学心理健康教师岗位资格培训及认证实施方案》，对500名心理健康教师进行了培训，并对考核合格者颁发了证书，实行持证上岗；对市级骨干教师进行了重新认定。在全市学科教师中进行了学科骨干教师的选拔，通过笔试、业绩量化、任职前培训等形式，最终认定市级骨干教师3 000人。达到市级骨干教师占学科教师比例5%的骨干教师管理规定。加大农村教师培训力度，利用中小学继续教育网络平台开展学科培训；组织东北师大附中等十几所重点学校及长春市的学科带头人，3月份赴外县进行中考前的学科考前培训。组织优秀英语教师、外教送课下乡及口语培训，得到了农村教师的认可和好评。

市教育局举行长春市中小学防灾减灾应急演练观摩会

【民办教育规范管理】 长春市教育局民办教育管理办公室（行政审批办）2011年对行政审批事项在程序上进一步实行精简优化，提出以“环节最少、时限最短”为目标，实现流程再造，将原有审批程序中的5个部骤13个环节缩减为3个步骤6个环节，审批时限缩减三分之二。2011年共受理审批业务37件、审核业务315件，提前办结率100%。2011年对民办学校开展两次大规模专项检查。开展民办学校“办学行为和办学资质”专项检查和开展民办学校年度检查，年检结果市教育局依法进行了社会公告。加大违法违规办学行为查处力度。市教育局民教办设立专门投诉举报电话，对民办教育违法违规行为实行监控。2011年查处、取缔“黑班”10个，违规学校43所，有效地维护了民办教育办学秩序。

【中小学校舍安全工程】 2011年长春市中小学校舍安全工程开工项目为115万平方米(其中加固开工面积51万平方米、新建开工面积为64万平方米)，开工总量约占全省的40%。2011年争取国家专项资金1.5亿元，省级资金2亿元，为长春市校舍安全工程的顺利实施提供了资金保障。在实施校舍安全工程的同时，市教育局创造性地开展了4个同步实施，全面改善了长春市中小学办学条件。同步实施了“校舍暖房子”工程。2011年完成了68栋校舍、15万平方米的“校舍暖房子”工程，总投资3 000万元。不仅解决了校舍安全问题，也解决了校舍保暖节能问题；同步实施标准化改造工程。长春市将抗震加固与校舍标准化维修改造相结合，市直共安排资金2 352万元，用于解决加固校舍的维修改造问题；同步实施乡镇中心校建设工程。2011年全市建设九年一贯制学校和乡镇中心校9所，建设面积近10万平方米，投入资金1.2亿元。学校办学条件明显改善，办学规模稳步扩大；同步实施高中标准化建设工程。在具体规划实施中，既注重对薄弱学校的重点扶持，又充分考虑到资源整合的必要。对位于城市东北和西南偏僻位置的长春市第二十中学和第十九中学，进行了整体的规划建设。实施了长春市第六中学、第八中学、第二十九中学、第一三七中学等部分校舍的新建项目。市直高中的办学条件得到全面改善。

【学校安全工作】 2011年，各县（市）、区教育局相继成立了安全科，市教育局对各县（市）、区教育行政部门安全干部和市直学校主管校长进行了3个批次的轮训。与市公安、消防等部门联合，将全市4 000余名学校保安和治安员全部轮训了一遍。做好安全教育工作，市教育局联合市公安局消防支队举行了一次地震和消防疏散演练观摩。全市中小学组织各种演练4 800余次，提高了学生们的应急避险和自护自救能力。2011年3月至5月份，对市直43所学校进行了一次安全检查，发现消防、交通等各类安全隐患35处，下达限期整改通知书15份。2011年市教育局共组织各类安全检查6次，对全市中小学实施了全覆盖。4月份市教育局协调市公安、交通、安检等部门，召开了工作联席会议，并组织开展了校车专项检查和整治。4部门联合印发了《关于制定加强中小学幼儿园学生接送车管理意见》，有力保障了学生接送车的安全运行。

（陈嘉庆）

2011年部分在长高校概况一览表

学校名称	现职校级领导数					在校学生数					招生数					毕业生数					专业教师数					
	均龄	男	女	党员	其他	计	专科	本科	硕士	博士	计	专科	本科	硕士	博士	计	专科	本科	硕士	博士	计	教员	助教	讲师	副教授	教授
吉林大学	55	11	2	13	0	66 476	1 750	39 631	18 526	6 569	18 213	592	9 985	6 058	1 578	16 051	620	9 059	5 042	1 330	6 540	0	1 662	1 515	1 725	1 638
东北师范大学	53	13	1	13	1	24 567	0	14 365	8 312	1 166	6 686	0	3 459	2 825	402	6 179	0	3 608	2 212	359	1 487	0	58	576	462	381
长春理工大学	52.3	8	1	9	0	21 142	0	17 646	3 170	326	5 505	0	4 387	1 048	70	5 565	704	3 884	934	43	1 274	0	144	539	424	167
吉林农业大学	51.7	8	1	8	1	18 235	58	15 725	2 233	219	4 817	28	3 968	769	52	4 726	25	4 070	597	34	829	10	95	343	244	137
长春工业大学	54	9	0	9	0	17 937	2 106	14 113	1 718	0	5 396	947	3 853	596	0	4 655	1 005	3 067	583	0	1 067	0	121	479	334	133
长春中医药大学	55	6	2	8	0	9 870	0	8 739	973	57	2 370	0	1 981	358	18	1 518	0	1 259	228	10	503	4	72	190	157	80
吉林财经大学	54	6	1	7	0	12 609	0	11 342	1 267	0	2 063	0	3 105	497	0	3 062	0	2 345	258	0	680	680	74	209	280	117
吉林建筑工程学院	51	6	1	6	1	15 499	1 357	13 724	418	0	4 294	262	3 847	185	0	2 652	430	2 127	95	0	730	0	159	292	201	78
长春大学	52	7	1	8	0	15 307	821	14 486	0	0	3 903	226	3 677	0	0	3 918	652	3 265	0	0	893	0	86	470	244	93
长春工程学院	53.8	7	1	8	0	13 046	1 667	11 379	0	0	4 600	950	3 650	0	0	3 721	804	2 917	0	0	769	0	59	316	297	97
长春师范学院	50.6	6	1	6	1	20 190	4 929	14 975	286	0	5 901	1 489	4 352	60	0	5 022	1357	3 600	65	0	1 033	1 033	303	297	302	131
吉林工程技术师范学院	51	6	1	6	1	8 486	920	7 566	0	0	2 466	462	2 004	0	0	2 435	520	1 915	0	0	529	3	62	264	157	43
吉林艺术学院	51	7		7	0	7 334	126	6 697	511	0	2 072	60	1 801	211	0	2 063	76	1 796	191	0	485	3	100	150	178	54
吉林体育学院	56	5	2	7	0	6 853	134	6 535	184	0	1 650	32	1 548	70	0	1 717	27	1 656	34	0	410	9	161	102	105	33
吉林工商学院	55	6	1	6	1	13 532	5 726	7 806	0	0	4 077	1 467	2 610	0	0	4 037	2 501	1 536	0	0	650	0	100	266	219	65
吉林建筑工程学院城建学院	52	3	1	4	0	8 667	0	8 667	0	0	2 502	0	2 502	0	0	2 108	0	2 108	0	0	443	6	114	130	147	46
吉林华桥外国语学院	55	5	2	6	1	7 829	0	7 829	0	0	1 900	0	1 900	0	0	1 827	0	1 827	0	0	456	4	100	173	101	78
东北师范大学人文学院	62	5		5	0	10 679	0	10 551	128	0	2 973	0	2 963	10	0	2 105	0	2 095	10	0	318	0	20	196	30	72
吉林警察学院	52	4	0	4	0	4 999	3 671	1 328	0	0	1 663	929	734	0	0	1 989	1 989	0	0	0	297	0	98	94	74	31
长春理工光电信息学院	42.66	7	1	6	0	8 278	0	8 278	0	0	2 184	0	2 184	0	0	2 045	0	2 045	0	0	398	398	88	136	130	41
吉林农业大学发展学院	53	7	2	7	2	10 583	2 101	8 482	0	0	2 881	493	2 388	0	0	3 134	900	2 234	0	0	442	76	94	128	91	0
长春工业大学人文信息学院	57	5	2	7	0	8 801	359	8 442	0	0	2 360	151	2 209	0	0	2 012	85	1 927	0	0	433	0	16	196	155	66
长春大学光华学院	58	8	1	8	1	9 960	462	9 498	0	0	2 759	107	2 652	0	0	2 358	161	2 197	0	0	560	0	89	224	138	109
长春医学高等专科学校	54	6	2	8	0	6 212	6 121	0	0	0	2 006	2 006	0	0	0	1 497	1 497	0	0	0	337	13	96	140	99	25
吉林司法警官职业学院	53.8	5	0	5	0	2 693	2 693	0	0	0	1 125	1 125	0	0	0	963	963	0	0	0	131	0	30	46	34	21
长春东方职业学院	69	3	3	6	0	1 219	1 219	0	0	0	218	218	0	0	0	798	798	0	0	0	115	17	5	20	41	32
吉林俄语专修学院	35	10	6	15	0	1 231	903	328	0	0	600	400	200	0	0	340	158	182	0	0	82	15	27	20	15	5
松花江大学	45	2	3	3	2	1 640	380	1260	0	0	400	60	340	0	0	300	0	300	0	0	56	0	20	20	13	3
总计	53	181	39	205	12	353 874	37 503	269 392	37 726	8 337	97 584	12 004	72 299	12 687	2 120	88 797	15 272	61 019	10 249	1 776	21 947	2 271	4 053	7 531	6 397	3 776

2011年部分在长高校教学、科研队伍情况一览表

学校名称	学科带头人		享受政府特殊津贴			突出贡献的专家学者			硕士学位	硕士生指	博士学位	博士生指	博士后	院士数		重点学科		重点实验室	
	国家级	省级	国家级	省级	市级	国家级	省级	市级	授权点	导教师	授权点	导教师	流动站	科学院	工程院	国家级	省级	国家级	省部委级
吉林大学	148	445	583	906	23	14	138	40	311	3 839	240	1 337	37	17(双聘9)	3(双聘2)	36	46	9	110
东北师范大学	27	58	50	15	10	2	61	150	151	931	111	276	12	0	0	5	21	2	6
长春理工大学	6	30	40	0	5	0	27	5	77	483	20	80	6	0	0	1	15	1	10
吉林农业大学	0	0	49	0	3	2	23	0	77	419	22	69	7	0	1	1	10	0	10
长春工业大学	0	9	30	0	3	1	16	0	68	358	0	20	0	0	0	0	9	0	2
长春中医药大学	0	22	14	0	3	0	15	0	22	245	2	52	2	0	0	0	22	1	5
吉林财经大学	0	0	3	0	1	0	3	3	51	157	0	5	0	0	0	0	5	0	1
吉林建筑工程学院	0	0	10	0	0	1	5	2	12	207	0	5	0	0	0	0	3	1	9
长春大学	0	0	11	0	0	2	9	3	0	49	0	3	0	0	0	0	2	3	7
长春工程学院	0	3	12	0	1	0	3	0	2	0	0	0	0	0	0	0	3	0	7
长春师范学院	0	3	7	0	2	0	9	2	7	99	0	0	0	0	0	0	3	0	5
吉林工程技术师范学院	0	3	1	0	0	0	1	0	0	0	0	0	0	0	0	0	3	0	0
吉林艺术学院	0	4	5	0	0	0	6	0	4	232	0	0	0	0	0	0	4	0	4
吉林体育学院	1	0	2	1	0	0	0	0	1	50	0	3	0	0	0	0	1	0	1
吉林工商学院	0	2	0	1	0	0	1	0	0	0	0	0	0	0	0	0	2	0	1
吉林建筑工程学院城建学院	0	0	3	0	0	0	0	0	0	0	0	0	0	0	1	0		0	1
吉林华桥外国语学院	0	0	4	0	0	0	2	0	1	20	0	0	0	0	0	0	2	0	1
东北师范大学人文学院	0	0	2	0	0	0	0	0	0	27	0	0	0	0	0	0	0	0	2
吉林警察学院	0	0	0	0	0	0	0	0	0	3	0	0	0	0	0	0	0	0	0
吉林农业大学发展学院	0	0	3	0	0	0	3	0	0	30	0	0	0	0	0	0	0	0	0
长春工业大学人文信息学院	0	0	0	4	0	0	0	0	0	0	0	0	0	0	0	0	0	0	0
总计	182	579	829	927	51	22	322	205	784	7 149	395	1 850	64	17	5	43	151	17	182

科学技术

【概况】 2011年,长春市经国家新认定高新技术企业146户,实现工业总产值970亿元。长春市被评为2011年全国科技进步考核先进市。吉林省光电子产业孵化器、长春科技创业服务中心、吉林大学科技园等被批准为国家级科技企业服务单位。长春市科技局被省科技厅评为全省科技管理工作标兵单位、"双千"(千名科技服务人员服务千户科技型企业)行动优秀组织单位和2011年吉林省科技活动周优秀组织单位,市知识产权局被国家人力资源和社会保障部、国家知识产权局评为全国专利系统先进集体。长春中俄科技园被科技部认定为国家级科技企业孵化器。绿园区、朝阳区、宽城区、九台市获得2011年国家科技进步考核先进县(市)区,绿园区科技局被省科技厅评为全省科技管理工作标兵单位,农安县科技局、朝阳区科技局、宽城区科技局、二道区科技局被省科技厅评为全省科技管理工作先进单位。

【"双十"工程】 组织实施"双十"(采取无偿资助、股权投入、短期拆借等多种方式,集中支持10个左右重大科技成果转化项目和10户左右重点培养上市的科技型企业,优先列入国家、省各类创新计划,广泛争取外部支持)工程。集中支持东北师大理想软件股份有限公司、长春市万易科技有限公司、长春吉大博硕科技有限责任公司等9户企业的重大科技成果转化项目,支持长春希达电子技术有限公司、长春迪瑞医疗科技股份有限公司等3户具备上市条件的高新技术企业加快发展。围绕全市产业发展方向,集中支持具备形成产业链条件的重大科技成果转化项目,支持具备上市条件的、能够带动形成产业集群的高新技术企业加快发展。推进全市科技创业风险投资工作,设立科技风险投资引导专项资金3 000万元,重点支持在长春市领办、创办的科技风险投资机构、科技中介服务机构以及成长型科技企业发展。长春市科技发展中心以股权投资的方式向长春高琦聚酰亚胺材料有限公司、长春希达电子技术有限公司、长春中俄科技园有限公司、长春聚明光电材料有限公司增加投资共1 980万元,支持企业实现快速发展。以股权投入方式支持的长春高新赛伯乐创业投资管理有限公司稳步发展,为股权投资的企业提供发展战略等专业化服务。继续设立科技型中小企业创新基金,引导、支持成长型科技中小企业创新与发展,全市有6个项目列入国家创新基金,获得国家资金支持。

【重大科技专项】 启动实施物联网、新材料等4个重大科技专项,为以技术链延长产业链,推进战略性新兴产业集群的形成与发展奠定了基础。继续实施科技型中小企业创新基金计划,引导、支持长春聚明光电材料有限公司、吉林金源北方科技发展有限公司等一批成长型科技中小企业创新与发展,形成了经济发展新的增长点。完善引进优秀科技人才的长效机制,设立了"长春市高端人才创新创业计划",吸引和扶持拥有自主知识产权科技成果高端人才来长春市创新创业。

【科技兴农与科技惠民工程】 强化社会主义新农村科技服务体系建设。支持绿色有机果蔬等优质高效栽培技术示范,肉牛、奶牛、生猪等畜禽优质高效养殖综合配套技术示范,培育四季草莓、优质多抗超高产玉米等23个新品种,推广新技术20项,辐射面积1.6万公顷,培训4.5万人次,农民增收2.29亿元,全市优良品种覆盖率95%。引导企业、高校院所以及广大科技人员深入"三农"一线,组织县(市)、区及市直有关部门开展农业科技培训,大力推广先进、适用科学技术。以提升全市医疗卫生服务能力为目标,重点支持疫苗和基因工程药物、新型生物诊断试剂,促进大品种药物工艺水平提升和产品升级换代。发挥科技对现代服务业的支撑能力,重点支持现代工业设计、制造业服务、改造提升生产性服务业关键技术开发和产业化,积极引导科技改善民生,促进和谐社会建设。举办以"携手建设创新型长春"为主题的"2011年长春市科技活动周",通过开展"千镇(乡、街道)万村(社区)科普长春行"等系列活动,普及科学知识,提高全民科学素养。

【知识产权创造、管理、实施和保护】

2011年，开展知识产权质押融资试点工作。落实与中国建行吉林省分行签署的"知识产权质押融资合作协议"，引入担保机制进行合作，与省建行共同考察了拟开展知识产权质押贷款的企业。推进知识产权产业化，继续实施专利扶持计划，重点扶持以企业为主体的发明专利申请，确定长生药业、吉大小天鹅等24户企业为长春市知识产权示范企业，支持一批具有核心竞争力、有广阔发展前景、符合长春市产业发展方向的专利成果尽快实现产业化。加大知识产权宣传力度，市科技局与市工商局、市新闻出版局等单位联合开展了"4·26"世界知识产权日纪念活动，发放宣传单1万多张，接待咨询1 000多人次。举办第五届中国专利周活动，各城区、开发区举办了知识产权宣传周活动。开展保护知识产权专项执法活动。以食品、医药、汽车及零部件等为重点领域，对大型商贸企业进行了执法检查，营造知识产权保护良好环境。扎实开展中国(长春)知识产权维权援助工作。"12330"的维权援助电话运转正常，向需要帮助的企业和个人提供免费咨询服务和维权方面的援助。由吉林大学承办，经吉林省科技厅批准成立的"吉林省知识产权培训基地"正式落户在长春高新区。

【国际和地区间科技合作】 对俄科技合作不断深入。长春中俄科技园一期、二期工程孵化大厦及二栋厂房已交付使用，三期工程正在建设中。2011年，中俄科技园新增入园企业9户，园区内入驻企业已经达到25个，累计实现产值近4亿元，"长春希达电子技术有限公司"等企业已具备创业板上市融资的条件。对德国激光产业合作以及对越南、巴基斯坦等发展中国家汽车技术贸易合作等也取得了实质性进展。支持长春光机所、长春理工大学以及一汽集团、长客集团等企业"走出去"，与国外相关科研机构、企业开展高水平实质性合作。做好国家级国际科技合作项目的申报和管理工作。经市科技局推荐有4个项目列为国家级国际科技合作项目(对俄专项)，获得科技部支持资金3 000多万元，带动企业投入配套资金3 790万，使全市在光机电、军工、制造业等领域的关键技术研发取得突破性进展。同时，对已列入的国际科技合作项目进行了调度。进一步扩大了区域性科技合作与交流。组织长春市科技代表团出访白俄罗斯、俄罗斯，签署了7个项目合作协议。组织企业参加"北京国际科技产业博览会"和"西安国际高新技术成果交易会"等，举行"长春国际科技合作协会2011年年会暨对俄科技合作专家研讨会"。

【区域创新服务体系】 在坚持政府推动与市场引导相结合的基础上，不断完善"科技文献共享平台"、"科技成果共享平台"、"技术转移平台"、"中俄、中德国际科技合作网络平台"、"大型科学仪器设备共享平台"和"市政府与科技企业信息互动平台"等6大平台，开展积极有效的产学研对接活动。积极构建以科技资源共享、科技创业孵化、科技成果转化、科技投融资以及技术产权交易等5大平台为主体的科技创新条件与服务平台，促进科技成果转化。加强对全市科技企业孵化器的规范化管理，建立政府为引导、多元化投入、民营参与、企业运作的发展模式，出台《长春市科技企业孵化器认定管理办法》。吉林省光电子产业孵化器、长春中俄科技园、长春科技创业服务中心、科技企业加速器、吉林大学科技园、长春软件园等被国家批准为国家级科技企业服务单位，加快培育科技型中小企业。长春(省级)科技企业孵化器大厦启用工作全面展开，修改了《长春市科学技术奖励办法》，增加了"长春市科技成果转化优秀组织奖"，设一等奖、二等奖两个奖励等级，资金数额分别为15万元和10万元；编制长春市"十二五"科学技术发展规划。重点内容包括长春市"十二五"科学与技术发展总体战略规划和长春市"十二五"高新技术产业发展战略研究等9个专题研究报告；设立"长春市高端人才创新创业计划"，支持赵宏伟等3位海外高端人才来长春市创新创业。

吉林省暨长春市科技活动周开幕式

【国家创新型城市建设】 2011年8月，市委、市政府召开"实施创新驱动战略、建设国家创新型城市暨科技成果转化对接大会"，出台长春市《关于落实创新驱动战略、建设国家创新型城市的实施意见》，长春市《关于实施创新驱动战略、加快建设国家创新型城市的若干政策》和《关于支持长东北科技创新中心加快发展的若干政策》。这次会议的召开，标志着长春市全面进入以创新驱动为支撑、以建设国家创新型城市为目标、以科技创新引领与支撑发展的新征程。

【各类科技计划执行情况】 2011 年，长春市科技局安排科技计划项目 340 项，投入科技经费 8 950 万元。其中，科技支撑计划项目 85 项，投入科技经费 1 111 万元；科技基础条件平台建设计划项目 18 项，投入科技经费 403 万元；科技企业孵化器扶持计划 10 项，投入科技经费 943 万元；国际科技合作计划项目 40 项，投入科技经费 394 万元；科技型中小企业技术创新基金项目 24 项，投入科技经费 497 万元；软科学研究计划项目 41 项，投入科技经费 148 万元；农业科技示范计划项目 14 项，投入科技经费 81 万元；社会发展科技计划项目 2 项，投入科技经费 56 万元；重点新产品计划项目 12 项，投入科技经费 220 万元；“双十”工程计划项目 13 项，投入科技经费 595 万元；地院合作创作集群计划项目 10 项，投入科技经费 185 万元；高端人才创新创业计划 3 项，投入科技经费 112 万元；科技创业风险投资促进百户企业快速发展工程计划投入科技经费 2 500 万元；专利扶持及知识产权示范企业计划 25 项，投入科技经费 250 万元；科学技术进步奖 36 项，投入科技经费 113.25 万元；其他计划项目 7 项，投入科技经费 1 341.75 万元。

【其他获奖情况】 吉林大学、吉林省地质调查院参与研究的项目获得国家科技进步特等奖，吉林大学参与研究、吉林大学和中科院长春光机所共同研究的两个项目获得国家自然科学奖二等奖，长春光机所研究的项目获得国家技术发明奖二等奖，一汽集团轿车公司、吉林大学和吉林农业大学、修正药业、吉林敖东药业集团共同研究的 3 个项目获得国家科技进步二等奖。2011 年吉林省科学技术奖评审中，全市有高性能稀土镁合金研发与应用等 179 个项目获得 2011 年吉林省科学技术进步奖，获奖项目数占到全省获奖项目总数的 66%。此外，全市还囊括了 2011 年吉林省科学技术发明奖一等奖全部 3 个项目和三等奖 3 个项目。

（耿素梅）

科学技术协会

【概况】 长春市科协所属县（市）区科协 10 个，市属学会、协会（研究会）、联合会 61 个，高等院校、科研院所和企业科协 15 个，农村专业技术协会 956 个，社区科普大学 74 所。2011 年，市委组织部对科协班子反馈满意率为 100%。在“万人评议机关”活动中，市科协获得 99.63 分的好成绩。

【“博士专家百乡行”活动】 为了充分发挥人才智力优势，更好地服务“三农”，2011 年 7 月，长春市科协与长春博士联合会协作，启动了“博士专家百乡行”活动。通过深入乡镇村屯，为农民送实用技术、送科技服务、送科学知识，受到了广大农民欢迎。2011 年百乡行工作队共组织下乡 150 多次，覆盖全市 50%以上乡镇。该活动被新华网、国家农业部网、中国科协网、吉林日报社、长春日报社等 20 多家媒体和网站报道，社会影响较为广泛。

【“博士专家进百企”活动】 “博士专家进百企”活动通过市、县（市）、区工商联、行业商会三级联动方式，促进专企、校（所）企帮扶合作。邀请专家、博士走进中小企业，与企业零距离交流、对接，重点推介院校科研成果、研发力量，帮助中小企业解决技术瓶颈，提升技术水平。活动于 8 月 15 日启动，博联会秘书处组织博士专家先后到长春大中拖拉机制造公司、东丰药业集团等 10 多家企业走访和技术帮扶，就企业提出的疑难问题进行调研，并确定了相对应的解决方案。此项活动，密切了在长博士专家与企业特别是中小企业的联系，对企业健康发展起到了积极的推动作用。

【“科普进军营”活动】 2011 年，市科协组织开展了“科普进军营”活动，通过建设军营科普大学分校、捐赠科普图书室、组织军营科普知识大讲堂、规划建设军营科普画廊等一系列的科普拥军活动，帮助部队培养高素质军地两用人才，也为长春市的科技拥军工作再添新亮点。截至 2011 年末，市科协与 6 家驻长部队签署共建协议。为部队科普图书室捐书 2 万多册，并邀请王家骐院士等专家为部队官兵做了系列科普报告，为部队兴建科普画廊，科普工作受益面不断拓宽。

【社区科普大学】 2011 年，继续通过建立健全教育管理模式、合理分配师资、认真组织编写科普大学参考教材、捐赠科普图书、发放学员笔记、完善教学设施等方面的不断努力，使社区科普大学保持健康有序发展。截至年底，长春市共有社区科普大学分校 74 所，覆盖率达 31%，年平均授课 40 多课时。各科普大学分校通过放映科普片、组织科普知识竞赛、自编自导文艺演出等活动丰富和活跃社区科普氛围，使社区科普大学成为丰富社区居民科技文化生活，提升社区居民科学素养的益民工程。市科协先后邀请长春市中医学会理事长高鹏翔教授、长春中医药大学博士生导师金东明教授等专家为各区机关群众巡回讲座 16 场，深受欢迎和好评。2011 年，市科协在原有社区科普画廊的基础上，又为 5 个城区安装了 50 台 LED 科普显示屏和 6 台教学用投影仪，为提高社区科普大学授课质量创造了有利条件。在“全国文明城市”创建活动中，市科协对全市科普画廊进行检查，对已破损的画廊进行了全面修复和挂图更换。

【科普日主题活动】 9 月 17 日上午，“全国科普日·吉林省暨长春市科普周启动仪式”在文化广场举行。活动以“节约能源资源、保护生态环境、保障安全健康、促进创新创造”为主题，以“珍爱生命之水 构建生态家园”为宣传重点，通过生动活泼的大篷车科普展品展示、科普图片展览、专家健康咨询、青少年科普活动、海峡两岸大学生创意作品展、广场科普文艺晚会等系列活动，普及科学知识，倡导科学方法，传播科学思想，弘扬科学精神。省市领导高广滨、车秀兰、王化文、冯占祥、万芝兰等出席启动仪式。仪式

省市领导观看科普大篷车展出的科普展品

上，与会领导还为海峡两岸大学生创意设计获奖选手颁奖。

【科普惠农兴村计划】 “科普惠农兴村计划”是中国科协和财政部在全国科协系统开展推动新农村建设的一项重要工作。2011年，新成立农村专业技术协会1个，新建农村科普示范基地1个。截至2011年，长春市已有8个农村专业技术协会、5个农村科普示范基地和6名农村科普示范带头人荣获中国科协、财政部的表彰和奖励，累计获得“以奖代补”资金290万元，成为拉动当地农业产业结构调整的“火车头”、发展现代高效农业的示范窗口和引领农民群众致富的“领头羊”。为了进一步拓展科普惠农的覆盖面，市科协于2010年牵头成立长春市农村专业技术协会，会员单位达900余家。全市依托农技协组织开展各类科技培训和技术咨询500余次，受益人数达60余万人次。

【学会工作】 截至2011年底，长春市90%以上的高校建立了科协组织。高校科协围绕服务地方经济建设广泛开展了各类学术活动，并注重为工农业生产解决难题。农大科协承办的中国“三农”问题高层论坛、全国害虫生物防治研究应用技术研讨会；长春工大承办的图门江区域多边合作开发推进战略研讨会；吉林工商学院承办的第二届长春博士论坛等围绕破解地方经济发展的热点、难点问题，为长春发展作出了有益的探索。7月，省、市科协共同主办了吉林省第五届青年科学家(长春)论坛。来自吉林大学、东北师范大学、南京理工大学、吉林农业大学、长春师范学院、长春职业技术学院等11所高校的30余位青年学者，围绕“植物抗碱生理机制及抗碱作物分子选育技术”主题进行了充分研讨，为促进吉林省植物抗碱领域的进一步发展具有引导意义。同时，市属各学会结合专业特点，开展了学术交流活动。市气象学会组织召开了“长春市气象灾害应急管理工作座谈会”；城科会围绕长春城市建设，2011年受理咨询论证项目28个，提交有关城市建设论文及建议70余篇，其中《长春市住宅物业管理存在问题及对策探析》、《关于尽快编制长春市中心城区地下空间规划的建议》等专题论文为领导决策提供了科学依据。

【科技竞赛活动】 长春市科协继续加大对全市青少年科技创新和科技教育活动的组织和领导，科技创新和竞赛活动均取得了优异成绩。在第二十六届全国青少年科技创新大赛上，长春市参赛选手1人获英特尔英才奖、3人获金牌、3人获银牌、1人获专项奖。在全国第十六届“华罗庚金杯”少年数学邀请赛总决赛中，长春市参加总决赛的18名选手获金牌1人、银牌6人、铜牌10人。在决赛中长春市华罗庚实验学校代表队夺得口试第一、团体季军的佳绩，取得历史性突破。在“第十一届中国青少年机器人竞赛”中，长春市12支参赛队伍全部获奖。在吉林省青少年第十九届科技艺术大赛中，长春市共有1 200多名青少年学生参加比赛，129人获特等奖。为进一步普及航模知识，提高青少年航模科技辅导员的指导能力，6月8日，市科协在东北师范大学附属实验校东苑会馆，举办了“青少年航模科技辅导员科技体育裁判员培训班”。对参加培训的50多名科技辅导员进行了多方面的专业培训辅导。

【科技文化交流】 2011年，第四届海峡两岸大学生创意设计作品巡回展，增加东北师范大学等29所高校为协办单位，共征集两岸大学生作品2 220件。参展大学生打破常规，充分发挥想象力和创造力，体现了创意与生活的完美结合。“巡回展”开幕式于9月17日科普日启动仪式当天举行，省市领导为获奖者颁奖，并参观了巡回展。3月，应日中科学技术文化中心邀请，长春市科技代表团一行3人，对日中科学技术文化中心和全日本中国人博士协会等海外科技团体进行了友好访问。访问期间，代表团回访了全日本中国人博士协会等海外科技团体，并就相关学术交流问题进行了广泛的研讨。5月，日本岗山大学吴景龙教授和日本京都大学乾敏郎教授应邀来长春开展学术交流。两位教授在长期间分别在吉林大学中日联谊医院和东北师范大学作了学术报告，参观了东北师大心理学实验室，并和两个单位的专家学者进行广泛学术交流。9月，长春市科协联合吉林大学成功举办了第18届中国机械工程学会国际学术会议，这是市科协首次主办此类大型国际学术会议，此次会议为市科协学术活动与国际接轨积累了经验，为进一步深化国际间学术交流进行了有益的尝试。

【海智计划活动】 截至2011年末，基地共吸引23个国家和地区的近300名海外留学人员归国创业，领办创办近 200 家拥有自主知识产权的高技术企业，一批具有国际先进水平的项目相继落户基地。2011 年，基地运用各种政策性资源，为企业争取到各类政府性资金 2 470 多万元。在深化服务内容方面，累计走访企业 400 余次，征集和挖掘创业项目 220 个，为企业邀请创业导师 17 名。

【表彰优秀科技工作者】 市科协联合市委组织部、市委宣传部、市人社局、市科技局在全市组织开展了长春市第二届“十大科技英才”和“百名优秀科技工作者”评选表彰活动。表彰活动组成了以市委常委、宣传部长王振华为组长的评选工作领导小组，聘请 3 位院士和 11 位专家组成了专家评审委员会。经过专家评审委员会评审和市评选工作领导小组确定，授予孔维等 10 人为“十大科技英才”称号，授予于正林等 100 人为“百名优秀科技工作者”称号。6 月 15 日，长春市第二届“十大科技英才”和“百名优秀科技工作者”表彰大会在市委机关会堂召开。

（王立伍）

地震工作

【法制建设】 成立市地震局创建依法行政示范单位领导小组，研究制定了地震行政审批、地震行政复议、地震行政执法、地震行政处罚、地震行政诉讼等 5 个方面 40 余项配套制度，形成了规范完备的依法行政制度体系，初步建立了权责明晰、程序严密、运行公开、制约有效的依法行政运行机制。开展行政权力清理工作，依法将行政审批项目由原来的 3 项削减为 2 项，压缩审批时限，简化审批程序，规范审批文书。落实行政执法责任制，将全局行政职权分解为 4 大类 16 个岗位，明确每个岗位的执法标准，落实每个岗位的责任人员，通过网络向社会进行全方位公开。2011 年，市地震局被市委、市政府评为“长春市 2006-2010 年普法依法治理先进单位”。

【监测预报】 初步构建起以地震速测速报网和地震前兆台为主体，宏观观测网为补充的专群结合的地震监测预报工作体系。提前实现了国家防震减灾规划（2006-2020）确定的“地震重点监视防御区率先开展数字化密集台阵观测”的基本目标。地震速报时间从原来的 30 分钟缩短为不到 10 分钟，地震监测震级下限从 3.0 级精确到 2.0 级。全市新增宏观观测网点 12 处，宏观观测手段 19 个。投资 80 万元，改造双阳地震台和榆树地震台观测环境，修复水毁工程，升级地电观测设施，新增地温观测手段。市地震速测速报系统升级改造项目入围长春市民生工程，改造后的系统与国家网络互联互通，实现了震情信息的测报同步，报送效率明显提升，技术水平国内领先。各台站、中心全年巡检 50 余次，往返路程 5 000 公里，排除各类隐患 30 多处，保证了台网运行的安全稳定和连续畅通。坚持全天候值守，2011 年累计监测 1.0 级以上可定位地震 35 次，10 分钟内报出震情，百公里内无一漏报。全年累计甄别排除各类异常 3 起，释疑答复公众咨询 7 次，社会反响良好。在有众多国家级台站参评的全国地震监测质量评比中，榆树地震台和双阳地震台连续 3 年获得前 3 名。

【震害防御】 长春市防震减灾“十二五”规划正式印发，确定了“到 2020 年，全市基本具备综合抗御 6 级左右、相当于本地区基本烈度的地震能力，防震减灾能力力争达到中等发达国家水平”的总体目标。重大建设工程和可能引发严重次生灾害建设工程的抗震设防工作得到加强，地铁二号线、硅谷大街立交桥等 9 个重点工程依法进行了地震安全性评价，实现了科学设防。农村地震安居工程进展顺利，全市有近 1 000 万平方米的棚户区和危旧房以及近 8 万户的农村泥草房得到改造，70%以上的房屋建筑基本上具备了综合抗御 6 级左右地震的能力。在朝阳、宽城、绿园、南关、二道等 5 个区开展了房屋抗震能力抽样入户调查，初步掌握了城区各类房屋的分布情况、基本结构和场地特征。

【应急救援】 建立健全抗震救灾领导小组，修订完善地震应急预案，组织建立地震应急队伍，全市初步形成了分工明确、职责清晰的地震应急长效机制。在宽城区探索军地共建模式，组建宽城区地震应急救援大队，拨付经费 25 万元用于改善队伍装备，临战应用 19 次，抢救人员 7 人。在南关区开展防震减灾目标管理试点，积累了成功经验；在绿园区发展应急志愿队伍，全区 51 个社区以及 24 个村共组织社区志愿者队伍 496 个，总人数 2.5 万人。在绿园区召开全市应急避

长春市富锦路小学举行地震应急演练

难场所建设推进会议，相继规划建设了锦江公园、长春公园、吉柴广场、53中学、53小学、南岭体育场、儿童公园和雕塑公园等一批地震应急避难场所，设置了指示标牌，完善了配套设施。全年挂牌应急避难场所总数达20个，基本形成以中心城区为主，县(市)城区为辅，布局合理、覆盖充分、设施配套、便于疏散的城市应急避难网络。积极组织开展中小学地震应急疏散演练、社区居民地震应急疏散演练、驻地企业地震应急救援演练和驻地机关地震应急疏散演练，全年累计组织地震应急演练40余场次，参演3万余人次。

【社会动员】 联合驻地新闻单位，综合利用平面、立体宣传手段，面向社会大力宣传防震减灾知识，真正做到了“网络有图、电视有影、报纸有字、广播有声”。2011年共举办大型宣传活动5场，举办培训班20次，发放各类资料20余万份，各级各类媒体累计刊登或转载有关长春防震减灾工作动态性文章20余篇。新建宽城地震科普展馆，建设水平达到国家一流。全市已建防震减灾科普教育基地4个，新建省级防震减灾科普示范学校12所，新建防震减灾示范社区10个，累计提供防震减灾社会培训5万人次。依托在长高等院校，研究开发国内首款计算机版“防震减灾安全教育动漫游戏”，成功把防震减灾安全教育置于游戏娱乐之中，实现了宣传教育的经常化、智能化。

【第25届全国中心城市防震减灾工作联席会议】 第25届全国中心城市防震减灾工作联席会议于2011年8月23日在长春举行，会期5天。全国15个副省级城市以及兰州、昆明、大庆、威海、烟台、朝阳、赤峰等城市地震局(办)负责人及相关人员参加会议。中国地震局副局长刘玉辰、震害防御司司长杜玮、吉林省地震局副局长包晓军、长春市政府副市长苏志芳出席会议。本届会议的主题是“交流合作，共谋发展”。会上，与会代表分别介绍了各地防震减灾工作开展情况，并围绕当前地震形势、十二五规划、如何提升城市综合抗御地震能力等议题展开了深入研讨，达成了广泛共识。与会代表对长春市防震减灾工作近年来取得的突出成绩给予充分肯定。

（王春光）

社会科学

【概况】 2011年，科研工作把研究重点放在“经济发展方式转变”、“文化产业发展”、“三化统筹发展”等方面，共组织完成市级科研课题11项。市社科联(社科院)参与了长春市纪检委的“预防与惩治腐败体系建设五年规划”课题和市文化局的“长春市公共文化服务体系建设社会参与模式”课题的调研工作，为中心工作提供理论咨询和智力支持。按市文明办要求，在长春市创建文明城验收之前，提供了“未成年人思想道德建设研究”相关材料。还与市委宣传部共同开展纪念建党90周年征文活动，市社科联系统组织征文20多篇，其中获特等奖1篇、17篇获得优秀奖。还参与了吉林省社科联2011年学术年会的论文组织撰写和征集评奖工作，入选论文7篇，其中，一等奖2篇，被收入省里的学术年会文集。2011年9月份，长春市社科联再次被评为全国大中城市先进社科联，还有2人被评为全国大中城市社科联的优秀工作者。

【科普工作】 结合社科知识普及、社会热点和长春市宣传思想工作重点，组织编写了5本科普宣传手册(《长春市创建文明城市巡礼》、《公务人员文明礼仪知识参考手册》、《食品安全基本知识读本》、《低碳生活普及宣传手册》、《应对突发事件与危机公关》)，每册5万多字，共印刷20多万册，通过多种渠道在全市广为散发，读者反响良好。4年来，科普宣传手册共编发20余册、100多万字，已经形成系列。与长春人民广播电台合作开办“理财在线”等科普专题节目，请社科专家学者与听众互动，直接对话，就如何认识经济发展形势和经济动态进行讲解，就怎样理财、持家、投资给予解答引导，已播出30期，赢得了听众的好评，栏目收听率在长春广播电台中多次排名第一。组织社会工作者深入社区、学校做专场、专题报告，11月份，请吉林大学心理学教授李光在长春45中学就当前中学生心理健康问题开展生动的讲座，全校近5 000名师生收听，反响热烈。同时，还购买4 000余元钱的科普图书赠送给师生。与长春市文化局联合在市少儿图书馆举办“少年阅读大讲堂”系列讲座活动，分设成长驿站、国学漫步、科普长廊、教育视角、文艺天地等几个板块，邀请知名专家学者就传统文化、青少年教育、科学常识、青少年心理等青少年在成长过程中渴望了解的知识和问题进行演讲、讨论，已开展15期，受到市民和学生的广泛好评。

【科研管理】 2011年，长春市社科联(社科院)确定了长春市社会各阶层思想状况的调查分析、统筹推进长春市工业化、城镇化和农业现代化发展研究、长春市农村基础设施建设面临的问题与对策研究等11项科研课题，作为重点项目，面向院会及在长高校科研院所、地方有关单位、部门公开招标，确定了吉大、师大、农大等11个课题组承担这些课题。这些课题研究与长春的经济与社会发展结合紧密，突出应用性、针对性，在理论深度、影响广度和价值程度上都有提高。长春市社科联(社科院)参与了长春市纪委“预防与惩治腐败体系建设五年规划课题”，与长春市文化局、财政局共同开展“长春市公共文化服务体系社会建设参与模式”课题的前期准备工作，为中心工作提供理论咨询和智力支持。按长春市文明办要求，完成了“创城验收之未成人思想道德建设研究”相关材料起草和实物的准备与报送。

【社团管理】 建立“社团联席(组)”制度，开展社团联席活动。召开2010年总结表彰会议，部署2011年“争当”活动任务。3月初，社科联召开2010年总结表彰大会。会议共评选表彰2010年度标兵社团11家、排头兵14家、先进社团21家及55名优秀社团工作者。会议对2011年“争当”活动进行详细部署和安排。为进一步推进社团科学管理进程，优

长春市社科联召开 2011 年度"争当"活动暨工作总结表彰会议

化服务质量,组织建立了"社团联谊(席)活动组"制度。此项活动在(会)院领导和社团的大力支持下,圆满完成各项工作,达到预期效果。活动主要采取分类、分批、分期自主活动的方式,通过 3 个组长单位带头开展本组社团的活动,先后活动 4 次,参加人数达 60 人。积极参加长春市农村财政研究会、市税务学会、市珠算协会、市周易学会、市保密学会、市心语志愿者协会等社团组织的换届、年会、论文评比表彰等活动,进一步了解和掌握各社团的工作情况。积极参与长春市委宣传部"纪念建党 90 周年"优秀论文评比活动,其中有 17 篇获得优秀论文等奖项。配合科普宣传,编撰科普读物,以食品、卫生安全为内容编制科普宣传册。继续加强对社团档案的管理,进一步完善了社团档案资料的收集、归档、装订。

【刊物编辑工作】 2011 年,市社科联(社科院)编辑出版了《长春社科》会刊 6 期,80 万字,刊发理论解读、学术研究、调查报告、科普宣传等文章 180 篇,交流到各大中城市,扩大了长春市在全国的影响。社科院《要报》紧密围绕长春市的大局和中心工作,组织专稿、特稿,就长春市十二五规划、如何转变经济发展方式、三化统筹、文化产业如何发展与社会建设的重点、热点、难点组织稿件,出谋划策,全年编发 12 期近 20 万字,为长春市领导提供决策参考。2011 年,市社科联(社科院)还编辑完成了《2009-2010 年长春社科院重点规划课题文集》和《第四届长春市社科优秀成果奖作品简介》,两部专题文集共 110 万字。并与长春师范学院合作,完成了《盛京时报·长春资料选编》第 4 部的编辑工作,共 160 万字,完善充实了长春史研究的图书资料库。

(刘 薇)

文 化

文化艺术

【概况】 2011年，长春市文化体制改革、基础设施建设、文化遗产保护、文化产业发展、文化惠民工程、专业艺术创作生产等重点工作得到全面推进。长春市在全国公共文化服务体系示范区创建制度设计工作会议上代表全国31个示范区创建单位进行了经验介绍。大型评剧《宰相胡同》赴京参加“纪念建党90周年—2011年全国现代戏优秀剧目展演”活动，文化部部长蔡武亲自颁奖。长春市文化局获得了第5届吉林省戏剧小品艺术节优秀组织奖，二人转《清风亭》、小品《戏中有戏》等作品获得2个一等奖、3个二等奖。2011年，长春市有文化（文物）事业机构227家。公共图书馆总藏量349万册，其中少儿图书馆藏量54万册。全市有文物保护单位326家。其中省级文物保护单位38家、市级文物保护单位172家、县级文物保护单位116家。全市共有各类文化经营场所1 181家，其中互联网上网服务营业场所804家、文化娱乐场所335家、演出场所27家、古玩书画店15家、动漫公司123家、艺术培训学校6所、文献咨询中心1家。从业人员2.5万人。

【创建公共文化服务体系示范区】 按照国家关于申报创建国家公共文化服务体系示范区的部署，通过积极努力，长春市成为全国首批创建国家公共文化服务体系示范区城市之一。各县（市）、区和开发区创建实施方案正在制定中。

【文化民生行动】 扎实推进文化民生行动计划，2011年举办广场文化活动335场，超计划135场；举办艺术精品系列演出7场，超计划1场；开展“情暖万家”公益巡演170场，超计划70场；举办公共图书馆讲座50场，超计划10场；成功举办了第九届长春文化艺术周、第四届社区艺术节和农民文化节。期间，共举办各类文化活动1 000余场次，参与群众300万人次。利用重要节庆，组织举办新春文化大集，新春秧歌大赛等活动。“三节”期间，在人民艺术剧场、杂技宫等地隆重推出2011年“迎新春、送祝福”情暖万家系列公益演出等文化活动，慰问全市环卫工人、驻长外国专家，以及社区工作人员等群体，丰富和活跃了群众节日文化生活。“六一”期间，举办了儿童节童话剧公益演出活动，慰问四川地震灾区驻长学生、孤儿学校和长春市部分小学及幼儿园师生。加强对网吧接纳未成年人的查处力度，有效遏止了网吧接纳未成年人行为。民生任务的落实，较好地保障了广大人民群众基本的文化权利，形成了“主题鲜明、主体突出、内容精彩、覆盖广泛、运行有序”等鲜明特点。

【基础设施建设】 2011年启动了9项文化基础设施建设。长春市博物馆、孔子文化园区、市群文中心、市朝鲜族群众艺术馆已经启动。南岭大营旧址陈列馆已正式开馆，并作为爱国主义教育基地向市民免费开放。满铁图书馆旧址的恢复改造和市图书馆、少儿图书馆的维修改造也正在进行。完成了第五批70个乡镇综合文化站建设，确保了乡镇综合文化站按时开工、按标准建设、按时交付使用。

【艺术创作生产】 创作生产了一批舞台艺术精品，组织复排了大型现代评剧《宰相胡同》，并赴京参加了“纪念建党90周年—2011年全国现代戏优秀剧目展演”活动。话剧《九路汽车》获得全国戏剧文化奖·话剧金狮奖。近年来，共创作、排演小戏小品60余部，创作大型剧本7部，其中二人转《清风亭》、小品《戏中有戏》等作品在2011年全省二人转小品比赛中取得优异成绩。与吉林艺术学院合拍大型话剧《天诚》，获得观众一致好评。为积极致力于未成年人思想道德建设，话剧院复排了校园剧《青春跑道》、儿童戏《快乐朋友》等5部话剧，演出了新编童话剧《白雪公主和七个小矮人》、《灰姑娘》。评剧院积极开展“经典剧目抢救恢复工程”，复排了评剧《花为媒》、《三凤求凰》、《三女除霸》等5部经典优秀传统剧目，排演了《评剧红色经典演唱会》。举办第二届中国·长春国际钢琴艺术节，组织长春地区剧团参加“第五届吉林省二人转戏剧小品艺术节”。

【群众文化建设】 开展长春市2011年“唱响长春·唱响中国”纪念建党90周年主题文化活动，全市全年共开展2 000

余场文化活动,百余万群众参与。举办纪念建党 90 周年主题文化活动启动仪式暨专场文艺演出、第 21 届青少年艺术大赛、第 24 届春芽杯文艺调演、第二届东北亚文化艺术周暨第九届长春文化艺术周、第二届中国长春国际钢琴节、社区红歌赛暨第四届社区艺术节和农民文化节。围绕省市重要节庆会展,举办长春雕塑大会开幕式文艺晚会、东博会、农博会开幕式晚会、农博会期间整体文艺活动等相关活动。开展欢乐庄稼院示范点前期调研,推荐上报 8 个文化惠民基层服务网点经验材料,组织开展中国民间艺术之乡的初选和推荐。建设欢乐庄稼院 264 个,街道文化综合活动中心 15 个;加强人员培训,组织 5 名乡镇综合文化站站长、大学生村官、社区文化工作者赴京参加全国基层文化工作人员培训。完成了第 4 次群众艺术馆评估定级工作。

【公共图书馆业】 加强公共图书馆建设和服务,丰富市直两馆馆藏,市直图书馆实行免费开放,措施更加便民、利民、惠民。围绕纪念“世界读书日”,开展丰富多彩的读书活动,多渠道、多层次、多载体促进全民阅读,举办城市热读讲座 50 场。2011 年市直两馆开展读者活动 300 余场次,参与人数达 10 万余人次。开展“漂流书香,全民阅读”大型图书漂流活动,有 2 万多册书刊作为首漂图书投放到 22 个图书漂流站供市民阅读。举办“童心向党”全市中小学生征文、绘画、歌咏大赛,举办读书之星评选、“同在蓝天下·关爱农民工子女”等系列读书活动,社会反响热烈。建立 9 家图书分馆,送书 18 次、1.3 万余册。建立 25 个图书漂流分站,加强公共图书馆数字化建设,达到了与各县(市)、区对接的要求,形成了数字阅读网络。

【文化遗产保护】 第 7 批国家重点文物保护单位申报工作成效显著,长春市有 21 处通过国家专家组评审,正在等待国务院公布,长春市没有国保的历史即将结束。加强文物保护基础工作,第 8 批市级文物保护单位建设正在开展。完成博物馆登记审核工作,摸清了长春市各类博物馆的总体情况。举办长春市非物质文化遗产保护成果展,接待参观群众 20 万人次,传承人销售额达 4 万余元,签定合作项目意向书金额超过 100 万元。公布“鼎丰真糕点制作技艺”传承人杨秀华等 18 人为长春市第一批非物质文化遗产保护项目代表性传承人。公布长春市第二批非物质文化遗产保护项目代表性传承人。加速文物立法工作,《长春市文物保护条例(草案)》已经市人大常委会一审原则通过。

【文化市场监管】 从严打击网吧接纳未成年人上网等违法行为,制定了《长春市网吧接纳未成年人举报奖励办法》工作流程和监督制度。围绕创建国家文明城市和迎接建党 90 周年,全面开展了文化娱乐场所专项整治,重点对中小学校园周边网吧场所清理整顿。清理和规范行政审批、处罚权力。加大全市网吧终端实时远程技术监控在线率的查处力度,确保达到 100%。开展全市文化市场行政执法人员业务培训和文明网吧评比活动。联合工商、公安等部门,开展农村网吧市场专项整治。加大网吧接纳未成年人处罚力度,强化了网吧市场退出机制。开展了 5 次文化市场综合执法行动,组织出动文化市场执法人员 3 300 余人次,执法车辆 510 余车次,检查网吧 4 500 余家次,处罚违规网吧 18 家次,吊销《网络文化经营许可证》2 家,确保了文化市场的健康稳定。此外,制定了《2011 年创建平安文化娱乐市场行政执法量化考评细则》,修订了新《行政审批和年度登记办事指南》,完成了全市网吧技术监管平台数据更新、升级工作。完成了全市各类文化经营场所统计工作。

【文化产业发展】 突出发展重点文化产业,组织文化企业参加了第四届东北文化产业博览会。加大对文化产业品牌企业的扶持、服务力度,协调研究了东北风文化传媒有限公司演出场所问题,支持其做大做强,带动以二人转为重点的演艺业发展。积极扶持骨干文化企业,对关东文化园、宇平工艺、紫玉木兰等重点文化产业项目、产业园区建设进行动态跟踪服务。突出打造知名文化品牌,努力推动民间工艺名品做优做响。完成了《长春市国有文艺院团体制改革工作方案》,长春市演艺集团筹建的前期准备工作就绪。加强文化产业调研,摸清了城区文化企业基本情况,完成了全年文化产业发展情况统计工作。

【文化体制改革】 启动了文化、广电、新闻出版三局合一工作。进一步整合了文化、新闻、出版市场管理资源,组建了文化市场行政执法总队。市直专业艺术院团改革得到推进,完成了《长春市国有文艺院团体制改革工作方案》。开展市直、县(市)区两级文艺院团各类数据采集摸底工作,处理了多起剧院团、剧场历史遗留问题,为下一步推进院团改革做好各项准备工作。公益事业单位全员推

长春非物质文化遗产传承人剪出 20 米长“百龙图”

行聘任制，三项制度改革得到有效推进。

（罗建强）

文化交流

【与朝韩艺术交流】 4月10日至18日，市朝鲜族群众艺术馆馆长黄海月应邀参加了朝鲜"第27届四月之春国际友好艺术节"，演唱《俺们俩是一家人》获个人演唱金奖，创作并演唱的歌曲《请转达我激动的心情》获创作奖。6月12日长春市朝鲜族群众艺术馆在南湖公园广场承办了每年一次的"长春市朝鲜族传统文化体育活动"，邀请韩国民间艺人艺术团举行了朝鲜族民俗风情文化交流专场演出，长春市朝鲜族群众艺术馆和"韩国艺术团"联合登台献艺，为朝鲜族观众演出了具有浓郁民族风情的文艺节目，让观众大饱眼福。

【国际图联大会】 8月8日至8月17日，应国际图联大会邀请，长春市文化局会议代表团一行6人，赴美国参加由美国华人图书馆员协会（CALA）和中国图书馆学会（LSC）共同主办的中美图书馆服务研讨会，并参加了在波多黎各圣胡安市举行的第77届国际图联（IFLA）大会。通过参加大会，了解了世界图书馆的发展动向以及新型的创新服务与技术，参与了图书馆间国际事务交流，体验了不同的文化背景下的图书馆服务与管理模式，获取了世界各地图书馆的先进经验，为长春市图书馆更好地服务于社会发展提供了良好的借鉴。

【杂技艺术交流】 杂技艺术是长春市对外文化交流和占领国际演出市场份额的一张名片。2011年11月开始，长春市杂技团9人受邀到佛罗里达迪斯尼乐园，已演出16场。

（罗建强）

文化产业

【概况】 2011年全市文化产业增加值实现300亿元，比2010年增长52.5%，占全市GDP7.5%。文化企业达17 000多户，从业人员达20多万。

【文化产业项目和园区建设】 召开全市文化产业发展大会，明确提出到"十二五"时期要把文化产业打造成长春市千亿级支柱产业的战略目标，出台了建设净月文化产业发展区的实施意见，表彰奖励了一批文化产业先进企业和园区，市委、市政府命名了宝凤剪纸、宇平人型等八大"民间工艺名品"。知和国际动漫产业园、关东文化园、动漫软件新媒体科技园、动漫软件服务外包产业园、东北亚创意产业交易中心等一批重点项目和园区建设进展顺利；宝凤民间艺术培训学校、长影世纪城二期、长春市规划展览馆、长春市博物馆、文化艺术展览馆、富士康赛博数码广场等一批重点项目开工建设；高新开发区的东北亚文化创意科技园、原创动漫游戏产业园、林田远达形象设计产业园，净月开发区的知合国际动漫产业园，朝阳区的文化创意产业园，二道区东北亚艺术中心，双阳区印刷产业园、绿园区关东文化园等文化园区建设顺利推进，有7个园区投入使用，形成了一批有知名度和影响力的文化品牌。

【文化展会与项目推介】 成功举办了电影节、民博会、雕塑展、冰雪节、文博会、动漫节、东北亚文化艺术周等文化会展活动。组织召开特色文化商业街区建设座谈会，举办了全市文化产业培训班，组织参加了第七届中国（深圳）文博会，重点推介了长春市十大文化产业园区和五个重大项目，涵盖影视音像、出版传媒、动漫游戏、文化旅游等多个领域，涉及金额170亿元，其中尚德森铭新媒体产业园项目正式签约，引进资金8 000万元。组织参加了东北亚创意产业博览会的项目推介会，重点推介了长春净月文化产业发展区规划开发项目、东北亚文汇不夜城建设项目、东北亚创意产业交易中心总部基地建设项目、东北亚文化创意科技园建设项目、长春国家新媒体产业合作园区建设项目等一批重点文化产业项目，涉及投资金额200多亿元。成立了长春市文化产业联合会企业家沙龙，为优化长春市文化产业人才队伍奠定了坚实基础。

（何　宏）

文学艺术

【第六届中国（长春）民间艺术博览会】 8月5日，第六届中国（长春）民间艺术博览会在长春国际会展中心隆重开幕。本届民博会设立展位2 000个，展会筹

第六届中国（长春）民间艺术博览会现场

备期间，举办了中央电视台《寻宝》节目走进长春活动。展会期间，组织了民间艺术品展销展示、“山花奖”评选、中国乡俗民艺摄影展、国际名家书画作品邀请展、民间艺术大师研讨会、项目合作洽谈等10余项主体活动。此外，还开展了陶瓷、面部彩绘、泥人、剪纸、民间手工现场创作表演等20余项辅助活动。展会期间，总参观人数201.4万余人次，总成交额15 662万元，比上届增加55%；签约项目7项，达成意向性合作金额1.11亿元，比上届增加10%。展会期间，评选出第六届中国(长春)民间艺术博览会优秀民间艺术作品奖202名。闭幕式上，表彰了先进单位。同时长春市委副书记郑文芝宣读了《中共长春市委、长春市人民政府关于授予彭祖述、冯宇平、关云德三人为“长春工艺美术大师”，并授予段成桂、丛文俊、吴自然、袁武、李巍、许占志6人为“长春书画名家”荣誉称号的决定》，市委书记高广滨为上述艺术名家颁奖。在“2011中国国际会展创新与发展论坛·全国会展业合作交流大会”上，中国(长春)民间艺术博览会荣获2011年度中国会展产业大奖“第八届‘中国会展之星’品牌展会奖”；长春市文联党组书记、常务副主席张守智荣获“2011中国会展经济产业贡献奖”。

【第七届长春国际动漫艺术节】 6月1日～7日，第七届长春国际动漫艺术节暨2011 ChinaJoy Cosplay嘉年华东北赛区预选赛在长春欧亚卖场会展中心举办。本届动漫节吸引了9个国家和地区参与，215家中外企业参展。共有2.8万人次参加了各项活动。签约项目10个，涉及金额2 800万元。现场成交额559.2万元人民币，总金额超过3 359.2万元人民币。有近百家中外企业参加了大型动漫、游戏人才招聘会，举办专场招聘105场，约有近千人次与用人单位达成初步就业意向。有358支动漫团队、5 600余名Cosplay选手参加了2011 ChinaJoy Cosplay嘉年华东北赛区预选赛，参赛社团和演员创历届之最。经过决赛，有4支优秀团队代表东北赛区晋级7月份上海总决赛。在总决赛中，长春动漫协会选送的4支Cosplay社团一举夺得了优秀团队金奖、优秀团队银奖、最佳动作设计奖、最佳视觉效果奖。此外，在本届动漫节上，有1 100名选手参加了“金松鼠奖漫画、flash、定格动画大赛”，有11名选手和7个短片分获各类奖项。有560人参加了“党在我心中原创漫画征集大赛”，有6人和一个集体获奖。有600人参加了“动漫天使选拔大赛”，30名小选手获奖。有2 800人参加了“爱家乡、爱老师、爱父母、爱生命”长春市青少年主题漫画大赛，有46名作者获奖。

【“唱响长春”歌曲征集及演唱推广活动】 自2008年3月起，市委宣传部、市文联面向社会开展公开征集“唱响长春”歌曲活动。这一活动得到了国内音乐界词、曲作家，全国各地音乐爱好者和广大市民的热烈响应。活动期间，共征集到词、曲作品900余份，其中外省、市的应征作品300余份、歌曲作品100余份。最后，经专家和公众评选，歌曲《我们在长春相遇》位列第一，获长春市市歌殊荣。

【《意林》杂志出版工作】 文联主办的《意林》杂志，是以青少年为主要读者群的文摘类旬刊。截至2011年10月，全国每期发行量已达80万册，长春市区发行量6万册。同时抓好《意林》转企改制，成立《意林》传媒集团，积极打造中国最有影响力的励志文化品牌。

【文学艺术创作成果丰硕】 2011年，在文学创作方面，长春市作家创作出版了长篇小说《债主》、《伪满狱事》，中篇小说集《肩膀头一样高》，评论集《阅览荧屏》，纪实文学《粮道》、《画乡魂》，戏曲小品《孔雀东南飞》，散文随笔《苏氏睿语》，诗集《端居拾韵》、《江沫石》、《行走江河》，汉俳诗集《庆祝建国60周年》、《啸白集》、《悠闲吟》及黄龙府文学艺术典藏系列丛书诗集《午睡的池塘》、散文《心灵原野的牧歌》等30余部作品。短篇小说《梧桐》、《星月夜》等70余篇、小小说120余篇、评论20篇、散文150余篇。2011年长春市文艺工作者在上级各种评奖中也喜获丰收。其中在2011年10月举办的吉林省第十届长白山文艺奖评奖活动中，长春市在文学艺术创作上硕果累累。金仁顺短篇小说《桔梗瑶》入围第五届(2007～2009)鲁迅文学奖、《梧桐》获民族文学年度奖、获中国作协出版集团2011年度奖；孙沨松散文《捡拾良心的碎片》获中国散文年会二等奖。

2011年长春市在吉林省第十届长白山文艺奖评奖活动中获奖作品和奖项

类　别	获奖作品	奖　项	作　者
长篇小说	《动迁》	作品奖	李发锁
长篇小说	《气血飞扬》	作品奖	谢颐丰
长篇小说	《春香》	作品奖	金仁顺
中篇小说	《我们到底能做些什么》	作品奖	王怀宇
中篇小说集	《下雪了，天晴了》	作品奖	谢华良
散文集	《瓜瓞蕃海》	作品奖	陈久全
诗集	《中国精神》	作品奖	思　宇
小说集	《金属开花》	作品奖提名奖	纪洪平
文学		成就奖	杨子忱

续表

类　别	获奖作品	奖　项	作　者
书法	《当代著名书画家全集·景喜猷书法卷》	作品奖提名奖	景喜猷
书法美术		成就奖	许占志
书法		新星奖	李　鹏
美术	版画《雪后料草沟》	作品奖	季世成
评剧	《宰相胡同》	作品奖	长春评剧院
戏剧		成就奖	王曼苓
民间文艺民俗	剪纸作品《吉林八景》	作品奖提名奖	李宝凤
民间艺术		新星奖提名奖	董咏啸
音乐	唢呐独奏《画眉序》	作品奖提名奖	王庆忠曲
音乐	组曲《祥林嫂》	作品奖	尚德义曲
音乐	歌曲《东北新农村》	作品奖	杨忠勋词　杨柏森、杨忠勋曲

【扶持长春元素题材影视作品创作】 电视艺术家协会拍摄了音乐电视MV作品《五月花开》、3D立体宣传片《普洱茶香》等电视艺术作品。大力扶持长春元素题材影视作品创作，在理论研讨及影视剧创作活动中，共确立2位作者的电影剧本作为2011年重点作品。

【王建国油画作品展】 3月20日～30日，由省文化厅、省文联、市文联与吉林省美协、长春市美协共同在北京中国美术馆举办"王建国油画作品展"，展出王建国近两年创作的作品40余幅。同时举办了"王建国油画作品研讨会"。王建国作品根植于写生，画面大气厚重，色彩鲜明，受到观众好评。作品先后在广东画院、武汉美术馆、沈阳鲁迅美院、哈尔滨卢禹舜美术馆等展出。

【国家画院卢禹舜工作室"江山之约"作品展】 5月15日，由中国国家画院、长春市文联主办，长春美协、长春画院承办的国家画院卢禹舜工作室"江山之约"作品展，在吉林艺术学院展览馆展出。展出著名画家卢禹舜及其学生马云、王学礼、张留成、邹梦德、赵经武等5位画家风格各异的56件作品，深受观众好评。同时组织了参展画家的长白山采风活动。

【送文化下乡活动】 1月24日，长春市文联在绿园区合心镇三间村开展"送文化下乡"活动。艺术家们向三间村村民代表赠送了精美的窗花以及近300本《春风文艺》杂志，多位书法家现场泼墨，为农民群众书写200多副春联和100多个福字。摄影家为村民拍摄照片近百幅。将文化、欢乐、关怀、祝福送到农民家中。市文联坚持该活动已经18年，体现了党和政府的温暖，体现着作家、艺术家关注人民、关注农村文化建设的情怀。

【第十六届中韩美术展】 8月5日，书协、美协联合举办第十六届中韩美术交流展，展出中韩艺术家国画、油画、书法不同风格的作品161幅。作品反映了中韩艺术家的创作现状，受到观众好评。

（王德田）

群众文化

【概况】 2011年，市群众艺术馆根据国家文化部一级馆标准，重点抓好阵地建设、队伍建设、品牌建设和机制建设4项基础性工作，围绕公共文化服务这条主线，坚持文化惠民原则，组织开展系列群文活动。开展各类群众性文艺演出330余场，赢得社会各界的广泛赞誉。

【阵地建设】 2011年5月，市群众艺术馆对承接的文化广场舞台进行重点打造。通过整合社会资源，合理配置设施、设备，重新搭、扩建文化广场中心舞台，增加了LED大屏幕，扩大了活动影响力，丰富了演出形式。同时在各社区、农民工子弟校建立培训基地，在伊通河两岸建立16个活动点。至此，以文化广场为核心，以伊通河两岸为纽带，以广大城乡社区、文化大院为基点的点、线、面的公共文化服务阵地网络正在逐步形成。

【新春文化大集】 根据国家文化部的有关要求，利用传统节日开展非物质文化遗产成果展示，推动民生文化工作。利用"新春文化大集"这一平台，将近年来取得的非遗成果全面展示。以"推进民生文化，共筑精神家园"为主题，设计"走进文化发生地、重温老字号、探秘乌拉文化圈、溯源黄龙府、聆听古韵新声"5大版块，将长春市进入国家级名录的榆树市《东北大鼓》、农安县《黄龙戏》，省级名录的《积德泉酿酒技艺》等22个非遗项目通过图文展览、现场讲解、实物与器具、传承人现场传习、民俗文艺表演、主题日活动、非遗宣传片、专题片滚动播出等形式在新年期间向广大市民朋友全景展示。此次展览在农博园隆重展出，为期1个月。在展会期间，共接待参观群众超过20万人次；传承人销售额达4万余元；前来采访的国家、省、市媒体47家，发布消息、专题、图片107次。同时还举办了"新春秧歌大赛"、"送文化下乡"等系列活动。根据此次"新春文化大集"申报的《举办"新春文化大集"，推动文化为民惠民》，被中共长春市委宣传部授予"2011年度全市宣传思想文化工作创新(提名)奖"。

【广场文化活动】 “唱响长春·共筑家园”主题文化系列活动已经连续成功举办4届。2011年广场活动以“唱响长春·唱响中国”为主题，以纪念建党90周年系列活动为载体，在文化广场、城区各广场联合举行了“文化艺术周”、“社区艺术节”、“农民文化节”、“24届春芽调演”、“21届青少年艺术系列大赛”等系列文化活动，达200余场，近80万人参加活动。

【社区艺术节】 2011年社区艺术节以“唱响长春·唱响中国”纪念建党90周年——“吉林银行杯”红歌赛为主要内容开展。红歌赛以城市社区为单位，由社区组织选拔赛，街道组织复赛，各县(市)区文体局、开发区相关部门组织决赛，全市组织总决赛和群众文化精品展示活动。历时3个月，举办56场比赛，近20万人参加活动。最终评选出22个先进集体和17个优秀节目获得表彰。

【农民文化节】 2011年农民文化节围绕长春市新农村文化建设，先后策划安排了“欢乐庄稼院”普及推广提升工作，全市农民美术、书法、摄影展览展示活动，“情暖万家”百场送戏下乡演出活动，农民诗歌创作大赛活动以及“书香长春”送书下乡等活动，真正把农民文化节办成属于农民自己的节日。

【长春市文化艺术周】 2011年9月，第9届长春市文化艺术周隆重上演，本届艺术周是第7届东博会文化板块的重要内容。市群众艺术馆精心组织各社区艺术团在文化广场举办7场群众文化精品演出活动，展现了长春市舞台艺术欣欣向荣的喜人景象。

【“两节”系列活动】 为丰富市民群众“两节”期间的群众文化活动，市群众艺术馆策划了“弘扬传统文化 共筑幸福社区”《银龙起舞关东年》系列活动方案，其中包括“全家福老照片展”、“新春秧歌大赛”和“送文化三下乡”3项活动。“全家福老照片展”同新文化报社和城区5个社区联合举办，于2011年12月21日启动。在征集的400余幅照片中选出100幅在5个社区同时进行展览，同时为彰显地域特色，长春市具有代表性的非物质文化遗产传承人也参加了剪福字送春联的活动。进行了20场送文化下乡公益性慰问演出，先后到农村、部队、社区、敬老院等地，为各级群众带去欢乐。从12月1日开始组织开展了“扭起大秧歌·共庆元宵节”秧歌比赛。在这次秧歌比赛中，有43支秧歌队伍报名参加，他们来自长春市区各街道秧歌队。经过角逐，有10支队伍在文化广场进行总决赛，并获得奖牌和奖励。

【非物质文化遗产评定】 项目评定。长春市第二批非遗项目在4月15日通过专家评定，共有4大类9项成为长春市级名录，包括民俗《满族赵氏家族祭祖习俗》；传统美术《宇平绢人》、《于英刀刻画》、《郭氏森林木艺》、《董丛仁草编技艺》、《张铁梅彩雕葫芦》；传统技艺《赵氏煮炸鹿茸技法》；传统医药《梁氏武医推拿技艺》；曲艺《榆树二人转》。代表性传承人评定。3月29日，长春市首批非物质文化遗产项目代表性传承人评定会在市广播电视大学多功能厅举行。按照传承人评定标准要求，对长春市6大类13个项目的18个代表性传承人进行评定。最后，商志军、郭丽、魏前程等18个代表性传承人通过评定。

【公益培训和辅导】 2011年4月，市群众艺术馆策划了“艺术点燃希望 行动关爱未来”培训工程。此项活动是针对弱势群体、农民工子弟中、小学、孤儿学校等特困户子女开展大型社会公益培训。分别在一汽六小、二道腰十小学、西安小学、市孤儿学校、希望高中等弱势群体、农民工子弟校的中小学校建立培训基地，组织业务辅导干部分别进行声乐、舞蹈、主持人的培训。共开设4门课程，开展培训64课时，1 800余人次。与省群众艺术馆联合举办“馆、站、院”培训工程，组织业务干部分别深入到九台市文化馆、德惠市文化馆和榆树市文化馆对文化馆业务干部、文化站长和文化大院负责人进行培训，共培训300余人。同时，组织1 000余名文化志愿者，深入各企、事业单位，开展公益性文艺辅导。先后为长春市交通局、经济开发区法院、宽城区柳影街道办事处、光大银行等近50余家社区辅导，社会效益良好。

【改版《长春文化》】 2011年2月，长春市文化局决定将《长春文化》和《长春群文》合二为一，依然沿用《长春文化》刊名，并由原来的季刊改为双月刊。《长春文化》是展示群众文化活动的窗口，交流群文实践成果的阵地，推广群众文化精品的载体和引领群众文化发展方向的坐标。《长春文化》设立“文化座标、文化空间、文化动态、文化晒场”4大版块，2011年出版6期。

（杜立平）

2011年长春市代表性传承人一览表

项　目	传　承　人
民　俗：满族关氏家族祭祖习俗	关连富　关长纪
满族杨氏家族祭祖习俗	杨靖凯　杨靖超
民间文学：满族语言文字	刘厚生
传统美术：东生泥人	钟东生
贾春红编织	贾春红
传统音乐：赵家传统古筝技艺	赵　峰

续表

项　　目	传　承　人
传统技艺：鼎丰真糕点制作技艺	杨秀华
榆树钱酒酿造技艺	刘宝贵
积德泉酿酒技艺	商志军　张东升
郭丽传统手工艺布鞋	郭　丽
传统医药：魏氏膏药	魏前程
孟氏整骨	孟晓东　孟大勇
平氏浸膏	吴淑琴　刘宸隆

【朝鲜族群众文化】 2011年，长春市朝鲜族群众艺术馆（以下简称“艺术馆”）组织开展全市性群众文化活动8次；辅导群众文艺节目50多个、辅导人数5 000余人次；组织参加各种文艺演出40多次，观众达30余万人次；获各种奖项8个，开展国内外文化交流2次。“艺术馆”被长春市人民政府评为2010年度全市文教工作先进单位。“艺术馆”舞蹈队被长春市妇联评为“长春市‘三八’红旗集体”。“艺术馆”副馆长黄海月在全市350万女性创先争优“巾帼建功”活动中被评为巾帼岗位标兵。1.开展全市性群众文化活动，丰富节日群众文化生活。1月份，举行了“长春市朝鲜族知名人士迎新春联欢会”。1月22日，“艺术馆”、吉林省朝鲜族经济科学技术振兴总会、吉林省朝鲜文报社、长春市朝鲜族中学、长春市老年协会、长春妇女协会等11个单位联合举办“长春市朝鲜族春节团拜会”。2月17日，“艺术馆”与长春市朝鲜族老年协会共同举办每年一度的“长春市朝鲜族正月十五民俗活动”。来自长春市8个区朝鲜族老年协会的近2 000名老年人聚集到朝鲜族中学体育场欢度元宵佳节。3月8日，与长春朝鲜族妇女协会共同举办“长春市朝鲜族联欢活动”。6月6日端午节之际，“艺术馆”协助朝鲜族老年协会、妇女协会组织春游活动。6月12日，在南湖公园广场由市文化局和民委主办，长春市朝鲜族群众艺术馆承办了每年1次的“长春市朝鲜族传统文化体育活动”。此项活动是每年长春市朝鲜族群众文化活动当中规模最大、参与人数最多、影响最广泛的一次民族团结盛会。来自长春市各界的朝鲜族群众3万余人参加了本次活动。活动还举行了朝鲜族民俗风情专场演出，“艺术馆”和韩国艺术团联合登台献艺，为朝鲜族观众演出了具有浓郁民族风情的歌舞节目和四物打击乐等多姿多彩的文艺节目，让观众大饱眼福。活动还举行了顶罐接力跑赛、绑腿跑赛、拔河比赛等朝鲜族传统娱乐比赛，会场上还设置了朝鲜族民族食品一条街、朝鲜文图书展览等。2.文艺演出品牌效应不断提升。2011年1月，除结合市里和艺术馆组织的“三节”活动的演出外，于18日～26日期间参加和组织了长春市农业博览会开幕式演出及一台节目演出。5月25日，在吉林省知名企业——“吉林省斗山工程机械有限公司”销售挖掘机突破10万台答谢暨落成典礼上演出舞蹈“欢腾的节日”、“康定情歌”、“鼓韵”等节目；6月1日参加在文化广场举行的《吉林省第四届非物资文化遗产项目展演》，演出舞蹈“欢腾的节日”；6月3日在国际会展中心举行的“东北三省中国大学生韩国语写作颁奖仪式”上演出舞蹈“花海迎宾”；6月12日在南湖广场举行的《长春市朝鲜族庆祝建党90周年传统文化体育活动》中与韩国艺术团联合演出一台节目。为第九届全国民运会，“艺术馆”准备了4个舞蹈节目。3.积极开展公共文化服务体系示范区创建工作，面向未成年人免费实施公益性群众文化艺术培训。“艺术馆”于2011年11月，在长春市区2个朝鲜族小学和1个朝鲜族中学分别建立了未成年人文化艺术培训基地。4.业务人员素质不断提高，在国内外各种赛事中获得多个奖项。“艺术馆”声乐辅导员李应洙于3月28日参加在延吉举行的全国朝鲜族民乐民歌大赛，演唱的歌曲《繁荣昌盛》获银奖，本次大赛由吉林省民委、中央广播电台朝鲜语部、延边人民广播电台主办。朝鲜民族主义人民共和国“第27届四月之春国际友好艺术节”于4月

舞蹈《融》在第九届全国少数民族传统体育运动会上表演

10日至18日在朝鲜民主主义人民共和国首都平壤隆重举行。来自日本、美国、中国、古巴、俄罗斯、蒙古、罗马尼亚、法国、越南、瑞典、波兰、乌克兰、澳大利亚等16个国家和地区的40余个团体的国际比赛获奖者，以及知名演员440余名艺术家参加本次艺术节。“艺术馆”副馆长黄海月被选为中国朝鲜族艺术团成员参加了本次活动。在比赛中，她的独唱《俺们俩是一家人》获个人演唱金奖、创作并演唱的歌曲《请转达我激动的心情》获创作金奖。9月10日至18日，艺术馆组建的吉林省表演项目队参加了贵州省贵阳市奥林匹克体育中心举行的第九届全国少数民族传统体育运动会。吉林省表演项目队的综合类表演项目“长白鼓韵”荣获表演项目二等奖，艺术馆白香春等5人获得民运会颁发的道德风尚奖。扇子舞“融”参加表演项目综合类比赛获得三等奖，并被入选为表演项目颁奖晚会的22个演出节目当中，再次在观众面前亮相，以其优美的舞姿和亮丽的服饰，让观众大饱眼福。此外，“艺术馆”副馆长白香春为长春朝中辅导的舞蹈“鼓韵”在“长春市中小学首届舞蹈比赛”中获得了特等奖。艺术馆崔正秀的诗《向日葵》、《读书》、《独眼龙》发表于《长白山》杂志上，歌曲《虎王审判长》在中国少数民族音乐学会、感动中国词曲选拔组委会联合举办的“感动中国－第六届全国新创歌曲、歌词选拔活动”中荣获优秀奖。“艺术馆”赵香淑翻译的作品达30余万字，在各类网站上发表。

（赵香淑）

长春报业

【报纸质量提高】 2011年，长春日报报业集团(以下简称“长报集团”)较好地完成了各项宣传报道任务，为全市发展营造了良好的舆论氛围。《长春日报》、《长春晚报》全年高质量完成30多项全国、省、市重点工作、重要会议(活动)、重大展会的宣传报道。《长春日报》全年出版340期、3 000余个版面，刊发文字3 000万字左右、照片1万余幅，开设重点栏目20余个。通过大规模系列报道，对长春市创城起到了宣传助推作用。《长春日报》以《创文明城，做文明人》系列报道为主线，累计发稿300余篇，从不同侧面反映了长春市创城的措施和成果，使创城工作深入人心。在建党90周年的报道中，《长春日报》策划推出了“红旗飘飘”特刊，重点报道长春市各级党委政府、相关部门在中共长春市委的领导下，发展和改善民生取得的丰硕成绩。被中国报业协会评为“纪念建党90周年党报党刊事业发展成就展”优秀组织奖。《长春晚报》策划推出了“红色记忆”特刊，立足本地资源，着力宣传中国共产党在吉林省的发展历程及历史功绩，受到省委宣传部的肯定。长报集团还依托长春新闻网和主流网与嘉兴日报共同策划举办了“红船在线行中国”网络活动，网民借助电脑即可感受当年的神圣氛围。《长春日报》、《长春晚报》第一时间开辟了“记者走基层”专版、专栏，并通过考评制度，引导、激励记者多写“短、新、实、活”稿件，改变党报在读者心目中的呆板形象，使报纸的可读性大大增强。《长春日报》针对净月开发区永兴街道基层党组织服务民生的创举推出的“红细胞在行动”系列报道，在社会上引起广泛反响。国务院政策研究中心领导对“红细胞”工作给予高度评价，民政部上海社区建设经验交流会特别邀请永兴街道介绍经验。稿件《大老李的丰收秘诀》被市委宣传部选为长春媒体“记者下基层”活动中的优秀稿件。《长春晚报》策划推出的“尊严式援助地瓜爷爷”系列报道和“扶起你”系列报道及活动吸引了众多市民的关注和参与，其中与腾讯网联合推出的全民传唱歌曲《扶起你》大型活动吸引了中央、省、市30多家媒体的关注。《长春日报》创办的《教科卫新闻》和《法制新闻》版，在长春市教育科学卫生和政法战线颇具影响。围绕中心工作策划推出的《议案提案追踪》、《政府第一时间读报》、《三满意建设进行时》等专栏，得到了党委政府领导和部门的充分认可和好评。《长春晚报》除巩固提高《老长春》、《城市记忆》等原有品牌版面、专栏外，推出的《新闻漫评》、《全服务》、《市长信箱》等版面和“民生直播间”、“暖心闻”、“记者走基层”等栏目都深受读者喜爱，成为晚报的独家特色，其中《市长信箱》版，解决民生难题数百个。特别是关于小锅炉房并入集中供热系统后遗留的大烟囱影响市容、存在安全隐患的连续报道，得到市委书记高广滨、市长崔杰的批示，被列为2011年市容环境整治的一项重要任务。《全服务》专版填补了长春都市报的空白点，已推出各类团购活动80多个，先后有万余人参与。2011年，晚报还在《老长春》栏目的基础上，编辑出版了《长春记忆》一书，作为向长春建城210周年献礼的成果。长报集团还积极发挥新媒体的宣传优势，让长春新闻网和主流网围绕长春市“两会”、吉林省“两会”、全市民生大会、创城、冰雪节、创博会、书博会、汽博会等重大主题、重大活动开设各类专题178个，配合市委外宣办直播新闻发布会11次，开展网上直播活动29次。2011年，《长春日报》荣获全国“城市党报品牌十强”称号，并被中国信息化联盟及世界华文媒体传播协会授予中国报业创新奖的荣誉称号。日、晚两报有10余篇作品荣获国家级新闻奖项，有80余篇作品荣获市以上新闻奖项。

【经营收入】 2011年，长报集团面对党报广告收入逐年下滑的形势，一方面对广告经营全面采取市场化运作，实行事业部体制，承包机制，严格执行刊前付款，变过去单纯拉广告为营销、策划、服务一体化。另一方面，积极把党报的政治优势转化为经营优势，开发形象展示专刊项目。在营销上，主动为广告大客户策划选题方案，激发客户的宣传热情。2011年，日报广告实现收入1 384万元，晚报广告实现收入2 771万元，形象广告实现收入1 110.6万元，超额71%。清欠办还以回款、抵物、抵账等形式清回广告陈欠涉及金额约420万元。并积极拓展经营领域，由长春晚报控股，以建立全国最先进、最权威的东北名优农林产品专业销售平台为目标的主流商网项目2011年启动以来，发展迅猛，已在长春市建立了近百家社区专营店，并成功进军浙江市场。同时全员开展节约增效,在财物管理上继续推行预算管理、统一采购,执行零库存。继续开展“五个一”全员节约活动,全面压缩开支。2011年,集团预期收入指标为8 890万元,比2010年增长5.8%。实际实现收入9 999.6万元,超额12%。

【体制改革】 2010年年底,长晚传媒有限公司正式挂牌,标志着《长春晚报》开始改制。2011年,《长春晚报》按照打造“阳光、主流、权威、有用”新型都市报的理念,及时调整办报策略,提出细分报纸结构的具体打法。在办好《长春晚报》的同时,先后推出《壹健康》周刊、《创富长春》专刊、《走向成年》专刊、《全服务》专刊、《领航》交通特刊等,形成以传统晚报为主干,以具有精准指向性的若干专(特)刊为分支的全新出版格局,参与市场竞争。晚报新闻热线还率先纳入市长公开电话服务系统。新的服务读者和市民的模式,在省内各平面媒体中尚属首创,在国内也非常少见。《长春商报》和《影视图书周报》以市场为导向,不断调整办报定位思路。《长春商报》先后推出《汽车生活》、《车市向导》、《巴士生活》专刊和《健康生活》专刊,全报已扩至80版。《影视图书周报》创办了旨在加强和改进未成年人思想道德建设的专项报纸——《走向成年》,形成一报两刊的经营格局。长报集团重点对人事分配制度进行了完善,为下步改革工作奠定基础。发行公司实行分配制度改革后,充分调动了一线员工的积极性。《长春日报》完成征订任务8万多份,超额14.3%,发行收入完成约1 900万元,超额13.1%,两项指标均创历史新高。印务公司实行承包经营后,每年向集团上缴承包金260万元,结束了印务无创收的历史。报纸印刷费用由承包前0.028元/印章,下降到承包后0.022元/印章,全年降低成本约120万元,内部实行“定岗、定薪”后,工人年工资总额增加了近30万元,平均每人每月增加约500元。2011年集团还启动了新一轮中层干部竞聘上岗工作,晚报班子已调整到位,正在进行晚报中层干部的调整工作,日报和行政机关的中层干部调整工作正在积极准备。

【科学管理】 2011年,长报集团逐步完善目标责任制管理考核工作。“一岗三责”将工作目标责任制、党风廉政建设责任制和安全“四防”责任制分解、落实到人。通过考勤、考核、考评,将工作实绩与绩效工资挂钩、与年终奖金挂钩、与奖惩升迁挂钩,对16个先进部门、37名突出贡献人员和59名先进工作者进行了表彰和奖励。长报集团还建章建制,堵塞漏洞。积极引入风险管理,针对涉权事项的风险点建立和完善规章制度。拟定了《长春日报社编务手册(草案)》,将采编流程纳入正规化、规范化管理轨道;出台了《长春日报、长春晚报出报工作流程》,规范了采编、印务、发行、采购等部门的责任,同时制定了《关于延误出版时间处罚暂行规定》和《印务堵错奖励办法》,有效地杜绝了晚上报现象和报纸重大差错问题。

(朱少波)

新闻出版

【概况】 2011年,长春市新闻出版局先后被国家评为“扫黄打非”工作先进集体,被市政府评为法制工作先进单位、优秀会展项目,被市委、市政府评为2006年~2010年普法依法治理先进单位、2010年全民阅读活动优秀组织单位,被共青团长春市委等14个部门评为优秀青少年维权岗。2011长春图书博览会被中国会展行业年会组委会、全国会展评选活动办公室评为中“中国会展产业年度大奖”,荣获“2011年度中国最具影响力展览会50强”殊荣。“扫黄打非”工作经验在全省2011“扫黄打非”工作经验交流暨培训会议上进行交流推广。

【2011长春图书博览会】 2011长春图书博览会于6月1日~9日在长春国际会展中心举行,有200余家省内外知名出版单位、大型发行商和零售商参展。展销各类出版物20多万种,参与读者80余万人次,销售码洋2 700多万元。展会期间共开展名家讲座等各类图书文化活动109项,参与单位30余家,充分展现了书博会丰富的文化内涵。本届书博会加大了服务民生工作力度,全面实施“阅读扶助”、“免费发放健康类图书”等十大服务民生项目。为城区低保户、新疆班和羌族班学生、在校贫困大学生、市道德模范、优秀青年志愿者等群体每户(人)赠送100元购书卡,共计600万元。向市民赠送健康类书籍,免费发放《长春市民健康知识读本》等健康知识类图书10余万册,彰显了书博会的文化民生主题。

【全民阅读活动】 2011年,市委、市政

2011长春图书博览会大学生红歌会现场

府办公厅下发了《"书香长春"2011年全民阅读活动工作方案》，确定了2011年全民阅读活动计划，以"六走进"("走进机关，走进社区和家庭、走进军营、走进企业、走进农村、走进学校")活动为载体，征集各类图书文化活动10大类，400余项丰富多彩的全民阅读活动项目，在全社会形成了覆盖面广、参与性强，活动特点突出的全民阅读活动新格局。组织开展全民学习大讲堂活动、读书月活动、发放5万张购书打折卡活动、名人名家读书讲座活动、红色经典颂读、文艺演出等与读书相关的系列活动，得到社会肯定。9月，中共长春市委办公厅、长春市人民政府办公厅联合下发《关于表彰全市2010年全民阅读活动先进单位和先进个人的决定》，对2010年"书香长春"全民阅读活动中表现突出的先进单位和个人进行表彰。

【扫黄打非】 2011年长春市开展查缴非法出版物，打击手机网络传播各类有害信息，治理淫秽色情书刊、音像制品、动漫游戏和各类印刷品，打击侵权盗版和非法出版中小学教辅教材经营行为，销毁侵权盗版制品，查处无证无照经营行为，迎创城出版物市场清理，清理整顿校园周边环境等集中专项行动10余起。查获"华盛书刊发行部销售非法出版物《女人坊》案"、"6·13非法出版物案"两起大案要案。开展了世界知识产权日集中宣传、"4·26"侵权盗版制品销毁、青少年健康成长绿书签发放、图书博览会未成年人读物展示、张贴"扫黄打非"宣传通告等5次大的宣传活动，在各类新闻媒体刊发（播）"扫黄打非"宣传稿件近200篇。在全市聘请了以老党员、老干部、老军人、老教师、老工人为主的"扫黄打非"创城工作义务监督员近500名。建立"扫黄打非"大案要案督办机制和责任追究制度，对"扫黄打非"责任制进行落实。加强网络出版活动监管，会同公安等有关部门严厉打击利用互联网传播有害信息，清理网上淫秽色情等文化垃圾，根据国家和省新闻出版局相关文件及明码密码电报，协调市公安局删除相关网页链接近万条。收缴盗版非法书报刊5万余册(张)、非法音像制品电子出版物10万余盘，集中销毁非法出版物30万册(张)。全市出动行政执法车辆2 000余台次，出动行政执法人员近万人次，检查各类出版物经营场所2 200余家，责令停业整顿100余户，取缔非法经营场所30余家。

【出版物市场监管】 市新闻出版局严格按照《2011年"扫黄打非"工作方案》要求，积极开展集中行动和专项治理，与有关部门密切配合，在"重点地区、重点行业、重点部位、重点时段"，全面加大监管和打击侵权盗版的力度。特别是加强了对图书批发企业、繁华街路、商业集中区、车站、校园周边、早晚市场等场所的日常检查。开展了印刷复制行业专项整治、校园周边环境专项整治、出版物批发市场专项整治等集中行动。通过对重点地区、重点部位反复检查，有力地净化了出版物市场。严格市场准入制度，进一步完善行政审批规章制度，坚持规范审批，严格把握工作标准，加强对经营场所和法人的真实情况核对，为出版物市场日常监管提供翔实的第一手资料。

【版权工作管理】 积极开展著作权法宣传活动，不断提高全社会的版权保护意识。以"4·26知识产权宣传周"为平台，积极开展著作权法宣传工作，取得了较好的社会效应。先后对微软投诉金赛药业侵权使用软件、投诉银诺克药业侵权使用软件、投诉长百大楼侵权使用软件、投诉恒泰长财证券侵权使用软件和Rhino Software公司投诉吉林省星广传媒有限公司侵权使用软件、投诉长春理工大学光电信息学院侵权使用软件等版权纠纷事件进行调解，效果良好。加强对版权行政执法和市场监管，维护良好的版权市场秩序。全年出动执法人员695人次，检查出版物经营场所1 414家，收缴盗版制品46 496件，查处侵权案件4起，其中行政执法案件1件、刑事司法案件3件，累计涉案金额50余万元，有效遏制了盗版制品蔓延泛滥的势头。积极推进政府机关软件正版化工作，督导政府机关软件正版化全面达标。成立了长春市政府机关使用正版软件工作领导小组，向市政府提交了《关于长春市政府机关软件正版化经费调查测算及初步预算等有关情况的报告》，正版软件采购工作按程序办理落实。

【农家书屋工程建设】 2011年建设了100个标准为面积30平方米、配置图书3 000册、电脑1台、音像电子出版物200张、报刊10种以上的样板农家书屋。进一步完善农家书屋的供书、读书、管书等制度，落实农家书屋资产管理责任制，把书屋的资产管住、管好，努力形成长效管理机制。开展了"发生在农家书屋的故事"的征文活动、农家书屋读书活动精彩掠影展、第三届农民读书节等农民读书活动，并对长春市农业专家库进行完善，为开展农家书屋专家巡讲打下了坚实基础。制定《2011年农家书屋管理员培训方案》，有计划地对全市农家书屋管理员进行系统培训。10月，开展送电脑、送健康图书活动，为全市农家书屋配备2万册健康类图书，组织驻长新闻媒体对农家书屋建设进行了全面报道，获得了很好的宣传效果。国家、省相关部门对长春市"农家书屋"的建设工作给予了高度评价。

【图书批发大厦完善】 2011年，进一步完善图书大厦公共设施和基础建设，充分发挥大厦整体优势，图书大厦销售各类书报刊40余万种，日销售码洋100万元以上。长春图书批发大厦在全市出版物市场发展中发挥着越来越重要的作用，已成为东北三省有名的图书批散交易中心。

（李　镇）

长春出版社

【概况】 2011年长春出版社出版图书421种(其中再版图书220种)，实现图书发行码洋2.5亿元，发行总码洋同比增长12.76%。其中，市场图书完成发行码洋1.327亿元，同比增长13.1%；教材完成发行码洋1.05亿元，同比增长

12.3%。出版新书 200 多种，其中《世界史纵览》、《自然力经济学》、《辽代文学史》等图书分别荣获全国城市出版社优秀图书一等奖和二等奖。《数学绘本》被新闻出版总署列入 2011 年"向全国青少年推荐的百种优秀图书"。《东北三省创新能力评价及产业结构调整对策研究》、《薛瑞萍班级日志》入选第 3 届"三个一百"原创出版工程，长春出版社荣获国家"三个一百"原创工程集体奖。11 月份在中国出版协会主办的第三届"韬奋杯"全国出版社青年编校大赛上，长春出版社 3 名年轻编辑荣获团体一等奖、编辑二等奖和编辑优秀奖。是历年来吉林省及长春出版界在全国出版专项比赛中取得的最好成绩。

【发挥"千万元工程"的龙头作用】 继续培育长春版图书的选题特色，巩固原有"五大千万元工程"，保持长春版图书在全国的市场占有率不断上升，2011 年"五大千万元工程"中，"无障碍阅读古典名著系列"在原有版本的基础之上，不断创新，增加了新版本，全年发行码洋 1 572 万元，取得较好的经营业绩。《名侦探柯南》、《亲近母语》系列、《68 所中小学阅读》系列、《数学绘本》等，发行码洋都超过 1 500 万元。

【发行工作】 克服市场疲软等不利因素，确保市场图书在全国图书市场的占有率，加大"农家书屋"和中小学生馆配图书的招标工作力度，在四川、江西、吉林等省的"农家书屋"和中小学生馆配招标工作中取得了较好成绩。

【长春版《语文》教材市场开发巩固工作】 对发行片区做了一些调整，发行人员分片区实行责任管理，独立操作。在发行之前，针对每个市、县、区的教材教辅使用的不同情况进行品种分析，提高发行工作的针对性。加强长春版《语文》网站建设，做好该教材的后期服务工作，做好教师及学生用书等配套教材的出版工作，教材整体经营工作上了新水平。

【网络出版数字出版】 2011 年取得了新闻出版署审批的《互联网出版许可证》，正式成为互联网出版机构；取得《网络文化经营许可证》、《电信增值业务许可证》，正式成为互联网文化经营单位，是吉林省数字出版资质最全的出版单位，为进军数字出版领域打下了坚实基础。长春出版社已经具有 4 大网站、1 个在线网络游戏，在数字出版上取得长足进展。建立"68 所名牌学校 100 分试卷网"。为适应数字发展形势，长春出版社将 68 所名牌学校图书资源进行加工整理，建成专业的"68 所名牌学校试卷网"，实现了产业链的有效拓展和自身产业的一次升级，每天点击量超过 7 000 人次。"城市部落"数字娱乐竞技游戏平台项目初步完成。整合各方资源，打造集竞技、棋牌、休闲、宠物、交友、社区等诸多网游品类于一体的长春"城市部落"数字娱乐竞技平台。"城市部落"棋牌游戏中心已经完成了研发，初步完成了测试阶段的各项工作，已进入到在线试营运阶段。

（李春芳）

广播电视

【公益电影放映工作】 2011 年市广电局完成了对放映单位资质审核，同放映单位签订协议，督促院线公司调试 GPS 和 GPRS 远程监控系统、对设备进行检修、对人员进行培训、联系放映点、做好放映前的准备工作。5 月 1 日开始，城乡陆续开始电影放映，到 10 月初，全年长春公益电影放映工作圆满结束。在 1 666 个行政村，每村每月放映 1 场，农村放映公益电影 19 992 场。其中，榆树 4 656 场；九台放映 3 720 场；德惠3 696 场；农安 4 512 场；双阳 1 608 场；郊区 1 800 场。加上城区 2 000 场，共计 21 992 场。放映电影 37 部，城乡观影人数达 220 余万人次。一些新片好片，如《让子弹飞》、《剑雨》、《大笑江湖》、《大孝儿媳》、《叶问 2》、《狄人杰之通天帝国》等精彩影片与观众见面。结合中国共产党成立 90 周年纪念活动，选择了《李天佑血战四平》、《举起手来 2》、《喋血孤城》等影片专题展映，在 6 月份至 8 月份，相关院线公司在全市的社区、广场和农村展映《太行山上》、《八月一日》、《我的长征》、《惊涛骇浪》等多部优秀电影，生动再现中国共产党 90 年的峥嵘岁月和光辉业绩。

【广播电视村村通工作】 2011 年，长春市的广播电视村村通任务是完成全市 20 户以下已通电的自然村广播电视村村通建设，实现广播电视全覆盖。长春市 20 户以下已通电自然村盲村共计 37 个自然村 651 户。其中，双阳区 9 个自然村 159 户，九台市 2 个自然村 27 户，农安

安装村村通设备

县26个自然村465户。由长春市广电局负责组织实施，具体由各区广电局负责组织建设。截至2011年底，已全部完成37个自然村建设任务。其中，利用有线联网方式，农安广电局完成26个自然村；九台广电局完成2个自然村；利用卫星直播方式，双阳广电局完成9个自然村。

【周边乡镇有线电视网络升级改造工作】 2011年，长春市周边乡镇有线电视网络升级改造工作也被列入政府民生工程，具体任务是完成长春周边18个乡镇有线电视光缆建设；完成6个乡镇所在地有线数字电视用户分配网覆盖建设。由市广电局负责组织实施，由吉视传媒长春分公司负责建设。截至2011年底，已完成全部18个乡镇197.02公里公里的光缆干线及1 695公里的支干线路由的踏查设计工作，完成了覆盖11 326户的19个行政村、103个自然屯的图纸设计工作；编撰了《乡镇农村网建设技术规范》、《农村有线电视网络工程施工规范》等技术文件；完成14个乡镇的主干线网建设，建成干线长度150公里，提前超额完成11个乡镇政府所在地的用户分配网建设。光缆干线未完成的4个乡镇分别为四家子乡、劝农镇、泉眼镇、英俊乡。原因是上述乡镇坐落在莲花山旅游开发区，管委会正在统一进行市政规划和建设地下管道，利用地下管网接通有线电视光缆干线。但由于地下管网建设要根据拆迁进度来确定，管网全部联通时间难以确定。吉视传媒长春分公司已做过渡方案，正在对上述地区进行无线传输的技术测试，一旦具备技术条件和施工条件，可立即完成上述有线数字电视网络建设。

（邱永军）

电 影

【电影《大太阳》喜获殊荣】 2011年7月，长影领衔出品、展现汶川震后重建的影片《大太阳》入选由中宣部倡导、国家广电总局电影局主办的庆祝建党90周年重点影片推介。此次包括《大太阳》在内的28部优秀影片，集中展现了中国共产党诞生的伟大历程以及中国共产党成立90年来创造的光辉成就和取得的丰硕成果。10月27日，电影《大太阳》导演杨亚洲获第7届中美电影节“金天使”奖最佳导演奖、主演倪萍获“金天使”奖最佳女演员奖。《大太阳》成为本届中美电影节惟一斩获两项大奖的中国电影。

【长影举办纪念建党90周年系列活动】 2011年7月，长影相继与省直机关党工委、省文明办等单位分别举办了“唱支山歌给党听”红色电影音乐视听音乐会、“长影红色电影月”、“永远的旗帜——电影歌曲演唱会”，长影职工“纪念建党90周年红歌赛”等系列活动，《英雄赞歌》、《创业序曲》等一首首经典电影音乐将观众再次带回到激情燃烧的难忘岁月。

【数字电影《倮·恋》获奖】 2011年11月7日，电影《倮·恋》获得“第三届中国新农村电视艺术节”的“农村题材电视电影最佳作品奖”。此前，该片还被国家广电总局电影局评为国家电影精品项目，是国家广电总局电影局面向全国重点推荐的影片，并入围12月举办的“第三届澳门国际电影节”。该片是一部反映在社会主义新农村建设中，云南边疆少数民族群众团结和睦、建设美丽家园的农村题材故事片。

【《铜雀台》开拍】 2011年11月，由长影集团倾力打造并领衔出品的大型古装巨制《铜雀台》开拍，这是长影坚持电影创作、创新电影生产机制、完善产业结构的又一重要举措。该片由长影新锐导演赵林山执导，周润发、苏有朋、刘亦菲等明星倾情加盟，是一部关于英雄美人、江山权谋的影片。

【“故事吉林”系列电影】 2011年，长影农村题材电影创作基地策划了“故事吉林”大型数字电影系列工程，陆续推出了《大不苏的笑声》、《大嫂》等故事片，影片均以吉林省各县市的独特风俗、文化、资源为大背景，融入精品故事、典型人物，系统宣传与推介吉林省宝贵的人文历史和产业资源。

【电影剧本喜获“创意电影剧本奖”】 9月9日，由国家广电总局主办，国家广电总局电影局、国家广电总局电影剧本中心、中国夏衍电影学会承办的2011“夏衍杯”电影剧本征集评选结果揭晓，长影编辑张瑞光编剧的电影剧本《村里有个姑娘叫小芳》喜获“创意电影剧本奖”，为吉林省戏剧创作再添殊荣。该剧讲述了善良、纯朴的80后农村女孩小芳努力奋斗活出自己人生精彩的故事。

（张瑞光）

2011年长影完成电视剧一览表

剧名	长度	题材	编剧	导演	主演	合作单位
漂亮主妇	47分×40集	当代都市	马志全	刘二威	孙涛 高曙光 井冈山 林炜 王艳 李琳 梁爱琪 刘敏	北京天下和讯文化传播有限公司
等你回家	47分×35集	当代都市	宋秋雁 宋云峰	刘二威 殷飞	何建泽 任东霖 方子哥 宋佳 王靖云 刘家琪	北京天下和讯文化传播有限公司

2011年长影完成故事片一览表

片　名	编　剧	导　演	摄　影	主　演	获奖情况
长冈的难忘岁月	张品成　王霆钧　李　超	胡明钢	李　刚	项学和　李　娜	
大太阳	武志刚　钟英奎　张　勇	杨亚洲	王　洓	刘佩琦　倪　萍　蒋勤勤　常　戎　吴　军　林　浩	
信义兄弟	邢原平	方军亮	吴立晓	赵　毅　霍　青　刘佳佳　吕　晶	
铁人王进喜	马岱山	朴俊熙　马岱山	于长江	张志忠　王　岚	
风　铃	金　韬	亚　娜　张汇仓	刘宝虎	洪剑涛　李明启　付艺伟	
奋斗与爱情	左　祐　乔长浩	周诚淇	刘　华	刘　鑫　吕　鹏　王紫剑　杜十五　张　晶　杨博舒	
一家老小	黄　龙	徐化雨	宋建文	孙　敏　雷　汉　曹飞飞　孔　莹	
大爱人间	陆涛波	田铮铮	唐　磊	张　铎　林　浩　李　姝　商忆沙　牛欣欣	
雾里青	杨　洋	王鸿飞	龚海涛	李　印　王菁华	
廊桥1937	倪维行	倪维行　蔡　华	顾敦荣	彭　博　午　马　刘忠虎　管宗祥　李梦男　徐　宁　黄千格　罗艳芳	
大布苏的笑声	武志刚　武婷婷	胡明钢	李　刚	程学斌　毕　达　李　静　赵凤霞　迟筱萱	
漂洋过海的女人	祝西西	祝西西	应福康　阿　帕	张志诚　布瑞德·米勒(美国)　周　洁　沈乃明	
七月雨荷	路云飞　黄肖英	路云飞	陈伟年(香港)	康晟闻　沈文俊　彭　涛　朱袁员　龙　雨	
早安,龙门崮	赵学武　晋　美	郑来志	王相文	杨　潇　田　华	
天　歌	张文华　宋　岩	戈日泰	李　刚	李　博　卡　特　塔娜花日　张　倩	
淋湿的翅膀	史佳丽	张冀平	刘保虎	曾彬峰　苏　青	
逆水而行	张冀平	张冀平	刘保虎	姜文艺　张雨提	
辛亥革命	王兴东　陈宝光	张　黎	黄　伟	赵文瑄　成　龙　李冰冰	
耕　者	李　名	武　悦　侯鑫东	张　寒	谢　园　许玉军　季新妮	
查干淖尔姑娘	韩耀旗　董凌山　谢林明	金钱雨	马冬栗	徐成林　袁志博	
决战黄桥(纪录片)	贾秀清	贾秀清	孙滨昌	解说:苏扬	

文物保护

【概况】 2011年,长春市文物保护研究所圆满完成“吉林省老边岗土长城资源调查”数据整理和上报工作。受吉林省文物局委托,组织完成了老边岗土长城考古发掘工作。长春市文物保护研究所承接了吉林文物局重点项目－“中东铁路(长春段)资源调查”。筹建南岭大营旧址陈列馆,并于9月18日对公众免费开放。11月,为配合保利集团开发项目,在日军一○○部队旧址进行考古勘探。长春市文物保护研究所继续完善长春市市级文物保护单位的“四有建设”,继续建立健全文物保护单位电子档案,对近40处文保单位进行了保护标志说明牌制作、安装与修复工作。

【吉林境内老边岗土长城考古发掘】 长春市文物保护研究所按照预期工作计划圆满完成“吉林省老边岗土长城资源调查”数据整理和上报工作,上报数据质量获得国家验收专家组和吉林省文化厅的高度肯定。为进一步明确吉林省境内老边岗土长城修建年代、构筑方式等问题,6月～8月,受吉林省文物局委托,并报国家文物局批准,由长春市文物保护研究所组织完成了老边岗土长城考古发掘工作。通过此次考古发掘,进一步明确了老边岗土长城的年代、性质、构筑方式等学术课题,并向吉林省文物局呈交了《老边岗土长城考古发掘结项报告》。

【中东铁路(长春段)资源调查】 2011年,长春市文物保护研究所承接了吉林省文物局重点项目－“中东铁路（长春段）资源调查”，完成了对长春地区中东铁路沿线历史文化遗迹的野外调查工作，获取了大量第一手的数据和图片资料，为下一步制定保护规划奠定了基础。

【文庙孔子文化园开工建设】 长春文庙始建于清同治十一年（1872年），2002年，长春市政府对文庙进行恢复重建。2012年是长春文庙建成140周年，2011年对文庙进行扩建，此次扩建主要是利用文庙西侧24 000平方米的空地建设一座孔子文化园，恢复魁星楼等原有历史建筑。举办了相关部门工作协调会21次，并于8月派出考察团赴全国各地考察。工程于10月开工，计划于2012年9月28日建成开放。

【南大营旧址陈列馆开馆】 2011年9月18日是“九·一八”事变爆发80周年，长春南大营旧址是1931年长春守军抗击日本侵略者的重要史迹。为缅怀南大营战役中牺牲的民族先烈，弘扬抵抗外来侵略的伟大民族精神，长春市在当年南大营东北军第十炮兵团团部驻地建设了旧址陈列馆，并于9月18日对公众免费开放。长春南大营旧址陈列馆位于亚泰大街繁荣路口西北侧，占地面积2 000余平方米，建筑面积300余平方米。9月18日当天，市领导高广滨、李树国、崔杰、张元富、吴兰、王振华、孙超等出席开馆仪式，并与各界群众、驻长官兵代表为在南大营战斗中牺牲的先烈和在东北沦陷时期死难的同胞默哀。

【日军一〇〇部队旧址考古勘探】 日军一〇〇部队旧址，位于长春市西环城路8211号，曾做为一汽散热器分厂的厂址所在地。日本军一〇〇部队是以家畜和植物为研究对象的关东军总司令直属细菌战部队，同时还从事畜类病菌对活人体的杀伤力研究，并以活人作为实验对象。主要任务是研制各种细菌武器，培训从事细菌战的人员，为进行细菌战服务。为配合保利拉菲公馆建设项目，2011年11月长春市文物保护研究所组成考古勘探队对开发区域进行了为期1个月的考古勘探，经调查勘探与局部清理，可确认的日伪时期建筑基址共15处。

【长春市博物馆开工建设】 2011年11月8日长春市博物馆、长春市规划展览馆、长春市文化艺术展览馆开工仪式在长春南部新城举行。三馆项目在建筑设计上选用中国建筑设计研究院设计完善的“城市之花”方案。引用“流绿都市”的城市设计理念，定义为“流绿都市中绽放的‘城市之花’”。项目总建筑面积4.7万平方米，其中长春市博物馆建筑面积2万平方米。建成后将成为一座收藏、展示长春各个历史时期文物的综合性博物馆。

【《长春市文物保护条例》】 为加大文物保护工作力度，根据长春市文物工作实际情况，依据《中华人民共和国文物保护法》及其他省、市出台的文物保护条例，长春市自2010年末启动了《长春市文物保护条例》的起草工作。作为长春市文物保护工作的一项重要内容，长春市人大、长春市文化局等部门多次组织专家论证会，经过多次修改，最终形成《长春市文物保护条例(草案)》，并于2011年11月在长春市人大常委会十三届32次会议二审通过，已报省人大批准。

【“四有”建设】 2011年长春市文物保护研究所继续完善长春市市级文物保护单位的“四有建设”（有范围、有档案、有标牌、有组织），不仅继续建立健全文物保护单位电子档案，还对南岭日军战斗指挥所、满铁图书馆、国防会馆、纪念公会堂等近40处文保单位进行了保护标志说明牌制作、安装与修复工作，使文物“四有建设”工作继续走在全省前列。

【学术研究】 自2011年开始，由长春市文物保护研究所主办的《长春文物》改版为半年刊，一年出版两期以扩大文物保护与研究的交流平台。

（崔殿尧）

图书馆

【概况】 2011年长春图书馆经费总投入4 947.9万元。其中，文献购置费469.9万元；自动化、网络化、数字化设备投入19.8万元。固定资产累计7 129.3万元。全馆文献入藏总量26 477种，166 314册（件）。其中，中文图书21 126种，58 795册；报刊3 914种，8 904份(中文报刊3 880种，8 870份；港台、外文报刊34种，34份)；电子文献51种，96 053册(件)；视听文献255种，388件；地方文献663种，763册（件）；特藏文献318种，926册（件）；其他150种，485册（件）。截至2011年底，全馆总藏量2 210 684册(件)。接待到馆读者207万余人次，办理读者证25 407个，文献外

市领导在南大营旧址陈列馆前合影

借569 790册次；解答咨询422 691条，代检索课题4 680项，参考咨询、课题服务479项；开展文献宣传活动110次，向读者推荐文献3 939种，6 788册（件）；举办各类读者活动183项，参加人员达103 838人次。其中，讲座69次，9 023人次；展览18次，41 500人次；其他活动96次，53 315人次。

2011年，“城市热读”讲座推出“五走进”系列，先后走进长春市土地储备中心、吉林省税务学校、吉林市国家税务局等地，举办讲座13场，讲座受众近9 000人，将“城市热读”讲座推广到全省范围，满足不同行业、不同地域人群的需要。

2011年，长春图书馆围绕长春市协作图书馆工程、全国文化信息资源共享工程以及公共文化服务体系示范区建设，新建绿园区同心街道办事处等8个分馆暨共享工程基层服务点，为分馆配送文献68次，配送图书30 668册、期刊2 797册、光盘50件。

2011年1月，长春图书馆荣获由长春市人民政府授予的“2010年度全市文教工作先进单位”称号；5月，荣获由中国图书馆学会授予的“2010年度‘全民阅读’先进单位”称号；6月，荣获由长春市全民阅读活动组委会授予的“书香长春·2011年全民阅读征文活动优秀组织单位”称号；9月，在“第二届文化共享杯——吉林省文化信息资源共享工程知识与技能竞赛”中获得冠军。

【免费开放】 长春图书馆早在1992年新馆开馆时就对老年人、下岗职工、残障群体实施免费办证，公益性讲座和文化展览全部向市民免费开放。从2004年开始对未成年人实施全部免费服务。伴随公共文化服务体系建设的推进，2011年2月9日，根据文化部、财政部联合下发《关于推进全国美术馆、公共图书馆、文化馆(站)免费开放工作的意见》，长春图书馆实施全部免费开放，取消所有收费项目；撤销全部社会办学项目，开放所有公共设施空间和场地，相继推出一系列便民、利民、惠民的服务举措，应对读者量激增。

【总馆馆舍改造维修工程】 2011年长春图书馆总馆馆舍改造维修工程被纳入到民生行动计划之中，也是全市公共文化服务体系示范区建设中的重要工程，总馆馆舍的改造维修工程本着简洁大方，节能环保的原则，秉承开放化的服务理念、采用大开间的空间格局、引进自助式的借还设备。截至2011年底，改造维修工程已基本完成地下管道、供暖等的改造，对部分区域进行了装修。

【筹备修缮满铁图书馆】 满铁长春图书馆旧址是长春市人民政府2009年公布的第八批市级文物保护单位。2011年市政府决定将该建筑物归还长春图书馆，作为分馆使用，并决定对该建筑物进行全面修缮。7月14日文化局组织文物专家对该建筑物的修缮进行论证。根据专家的意见和建议，按照《中华人民共和国文物保护法》和《纪念建筑、古建筑、石窟寺等修缮工程管理办法》的相关规定，结合实际需求，长春图书馆制定修缮方案，积极筹备完成满铁图书馆修缮工程的前期准备工作。

【“传递知识，全民阅读”大型图书漂流活动】 4月23日，“传递知识，全民阅读”大型图书漂流活动在长春图书馆一楼大厅正式启动。此次图书漂流活动是在长春地区内，建立若干个图书漂流网点，让市民随时、就近选择书刊阅读。同时，广大市民也可以自主参与放漂和回漂书刊。首批在长春图书馆总馆、铁北分馆、长春市少年儿童图书馆、全市各县(市)、区图书馆以及街道、社区、院校等地设置25个漂流点。长春图书馆筹备15 000册书刊作为首漂图书，分配到各个漂流点。另外，通过新闻媒体向社会宣传和征集漂流书刊3 000余册作为首漂图书投放到各个漂流点。各漂流点自启动之日起，常年开展图书漂流活动，并将伴随图书漂流活动的广泛开展，不断增设漂流网点，拓展漂流范围。

【“少儿故事会”活动】 为全面提高青少年的综合素质，长春图书馆在4月2日世界儿童读书日正式创办和启动“阅读启智：市图少儿故事会”活动，每周日上午在图书馆定期举办，每年“六一”儿童节前后举办“市图少儿故事会优秀作品展演”活动，精选故事会优秀选手参加。2011年6月4日，作为2011长春图书博览会系列文化活动之一——“正大杯第一届市图少儿故事会优秀作品展演”活动在国际会展中心二楼签字厅举行，有100余位小朋友和家长参加了活动。本次优秀作品展演的节目共20个，27位小朋友参加表演，其中最大的12岁、最小的5岁。

正大杯第一届市图少儿故事会优秀作品展演

【共享工程】 在2011年9月21日举行的第二届吉林省“文化共享杯”全国文化信息资源共享工程知识与技能竞赛中，长春地区代表队以出色的表现夺取冠军。长春图书馆及基层服务点的2位选手代表吉林省参加“文化共享杯——全国文化信息资源共享工程知识与技能竞赛”，荣获三等奖。

（李　超）

卫生　体育

卫　生

【概况】 截至2011年末，长春市有各级各类医疗卫生机构4 153个。其中，三级甲等医院21所(综合医院6所、中医院2所)，三级乙等综合医院2所，疾病控制中心14个，卫生院135所。每千人拥有医疗床位5.21张，固定资产总值2亿元。专业卫生人员40 745人，其中，执业医师16 451人，执业助理医师1 400人，注册护士14 650人。平均每千人拥有卫生技术人员7.69人，平均每千人拥有执业(助理)医师2.34人，平均每千人拥有注册护士1.92人。2011年医疗机构(门诊部以上)完成诊疗1 882万人次，住院手术246 005台次，出院病人10.1万人次。2011年全市372.3万人参合，常住人口参合率达99.1%，筹集参合资金8.5亿元。

【医疗体制改革】 3月起，5家区级医院实施基本药物制度，出现了"3降4升"的良好势头。平均门诊费用比2010年下降34.95%；住院患者日均住院费用下降，日均住院费用由243.74元下降到179.7元；药品销售金额下降22.9%。实施基本药物以来，区级医院门诊量260 814人，上升11.32%；住院人数上升1.77%；医疗收入上升6.92%；床位使用率上升8.39%。实施基本药物制度后，社区医务人员收入有了不同程度的增长，工作效率不断提升。同时一些新毕业的大学生开始选择社区，基层医疗卫生机构增强了对卫生人才的吸引力。全面完成基层医疗机构综合改革。重新核定人员编制，增加编制1 288人，科学设置岗位，实现全员聘任，5 261人参加竞聘上岗，分流机构富余人员773人。探索了分配制度改革，全面实行了绩效考核。稳步推进公立医院改革试点。在市二院、朝阳区医院、农安县医院建立了理事会，推行政事分开，对医院固定资产、财务会计、运行机制、分配制度、基本药物制度、医疗技术规范、行业作风进行全方位监管。

【健康长春行动】 开展健康教育工作。出台了《长春市健康教育档案规范细则》，开展健康教育专兼职人员培训，重点围绕公共卫生服务均等化工作标准、资金使用、无烟医疗机构评比标准、健康教育档案规范细则等内容进行培训。成立长春市健康教育专家团，编辑出版了《健康谈话》、《乡村医生通讯》两本公益性卫生科普杂志。开展公民健康素养调查，选定朝阳区、农安县为公民健康素养调查点，实施公民健康素养入户调查，为卫生服务、制定健康教育干预策略和措施提供了基础数据。制作了健康素养66条和控烟宣传品，有计划地开发、设计制作了宣传画、书籍、科普读物等健康教育宣传材料。开展创建无烟城市活动，在卫生系统开展了控烟培训，对48家医疗卫生单位进行控烟暗访。组织实施公务员控烟行动、"小手拉大手"无烟家庭创建活动、"无烟办公一条街"创建活动，全力推动无烟城市建设。与世界卫生组织展开深度合作。推进与世界卫生组织伤害预防与控制、慢病防治、绿色安全医院、环境与健康、气候变化合作项目。建立长春市市民卫生应急培训和教育基地，被民政部紧急救援中心确定为"紧急救援培训定点单位"。开展慢性病防治知识宣传。建立了49家高血压俱乐部和25家糖尿病沙龙，慢性病防控知识知晓率显著提高。在气候变化与健康合作项目中，与世界卫生组织展开合作，双方先后签订《气候变化与健康保障项目》和《长春市气候变化脆弱人群与脆弱性分析项目》两项合作项目书。继续开展救助行动。完成新生儿疾病筛查39 994例，产前筛查3 942例；免费孕期检查26 164例。儿童六龄齿免费窝沟封闭7 906人，免费先天性唇腭裂修复手术223例，开展60岁以上贫困人口全口无牙免费安装义齿项目，86名贫困全口无牙老人受益。为贫困白内障患者实施复明手术418例，为先天性白内障患者实施复明手术29例。累计救助先天性心脏病患儿19人。开展了健康长春人评选活动，2 000余人参选，最终评选出各具代表性的健康人物及人物团体15个。开展"健康大篷车"进社区活动，社区居民开展免费健康体检。开展公务员微量元素自愿检测工作，检测5 011人。

【疾病防控】 加强城乡疾病预防控制体系建设。公共卫生均等化各项服务全面开展，2011年无重大传染病疫情发生，传染病发病率比2010年下降4.81%。报告病例数居前5位的病种为肺结核、病毒性肝炎、手足口病、梅毒和流行性腮腺炎。流行性出血热发病率比2010年上升25.35%，布病报告发病率下降33.72%。手足口病下降53.22%，继续保持了手足口病无死亡病例的纪录。病毒性肝炎报告发病率比2010年上升19.09%。卡介苗、脊灰疫苗接种率均在90%以上，乙肝首针接种及时率为95.99%。全市完成所有漏种儿童及学生补种工作，接种率100%。累计排查各类重性精神疾病患者12 212人，并建立健康档案。启动社区儿童孤独症筛查与干预项目社区49家。筛查3 845人，阳性率0.5‰。进一步补充完善指导方案和11个工作流程，强化监测预警，处理疫情及时。实施手足口病疫情日报告、周分析、月汇总制度，随时掌握疫情发展态势，对发现的每起疫情都按照要求开展流行病学调查和处理。符合条件的病例进行采样和实验室检测，检测标本273份。

【妇幼卫生】 全市孕产妇死亡率17.4/10万，创历史新低。实施助产机构和助产技术服务人员“双准入”。严格实行孕产妇死亡24小时报告制和孕产妇死亡责任追究制，对发生孕产妇死亡的机构实行一票否决制。积极开展高危孕产妇筛查，扩大贫困危重孕产妇医疗救助范围，提高救助标准。实行农村孕产妇住院分娩结算医疗机构“一站式”办公。认真执行助产“服务包”，全市共补助农村孕产妇29 345人，救助金额达880余万元。规范婚检，降低出生缺陷发生率，提高出生人口素质。全市10家婚检机构实现了全覆盖。积极推动农村妇女生殖道感染及宫颈癌筛查项目。举办“长春市农村妇女生殖道感染及宫颈癌检查项目”医疗技术人员培训班，完成农村妇女生殖道感染及宫颈癌检查人数75 786人，筛查阳性病例7人。新生儿疾病筛查基本实现全覆盖。进行新生儿疾病筛查52 177例，新生儿疾病筛查率达84%以上，新生儿听力筛查14 143例，筛查率达22.8%。为患儿建立电子病历，对贫困患儿实行免费监测检查，并为他们积极争取救助资金。不断完善产筛管理，全市共开展产前筛查29 473例，筛查率57.35%，其中筛查高风险的1 926例，高危率6.53%。孕产妇产前诊断109人，诊断率0.21%，确诊人数3人，诊断率2.75%。

【新型农村合作医疗】 以提供便民服务为主线，出台一系列惠民政策，做到了农民实惠、基金安全、医院发展和社会认可。加大宣传力度，参合人数逐年提高，2011年有372.3万人参合，常住人口参合率达99.1%，比市政府规定的民生指标高出4.1个百分点，比2010年多增加8.5万人，同时，创新缴费机制，对无偿献血者减免本人或家庭成员参合费用。加强检查督导，配套资金及时拨付。5月末，县(区)级配套资金6 945万元拨付到位，6月份申请国家和省、市资金，7月初7.8亿元拨付到位，共8.5亿元，全部按规定拨入财政专户存储。强化基金监管，管理和使用做到了规避风险运行。坚持以基金安全为重点，要求各地农合办设置监督科和档案管理科，进行外伤调查，定期查房和病历审核等。9月份，与监察局联合下发专项检查方案，开展两次执法监察，及时规避了基金风险，同时，针对转诊、报销、公示、调查等工作，印发了17个指导或规范性文件，建立了定点医院不良信息反馈制度和报销后随访等监管措施。截至11月末，全市累计有101万人受益，报销支出6.3亿元，基金使用率为73.3%，全年预计支出7.5亿元，年度基金使用率87.5%，4年累计沉淀2.7亿元。为保证基金安全，进一步畅通监督举报渠道，建议县(区)卫生局纪检委要介入基金管理，监管体系得到加强。狠抓定点医院管理，切实维护参合农民的合法权益。2011年，长春市有三级定点医疗机构227家。制定相对统一的同级医院管理办法，均设置了报销服务窗口，开通省级平台，并实现网络数据传输和转诊。在3次检查过程中，先后取消1家，暂停3家，并开展5次培训，同时，充分利用逐级转诊来有效分流患者，让市级医院发挥枢纽作用，既让患者得到高比例报销，又提高了医院服务能力。调整补偿政策，切实让患者得到更大实惠。提高报销比例，乡镇卫生院由70%提高到80%，县(区)级由60%提高到70%，县级以上就诊的20种重症疾病，报销比例由45%提高到60%。开展一般诊疗费预拨试点工作，年度封顶线由4万元提高到6万元。将重症精神病患者经常性用药及特殊康复费用纳入补偿范围。将9类残疾人康复费用纳入补偿范围。将城区贫困家庭0岁~6岁听障儿童治疗、康复及人工耳蜗植入费用纳入报销范围。全面开通社区卫生服务中心基本药物报销，报销比例30%，医药费封顶线400元。将新生儿医药费及先天性疾病筛查费纳入补偿范围。将农村儿童白血病、先天性心脏病报销比例统筹提高90%，将中药饮片及中医适宜技术纳入补偿范围，报销比例在原有基础上提高5个百分点。将基本药物与农合目录合并使用，全部录入微机并纳入报销范围。人工耳蜗、重症精神病及新生儿医药费纳入报销管理范围，填补了补偿制度的空白，省里在5月份调整政策时予以推广。

【基本公共卫生服务均等化】 9大类国家基本公共卫生服务项目增加到11大类公共卫生服务项目，并全部推进，同时又增设8项公共卫生均等化服务项目。公共卫生均等化服务经费由原来的人均16元提高到25元。建立居民健康档案500万份，城区建档率达80%；健康教育覆盖率达85%以上；全市儿童健康管理建册率达95%；孕产妇系统管理率达85%；60岁以上老人建档率85%；慢病病例管理率达80%以上，社区高血压筛查率达70%以上。适龄儿童常规免疫接种率以乡镇为单位达90%以上，标准化预防接种门诊覆盖率达100%，儿童预防接种信息管理系统覆盖率100%。完成15岁以下儿童乙肝补种，接种率达100%，麻疹强化免疫接种率达97.8%；传染病网络直报率达100%，传染病网络直报单位信息登记率和管理率达100%；重性精神病人12 212人，规范化管理率达100%。

【食品安全综合协调】 完善基层食品安全网络建设，制定了《关于加强乡(镇)食品安全保障体系建设的指导意见》，提出《我市食品检验资源整合建议》，将小作坊纳入日常监管范围。组织各成员部门向市政府递交了《食品安全目标管理责任书》。市政府列支了1 000万元食品安全专项经费，用于购置必要的检验检测设备、应急检查装备和新增检查频次等费用。建立食品安全举报奖励制度，聘请100名“食品安全义务监督员”，开展“城乡食品安全五月行动”、“食品安全宣传月”活动和“秋季食品安全行动”。出动执法人员10万余人次，检查食品生产经营单位8万余户次，农资生产经营企业15 000余户次，抽检2 240个批次，取缔无证经营业户335处，下架不合格食品1 892公斤，查处各类食品违法案件6 541件，罚没款1 200余万元，维护和保持了全市食品市场的平稳有序。

【国际交流】 2011年，加快了国际交流工作步伐，举办国际交流学术会议10次，进行专题讲座25次，参加学术会议约1 450人，接待来访31人，专项培训120人，出国考察11人，派往国外参加国际学术会议8人，派到国外进修学习的医生有10人。“中日合作医疗中心”、“中韩口腔合作项目”、儿童医院与香港大学玛丽医院合作项目、心理医院与荷兰乌特勒支大学合项目取得丰硕成果。

【卫生基础建设】 卫生重点工程得到顺利推进。中心医院改扩建项目总投资8.28亿元，地下主体施工至地下三层，地上主体施工至地上二层，相关配套工作同步开展。心理医院工程总造价约1.9亿元，心理医院项目土建工程已完工，正进行室内装修工程。长春市第二医院兴隆山分院的各项工作已经如期交付使用，医院正按照功能顺利运行。献血屋项目已有6个正在建设当中，其余献血屋预计年底前全部完工。

【卫生应急保障】 加强公共卫生安全保障能力。120急救中心确保了12分钟接警到达现场的政府承诺，全年运送急诊病人4.3万人次。积极参与农安氨气泄露、绿园煤气爆炸、台湾游客交通事故等多起突发事件现场急救和医疗救治任务，受到省、市政府的表扬。无偿献血工作走上科学和现代化管理轨道，在全国率先建立了血液保障的长效机制，新建7个献血屋，市政府下发了《长春市献血管理办法》，全年采血36.7吨，有效地保证临床用血。

【医政管理】 完善医疗质量管理体系，全面提升医疗水平。市卫生局成立了长春市医疗质量管理委员会和医疗质量专家委员会，下设17个专家组，并成立相应的质控中心。以试点医院为重点，全面推进临床路径管理，病种数达50余种，病例数达17 000余例。开展抗菌药物临床应用专项整治工作，实施抗菌药物分级管理，建立预警干预机制，实行责任追究，各医疗机构抗菌药物使用量明显下降。深入开展“优质护理服务示范工程”。建立长春市护理质量控制中心和护理专家委员会，制定了护理工作质量评价标准。开展了优质护理服务模范单位、模范团队、模范管理者及优质护理服务岗位之星的评选和表彰活动。继续开展全市中医药服务对口支援工作，25家医院对口支援46家社区卫生服务中心。召开促进全市中医药发展大会，下发了《长春市人民政府关于扶持和促进中医药事业发展的意见》。朝阳区、宽城区通过了全国社区中医药工作先进单位考核验收。

【医疗服务监管】 推进预约诊疗服务，方便群众就医。出台了《长春市公立医院预约诊疗工作实施方案》，通过“118114”统一电话，向公众提供预约诊疗服务。这项服务在吉林大学第一医院等19家医疗机构先行试点。开展城乡医院对口支援活动，制定了《长春市县级医院支援乡镇卫生院工作方案》，以10个县(市)、区卫生局为单位，采取县级医院支援本辖区内乡镇卫生院的方式，通过周期3年的建设发展，让50%的乡镇卫生院达到一级甲等医院标准，使乡镇卫生院的管理水平、设备条件、梯队建设和医疗技术水平得到全面提高。深化“万名医师支援农村卫生工程”，受援县医院安排县级骨干医院到支援医院进行为期1年的专科住院医师规范化培训。制定了《2011年长春市医疗小分队支援农村卫生活动方案》，组建5支医疗小分队，开始为期1年的医疗巡回诊疗活动。每支医疗小分队全年派出次数不少于40次。加大执业行为监管力度。监测并通报虚假违法医疗广告601条，涉及医疗机构41家。推进平安医院创建活动，建立医疗纠纷人民调解委员会，做为医疗纠纷第三方调解中心，受理长春市范围内的医疗纠纷。医调委成立以来，调解了大量的医疗纠纷案件，其中双方同意调解的医疗纠纷案件87起，只有7例通过法律程序解决，调解成功率达92%。

【卫生民生】 积极开展“三帮扶”救助行动。实施了100家医疗机构，减免总额为1 000万的医疗救助工程。救治困难群众39 575人次，累计减免医疗费616万元。为120名贫困全口无牙老人免费安装义齿，免费窝沟封闭7 906人，免费先天性唇腭裂修复手术223例。实施贫困人群的医疗救助。建立了贫困精神病患者发现、应急处置、免费服药、免费住院等工作流程。累计排查各类精神病人10 363人，完成了3 580名贫困精神疾病患者的备案工作，并为贫困精神病患者免费送药，实施每季度随访一次。在6个区级医院建立了“爱心透析中心”，111名低保尿毒症患者得到免费救治。继续开展贫困孕产妇救助项目，救助标准提高到1 500元，农村孕产妇住院分娩补助2.9万人、补助金额880余万元。对231户服刑、劳教、刑释人员子女实施了医疗救助。

【人才队伍建设】 创先争优活动在长春市各级医疗机构中扎实开展，以创建促发展、以创建求变化的做法收到实效。宽城区、二道区、绿园区多年来第一次引进大批技术人员，市直各单位也都创造条件引进急需的专业人才和引进博士等较高学历的毕业生。开辟绿色通道，引进28名优秀毕业生，新聘用了554名专业技术人才。基层卫生技术人员培训工作取得新进展，对65名社区全科医师骨干、40名乡镇卫生院全科医生转岗培训，举办多期基层专业技术人员培训班，共培训全科医生95名、社区护士100名、电诊专业28人、药学专业42人、检验专业28人。完成30名农村乡镇卫生院接收订单定向医学生签约工作。

【创建国家中医药先进市】 2011年，国家中医药管理局授予长春市政府社区中医药先进市称号。创建工作取得显著成绩。投入了近1.2亿元，用于为社区卫生服务机构配置医疗设施和中医诊疗设备、引进和培养人才等，全市中医机构的硬件条件得到全面改善，社区医疗卫生服务机构的中医药服务能力全面提升。62个社区卫生服务中心均设立了中医科，全部建成了集针灸推拿理疗室、康复室、中药房为一体的中医集中诊疗区——中医馆，45%以上的社区卫生服务站以提供中医药服务为主，全市社区卫生服务机构的中医处方占处方总数的比例提高到35%。针对社区卫生服务机构高级中医药人才缺乏的实际，长春市积极探索中医对口支援和“双向转诊”的模式。全市省部属、市属、区属25家医院已与49家社区卫生服务中心建立了中医药服务对口支援的合作关系，各大医院派出中医专家、中医师到社区卫生服务中心进行技术指导、坐诊、一对一带教学员。

【创建无烟城市】 2011年，长春市正式加入了“无烟城市——盖茨无烟中国控烟项目”，并积极开展创建无烟城市活动。从5月28日~6月28日集中开展控烟宣传工作。5月31日，世界无烟日当天，在省中医药科学院组织了“长春市控烟宣传月活动启动仪式”，利用各种传播材料宣传控烟工作。设计印制了“控烟指导手册”、“控烟宣传折页”、“控烟宣传画”，下发各基层单位。市健康教育中心编辑的《健康谈话》、《乡村医生通讯》两本杂志，每期都刊登有关控烟的文章。健康教育中心主编的《健康素养三字谣漫画》、《长春市民健康读本》均有控烟方面内容。设计制作了长春市健康教育画廊宣传画每期都宣传控烟相关知识。设计制作了控烟知识展板，在长春市各城区及相关单位进行巡展。邀请健康教育专家在长春电视台“新闻周刊”栏目及长春电视台民生直播间，就控烟问题回答网友问题。另外还经常利用平面媒体和网络登宣传控烟工作动态及烟草危害相关知识。

【科技教育】 推进全市继续医学教育创新发展。建立了长春市继续医学教育管理网络平台，充分利用现代信息技术开展远程继续医学教育，使继续医学教育管理工作走向信息化、科学化，实现便捷高效管理。组织开展“十一五”继续医学教育评估工作。4月份省卫生厅评估专家组对长春“十一五”期间继续医学教育工作进行全面检查和评估。评估组对吉林省肝胆病医院、朝阳区卫生局、朝阳区疾控中心、九台市卫生局、九台市医院“十一五”期间继续医学教育工作进行评估。实施以加强基层医疗卫生队伍建设为重点的城乡全科医生岗位、转岗培训工作。对65名社区全科医师、40名乡镇卫生院全科医生骨干开展了为期1的转岗培训。深入开展城市社区全科医师岗位培训工作。举办全科医师、社区护士、心电、B超、药学、检验等专业培训班各1期，培训全科医生95名，社区护士100名，心电、B超专业28人，药学专业42人，检验专业28人。落实医改任务，继续实施农村订单定向医学生免费培养项目。全市完成30名农村乡镇卫生院接收订单定向医学生签约工作，确保了招收学生顺利入学。

（姜德强）

体　育

【体育民生】 1.体育设施建设协调发展。投入资金550万元（其中本级投入150万元，争取国家、省资金、器材投入400万元），建设了朝阳公园等3个体育健身园；在城区新安装健身路径41条；对6 000余件健身器材进行了全面维护、维修；为10个乡镇、82个行政村安装了健身器材。中央政治局委员、国务委员刘延东就长春市全民健身活动作出重要批示：“长春健康城市工作有效地推动了全民健身运动，效果好，可予推广。”新华社、人民日报、中央电视台等13家中央主流媒体，深入长春市街道社区，就“长春打造健康城市，破解体育民生难题”进行专题采访，并在全国进行宣传推广。2.在全国群众体育工作会议上，长春市作为惟一一个省会城市的代表，受国家体育总局特别邀请，市委常委、副市长郑文芝代表长春市在会上作了开展全民健身工作典型经验介绍。3.以“健康长春

世界行走日活动

——体育伴随你我他”、“全民健身与冬运同行”为主题，举办了系列健身活动700余项次，吸引健身群众达百万人次。4.按长春市总人口年均1.5‰比例，为11 000余名市民免费提供了体质检测、评定和健身指导。5.举办社会体育指导员、社区体育管理员、国民体质检测人员培训班12期，社会体育指导员队伍进一步壮大，发展到8 802人。6.市政府召开长春市体育协会工作会议，对先进集体和先进个人进行表彰；市级单项体育协会发展到46个，县(市)区、开发区级体育协会发展到146个。7.大力开展阳光体育和青少年足球进校园活动；对长春市25所国家级青少年体育俱乐部、41家省级体育传统项目学校进行了检查评估。8.长春市被国家体育总局、中华全国体育总会向国际健身与大众体育协会(TAFISA)推荐为“国际3AC计划城市(积极的城市、积极的社区、积极的市民)”；长春市体育局荣获“广州亚运会亚残运会先进集体”，受到国家人力资源和社会保障部、国家体育总局表彰；长春市体育科学研究所被国家体育总局授予“全国第三次国民体质监测工作先进单位”荣誉称号。

【十二冬会筹备工作】 成立十二冬会长春赛区组委会、执委会及下设机构，赛区筹备工作全面展开。成立项目竞委会，制定了竞赛工作筹备方案，确定了短道速滑、花样滑冰、冰壶3项运动员代表队驻地宾馆，竞赛筹备工作有序开展。投入建设资金770万元，对长春五环体育馆、长春市滑冰馆进行了全面维修改造。经国家体育总局、省组委会检查，均达到十二冬会开幕式和比赛标准。配合十二冬会组委会，在火车站、文化广场设立了十二冬会倒计时牌；制定了十二冬会长春赛区火炬传递方案；参照东博会，细化冬运会公益广告宣传方案；彩化、亮化、美化工程正逐步推进。赛会医疗防疫、食品安全、安保交通、水电热气等城市运行综合服务保障工作方案已确定。

【竞技体育】 第七届全国城运会预赛于10月16日～25日在南昌市举行，长春市共有76名运动员取得决赛资格，取得了1金6银、3铜，17个前8名，有1人1次超亚洲青年纪录，共获奖牌10枚，团体总分135分，两项指标远超上届。长春市代表团再次获得“体育道德风尚奖”，实现了运动成绩和精神文明双丰收，圆满完成了既定参赛目标。长春市及长春市输送的运动员参加年度国际和全国比赛40项次，获世界冠军6个，全国冠军30个。向国家队（集训队、青年队)输送运动员20人。长春市体育局被省授予“2010年度市州体育突出贡献奖”。

【体育赛事】 成功承办了瓦萨国际越野滑雪赛、全国CBA篮球公开赛、中超足球联赛等国际国内赛事12项次，省、市赛事120项次，各级各类体育活动800余项次。指导各县(市)、区运动会14项次，单项体育协会体育活动180项次，校级运动会400余项次。以培养中青年体育竞赛干部为重点，举办7期培训班，申报、审批国家级裁判员4人，一级裁判员10人，二级裁判员160人。

【体育产业化、法治化】 为加快体育产业发展，向市政府提交了《长春市加快推进体育产业发展的做法成效及问题建议》，代政府起草了《长春市人民政府关于加快发展体育产业的实施意见》，征求意见工作已经结束，已上报市政府审定批准。制定了《长春市全民健身实施计划(2011-2015)》和《长春市全民健身条例实施细则》，正征求各相关部门意见，待修改完善后上报市政府。审批体育经营活动单位16家；对游泳等高危险性项目体育经营场所进行安全检查，对全市42家游泳场所146名救生员进行了培训。2011年长春市有体育经营场所670家，从业人员13 000人。体育彩票销售额稳步攀升。全年长春市体育彩票销售额达6.3亿元，占全省销售总额40%以上，居全省首位，创历史新高。

【建设长春奥林匹克公园】 长春奥林匹克公园占地面积52.7万平方米，总建筑面积32.5万平方米，计划投资20亿元。一期工程包括容纳3万观众的体育场、1万观众的体育馆、3 000观众的跳水游泳馆和建筑面积3万平方米的全民健身中心。该工程于2011年4月正式开工建设，工程建设进展顺利，体育场、游泳馆、体育馆基础以下工程全部完工，其中健身中心完成降水和基础土方1万立方米，体育场二层看台局部完工。

（孙彩贤）

第二届长春外国友人运动会

城乡人民生活

【概况】 2011年，长春市城市居民人均可支配收入达20 487元，比2010年增长14.3%，其中，工薪收入增长8.3%，经营净收入下降6.2%，财产性收入增长54.8%，转移性收入增长24.8%。城市居民人均消费性支出为16 328元，比2010年增长13.4%。城市居民人均住宅建筑面积达到32.75平方米。农民家庭人均纯收入为7 965.1元，比2010年增长19.5%。农村居民人均生活消费支出4 597元，比2010年增长9.1%。农村居民人均居住面积达25.43平方米。2011年末城乡居民储蓄存款余额2 359.3亿元，比2011年初增长13.4%。

【城市消费水平】 2011年，城市居民人均消费支出16 328元，比2010年增长13.4%。其中，食品消费5 040元，增长8.6%；衣着消费1 949元，增长7.2%；家庭设备用品及服务消费1 095元，增长19.6%；医疗保健消费1 626元，增长2.4%；交通和通讯消费2 189元，增长34.1%；教育文化娱乐服务消费1 936元，增长8.0%；居住消费1 756元，增长7.8%；杂项商品和服务消费738元，增长11.6%。

【农村消费水平】 2011年，农村居民人均生活消费支出4 597元，比2010年增长9.1%。其中，食品消费1 757元，增长15.8%；衣着消费364元，增长38.9%；居住消费665元，下降11.3%；家庭设备用品及服务消费212元，增长52%；交通通讯消费553元，增长79.9%；教育文化娱乐服务消费441元，增长18.9%；医疗保健消费477元，增长14.7%；其他商品和服务消费128元，增长26.9%。

【消费结构】 2011年，城市居民恩格尔系数为30.9%，下降1.3个百分点；农村居民恩格尔系数为39.1%，下降0.2个百分点。城市居民消费支出中，衣着消费比重为11.9%，下降0.7个百分点；家庭设备用品及服务消费比重为6.7%，上升0.3个百分点；医疗保健消费比重为10.0%，上升0.9个百分点；交通通讯消费比重为13.4%，上升2.1个百分点；娱乐教育文化服务消费比重为11.9%，下降0.6个百分点；居住消费比重为10.8%，下降0.5个百分点；杂项商品服务消费比重为4.5%，下降0.1个百分点。农村居民人均生活消费支出中，衣着消费比重为7.9%，上升1.1个百分点；居住消费比重为14.5%，下降4.9个百分点；家庭设备用品及服务消费比重为4.6%，上升1.0个百分点；交通通讯消费比重为12.0%，上升4.1个百分点；娱乐教育文化服务消费比重为9.6%，与2010年持平；医疗保健消费比重为10.4%，下降0.4个百分点；其他商品服务消费比重为2.8%，上升0.2个百分点。

【消费特点】 1.饮食观念的改变使食品支出结构变化。2011年长春市城市居民恩格尔系数30.9%，比2010年下降1.4个百分点，仍呈逐年下降态势。2011年食品价格指数累计增长11.7%，高于食品支出增长幅度。全年人均食品支出5 039.6元，比2010年增长8.6%，占消费支出的30.9%。其中，粮油类增长11.2%，干鲜瓜果类增长16.3%，糕点、奶及奶制品增长19.4%，饮食服务增长33.8%，肉禽蛋水产品类下降0.6%，蔬菜类下降3.5%。2.衣着需求已从物质满足向精神满足转化。人均衣着支出1 948.7元，比2010年增长7.2%，占消费支出的11.9%，衣着消费向品牌、休闲方向发展。3.生活方式改变促使居住支出增加。人均居住支出1 755.9元，比2010年增长7.8%，占消费支出的10.7%，居住中的能源消耗是随着人们的夜生活和电器、燃气的使用率增加而提升的。4.家政服务的快速发展拉动家庭设备用品及服务的增长。家庭设备用品及服务支出呈较快速度增长，全年人均支出1 095元，比2010年增长19.6%，占消费支出的6.7%，其中，家政服务支出增长5.6倍，家政服务呈多元化，家政服务的消费观念和消费层次都随着收入的增长发生了改变，人们把自己从家务劳动中解放出来，拥有更多的时间去丰富自己的业余生活。5.居民医疗保健意识在增强。医疗保健支出的增长代表着城市居民对自身的健康和保健有了进一步的认识，医疗保健人均支出1 625.6元，比2010年增长24.1%，占消费支出的9.9%，增速较快。其中，医疗器具增长2.6倍，保健器具增长1.4倍。6.汽车和电信产业发展带动交通和通信支出上升。汽车交通和通信增长是随着家用汽车的普及率提高和电子通信费用的增长而增长的，人均支出2 188.9元，比2010年增长34.1%，占消费支出的13.4%，位居消费支出份额的第2位。7.居民对教育的重视拉动教育支出。教育文化娱乐人均支出1 936.2元，比2010年增长8.0%。文化娱乐用品支出人均406.3元，增长53.4%。教育中的托儿费人均支出197.8元，增长1.3倍。8.居民对自身形象的注重推动了其他商品和服务支出的增速。其他商品和服务人均支出738.4元，比2010年增长11.6%，消费水平的提高促使人们对自身的妆扮，美容美发美体等费用支出的提高。其中人均金银珠宝饰品支出增长1.3倍，人均手表支出增长2.4倍，美容费增长2.7倍。

（曹军飞）

婚姻家庭

【概况】 2011年，长春市有婚姻登记处14个，其中，城区6个、县(市)4个、开发区4个。全市各婚姻登记机关进一步推进婚姻登记规范化建设，健全了规章制度，规范了登记流程，加强了内部管理，强化了队伍建设，婚姻登记服务行为达到标准化、法制化管理要求。全市14个婚姻登记处规范化建设全部达标。

【结婚登记】 2011年，长春市各婚姻登记机关严格按照《婚姻法》和《婚姻登记条例》的规定，公开审批程序，认真审核登记手续，全年办理结婚登记86 828对。

【离婚登记】 2011年，长春市各婚姻登记机关依法对离婚登记手续齐全，尤其是根据离婚协议书的内容，对当事人在子女抚养、财产及债务处理等事项明确的情况下，准予办理协议离婚登记。全年办理离婚登记27 530对。

（马　威）

计划生育

【概况】 截至2011年末，全市总人口为759.14万，出生人口4.61万人，政策生育率94.99%，出生率在6.08‰以内，自增率1.85‰，全面完成了省下达给长春市的各项人口计划。

【免费优生健康检查工作】 全年市、县两级财政投入908万元，在全市城乡全面开展了男11项女19项免费优生健康检查，是全国省会城市中惟一一家。到2011年底，全市有80 916人接受了免费检查，其中有40 016对夫妻。把发现的2 982例女性乙肝表面抗原阳性人员名单转给肝胆病医院，对她们实行免费监测和免费用药干预，有效率达95%～98%。在筛查中查出稀有血型187人，成为全市临床用血的主要资源。市人口计生委和国家人口计生委科研所联合开展了《长春市孕前－围孕期优生健康监测与妊娠结局随访的试点应用研究》课题项目，和吉林大学白求恩医学院联合开展了《长春地区遗传因素出生缺陷一级预防的应用与研究》课题项目，分别在国家科技部，吉林省科技厅立项。省人口计生委分别在榆树、农安和双阳召开现场会，推广长春市优生工程、服务机构“县乡一体化”以及计生药具工作改革的经验。在2011年省人口生命科学院开展的室间质量评价活动中，长春市15个生殖健康医院全部参加，并全部获得优秀，列全省第1名。

【创建幸福家庭活动】 长春市被确定为全国首批32个试点城市之一，5月份，全国创建幸福家庭工作会议在长春召开。会上全面推广了长春经验，长春市、德惠市、绿园区作了大会发言，会议考察的4个现场全部由长春市提供。9月份，在国家行政学院举办的全国创建幸福家庭活动试点市专题研究班上，市委常委、副市长吴兰应邀为全国试点省、市人口计生委主任进行专题授课，介绍了长春市创建幸福家庭工作经验。1.领导重视，形成创建共识。市委、市政府印发了决定，市人口计生领导小组印发了计划，层层签订目标责任书，成立了领导小组。积极利用网络、多媒体、手机短信、公交车广告等现代传播手段，加强宣传工作的实效性，在全市形成了“幸福家庭全民建，幸福家庭惠全民”的共识。2.鼓励创

全国政协、中国人口福利基金会领导深入二道区英俊社区，考察幸福家庭活动进展情况

新，突出品牌特色。全市统一提出“五有”要求，即市有决定，县有方案，乡有办法，村有计划，户有行动。县(市)、区已全面铺开，乡(镇、街道)、村(社区)的覆盖面分别达50%和34%，参与活动的计生户达到计生家庭总数的20.8%，超额完成了省下达的指标任务。各县(市)、区结合实际，创造了诸多品牌特色，如“三加一”模式，幸福家庭“责任田”、“文化楼”，创建幸福家庭合作社，幸福家庭“六星”评比活动等。3.加强指导，促进常态发展。从5月份开始，市人口计生委利用1个月的时间，先后两次深入到15个县（市）、区进行调研指导和总结提升。

【流动人口计划生育服务管理】 长春市被国家人口计生委确定为全国49个流动人口计划生育基本公共服务均等化试点城市之一。全市流动人口信息平台工作得到国家和省里的充分肯定。完成流动人口动态监测入户调查任务。2011年初调查了10个县(市)、区35个乡(镇、街道)、80个监测点的2 000户；7月份调查了6个县(市)、区36个点，720户；先后两次组织县(市)、区工作人员集中到市里交叉审核；利用3天时间直接到乡(镇)街道进行具体审核指导。逐步完善“一盘棋”工作机制。市本级投入专项经费100万元，建立和加强了区域间工作信息的沟通和反馈工作，使信息平台的应用水平逐步加强。11月18日，国家人口计生委科技司检查评估后，对长春市的工作表示满意。发挥流动人口基本公共服务均等化试点城市的示范作用。为流动人口开展了“四项服务”，即免费为流动人口提供免费优生筛查、生殖健康检查、免费药具、生产生活4项服务，全市为799对流动已婚待孕夫妇进行了免费优生健康检查，为53 298名流动人口提供了免费生殖健康和药具服务。

【两项奖扶政策落实】 为符合农村部分计划生育家庭奖励扶助对象和独生子女伤残、死亡特别扶助家庭的扶助对象发放奖励扶助资金的工作，年内全部完成。7月份，国家人口计生委又将“半边户”纳入农村奖扶中，年底前也将一并发放。经调查核实，2011年，全市符合农村部分计划生育家庭奖励扶助的对象为18 612人，长春市配套资金应承担381 600元；符合计划生育家庭特别扶助的对象为6 500人，长春市配套资金应承担214 056元。到2011年底，经过核查，农村部分计划生育家庭奖励扶助制度和计划生育家庭特别扶助制度奖励扶助对象确认准确率达100%，发放工作全部完成。

【全员人口信息化建设与应用】 加强规范管理。制定下发了《长春市人口和计划生育信息化工作管理规范》和《全员人口信息化建设工作评估标准》，明确了各级信息化工作的任务，操作流程和相关要求，规范了县(市)、区软硬件和人员的配置标准，明确了各项制度要求，规范了评估内容。完成软件升级工作，实现了人口信息数据的小集中。强化全员人口数据库质量建设。采取两次大集中与月月小集中的方式，严格对全员人口数据库的综合信息质量进行跟踪。1月份，根据国家校验程序，各县（市）区抽取1个乡（镇）和1个街道，全市共抽取28个乡(镇、街道)，对全员人口信息数据进行认真校验，并注重效验与指导相结合，为提高信息库质量奠定了基础。6月~7月，市人口计生委对全市162个乡(镇)街道的全员人口数据质量进行抽查、指导、检测和评估，8月份对检测情况进行了通报，促进了全员人口数据质量的提高。

【职业化队伍建设】 组织开展多层次的专业知识培训。9月16日~30日，在全市举办了5个大型培训班，培训1 800多人次，覆盖市、县、乡、村4级。开展在职学历学位教育和专业知识培训工作。组织市、县、乡3级5人参加了研究生学历在职教育，组织29人参加了全省统计专业知识培训，组织410人次参加了流动人口专业知识培训，组织1 380人次参加了技术服务和优生工作培训。积极开展“做行家里手、当服务标兵”一岗多能知识竞赛活动。印发了知识竞赛方案，发放1 600本《一岗多能应知应会600问》和1 000本《人口和计划生育工作指南》。9月26日和28日组织举办了知识竞赛初赛和复赛，表彰了获奖单位和个人。

【基层基础工作】 低生育水平进一步稳定。2011年初，市人口计生委制定了2011年人口发展规划，分解下达任务、落实责任。2月份，在全市人口和计划生育工作会议上，市政府与各县(市)、区政府及各相关部门、市人口计生委和各县(市)、区人口计生局分别签订计划生育目标管理责任书和民生工作目标责任书，确定了全年的任务指标。7月份和10月份，市人口计生委分别在省“计生线”半年业务考核和省考核站基层基础工作入户考核中取得了好成绩。人口计生信访工作水平进一步提升。认真做好局长信访接待日工作。做到接前有准备、当天有报告，接后有处理意见。接待群众上访119件，及时向有关部门上报了工作进展情况。

（宋学兵）

民族工作

【概况】 2011年，全市有46个少数民族，人口27.6万人，占全市总人口的3.6%。其中，城市少数民族人口13.8万人，占全市少数民族人口的54.7%，农村少数民族人口11.4万人，占全市少数民族人口的45.3%。满族、回族、朝鲜族、蒙古族、锡伯族5个世居少数民族人口24.8万人，占全市少数民族人口的98.4%。其中，满族15.3万人，占57.6%；朝鲜族5.3万人，占19.9%；回族4.8万人，占17.6%；蒙古族1.3万人，占4.5%；锡伯族1 017人，占0.4%。全市有4个民族乡：双阳区双营子回族乡、九台市胡家回族乡、九台市莽卡满族乡和榆树市延和朝鲜族乡，有43个少数民族聚居村，258个少数民族聚居社，全市有少数民族干部5 837人，占全市干部总数的2.75%。有少数民族社团8个，市级朝鲜族群众艺术馆1所，乡级少数民族文化站4所;民族中、小学26所;民族医院1所,民族乡医院4所,少数民族民族聚居村合作医疗点43个。

【民族团结进步创建活动】 开展民族团结宣传活动。市民委总结近年来民族工作取得的成果,并制作了电视专题宣传片,进一步加大宣传力度。同时,对在全市民族团结进步创建活动中涌现出来的先进集体和先进个人典型,集中在省市电视台等新闻媒体进行宣传报道。申报确定民族团结进步创建活动示范点。长春皓月清真肉业股份有限公司、市朝鲜族中学和南关区长通街道清真寺社区等10个单位,被省民委确定为长春市第一批"全省民族团结进步创建活动示范点"。完成创建国家文明城任务。市民委积极推进民族团结进步创建活动,加强民族服务体系建设,高标准地进行材料整理和上报,通过了国家文明办的检查验收。

【推进少数民族经济加快发展】 积极为少数民族争取建设资金。市民委积极协调省民委、市财政等相关部门,加大对少数民族建设资金的投入力度,为少数民族经济发展起到了推动和保障作用。同时使用和管理好少数民族生产生活补助费,组织人员对2009年度和2010年度少数民族生产生活补助费进行跟踪检查,确保资金的合理使用。市民委还加大对受灾民族乡村民生项目的扶持力度,拨付少数民族生产生活补助费200万元。向省民委申报了拨付九台市莽卡满族乡塔库村防洪交通桥50万元建设资金和双阳区双营子回族乡黄牛养殖28万元发展资金项目。深入开展"民族情"创业带动就业服务工程。市民委制定了《2011年"民族情"创业带动就业服务工程实施方案》,重点抓好民族乡村实用技术和劳动技能培训工作,为少数民族群众自主创业和多种形式就业提供服务。2011年,协调南关区、九台市、双阳区、榆树市、德惠市等县(市)、区举办家电、月嫂等培训班8期,约3 000人次参加,安排各类就业岗位340个。积极为少数民族特需商品定点生产企业服务。市民委深入到少数民族特需商品定点生产企业走访调研,掌握了解统计生产经营情况,热心为少数民族特需商品定点生产企业的发展创造条件,落实优惠政策,解决难题。

【维护少数民族合法权益】 1.加强对清真食品管理。市民委与市工商局、市商务局联合下发了《关于进一步加强全市清真食品管理的通知》,明确各部门的职责和审批权限,加强各部门之间的沟通协调;向市政府呈报关于成立"长春市清真食品管理协调领导小组"的报告,统一协调全市清真食品管理工作;对全市清真食品现状进行了认真的排查摸底,将清真食品生产经营企业和业户信息进行归档整理,并形成《关于进一步加强清真食品管理的调研报告》,为领导决策提供了第一手资料,建立了全市清真食品生产经营企业和业户管理应用系统。2.加强对外来经商少数民族的服务与管理。2011年上半年,市民委组织人员对全市少数民族流动人员数量和经商情况进行调研,比较全面地掌握了全市少数民族经商人员的数量、经营范围和分布地点等基本情况,形成了《全市少数民族流动人口情况的调研报告》。3.做好民族成分识别审核工作。市民委认真贯彻落实"两部委"关于民族成识别的通知精神,严格政策,规范程序、公开透明,热情接待,周到服务。2011年审核变更民族成分近1 200人。同时认真做好少数民族考生加分资格审查工作,宣传贯彻有关民族政策,积极为应届少数民族考生开通绿色通道,保障少数民族的合法权益。4.妥善处理突发事件。市民委认真排查各种不稳定因素,及时化解各种矛盾和纠纷,维护少数民族领域稳定。2011年先后妥善处理了市朝鲜族中学因大连万达建筑物挡光上访事件、肉食补贴引发的回族群众聚集事件、东北师范大学清真餐厅回族群众聚集事件、青岛双星童鞋商标事件、小房身回族公墓治理问题、新天地回族职工被刺事件、两名维吾尔族青年斗殴致伤事件等,特别是在内蒙古"5·11"、"5·15"案件发生后,市民委高度重视,积极主动与少数民族上层人士沟通联系,及时掌握有关信息并按时向省市领导和有关部门汇报,保证领导在第一时间掌握情况,有针对性地做好相关人员的工作。5.组织举办少数民族文化节庆活动。市民委下发了《关于加强全市少数民族传统节庆活动管理若干问题的通知》,成立了全市少数民族传统节庆活动领导小组,进一步加强了5大世居少数民族传统节庆活动筹委会管理。市民委组织举办了锡伯族"四一八"西迁247周年纪念活动、朝鲜族纪念建党90周年传统文化体育活动、回族开斋节、第七届蒙古族那达慕大会、满族颁金节和第七届穆斯林玫瑰之约联谊活动,加强了党和政府与各少数民族群众的联系和感情。在南关区回族小学开展读书好、好读书、读好书"三语"演讲比赛,组织朝鲜族妇女协会和朝鲜族关心下一代委员会开展"捐资助学"、"贫困孩子庆六一"、"青少年教育"等活动,并协调民族企业完成青海国际清真食品博览会参展任务。6.积极做好参加第九届全国少数民族传统体育运动会的相关工作。市民委利用半年的时间积极筹备,做好参赛表演项目的编排、训练和参观团的组建,协调落实参赛及观摩团经费。组成由少数民族代表人士和民族单位负责人为成员的少数民族观摩团,赴贵阳参会观摩,展现了长春市少数民族良好的精神风貌。运动会上,长春市代表吉林省的参赛项目获得表演项目综合类2等奖、3等奖、体育道德风尚奖的好成绩,为长春市民族体育事业增添了光彩。

【少数民族民生改善】 解决少数民族关注的重点难点问题。完成市回族福利院后续工程建设。重点进行了室内装饰、道路、庭院绿化、土方回填等工作。机构、人员、经费等问题正在积极协调中。推进长通路清真寺后续工程建设。完成了清真寺牌楼、仓库、服务中心、大部分内外围墙等项目建设。协调落实市朝鲜族群众艺术馆迁建扩建和推进市区朝鲜族小学异地新建、完善基础设施工作。市政府为市朝鲜族群众艺术馆投资5 000万元,新建6 000平方米馆舍;投资403万元,为宽城区朝小加强基础设施建设,异地选址修建幼儿园；投资3 600万元，为绿园区朝小异地新建4 000平方米教学楼。做好少数民族肉食补贴发放工作。市政府为长春市城区回族等10个信仰伊斯兰教的少数民族居民发放一次性肉食补贴120元，市民委加强与市公安局、市财政局沟通协调，督促各区及时将肉食补贴发放到少数民族群众手中，还协调补发了被遗漏的89户居民的补贴，真正把党和政府的关怀送到少数民族群众心中。广泛开展送温暖活动。2010年长春市的4个民族乡有3个遭受洪涝害灾，少数民族群众的财产遭受不同程度的损失。市民委专门拨付10万元，在2011年春节前对100户遭受水灾的少数民族群众进行了慰问走访。同时，还把少数民族生产生活补助费向受灾的民族乡村倾斜，重点加大对生产生活基础设施建设的投资力度。积极组织开展少数民族"三下乡"活动，为民族乡村送医送药，缓解少数民族看病难问题。

（李保存）

宗教工作

【概况】 2011年，全市有天主教、基督教、佛教、伊斯兰教、道教5种宗教，信教群众约21.54万人，约占全市人口的2.7%；其中，天主教约2.3万人，基督教约10.08万人，佛教约4.91万人，伊斯兰教约4.2万人（按回族、维吾尔族等少数民族穆斯林人口统计），道教约500人。批准登记的宗教活动场所430处，其中，天主教10处、基督教363处、佛教33处、伊斯兰教22处，道教2处。有宗教教职人员599人，其中，天主教17人、基督教196人、佛教345人、伊斯兰教30人，道教11人。全市重点宗教活动场所5处：东四道街天主教堂、西五马路基督教堂、长春般若寺、长春地藏寺和长通路清真寺。市级宗教团体6个：市天主教爱国会、市天主教教务委员会、市基督教三自爱国运动委员会、市基督教协会、市佛教协会和市伊斯兰教协会。

【宗教事务管理】 1. 深入学习贯彻《宗教事务条例》。采取多种形式深入开展《宗教事务条例》和《吉林省宗教事务条例》等法规的学习和宣传，组织对各场所贯彻落实《条例》情况进行督促和检查。市宗教局举办了5期由宗教工作干部、宗教团体和重点宗教场所负责人参加的宗教政策法规培训班，约2 000人参加。2.宗教教职人员备案管理工作。按照省宗教局的要求，市宗教局召开了全市宗教团体负责人和各县（市）、区宗教工作干部会议，制定《关于开展教职人员资格认定备案实施方案》，认真做好宗教教职人员认定备案工作。2011年全市经过审核，对合格的599名教职人员进行了备案（其中主要教职人员87名），并建立了数据库。3.宗教活动场所财务监督管理工作。市宗教局召开全市宗教活动场所财务监督管理工作经验交流会议，各县（市）、区宗教工作干部、重点宗教场所负责人30多人参加会议，各县（市）、区交流了财务监督管理试点工作经验，市宗教局对前阶段财务监督试点工作进行总结，对下步财务管理工作提出了要求。市宗教局邀请市政府财务总监、高级会计师为宗教工作干部、各宗教场所负责人、财务人员举办了6场财务知识专题讲座，培训约2 000人次。6月份省宗教局局长姜光子、副局长安玉杰到农安县金刚寺、净月区北普陀寺和朝阳区大佛寺调研时，对寺院的财务监督管理工作给予了充分肯定。长春市宗教活动场所的财务监督管理工作，在全省民族宗教工作会议上作了经验介绍。4.宗教活动场所管理工作。2011年底全市430处宗教活动场所全部完成了换证登记工作。市宗教局对各地申请新建、扩建、迁建的宗教活动场所，按照程序严格把好审核审批关，坚决制止盲目扩建、滥建寺观教堂现象；对棚户区改造中的宗教场所进行整合，协助市东四道街天主教堂完成土地确认权前期工作；指导榆树、农安等地做好佛教大型的开光法会活动；积极推进平安宗教场所建设。

【引导和服务】 1.开展创建"和谐寺观教堂"活动。按照创建"和谐寺观教堂"的标准，市宗教局指导宗教团体深入开展创建"和谐寺观教堂"活动，完善开展创建"和谐寺观教堂"活动实施方案，调动宗教界积极参与构建和谐社会的积极性，引导宗教与社会主义社会相适应。通过组织召开座谈会、报告会等形式，指导各宗教团体广泛开展纪念建党90周年庆祝活动。2.推动宗教界加强自身建设。加强宗教团体的制度建设。按照《宗教事务条例》的规定，指导宗教团体和重点宗教活动场所，进一步加强和完善各项制度，不断提升正规化建设水平。加强宗教团体的思想建设。推动市天主教搞好独立自主自办教会和民主办教，指导市基督教开展"神学思想建设研讨会"等系列活动，支持佛教开展讲经交流活动，指导市伊协开展"解经"工作，支持清真寺开展"新卧尔兹"演讲活动，积极倡导和推广宗教和谐理念。加强宗教团体的组织建设。市宗教局协助县（市）区宗教工作部门和宗教团体，做好团体和场所管理组织的换届工作。引导宗教界人士自觉拥护党和政府的领导。3.推进宗教教职人员的社会保障工作。按照国家和省的有关文件规定，市宗教局积极与市有关部门协调，推进宗教教职人员的社会保障工作。

（李保存）

民政工作

【社会救助工作】 2011年市民政局先后两次提高城区低保标准，城市低保月保障标准由305元提高到375元，农村低保年保障标准由1 500元提高到2 100元，分别增长23%和40%。对城市低保8类特殊人群实行了分类施保。两次启动低保标准与物价波动联动机制，连续为城区14万名困难群众发放了6个月、2 000万元的临时物价补贴。全年发放低保金6.2亿元，30万困难群众基本生活得到切实保障。推行"两级管理、三级联审"制度，社会救助工作进一步规范。增设了办事机构，成立了社会救助局，县（市）、区设立了社会救助中心，街道（乡镇）新建52个社会救助大厅。集中开展了“社会救助政策宣传月”活动，提高了低保政策透明度和市民知晓率，低保信访量降低了80%。开发医疗救助系统，实现了医保一站式即时结算。农村困难户泥草房改造和灾后重建任务全部完成。下拨自然灾害生活救助资金1 434万元，受灾群众生产生活得到保障。全市救灾物资储备网络和应急避难场所体系初步形成，平均每个县(市)、区建成3处避难场所，24个社区被民政部授予全国综合减灾示范社区称号。以社会化慈善募捐为重点，全口径募捐总额5 131万元，比2010年增长56%。组织实施56个慈善救助项目，救助贫困群众近3万人次。经开区创新慈善组织，在各街道(镇)、社区设立慈善联络点并配备了兼职秘书长。

【社会福利保障】 城区公办养老机构建设任务完成，全市新增床位2 628张，每千名老人拥有床位30张。新建105个社区居家养老日间照料站，实现了社区全覆盖。投资4 350万元的康宁医院扩建项目基本完成，总床位达1 000张。全年发行福利彩票7.98亿元，比2010年增长24%。联合公安部门打击“私彩”取得明显成效，对15名“私彩”经营者追究了法律责任。提高了高龄老人补贴标准，90周岁～99周岁老人月均补贴200元，225名百岁老人享受了人均月300元的补贴待遇。市社会福利院与市二院合作，开启生命关怀机构建设的有益探索。市儿童福利院积极拓展服务项目，为困难家庭脑瘫儿童提供免费康复训练。市救助管理站将智障康复托养机构“善满家园”吸收为指定代养机构，拓展了救助渠道。提高了公办福利机构集中供养人员生活标准，“三无人员”从月450元提高到900元。社会福利企业保持稳定，残疾职工权益得到了有效保障。

【社区公共服务】 全市投入资金8 700余万元，改造城市薄弱社区54个，完成省下达的438个农村社区建设任务。朝阳、二道、绿园和宽城4城区被命名为“全国农村社区建设示范单位”。以纪念谭竹青命名5周年为契机，开展了“社区服务民生”活动，为民办实事1 024件。制定了加强和改进社区建设工作的意见，从理顺体制机制、创新基层管理方式等11个方面，出台了36条具有较强操作性的政策规范。朝阳区拨专款扶持社区社会组织，55个社区全部建立社工服务站。二道区设专项资金200万元，对社区工作者实行绩效奖励。完成社区居委会第8次换届选举工作，直选社区达30%以上，316名大学生主任助理充实社区一线工作。为千余名早期离岗居委会人员办理了社会保险和养老补贴。民政部、公安部在长春市召开了全国社区消防现场会。社区信息化建设取得新进展，50个社区数字化学习港投入使用。

【社会组织建设】 公益慈善、社会福利、社会服务类社会组织得到优先发展。指导成立了长春市福建、福州、宁波、河南、瑞安、乐清、永康等 7 家外埠商会。批准成立社会组织411家，全市社会组织累计发展到4 700家。发挥典型引领作用，与市人社局共同对140家优秀社会组织、138个优秀社会组织工作者、29个社会组织管理工作先进单位进行了表彰。组建了民间组织执法监察局，强化了监督管理职能，对21家开展活动不规范的社会组织进行了约谈告诫，对28家长期不开展工作的社会组织予以撤销登记。社会组织参与公益活动实现创新，引导长春市福建商会捐款30万元，支持市社会福利院建设；协调长春市酒类协会和郎酒集团开展了八一慰问部队活动。净月区“红细胞志愿者”协会探索出社会组织承接政府职能、参与服务民生的新路子；榆树市发挥专业经济协会在农产品流通领域的作用，促进了农村经济发展。

【社会事务管理】 坚持殡葬事业改革公益方向，举办了首届“长春市清明文化周”活动，通过开展鲜花换烧纸、网络祭祀、代客祭扫等公益活动，形成了文化清明、和谐清明的舆论氛围。举办了第二届公益海葬活动，586位逝者的骨灰在大连免费撒海，引领了绿色殡葬新风尚。召开农村殡葬改革现场会，总结推广了德惠市、榆树市农村殡葬公益性建设经验。采取以奖代投方式，对15个乡镇骨灰堂和2个公益性墓地给予了资金补贴。将烈士遗属、残疾军人等12类重点人群纳入殡葬救助对象。德惠市投资8 000万元的殡仪馆及烈士陵园建设项目主体已经完工。开展了请流浪乞讨人员回站过年等专项行动，救助各类流浪乞讨人员7 792人，保障了流浪乞讨人员的基本生活和生命安全。提供了婚礼式颁证服务，14个婚姻登记处规范化建设全部达标。投入521万元，启动了全市门牌全覆盖工程，为1 280栋“暖房子”居民楼补设了楼门牌。完成305个行政村、1 300个自然屯地名标志设置和行政区划调整界线勘定工作。

【双拥工作】 创新双拥工作模式，军民融合式发展经验受到中央军委高度重视，军委副主席徐才厚对锦程街道“跟踪教育”稳定军心的事迹作出了重要批示。锦程街道被省委、省政府、省军区授予“真情服务官兵模范街道”荣誉称号。创城迎检工作圆满完成，长春以全省排位第1的名次上报全国双拥办。“长春舰”命名标志着长春市在祖国海疆拥有了一张流动的名片。市民政局开展了2 000台微机进军营活动。投入1 725万元，组建了以“抗洪抢险、森林扑火、矿山救援”任务为重点的6支应急队伍。以单独施保形式将农村老兵遗孀纳入农村低保，把子女无力赡养的老兵遗孀纳入5保供养。二道区优抚对象一站式医疗服务的经验在全省推广。接收军休干部273名，安置总数达3 142人。投资1 000多万元，将860户、7万平方米的军休干部住房列入全市“暖房子”工程。发放自谋职业补助金1 400万元，为445名退役士兵提供了免费技能培训，符合条件的退役士兵安置率达100%。接待过往部队48批次、2 675人，军供现代化建设通过沈阳战区检查验收。

【党风廉政建设和政行风建设】 在2011年行风软环境综合评比中，5个县(市)、区实现了位次前移，市民政局被评为全市反腐倡廉宣传教育先进单位和精神文明先进单位，6家直属事业单位被民政部和省民政厅授予“行风建设示范单位”称号。

（李冬岩）

社会保险

【扩面征缴保发工作】 1. 完善扩面机制，加强全市联动。“两级主导、三制并举、四级联动”的扩面机制逐渐成熟与完善，充分发挥社区贴近企业、贴近群众的优势，加强了扩面一线力量，有力地促进了扩面工作的顺利推进。年内社区扩面超过3万人。2.强化审计监察，确保内延增长。不断加大审计监察工作力度，统筹推进两级审计方式，运用“一摸二查三核四定”的缴费基数稽核办法，从参保缴费的源头堵塞漏洞，打开企业参保突破口。累计稽核参保单位9 200户，核增参保职工1.1万人，核增缴费基数1.7亿元。同时对935户欠费10万元以上企业进行了缴费能力调查，对4家欠费千万以上企业进行了新闻曝光，通过监察清收陈欠5.5亿元。3.落实分局责任，发挥主力作用。社保各分局突出发挥扩面征缴主力军作用，将任务指标分解落实到人，对扩面征缴的进度实行日小结、周汇总、月调度，协调城区政府、职能部门、街道、社区等发挥联动效应，全力以赴扩面征缴。4.依法依规推进，规范企业参保。借助社会保险法实施的有利时机，加大社会保险法宣传力度，提高企业法人和职工的法律意识，增强社会保险扩面征缴的法律强制性，规范企业参保行为，提高企业参保主动性和积极性。5.借力惠民政策，促进个人参保。以政府贴息和低息贷款助保、发放社会保险补贴、解决参保遗留问题等惠民政策加大个人参保吸引力，促进扩面征缴做大总量。

截至2011年末，全市城镇职工养老保险新增13.8万人，完成全年任务的276%，比2010年增长58.6%；参保总量达167.5万人，占全省总量的27%。失业保险新增11.2万人，完成全年任务的360%，比2010年增长40%；参保总人数73.8万人，占全省总量的31.7%。征缴养老保险基金73.2亿元，比2010年增长31.3%；征缴失业保险费6.9亿元，比2010年增长51.2%，“两金”合计征缴80.1亿元，比2010年增长35%，社会保险扩面征缴实现新跨越。扩面征缴工作的突破性进展，为确保发放奠定了坚实基础。年初顺利完成了连续第7年企业退休人员养老金调整工作，月人均提高152元以上，月人均养老金达1 439元。年内失业保险待遇月发放标准也由420元提高到574元。全年为50.3万企业退休人员按时足额发放养老金79.4亿元，比2010年增长21.5%；为3.8万名失业人员发放失业金2.97亿元，比2010年增长112.3%。有力地保障了离退休人员、失业人员基本生活。

【制度覆盖工作】 1.城乡居民养老保险试点全面铺开。2011年7月1日，长春市正式启动第3批新型农村社会养老保险试点和城镇居民社会养老保险工作。12月2日，省政府召开全省新农保和城镇居民养老保险（以下简称城居保）试点推进工作视频会议，12月6日，长春市召开城乡居民社会养老保险推进会。将新农保和城居保工作统一整合为长春市城乡居民社会养老保险工作，全面启动城乡居民社会养老保险制度并下发实施方案，以此为标志，长春市实现养老保险制度全覆盖。新农保方面，首批和第2批新农保试点扎实推进，第3批试点覆盖全市所有城区及4县市，实现全覆盖。创建“五位一体”经办模式。针对新农保试点涉及部门和审批环节多、农村居民办事繁琐等实际，按照统筹、规范、简便的原则，从规范管理出发，设计了以社保部门为主体的“行政村—乡镇—社保部门—区政府—经办银行”五步走的业务流程，形成了“五位一体”的经办模式。为及时沟通新农保经办情况，建立由市社保局、区人社局、经办银行3家共同参与的定期通报制度，统一工作进度，统一上报数据，统一研究解决存在的问题，分工负责，确保新农保工作的顺利完成。扎实推进前两批新农保试点区参保扩面工作。按照省人社厅和省社保局要求，2月份起开展新农保参保扩面“百日攻坚”活动，组织工作人员深入3个试点区乡镇、村屯，现场为新农保工作人员进行政策讲解和业务培训，充分调动社会各方面力量宣传发动，有效促进农民参保缴费。积极落实第3批新农保试点全覆盖工作，9月中旬顺利启动试点。全力确保新农保试点区养老金按时足额发放。协调银行等相关部门，白天采集信息，晚上加班加点录入并制作惠农卡，春节前将养老金足额发放到位。做好国家和省里新农保个人账户管理情况专项检查迎检工作。通过密切内部配合、强化外部联动，6月中旬顺利通过省社保局检查，基础管理等各项工作得到省局充分肯定。经省局上报国家后，长春市成为国家新农保个人账户管理专项检查免检单位。2.新农保试点和城居保工作同步推进，同步落实。“五位一体”，组建队伍。组建“五位一体”工作队，由人社部门牵头，明确职责分工，强化协同配合，任务分解到人，时间分解到天，并实行日调度、日通报。先难后易，分段进行。先是手工发放养老金，12月15日前临时采取手工发放办法将60岁以上老人养老金发放到位；然后是社会化发放养老金，2012年1月起纳入计算机操作系统，办理60岁以上老人信息采集、参保登记、参保复核，在春节前完成养老金社会化发放；最后是适龄人员参保缴费，2012年2月起到年底，办理适龄（60周岁以下）参保人员信息采集、参保登记、建立账户、补缴2011年社会保险费、缴纳2012年社会保险费等工作。理顺流程，确保安全。确定2个经办银行，明确2个参保群体按两种流程发放，分3个时段逐条按日理顺细化。至12月15日，各级社保局已为58万名享受新农保和城镇居民保险待遇人员累计发放养老金2.23亿元，其中享受新农保待遇54万人，累计发放2.1亿元，享受城居保待遇4万人，累计发放0.13亿元。共为65.9万名适龄农村居民办理了参保手续，按时足额为符合领取养老待遇条件的51.5万名农村居民发放养老金1.9亿元，社会化发放率达100%，全市收缴养老保险费3 206万元；城镇居民参保6.4万人，享受养老待遇6.4万人，累计发放养老金2 215万元。3.统一被征地农民养老保险办法。将被征地农民纳入到城镇居民养老保险体系，实行全市统筹。按照逐步推进社会保障城乡一体化的基本方向，从7月1日起将被征地农民纳入城镇居民养老保险试点范围，统一长春市的被征地农民基本养老保险制度，11月16日，市政府下发《长春市人民政府关于统一被征地农民基本养老保险制度的实施方案》，全面、明确规定了制度的原则和目标、参保范围和对象、基金筹集、个人账户管理、养老保险待遇、相关制度衔接、基金管理和监督、经办管理服务、实施范围及启动时间等内容，在市区范围内正式启动实施统一被征地农民基本养老保险制度。截至年底，全市被征地农民养老保险参保人员累计达1.7万人，收缴被征地农民养老保险费7.5亿元，享受养老待遇4 126人，发放养老金3 239万元，其中年内为4 000名被征地农民发放养老金1 411万元。4.集中解决历史遗留问题。作为2011年社会保险工作的重要内容，列入民生行动计划，启动了厂办大集体企业职工接续养老保险关系及五七家属工参保工作，同时集中研究了企业超龄漏保人员、60年代精简人员、老知青、居委会主任、自行车管理员、劳教及服刑人员等多个群体参保遗留问题。列入全局重点工作，实行一把手负责制，按省、市统一要求的时限和步骤进行，并实行部门月报送、分管局长季度调度、全局年总结考核。通过多措并举分类实施，全年累计办理参保3.8万人，其中五七家属工1.5万人。5.继续实施政府助保工程。政府助保工程连续4年列入民生行动计划，2011年进一步降低政策门槛，规定国有、集体企业解除劳动关系中断养老保险缴费人员和以个人身份参保的低保、低保边缘家庭成员，政府助保的年龄限制，由距法定退休年龄不足5年放宽到10年；办理养老保险贴息贷款的低保人员，养老金中用于偿还贷款的部分，不计入家庭收入核算。助保工程自启动到2011年末，已累计办理贷款助保5 374人，发放贷款5 172.9万元，政府累计贴息总额达190万元；其中2010年办理贷款助保1 937人，发放贷款2 591.6万元；已办理人群中有799人开始享受基本养老保险待遇，按月领取养老金，同时做到了按时足额偿还银行贷款。

【标准化建设】 1.启动标准化建设。按照国家、省社保局要求，市社保局结合长春市社会保险业务运行实际情况，10月中旬制定下发业务运行标准化工作实施方案，正式启动标准化建设。2.规范业务和基金及参保信息管理。从2月底至3月末，在全局开展以检查整改违反政策法规、业务规程问题为重点的“回头看”自查整改活动，同时继续搞好“数据质量达标验收”活动；从9月中旬开始在全市开展基金安全专项检查活动，以规范基金结算方式，加强银行账户管理为重点，涵盖优化经办管理模式、强化风险管理、加强廉政教育等6大类12项主要内容；从10月中开始，开展了以数据质量达标为重点的业务基础工作大检查活动。3.启动市级数据中心建设。按照长春社会保险信息管理系统国家三版建设的统一规划，从4月份起，开始着手进行市级社会保险数据中心的建设工作，并制定了“2步走”方案。第1步是以一个县(市)为试点，将数据集中市局生产库，业务经办系统采用与市局统一的三版系统，达到与市局同步管理、同步运行；第2步是在试点基础上，进行其他县(市)的数据集中工作，逐步建立市级数据中心，实现全市数据集中管理，软件统一管理，业务同步经办。9月份，试点单位的数据集中工作启动；10月底，德惠市社保局的数据并入市社保局数据库，业务经办正式切入三版系统中。4.推进社会保险档案管理信息化。11月初，长春市退休人员档案扫描工作开始采取外包形式进行，将已入库的退休人员档案中尚未扫描的19万卷及随时接收的退休人员档案，共计20万卷左右外包给专业承包商扫描，到年底，已顺利完成2.6万卷扫描任务。

【县(市)工作指导】 加强对县(市)业务指导。榆树市新农保试点工作受到了省局、省厅的充分肯定；九台市积极解决失业保险金欠发问题，妥善处置了粮食系统6 000多人群体上访事件；农安县基金征缴创历史新高，9 258万元任务实际完成1.69亿，完成计划的183%；德惠市积极配合启动市级数据中心建设，基础工作得以加强。

老龄工作

【改善老年民生】 为贯彻落实《关于发放高龄老年人生活津贴的通知》精神，市老龄办把这项工作列入长春市2011年民生行动计划。及时下发《关于做好高龄老人生活津贴发放工作的通知》，并明确高龄津贴的发放范围、发放标准、资金负担、审批程序、发放办法等项规定。全年为80岁～89岁老人发放补贴49万元(不包括县市)；为90岁～99岁老人累计发放补贴392万元；为100岁以上老人发放补贴189万元。全市90岁～99岁老人高龄津贴标准为每月200元，高于全省平均水平，在全国也处于领先地位。

【老龄工作】 市老龄办起草了《关于加快推进全市老龄事业发展的实施意见》。在《实施意见》中，着重对《三年推进计划》工作任务进行了分解落实。7月1日召开市老龄工作委员会第五次全委扩大会议，会上就《关于加快推进全省老龄事业发展的意见》及《吉林省老年社会保障和服务体系建设三年推进计划》的贯彻实施进行了全面安排和部署，以此推动长春市老龄工作的发展。

【养老服务大院建设】 长春市60岁以上老年人已超过百万，其中农村老年人64万余人，占老年人总数的60%以上。为破解农村社会养老资源相对匮乏，老年人养老服务和公共服务薄弱难题，推进城乡养老工作一体化和谐发展。按照省6部门联合下发的《关于开展农村居家养老服务大院建设工作的意见》文件要求，重点抓了农村老人居家养老服务大院建设工作。各级老龄部门利用农村闲置的房舍，经过适当的改造，建成集生活、学习、照料、医疗、健身和娱乐等一体的综合性的乡镇级农村居家养老服务大院91个。同时，突出长春特色，在发展好村一级大院建设的同时，侧重抓好自然屯的站(点)建设，并以此为依托，使高龄、空巢、失能、特困等老人能够就地就近得到养老照护。

【“敬老月”活动】 各级领导带头尊老敬老。8月29日，在老年节前夕，举办了吉林省、长春市庆祝老年节暨“夕阳欢歌颂祖国”老年文艺演出大会。2011年“敬老月”确定的主题为“敬老助老，从我做起”。9月1日老年节这天，市政府副秘书长、市老龄委副主任姜保忠对百岁老人和困难老人进行慰问，给他们送去慰问品和慰问金，并向老人表达了市委、市政府和全社会对他们的关爱和尊重。敬老月期间，各级政府、各部门和单位的党政领导广泛开展走访慰问活动，并结合纪念建党90周年，组织开展走访慰问老党员、老模范、老军人、老干部、老教师等活动，让他们感受到党和政府的关怀和温暖。相关部门全力养老惠老。敬老月期间，市老龄办拨出专款12万元，助养200位特困老人。各县(市)、区安排专项资金对老人进行救助。绿园区政府对生活困难老人、百岁老人、模范老人代表及敬老院开展送温暖活动。走访慰问200户特困、高龄老人，送去慰问品和慰问金折合人民币10万元。德惠市民政部门给19个乡(镇)的福利院老人送去中秋月饼，并为福利院送去慰问金总额达50多万元。为表达党和政府对广大老年人的关怀，九台市老龄委走访慰问100名特困老人，为他们送去3万元的慰问金。社会各界真心爱老助老。全市各级妇联深入基层，走访慰问孤寡贫困老人2 000户，给他们捐赠衣物、药品、米面油等生活用品。绿园区青年街道青蒲路社区举办了人大代表与老年人以“最美夕阳红，助老我先行”为核心的主题联谊活动。12名国、省、市三级人大代表给社区老人带来了大米和豆油，他们现场为社区老人捐款5 000元。市e诺眼科医院用1个多月时间深入到各社区，为60周岁以上老人进行眼科诊断和仪器检查为主的健康体检服务，并建立统一的健康档案，为推广试点和寻求老年照料、治疗、保健一体化服务模式提供了经验。全市中小学生在学校的带领下走进社区、走进特困老人和孤寡老人家中，为老人清扫卫生、整理家务、剪指甲、梳头发等，在为老人送去爱心和温暖的同时，也培养了青少年尊老、敬老的公德意识。

【维护老年人合法权益】 市老龄办坚持热情接待和认真处理老年来信来访。通过落实首问责任制等信访接待制度，对涉及敬老费发放、家庭赡养及财产继承、“两费”落实、老年优待服务及各类老年纠纷等方面的事务进行解释、疏导和督办服务，从政策、法律和问题解决的途径上给予老年人尽可能详尽的答疑，有力维护了老年人的合法权益。注重发挥老龄部门的职能作用。专门组成督查组，对老龄工作成员单位落实“三年推进计划”和涉老事务进行推进和督察，保证了老龄工作系统的整体联动。加强对有关事项的落实和检查，特别对老年优待政策执行情况进行了普遍检查和督察。积极参与由省司法厅和省老龄办在全省发起的“夕阳幸福工程，法律援助在行动”活动。使全市老年法律援助组织进一步健全、网络进一步完善。在全国老龄工作会议上，长春市朝阳区老龄办被评为“先进集体”。2011年6月，长春市人民政府授予市老龄办“行政执法”先进单位称号。

（刘 博）

宽城区祥鹤居老年公寓揭牌仪式

殡 葬

【殡葬改革工作】 2011年，长春市深入推进殡葬改革工作。扩大殡葬救助范围。将城区烈士遗属、因公牺牲军人遗属、享受定期抚恤金的病故军人遗属、残疾军人、伤残人民警察、伤残国家机关工作人员、伤残民兵民工、在乡复员军人、带病回乡退伍军人、参战参核军队退役人员、农村五保对象、市级以上劳动模范去世后纳入殡葬救助范围，并从2011年1月1日起正式实施。2011年对828名符合救助条件的对象实施了殡葬救助，减免费用43.1万元。倡导骨灰处理多样化。长春市积极探索新的骨灰处理方式，在传统的骨灰寄存服务基础上，各公墓单位利用现有设施，增设了树葬、草坪葬、花坛葬等葬式，既节约了土地资源，又降低了治丧成本。各经营性墓地也由追求销墓数量向精品质量过度；由建占地多耗材大，向节地节能型过度，开发多种墓型满足不同消费群体需求，2011年，长春市成功举办第二届公益海葬活动，有586位逝者的骨灰在大连实施免费撒海，最大限度地满足了广大群众的海葬需求。积极推广乡镇公益性墓地和骨灰堂建设。2011年4月22日，市政府在榆树市召开全市农村殡葬改革工作现场会，推广了榆树市和德惠市在公益性墓地和骨灰堂建设方面的经验，长春市民政局从福彩公益金中列支200万元用于鼓励各县(市)、乡镇建设公益性墓地和骨灰堂。2011年，全市建设公益性墓地2

处，骨灰堂15处，有效地解决了农村居民去世后骨灰的“出口”问题。

【清明节安全祭扫工作】 清明节期间，全市接待祭扫群众近50万人次，祭扫车辆14万台次，出动执法人员3 800多人次，执法车辆1 000多台次，收缴封建迷信用品32车，清理占道经营159家。全市各相关部门把做好清明节工作作为维护社会和谐稳定的重要工作来抓，及时完善各项安全制度和措施，不断提高安全保障水平。1.建立了应急体系。各县（市）、区民政部门及全市各殡葬服务单位都制定应急管理预案和清明祭扫接待方案，建立健全了预测、预报、预警、监测机制，并强化了祭扫高峰和节日期间值班制度、信息报送制度，严格安全责任追究制度。2.加大了排查力度。市、县（市）、区民政部门对所属公墓、殡仪馆、骨灰存放设施等场所的安全防火制度落实情况进行严格检查；对群众祭扫活动范围、时间、路线、安全服务保障工作等进行科学、合理的安排。3.强化了属地管理。各县（市）、区政府和开发区管委会成立由民政、工商、行政执法、公安等部门组成的联合执法队伍，对辖区内殡葬用品批发地，殡仪馆和公墓周边，各主要出城口，各大医院附近的殡葬用品商店、早市、零散殡葬用品经营业户以及出售烧纸的食杂店进行清理整顿。各城区政府、开发区管委会建立了分片监管的包保制度，从3月29日至4月5日，每天19时至23时，对所辖区域内的街路、广场、小区、庭院等公共场所进行夜间巡查，对有烧纸行为的人员进行劝阻。4.增强了服务意识。全市各殡葬服务单位加强了祭祀服务场所的管理，保证服务人员定岗定责，并根据条件增设了便民服务项目和网点，开通服务监督电话，安排专人负责受理群众意见和建议，确保清明节期间不发生因祭奠活动引发的有效投诉。同时，结合全国殡葬系统“行风建设月”活动，全面提升殡葬服务质量和水平。5.倡导了文明祭扫。全市各殡葬服务单位通过开展鲜花换烧纸、祈福条、网络祭祀、代客祭扫等公益活动，把以往单一的祭扫接待服务转变为倡导清明文明祭扫。3月30日至4月5日，在全市范围内举办了“清明文化活动周”，期间开展了“生命”主题系列活动。举行了“孔子雕像揭幕暨清明祭孔仪式”，社会各界祭扫革命烈士，“第二届公益海葬启动”，“2011清明诗会”，“无人认领骨灰安葬公祭”等活动。4月3日，在长春息园举行第二届公益海葬活动。

（马　威）

农安县

【概况】 农安县位于吉林省中部，松辽平原腹地，东临德惠市，南接长春市，西以公主岭市和长岭县为邻，北与松原市接壤。农安县幅员 5 400 平方公里，其中，耕地面积 35.6 万公顷，林地面积 6.4 万公顷，草原面积 3.5 万公顷，水域面积 2.2 万公顷。全县辖 22 个乡镇，377 个行政村，总人口 120 万，其中农业人口 90 万，是全省幅员超过 700 万亩的 10 个县份之一，耕地超过 500 万亩的惟一县份，人口超过百万的 3 个县份之一。2011 年 10 月 10 日，农安县荣获 2010 年全省县域综合发展奖一等奖。

【国民经济】 2011 年，全县地区生产总值达到 280.2 亿元，比 2010 年增长 20.1%，一、二、三产业增加值分别达 82.85 亿元、86.27 亿元和 111.07 亿元，分别比 2010 年增长 21.4%、25.3% 和 15.5%；完成全社会固定资产投资 131.7 亿元，比 2010 年增长 44.7%；完成工业固定资产投资 85 亿元，比 2010 年增长 37.1%；实现社会消费品零售总额 80 亿元，比 2010 年增长 13.9%；全年财政总支出 36 亿元，比 2010 年增长 26.7%。

【招商引资和项目建设】 通过加强工业载体建设、集中签约开工项目、大力开发资源型产业和发展现代服务业的思路创新，工业经济呈现出全新的发展态势。工业园区承载能力明显增强。农安、合隆两大园区竞相发展，烧锅工业区作为县域工业第三增长极初步确立，其他 2 个市级工业区积极跟进，全县新收储工业用地 262 公顷，长春凯旋北路(合隆段)建成通车。招商引资和项目建设成效显著。全年引进内资 65 亿元、外资 5 210 万美元，分别比 2010 年增长 15% 和 19.4%；新建、续建项目 175 个，当年建成投产 110 个；富士康、大成、旺旺、一汽试车场等在谈大项目取得实质性进展；新大石油、华润啤酒等骨干税源群体进一步扩能增效。现代服务业和能源产业从无到有快速崛起。成功引进总投资 42.4 亿元的光彩物流、吉刚汽贸、金泰钢材、万隆物流园等大型商贸物流企业，伏龙泉商贸区快速发展，初步实现了由传统商业向现代服务业的转变；筹建、新建了龙源风电、华润风电、中广核风电、华能生物质、大唐生物质等一批重点能源项目，与吉林大学合作启动油母页岩实验基地项目，新开发储量 200 亿立方米的小城子气田，全县共打油、气勘探井和生产井 450 眼，中石化和中石油在农安县累计投资达到 6.5 亿元。销售收入 2 000 万元以上规模工业企业达到 84 户；工业用电量达到 4.8 亿千瓦时，比 2010 年增长 26%。工业经济的多极化、多元化快速发展，有力地增强了对财政的支撑能力。

【开发区和工业集中区建设】 农安县立足自然条件和发展基础，集中"构建一条工业长廊、打造两大工业版块、发展三大支柱产业，完全确立工业主导地位"。依托珲乌高速公路，把农安镇、合隆镇、烧锅镇、开安镇、华家镇、哈拉海镇"两大四小"6 个工业集中区连接起来。紧紧依托农安工业集中区，带动哈拉海市级工业区，着力建设全国知名的农畜产品加工园区，组团打造农安核心工业版块；紧紧依靠长春市区辐射，以合隆经济开发区为中心，带动烧锅、开安、华家 3 个市级工业区，组团打造南部近郊工业版块，借助长春市凯旋路向北延伸契机，努力引进市内外移物流企业，全力推进南部乡镇与省城经济一体化。通过加强开发区和集中区建设，突出特色打造新型工业基地，推动项目平台建设整体提升。2011 年，投资 2.5 亿元加强各园区基础设施建设，"八通一平" 面积达到 40 平方公里，项目摆放达到 15 平方公里；新修道路 10 000 米，项目总数达 298 个。

【民生工作】 制定《农安县县直部门、乡镇 2011 年民生行动计划》，实施《农安县 2011 年民生工作考核办法》，全年投资 26.2 亿元，保障了年初承诺的 100 项民生行动计划和 148 件乡镇民生实事全部落到实处。城镇居民人均可支配收入达到 14 921 元，比 2010 年增长 38.2%；农民人均纯收入达 8 100 元，比 2010 年增长 27.1%。1.多渠道增加城乡居民收入。新开发就业岗位 7 000 个，全年开展免费创业技能和职业技能培训 4 500 人，安置就业 8 240 人次；农村剩余劳动力转移就业 36.42 万人，实现劳务收入26

亿元；全县财政供养人员月平均工资增加600元，达到法定退休年龄城乡居民逐步享受养老金保障。城乡低保分别达到20 000人和27 977人，实现了应保尽保。2.健全完善卫生保障体系。新农合参合率达99%，新增城镇居民医疗保险5 112人、职工医疗保险1 100人；提高医疗水平，县人民医院晋升三级丙等医院；社区卫生服务中心实现标准化建设，乡镇卫生院全部实行基本药物零差率销售，完成乡镇卫生院基础设施建设，城乡居民健康档案建档率分别达到70%和90%。3.实现教育快速均衡发展。整合教育资源，撤并学校7所；改造中小学校舍13万平方米，校舍危房全部得到改造；充实中小学短缺学科教师和特岗教师，186名优秀大学毕业生走上教书育人岗位；基础教育、高中教育、职业教育和特殊教育同步发展，实现平安高考目标，高考成绩继续保持领先，全县高分段人数继续居于长春地区外五县(市)、区之首；组织社会力量，投入接送中小学生上下学车辆90台，实行统一管理，有效消除了学生交通安全隐患。4.城乡人居环境得到有效改善。创建国家卫生县城工作扎实推进，8个乡镇成功申报省级卫生乡镇，4个乡镇申报国家卫生乡镇；投资1 000多万元，实施城乡绿化美化大会战，乡镇植树16万株，绿化美化村屯50个100公顷；城区栽植树木41个，品种59.8万多株，栽植花卉135万株，新增绿地5.1公顷；空气污染、噪音污染指数控制在指标之内，垃圾处理厂整体完工，污水处理厂正常运行，城区污水集中处理率达90%以上。

【财税工作】 全口径财政收入比2010年增加4.52亿元，地方级财政收入比2010年增加3.25亿元，上争资金比2010年增加3亿元。全面加大征收力度，国税、地税、财政组织收入明显增加，特别是乡镇组织收入实现较大增长，增幅在500%以上的有3个乡镇。财政支出结构进一步优化，投资“三农”资金增加到5.1亿元，社会保障和民生事业支出增加到26.25亿元，财政供养人员每月提高400元津贴。财政收入在较高基数上继续保持大幅增长，科学理财能力日益提高，全县人民充分共享发展成果。

【农业农村工作】 粮食播种面积达到34.8万公顷，新发展棚膜蔬菜133公顷，粮食总产量突破40亿公斤。畜禽发展总量达到2.3亿头(只)，肉类总产量达到75万吨，继续保持全国第1位。转移农村劳动力35万人次，实现劳务收入26亿元，比2010年增长8亿元。农机保有量达7.9万台，总动力达143万千瓦，农业综合机械化率达到80%，在全省处于领先水平。总投资4.5亿元，实施松城灌区一、二级泵站更新改造、太平池水库除险加固、水源地污染治理工程；新打水源井132眼，落实指针式喷灌和膜下滴灌面积2 800公顷。农业产业化重点龙头企业达到24户，居长春地区外县(市区)之首。投资3 194万元加强36个示范村建设，投资1.25亿元新修村村通公路251公里，投资1.13亿元实施农村电网主网架改造工程，完成造林1 217公顷。农业、牧业、加工业、劳务业全面丰收，农民收入增长幅度创历史最高水平。

【城市建设】 城乡共新建楼房160万平方米，比2010年增长60%。县城建成区面积扩大20%，开发建设楼房70万平方米；南部新城新收储土地84公顷，开发高标准住宅楼18万平方米，启动文化活动中心等单位业务用房建设，完成9条主要街路建设，上争资金1.8亿元新修13.4公里绕越线和立交桥，基础设施基本完善；完成县中医院、康宁医院、残疾人康复中心建设，新增集中供热面积48万平方米，投资2 000万元添置城市管理机械和设施，机械化清扫率达到28%，垃圾处理厂投入使用，全面实施绿化、美化、亮化工程。22个乡镇基础设施投入达到3.5亿元，合隆、烧锅、伏龙泉等重点镇新建楼房90万平方米，合隆镇陈家店村通过土地增减挂钩新建农民新区3万平方米。城镇建设呈现出城乡联动开发、规模迅速扩大、品位日益提升的崭新局面。

【社会事业】 特色文化名县建设稳步推进。县文化活动中心建设快速推进、22个乡镇中心文化站全部建成、377个农家书屋和50个欢乐庄稼院重新武装。全面构建了县、乡、村、组四级文化网络，成功举办第二届黄龙府文化艺术节，以大地传媒为代表的文化产业快速发展，黄龙戏在全国第八届小戏小品汇演中获得一等奖，自行车项目在全省公路自行车大赛上获得5金3银6铜的好成绩，居金牌榜和奖牌榜首位。县城实施暖房子工程35万平方米，新建、回购廉租住房816套，农村完成泥草房改造1 750户；启动新型农村养老保险和城镇居民养老保险，爱心超市正式成立运营；优生促进

农安县爱心超市正式运营

工程实现全覆盖,生殖健康普查、孕前优生健康检查和创建幸福家庭活动经验在全省推广;大力弘扬主旋律,适应新形势进行节目改版,广播电视收听收视率显著提高;新建北银村镇银行和吉林银行,金融机构达8家,金融网点达88个;坚决关停环保不达标的污染企业,认真整治环保不达标的锅炉,空气质量明显见好;残疾人事业快速发展,被国务院残疾人康复办公室授予“全国白内障无障碍县”称号。

【民主法制】 民主法制建设扎实推进。社会管理创新试点工作初见成效,社会治安管理明显加强,命案破案率达100%,网上追逃工作走在全市前列;人大代表、政协委员议案、建议和提案办结率达100%,市、县长公开电话办结率达100%,政府服务质量不断提高,经济发展软环境持续改善。社会保障能力日益增强,民生改善进一步加快,群众幸福指数稳步提升。安全稳定工作扎实推进。畅通民意诉求渠道,群众利益得到有效保障;开展了打击非法添加非食用物质及添加剂、节日市场食品药品安全整治、严厉打击地沟油违法犯罪等专项行动,食品药品安全监管常态化,切实保证全县人民饮食用药安全;深入开展隐患大排查、大治理工作,有效消除事故隐患;“清网行动”取得重大突破,抓获网上逃犯461人,一大批积案得以破获;社会治安得到有效加强,命案发案率明显降低,全年发生命案15起,破获15起,命案破案率100%。

(王新野　张国尧)

2011年农安县国民经济和社会发展主要指标完成情况统计表

指标名称	单位	实际完成	与2010年比±%
国内生产总值	亿元	280.2	20.1
第一产业增加值	亿元	82.8	21.4
第二产业增加值	亿元	86.3	25.3
第三产业增加值	亿元	111.1	15.5
全口径财政收入	亿元	20.1	29.9
财政支出	亿元	36.4	26.7
固定资产投资	亿元	131.7	44.7
规模以上工业企业户数	户	84	53
规模以上工业总产值	亿元	149.7	53.1
社会消费品零售总额	亿元	80.2	13.9
城镇居民人均可支配收入	元	14 921	38.2
农民年均纯收入	元	8 100	27.1
普通中学	所	50	-0.09
普通小学	所	313	-0.04
卫生机构	所	43	
教育支出	万元	80 967	18.5
科技三项经费	万元	360	0
医疗卫生支出	万元	33 843	62.3
人口自然增长率	‰	1.78	

榆树市

【概况】 榆树市位于吉林省中北部,幅员4 712.49平方公里。耕地349 972公顷。占幅员的74%。境内有松花江、卡岔河、拉林河三大水系。辖9个乡、15个镇、4个街道,388个村、12个社区。有长春五棵树经济开发区、吉林省榆树环城工业集中区。全市总户数424 929户,总人口1 304 436人,其中,农业户数302 185户,农业人口1 099 616人。有满、朝鲜、回、蒙古、哈萨克等20个少数民族,人口20 397人,占总人口的1.6%。榆树市连续8年夺得全国粮食生产先进县(市)标兵,被评为国家级现代农业示范区、国家级生态示范区、全国农产品加工创业基地、全国产业发展能力百强县市、2011年中国10大最具幸福感城市(县级市),综合实力跨入全省十强行列。2011年,地区生产总值301.2亿元,比2010年增长12%;全口径财政收入、本级财政收入分别达1.0亿元和7.4亿元,比2010年增长41.9%和49.3%;全社会固定资产投资累计完成120亿元,比2010年增长32.3%;城镇居民可支配收入、农民人均纯收入分别达14 968元和8 470元,比2010年增长13.2%、25.4%。第一、二、三产业增加值分别为86.8亿元、77.3亿元和138.3亿元,比2010年增长2%、24.1%和13.1%。

【农 业】 粮食总产量31亿公斤,比

2010年增长2.48%。新建园区13个,大棚4.6万栋,蔬菜产值32.5亿元。生猪、牛、家禽分别发展到715.5万头、161.5万头和4 710万只,比2010年分别增长9.1%、3.4%和4.7%。肉、蛋、奶产量分别达64万吨、12万吨和3.6万吨,比2010年增长12.5%、3.4%和2.6%。新建牧业小区29个,牧业产值实现66.5亿元。劳动力转移就业45万人,实现收入55亿元。农民人均牧业收入3 680元。农机总动力发展到105.9万千瓦,拖拉机保有量达到32 023台,基本实现机械化。旱田机械播种面积25.2万公顷,占旱田播种面积的98%;整地、中耕、植保、施肥等机械作业面积超过95%;玉米机械收获面积7万公顷;水稻机械插秧面积4万公顷;全市综合机械化水平达81%,农机作业量超过533.33万公顷。旱田节水灌溉0.87万公顷;全省首家水稻工厂化育秧中心建成使用;大荒沟治理、灌区改造等19项水利工程全面竣工;测土配方施肥13.33万公顷,比2010年增加5.33万公顷;农区统一灭鼠、赤眼蜂防螟实现全覆盖;在全市24个乡镇落实保护性耕作5 333公顷;落实高产示范田2.87万公顷。市乡两级建立试验田24公顷、示范田422公顷;完成深松深翻18万公顷,比2010年增加2.33万公顷;对稻水象甲疫情进行全面防控,防效率达85%。

【民生工作】 1. 大力实施富民增收工程。落实高产示范田2.86万公顷,保护性耕作等15项科技增产措施;实施国家小型农田水利重点县建设项目,完成大荒沟治理、灌区改造等19项水利工程。建设储粮仓27 800套。此外,农田灭鼠、赤眼蜂防螟等10项增产措施大面积推广。落实发放粮食直补、良种补贴、农机补贴和农资综合直补等补贴资金达6亿元,受益农户26万户。其中农机具补贴3 400万元。市政府拿出100万元,对购置玉米免耕播种机进行累加补助,购置轻型免耕播种机的农户每台在享受国家购机补贴的政策基础上,政府再补助1万元。农民新建大棚每栋政府补贴成本的20%。新建蔬菜园区13个,大棚发展到4.6万栋,蔬菜产值32.5亿元。新建牧业小区29个,牧业产值66.5亿元。全年开发城镇就业岗位6 512个,城镇新增创业就业5 537人,下岗失业人员创业再就业人数3 223人,安置623名大学生就业,登记失业率控制在3.45%以内。全年转移劳动力45万人,劳务输出收入达55亿元。2.重点实施保障扩面工程。关注“三类群体”,全年增加社会救助保障资金3 708万元,15万人受益。城市居民月最低保障标准和月人均补差标准由190元、174元分别提高到230元、210元,发放城市低保金3 754万元;农村年最低保障标准和人均补差标准由1 200元、700元分别提高到1 500元、900元,发放农村低保金1 800万元。建立城市低保随机联动核查机制,全年清退城市低保对象685户、1 524人。集中供养五保对象的年人均生活费提高到2 700元,分散供养五保对象年生活费提高到1 700元。五保对象、优抚对象和低保对象域内大病医疗个人承担部分的救助比例平均提高到70%。救助封顶线从8 000元提高到10 000元,救助贫困患者4 000人,支付医疗救助资金1 800万元。养老保险参保人数达到4.94万人,全市23 281名离退休人员养老金补贴月人均增加149元。为380名新农保领金人员发放养老金20万元,为1 160名80岁以上高龄老人发放生活补贴88万元。将老兵年优待金标准提高到1 500元。建设4个老年人日间照料服务中心。为565名贫困精神病患者免费送药两次,安排156名重症贫困精神病患者免费住院治疗,免费为15名聋儿进行语言康复训练,免费为11名重症听障儿童实施人工耳蜗救助项目,为22名低视力患者配用助视器。残疾人综合服务中心投入使用。3.大力实施“畅通路”工程。完成236公里国省干线公路和农村公路养护任务。投资1.4亿元,新建农村公路350公里,改造危桥17座,通村率达到100%,通屯率达到85%。“西部新城”一期路网建设工程正式启动。投资7 646万元,完成了建设街南北段道路改造工程、中心街商贸城至南洋连接线道路改造工程、向阳路西段中修工程;投资377万元,对城区8条巷路进行改造。投资1 745万元,完成综合性公交车停车场及市区候车亭建设工程;完成了56万平方米市政基础设施维修养护工程。4.大力实施“洁净水”工程。投资8 200万元,在61个村、154个自然屯实施了农村安全饮水工程,惠及10万农村人口。将60栋旧楼房供水管网改造列为重点民生项目,解决1万户城市居民供水问题。5.着力实施“满意教育”工程。累计投入资金2.3亿元,改造学校校舍150栋,重建校舍14万平方米,新建寄宿制学校3所。市职教中心进行各类培训11 000人次。6.着力实施医疗服务提质工程。2011年,新农合参合农民人数达到98.5万人,农村常住人口参合率100%,补偿封顶线提高到8万元,累计报销金额2亿元;城镇职工基本医疗保险和城镇居民基本医疗保险分别达到7.9万人和15万人。从3月1日起,在37个农村卫生院、4个社区卫生服务中心实施基本药物制度,为群众减轻医药费负担576万元。开展妇女“两癌”筛查工作,为1万名已婚待孕妇女免费进行孕前优生筛查、孕期检查和产前筛查,为1 570人进行免费婚检。新生儿疾病筛查机构覆盖面达到100%。7.重点实施城市安全工程。25起命案全部告破,破案率100%。抓获网上逃犯279人。安装监控探头和自动报警装置1 135台(套),强化交通、消防、建筑施工等各领域安全治理。开展打击“黑车”专项治理行动,查扣非法营运车辆318余台次。农村药品市场开展检查16次,检查各类药品企业、医疗机构450家,立案440件。开展了种肥打假百日攻坚战,检测品种397个,查处违规经营业户23家,召回劣质种子4万公斤,挽回农民经济损12万元。8. 着力实施文化惠民工程。体育场馆免费开放。成功创办首届消夏节暨国际美食文化节,举办首届全民运动会,承办了吉林省首届农民节,主办全国著名书法家手卷精品展。投资528万元,建成21个乡镇文化站。新建了63个省级农村文化大院,完成送戏下乡90场。为26个农家书屋样板书屋配备26台电脑及4 000多册图书。为3个乡镇配发健身路径,为20个行政村配备体育健身器材。投资800万元,完成广电演播大厅装修工程;筹资2 100万元,新建了3D数字影院。全市城乡有线电视用户新增1.8万户,突破15万户。9.大力实施环境改善工程。实施垃圾无害化填埋场建设项目,启动医废热解处理站建设。全年共处理污水600万吨,城市污水处理率达到90%以上,减排能力达到了国家规定的一级B排放标准。对12条街路绿化带进行整修,新植灌木6 200丛、乔木5 300株,城区新增绿化面积近4公顷。新建城市主题雕塑广场,市区大型休闲广场增至5处。标准化绿化村屯发展到60个。空气优良级天数连续8年保持在325天以上。通过"省级卫生城"复检专家组复审检查。

【林业】 1.完成农防林更新造林。全市完成农防林更新造林145公顷,174条林带,覆盖全市17个乡镇。2.继续开展"绿化美化村屯、创建绿色家园"行动。全市绿化美化村屯60个,促进新农村的建设。3.完成退耕还林补植工作。对2003年315公顷的退耕还林地块全部进行摸底踏查,对没达标的地块进行全面补植,使面积、保存率全部达到退耕还林标准。4.实行奖惩。对于农防林更新造林,完成造林任务,成活率达95%,抚育、间作、病虫害防治经验收合格的,每公顷奖励乡镇200元,成活率每增加一个百分点再奖励50元。对于村屯绿化,参加绿化的自然屯,被评为优秀的每个绿化屯,奖励乡镇2 000元,被评为良好的每个绿化屯,奖励乡镇1 000元。5.森林"三防"工作。认真贯彻执行《森林法》及《吉林省森林防火命令》,继续执行"七长"负责制及"十户"联防责任制,实现连续31年无重大森林火灾目标。全年共计处理各类林业犯罪案件28起。处理违法责任人28人。对造林苗木进行严格检疫,对新植林带进行药物防治。实现病虫害防治的"四率"(森林病虫害发生率、森林病虫害防治率、森林病虫监测覆盖率、种苗产地检疫率)达标,保证林木的健康生长。

【城乡建设】 全市楼房开发建设投资29.3亿元,建筑面积133万平方米。其中,跨年工程18项、52栋、29万平方米,新建29项、179栋、104万平方米。棚户区改造跨年4个地块中的3个地块已开工建设,其中农机大市场北小区多层已竣工,高层完成主体工程。保障性住房建设投资7 103万元,新建廉租房612套、3万平方米;发放低收入住房困难家庭租赁补贴819万元、受益家庭4 607户;投资4 185万元,购买廉租房316套、1.5万平方米。启动"暖房子"一期工程,投入资金5 700元。其中,改造楼房61栋、20.7万平方米,惠及4 500户居民。农村泥草房改造完成9 325户,其中困难户3 046户。城市供水基础设施工程投资1 036万元。完成向阳路、健康路、榆五路配水工程,铺设管道5 500米;完成米兰阳光小区600立方米二次供水泵站建设工程和市区60栋旧楼房供水系统改造工程,新增全天供水用户9 876户。市政道路建设工程投资1 170万元。完成建设街南北段、大厅和南洋连接线及7条巷路改造工程,工农大街南段和榆三公路等街路中修工程及市政基础设施维修养护工程。改造西三盛供热站锅炉,安装30吨锅炉2台,撤并小锅炉站19座;实施开发小区等老旧小区综合整治。供热基础设施工程投资3 900万元。其中,供热公司投资800万元,更新建设供热站4吨锅炉1台,西三盛供热站新上30吨位锅炉2台,更新管网1 700余米,分户改造楼房4栋、3.4万平方米。玉林、吉海等供热单位投资3 100万元,实施隆泰花园供热站1台10吨位锅炉更新及华郡铭仕、二中供热站、吉海集中供热站增设扩容换热机组及管网建设等工程。民用压缩天然气工程投资600万元。铺设供气主、支管网2 000米,加快小区改造,天然气用户发展到12 000户。污水处理和垃圾处理工程完成投资6 500万元。城市园林绿化工程投资1 470万元。完成政府广场南部绿地景观工程,中心街北段、三盛路西段、环政路绿化工程,工农大街绿化改造工程;完成街路景点、公园、广场补植及4个广场、2个公园、榆树大街等15条街路绿化养护任务,新建绿地面积3.24公顷。市区绿化总面积462.4公顷,绿化覆盖率26.2%,绿地总面积439.8公顷,绿地率25.7%,人均占有公共绿地面积6平方米。小城镇建设投资8.8亿元。其中,楼房开发建设投资7.8亿元,建设各类楼房225栋、48.5万平方米;基础设施建设投资1亿元,修建硬化道路217公里,铺设给水管线128公里、排水管线29公里,安装路灯30盏,植树24.4万棵。

【招商引资】 全年实际利用内资23.906亿元,实际利用外资4 560万美元。1.参加招商活动。组织参加省政府经贸代表团赴法国、荷兰、德国经贸交流活动。长春市政府经贸代表团赴韩国、日本经贸交流活动。吉林省参与上海世博会城市推介活动表彰大会上,榆树市被评为吉林省参与2010世博会城市推介最具投资潜力中小城市等荣誉称号。第十届中国长春国际农业·食品博览(交易)会上,榆树市政府与黑龙江北大荒股份有限公司签订总投资1.6亿元循环农业生产项目。在第七届中国吉林·东北亚投资贸易博览会上榆树市被省政府评为优秀组织奖。2.抓好项目引进。先后与70多家企业进行接触洽谈。重点洽谈项目38个,投资总额232.5亿元。同时,赴上海、江苏、四川、北京两省两市开展系列考察招商活动,洽谈13个项目,投资总额50亿元。3.推进在建项目。全市在建3 000万以上项目137个,其中新开工项目117个,续建项目20个。在建2亿元以上项目15个,其中,新开工项目6个,续建项目9个。投资方有世界500强企业3家,国内500强企业3家。4.贸易促进方面。全年参加境外展(博)会4次,参加境外展企业10户,境外展出面积100多平方米,境外展贸易成交额500多万元人民币。举办境内展(博)会4次,参加境内展(博)会32次。参加境内展企业50户,境内展展出面积3 000平方米,境内展贸易成交合同金额1 000多万元人民币。榆树接待来访团10组,团组总人数40人。与境外商协会签署合作协议10个,独立引进项目10个,合同总金额20亿元人民币,实际到位资金5亿元人民币。

【新农村建设】 项目建设。总投资

3 707 万元，省里补助资金 653 万元。水泥路建设上，示范村建水泥路 54 公里。36 个示范村已有 32 个村实现了户户通。排水沟建设上，建设边沟 35 公里。新建文化广场面积 3 000 平方米。环境整治。各乡镇累计出动车辆 60 万余台次，清运垃圾 450 万余立方米，出动人员 110 万余人次，整修道路 5 600 多公里，清理整修路肩、路边沟 740 多万米，栽植树木 60 多万株、花草 100 多万株。24 个乡镇驻地街道，拆除私搭乱建 900 余处、清理占道经营和马路市场 40 处、不规范广告牌 2 800 多块，规划新建市场 10 处。街路两侧进行绿化美化，有条件的乡镇实现亮化。乡村主要街路基本达到了“三平一通”，村屯实现了“三有三包”，市财政每年给各乡镇拨付 2 万元，用于乡镇的保洁人员的开支。各乡镇街道在乡村环境整治工作上，间接和直接投入资金累计 8 000 万元。在乡镇建立三级包保责任制，村组户分别建立了村屯庭院责任包干制，明确五项任务。帮扶工作。城建局和冰峰啤酒有限公司为弓棚镇十三号村提供价值 4 万余元的石料。交通局和自来水公司为红星乡孙家村提供价值 5 万余元的办公设备；经济局、国税局、教育局、财政局、工商局为帮扶村解决困难，并提供部分建设资金。打造样板村。榆树把这项工作落实到了先锋乡的民权村和大坡镇的西山村。民权村初步形成了以农机产业为龙头，以种植、养殖、农产品深加工和劳务输出业为支柱的产业发展格局。大坡镇西山村曾经是全国精神文明建设先进村，达到了硬路边沟绿化到户。

【两区建设】 长春五棵树经济开发区全年地区生产总值实现 200 亿元，比 2010 年增长 31%；工业总产值实现 203 亿元，比 2010 年增长 30%；工业增加值实现 79 亿元，比 2010 年增长 38%；一般预算全口径财政收入实现 4.42 亿元，比

2011 年榆树市国民经济和社会发展主要指标完成情况统计表

指标名称	单位	实际完成	与 2010 年比 ± %
国内生产总值	万元	3 012 277	12
第一产业增加值	万元	868 918	2
第二产业增加值	万元	773 449	24.1
第三产业增加值	万元	1 383 526	13.1
工业总产值	万元	2 424 519	28.1
农业总产值	万元	1 559 168	14.9
全口径财政收入	万元	100 500	41.9
本级财政收入	万元	74 840	49.3
财政支出(一般性预算支出)	万元	364 403	24.3
固定资产投资额	万元	1 204 232	32.3
社会商品零售额	万元	803 763	15.2
新增外商投资企业	个	1	
新增实际使用外资额	万美元	4 560	11.2
个体私营企业	个	61 915	9.2
民营经济增加值	万元	2 187 468	25.6
年末在岗职工人数	人	35 292	4.9
非私营单位在岗职工年人均工资	元	27 436	17.8
城市居民人均可支配收入	元	14 968.8	13.2
农民人均纯收入	元	8 470	25.4
普通中学数	所	56	
普通小学数	所	352	
各类医院	所	40	
教育经费总额	万元	76 351	38.9
科技三项经费	万元	14 46	61.9
卫生事业费	万元	36 832	54.4
人口出生率	‰	6.04	-1.63
计划生育率	%	91.4	0.2
人均地区生产总值	元	26 067	19.7
城乡居民储蓄存款余额	万元	893 225	14.5

2010年增长13%;固定资产投资额实现77.8亿元,比2010年增长35%;基础设施建设项目3个,总投资2.39亿元。投资1.5亿元的国家电网五棵树五跃变电站项目、投资5 400万元的医药产业园区污水处理厂、投资3 500万元的开发区道路打捆项目。续建项目6个,总投资83.38亿元。环城工业集中区全年完成地区生产总值完成66.5亿元,比2010年增长25%。招商引资完成9.5亿元;固定资产投资实现21亿元。新建项目3个,总投资13.1亿元。

【环境保护】 1.组织环保、工商、公安等部门开展联合执法行动5次,集中组织监察执法人员开展专项检查4次,突击检查6次,开展夜查3次,检查重点企业和业户1 026户。政务大厅环保窗口共计接待业户850多人(次),新建项目审批240户,其中,审批小型工商业户136户、基建项目7户,工业生产类项目23户。环评、"三同时"(建设项目中防治污染的措施,必须与主体工程同时设计、同时施工、同时投产使用)验收执行率均达100%。构筑信息共享平台,提供企业违法及减排信息40条,拒绝授信5家。2.深化环境综合整治,继续实施"蓝天工程",对16家废气超标单位进行限期治理。巩固"碧水工程"成果,集中式饮用水和境内流域水质保持安全稳定。对城市饮用水源和境内"一江两河"(松花江、拉林河、卡岔河)段面开展常规监视性监测,对全市生产型化工、医疗、屠宰等重点废水治理行业随机跟踪监测,饮用水质达标率为100%。持续打造"安静工程",组织夜查工地19次,对6家施工单位的10处施工现场下达环境违法行为限期改正通知书。对7家工地进行处罚。深入推进"生态工程",为红星乡郝家村争取国家农村环境连片整治示范资金500万元,治理农村生活污水、生活垃圾、畜禽粪便、饮用水水源地保护等。打造成省级样板工程;五棵树镇、十三号村、八家村、杨树村分别通过国家级生态镇、村的验收,弓棚镇通过省级生态镇的验收;全市有12个村开展市级生态村创建,育民乡畜禽粪便与生活垃圾集中处理模式取得积极进展。3.优化审批职能,对重点项目开展对接服务,减少招商损失和降低成本累计达20万元,跟踪项目提供技术服务8次;深入到中粮生化能源(榆树)有限公司等12家重点企业,上门征求意见并现场解决当前困难。共接待来信、来访及市政府市长公开电话转办案件83件,答复政协提案5件,处理率、结案率均达100%。

榆树市首届农民节

【首届消夏节暨国际美食文化节】 5月22日,首届消夏节暨国际美食文化节开幕。长春市旅游局、榆树市主要领导出席开幕仪式。榆树市直各部门、各乡镇街副局级以上的领导参加开幕仪式。新华社、中国农民日报、中国新闻社、吉林日报、吉林电视台、吉林人民广播电台、长春日报、长春晚报等新闻媒体共同参会。开幕仪式结束后,举行大型文艺演出。演职人员唱响红歌,通过多种艺术形式演绎改革开放成就,以及榆树市提高粮食综合生产能力、建设"天下粮仓"的成功经验。吸引近万名市民和农民观看。在消夏节期间,主要举办国际美食文化节会展和弘扬榆树传统文化的文艺演出、冰峰啤酒竞技大赛、电影消夏晚会等丰富多彩的活动。电影消夏晚会历时6天,每天晚上放映一场电影,吸引了近2万市民前来观看。

【首届农民节】 2011年8月16日~17日,在市文体中心举办榆树市首届农民节。吉林省、长春市、榆树市主要领导及文化部非物质文化遗产司、中国艺术研究院曲艺研究所、国家非物质文化遗产专家委员会委员等领导出席开幕式。新华社、人民日报等中直、省直、长春市直新闻媒体的记者等共同参会。在农民节期间,安排了丰富多彩的文体活动,以"一展两赛两汇演"即"天下粮仓、沃土榆树"主题成果展,两赛,农村文化大院健身秧歌大奖赛和农民科技知识大奖赛。两汇演,开幕式综合文艺汇演和国家非物质文化遗产东北大鼓专场汇演。展示榆树农业发展历程,展现榆树农民精神风貌。17日举行首届农民节闭幕式,副市长王是非宣读了《关于表彰首届农民节优秀组织单位、优秀组织个人及秧歌大奖赛、科技大奖赛获奖单位的决定》。与会领导分别为获得优秀组织单位、优秀组织个人及秧歌大奖赛、科技大奖赛获奖单位颁奖。市委副书记、代市长李洪亮在闭幕式上致词并宣布榆树市首届农民节胜利闭幕。

(贾淑华　高　鹤)

德惠市

【概况】 德惠市南与长春市接壤,北与松原市毗邻，距吉林市110公里。市区距长春龙嘉国际机场80公里。德惠市幅员3 435平方公里，辖16个镇、4个街道，总人口100万，其中农村人口75万。有汉、满、蒙、回、朝鲜等15个民族。德惠市是东北最大轻体建材生产基地。德惠市耕地面积32.4万公顷，占幅员的62.3%，盛产玉米、大豆、水稻和瓜菜。是全国重点商品粮基地县之一，是著名的中国肉鸡之乡、肉牛之乡。现已形成了以食品加工业、玉米加工业、环保建材业、生物制药业、现代包装业和冶金制造业为支柱的门类较齐全的工业体系，产品达400多个品种，有40余种产品曾获得国家和省部级优质产品奖。

【国民经济】 2011年，全市地区生产总值实现300亿元，比2010年增长18.3%；规模以上工业产值实现260亿元，比2010年增长27.7%；一般预算全口径财政收入实现13亿元，比2010年增长36.8%。其中地方级财政收入实现8.54亿元，比2010年增长36.4%；全社会固定资产投资实现142亿元，比2010年增长31.5%；城镇居民人均可支配收入实现15 200元，比2010年增长13.4%；农民人均纯收入实现7 720元，比2010年增长12.1%，在吉林省县域经济综合考评中跃居第4位。制定出台了支持民营经济发展46条意见，推进民营经济健康快速发展。2011年，全市民营经济企业户数发展到2 773户，实现主营业务收入780亿元，比2010年增长25.4%；吸纳从业人员19.4万人。

【农业】 实施五年增产3亿公斤商品粮能力建设工程，建设粮食高产创建示范片20个，辐射带动面积21.3万公顷。粮食总产量达22亿公斤，单产位居全省前列。连续多年被评为全国粮食生产先进县。园艺特产业种植面积发展到2.3万公顷，新增温室大棚30公顷。畜牧业建设标准化牧业小区78个，被评为全国生猪调出大县和禽肉出口质量安全示范区。牧业产值可实现64亿元。完成了“五大围堤”塘沽围堤一期应急度汛水毁工程修复等农业基础设施建设任务。完成旱田节水灌溉面积1 660公顷。争取农机购置补贴6 200万元，新增大中型农机具690台套，被国家评为全国平安农机示范县。投资530万元，完成农防林更新和残次林改造面积239公顷。春季森林防火连续31年实现“三无”目标。

【新农村建设】 完成31个示范村年度建设任务。新修农村公路水泥路110公里，改造危桥16座，农村公路通村率达99.7%。开展乡容村貌综合整治行动，村屯环境大为改观。全面落实各项强农惠农政策，发放各类补贴资金4 855万元，农业保险参保面达12.3万公顷，争取理赔金资金1 700万元。

【城乡建设】 完成了新一轮城市总体规划和“两城”、“两区”控制性详规。完成主要街路、背街巷路1.5万平方米。管道天然气城区供气管网铺设10 000米。完成了天台、跃程输变电工程。污水处理厂正式运营。房地产业在建小区16个，总面积50万平方米。改造完成了40万平方米“暖房子”工程。完成了部分街路及景点的彩化工作，对德惠公园、植物园进行了更新改造，共新植、补植各种绿化树木3万余株，新植花卉9万余株，全年绿化彩化面积110公顷。开展了奋战150天城乡环境综合整治行动，加大了对违章违法建筑的清理和打击力度。整合了松柏等8家供热站，收购了1处供热站，优化了供热资源，供热质量显著提高。

【招商引资和项目建设】 完善招商体制机制，规范招商政策，重新理顺招商流程，招商引资逐步向招商选资转变。扎实开展了招商引资“九个月攻坚战”活动。2011年全市共引进项目220个，全年引进内资90.5亿元、外资5 600万美元。把50个重点项目落实到10个重大项目推进组全过程跟踪服务。山东泉林集团200万吨秸秆综合利用、广东香江集团仓储物流等重大项目开工建设，其中超亿元大项目37个。

【园区建设】 德惠经济开发区完成了4平方公里的基础设施建设，达到了“七通一平”。米沙子工业集中区完成了4平方公里的基础设施建设，完成了天然气管网、供水管网铺设和客运物流中心主体工程建设。大成（德惠）生化工业区年产120万吨玉米淀粉糖二期工程和长春大合生物技术开发公司年产50万吨提质煤、年产10万吨赖氨酸、更换发酵设备制造新菌种等项目全部开工建设，已到位资金7.6亿元。

【民主法制】 全年共办理人大代表意见、建议36件，政协委员提案22件，办结率均达100%。深入开展了信访积案化解和局长接待日活动，对重点信访案件进行了处理，实现了全国“两会”期间无回流访、无集体访、无非正常访“三无”目标。组织开展了命案攻坚和“网上追逃”专项行动，坚持命案必破，保持了命案破案率100%的记录。扎实开展了生产、交通、学校、建筑工地、食品药品等安全隐患专项整治行动，有效遏制了重特大事故发生。城乡消防工作不断强化，得到了全国人大相关领导的充分肯定。行政审批效率大幅提升，对招商引资重大项目，实行预约服务和延时服务，建立了“绿色通道”制度和直通车管理办法，采取联席会审等形式实现快速审批。市长公开电话、政府门户网站功能不断完善，应对突发事件能力不断提升，纠风治乱、执法监察和政行风建设不断加强。严肃查处涉软案件，经济发展软环境明显改善。

【民生事业】 制定并实施2011年民生行动计划。106项民生行动计划工作任务全面完成。“十件惠民”大事推进顺利。城区天网工程安装探头3 000个，其中高清探头204个，基本实现了公共场所、重点区域全覆盖。二十九中易地新建工程已投入使用。城区北出口工程建设了宽18米、长2.7公里的城区道路，已竣工通车。基本药物制度在乡镇卫生院和社区服务中心全面实施，药品价格回落，处方均值下降，百姓看病贵的问题得到了有效缓解。市殡仪馆异地新建工程主体完工，烈士纪念塔等配套设施已完成基础工作，宽16米、长2.9公里的专用道路具备通车条件。市区客运车辆更新和站点建设工程。新上新型客车111台，开通线路12条，新建公交车候车亭100个，更新出租车540台。城乡排污锅炉改造工程共治理改造不合格锅炉332台。市区主要街路成了亮化彩化工程。邮政网络延伸工程在城区安装信报箱10 000个，建设村邮站308个。水体公园基础工程已完成立项、设计、可研、环评审批和砖厂土地征收工作。新开发就业岗位8 000个，城镇新增就业6 000人，“零就业家庭”保持动态为零。推进了城镇职工基本医疗保险，职工工伤、生育参保扩面，医疗保险市级统筹和厂办大集体、“五七家属工”基本养老保险工作。扩大了城乡贫困家庭医疗救助范围，提高了城乡低保补助、环卫工人工资和财政供养人员住房公积金标准。兑现了拖欠行政、事业单位人员档案工资5 100万元，增加了机关、事业单位在职人员津贴补贴，月人均增加400元。支持灾后倒塌房屋重建资金430万元。积极整合教育资源，教育质量稳步提高，高考一般本科进线率连续5年居长春县(市)首位，有4人升入清华大学。完成校舍安全工程年度任务。在城区中小学继续实行电脑派位的方式进行阳光分班，促进了教育公平。对乡镇福利院进行了整合，在乡镇(街)建立了民政工作站，社会福利事业进一步发展。科学制定了“十二五”民营医疗机构设置规划，深入开展了基层医疗卫生机构综合改革。在乡镇卫生院和社区卫生服务中心启动了公共卫生服务均等化工作。新农合全口径参合率达到98.7%，农村常住人口实现了全覆盖。完成了14个乡镇综合文化站建设，广泛开展了群众性文体活动，竞技体育在全省始终保持领先地位。广播电视事业进一步发展，舆论宣传作用得到充分发挥。投资317万元，完成了有线数字电视整转农网主干线230公里，城区用户整转达到3万户。在全国率先开展创建幸福家庭活动，受到了国家人口计生委的高度评价。解决了市玻璃厂欠发退休职工养老金问题，完成了味精厂企业承担补偿金的计算审核及拖欠养老保险费政府承债的申报审批工作。推进了第四批非厂办大集体参改工作，共涉及企业55户、4 138人。积极推进6户事转企单位改制。房产公司、原种场改组工作基本完成，建筑设计院职工安置到位，种子公司、市政管理处、市政工程公司改制工作正在有序进行。

（王忠祥）

2011年德惠市国民经济和社会发展主要指标完成情况统计表

指标名称	单位	实际完成	与2010年比±%
地区生产总值	亿元	309.5	15.9
一产增加值	亿元	61.3	4
二产增加值	亿元	120	19.9
三产增加值	亿元	128.2	18.8
全口径财政收入	亿元	13	36.8
其中:地方财政收入	亿元	8.54	36.4
固定资产投资	亿元	142	31.5
农业总产值	亿元	113	10
工业总产值	亿元	402.69	21.8
其中:规模以上工业总产值	亿元	260	27.7
城镇人均可支配收入	元	15 200	13.4
农民人均纯收入	元	7 720	12.1
社会消费品零售总额	亿元	81.8	13.9
民营经济主营业务收入	亿元	780	25.4
引进内资	亿元	90.5	
引进外资	万美元	5 600	

九台市

【概况】 九台市位于吉林省中部，东及东北与舒兰市和榆树市为界；南及东南同永吉县接壤；西与长春市为邻；西南同双阳毗连；北及西北均界德惠市。辖12个镇、2个民族乡、4个街道，总人口84.34万人。幅员3 375.27平方公里，耕地面积182 495公顷，是国家主要的商品粮生产基地。九台市苗木花卉远销全国各地，被称为“北方苗木花卉之乡”。林地面积56 089公顷，森林覆盖率15.67%，林木蓄积量4 874 235立方米。水域面积22 726公顷，总储水量8亿立方米，“一江三河”(松花江、饮马河、雾开河、沐石河)流经域内，坐落在西营城街道和东湖镇之间的石头口门水库是长春市最重要的水源地。煤、沙、矿泉水、沸石、钠基膨润土等矿藏资源丰富。九台市处于长春市和吉林市之间的交通走廊地带和长吉经济圈的核心位置，九台火车站西距长春市火车站50公里，东至吉林市火车站75公里。长春龙嘉国际机场坐落境内。长吉高速公路、长吉北线公路、长吉城际高速铁路、长图铁路纵贯境内。长吉城际高速铁路在九台西营城街道设立中间站。

【国民经济】 2011年,全市地区生产总值294.08亿元,比2010年增长14.2%。全口径财政收入18.2亿元,其中本级财政收入11.4亿元,分别比2010年增长49.57%和52.21%。工业总产值436.87亿元,比2010年增长25.78%,其中规模以上工业总产值264.3亿元,比2010年增长41.05%。固定资产投资151.98亿元,比2010年增长99.97%,其中工业固定资产投资116亿元,比2010年增长80.37%。社会商品零售额77.89亿元,比2010年增长13.25%。城市居民可支配收入14 850元,比2010年增长18.5%;农民人均纯收入8 016元,比2010年增长24.11%。一产增加值32.98亿元,比2010年下降7.1%;二产增加值151.11亿元,比2010年增长22.8%;三产增加值109.99亿元,比2010年增长10.3%,三次产业比重由2010年的12.5 :48.3 : 39.2调整到2011年的11.2 : 51.4 : 37.4。累计引进投资500万元以上的工业项目388个,其中投资亿元以上项目17个,初步形成了矿产能源、机械加工、农产品加工、建筑材料等主导产业,工业经济主体地位已经确立。

【项目建设】 2011年,全市新建、续建项目209个,总投资279.3亿元。全年利用内资36亿元,利用外资5 600万美元,在长春地区县(市)区排名第一。长春众翔机械、吉林中财管道等8个投资3亿元以上的项目落户长春九台经济开发区,鹏瑞塑编、电通水泥等73个项目投产,龙嘉煤田、宇光能源等骨干企业产能逐步扩大。2011年,全市工业投资完成100亿元,比2010年增长46%。全市规模以上企业发展到190户,总产值222.5亿元,比2010年增长36.9%;增加值62.3亿元,比2010年增长37.1%;销售收入216.9亿元;利润10.1亿元,比2010年增长51.6%。2011年,九台市规模以上工业全省综合排名第六,全省工业十强县。全市具有进出口经营权的企业达到57户,其中2011年增加11户。2011年,共有10户企业实现出口创汇,出口额达1 033.4万美元,全年实现出口创汇1 400万美元。共参加省市经合系统组织的大型经贸活动4次,活动中签约3个项目,总投资22.3亿元。10月,总投资15亿元的奥特莱斯购物中心项目落户九台,九台市与北京新华联集团在北京举行签约仪式。九台市获得长春市招商引资9个月攻坚行动重大项目奖和目标责任奖。

【民营经济】 2011年,民营经济总产值790亿元,总营业收入775亿元,增加值215亿元,利润90亿元,上缴税金9亿元,从业人员22.96万人,企业达到68 028户。实施吉林省"万名创业者、万名小老板"培训工程计划,推进"人才兴业战略"。6月,分3期共培训有创业意愿的社会各类人员及小企业老板400人次。9月,对410人进行农产品经纪人职业资格培训,参加培训人员全部通过考试并对其颁发了等级证书。2011年,全市共完成职业技能鉴定培训1 480人。9月末,举办中小企业"贴身式"专题纳税知识专题辅导,落实吉林省工信厅"全省中小企业和民营经济服务年"活动,共辅导100人。中小企业服务中心咨询窗口开设后,共接待企业咨询近2 000人次,帮助企业解决立项、环评、融资贷款等170项事宜,先后为企业融资贷款5 600万元,涉及卡伦、东湖等7个乡镇13户企业。九台市被评为2011年度吉林省民营经济创业先进县。

【开发区建设】 1、长春九台经济开发区:2011年,长春九台经济开发区地区生产总值104.6亿元,比2010年增长23.1%;一般预算全口径财政收入9.4亿元,比2010年增长124%,其中平台内实现税收3.14亿元,比2010年增长93%;固定资产投资84亿元,比2010年增长44.5%;工业总产值279亿元,比2010年增长36.1%,其中规模以上工业企业153户,实现产值191亿元,比2010年增长36.4%。2011年,新落位项目30个,总投资94.58亿元,其中投资亿元以上项目23个。工业平台续建项目66个,完成固定资产投资47亿元;新建项目动工37个,完成投资21亿元。投资30亿元、占地108万平方米的长春东北金属交易中心项目基础工程开工建设。2011年,新收储土地1 053公顷,完成工业北区三期基础设施建设。完成工业北区三期道路全长8 300米,硬路11.6万平方米,排水管线2.1万米,给水管线8 118米,供电线路8 850米,工业园区与卡伦镇区给水连接线5 990米;完成甲三路与经开区成都大街连接的路桥工程,完成工业北区1 300盏路灯工程。启动新农村棚膜蔬菜基地的基础设施建设工程,完成基地主路980米、机耕路680米、排水管线1 253米;总建筑面积4.96万平方米的新农村回迁楼一期已经竣工验收,可安置回迁农民532户;完成雾开河综合防洪工程210万立方米的土方工程,一级拦河钢板闸的基础工程、山水大道新城段、机场大道辅路已开工建设;吉林工商学院新校区建设项目正式签约。农机制造产业园被省政府确定为优先发展的两大装备制造业之一;污水处理厂项目完成了可研报告和施工招标;与长春经济技术开发区签订了区域战略合作框架协议。2.九台工业集中区:规划建设"生态畜牧产业园"、"接续产业园"、"生物医药园"、"能源产业园"、"休闲娱乐园"、"新兴工业园"等6个产业园区,建成区面积达到10.13平方公里。域内项目总数达到121户,总投资240多亿元,95%以上项目已经投产。区内亿元以上的大项目主要有:投资112亿元的华能九台电厂项目,投资10.9亿元的山东金锣肉制品加工项目和投资5.6亿元的吉林天景食品项目,投资3.2亿元的吉林广泽乳业集团建设的万头奶牛养殖项目,投资2.6亿元的长春和禾化工股份有限公司低碳醇项目,投资2.3亿元的海伯尔生物制药项目,投资1.5亿元的吉林泰华冶金设备制造有限公司冶金设备制造项目。基础设施建设总投资达到2.63亿元,主要完成了42公顷"六街工业园"、108.4公顷"建材产业园"、102公顷"生态畜牧产业园"的道路、供水、排水、通讯、供热、供电、绿化等工程。完成了工业新区108公顷的征地工作，完成了建材工业园48.8公顷建设用地的地质评估和土地整理工作。

【农业】 2011年，九台市粮食产量139.87万吨，被国家评为全国粮食生产先进单位，获奖金1 000万元。大力发展现代农业，全市新建特色产业村屯82个，落实粮油高产创建示范片12个，重点推广测土配方施肥、玉米高光效栽培、大垅双行、玉米螟防治、植物生长调节剂等12项新技术。认真落实国家支农惠农政策，发放各种补贴资金3.17亿元。各类经济作物面积达1.3万公顷，新建省级标准化牧业小区28个。农田水利建设完成投资1.7亿元，完成项目20个，其中防洪工程项目14个，建成旱田节水灌溉作业区30个，解决农村5万人饮水安全问题，共打标准饮用水井49眼，铺设自来水管网670公里。2011年，全市农业机械总动力达到70.8万千瓦，比2010年增长16.63%；拖拉机保有量24 907台，比2010年增长21.61%，其中：大中型拖拉机保有量6 493台，比2010年增长16.1%；配套农具57 281台套，配套比1∶2.3；玉米收获机新增116台，比2010年增长88.5%；水稻收获机械新增121台，比2010年增长54.5%。全市农作物综合机械化水平72.7%，全市完成机械耕种164 000公顷，机械耕整地水平达94.5%，完成机械播种161 000公顷。全程农机化示范区项目建设示范面积15万公顷，投资7 000万元。利用国家投资2 300万元进行农业机械购置补贴，新购置农机具5 997台套，其中，拖拉机5 141台，配套农具777台，插秧机65台，收获机械40台，林、牧、渔、加工机械216台套。投资2 150万元，推广了指针式喷灌和膜下滴灌等旱田节水灌溉技术，投资1.25亿元完成了双丰回水堤等重点水利工程，投资1.24亿元实施了66千伏输电线路改造等电网工程。在全市18个乡镇街建设了气象信息服务站，落实自然干燥储粮仓8 380套，完成造林621公顷，获得省政府矿山地质环境治理项目资金9 000万元，通过国家耕地保护责任目标考核。创建了3个国家级和4个省级生态镇。黏玉米、优质水稻、苗木花卉等9大产业规模不断提升，省级以上农产品龙头企业11家，长春市级农产品龙头企业15家。农村金融体制试验区实施方案得到国务院农村改革办公室批准。制定了强农惠农政策，并开展了农民负担大检查，对50多个村进行审计，审计资金2 500万元，查出违法违纪资金400多万元，为集体挽回直接经济损失100多万元，经济处罚村社干部150多人。“一事一议”投入11 998.45万元，建成道路、水渠、机电井、桥涵、路灯等项目306项，119 584户受益，受益人口43.57万人，受益劳动力23.29万人，村民实际筹资27.99万元、筹劳21.31万人。对全市249家种子经营业户进行不定期检查，共出动执法车辆215台次，出动执法人员861人次，查处案件7起，结案7起，罚款6.465万元，没收未审和假劣种子4 500公斤。全市发展各类农民专业合作社802家。投资300万元购置了农产品质量检测仪器，完成检测室建设的立项、选址、设计、招标等工作。新增加农信通用户4 000人，“零公里”信息服务站310个，开展九台市农村电子商务试点，设立50家农村电子商务网店。

【新农村建设】 在重点抓好示范村功能建设的同时，积极推进农村基础设施建设、农村环境综合整治和农村公共事业发展。在卡伦湖、东湖、上河湾、城子街、其塔木、沐石河、波泥河等小城镇和开发区，在红光村、新立村、龙家堡村集中建设农民住宅楼2 046户18.56万平方米，改造农村泥草房1 000户11.26万平方米，新建农民新居2 614户28.4万平方米，改善了5 660户农民的居住条件。全市新修村屯水泥路122.06公里，砌筑路边沟54 680米，修整公路路面326.1公里，安装路灯302盏，其中太阳能路灯132盏；新建省级标准化牧业小区28个，新修农村标准厕所5座，农户卫生厕所2 000座；村屯植树300万株，新增绿地251万平方米；清理道路边沟1 340公里，清理路面及边沟垃圾57 000立方米，搬迁路边及林带柴草垛3 280个；村屯内新增垃圾箱3 663个，配置垃圾清运车557台，清理生活垃圾96 500立方米，清理私搭乱建183处，拆除非法建筑107处。完成了16所“一乡一校”寄宿制学校续建项目，新建农村学校5所；完善了18所乡镇卫生院医疗设施，新农合参合率98.5%；新安装有线电视6 000户；新建村部52个，建筑面积9 140平方米；新建农村文化广场12个；农村居民就业、保险、社会救助等覆盖面不断扩大。

【林业建设】 2011年，投入844.5万元，共造林绿化619.7公顷，栽植苗木189.3万株。包括：农防林更新造林47.4公顷；迹地更新造林183.1公顷；“三北四期”工程造林389.3公顷；吉长北线绿化45公里，重点工程补植苗木102.4万株。查处各类涉林案件28起，处理违法犯罪人员41人次，林业行政罚款和收缴植被恢复费57万元，收回林地30公顷，其中，林业行政案件11起，刑事案件17起，案件综合查处率100%。完成林业有害生物无公害防治面积6 752.3公顷，无公害防治率100%，飞机施药防治5 921公顷，检疫各类苗木223万多株。加工木材1.8万立方米。办结林业行政审批事项2 050件，按期办结率100%，接待林业审批事项咨询1 338人次。建立完善林业管理制度20余项。全市集体林权制度改革的主体任务全面完成，两权到户率98%以上。参改宗地4.3万块，面积40 000公顷，林木3 200万株，蓄积400万立方米。通过林改清回蚕食林地2 500公顷。九台市林权改革通过吉林省的检查验收，被评为吉林省“集体林权制度改革先进市”。完成50个村屯绿化工程。完成董家木材检查站建站工作。实现连续30年无森林大火，被评为“吉林省森林防火先进市”。

【城乡建设与管理】 1. 九台老城区：投资1.22亿元改造了新华大街等8条主要街路和三中桥、西公铁立交桥等5座桥梁。投资1 170万元进行市政设施维护，投资6 192万元建设改造了给排水管网，投资1.4亿元铺设一二次供暖管网65千米，热源厂新增加3台80吨热水锅炉，城区全部并网实现集中供热。投资3 000万元完成煤矿棚户区8号小区配套工程建设和7号小区一期工程征地，投资2 060万元建设廉租住房1.03万平方米，投资6 800万元改造暖房子43万平方米，完成城市棚户区拆迁面积15.87万平方米。投资1.5亿元建设站前地下人防工程，投资6亿元启动了南部新区商业综合体项目和东环路建材市场项目。2.空港新城：高标准完善了城市总体规划和土地利用规划，建立省级长春空港经济开发区的工作已经启动。投资1.7亿元的高铁九台南站建设工程进展顺利，坝下湖及石头口门至九台供水管线项目已获批复，启动了庙香山旅游休闲度假区规划建设工作，空港新城各项工作有序推进。3.卡伦新城：雾开河综合防洪工程、山水大道卡伦段工程已经开工，农民回迁楼一期工程已经封顶，吉林工商学院新校区开始建设。与北京新华联集团签订了奥特莱斯购物中心项目战略性合作协议。投资4 376万元实施乡镇街路改造、绿化亮化、改水改厕等工程，乡镇环境明显改观。

【环境保护】 2011年，制定了《“十二五”水污染防治规划》、《生态市示范区创建规划》和《噪声功能区域规划》。投资1.4亿元对65公里供热管网进行改造，取消104座小锅炉房。财政投资近400万元，保证污水处理厂的正常运行。投资1 000多万元改造排水管网，城市污水集中处理率达95%以上。投资7 000万元的垃圾处理厂投入使用。投资近1亿元的开发区污水处理厂开工建设。完成60平方公里卡伦新城建设规划环评。制定了《关于对房地产开发项目实施环境监督管理》、《关于进一步加强饮用水源地保护区建设项目审批管理的通知》。在“整治违法排污企业，保障群众健康”环保专项行动中，重点开展重金属、化工、皮革等重点行业的专项整治。2户重金属企业和3户化工企业污染治理设施正常运行，对全市30家医院开展了医疗废物调查。工业固体废物综合利用率达98%。对天景食品有限公司、龙嘉煤矿等6枚放射源进行了有效监管，辐射安全许可发放率和辐射应用单位检查覆盖率均达100%。出动执法人员2千余人次，车辆830余台次，检查排污企业904家，挂牌督办企业1户，行政处罚24家，收缴罚款30多万元。加强对石头口门饮用水源地监管，对水源地周边17家采石场实施政策性关闭。对石头口门东岸8户农民的违规建筑下达停建和整改通知。对库区内5家餐饮业户实行全部关闭。城市集中式饮用水源水质达标率100%。对重点涉水企业增加监测频次，全年出具监测数据3万多个，排查重点水污染企业63家。对8家污水超标单位进行限期治理和处罚，全市工业废水达标率95%以上。九台市污水处理厂、长春金锣肉制品有限公司、长春全顺啤酒厂、长春皓月集团卡伦皮革厂等4家企业实现了与长春在线监测联网。饮马河、雾开河流域地表水出境断面与入境断面水质与2010年相比有所改善。机动车环保检验率80%以上。2011年空气环境质量优良级天数达340天以上。辖区内可吸入颗粒物、二氧化硫、氮氧化物三项指标分别比2010年下降3.2 %、2.8 %和1.7%。在主要路段设置禁鸣汽车喇叭和限行标志，规范建筑工地作业时间，清除扰民作业点20余处。九台市污水处理厂和九台华能电厂2户企业污染治理设施稳定运行。长春羊草煤业股份有限公司、华能九台电厂、吉林亚泰制药有限公司3家企业完成清洁生产审核工作。完成上河湾镇、其塔木镇、波泥河镇、龙嘉镇和卡伦镇任家村省级生态乡镇验收。完成西营城镇石人沟村、榛楷泡村、卡伦镇王家村、九郊办事处吴家店村4个生态村建设规划编制，并通过专家论证。完成5个镇、1个开发区、16个村的农村连片整治项目申报工作。全年共发放排污许可证430个，年检企业1 100个。按要求组织开展排污申报登记工作，申报率100%。全年收缴排污费514万元，完成计划的177%。完成污染源普查动态调查工作，共审批项目173个，验收项目31个。建设项目环境影响评价执行率、“三同时”执行率、验收率均100%。开展1次环境应急演练、装备1台应急监测车，环境监测站建设通过三级站标准验收。

【民生工作】 2011年实施10个方面91项民生计划，全口径投入资金29.3亿元，其中本级财政投入达3.6亿元，占本级财政收入的38%，真正实现“小财政”“大民生”。1.就业再就业工作取得新进展。新开发城镇就业岗位7 568个，城镇新增就业7 000人，其中，下岗失业人员再就业3 282人，分别完成计划的108%、218%和103%；“4050”大龄就业困难人员再就业274人，完成计划的125%；零就业家庭动态为零，城镇登记失业率控制在4%以内。继续开展创建“创业型”城市试点工作，创业促就业项目创办成功130个，带动就业2 500人，分别完成计划的130%和125%；发放小额担保贷款2 044万元，完成计划的102%。大力发展劳务经济，全口径劳务输出26.58万人，其中农村劳动力输出23.75万人，分别完成计划的121%和130%。下岗失业人员职业技能培训5 112人，下岗失业人员创业培训542人，分别完成计划的102%和262%；农村劳动力转移就业培训15 560人，其中职业技能培训3 637人，分别完成计划的104%和121%；参加职业技能鉴定4 907人，职业技能鉴定率96%；鉴定合格4 023人，职业技能鉴定合格率82%。全力保障劳动者权益，规模以上企业劳动合同签订率达98%以上，企业劳动用工备案率达95%以上，农民工工资当期支付率100%，劳动保障投诉举报案件结案率100%。开展科技培训讲座15场2万余人次，分别完成计划的187%和667%。新发展各类农民专业合作社88家，完成计划的293%。新建科学储粮仓8 380套，完成计划的105%。2.社会保障体系进一步健全完善。基本养老保险新增1 023人，失业保险新增530人，分别完成计划的102%和106%。妥善解决了粮食系统职工失业保险金等历史遗留问题。为企业退休人员发放养老金32 353万元，完成计划的108%。城镇职工基本医疗保险参保51 615人，工伤保险参保36 670人，生育保险参保30 007

人，大额医疗保险参保 39 130 人，分别完成计划的 103%、130%、122% 和 100%；城镇居民医疗保险参保 72 266 人，实现基本全覆盖。560 157 人参加新型农村合作医疗，参合人数比 2010 年增加 28 383 人，参合率达 98.5%。3.困难群众得到及时救助。发放城市低保金及各类补贴 3 560 万元，发放农村低保金 1 100 万元。农村五保集中供养标准每人每年 2 700 元，分散供养达 1 700 元。临时救助的病种由原来的 12 种增加到 25 种，住院救助封顶线从 8 000 元提高到 10 000 元，救助 2 240 人次，发放救助资金 710 万元。提高了一至四级伤残人员护理费标准。为 269 名白内障患者实施了复明手术，为 194 名各类精神病患者实行了免费住院治疗，分别完成计划的 179%和 129%。为 1 200 名高龄老人发放生活补贴，对 200 名特困老人实施了救助。实施法律援助 120 件。调解各类民间纠纷 8 000 件，调解率 100%，调解成功率 97%。4.城乡住房条件明显改善。投资1 亿元完成了煤矿棚户区 8 号小区配套工程建设和 7 号小区一期工程征地工作。改造“暖房子”43 万平方米，完成计划的 430%，5 405 户居民受益。投资 1.4 亿元铺设一二次供暖管网 65 千米，热源厂新增加 3 台 80 吨热水锅炉，城区全部并网实现集中供热。新改造泥草房 1 000 户，其中困难户 100 户，改造任务全面完成。5.义务教育实现均衡发展。投资 2 亿元完成 16 个“一乡一校”工程续建项目 15 万平方米。投资 890 万元完成 28 个中小学教育装备标准化工程。投资 55 万元更新了九台市教育城域网资源库。职教中心开设课程达到 14 个，完成了 2 000 人的招生任务，在校生总数达到 3 000 人。投入 845.6 万元，实施了义务教育、普通高中、中等职业学校困难学生和希望高中班及涉农专业学生资助计划。6. 生命健康得到有效保障。新生儿疾病筛查 3 133 人，筛查率 93%。尿毒症患者血液透析政府补贴 5 838 人次。为农村孕产妇和贫困孕产妇 3 068 人发放了分娩补助，每人补助 300 元，共补助 92.04 万元。对 12 人次艾滋病患者、27 名无主患者实施免费救治。对计划怀孕的 4 572 对农村夫妇及流动人口进行孕前优生健康检查。对 24 名农村孩子 2 个以上自愿实施长效避孕手术的妇女每人奖励 1 000 元。解决了农村 5 万人饮水安全问题。完成了石头口门提水泵站改造及供水管网维修。7.文化生活日益丰富多彩。开展了纪念建党 90 周年红歌大赛等系列活动 20 次，成功举办了长春市第四届农民文化节启动仪式和九台首届全民运动会。完成 10 个农村文化大院建设和 8 个乡镇综合文化站土建任务。安装农村有线电视 6 000 户，农村数字电影放映 3 720 场。实施城乡科普画廊计划，向公众提供科技光盘 500 张，赠送实用技术书籍 3 000 册，开通了实用技术项目库超市。8.公共安全取得显著成效。对全市涉药企业、医院和个体诊所进行全面监督检查，检查覆盖率 100%。对全市所有饲料生产企业和兽药饲料经营业户进行全面检查，取缔 8 家无证饲料经营企业，吊销 46 家不合格兽药饲料经营执照。对畜禽的养殖、屠宰和交易环节进行监测，没收销毁未经检疫动物产品 960 公斤，畜禽产品上市合格率 100%。对全市 10 家奶站实行跟踪检测，原料奶合格率100%。开展隐患排查治理专项整治活动，排查各类企业单位 533 家，发现隐患 256 处，整改率 100%；关闭 1 家不具备安全生产条件的小煤矿，取缔 3 个非法小煤井，动态隐患治理率和重大隐患治理率达 100%。加强公安“三基”建设，推进“天网工程”进度，安装摄像终端 350 个。新建城子街、胡家两个乡镇消防站，购置消防车 2 辆。9.人居环境质量明显提升。加强了石头口门水源地保护，水质达标率保持 100%。强化松花江流域重点排污企业监管，污水集中处理率 75%以上。集中开展烟尘超标排放锅炉专项整治，解决处理 38 家服务业烟尘污染问题，烟尘控制率为 100%。城市空气环境质量优良级天数截至 11 月 25 日为 335 天。区域环境噪声和主要交通干线环境噪声平均值分别控制在 53 分贝和 68 分贝以下。完成了新华大街改造、新立公园二期部分绿化工程。新建旱厕 6 座、渗水井 10 眼，维修破损公厕 25 座。绿化村屯 50 个，栽植各种苗木花卉 12 万株。10. 公共服务设施进一步完善。完成 51 个农村基层组织活动中心、18 个乡(镇)街行政大厅建设任务。建成便民服务站(村邮站)46 个，安装居民信报箱 5 000 个。投资 1 860 万元的上河湾镇套子里江桥竣工通车。完成乡村水泥路建设 116.9 公里、农村公路小修养护 1 200 公里、灌缝 2 000 公里。完成 10 座危险桥梁改造工程。修缮了九台市回族公墓。

【社会事业】 深入实施了《全民科学素质行动计划纲要》，完成了 16 所“一乡一

上河湾套子里防洪交通桥竣工通车

校”寄宿制学校续建项目和新区幼儿园基础工程建设，投资890万元装备了28个农村学校理、化、生实验室及电子备课室，高考创历史最好成绩。卫生计生水平全面提升。市医院年底前全面竣工，乡镇卫生院设施不断完善，基本公共卫生服务均等化逐步推进。人口自然增长率控制在3.8‰以下，政策生育率92%以上。4家度假村被命名为“长春市首批乡村旅游接待单位”，农村有线电视安装完成6 000户，农村数字电影放映3 720场。服务体系逐步健全。18个乡镇街的行政大厅和51个农村基层组织活动场所投入使用，50个“三农”服务站全部建成，服务水平进一步提升。

【民主法制】 全年办理人大意见、建议28件，政协提案21件，办结率均为100%。充分发挥政府应急办、市长公开电话、电子政务的载体和平台作用，帮助群众解决各种疑难问题。深入推进“六五”普法和“五五”依法治市，干部群众的法律观念明显增强。全面加强政府廉政建设和机关软环境建设，深入开展“三满意”、“三帮扶”、“创先争优”活动，政府执行力全面提升。全力开展社会治安综合治理年、信访积案化解年和安全建设年活动。在追逃“清网”行动中成功抓获部督逃犯1名和历年网上逃犯155名，23起命案全部告破；妥善解决了粮食系统职工失业保险金等历史遗留问题；集中开展安全生产隐患排查治理和食品添加剂专项整治行动，全年未发生较大以上安全事故，维护了社会和谐稳定。

（李海英）

2011年九台市国民经济和社会发展主要指标完成情况统计表

指标名称	单位	实际完成	与2010年比±%
国内生产总值	万元	2 940 803	14.2
第一产业增加值	万元	329 831	-7.1
第二产业增加值	万元	1 511 072	22.8
第三产业增加值	万元	1 099 900	10.3
工业总产值	万元	4 368 704	22.5
农业总产值	万元	615 891	6.17
全口径财政收入	万元	182 307	49.57
本级财政收入	万元	114 308	52.21
财政支出(一般性预算支出)	万元	351 502	22.83
固定资产投资额	万元	1 519 771	99.97
社会商品零售额	万元	778 902	13.25
城镇非私营单位年末在岗职工人数	人	43 083	1.79
全部在岗职工年人均工资	元	24 020	22.05
城市人均可支配收入	元	14 850	18.5
农民人均纯收入	元	8 016	24.11
普通中学数	所	35	0
普通小学数	所	222	0
各类医院	所	37	2.78
人口出生率	‰	7.15	-0.03
人均地区生产总值	元	34 892	14.1
城乡居民储蓄存款余额	万元	102 246	24.55

朝阳区

【概况】 朝阳区位于长春市区中南部，是长春市科技、文化、经济、教育、商贸中心城区。下设重庆、永昌、清和、红旗、桂林、湖西、南湖、前进、富锋9个街道，53个社区，2个镇，24个行政村，以及省级开发区——长春朝阳经济开发区。幅员228平方公里，人口69.3万人。2011年，朝阳区紧紧围绕建设“经济繁荣、社会和谐、环境优美、生活殷实”的文明城区目标，深入贯彻落实科学发展观，坚持加快发展、改善民生、建好城市、促进和谐，圆满完成了各项工作任务，经济社会步入了崭新的发展阶段。

【国民经济】 全区生产总值实现312.6亿元，比2010年增长15%；规模以上工业产值实现103.4亿元，比2010年增长22.8%；全口径财政收入实现50.9亿元，比2010年增长21%，其中本级财政收入实现8.3亿元，比2010年增长20%；完成固定资产投资（含房地产）139.1亿元，比2010年增长30%。

【商贸服务业】 2011年，朝阳区商贸服务业加快升级步伐，四大商圈、特色街路蓬勃发展，服务业收入占全区国民生产总值的75.8%，全区社会消费品零售总额425.4亿元，占全市城区的46.2%。欧亚卖场申报了单体经营规模最大购物中心的世界吉尼斯记录，首家室内高尔夫球场、室内真冰场等项目的引进，不断提升经营档次，已经成为长春市乃至吉林省集商贸营销、物流配送、商务宾馆、会展等为一体的商业航母。全面启动重庆路商业步行街建设，苏宁电器旗舰店入驻世纪鸿源，赛博电子广场顺利落位。长春卓展时代广场百货有限公司扩建项目、融大集团融大天玺项目、国信长久家苑棚户区改造等项目进展顺利。

【开发区建设】 2011 年，开发区全口径产值实现 180 亿元，比 2010 年增长 20%；规模以上工业实现产值 97.4 亿元，比 2010 年增长 15%；全口径税收完成 22 亿元；属地税收实现 6.8 亿元；固定资产投资完成 34.6 亿元；招商引资认证完成内资 14.6 亿元；完成外资 1 500 万美元，完成全年计划的 100%。全年签约落位项目 54 个，项目总占地面积 143 万平方米。其中投资亿元以上项目 14 个，分别是中德实业、福耀(长春)巴士玻璃、方通车辆装备、余姚市磊吉佛汽车等企业；投资 5 000 万元以上项目 16 个；投资 3 000 万元以上项目 18 个。全年共预审 8 个批件，分别为 4 个实施方案和 4 个批次，总预审面积 337.2697 公顷。苏宁电器、长春恒运润滑油有限公司等 5 户企业已摘牌，获得了成交确认书，成交金额 9 327.78 万元。

【民营经济】 全面实施民营经济腾飞计划，搭建融资、咨询等六大服务平台，累计帮助企业融资及争取专项资金 1.1 亿元，培育省级孵化基地 4 家，入驻企业 185 户。民营企业发展到 6 700 户，民营经济主营业务收入实现 790 亿元，财税贡献率达 47.6%，民营经济实力显著增强。

【房地产固定资产投资】 2011 年，朝阳区被列拆迁的棚户区有 13 处。区住建局加大拆迁宣传力度，维护被拆迁户的合法权益。同时，对拆迁项目进行全程跟踪服务，协助开发企业办理好规划前期手续，督促开发企业制定进度表，确保拆迁工作稳步推进，完成棚户区拆迁 18 万平方米。完成区委、区政府下达的各项经济工作指标，固定资产投资项目 30 个，新增建筑面积 169 万平方米。年内完成包装地块 30 个，包装面积 102 万平方米，实现规划新增面积 215 万平方米，实现固定资产投资 46.3 亿元，占全年任务的 101%。

【市政基础设施建设】 全面实施市政道路管网和街路精细化改造工程。完成南湖中街(繁荣路至长春理工大学北墙)全长 820 米、宽 40 米、12 000 平方米的道路打通工程；完成长 200 米、宽 12 米的虎林路打通工程前期拆迁、管网排迁等准备工作；完成孟家广场改造工程前期拆迁计划的 81.4%。争取资金 6 206 万元，实施区内道路翻建及维护工程。对科园路、电台街等面积 8.8 万平方米的 7 条街路进行大修；对长庆街、丰顺街等面积 7.2 万平方米的 13 条街路进行中修；对 1.1 万平方米的巷道沥青混凝土路面和 2.2 万平方米的人行步道方砖实施维修；处理翻浆 9 处、坑槽 452 平方米，整修边石 1 256 米，修建界石 1 423 平方米，建树穴 264 个，调整检查井 425 座、雨水井 253 座，修建挡墙 126 米。在汛期，区住建局组织清理主要汇水区管线 23.9 公里，翻建管线 568 米，清理雨水井 53 座、连接管 423 米，清理吐水口 6 处，明沟清淤 375 立方米。

【城市生态景观建设】 2011 年，按照区委、区政府“突出亮点，彰显特色，打造精品”的总体要求，城区投入绿化资金 1 000 万元，新增绿化面积 3 公顷，完善提高绿化面积 1 公顷。完成绿化街路 8 条，拆违建绿 7 处，改造街路 1 条，补植街路(绿地)38 条，新增绿化面积 3.2 万平方米，绿化覆盖率超额完成年初计划，提高 0.12 个百分点。城区绿化美化品位和档次显著提升，生态环境明显改善，南湖大路春季园等 3 处绿化工程被评为全市精品绿化工程。全年彩化街路 5 条、广场 3 座、桥梁 2 座、节点 37 个，用五色草塑造了新民广场“中华龙”及解放大路口“放飞朝阳、追求卓越”等 5 处大型立体花坛，为城区景观彩化建设提供了经验，朝阳区彩化工作被长春市评为优秀单位。积极参加市园林绿化局、市绿化委员会办公室组织的绿化模范单位、小区创建活动，积极推进绿化进社区工作，辖区的长春工程学院、中国石油长春销售公司、南湖湾小区被长春市评为绿化模范庭院和小区。按照市植保站的总体工作部署，在全区开展光肩星天牛的防治工作，组织专业人员和驻区单位共同防治。共调查单位、小区 65 个，排查黑松 11 031 株、赤松 83 株、油松 581 株，基本上控制了病虫害的漫延。配合市植保站对主要街路及驻区单位林木进行了“日本松干蚧”、“美国白娥”调查防治与监测，对区内园林树木病虫害的防治收到较好的效果。

【宜居城区打造】 2011 年，全区共拆除各类违法违章建筑 2 848 处，面积 81 200 平方米，清运建筑垃圾 3 万余吨。实施了人民大街、新民大街、西安大路等 9 条街路再提升工程。按照精品街路建设标准对同志街、工农大路、红旗街、前进大街、建设街、卫星路 6 条街路实施了改造工程，做到广告牌匾规范，无违法违章建筑。继续提升重庆路、桂林路商业区建设水平，实施了红旗街商业区精品化建设。对桂林路、红旗街商圈和部分重点街路的违规牌匾、广告实施集中拆除行动，先后查处违规牌匾广告 210 块，拆除大型墙体广告 21 块。集中整治，疏堵结合，露天烧烤、占道经营得到有效治理。环卫清运能力进一步提升，实现了区域机械化作业和人工作业有机结合的新环卫工作格局。继续实行 24 小时不间断工作模式，加强薄弱时段保洁能力，不断加强机械化清扫力度。配合“暖房子”工程，清理区域环境卫生，出动千余人，协助清理垃圾 52 吨，带动了区域环境卫生质的飞跃。4 月，朝阳区开展完善区域化“四位一体”环卫保洁作业模式，提高了环卫作业效果。全区公厕的布局更加合理，基本消灭三环路以内的旱厕，并在具备条件的公厕外部栽花两千余株，粉刷污损公厕内外墙 20 000 平方米。投入资金 70 万元，全区公厕建设整体上档升级，给人们出行带来了极大的方便。

【新农村建设】 按照中央提出的“生产发展、生活宽裕、乡风文明、村容整洁、管理民主”二十字方针要求和省、市的具体工作部署，继续推进社会主义新农村建设。全区共落实泥草房改造任务57户，“两镇一街”全部完成泥草房改革任务，省、市区共补贴资金34.2万元。落实领导分工负责制、干部包村责任制、城乡共建帮扶机制和农村环境卫生综合整治长效管理机制，动员各方面力量积极开展农村环境卫生综合整治工作。全区共建设垃圾处理场2个，垃圾存放点近300个，农村环境整治累计投入资金2 600万元，清运垃圾30万立方米，农村环境卫生得到极大改善。2011年，朝阳区被长春市评为乡容村貌综合整治先进单位，乐山镇被评为省级卫生镇。2011年，农村经济总收入实现15.67亿元，农民人均收入达7 998元，比2010年增长10%。

【均衡优质教育】 以优质资源校为中心，吸纳周边不同层面的学校和联盟学校，重新整合为六大学区片。招生工作继续实行优质学位电脑派位，完成了全区1 397个空余学位的电脑派位工作。加强师德建设，选拔27名省、市骨干教师组成第八批农村支教工作队。面向社会公开招聘了58名教师，改善了教师队伍年龄结构。投入507万元，对教师幼儿园、明德、北安、安达、九十中等学校进行了校舍改造及屋面防水维修。通过专项资金和转移支付125万元，开通农村学校班车15辆，解决了当地学生和教师上学难、上班难的问题。投入96万元用于改善教师的办公条件和学生的课桌更新。启动农村薄弱校改造资金提高教学仪器的配备水平，投入40万元，完成一一二中学小学部、乐山中心校、前进小学、长虹希望小学、富锋中心校5所农村小学科学实验室的建设。投入10万元，在二三中学、一一二中学、一一〇中学、六十中学建设了标准化的多媒体教室。投入64万元完成解放大路小学、北安小学、安达小学、宽平小学、朝阳学校、二三中学、一一二中学等8所学校的科技园地建设。区教育局、科技局联合组织全区各中小学校举办了“为学生健康成长保驾护航”防震减灾综合应急演练主题活动。在乐山素质教育基地建立了吉林省首家防震模拟体验中心，在富锦小学建立了吉林省首家科技示范基地。举办了朝阳区教育系统学校安全工作业务培训会，朝阳教育系统应急通信指挥网正式开通。制定了《朝阳区校车工作方案》，将校车管理纳入安全生产和教育安全监管范围。区教育局和朝阳区交警大队联合开展《校车安全隐患集中排查整治行动》，对合格校车进行认定并下发标识。7月26日，“吉林省依法治校示范校”校长经验交流会在大连召开，朝阳区北安小学工作经验在大会上进行了材料交流。圆满完成全年各级各类招生考试任务，受到了考生及考生家长的好评，并荣获全国自学考试先进集体、省招生考试先进考区等。

【健康朝阳】 朝阳区医院列入基本药物使用范围，区属医疗机构基本药物制度全面覆盖。社区卫生机构日均门诊量上升到85人/日，比2010年上升40%，平均处方值20.5元，比2010年下降30%。基本公共卫生服务均等化全面铺开。城区居民建立健康档案64万份，为老年人提供体检服务6.8万人次，妇幼保健服务5万人次，慢性病患者服务10万人次，全省公共卫生服务年终考核名列第一。为社区卫生机构配备社区用车及通讯设备，清和、南站、重庆、桂林等社区卫生服务中心进行了维修改造。率先在全市开展软件升级试点工作，居民电子健康档案建档率92.5%，HIS系统与健康管理系统实现链接。重庆、南站社区卫生服务中心成为全国示范社区卫生服务中心。在全市率先启动社区家庭医生签约服务，50多名家庭医生签约25 705名居民。9家社区卫生服务中心与市中心医院举行双向转诊签字仪式，全年转出病患365人，转入病患48人。朝阳区所有社区卫生服务中心全部成为全国社区健康管理实验基地。在全国社区健康管理项目会议上，朝阳区作了经验介绍。区医疗卫生技术指导中心开展多期社区医疗卫生技术、中医适宜技术、医疗文件书写及乡村医生培训。启用继续医学教育工作平台，完成564名医务人员继续医学教育个人信息登记工作。为58名低保尿毒症患者免费透析，减免费用163.4万元。对贫困人口实施“八免七减”医疗救助，救助4 240人次，减免金额22.8万元，为每位百岁老人献上1 000元“健康保健卡”。朝阳区被国家中医药管理局评为全国社区中医药工作先进单位。成为全省首个国家级慢性非传染性疾病综合防控示范区。传染病网络直报系统进一步规范，性病、艾滋病、结核病等重点传染病得到有效控制。连续两年无孕产妇死亡事件发生，全市妇幼卫生工作绩效考核排名第一。社区儿童孤独症筛查工作被市卫生局授予先进单位。成立朝阳区食品安全监督管理委员会，乳制品、食用油、保健食品、地沟油等11项专项整治行动效果显著。加强公共场所卫生监督，量化分级管理工作深入推进，朝阳区在全省公共场所卫生监督工作会议上做经验交流。

【百姓民生】 2011年，围绕“生存性、安全性、发展性”的民生需求，朝阳区坚持民生与发展并重，全区《民生行动计划》工作任务的圆满完成。1.开发就业岗位。全年新开发城镇就业岗位12 659个，城镇新增就业10 338人，新增残疾人就业290人，城镇登记失业率控制在4%以内。新增就业基地6家，新建农村青年“创业创富”见习基地5家，为高校毕业生提供见习服务，实施就业援助，保持“零就业”家庭动态为零。全年创业和技能培训2 541人，组织农村劳动力技能培训4 000人，劳务输出1 072人。扶持创办劳动密集型小企业，发放小额担保贷款632万元。新创办民营企业1 087家，新创办个体工商户2 445户，带动就业人员6 000余人。投资300万元启动全省新农保首批试点工作，全年参保农民26 080人，参保率达72%。劳动人事仲裁完成54件。2.扶贫救助。全区新增低保102户、177人，总数达7 148户、12 443人。发放低保金382.2万元，其中新增低保金221.2万元。为全区城镇低保户实行商品进价8折销售，打折优惠114.5万元，受益群众达14 000人。开展"千户特困户结对帮扶"活动，为低保户发放慰问金和慰问品价值74.54万元。开展公益项目惠春蕾活动，资助40名贫困家庭女童。开展"金秋助学"活动，为150名困难职工子女发放助学救助款15万元。深入开展"代理妈妈"公益活动，为21名贫困学生赠送价值6 972元学习用品。医疗救助586名患者，发放救助金174.91万元。全省首家"爱心透析中心"为53名贫困尿毒症患者免费透析6 477人次，减免费用84.7万元。全省首家慈善医院为弱势群体提供无偿或低偿服务，救助6 237人次，减免金额21.47万元。3.养老助残。为131名80岁以上特困老年人发放补贴13.1万元，为42名百岁老人发放补贴10.08万元。在2010年安装500部呼叫器的基础上，又为100户空巢老人安装了呼叫器。以单独施保形式将43名农村老兵遗孀纳入农村低保。为全区913人重度残疾、生活不能自理的低保残疾人发放生活补贴46.4万元，为73名贫困白内障患者免费进行了复明手术，为98名贫困精神病患者免费治疗，为231名"三无一靠"(无法就业、无法组建家庭、无低保，依靠父母供养的)重度残疾人发放生活补贴41.08万元。免费为790名残疾妇女检查。4.应急和司法救助。区、街、社区三级救助网络作用有效发挥，应急救助283人次，发放救助金10.14万元。为独生子女伤残、死亡特别扶助政策的家庭发放扶助金60.77万元，为部分农村计划生育家庭父母发放奖扶款16.92万元。对符合条件的困难群体减、免诉讼费，无偿提供法律援助56件，法律咨询586人次，维护了受援人的合法权益。5.住房保障。"暖房子"工程改造476栋，节能改造145.6万平方米，农村泥草房收尾改造57户。投入67.6万元，修缮农村困难户房屋180户。为35户农村贫困残疾人家庭提供危房改造补助17.5万元，农民住房条件得到极大改善。6.平安建设。防治结合，保障维稳工作，推进了朝阳模式的大平安建设。信访工作因案施策，受理群众来信来访总量592件(批)次、5 856人次，排查信访隐患201批次9 133人次。领导接待办结率100%，初访一次办结率100%，有效信件办结率100%，信访隐患排查率100%，已发案件的办结率达95%。全力开展"追逃清网"行动，撤网抓获率96.8%，全年抓获有重大影响案件的网上逃犯338人。开展社会治安巡逻防控工作，新增夜间巡逻模式。新增"天网工程"公共联网监控探头552个，社会监控探头3 740个，维护了辖区平安。

【群众性文体事业】 以第六届社区艺术节为龙头，组织了2011年朝阳区春节联欢会暨"健康朝阳"创建工作颁奖典礼、冬季农博会暨元宵节秧歌大赛、欧亚卖场元宵节舞龙舞狮及东北大秧歌赛等大型文体活动100多场，同时开展剪纸、书法、绘画、摄影、手工艺编制等10项沙龙活动，带动了全区各项群众文体活动的开展。组建了"朝阳区健康文化风拉丁舞培训基地暨南湖街道老宝贝儿艺术团"，打造了一支千人老年拉丁舞队伍。继续完善社区图书阵地建设，各社区都有1处拥有3 000册图书的图书室。利用国家投入的36万元街道文化站建设资金，为红旗、桂林、重庆3个街道购置了全国文化资源信息共享工程和文体活动设施设备。以创城工作为重点抓好文化市场管理工作，对辖区内的网吧、电玩城、电子游戏厅、音像、书报刊亭等文化营业场所重新进行调查摸底并登记造册。结合创城工作，朝阳区文化市场稽查大队开展了4次扫黄打非集中行动，共出动车辆60台次，执法人员70人次，检查场所300家，收缴非法音像制品19 718张。在"全省侵权、盗版出版物集中销毁现场会"，朝阳区一次性销毁非法音像制品15 380张。全面拉开朝阳区"健康朝阳行动计划"的全民健身活动序幕。组织区各单位体育协会开展朝阳区象棋、门球、健身操、大秧歌、武术、乒乓球等全民健身活动和比赛100场次，并承办了长春市庆祝第3个全民健身日的庆祝活动。组队参加省、市体育部门举办的迎新年万人徒步走、武术、太极拳、安莉健康跑、庆十二冬会南湖徒步走等各种体育活动15次、2万余人。完成4个小区健身路径的安装工作，为朝阳区中小学安装配备10套健身路径、17副乒乓球台、6副篮球架及足球、篮球、排球等400多件体育健身器械。区文化体育局与市体育局举办2次二级社会体育指导员培训班，培训人员35人，还选派3人参加国家级社会体育指导员培训班，40人参加省一级社会体育指导员培训班。朝阳区共有国家级、一、二、三级社会体育指导员队伍837人，涉及武术、太极、健身气功、健身操、篮球、田径等几十个项目。按全区人口1‰～5‰的比例，全面启动了区国民体质测试工作。监测对象分为成年人(20岁～59岁)、老年人(60岁～69岁)2个年龄段，完成3 000余人的有效数据体测。

【依法行政】 深入开展学习实践科学发展观和创先争优活动，认真落实区委重大决策部署，主动接受区人大依法监督、区政协民主监督。办理区人大代表建议152件、政协提案106件，办复率100%，满意率均在98%以上。共受理区长公开电话市民投诉12 612件，办复率100%。持续推进法治朝阳建设，圆满完成"五五"普法任务，被评为"吉林省首批法治县(市)、区创建先进单位"。顺利完成政府机构改革，政府工作效能进一步提升。推进网上审批和电子监察系统建设。成立行政效能投诉举报中心，经济发展环境不断优化。加强机关作风建设，完善了公务员考核培训机制，政府公职人员责任意识、服务意识、廉政意识得到强化，干部队伍素质得到提升，务实、为民、勤政、高效的政府形象得以彰显。

(袁　源)

2011 年朝阳区国民经济和社会发展主要指标完成情况统计表

指标名称	单位	实际完成	与 2010 年比 ± %
国内生产总值	亿元	312.6	17.1
第二产业增加值	亿元	78.7	20.3
第三产业增加值	亿元	232.5	13.9
规模以上工业产值	亿元	103.2	29.2
全口径财政收入	亿元	50.9	21.2
本级财政收入	亿元	8.27	20
地方财政支出	亿元	19.9	22
固定资产投资(含房地产)	亿元	139.1	31.7
社会消费品零售额	亿元	425.4	20.5
民营经济主营业务收入	亿元	790	21.5
农村经济总收入	亿元	15.67	10
农民人均收入	元	7 996	10
个体私营企业	户	24 500	7
教育经费总额	万元	37 962.3	4
科技三项经费	万元	2 000	11.11
卫生事业费	万元	12 834	9.5
人口出生率	‰	5.61	0.03
政策生育率	%	98.7	-0.6

南关区

【概况】 南关区是长春市的中心城区，位于长春市市区东南部，是长春市的南大门。辖区东起伊通河与二道区隔河相望，西至人民大街与朝阳区接壤，南起新立城镇、永春乡边界与长春净月潭旅游经济开发区、长春高新技术产业开发区为邻，北至新发路、上海路、光复路与宽城区相接，幅员 80 平方公里，辖 12 街 1 乡，7 个行政村，56 个社区，总人口 48.9 万人。

【国民经济】 全年，地区生产总值实现 175.46 亿元，比 2010 年增长15.1%；全口径财政收入实现 31 亿元，比 2010 年增长 21%；固定资产投资实现 102.7 亿元，比 2010 年增长 35.4%；引进内资 25 亿元、利用外资 5 000 万美元。各项主要经济指标均超额完成年度计划，经济运行总体呈现快速发展的良好态势。三产内部结构不断优化，服务业增加值实现 155.02 亿元，比 2010 年增长 16.6%，占全区生产总值比重达到 88.4%，比 2010 年提高 5 个百分点。传统商贸业升级加快，中东新天地、亚泰富苑、欧亚奥特莱斯等一批具有现代特色的综合商场相继崛起，全区累计实现社会消费品零售总额 87.5 亿元，比 2010 年增长 17.2%。现代服务业发展提质增速，总部集聚效应逐步显现，引进了省电力、省信托、美克美家、吉祥凯悦等一批总部企业和现代服务业项目，全区有可用商务商业楼宇近 70 幢，200 万平方米，累计实现填充楼宇面积 165 万平方米。民营经济进一步发展壮大，全区中小企业主营业务收入 480 亿元，新增民营企业 600 户，新孵化企业 30 户，个体工商户达 15 200 户，为年计划的102%，比 2010 年增长 8%。中东集团、亚泰富苑、吉林大药房、东北电力设计院、省科技评估公司等 5 户企业进入省级千户成长型企业。

【南部新城建设】 2011 年，南关区紧紧围绕新城建设目标，在项目落位、产出效益和环境形象等各方面都有了实质性突破。基础设施建设快速推进。实现开工道路 12 条，通车长度约 1.6 公里；完成供水、供电等管网建设总计 33 公里；完成芳草街、乙四路等 6 条路段、1.6 万平方米硬化铺装；完成前进大街、南湖中街等 4 条街路中间分车带绿化、周边平整及杂草修剪；源水管线改线工程正式启动；由区投资改造的光明公园完成规划设计，前期工程已经开工。土地整理保障供给。全力配合市土地收储中心，重点实施了南部新城六至七期和伊通河综合治理一期富裕、二机砖等地块的土地征收工作。配合地铁一号线项目和轻轨综合指挥中心项目的土地征收工作全面展开。通过置换、划拨、挂牌出让等形式，新城已收储整理土地基本实现开发利用；新一轮征地工作顺利启动，为后续项目落位奠定了基础。各类项目集中落位。全年新建、续建、落位、拟开工项目 84 个，总投资 700 亿元以上，开工总面积达 203 万平方米，当年竣工面积 110.7 万平方米，总占地面积 700 万平方米，预计全部落成后总建筑面积将达到 1 640 万平方米。其中，新建开工项目 22 个，续建复工项目 13 个，拟开工项目 30 个，拟落位项目 19 个；按产业类别划分：公建项目 28 个、住宅项目 35 个、商业项目 10 个、综合体项目 11 个。其中，市检察院、市中法、雕塑博物馆及创作中心等项目已经竣工并投入使用，钜城国际商业中心也已于10月正式开工建设。

【项目建设】 南关区紧紧围绕“大项目、大带动、大产出、大发展”这条主线，围绕区情特点和产业定位，全区上下发起了“项目落地年”活动。全年推进投资亿元以上项目120个，其中，新开工项目50个，续建复工项目32个，争取落位项目38个。项目总投资约1 000亿元，总建筑面积约1 800万平方米。年初确定的19个城市综合体项目中，已开工2个。钜城国际商业综合体、吉盛伟邦港湾国际等8个项目已列入长春市城市综合体项目，重庆路新城市中心广场、长吉天街等9个项目正在申报长春市城市综合体项目。东电大厦、财富大厦、五环大厦等续建楼宇陆续竣工，招商势头良好，一批企业总部、研发中心、销售总部竞相入驻。民航铂金公寓、鸿城国际商务中心等30个商务商业楼宇相继开复工，新增商务面积达100万平方米以上；香港屈臣氏个人护理品有限公司吉林总部也已顺利注册落位南关区；中安地产成功实现股权转让，永春商贸城二期项目启动；闲置多年的气象仪器厂地块引入吉林省北阳房地产开发公司，北阳新第项目实现开工建设；望火楼地块引入恒和置业有限公司的恒和广场项目，已经开始填充招商；解放大路——平阳街地块已与长春吉庆房地产开发有限责任公司签署了开发合作协议，计划投资25亿元打造“东安广场”城市商业综合体。中海、绿地、万晟、秋实、隆德、万龙、信达、鸿基、金桥等一批知名开发商均已二次或多次在南关区进行项目开发建设。

【棚户区改造】 紧密结合奋战150天市容环境综合整治行动，有力推动了各项工作的持续深入开展。棚户区改造全面推进，2011年实现结转棚户区改造项目7个，新启动棚户区改造项目6个，可开发利用棚户区改造项目4个。保障房建设取得突破。一期投资1.7亿元的1 084套保障性住房已建设完成。其中，廉价房822套，廉租房262套。二期廉租房建设工作已经全面展开，计划总用地面积27 035平方米，总建筑面积60 244.34平方米。其中，住宅建筑面积49 994.9平方米，公建面积为10 249.44平方米。总计1 057套，预计投入资金1.4亿元。

【精品街路建设】 主要对人民大街、解放大路、南湖大路、自由大路、新发路、民康路等6条精品街路进行再提升工程，对沿街两侧老旧楼体实施整饰，对有条件的建筑实施“平改坡”改造；配合市有关部门共同抓好道路和市政设施精细维护，对行车道、步道、边石、井具、树穴、标牌进行精细维护和改造，做到道路完好、路井平顺、设施完善、亮化精美、整洁通畅、舒适安全；实施架空线改造，重点路段线缆入地；实施精品亮化工程，打造城市夜景观。6条精品街路已经全部达到整治标准，全部实现了道路平整无杭槽；边石完整无缺损；下水畅通无堵塞；牌匾整齐有特色；夜晚景观异彩纷呈。此外还配合市里顺利推进东岭南北街的拓宽改造工程、人民广场小外环改造工程及伊通河排水管网部分改造工程等市重点工程。

【老旧散小区改造】 2011年南关区将所有单体楼都纳入改造范围，“老旧散”住宅达1 410栋。改造区域在2010年117个的基础上增加到146个。各社区组织成立居民自治委员会，各街道、社区结合自身条件及实际情况建立了物业自治服务体系，实现了全区物业自治服务全覆盖工作，具体做法在全市进行经验分享。

【暖房子改造】 暖房子工程计划施工162栋，实际完成施工196栋，超额完成计划的20%，总面积近80万平方米。共涉及民康路、解放大路、南湖大路、自由大路等12条街路，涉及解民、卉香花园、师大宿舍、全安等10个居民小区，受益居民1.6万户。小锅炉改造工作收效明显。全年投资857万元，全区52个小锅炉改造全部完成，3万余户居民受益。

【市容环境】 重点工程建设成效显著。繁荣桥和公平桥的建设已经基本竣工。污水管网改造工程仍在进行中，已经完成40%。环卫工作创新高效。投入2 100万元新购置环卫专业设备。完善“多轨制区域小循环”垃圾收运模式功能和数字化环卫管理系统。实施环卫全覆盖工程，对已接管近370万平方米的1别173条“小保”道路，58个自管、弃管小区实行三位一体(清扫保洁含绿地、清运垃圾、清理野广告)全包的服务模式，按照专业水平进行同步管理。全力推进城乡环卫一体化工作进程，改变了城乡结合部区域和村屯的环境卫生脏乱的状况。全年共清理非法野广告155万余条。市容市貌整治成果突出。露天烧烤、占道经营、广告牌匾、废品收购、物流配货、工地运输、环境污染等城市顽疾得到有效遏制。共开展集中拆除行动20余次，集中拆除违章建筑13.4万平方米。绿化美化工作亮点频出。累计投入3 100万元，新增绿化面积达12.4公顷，新增绿化覆盖率0.32个百分点。顺利推进人民大街、长春大街、民康路、南湖大路等4条主要街路单位门前摆花工作。完成亚泰大街立交桥下的大规模分车带绿化改造，区域环境发生明显改观。

【民生事业】 年初制定的71条民生行动计划得到全面落实，完成率达100%。扶贫救助工程全面实施，在全市率先实现了“两节”期间“送温暖、献爱心”活动的全覆盖，走访慰问了8 500户困难群众，发放了350万元的慰问金和慰问品。全年累计发放低保金5 293.04万元。继续开展区直机关副处级以上领导干部与408户特困家庭“一对一”结对帮困活动。春耕前，为区内100户困难农民提供了10万元的春耕补助。完成了第八届社区居民委员会换届选举工作。选聘了45名大学生担任社区主任助理。对升入全日制普通高校的低保家庭学生给予1万元助学补贴，共有470余名低保家庭子女得到了救助。免费救治肺结核患者、股骨头坏死患者、尿毒症患者和精神病人，130余人次得到了及时救助。在慈善救助站设立应急周转金，救助困难群众134人。提高优抚对象补助标准。为在乡老复员军人、80岁以上重点优抚对象每月增加生活补助100元。同时提高了南关区重点优抚对象的医疗门诊补助标准。就业再就业工作成效显著。开发就业岗位13 916个；城镇新增就业人数达到10 700人；城镇失业人员再就业人数达到6 728人，其中大龄就业困难人员实现再就业人数达到2 499人；新建见习基地6家，为240名高校毕业生提供就业见习服务；应届大学生登记就业率达到87%；城镇登记失业率控制在4.6%以内；对55个"零就业"家庭实行及时就业援助，解决"零就业"家庭比率达到100%；省级充分就业社区达11个；全年推介成功创业项目144个；小额担保贷款全年新发放金额710万元；劳动者素质培训4 874人；"三失农民"引导性培训3 000人；备案企业劳动合同签订率达100%；用人单位劳动用工备案率达100%。各项工作均超额完成年初计划。社会保障工作扎实深入。医保新增扩面任务全部完成，缴费率达到100%。续保人数168 777人，续保缴费率达90%。新增养老保险参保人数16 149人，进一步健全了劳动保障体系。审批通过"五七家属工"618人；接收离退休人员档案66 429份；为1 089名城镇集体企业退休未参保人员发放生活费，为881名城镇集体企业未参保职工办理基本养老保险。

【均衡优质教育】 被确定为省级国家教育体制改革试点实验区。省大学区工作现场会在南关区召开，大学区经验在全省推广。高质量完成校安工程，建新校、改旧校、办名校。其中育智学校改扩建项目已列入长春市民生行动计划，总投资额为530万元，已经完工。一〇三中学东湾半岛学校即将投入使用，和记黄埔学校已经开工建设，占地5.9万平方米的南关区实验学校即将启动建设，十三中学、长通路小学、永长小学、幸福中心校资源整合工作顺利推进，一大批薄弱校得到了彻底改造，学校的办学活力明显提升；柳明幼儿园、南关区教育附属第一幼儿园（东电幼儿园）、南关区实验学校幼儿园、长春市第一〇三中学附属幼儿园等4家幼儿园建设工作顺利启动。制定了《南关区学前三年行动计划》和《南关区2011～2015扩大学前教育资源规划》。坚持开展"大课间"活动制度。形成了"一校一品，百校百色"的办学格局，承办了吉林省学校体育、艺术"2+1工程"现场会。"十一五"期间，引进新教师近100名。教师培训工作被评为市"教师专业发展型学校工程示范区"。

【医疗卫生】 在全市率先实现基本药物制度全覆盖，由区政府为全区基本药物提供补贴，村卫生所和社会承办的社区卫生服务机构也被纳入补贴范围，全区"零差率"销售的基本用药达260多种，全年基药补贴投入总额达3 000余万元。稳步推进医改进程，理顺区妇保所、鸿城、永吉社区卫生服务中心等基层医疗卫生服务机构。整合村级预防接种点，由明珠社区卫生服务中心统一管理。公立医院改革试点工作稳步开展，在区医院、乡卫生院推行临床路径，逐步推开绩效考核，各项改革措施得到有效落实。强化基本公共卫生服务等信息化管理，全面开展"健康知识伴我行"宣传普及工程。公共卫生和基本医疗服务更加科学规范，群众满意度不断提升。

【文体工作】 积极协调专项资金，投资36万，新建了南岭、鸿城、长通3个街道文化站，投资21万元，打造了7所社区图书室，合理布局，新增群众娱乐健身点5个。率先召开了"南关区社区暨群众文化建设推进会"。紧紧抓住纪念建党90周年的契机，全区开展各种演出活动110场次，举办了"冰雪趣味运动会"、"庆祝南关区全国武术之乡命名10周年武术展演周"等大型活动。尝试体育产业新路，联合中国舞蹈家协会举办了2011年CBDF职业和业余积分赛暨东三省首届国际标准舞锦标赛。举办了三级社会体育指导员培训班、文艺骨干培训班、免费武术培训班。全面推进"文体惠民"工程，结合艺术节表彰活动，对全区优秀文体社区、团体和个人进行了奖励，以奖代拨，为其购置了急需的文体设备，推动了基层群众文体事业的发展。聘请"五老"义务监督员70名，成立经营业主协会，发挥其行业自律和监督作用。联合公安、工商、环保等部门开展综合执法8次。

【依法行政】 自觉接受区人大及其常委会的法律监督和工作监督，主动接受区政协的民主监督，积极听取并采纳各民主党派、工商联和人民团体对政府工作的意见，人大代表议案建议和政协委员提案办复率达100%。城区法治化管理水平不断提高，圆满完成"六五"普法"五五"依法治区验收。以"创先争优"、创建"三满意"机关、"真情助企业、服务促发展"和"大走访"活动为载体，走访企业、群众72 000余户，解决各类问题1 100余项，机关作风和软环境建设整体水平有效提升。政务信息全面公开，审批服务进一步规范，政府服务能力建设逐步加强。认真落实党风廉政建设责任制，严格执行廉政监察和审计监督制度，财务收支、项目投资、政府采购等依法规范。不断强化公务员队伍建设，完成面向全社会的公务员和事业编人员招录工作，队伍结构进一步改善。全面实行政府绩效评估，人事管理体制和奖惩机制不断健全，有效激发了干部队伍活力。

（李科兴）

2011 年南关区国民经济和社会发展主要指标完成情况统计表

指标名称	单位	实际完成	与 2010 年比 ± %
地区生产总值	亿元	175.46	15.1
第一产业增加值	亿元	0.43	1
第二产业增加值	亿元	20.01	5.5
第三产业增加值	亿元	155.02	16.6
全口径财政收入	亿元	31.04	21
区本级收入	亿元	6.08	22.2
固定资产投资额	亿元	102.7	35.4
社会商品零售额	亿元	87.5	17.2
新增外商投资企业	个	5	0
新增实际使用外资	万美元	5 000	25
个体私营企业	个	21 629	12
民营经济增加值	亿元	105	25
农民人均纯收入	元	7 640	15.5
普通中学数	个	12	
普通小学数	个	30	
各类医院	个	10	
绿化覆盖率	%	40.91	0.32
人口出生率	‰	4.32	
政策生育率	%	100	

宽城区

【概况】 宽城区位于长春市区北部，东以 102 国道为界，与长春经济技术开发区、二道区为邻；西至长沈铁路、铁西街、西环城路，与绿园区、农安县搭界；南起小铁道街、光复路、上海路、新发路，与南关区、朝阳区相接；北与德惠市毗连。幅员 237.99 平方公里，辖 9 个街道、1 个镇，有 56 个社区、19 个村，代管长江路经济开发区。全区总人口 44.7 万人。

【国民经济】 2011 年，全区地区生产总值实现 171.1 亿元，比 2010 年增长 15.1%；全口径财政收入实现 25.1 亿元，比 2010 年增长 21.5%；全社会固定资产投资实现 143.3 亿元，比 2010 年增长 43.3%；规模以上工业企业产值实现23.9 亿元；实际利用内资 41.4 亿元、新增实际使用外资 4 800 万美元，分别比2010 年增长 17.9 和 7.9%。

【项目建设】 2011 年，全区共有各类项目 247 个，开工项目 139 个，其中，新开工项目 90 个，投资规模达 230 亿元，比 2010 年增加 110 亿元。“宽城万达广场”建设加快推进，“北京昌盛”和“中东新生活”等商业综合体开工前的各项准备工作全面完成，与“鑫生丽水”和“红星美凯龙”等商业综合体的入驻顺利签约。年内启动建设的“金达洲汽车贸易园”，实施二期工程的“隆源生产资料”和“中石油储备库”，正进行土地整理、报件运作的“雨润农副产品物流园”和“新疆果品批发中心”等 26 个物流项目的在建和即将建设。具有世界领先技术水平的“长客装备”启动二期工程建设，亚洲最大的地板

长春宽城万达广场奠基典礼

加工基地——“森工地板工业园”竣工投产。2011年,全区开工的地产项目有33个,建筑面积890万平方米。促进了铁北区域改造步伐的加快,而且也提升了宽城区整体形象。

【农村发展】 2011年,全区实现农业总产值5.46亿元,比2010年增长9%;农民年均纯收入5 721元,比2010年增长6.6%。蔬菜商品量达0.9亿公斤,肉类总产量达1.6万吨,蛋类总产量达0.5万吨,奶类总产量达0.7万吨。全年新建、改建农村公路26.7公里,总投资9 450万元。完成农村造林面积25.5公顷,栽植杨树、柳树、阔叶树等各种树木12万多株,总投资130万元。坚持“科技兴农”,全年引进蔬菜新品种10个,引进新技术3项,完成测土配方施肥、玉米配方校正等农业新技术示范推广项目10项。围绕提高蔬菜种植技术,全年培训农民5 000多人次。全年转移农村剩余劳动力8 500人。规划1平方公里的宽城区农业产业园正在建设中。

【城区建设】 在城市拆迁方面,完成市政工程、基础设施和重点项目建设涉及地块的拆迁任务,拆迁面积186万平方米。在道路建设方面,全区新建、续建道路24条,维修道路6条。协助长春市建设的长春火车站立体换乘中心、地铁一号线、光复路高架桥等重点工程进展顺利。在旧城改造方面,完成人民大街北段7栋历史文化建筑和南广场周边5栋历史文化建筑的修复;对铁南区域251栋D级危房全部拆除,并作好重建规划,使3 000多户群众的住房安全得到保障;实施棚户区改造项目32个,规划用地总面积432万平方米。在生态环境改善方面,着眼绿色宜居城区建设,都市森林公园一期工程建成并对外开放,长江路经济开发区凯旋公园投入使用;全区新植街路6条,新植及改造绿地21块,补植绿地39块,拆违还绿绿地10块,绿化小区庭院9处,全区新增绿化面积63万平方米,绿化覆盖率达到37%。

【市容环境整治】 全区拆除各类违章建筑41万平方米。对194万平方米的390栋老旧楼体实施“暖房子”改造。投入1.1亿元打造的胜利大街特色街路完成年度任务,投入1.2亿元打造的长新街精品街路的任务全面完成。围绕优美靓丽、整洁有序市容环境的营造,集中开展对占道经营、露天烧烤、报刊亭、废品收购站、牌匾广告和建筑工地渣土运输等方面的综合整治。全年清理游商散贩2 700余人次,清理占道物3 625件。对全区11个重点路段、点位的露天烧烤实行定人定岗管理。全年共劝导烧烤商贩3 200余人次,收缴烧烤炉具840套,取缔违规烧烤点65处。对全区86个报刊亭逐家检查整顿,拆除占用盲道的报刊亭5个,取缔严重损坏的报刊亭2个。共出动联合执法人员1 500人次,检查废品收购站352次,对15处违规废品收购站予以取缔。全年规范商家牌匾1 580块,清除非法广告19 650余处,清理覆盖野广告47 500多条,拆除户外广告635处。全年检查33个建筑工地的渣土运输车2 100余辆,查处违规运输车120余辆。强化对繁华商圈和重点街路环境卫生的管理,对华正商圈、黑水路商圈、光复路商圈的垃圾,坚持定点、定时、定人入户收集,做到垃圾不落地;对站前广场、人民大街、北京大街、新发路、亚泰大街、凯旋路和宽府路等重点街路实行全天保洁。在长春市城区中率先实施“暖厕”工程,区政府投资35万元对12座水洗公厕进行“暖厕”改造和升级改造,并对34座旱厕统一粉刷,对100座旱厕进行中修、小修维护,得到人民群众的肯定。

【改善民生】 区委、区政府2011年确定的9大民生工程、107项民生任务全部完成。全年提供创业项目204个,开发就业岗位13 494个,城镇新增就业11 492人,巩固了全区“零就业”家庭动态为零的工作成果。1 700名困难家庭子女义务教育阶段上学“零收费”,58名困难家庭子女享受免费学前教育。区属医疗机构全部实行基本药物制度,新型农村合作医疗农村常住人口参合率达到100%,全年为8 701人次报销医疗费用836万元。对108名重度精神病患者实行免费治疗,为47名重度肢残残疾人捐赠轮椅,为196名生活极为困难残疾人发放资助款9.6万元,为132名自主就业残疾人发放资助款40万元。对所有患尿毒症的低保人员实行免费透析,对1 700多对计划怀孕夫妇免费进行孕前优生健康检查。进一步提高低保补助、抚恤救助标准,累计发放各类救助款1 368万元。全年共分配廉租房和廉价房等保障性住房8万平方米,1 500户困难群众的住房条件得以改善;48万平方米、107栋农民新居建设完成,5 500户农民喜迁新居。在全区进一步开展“访贫问苦,送温暖献爱心”活动,对近7 000户低保户和低保边缘户进行走访慰问和帮扶,为低保户和低保边缘户发放基本生活物品总价值212万元。

【社会事业】 教育事业实现新发展。新建长春市第四十八中学、宽城区实验小学等5所中小学校舍,新建2所公办幼儿园;宽城区创建“健康学校”的经验在长春市教育局召开的现场会上向全市推广;区域教育均衡发展工作走在全市前列;教育科研成果显著,宽城区被批准为中国教育学会“十二五”教育改革实验区。医疗卫生事业提升新水平。2万平方米的宽城区卫生服务大厦投入使用;建设农村标准卫生所18家;宽城区免疫规划工作经验在全省推广,社区儿童孤独症筛查管理工作经验在全市推广。文化体育工作取得新成果。新建的宽城区图书馆竣工,在各街道、镇和中小学建立22个图书分馆;宽城区文化馆被评为吉林省惟一的全国县(区)级文化馆一级馆;以纪念中国共产党成立90周年为主线,全区组织各项文艺演出32场(次),组织各类群众性体育健身活动38次。科技工作创造新业绩。继续保持全国科技进步先进城区荣誉;全年完成区科技扶持计划26项,完成科技成果推广和应用19项,创国家高新技术企业1家;总建筑面积2 710平方米,投资1 000余万元的宽城区科技馆和地震知识普及展览馆建成使用。志鉴编纂又有新收获。《长春市宽城区志(1989~2000)》和《宽城年鉴(2010)》这两卷志鉴,在参加吉林省地方志编纂委员会组织的全省志、鉴评比中,分别被评为县(市)区级良好等次。2011年,在公益设施建设方面,5 500平方米的公办养老院"祥鹤居"建成使用,1 500平方米的宽城区残疾人康复中心建成使用,2 800平方米的宽城区老干部活动中心建成使用。

【创新社会管理】 2011年11月,区委、区政府成立社会管理创新专题调研组,采取入户访谈、问卷调查、案例分析、座谈研讨等形式,围绕干部、群众关注的市政管理、弃管小区、拆迁安置、社会网格化管理等问题,深入街道、镇和区直有关部门进行广泛的调研与交流,全面掌握了辖区社会管理工作现状及存在的主要问题。区委、区政府还组织学习考察组,赴北京市东城区、青岛市市南区、成都市锦江区学习创新社会管理的好做法、好经验,并结合宽城区的实际,成立区社会管理综合治理委员会,由区委、区政府主要领导和全区59个相关单位、部门的主要负责人为成员。区社会管理综合治理委员会下设办公室,设在区委政法委。同时,区委、区政府就加强和创新社会管理工作,研究和制定实施意见,并在宽城区"创先争优"服务基地规划出300余平方米的办公地点,一次性投入300万元启动资金,筹建"宽城区社会服务管理中心"和"宽城区社会管理综合信息平台"。在辖区范围内从区级到街道、镇,到社区、村,到小区、楼院和街巷等基础单位,设立四级729个网格,实现了"网格区划,整体覆盖,精细管理"。据统计,自实施社会网格化管理以来,全区共为人民群众办好事、实事4 798件,得到人民群众的肯定。

【"平安宽城"建设】 进一步巩固"全国法治县(市)区创建工作先进单位"的创建成果。区委、区政府继续完善人民调解、司法调解、行政调解相结合的"联调联动"工作机制,建设600平方米的"维稳服务大厅";在全区设立176个接待群众,为民排忧解难的"百姓说事点";在9个街道、1镇建立10个"矛盾纠纷调处中心",在66个基层社区(村)和117家企事业单位建立"人民调解委员会",全区选聘人民调解员1 350人。2011年,全区调处各类矛盾纠纷3 251起,信访个案发生率比2010年下降26%,刑事案件发生率比2010年下降37.8%。宽城区"百姓说事点"的工作经验,《人民日报》、中央电视台、《吉林日报》、《长春日报》等中央和省、市媒体分别予以报道。进一步抓好安全生产,重点排查和治理企业安全生产隐患。全年累计排查企业3 029家,查处各类隐患4 178个,整改合格率达100%。安全生产培训工作成效显著,长春市政府召开现场会向全市推广宽城区经验,这项工作还被市政府评为"工作创新奖"。在市政府组织的年度安全生产工作目标责任制考核中,宽城区被评为一等奖。宽城区还被评为"长春市普法依法治理工作先进区"、"长春市信访工作先进单位"。在"平安宽城"建设中,区委、区政府还树立表彰被评为"感动吉林2011年度十大人物"、被评为"长春市好市民",见义勇为,勇救跳楼女孩的郭中凡等一批先进人物。

(毛　彦　张士学)

【长江路经济开发】 长春长江路经济开发区(以下简称长江路开发区)于1998年4月,经中共长春市委、长春市人民政府批准成立。2001年9月,经吉林省人民政府(以下简称省政府)批准为省级开发区。2006年7月,国家发展和改革委员会、国家国土资源部通过审核公告。长江路开发区从长春市百年商埠长江路商业街起步,并以该路命名,位于长春市宽城区境内,面积77.2平方公里,辖有宽城区站前、南广、新发、东广、群英5个街道和兰家镇11个村,辖区内户籍人口22.5万余人。1.发展规划。长江路开发区规划有商贸服务园、工业与物流园2个园区。商贸服务园,面积9.2平方公里,环长春火车站、长春客运中心站,是长春市的商品集散交易中心。该园区的主要任务是通过整合市场要素,加快传统商贸服务业提升改造,使园区成为集商贸、服务、文化、金融、休闲娱乐等多功能为一体的现代商贸服务业中心。工业与物流园,面积68平方公里,距长春市区7公里,是吉林省政府2006年4月批准的开发区域。该园区处于长吉图开发开放先导区主轴线上,是长春市"长东北开放开发先导区"核心区域。工业与物流园,着重发展现代物流业、生活用品加工制造业和为城市服务的现代服务业,打造全省最大的以生活用品为主的集散中心和影响东北亚的生活日用品加工制造中心。2.经济运行。2011年,长江路经济开发区实现地区生产总值100亿元,比2010年增长20.4%。实现规模以上工业产值31亿元,比2010年增长30.1%。实现规模以上工业增加值9.3亿元,比2010年增长30.1%。实现社会固定资产投资92.5亿元,比2010年增长35%,其中工业投资37.5亿元,比2010年增长30%。实现招商引资到位资金25亿元,比2010年增长25.8%。实现全口径财政收入14亿元,比2010年增长17.4%。3.项目建设。2011年,长江路经济开发区共有各类重点项目74个,其中,新建项目33个,续建项目13个,跟踪及在谈项目28个(其中已签约15个)。总投资额483.72亿元。已拥有金达洲4S店、新世纪钢构、新农村四期、兆丰地产、锅炉仪表等14个大项目在开发区落位并开工复工建设。开发区已累计引进各类项目192个,总投资额290亿元。4.招商引资。2011年,长江路经济开发区全年引进各类项目13个,签约额18.58亿元。引进各类总部企业123户,注册资金12.54亿元。5.基础设施。2011年,长江路经济开发区新建道路12条,总规划面积27.3万平方米。新建铁路下穿桥1座。完成道路维护9 957平方米,进行道路翻浆处理750平方米。清掏下水方井1 112个,维修及更换圆井55个。6.配套设施。2011年,长江路经济开发区新建广宁66千瓦二次变电站项目,协调沈阳铁路局办理完毕所有跨越手续,协调村委会完成工程临时便道的征地和铺设,已全部完工,投入运行。新建兴旺路供电线路1.2公里,并穿越长白铁路,完成物流园区供电线路配套;完成凯旋公园西侧和南侧电线杆改为地下电缆工程,并帮助入区企业办理用电手续;中央冷冻库和糖库的供电工程,管道完成80%。完成北凯旋路供水管线三期工程300多米。铺设创业路燃气管道800多米。完成工业园区宽带机房建设,有效解决了工业园区企业使用宽带问题。7.土地利用和管理。2011年,长江路经济开发区取得14个批次和1个单选项目,总面积387.12公顷。完成45.76公顷供地工作,涉及到省公安厅3个单独选址、中石油一期、华凯车桥一期、北海湾、中央直属储备冷库、糖库等5户企业及开发区大厦项目。完成15个批次和2个单独选址,总面积421.29公顷土地的征地组卷上报工作。完成2个批次的土地摘牌出让工作。完成15个批次和2个单独选址,共计9个村1 895名村民的参保工作,规范土地使用面积420公顷,解决征地报件费3.5亿元。8.土地收储。2011年,全年完成175万平方米经营性用地的收储工作,其中,三、四环间28万平方米,开发区区域86万平方米,新增机车轨道园范围内的61万平方米土地。经长春市国土资源局招拍挂仪式,由吉林兆丰房地产开发有限公司以拍卖方式取得长江路开发区6号地的国有土地使用权,出让面积11.8万平方米,实现土地收益0.3亿元。9.拆迁控违。2011年,长江路经济开发区共拆迁土地面积350多万平方米,实现征地拆迁基本无上访的目标。拆除违法建筑200多处,直接减少经济损失4 000多万元。10.回迁工程。2011年,长江路经济开发区为解决失地农民住房问题,新建农民新居四期工程,投入资金2亿元,占地面积7.6万平方米,建筑面积11.2万平方米,可安置1 400余户农民回迁新居。11.规划环保。2011年,长江路经济开发区根据发展情况和企业落位情况对兰家镇总体规划进行调整,委托长春市城乡规划设计院进行兰家镇控制性详细规划进行调整,现总体规划和控制性详细规划全部完成,报市政府审批。铁路专用线项目委托西南交通大学建筑勘察设计院设计完成,项目前期可行性研究报告、设计方案、设计预算已全部完成,沈阳铁路局已认可。为冷冻糖肉库地块内高压线排迁进行选址。为开发区内35家企业进行了规划行政处罚程序,编写了行政处罚卷宗。为开发区重点项目进行选址。并配合相关部门为20余个项目进行现场踏查、指界、放线,保证重点项目落位。共审批18户新建、翻建住房。

(李立权)

2011年宽城区国民经济和社会发展主要指标完成情况统计表

指标名称	单位	实际完成	与2010年比±%
地区生产总值	亿元	171.1	15.1
第一产业增加值	亿元	1.7	6.0
第二产业增加值	亿元	44.0	19.2
第三产业增加值	亿元	125.4	13.9
规模以上工业总产值	亿元	23.9	0
全口径财政收入	亿元	25.1	21.5
其中:本级财政收入	亿元	7.0	11.1
财政支出	亿元	17.9	9.3
全社会固定资产投资	亿元	143.3	43.3
社会商品零售额	亿元	164.5	14.3
新增实际使用外资	万美元	4 800	7.9
利用内资	亿元	41.4	17.9
农民年均纯收入	元	5 721	6.6
绿化覆盖率	%	37.0	5.7
普通中学	所	9	0
普通小学	所	27	0
教育经费总额	万元	37 613	12.6
科技三项经费	万元	1 498	22.6
卫生事业费	万元	11.04	4.5
人口出生率	‰	6.73	0
计划生育率	%	99.86	0

二道区

【概况】 二道区位于长春市区东部,全区幅员452平方公里,含2个省级开发区(长春莲花山生态旅游度假区、长春国际物流经济开发区),7街、3镇、1乡,总人口40.2万。其中,二道区直接管辖区域102平方公里,辖1个省级开发区——长春国际物流经济开发区,7街、1镇,共47个社区、8个建制村,总人口36.1万。二道区交通便捷,区位优势突出,吉林省唯一的国家级陆路口岸——长春东站坐落在区内。长春龙嘉国际机场紧邻辖区东部,是由机场进入长春市区必经之地。二道区水源、电力、热力能源供应充足,路网、电网、信息通讯网络和金融网络等基础配套设施齐备,服务功能齐全。

【国民经济】 2011年,全区生产总值完成141.06亿元,比2010年增长13.4%。固定资产投资完成105.5亿元,比2010年增长32%。实际引进内资28.2亿元,实际使用外资4 500万美元。全区全口径财政收入完成24.23亿元,按可比口径比2010年增长43.4%,本级财政收入完成5.15亿元,按可比口径比2010年增长36.7%,可用财力达17.7亿元,按可比口径比2010年增长29.5%。全年共谋划130个项目,其中亿元以上项目84个,57个项目实现顺利开工,13个项目竣工。

【"一业三区"战略】 二道区提出了"一业三区"的战略构想。在产业方向上,集中力量发展现代服务业,聘请中国社会科学院编制了《二道区"十二五"服务业发展规划》,明确了现代物流、商务商贸为二道区两大主导产业,文化创意、新兴金融与科技服务、房地产与社区服务为三大重点产业。在空间格局上,全力打造"三区",即:在二道区四环以内约40平方公里的区域打造"长春东部中央商务区",重点发展金融商务、总部经济和信息服务等现代服务业;在英俊镇长吉高速以北约25平方公里的区域打造"现代物流中心区",重点发展现代物流、加工贸易和代理服务等生产性服务业,主动承接四环路内迁出的转移项目,并为周边各开发区提供服务和产业承接,特别是担负起承接兴隆综合保税区和空港经济区的配套作用,推动长东北区域制造业与服务业协调发展;在英俊镇长吉高速以南约35平方公里的区域打造"休闲商务发展区",重点发展总部经济、商务办公、文化创意、研发设计、高端人居、健身娱乐和现代都市农业,形成与莲花山度假区相互促进、相得益彰的产业体系。

【二道经济开发区】 2011年,二道经济开发区全口径财政收入(不含国税)完成12亿元,比2010年增长120%。固定资产投资完成85亿元,比2010年增长125%。规模企业工业产值完成28亿元,比2010年增长116%。实际利用内资44.6亿元,外资0.23亿美元。全面启动区域内9条道路及水、电、气、热、污水处理等工程。完成东新开河应急渡汛工程,确保743万治理专项资金到位,保证汛期安全渡汛。

【城建工作】 扎实推进城乡基础设施建设和环境整治。完成了临河街、乾安路等8条城市道路,公平桥、东荣大桥、惠工路立交桥3座桥梁新建和改造任务。完成主次街路维护、养护80条段,完成道路修补坑槽1.2万平方米,方砖新建5 700平方米,复原道路挖掘2万平方米,方砖改造调整2.6万平方米,柏油立面1.3万平方米。完成占地面积115万平方米,建筑面积142万平方米的棚户区改造任务,回迁居民4 510户。"暖房子"改造工程完成271栋老旧楼体改造,建筑面积164.4万平方米,惠及居民3万余户。完成吉盛小区二区、安乐小区等3个"老旧散"小区治理;投入4 445万元,对29座锅炉房进行并网改造,并改造供热管网15公里。完成吉林大路东延长段建设和部分土地收储工作。围绕150天综合整治和创建全国文明城活动,拆除违章建筑44万平方米,新增绿化面积40万平方米。完成新植街路2条(临河街、吉林大路),改造道路节点绿化2处(东盛大街与自由大路、与吉林大路交汇处),新植绿地11块,彩化街路10条,绿化补植街路14条。开展城中村和城乡结合部卫生整治,全面接管三、四环路之间环境卫生管理,扩大清扫保洁面积210万平方米。投资400余万元,新增移动式垃圾转运箱30个。投资40万元,购置10台非法广告痕迹清除机。改造吉盛伟邦"星级"公厕1座;绿化7座公厕周边环境,环卫设施建设管理水平有明显提高。

【民生工作】 深入实施民生行动计划,全力做好7大类108项民生实事。加大教育投入力度,完成中小学校舍改造9所,幼儿园改(扩)建2所,市十一高分校引入二道区,教育大厦正式启动。优化卫生服务环境,建成大型优抚疗区、爱心透析中心,投入1 500万元,实施基本药物制度改革。投入760万元,新建了2个社区卫生服务中心。投入180万元,更新医疗设备,引进医疗技术人才。开展"幸福家庭"创建活动。开展广场文化系列活动,举办了万人红歌会、首届职工运动会和第二届残疾人文化周等活动。贾春红编织、东生泥人、董丛红草编三项非物质文化遗产得到挖掘保护。完善公共服务设施,投入5 000万元,改(扩)建社区24个。投入600万元,进行居家养老服务试点,新增公益养老床位400张。在全省率先开展低保审批流程改革和优抚医疗"一站式"结算服务,发放低保金3 456万元、慈善救助款94万元,为重度残疾人安装"电子保姆"860台。设立了200万元大救助资金,解决突发事件家庭的生活困难问题。深入推进创业就业,开发就业岗位1.2万个,新增就业1万人,失业再就业6 360人,城镇登记失业率控制在4%以内。国家科技进步示范城区通过申报。全区投入5 000万,完成22个社区的基础设施改造提升,超千米社区达到8个,城市社区服务用房平均面积已达到720平方米,农村社区用房平均面积为920平方米,辖区内社区办公用房全部达到500平方米以上。

【社会事业】 圆满完成第八次社区居委会换届工作,换届率达100%。创新社区管理模式,启动了加强和创新社会管理试点工作,在全市率先实施无线社区建设和网格化管理。信访维稳取得实效,妥善解决了10余件信访稳定难点案件,办理各类调解案件334件,成功率达98%以上。办理法律援助案件42件。进一步强化对刑释解教人员的安置帮教,对精神病等特殊人群的服务管理。加强社会治安综合治理,刑事案件发生率明显下降。以"安全建设年"活动为契机,深入开展危险化学品、打非治违、食品安全、消防安全等专项整治行动,新设地震避难场所5处,全区安全形势总体平稳。加强政府自身建设,政府行政效能进一步提升。

(卢惠茹)

2011 年二道区国民经济和社会发展主要指标完成情况统计表

指标名称	单位	实际完成	与 2010 年比 ± %
国内生产总值	亿元	141.06	13.4
第二产业增加值	亿元	69.39	11.2
第三产业增加值	亿元	70.09	16.1
全口径财政收入	亿元	24.23	43.4
本级财政收入	亿元	5.15	36.7
固定资产投资	亿元	105.5	32
工业固定资产投资	亿元	12.2	-28.3
社会消费品零售额	亿元	129.88	7.9
实际引进内资	亿元	28.2	15
实际使用外资额	万美元	4 500	10
个体工商户	户	15 109	14.8
私营企业	户	5 715	5
普通中学	所	9	-18
小学	所	19	-21
教育经费总额	万元	32 519	17.6
科技三项经费	万元	2 000	29
卫生事业费	万元	7 936	51.7
人口出生率	‰	5	
计划生育率	%	99.9	1.9
建成区绿化覆盖率	%	38.9	0.1

绿园区

【概况】 绿园区位于长春市区西部，东连朝阳、宽城两区，南接长春西新经济技术开发区，西邻公主岭市，北依农安县。下辖普阳、春城、正阳、青年、铁西、同心、林园 7 个街道，共 51 个居民社区，3 个镇、24 个行政村，4 个开发区（长春轨道交通装备产业开发区为省级开发区，长春绿园西新工业集中区为省级工业集中区，长春西部新城开发区，长春皓月清真产业园区）。全区幅员 216 平方公里，总人口 60.1 万人。

【国民经济】 2011 年，全区生产总值完成 164.3 亿元，比 2010 年增长 18.6%。规模以上工业总产值完成 186.5 亿元，比 2010 年增长 33.9%。第三产业增加值完成 74 亿元，比 2010 年增长 8.9%。农业总产值完成 7.8 亿元，比 2010 年增长 16.9%。全口径财政收入完成 30.2 亿元，比 2010 年增长 39.4%。本级财政收入 4.6 亿元，比 2010 年增长 17.5%。

【项目建设和招商引资】 谋划包装 100 个投资超亿元项目，引进日立永济、一汽四环长拖农用车、韩国乐天集团等一批重点项目，与北京交大、长春工大建立战略合作关系，签约共建行走机械制造配套区，引进内资 28.6 亿元，实际利用外资 4 600 万美元。开工项目 96 个，实现固定资产投资 141.9 亿元，比 2010 年增长 43.4%，其中工业固定资产投资完成67.1 亿元，比 2010 年增长 36.8%。北车长客动车组制造平台一期、二期全部投产，长客股份动车组制造基地形成“双千辆”生产能力。长春协通汽车附件、惠达客车材料等 5 家企业正式投产，丹阳林泉汽车饰件等 31 个汽车配套项目集体开工，丰泰零部件、德力科技等企业主体厂房建设进入收尾，乐园路翻建等市政基础设施建设竣工通车，御景名家等地产开发项目建设进展顺利，长春亿北汽车拆解中心建成招商，世界 500 强企业韩国乐天玛特超市、中机(长春)物流科技园、关东文化园正式开业运营，皓月清真产业园区揭牌成立，合心生态卫星城镇控制性详细规划和概念性城市设计编制完成，“德爱孝敬”养老服务村概念性规划完成初步成果。

【城市建设】 建成区面积达到 45 平方公里。西部新城编制完成修建性详规，西客站站房、交通换乘中心建设接近尾声，南阳路、站前路等重点工程建设全面铺开。市容综合整治行动 10 大项、20 余小项专项整治任务全部完成，高标准改造长客花园小区、教师 A 区、教师 B 区、绿园小区、朝阳小区、安居小区 6 个居民小区，完成了 407 栋、182 万平方米“暖房子”改造，整饰门面牌匾 4 069 块，建设景观围墙 4 091 米，完成了春城大街等 3 条“特色街路”建设，普阳街、青年路成为全市样板特色街路。高标准完成了长白、长农公路绿化长廊等绿化彩化工程，全区新增绿地面积 31 公顷。组织 40 余次集中拆违行动，拆除违法建筑 20.5 万平方米。将西四环路、长白、长郑、长农公路及林园、同心街道办事处全部纳入城区标准化保洁范围，机械化清扫道路增加到38条,机械化清扫率达到47%。启动了25个棚户区改造和商业地产开发项目,开工面积286万平方米,5万平方米保障性住房开工建设。

【民生工作】 城乡居民收入稳步增长，城镇居民人均可支配收入达到20 400元,农民人均纯收入达7 649元,比2010年分别增长13.8%和10%。全面加强服务民生能力建设,区级80%以上新增财力用于改善民生,10大类106项民生行动计划任务提前完成。改革创新城区管理体制,街道办事处成功转型,彻底剥离街道经济职能,街道社会管理、公共服务和改善民生能力显著增强。落实“十有三评” 民生机制、“零距离民生服务团”、社会治安联防联控“六个一”模式、民生工作述职“红墙”、服务民生“单车队”等一系列为民便民服务措施，精细化社会管理能力全面提升。

【社会事业】 七十八中学教学楼、孤独症儿童康复训练学校校舍安全工程建设竣工。同心、青年社区卫生服务中心建设完工，所有公办医疗机构全部实行基本药物制度,区财政包干经费100%落实，门诊量大幅上升，药品价格和平均处方值大幅下降。计划生育“幸福家庭”创建活动全面启动,低生育水平持续稳定,出生人口素质整体提高。农村社区服务用房平均达到1 500平方米，城市社区服务用房标准化改造全面启动。探索建立了“代理儿女”等亲情关爱模式,社会化养老福利机构发展到47家。“双拥”共建活动收效明显，国防教育和国防后备力量建设全面加强。第六次全国人口普查顺利完成，人防工程开发、价格监督管理、公共机构节能、妇女儿童、电子政务、民族宗教、侨务外事等工作实现整体提升。开展了消防安全、安全生产整改行动,全区安全形势整体稳定。

【科技工作】 进一步加强科技项目管理工作,申报国家和省、市科技发展计划项目61个，完成了年度工作目标的122%。为4户驻区企业申报了国家高新技术产业化领域2012年预备项目。投入科技研发经费183万元，带动企业投入研发资金9 323.6万元。新上生产线11条,开发新产品67个系列,新增产值7.2亿元。进一步完善区域自主创新体系,与长春工业大学和北京交通大学建立了产学研联盟，充分利用高校的人才资源和技术资源,为区内企业开展技术服务。协调银行和信用担保机构，保证了区内中小企业的融资额度,争取优惠政策,降低企业的融资成本，共为区内中小企业融资8 260万元，累计完成融资额3.35亿元。探索“科技惠民”,开展了“送科技下乡”活动,为全区“农家书屋”赠送农业科技图书3 000册，发放科学种植讲座光盘500张,开展了“农业科技大讲堂”活动,组织各类农业科技培训39期,培训人员8 900余人次。开展工业企业技术工人培训和就业职业能力培训29期,培训人员1 900余人次。

【农村工作】 农业产业化水平进一步提高,结构进一步优化,全区无公害蔬菜面积达到3 350公顷，比2010年增加305公顷;葡萄发展到219公顷,比2010年增加56公顷;蓝莓树莓产业发展到200公顷。规模化养殖水平有新提高,新(扩)建规模化养殖场5个,养殖户达到2 500户,规模饲养比重达到60%。围绕果蔬、食用菌、肉牛、生猪等种植、养殖业,引进和培育产业化龙头企业，培育国家级龙头企业1户、省级4户、市级2户,建成种植业专业村3个、专业屯10个,牧业小区发展到4个;“皓月”牛肉、“合心”宝甜瓜、“净珠”葡萄、“超大”果品蔬菜已成为品牌产品和名牌产品。推广玉米高产创建栽培、生物防治玉米螟、保护地蔬菜育苗栽培、测土配方施肥等10项新技术,配合国家、省、市抽检蔬菜659个批次,蔬菜样本合格率100%,基地样本合格率100%。全年累计举办培训班32期,培训农民1.1万人次,发放各种培训资料2万多份。按照“一年试点,两年铺开,三年扫尾”的总体安排,启动了农村环境综合整治试点,建立了“屯保洁、村集中、镇管理、区统运”的农村环卫管理模式。投入1 800万元,重点改善农村环境,完成了2个自然屯的环境整治任务,使之达到“四化七有”标准。投资1 510万元,建成11座移动垃圾箱站,解决农村垃圾清运难的问题，在全市率先推进环境卫生城乡一体化。完成农村造林面积36.8公顷，更新和改造农防林17公顷。修筑农村公路18条、58公里,完成2个村的安全饮水,新建沼气池120个,安装太阳能路灯142个，新建生态卫生厕所5 000个,改造泥草房104户。

【民主法制建设】 接受区人大及其常委会的法律监督、工作监督和区政协的民

绿园区领导到驻区企业走访调研

主监督，执行区人大及其常委会的决议和决定，办理人大代表议案、建议66件和政协委员提案147件。“诚信服务型”绿园创建活动收到成效，发展环境进一步改善。推进“法治绿园”创建活动，“五五”普法和“四五”依法治区工作通过省级验收。开展“安全建设年”活动，强化社会治安综合治理，解决群众来信来访和市长公开电话投诉问题，社会秩序保持稳定。加强安全生产监管，建立健全应急处置机制，突发事件应对能力进一步增强。落实党风廉政建设责任制，强化审计监督和效能监察等内部约束机制，政行风进一步好转。开展“创先争优”、创建“三满意”机关、学习实践科学发展观等活动，推动发展、服务民生、促进和谐的能力进一步提高。

（齐向宇）

2011年绿园区国民经济和社会发展主要指标完成情况统计表

指标名称	单位	实际完成	与2010年比±%
地区生产总值	亿元	164.3	18.6
第三产业增加值	亿元	74	8.9
农业总产值	亿元	7.8	16.9
规模以上工业总产值	亿元	186.5	33.9
全口径财政收入	亿元	30.2	39.4
本级财政收入	亿元	4.6	17.5
固定资产投资额	亿元	141.9	43.4
工业固定资产投资额	亿元	67.1	36.8
社会消费品零售额	亿元	70.2	19
利用内资	亿元	28.6	11
新增实际使用外资额	万美元	4 600	13
普通中学数	所	8	
普通小学数	所	27	
年末在岗职工人数	人	19 739	1.2
全部在岗职工年人均工资	元	27 705	2.4
城镇居民人均可支配收入	元	20 400	13.8
农民人均纯收入	元	7 649	10
各类医院数	所	17	
教育经费总额	万元	34 532	28
科技三项经费	万元	700	8.7
卫生事业费	万元	8 756	9.6
绿化覆盖率	%	44.4	0.4
人口出生率	‰	3.78	
计划生育率	%	99.1	

双阳区

【概况】 双阳区位于长春市东南部，东濒饮马河与永吉县隔河相望，南与磐石市为邻，西与伊通县接壤，北与南关区、二道区相连。全区幅员1 677.42平方公里，占长春市区总面积的46.8%。耕地面积86 695公顷，其中水田面积11 258公顷。双阳有300多年养鹿历史，是“中国梅花鹿之乡”和中国梅花鹿种源养殖示范区。森林面积2.85万公顷，森林覆盖率24.7%。已发现各种矿藏34种。全区辖4个街道、3个镇、1个乡。总人口39.05万人，其中，农业人口28.53万人。有满族、回族、朝鲜族、蒙古族等20个少数民族。有民族乡1个，民族村17个。

【国民经济】 2011年，全区地区生产总值实现152.4亿元，按可比价格计算，比2010年增长17.0%；一、二、三产业增加值分别实现16.9亿元、73.7亿元和61.8亿元元，比2010年分别增长10.1%、23.2%和12.2%，三次产业比调整到11.1∶48.3∶40.6。全社会固定资产投资完成105.7亿元，比2010年增长31.5%。财政收入保持快速增长。全口径财政收入突破10亿元大关，比2010年增长35.5%；本级财政收入完成3.3亿元，比2010年增长42.9%。一般财政预算支出16.7亿元，财政保障能力不断提高。全口径工业总产值实现196.2亿元，比2010年增长26.6%。初步形成了传统骨干企业与新兴企业共同支撑的工业发展格局。开工工业项目79个，完成投资63.02亿元，占全区投资总额的59.6%。大力纳米等19户企业完成扩能改造，麦格纳汽车零部件等一批项目开工建设。第三产业蓬勃发展。全区旅游总收入达到11.8亿元。吊水壶完成经营权收购，成功举办了全市乡村旅游现场会，奥特莱斯城市综合体正在办理征地、挂牌手续，良友物流铁路专用线手续获得批准，御龙温泉等重点景区接待能力进一步增强，中心城区人防商场、山河再展商贸中心等市场工程竣工，城乡市场体系进一步完善。全社会消费品零售总额实现39亿元，比2010年增长15.8%。全区粮食总产量达到65万吨，比2010年增长19.1%。增产千亿斤粮食工程和30万亩现代农业园区建设工程顺利推进。新发展节水灌溉面积3 140公顷，奢岭、双营等农村土地整治工程启动实施。齐家、平湖等农田水利重点县工程、太平小石等20个水库除险加固工程全面完工，饮马河、双阳河堤防除险加固工程投入使用。奢岭团结、新兴等蔬菜产业园区投入生产，棚膜蔬菜面积发展到620公顷，农业抗风险能力进一步增强。双阳被确定为全省梅花鹿产业发展战略核心区和中国梅花鹿种源繁殖示范区，牧业产值实现15.4亿元。全区新建、改扩建标准化牧业小区22个，新增规模养殖户605户。完成造林2 000公顷。转移输出农村劳动力10万人次，实现劳务经济收入6.5亿元。

【项目建设】 投资规模不断扩张，项目质量稳步提升。全区开工项目164个，其中，投资超亿元项目16个、超10亿元项目7个、超百亿元项目1个。一批引领和推动“三化”统筹的重点项目开工建设，洁净工业、现代服务业项目主导地位更加突出，投资项目进一步向四大组团和开发区集聚。东南热电厂、通用机械等项目前期工作基本就绪，麦格纳汽车零部件、东北坊酒业等项目开工建设，铸诚门业二期、大力纳米20万吨扩能项目竣工投产。净月南湖“香港小镇”、绿宝石山庄等重点项目进展顺利，长春建筑学院完成整体搬迁，宝风艺术学校开工建设，奢岭大学城和中心城区职教园区规模继续扩张。开发区承载功能进一步提升。投资1.7亿元，实施了路桥、管网等基础设施建设工程，两个开发区开工项目62个，完成工业投资46.5亿元，长春绿谷太阳城、健今药业等项目正式签约，全年到位内资65.2亿元，实际利用外资6 000万美元。

【城市建设】 中心城区、奢岭、经开区规划编制工作基本完成。投资3.6亿元，实施了中心城区“六路六桥”建设工程。滨河路北段、北山大桥等工程竣工通车。嵩山路南段、石溪河桥等“一路三桥”完成征地拆迁。投资6 000万元，实施中心城区街路绿化提标改造工程，新增绿地20万平方米，长清公路景观带完成15公里绿化任务。以奋战150天和创城等活动为载体，对城市出入口、商业区周边、主要街路等重点区域进行了集中整治，拆除违法建筑1.4万平方米，整治牌匾广告500个，设置隔离护栏650米，城市环境和秩序有效改善，市民文明素质明显提高。净水厂主体工程封闭，岭下集中供热工程并网运行，改造供水、供热、供气管网4.4万米，城市公共服务功能日益完善。

【新农村建设】 新农村建设年度任务全面完成，山河卢家、双营鲁家等14个省级示范村建设快速推进，新建标准化示范屯35个，鹿乡丁家新村回迁入住。整修砂石路600公里。深入开展文明村屯创建等活动，村级公益事业“一事一议”扎实有效，建设农村文化大院22个，农家书屋覆盖率达到100%。全面推广“组保洁、村收集、镇运转”的垃圾处理模式，村屯环境日益优化。

【社会事业】 引进推广科技新成果6项。投资2 500万元，新建、改造城区西部小学等校舍9万平方米，三年校舍安全工程全面结束。基本药物制度实现乡级卫生机构全覆盖，区医院晋升为国家二级甲等医院，山河、奢岭、石溪卫生院改扩建工程顺利完成。12个基层医疗卫生机构完成综合改革任务。双阳电影娱乐城、体育场改造工程投入使用，太平、双营子综合文化站主体完工。完成城区数字电视双向化改造6 000户，新增农村有线电视用户3 000户。人口自然增长率为1.5‰。民兵、兵役工作全面加强。监察、审计、档案、供销、气象、地震观测、机关事务、民族宗教、外事侨务、地方志编纂等各项工作都取得了较好成绩。

【民生工作】 城镇新增就业7 200人，失业率控制在3.8%以内。城镇居民养老保险试点正式启动，新型农村养老保险参保率达到83%，城镇职工(居民)基本医疗保险纳入市级统筹。城镇职工（居民）基本医疗保险参保率和新农合参合率达到95%以上。为38 500名困难群众、弱势群体提供了医疗、教育救助，初步构建了覆盖城乡的大救助体系。新建

中国梅花鹿种源养殖示范区授牌仪式

政府保障房2万平方米，改造农村泥草房1 010户、棚户区10万平方米，实施“暖房子”工程14.7万平方米。城乡低保保障标准分别提高到315元/月、1 800元/年，城镇居民人均可支配收入达15 760元，农民人均纯收入达7 761元。

【民主法治】 坚持依法行政，自觉接受人大法律监督、工作监督和政协民主监督，广泛征求人大代表、政协委员和各民主党派、无党派人士对政府工作的意见、建议，办理人大议案、建议和政协提案174件，办复率达100%。认真办理市民投诉，公开电话办结率达99%。依法治区工作不断加强，双阳区被省委、省政府评为“五五”普法依法治理先进县(市)、区。进一步明确了常设及非常设机构职责，政府系统责任体系更加健全。强化治安防控体系和综治民调网络建设，“平安双阳”建设成效明显。深入落实“日报、周解、月清”工作机制，积极预防和化解各类矛盾纠纷，信访形势保持稳定。

（刘忠庆）

2011年双阳区国民经济和社会发展主要指标完成情况统计表

指标名称	单位	实际完成	与2010年比±%
地区生产总值	亿元	152.4	17
第一产业增加值	亿元	16.9	10.1
第二产业增加值	亿元	73.7	23.2
第三产业增加值	亿元	61.8	12.2
全口径工业总产值	亿元	196.2	26.6
农业总产值	亿元	27.6	5.6
全口径财政收入	亿元	10.2	35.5
本级财政收入	亿元	3.3	42.9
一般财政预算支出	亿元	16.7	7.2
固定资产投资	亿元	105.7	31.5
社会消费品零售额	亿元	39	15.8
实际使用外资	万美元	6 000	27.7
实际利用内资	亿元	65.2	
城市人均可支配收入	元	15 760	24
农民人均纯收入	元	7 761	20.1
普通中学	所	26	
普通小学	所	111	
各类医院	所	14	
教育经费总额	亿元	3.48	16
科学技术支出	万元	204	
医疗卫生经费	亿元	1.62	214.7
城区绿化覆盖率	%	39.75	
人口自然增长率	‰	1.50	

全国三八红旗手

崔今顺　女，1952年出生，朝鲜族，本科学历，中共党员，吉林省广源实业集团有限公司董事长。自1992年任职以来，面对激烈的市场竞争，带领全体员工积极拼搏，使企业发展到拥有固定资产数亿元人民币。从单一商贸经营的企业发展到集房地产开发、建筑工程、物业管理、宾馆为一体的综合性的企业集团，被长春市评为50强企业，上缴税款总额达数千万元。多年来，为汶川、玉树灾区及长春雕塑公园、吉林大学、献爱奖学会、资助贫困学生等，累计捐款350多万元人民币。还邀请美国首席心脏外科专家义务为患心脏病患者手术40多例，并承担全部费用。2011年为积极响应妇联组织的"万件毛衣温暖万名贫困妇女儿童大型公益活动"，特购置700件毛衣为农村困难群众，特别是妇女儿童，送去温暖与关爱。她创办的企业为社会提供6 000多个就业岗位，安排下岗职工400多人。她多次荣获市、省系统先进工作者、优秀共产党员，被国务院授予全国民族团结先进模范。2011年在吉林省纪念"巾帼建功"20周年评选活动中，获得了"巾帼建功"20年奉献奖。先后当选第十一届长春市人大代表、第九届省人大代表、第十届省人大代表、第十一届全国人大代表。

何　缨　女，43岁，中共党员，研究员级高工，中国汽车工程学会越野车分会委员、军车专家组专家，一汽集团高级专家，一汽技术中心军车设计室主任。1990年大学毕业后一直从事汽车底盘与整车的研发工作。由她主持开发具有完全自主知识产权的第三代中型高机动性战术军车，缩短了我军轮式车辆装备与发达国家当代战术车辆的技术差距，不仅全面提高了中型战术军车的机动作战和作战保障能力，而且满足了军队未来发展战略及作战使用需求。她主持开发的CA1121J/CA1122J军用运输车，已累计销售约4万辆，为一汽集团公司创造了巨大的经济效益。她用领先的自主技术装备新一代军车，成功地将20多项自主创新技术装备在军车上，其中达到国际先进技术水平9项，获得国家专利27项，正在申报国家专利的29项，不但使产品在总成技术水平和作战使用性能方面相比我军现役越野车具有跨越式的提升，而且在越野机动性、环境适应性、电子信息化以及战场防护能力等方面接近美、德等发达国家当代军车水平。

全国五一劳动奖章

齐嵩宇　中国第一汽车集团公司轿车股份有限公司
关吉元　长春水务(集团)有限责任公司
王振宇　长春建工集团有限公司
杨晨辉(女)　中国北车集团长春轨道客车股份有限公司
董英山　吉林省农业科学院
陆　军(女)　吉林省总工会电教中心
孔　维　吉林大学生命科学学院
李　颖(女)　东北师范大学附属中学
杨树财　东北证券股份有限公司
金光日　长春市地方税务局
卢西伟　中国北车集团长春轨道客车股份有限公司

第十五届"中国青年五四奖章"

孙　军　男，汉族，1983年11月生，中共党员，黑龙江省宜春市红星区第一中学毕业，初中学历，上士警衔，现任吉林省公安消防总队长春市支队特勤大队一中队中队长助理。孙军入伍以来，苦练体能和技能，熟练掌握了高空、悬崖、水下救人等13种救援操法和14类、1 500余件灭火救援器材的使用、维护保养方法。他带领官兵编写了危险化学品泄漏事故处置程序综合训练操法和侦察警戒综合训练操法，研制了狭小空间搜救仪，为快速处置各类火灾和救援事故，第一时间抢救生命发挥了关键作用。他先后参加灭火救援战斗1 500多次、抢救遇险群众330多人,出色完成了长春市丹东路80米高烟囱"高空救人"和抗洪救灾打捞化工原料桶等急难险重的战斗任务。曾荣获全国公安消防部队十大杰出消防卫士、全国公安现役部队优秀士官等奖项,并先后荣立部队一等功1次、二等功3次、三等功3次。

第十二届中国经济年度人物自主创新奖

徐建一 男，汉族，1953年12月生，吉林工业大学汽车系汽车专业毕业，现任中国第一汽车集团公司董事长、党委书记。他主导自主研发的一汽解放J6重型卡车，集300多项创新技术和193项专利于一身，开创了中国汽车史上前所未有的大规模自主开发模式，代表了当前中国商用车行业造车的最高水平，打破了世界汽车强国对重型卡车的技术垄断和封锁，2011年获国家科技进步一等奖。他以质量创优、体系创优、争创企业科学发展全优第一的理念，真正体现了中国汽车工业的能力和品质，诠释了"中国制造"的雄厚实力和勃勃生机。

全国见义勇为道德模范

纪长秋 男,汉族,1962年出生,吉林省石油化工厅服务公司工人，长春市朝阳区清和街道万宝社区低保户。2009年9月29日14时26分，中国邮政储蓄银行吉林省长春市西朝阳路支行内发生持枪抢劫案。纪长秋第一个从爆炸物旁勇敢地冲了过去,对劫匪紧追不舍。劫匪用火药枪劫持了一位出租车司机,欲威逼司机驾车逃跑,纪长秋冲上去一把拉开车门将劫匪摁倒在座位上,欲将其制服。穷凶极恶的劫匪举枪击中纪长秋的面部,纪长秋倒在血泊中。纪长秋的壮举感动了长春,感动了吉林,感动了全中国。2009年10月10日纪长秋被吉林省政府评为"革命烈士"荣誉称号;2009年11月被中华见义勇为基金会评选为"见义勇为英雄"称号;2010年1月被评选为"2009年度感动吉林十大人物"。2010年10月,纪长秋被评为"长春市道德模范",2010年11月,被评为"吉林省道德模范"。2011年,被中央文明办评为"全国道德模范"。

"中国网事·感动2011"十大人物

胡艳萍 女,汉族,37岁,吉林省长春市兴隆山镇太平村人,吉林省长春市私营企业主。18岁时开始创业,经过10多年在商海的打拼,已拥有苗圃生态园、酒店等多处企业。2001年,她7个月大患有先天智障的儿子离开了人世。受到丧子之痛打击的胡艳萍,从那之后,开始慢慢加入了关爱智障人群的行列。2002年至今,她先后收留救助50多名智障人员,为他们提供免费食宿。他们之中有的已经康复重返社会，有的还生活在她的胡记善满家园。她给他们取了很好听的名字——开心、快乐、幸福、吉祥等。在这些名字背后，寄托了胡艳萍对生活的期望和对他们的一腔爱心。在照顾智障患者的同时，还资助多名贫困大学生，其中一位已经顺利完成了大学四年的学业，并于2008年以第一名的好成绩考上长春理工大学研究生。

吉林省五一劳动奖章

于海斌 长春航空液压控制有限公司航空附件厂
王　萍(女) 九台市波泥河林场
王　辉 德惠市公安局治安大队
董广辉 农安县农电有限公司
皮万春 榆树市原种场
曹　宝 吉林省人民检察院反贪局
王晓辉 吉林省基础地理信息中心
赵云峰 吉林省直机关事务管理局服务处
夏金龙 吉林省人力资源和社会保障厅培训鉴定基地
张景利 长春市西装有限责任公司
张　丽(女) 长春圈楼文化发展有限公司
张　群 吉视传媒股份有限公司长春分公司
李世杰 吉林省农村信用社联合社
刘士信 中国水利水电第一工程局有限公司
李　强 吉林省监狱管理局
焦　琳(女) 长春市国土资源局
黄晓波 长春市双阳区疾病预防控制中心
王　青 长春市绿园区中医院
宋柏林 长春中医药大学
尹维杰(女) 吉林省国土资源勘测规划研究院
朱　杰 长春市第十一高中学
田小虎 吉林财经大学信息经济学院
广　舒(女) 长春朝阳经济开发区管理委员会
于丽娜(女) 长春市南关区环卫处
赵立国 吉林同鑫热力集团股份有限公司
刘元成 长春市双阳区园林管理处
李　楠(女) 吉林省政府办公厅
王占军 吉林移动通信集团
张立群 吉林森林工业集团有限责任公司
李长林 长春供电公司
么惠英 吉林省万隆路桥建设集团
胡汉杰 一汽吉林汽车有限公司
娄彦君 长春轨道客车装备有限责任公司
袁玉清 吉林省煤业集团有限公司

吉林省三八红旗手

胡艳萍 女，吉林省长春市兴隆山镇太平村人。创办了善满家园智障人康复托养中心，她17岁开始创业，17年来，她先后收养了48个智障人。除了被家人找回、恢复健康、结婚成家的20人之外，如今，还有28个智障人在她的"善满家园"里快乐地生活。她还协调建设新的善满家园，建成全国首家集收养、托管、康复、培训、观光为一体的民办公助社会福利中心。

张 爽 女，吉林财经大学管理科学与信息工程学院计算机科学与技术专业0809班的学生。她的家乡伊通县河源镇大湾村的小学没有英语老师，她自高中毕业以来，坚持为家乡孩子们免费教英语。每周末都要乘车颠簸4个小时，从长春的学校回到村里义务为孩子们上课，无论寒冬酷暑，3年来从未间断。她已帮助10多名辍学儿童重返校园。她义务支教的事迹受到了校内师生和社会各界好评，被誉为"最美90后女大学生"。在她的带动下，已有"张爽义务支教小分队"600多人，利用假期和她一起回家教山里的孩子们。

2011感动吉林十大人物

孙吉安 生前为东北师范大学美术学院退休教授，中国彩墨葡萄大师。2011年4月，74岁的孙吉安教授在微博上认识了17岁的白血病女孩方肇新。当他得知女孩通过网络自救已募集捐款38万，还差12万元就能做骨髓移植手术时，便决定发起微博拍卖活动。他的画作《硕果飘香》被深圳一位商人以12万元买走。孙吉安向来低调做慈善，这次高调拍画，让儿子孙凯军有些不解。孙吉安对儿子说："救孩子是最重要的，微博是开放的平台，低调没办法帮孩子解决问题的，我这次豁出去了，一张不够，就卖两张，一定救。"5月15日，就在方肇新进行手术当天，孙吉安教授因车祸伤重离世。第九届"感动吉林"人物评选活动组委会给予孙吉安教授的颁奖辞是：墨里描不尽的春秋，世间说不完的悲喜。

胡冬林 男，满族，生于1956年，现为吉林省作协专业作家，醉心于生态文学写作。1995年，参观养熊厂时看到活熊取胆的情景，胡冬林经历了一次人生的巨大震撼：人类血腥、阴暗的一面，在和平年代表现在虐待动物上，可是却少有人做反思。由此他开始了生态写作，期冀用自己的作品去影响和改变周遭人的生态观念。2007年至今一直生活在林区小镇体验生活，专心致力于以野生动植物为题材的自然生态写作，又称森林作家。为了创作长篇小说《野猪王》和搜集长篇小说《熊纪年》的素材，胡冬林来到长白山脚下的二道白河镇，深入白山黑水的荒僻之地租房体验生活，过着半森林人的生活，几乎每个晴天都进入原始森林，观察自然万物成功生存的神奇本领以及大森林里中无尽的生命奥秘。寻访猎手、挖参人、采药人、伐木者，听他们讲述进山打猎和野生动物故事，记下了百万字的森林笔记。此次获评"感动吉林"十大人物，正是对他这样热爱森林、扎根森林、写森林的一次肯定，因此，他也成为十大人物中惟一的一位作家。

郭中凡 男，汉族，1971年12月出生，1991年8月参加工作，2001年7月加入中国共产党，1994年7月东北师范大学中文系本科毕业。现任中共宽城区新发街道工作委员会副书记、办事处主任。2011年5月17日下午，长春市宽城区吴淞路与贵阳街交会处，一栋7层老式住宅楼7楼窗口，一个穿米白色婚纱的女子遭男友情变，受到刺激要跳楼。郭中凡得到消息赶到现场，他上前沟通，站在对方的角度考虑问题，鼓励女孩重新站立起来。经过半小时的谈话获得女孩信任，并得到了女孩男友的电话，情绪激动的女孩被稳住。就在事情稍有转机的时候，女孩的家长出现后，亲友的情绪影响到了女孩，郭中凡似乎感觉到女孩的精神已经崩溃，千钧一发之际，郭中凡两步跨过九级台阶，冲上去一把搂住她的脖子，最终在大伙儿帮助下将女孩成功解救。郭中凡救人的瞬间相继出现在国内外媒体上，勇救女孩的照片入选美国时代周刊的年度评选。

刘大军 42岁，湖北省天门市石河镇西河村人，在长春开了家馄饨铺。他靠一双手养活全家。一位患有眼疾的老人经常光顾馄饨铺，误用游戏币买馄饨。他怕说出来让老人难堪，便悄悄地将游戏币收起来，为了维护老人的尊严，继续为老人盛馄饨吃。一次、两次、数次不图回报的善举感动了许多人。11月1日，《新文化报》刊发的一篇"老人用游戏币买馄饨 老板没有拆穿他"的新闻报道后，在长春市新疆街与桂林路交会处的这家馄饨铺，引起市民和网友持续讨论。人们欣赏馄饨铺老板的人品，觉得做好事儿的人，做的食品也不会差，所以小店的生意火了。他的善举被国内多家媒体转载，网友也评论说，在这物欲横流的社会里，没想到一个馄饨铺给我们上了生动的一课。

王洪伟 29岁，长春市公安消防支队特勤一中队中队长助理、潜水分队队长，三星级蛙人。水下打捞是抢险救援中难度最大的工作。2011年1月的一天，榆树市土桥镇一村民开车路过冰面时，不慎掉入5米多深的水中，负责打捞的王洪伟穿着重达75公斤的潜水服潜入水下，因死者躺在驾驶室里，他需要在漆黑的水下摸索着钻进驾驶室救人，当时，潜水服的输气管还刮在不明物体上，头部只能轻微转动。输气管是蛙人的生命线，一旦破损，蛙人就会立即溺水身亡。此前省内还没有蛙人完成过这样高难度的打捞，按规定他可以放弃的，但王洪伟想到岸边焦急等待的家属和上百名乡亲，还是横下心完成了打捞。王洪伟说，他愿意用生命来衡量它的价值，给死者家属一个交代。王洪伟是全支队公认的全能型"钢铁战士"。9年时间，王洪伟参加灭火救援1 000余起，参与潜水打捞200多起，在一次次生死考验中,他成功救助被困者120余人,打捞遇难者40多人,先后荣立个人三等功3次、二等功1次。足迹遍布长春、吉林、四平等地周边水域,成为长春市公安消防支队“第一蛙人”。

郎小明 30岁,东北科技职业教育学校校长。郎小明生于1981年,两岁时患上小儿麻痹,腿部落下了残疾。2005年,郎小明毕业于北华大学,从走出校门的那天开始,为了心中的教育梦,他选择到一所学校打工。渐渐从一个一穷二白的大学毕业生,逐渐积累了创办大学的资本。2009年,在他的努力下,学校终于建立了起来,并且一步步发展到了今天。他视学生如同自己的亲弟弟、亲妹妹,700多名学生,他能叫出每个人的名字。学生多数来自于农村,其中大部分家庭贫困,还有一些是孤儿。朗小明为50多名贫困生减免了学杂费,90%的学生接受过他的生活资助,总费用加起来近80万,在他看来如果凭借自己的能力,让学生们走向社会改变人生是他最大的愿景。每年的春节和入学前后是郎小平最忙碌最辛苦的日子,这段日子不论道路有多坎坷,他都要走进学生的家门进行家访,其目的就是让学生们不要辍学,给这些贫穷的家庭一个希望。3年来他的足迹遍布吉林、辽宁、内蒙古等地。

2011年长春市五一劳动奖章

李长林 吉林省电力有限公司长春供电公司党委书记
刘同胜 大唐长春第二热电有限责任公司党委书记
刘忠文 长春航空液压控制有限公司董事长
金惠远 吉林省电力有限公司长春供电公司朝阳供电分公司经理
张　春 长春羊草煤业股份有限公司总工程师
陈孝敏 长春轨道客车股份有限公司工会主席
董永吉 长春长铃集团有限公司工会主席
张福辉 吉林省电力建设总公司建筑安装公司分公司经理
徐文凯 长春电力建设公司电力电缆有限公司分公司经理
陈雪莹 长春市文教锅炉厂党委副书记
赵永庆 长春市双顶山矿业股份有限公司一矿通风段段长
李　伟 长春电力集团有限公司二道配电分公司分公司经理
李劲松 长春机械科学研究院有限公司营销副总监
于　静 中国兵器工业集团第五五研究所党委书记
李延生 长春水务(集团)有限责任公司董事长、党委书记
宋　刚 长春市市政工程设计研究院党委书记兼院长
姜成岩 大唐长春热力有限责任公司总经理
周立新 长春市南湖公园园长
刘振库 长春市种子管理站站长
梁凤丽 长春市轨道交通集团有限公司总会计师
崔立发 长春建工集团吉裕工程管理公司经理
曹海艳 长春公共交通集团有限责任公司驾驶员
金永浩 长春燃气股份有限公司热力设计研究院院长
杨　凯 吉林送变电工程公司南方分公司项目经理
韩冬阳 吉林亚泰集团(股份)有限公司总裁助理
李兴平 中国电力工程顾问东北电力设计院工会主席
陈兴贵 吉林泰和房地产开发有限公司电气工程师
隋邦民 中国石油天然气股份有限公司吉林长春销售分公司经理、党委书记
刘广野 吉林烟草工业有限责任公司长春卷烟厂常务副厂长
杜凤江 长春旭阳富维江森汽车座椅骨架有限责任公司运营总监
张兆昆 长春际华三五零四职业装有限公司首席工艺师
苏　威 长春市灯泡电线有限公司组装班长
张全德 长春天然气有限责任公司输气站长
严　霁 长春欧亚集团股份有限公司店长
王玉珍 长春久隆实业有限公司真酒城经理
张学琛 中国工商银行股份有限公司康平街支行副行长
张晓蕾 中国农业银行吉林省分行营业部科员
娄秀荣 吉林正业集团　执行副总裁
路来金 吉林大学医生
赵大军 吉林大学教师
孙丽辉 吉林财经大学　室主任
韩会民 长春市广播电视大学　校长
李振洪 长春市艺术学校校长
穆德惠 长春市电教馆　培训部主任
孙志成 长春市第六中学教师
杨明江 长春市第二中学副校长
黄宝国 吉林省第二实验中学　教师
李淑霞 长春市中心医院党委书记
徐一非 长春市第六医院院长
程　爽 长春市冬季运动管理中心运动员
张明军 长春市文化科技研究所所长
齐春兰 长春市力通速冻食品有限公司经理
马志驯 长春市宽城区疾病预防控制中心书记兼主任
王　成 长春市宽城区环境卫生运输管理处副处长
舒洪斌 长春市豪邦房地产开发有限公司总经理
龙士学 长春宇龙房地产开发有限公司总经理
于凤艳 长春市第八十二中学　校长
王　巍 长春市二道区人民医院书记
杨淑洋 长春市二道区远达街道英俊社区党支部书记、社区主任
于丽娜 南关区环卫处　处长
王　敏 自强街道北安社区书记
邓　闯 长春市103中学教师
张增荣 吉林森工财务有限公司总经理经营者
谢亚晶 长春市朝阳区宽平小学校长
袁海霞 长春市朝阳区人民医院护士长
庄　杰 长春市朝阳区环境卫生保洁管理处桂林大队人民大街班班长

姜　强　长春市公安局朝阳区分局中队长
张建峰　吉林省佳成汽车零部件有限公司总经理
侯　伟　长春绿园西新工业集中区管理委员会主任
邢　辉　长春市绿园区公安分局正阳街派出所所长
张　宏　长春市鸿美经贸有限公司经理
丁　梅　长春市绿园区同心街道非公企业工会联合会主席
翟志坚　双阳区地方税务局局长
徐钟声　双阳区烟草专卖局支部书记
刘元成　双阳区园林管理处处长
杜景和　长春市第一五一中学　副校长
常　芳　长春市六十八中学教师
孙东升　中机北方机械有限公司总经理
翟彦辉　九台市营城第一高级中学校长
周　莽　吉林省电力有限公司长春九台供电分公司经理
刘治强　华能吉林发电有限公司九台电厂生产专工
李久仁　中粮生化能源(榆树)公司副经理
王中华　五棵树镇华盛酒厂厂长
刘海宇　海宇生态养殖基地场长
于兴波　城郊街道昌盛社区书记
张彦儒　盛世阳光车业有限公司经理
钱志新　吉林达利食品有限公司总经理
王　辉　德惠市公安局治安大队　大队长
崔振礼　德惠市农业技术推广中心主任
寇彦龙　德惠卫生职工中等专业学校校长
宁海春　德惠市交通局　局长
于文明　吉林新龙房地产开发有限公司董事长
舒晓春　农安县地方税务局局长
戴　斌　吉林省电力有限公司长春农安供电分公司经理
赵志才　农安县第十中学教师
李颜春　吉林省长久集团党委书记
朱立武　长春经开区风景园林有限责任公司董事长
霍文荣　吉林省保安押运护卫有限公司工人
于润玲　长春净月潭实验小学　校长
吴慧清　长春市检察院举报中心科长
王　健　长春市委党校党建党史教研部主任
赵建华　长春市委宣传部文化产业办公室主任
衣俊鹏　长春市森林病虫防治检疫站站长
张伟光　长春市市容环卫局市容管理处副处长
刘连众　长春市公安局监所支队第三看守所所长
石　泉　长春市公安局站前治安管理分局教导员
关　勇　长春市公安局公共交通治安管理分局副局长
黄建生　吉林省茶花塑料用品有限公司经理
李井钟　长春市四季贸易有限公司经理
李　蕊　长春科技创业服务中心主任
张亚敏　长春市朝阳区民生办　主任
马　辉　长春市高等级公路建设办公室处长
付敬东　长春市土地储备中心　处长
马淑范　长春市社会保险局征缴管理处处长
宋　亮　榆树市政府民生工作办公室副主任
韩永春　长春市人民政府民生工作办公室主任
王　萍　绿园区民生工作局书记
秦淑媛　长春市卫生局　处长
李克海　长春西新经济开发区民生办主任
程继平　农安县人民政府办公室主任
张洪业　绿园区市容环境卫生管理局局长
宋　影　九台市国家税务局科长
董　军　长春市路灯管理处处长
吕溪茜　长春市税务局

第十届“长春十大杰出青年”获奖者

王百顺　吉林汇能科技有限公司董事长
王洪伟　长春市公安消防支队特勤大队一中队中队长助理、潜水班班长
刘钦毅　吉林大学第二医院运动医学与疼痛科主任
李春哲　长春二道供电分公司经理
李素文　中国第一汽车集团公司技术中心主任工程师
何志鹏　吉林大学法学院教授、博士生导师
张　爽　吉林财经大学学生
张晶涛　长春市公安局刑警支队三大队一中队中队长
胡俊祥　长春轨道客车股份有限公司高速动车组制造中心车电车间车辆电气装配高级技师
崔民河　吉林省乳业集团有限公司总裁

第六届“长春青年五四奖章”获得者

王　萍　长春市绿园区民生工作局党委书记、局长
王世强　吉林德翔牧业有限公司董事长
王丽光　长春市国土资源局土地利用管理处处长
朱广达　长春市十一高中校长助理
汤庆鑫　东北师范大学物理学院特聘教授、博士生导师
李子燕　中国作家协会作家
张春雨　长春市人民检察院主诉检察官
张站海　长春净月潭旅游发展集团董事长兼总经理
陈　磊　长春吉广传媒集团有限公司总经理
陈育新　长春普莱医药生物技术有限公司总经理
胡　敏　吉林大学口腔医院正畸科主任医师
敖玉辉　长春工业大学化学纤维工程研究中心主任
郭　丽　长春市紫玉木兰工艺有限公司总经理

（张晓光）

2011年长春市国民经济和社会发展统计公报

长春市统计局

2011年是"十二五"规划的开局之年，全市人民在市委、市政府的正确领导下，深入学习实践科学发展观，认真贯彻落实各项宏观调控政策，积极应对复杂多变的国际国内经济环境，扎实推进各项工作，国民经济实现平稳较快增长，各项社会事业全面进步，民生状况不断改善，实现了"十二五"的良好开局。

一、综合

初步核算，全年实现地区生产总值4 003.0亿元，按不变价格计算，比上年增长13.3%。其中，第一产业增加值290.1亿元，比上年增长4.7%；第二产业增加值2 092.7亿元，增长14.9%；第三产业增加值1 620.2亿元，增长13.0%。三次产业结构分别为7.2%：52.3%：40.5%。对经济增长的贡献率分别为：2.7%、57.5%和39.8%。人均生产总值达到52 649元（按户籍年平均人口数计算），比2010年增长12.9%，折合8 152美元。

地区生产总值（亿元、当年价）

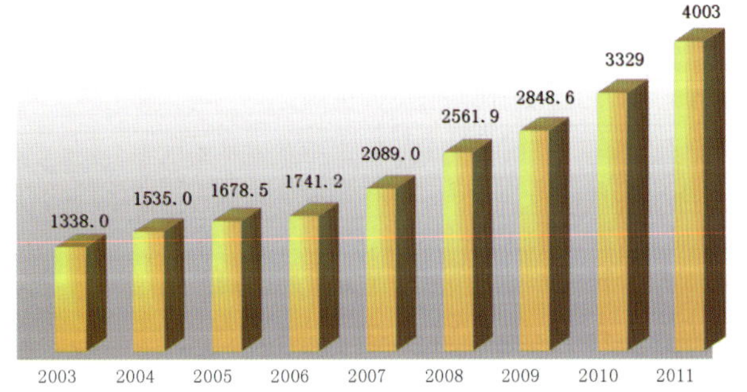

全市一般预算全口径财政收入803.2亿元，增长42.6%。全市地方财政收入288.6亿元，增长59.6%，其中，税收收入226.9亿元，增长60.7%。地方财政支出518.7亿元，增长35.4%，其

2011年三次产业构成

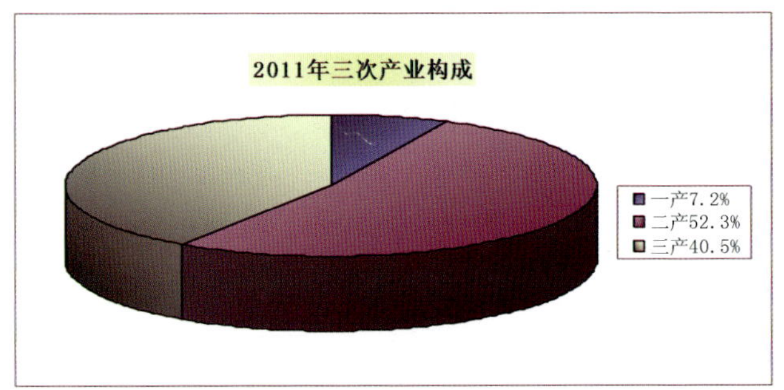

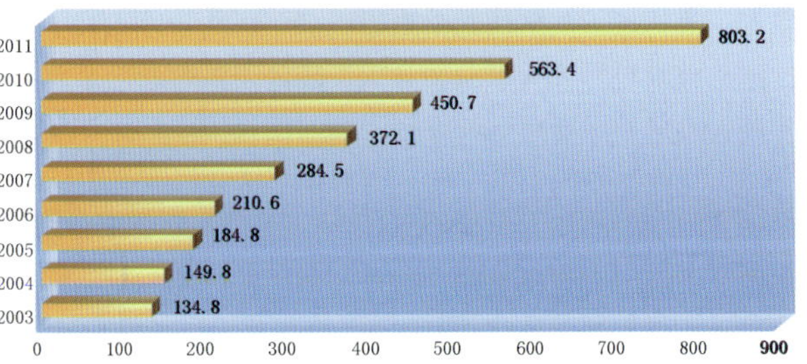

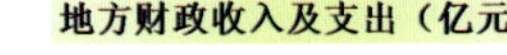

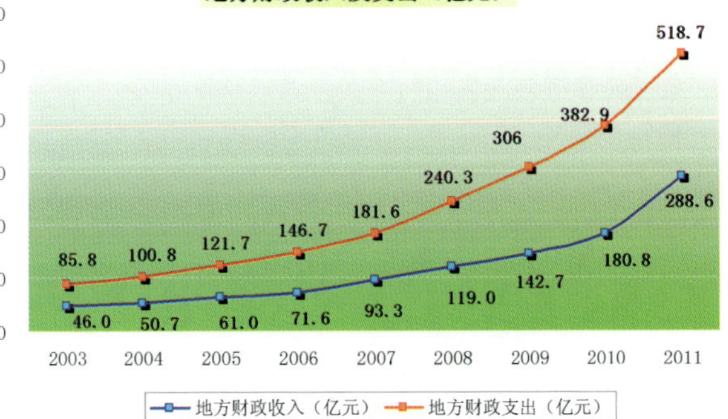

中，教育支出 72.2 亿元，增长 24.6%；社会保障和就业支出 69.0 亿元，增长 35.1%；医疗卫生支出 34.1 亿元，增长 33.4%；交通运输支出 20.1 亿元，增长 153.3%。全口径财政收入占 GDP 的比重为 20.1%，比 2010 年提高 3.2 个百分点。

全年居民消费价格总指数为 105.5%，增幅比 2010 年上升 1.9 个百分点，分八大类看，食品、烟酒及用品、衣着、家庭设备用品及维修服务、医疗保健和个人用品、居住的消费品价格比上年有所上涨，娱乐教育文化用品及服务、交通和通讯的消费品价格有不同程度下降。

工业品出厂价格上涨 2.7%，其中生产资料价格上涨 2.1%、生活资料价格上涨 3.1%。工业生产者购进价格上涨 4.3%。

居民消费价格指数

单位：%

指　标	2010 年	2011 年
居民消费价格总指数	103.6	105.5
服务项目价格指数	100.7	104.9
消费品价格指数	104.6	105.7
食 品	110.0	111.7
烟酒及用品	99.8	102.8
衣 着	100.9	103.7
家庭设备用品及维修服务	99.2	101.6
医疗保健和个人用品	100.9	102.2
交通和通讯	98.6	97.9
娱乐教育文化用品及服务	100.3	99.3
居 住	100.3	109.3
商品零售价格指数	104.6	104.8

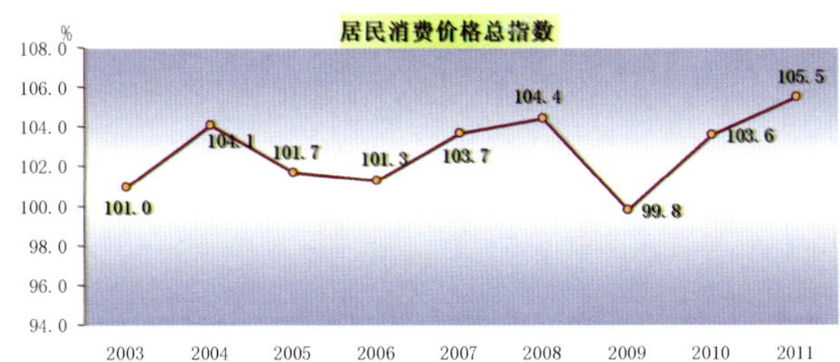

二、农业

全年完成农林牧渔业总产值 523.8 亿元，比 2010 年增长 5%。其中，种植业产值 248.6 亿元，增长 5.8%；林业产值 2.8 亿元，下降 22.6%；牧业产值 254.5 亿元，增长 4.3%；渔业产值 3.7 亿元，增长 31.3%；农林牧渔服务业产值 14.2 亿元，增长 1.5%。

全年粮食作物播种面积 122.1 万公顷，比 2010 年增长 6.2%。粮食总产量达到 812.5 万吨，比 2010 年增加 16.4 万吨。其中，玉米产量 618.7 万吨，增长 0.31 %；水稻产量 153.2 万吨，增长 27.8%。猪出栏 564.5 万头，增长 23.5%，牛出栏 120.0 万头，下降 25.9%，羊出栏 33.6 万只，增长 4.3%，家禽出栏 2.4 亿只，增长 19.5%。肉蛋奶产量分别达到 112.7 万吨、32.4 万吨和 6.3 万吨，分别增长 27.3%、42.1%和 16.7%。

主要农副产品产量

指标	单位	2011 年	比 2010 年增长%
粮食总产量	万吨	812.5	2.1
蔬菜总产量	万吨	278.3	14.5
肉类总产量	万吨	112.7	27.3
禽蛋总产量	万吨	32.4	42.1
牛奶总产量	万吨	6.3	16.7
出栏生猪	万头	564.5	23.4
出栏家禽	亿只	2.4	19.5

全年农业机械总动力为 468 万千瓦，比 2010 年增长 9.6%。

全市蔬菜种植面积为 10.26 万公顷、蔬菜总产值 82 亿元，分别比上年增长 2.6%和 5.1%。全市已认定无公害农产品和绿色食品基地 114 个，认证无公害农产品 450 个，新认证绿色产品 10 种。全市有效使用绿色食品标志产品 148 个，有机食品 36 个，无公害农产品 450 个，无公害农产品基地认定 63 个，环境监测面积达到 188 万亩。

全年落实国家和省四项政策性补贴资金 23.5 亿元，得到全省补助资金 3 034 万元，带动各级投入 2.8 亿元；整修农村公路 879 公里，改造农村泥草房 5 670 户，解决 25.5 万农村人口饮水安全问题。

全市新建续建投资规模亿元以上农产品加工业重点项目 66 个，总投资 284.1 亿元。完成固定资产投资 236.3 亿元，增长 15.2%；粮食加工量达 625 万吨；农产品加工业销售收入 1 050 亿元，增长 29.5%。

三、工业建筑业

全年完成规模以上工业增加值 1 749.4 亿元，比 2010 年增长 13.3%。规模以上工业企业万元增加值综合能源消耗降低率为 5.73%。

全年完成规模以上工业总产值 7 005 亿元，比 2010 年增长 22.9%。汽车制造业累计完成产值 4 181.9 亿元，增长 13.6%，占规模以上工业总产值的 59.7%；农副食品加工业完成产值 1 003.1 亿元，增长 38.3%，占规模以上工业总产值的

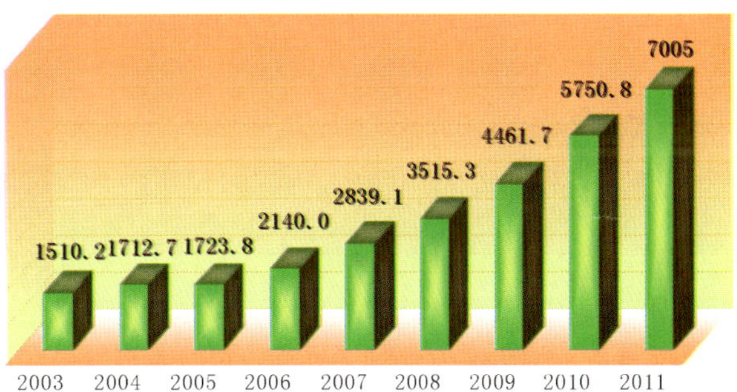

14.3%；生物与医药工业完成产值81.7亿元，增长24.9%，占1.2%；光电子信息工业完成产值83亿元，增长21.9%，占1.2%；建材工业完成产值450.3亿元，增长57.7%，占6.4%；能源工业完成产值512.6亿元，增长5.3%，占7.3%；装备制造业完成产值447.7亿元，增长14.6%，占6.4%。40户重点工业企业完成工业总产值5 158.9亿元，占规模以上工业总产值的比重达到73.6%。

2011年主要工业产品产量

产品	单位	产量	比2010年增减%
汽车	万辆	163.2	–1.8
#轿车	万辆	119.7	4.7
#公路客车	万辆	6.8	–42
#载货汽车	万辆	26	–33.9
铁路客车	辆	2253	67
变压器	万千伏安	500.7	10.4
子午线轮胎	万条	4.6	–32.1
电子元件	万只	766	–69.1
彩色电视机	台	132 209	6.0
中小型拖拉机	台	3326	25.5
工业自动调节仪表与控制系统	台	450	37.6
金属切削机床	台	198	26.9
发电量	亿千瓦时	221.9	29.5
水泥	万吨	1903.7	–5.5
原煤	万吨	327.9	8.1
焦炭	万吨	45.1	–25
钢材	万吨	11.7	41.4
卷烟	万支	1 720 000	7.5
啤酒	万吨	38.4	6.2
中成药	吨	1 640.2	9.0
饲料	万吨	305.8	57.6
精炼食用植物油	万吨	12.3	218.2
软饮料	万吨	52.3	-10.1
农用塑料薄膜	吨	9 238	23.1
服装	万件	6 78.5	18.1

全年实现主营业务收入6 812.6亿元，比2010年增长26.3%；利税总额976.7亿元，增长29.1%；盈亏相抵后实现利润总额614.5亿元，增长31.6%。

全年建筑业完成增加值308.5亿元，比2010年增长13.7%。资质以上建筑业完成总产值787.0亿元，比2010年增长17.5%。实现工程结算收入800.9亿元，增长25.1%。

四、固定资产投资

全年完成全社会固定资产投资总额2 433.4亿元，比2010年增长30.3%。其中房地产开发投资666.4亿元，增长22.8%。新增固定资产1 769.0亿元。固定资产交付使用率为72.7%，比2010年提高7.3个百分点。房屋面积竣工率为28.9%，比2010年下降7.4个百分点。

从各产业完成投资情况看，第一产业投资104.2亿元，增长776.1%；第二产业投资1 128.0亿元，增长27.9%；第三产业投资1 201.2亿元，增长29.7%。从投资主体看，国有经济投资556.4亿元，下降14.1%；非国有经济投资1 803.9亿元，增长55.0%，占全社会固定资产投资的比重为76.4%。全市工业投资1 118.1亿元，增长26.9%，对全社会投资增长的贡献率达43.1%。民间投资1 732.1亿元，增长59.9%。

全市商品房施工面积4 087.9万平方米，比2010年增长32.3%。商品房竣工面积748.1万平方米，下降22.4%。商品房销售面积881.0万平方米，增长2.1%。商品房销售额540.2亿元，增长20.9%。空置面积241.9万平方米，下降13.6%。

2011年，长春市二手房成交3.5万套，成交面积359.6万平方米，下降6.8%；成交金额64.3亿元，下降2.4%。其中，二手住房成交3.3万套，成交面积268.7万平方米，增长1.3%；成交金额36.6亿元，下降15.7%。

五、国内贸易

全年实现社会消费品零售总额1 512.2亿元，比2010年增长17.5%。分行业看，批发零售贸易业零售额1 390.6亿元，增长17.5%。其中，限额以上批发零售贸易业零售额649.7亿元，增长24.7%；限额以下零售额740.9亿元，增长11.0%。住宿和餐饮业零售额121.6亿元，增长17.4%。其中，限额以上住宿餐饮业零售额24.3亿元，增长16.5%；限额以下住宿餐饮业零售额97.3亿元，增长17.2%。

2011年社会消费品零售额及其增速

单位：亿元

指　标	2011年	比2010年增长%
社会消费品零售总额	1 512.2	17.5
按行业分：		
批发、零售贸易业	1 390.6	17.5
其中：限额以上批发零售贸易业	649.7	24.7
住宿、餐饮业	121.6	17.4

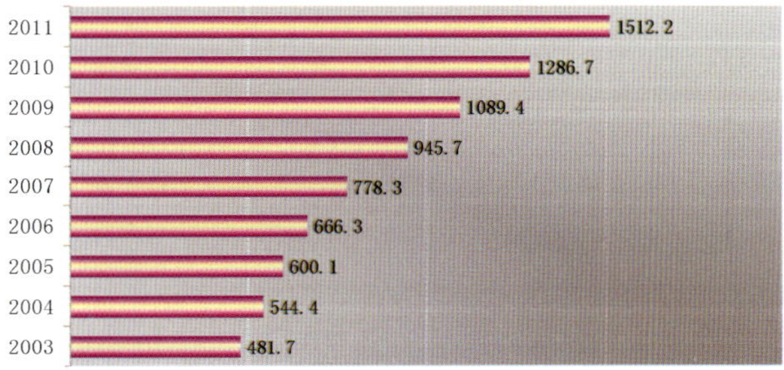

2011年，长春市限额以上批发和零售企业汽车类零售额185.2亿元，增长25.6%；粮油、食品、饮料、烟酒类零售额65.1亿元，增长32.3%；服装鞋帽针纺织品类零售额126.0亿元，增

长 20.4%;书报杂志类零售额 3.2 亿元,下降 1.4%;建筑及装潢材料类零售额 18.2 亿元,增长 35.2%;家具类零售额 16.5 亿元,增长 30.9%。

六、对外经济旅游会展

全年实现进出口总额 173.4 亿美元,比 2010 年增长 31.2%。其中,进口 150.7 亿美元,增长 34.4%;出口 22.7 亿美元,增长 13.3%。在出口企业中,一般贸易企业出口 16.4 亿美元,增长 25.2%,加工贸易企业出口 5.9 亿美元,下降 7.7%.

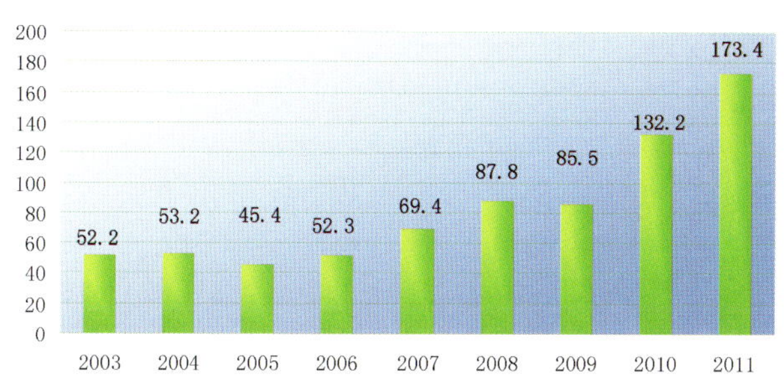

全年新批外资项目(企业)44 个,其中投资总额超千万美元项目 12 个。全年实际利用外资 30.8 亿美元,比 2010 年增长 15.5%,其中直接利用外资 7.7 亿美元,增长 10.7%。

全年来长旅游人数达到 3 114.33 万人次,比 2010 年增长 18.07%。其中,接待入境游客 30.16 万人次,比 2010 年增长 20.74%;接待国内旅游者 3 084.17 万人次,增长 18.05%。全年旅游总收入 431.65 亿元,增长 23.14%。旅游外汇收入 16 974.46 万美元,增长 23.47%。

全市共举办各类会展活动 190 项,展会直接收入 24 亿元,带动其他相关产业收入 216 亿元,分别比 2010 年增长 13.0%和 12.9%。

七、交通邮电业

全年公路货物周转量 223.8 亿吨公里,增长 20%;旅客周转量为 70.9 亿人公里,增长 17.3%。民航完成货邮吞吐量 6.2 万吨,增长 1%;完成旅客吞吐量 497 万人,增长 4.7%;全年营运收入 24 887 万元,下降 0.6%。2011 年末全市民用汽车保有量 77.3 万辆,增长 14.5%,其中私人汽车保有量 60.1 万辆,增长 19%。

2011 年完成邮电业务总量 134.8 亿元,增长 1.1%。其中,邮政业务总量 4.3 亿元,下降 44%;电信业务总量 130.5 亿元,增长 4%。全年特快专递完成 97 万件,下降 70%;邮政储蓄平均余额 162.7 亿元,增长 20%。全市市话年末达到 143 万户,增长 14%;农话年末达到 37 万户,增长 19%;小灵通电话用户 22 万户,下降 0.03%。移动电话年末达到 1078 万户,下降 13%。互联网用户已经达到 618 万户,增长 13%,其中宽带用户 88 万户,增长 51%。

八、金融证券保险

截至 2011 年末,全市拥有银行 24 家,保险公司 25 家,本地和异地驻长证券公司 22 家。

金融机构本外币各项存款余额 5 619.1 亿元,比年初增长 11.5 %。其中,单位存款余额 2 852.8 亿元,增长 7.1%;储蓄存款余额 2 359.3 亿元,增长 13.4%。全市金融机构本外币各项贷款余额 5 251 亿元,比年初增长 15.2%。

2011 年金融机构本外币存贷款及其增长速度

单位:亿元

指　　标	2011 年	比年初增长%
各项存款余额	5 619.1	11.5
其中:单位存款	2 852.8	7.1
城乡居民储蓄存款	2 359.3	13.4
其中:人民币	2 337.8	13.6
各项贷款余额	5 251.0	15.2
其中:短期贷款	1 316.8	9.6
中长期贷款	3 796.8	16.3

全市证券公司 22 家,其中本地证券公司 2 家,异地证券公司 20 家,拥有股票交易网点 47 个。A 股上市企业 19 家。股民账户数达到 128.3 万户,比 2010 年增长 3.6%。全市有价证券成交总额 3 777.1 亿元,比 2010 年下降 31.3%。其中,股票交易成交额 3 551.0 亿元,下降 33.8%;国债成交额 114.1 亿元,增长 69.4 倍;基金成交额 51.4 亿元,增长 94.9%。

全市拥有保险公司 25 家,保险专业中介法人机构 39 家,兼业保险代理机构 1 935 家。全年保费收入 84.4 亿元,比 2010 年增长 9.5%。其中,财产险保费收入 32.9 亿元,增长 19.2%;人身险保费收入 51.5 亿元,增长 4.0%。全年赔付总金额 25.1 亿元,增长 19.4%。其中,财产险赔付金额 14.8 亿元,增长 22.3%;人身险赔付金额 10.3 亿元,增长 15.4%。

九、城建公用事业

2011 年末,全市完成道路新建和扩建长度 109.6 公里,全市道路总面积达到 5 912.6 万平方米,道路长度达到 2 681.6 公里,人均道路面积 17.1 平方米。

2011 年,全市水厂日综合生产能力为 104.9 万立方米/日,城区使用自来水人数达 345.1 万人。全市人工煤气和天然气供气总量分别达到 15 044.6 和 24 765.3 万立方米;液化石油气供气总量达到 7.3 万吨。城区使用煤气、天然气、石油液化气户数达到 118.8 万户。城区集中供热面积达到 12 817.8 万平方米。

到 2011 年末,全市园林绿地面积达到 9 360 公顷,公园绿地面积达到 4 059 公顷,建成区绿化覆盖面积达到 9 828 公顷,建成区绿化覆盖率达到 41.5%。

十、科技质量技术监督教育

全年专利申请量由 2010 年的 4 238 件增加到 5 387 件,

增长 27.1%。全年通过鉴定、验收和认定的科技成果 252 项，获得市以上科技进步奖励成果 230 项。其中获国家级奖励 10 项，省级奖励 184 项。

2011 年末，在全市各级各类科技人员中，“两院”院士 27 人。全市拥有独立科学研究与技术开发机构 98 个。其中，自然科学和技术领域研究与开发机构 61 个；社会科学与人文领域研究与开发机 15 个；科技信息与文献领域机构 6 个。全市民营科技企业技术合同成交额达 21.05 亿元，累计技术合同成交额 198.82 亿元。市科技管理部门共投入科技经费 11 008 万元。全市新认定高新技术企业 25 户，新认定产值超亿元的高新技术企业 10 家。

全市有法定产品质量检验机构 6 个，法定计量技术机构 6 个。全年共定期监督检验产品 1 451 批次。受理委托检验 15 614 批次。国家和省的监督抽查产品质量平均合格率分别达到 97.6%和 95.6%。

长春市有各级各类教育学校 2 716 所（含学前教育，以下同），其中在长普通高校 36 所（含独立学院）、成人高校 8 所、中等职业学校 112 所、普通高中 66 所、普通初中 273 所、职业初中 5 所、小学 1 450 所、特殊教育学校 9 所、幼儿园 756 所，工读学校 1 所。

全市各级各类教育招生 44 万人，其中普通高校招收本专科生 10.8 万人、成人高校招收本专科生 4.2 万人、中等职业学校招生 3.18 万人、普通高中招生 5.2 万人、初中招生 6.46 万人，小学招生 7.1 万人、幼儿园入园儿童 7.1 万人。

全市各级各类教育在校生 145.2 万人，其中普通高校本专科在校生 37.7 万人、成人高校本专科生 8.95 万人、中等职业在校生 8.96 万人、普通高中在校生 14.7 万人、初中在校生 21.4 万人、小学在校生 40.4 万人、特殊教育在校生 0.15 万人、在园儿童 12.9 万人。

全市各级各类教育教职工 13.8 万人，其中专任教师 9.7 万人。在专任教师中，高等教育学校专任教师 2.5 万人，中等职业学校专任教师 0.58 万人，普通高中专任教师 0.75 万人，初中专任教师 1.79 万人，小学专任教师 3.3 万人，幼儿教师 0.77 万人，其他教育专任教师 325 人。

全市小学学龄人口净入学率和初中阶段学龄人口净入学率均达 99.98%，初中毕业升学率达 93.6%，比 2010 年提高了 3.7 个百分点。高中段毛入学率达 93.3%，比 2010 年提高了 4.6 个百分点。

十一、文化卫生体育

2011 年，全市共有文化（文物）事业机构 227 家，其中艺术表演团体 9 家、艺术表演场馆 4 家、公共图书馆 12 家、艺术馆、文化馆 12 家、文化站 160 家、文化艺术科技、科研机构 2 家、文物保护研究机构 1 家、文物保护管理机构 4 家、其他文化事业机构 6 家、其他文化企业 1 家、博物馆 5 家、文化市场管理机构 11 家。公共图书馆总藏量 349 万册，其中少儿图书馆藏量 54 万册。

全市共有国家综合档案馆 11 个，馆藏档案 146.7 万卷、63.2 万件，开放档案 15.1 万卷、6.6 万件。

全市有各类文化经营场所 1181 家，其中互联网上网服务营业场所 804 家（连锁 88 家）；文化娱乐场所 335 家；演出场所 27 家；古玩（美术品）经营店 15 家。其中市区（含开发区）文化经营场所 731 家。其中，互联网上网服务营业场所 547 家（连锁 88 家）；文化娱乐场所 153 家；演出场所 24 家（其中市直 5 家）；古玩（美术品）经营店 7 家。

长春电影制片厂全年共生产故事片 24 部，译制片 6 部，科教片 11 部，数字电影 20 部。

2011 年，全市有广播电台 5 座，节目 10 套，中波发射台和转播台 2 座，转播台 7 座，广播人口覆盖率为 100%；电视台 5 座，节目 9 套，电视人口覆盖率为 100%。

2011 年末，全市卫生医疗机构 4 153 个，增长 7.8%。其中医院、卫生院 306 所，下降 1.3%，拥有医疗、疗养床位 3.9 万张，比 2010 年增长 8.1%。卫生技术人员为 4 万人，比 2010 年增长 2.6 %。每千人拥有执业医师和执业助理医师 2.34 人。

2011 年末，市辖区建成社区卫生服务中心 47 家，城区人口覆盖率达到 100%，387.2 万农民参加了新型合作医疗，参合率达到 96.2%，共筹集资金 8.57 亿元，已有 108 万参合农民受益，支付补偿金 7.05 亿元，占筹资总额的 82.2%。

全年成功承办了瓦萨越野滑雪赛、全国越野滑雪锦标赛、CBA 全国篮球联赛、中超全国足球联赛、乒超全国联赛、全国女篮俱乐部比赛等国际国内大型体育赛事 20 项次；举办了吉林省暨长春市首届羽毛球、乒乓球、公路长跑锦标赛等省市级体育比赛 200 项次，吸引国内外万余名运动员报名参赛，现场观众达 50 万人次。

长春市及长春市输送的运动员参加年度国际和全国比赛 40 项次，获世界冠军 13 个，全国冠军 58 个；向国家队（集训队、青年队）输送运动员 29 人。

在城区安装 41 条健身路径，在乡镇、行政村安装 26 条健身路径，为 70 个行政村配置篮球架；以“健康长春—体育伴随你我他”为主题，开展 300 项市级品牌活动。建立了覆盖城区的 15 个国民体质监测室，形成了市民体质监测网络。全年体育彩票年销售 6.3 亿元。

十二、环境保护

2011 年，全市工业废水排放达标率和工业固体废物综合治理率分别达到 96.24%和 100%，重点工业污染源实现全面达标排放。到 2011 年末，全市烟尘控制区面积 327.71 平方公里，环境噪声达标区面积 236.46 平方公里，区域环境噪声平均值控制在 53.13 分贝，道路交通噪声平均值控制在 68.48 分贝，噪声达标区覆盖率 78%以上，达到全国文明城市 A 类标准。

全市开展生态示范区试点面积 1.9 万平方公里，达到了幅员面积的 91.4%，国家级生态示范区建成率达到 100%。

全年城区空气污染指数（API）为 71。空气环境质量优良级天数 345 天，占总天数的 94.5%。其中，优级天数 44 天，占

12.1%；良级天数301天，占82.5%；空气首要污染物总悬浮颗粒物（PM10）年日均值每立方米91微克，比2010年上升2微克；二氧化硫年日均值每立方米26微克，比2010年下降4微克；二氧化氮年日均值每立方米42微克，比2010年下降2微克；饮用水源水质达标率100%。

十三、人口就业

2011年末，全市户籍总人口为761.8万人。其中，市区人口364.8万人；四县（市）人口397.0万人。全市人口出生率为9.36‰，死亡率为5.14‰，自然增长率为4.22‰。

全市从业人员总数已达到384.6万人，增长5.0%。其中，第一产业从业人员137.5万人，占全市从业人员总数的35.8%；第二产业从业人员99.7万人，占全市从业人员总数的25.9%；第三产业从业人员147.4万人，占全市从业人员总数的38.3%。在全市从业人员中，年末城镇单位从业人员94.9万人，从事个体劳动的有33.9万人。2011年城镇非私营单位在岗职工平均工资41 473元，比2010年增长16.1%。

十四、人民生活社会保障

2011年，城市居民人均可支配收入达到20 487元，比2010年增长14.3%；人均消费性支出16 328元，增长13.4%。城市恩格尔系数为30.9%。城市居民每百户拥有汽车17.22台，拥有彩电122.05台，电冰箱及冰柜96.07台，洗衣机98.79台，拥有家用电脑和移动电话77.04台和229.91部。城市人均住宅建筑面积由上年的31.14平方米增加到32.75平方米。农村居民人均纯收入7 965.1元，增长19.5%。农村人均生活费支出4 596.8元，比2010年增长19.0%。农村恩格尔系数为38.2%。农村居民每百户拥有彩电116台，电冰箱75台，移动电话201部，摩托车57辆。农村人均住房面积由2010年的24.62平方米增加到26.91平方米，增长9.3%。

2011年底，全市城镇企业职工基本养老保险参保人数达到167.5万人，比2010年增长10.1%，其中，在职职工117.3万人，增长8.8%；城镇失业保险参保人数达到83.3万人，增长3.2%。全年征缴养老保险基金73.2亿元，增长31.3%；征缴失业保险基金6.9亿元。全年共为50.3万名离退休人员发放养老金76.4亿元，增长21.5%；为3.8万名失业人员发放失业金2.97亿元。城镇医疗保险参保人数达到399.1万人，其中城镇职工参保155万人。城镇居民基本医疗保险参保总数达到244.1万人，工伤和生育保险参保人数分别达到106.1万人和108.8万人。

全年共开发就业岗位16.3万个，实现城镇新增就业12.7万人，安置下岗失业人员实现再就业6万人，其中大龄就业困难对象再就业1.3万人。全市就业困难群体从事公益性岗位人员稳定在2.2万人以上，当年扶持999户零就业家庭实现就业。创建充分就业社区28个。累计实现农村劳动力转移就业162.5万人次。到年底，城镇登记失业率为3.5%。

截止到年末，全市城市居民共有3.92万户、7.23万人享受最低生活保障；农村居民共有1.75万户、2.63万人享受最低生活保障。累计全年发放城乡低保资金5.59亿元。

全市建设保障性住房17 908套、建筑面积95.9万平方米、总投资额72 320万元。其中，建设廉租住房6 433套、建筑面积30.92万平方米、投资额12 803万元；建设公租房11 475套、建筑面积64.98万平方米、投资额59 517万元。

全市在民政部门注册养老服务机构共有200家，总床位数14 992张。其中，国家办养老机构10家；社会力量投资兴办的养老机构190家。农村社会福利服务中心97所。全年销售社会福利彩票7.98亿元。募集善款3 061.14万元，总支出慈善募捐款3 225.64万元，受助群众达11万人次。

注：1.本公报各项统计数据为初步统计数。

2.本公报行业数据系有关部门（行业）提供。

3.从2011年开始，规模以上工业统计起点标准从年主营业务收入500万元提高到2 000万元。

4.从2011年开始，固定资产投资统计起点标准从计划总投资额50万元提高到500万元，2011年全社会固定资产投资绝对数与2010年不可比，增速按可比口径计算。

5.本公报长春市生产总值、各产业增加值绝对数按现价计算，增长速度按可比价格计算。

2011年长春市人大常委会制定的地方性法规目录

1.《长春市燃气管理条例》

2.《长春市气象灾害防御条例》

3.《长春市文物保护条例》

2011年长春市政府出台的政府规章目录

1.《长春市地方志工作管理办法》

2.《长春市户外广告设置管理办法》

3.《长春市建筑物临街门面装饰管理办法》

4.《长春市建设工程施工现场环境卫生管理办法》

5.《长春市制止违法建设、拆除违法建筑若干规定》
6.《长春市城市建筑垃圾管理办法》
7.《长春市国有土地上房屋征收与补偿暂行办法》
8.《长春市建(构)筑物拆除工程施工管理办法》
9.《长春市土地登记办法》
10.《长春市科学技术奖励办法》
11.《长春市献血管理办法》
12.《长春市人民政府关于修改 < 长春市防治塑料制品污染环境管理办法 > 等 6 部政府规章的决定》

2011 年长春市企业著名商标标识

企业名称	商标
长春市新金亨冷弯型钢有限公司	JINXIANG LENGWAN
吉林省大维科技发展有限公司	大维
长春欧亚集团股份有限公司	
吉林浩泰食品有限公司(中外合资)	HOTEY
吉林省昌隆智能遮阳技术有限公司	昌隆 CHANGLONG
吉林省宇泰金银珠宝有限公司	吉宇泰 JIYUTAI

续表

企业名称	商标
长春市中源食品有限公司	园 艺
长春市宇锋电器有限公司	JG 金鋼
吉林鑫华裕农业装备有限公司	吉榆华裕
长春净月潭旅游发展股份有限公司	净月潭
吉林省达兴名车服务有限公司	Daxing 达兴名车
长春际华三五零四职业装有限公司	凌狮
长春市大龙种子有限责任公司	大龙 DA LONG

续表

企业名称	商标
吉林省香辰有机农业有限责任公司	香香仔
长春市响铃实业集团有限责任公司	响铃
长春人民药业集团有限公司	彤可欣
吉林省中东集团有限公司	中东新天地购物公园
长春亚泰足球俱乐部有限公司	亚泰
榆树市吉富米业有限公司	碧江雪玉
吉林省大洋门业有限公司	大洋豪门
长春大成实业集团有限公司	
长春鸿达光电子与生物统计识别技术有限公司	鸿达

续表

企业名称	商标
吉林省星月时尚宾馆连锁股份有限公司	star moon fashion inn
吉林省旭东科技有限公司	旭冬
吉林汽车制动器厂	
吉林省长青大胜财食品有限公司	大胜财
长春银诺克药业有限公司	银诺克
吉林省英俊食品有限公司	英俊 YASTJE
吉林省春莲园艺工程(集团)有限公司	CHUN LIAN 春莲

续表

企业名称	商标
吉林省中吉大地燃气集团有限公司	中吉大地 CHINA JILIN EARTH
吉林盘古梅花鹿生物科技有限公司	盘古神鹿 PAN GU SHEN LU
吉林省亚丰线缆有限公司	亚风
吉林省妇女就业指导中心	吉大姐
长春登峰集团有限公司	DENGFENG 登豐
吉林金秋肥业科技有限公司	裕龙 YULONG
吉林省联登柯勒家具制造有限公司	米洛
长春市永龙食品有限公司	于成龙
中国第一汽车集团公司	佳宝
吉林省参业协会	长白山人参

续表

企业名称	商标
吉林兄弟木业集团有限公司	
吉林阔源牧业有限公司	

（市工商行政管理局商标分局提供）

领导干部名单

（2011年）

中共长春市委员会

书　　记　高广滨
副 书 记　崔　杰(12月免)　姜治莹(12月任)
　　　　　郑文芝(女,5月任)　李树国(1月免)
常　　委　隋忠诚(5月免)　袁玉树　肖万民(5月任)　杨子明
　　　　　吴　兰(女)　王振华　钱万成　孙国武　孙　超
　　　　　史继山
秘 书 长　钱万成(11月免)　赵　明(11月任)
副秘书长　刘　波(兼)　于瑞敏(4月免)　张家祥(11月任)
　　　　　郝肖峰(11月任)

办公厅

主　　任　赵　明(11月免)　郝肖峰(11月任)
副 主 任　孙　宁　王继荣(女)　李　宏(2月任)

组织部

部　　长　杨子明
副 部 长　张毅强(兼)　韩　栗(兼)　邱志方　孟宪新
　　　　　张宝琦　雷　萦　王立学(4月任,兼)

宣传部

部　　长　王振华(11月免)　吴德金(11月任)
副 部 长　张鸣雨　张世杰(兼)　高　山(11月免)
　　　　　张茂金　于迅来

统战部

部　　长　刘德生
副 部 长　赵安武(8月免)　李　瑛(女)
　　　　　王秋霞(女,兼)　杨连仲(11月免)

政法委员会

书　　记　吴　兰(女,7月免)　王振华(7月任)
副 书 记　李继元　程伟建　隋光伟

市委老干部局

局　　长　李万春(4月免)　王立学(8月任)
副 局 长　刘玉霞(女)　曹晓辉(女)

市委、市政府政策研究室

主　　任　徐连东
副 主 任　崔迎和　张守刚　刘际阳

市档案局(馆)

局(馆)长　梁　伟
副局(馆)长　赵　欣
　　　　　韩　东　王海清(11月任)
党组书记　梁　伟

市委党史研究室

主　　任　张宝琦
副 主 任　孙玉志　王立祥(11月任)

市委党校(行政学院)

常务副校(院)长　林　姗(女)
副校(院)长　李晓华(11月免)　吴彦杰　宫立武
　　　　　田长海(11月任)　邵静野(11月任)

市保密局

局　　长　刘　徽

长春日报社

社　　长　张世杰
党委书记　张世杰
总　　编　王　弋(女)
副总编辑　王艳春　丁　宁(女)
副 社 长　尚洪波　温祝明(女,11月任)
纪委书记　何　文

长春出版社

社　　长　杨德宏
副 社 长　王占通　郑晓辉(2月任)

长春社科院(社科联)

院　　长　姜殿军
副 院 长　李树敏　常　新　孙学亮
党组书记　姜殿军

新闻出版局

局　　长　于　晶(女)

副 局 长　于显民　王柏秋(女)
党组书记　于　晶(女)

中共长春市直属机关工作委员会
书　　记　赵　明
常务副书记　王德宇(11月免)　张知众(11月任)
副 书 记　张佐斌
纪工委书记　战国立

机构编制委员会办公室
主　　任　韩　栗
副 主 任　孟凡友

长春市人民代表大会常务委员会

主　　任　祝业精(1月辞)　李树国(1月任)
副 主 任　冯占祥(12月辞)　宛祝平　李发锁(1月辞)
吕相林(12月辞)　龙　华(女)　方曙光
张树明(1月任)　王　宁(12月任)
闻　弘(12月任)
秘 书 长　闻　弘
副秘书长　王慧稳　姜振春　张春林　王大伟(12月辞)
康铁英(12月任)

办公厅
主　　任　张春林
副 主 任　宫国英　刘希海

内务司法委员会
主任委员　张智勤
副主任委员　孙雁力

财政经济委员会
主任委员　李万成(12月辞)　王大伟(12月任)
副主任委员　刘玉铧(女)

农业与农村委员会
主任委员　李怀生
副主任委员　王小英(女)

城乡建设环境保护委员会
主任委员　周亚昆(11月辞)　王慧稳(12月任)
副主任委员　盖国庆

教育科学文化卫生委员会
主任委员　陈亚群(女)
副主任委员　朱慧民

民族侨务外事委员会
主任委员　王浩然
副主任委员　李学军

人事代表选举委员会
主任委员　韩文有(12月辞)　姜振春(12月任)
副主任委员　孟淑云(女)　崔洪泉(12月任)

法制委员会
主任委员　刘　君
副主任委员　王志东(兼)

法制工作委员会
主任委员　刘　君

研究室
副 主 任　徐　荣

预算工作委员会
主　　任　李万成(12月辞)
副 主 任　栾晓虹(女)

机关党委
书　　记　闻　弘(兼)
副 书 记　吴丽娟(女)

长春市人民政府

市　　长　崔　杰
副 市 长　隋忠诚(5月免)　肖万民(5月任)　吴　兰(女)
王学战　高学章　滕佳材　陈　巳
苏志芳(4月任)　孙亚明(6月任)
侯建民(10月任)　桂广礼(11月任)
秘 书 长　桂广礼(12月免)　贺兴国(12月任)
副秘书长　柳宝祥(兼)　杨俊良(2月免)　杨云超
张发文(兼)　朱永坚(兼)　王建华　卢福建
曲庆江(兼)　冯善国　张忠耀　王慧力
寇纯福(11月免)　姜保忠

办公厅
主　　任　贺兴国(12月免)　赵　显(12月任)
副 主 任　鲍文明　张海治　姜　辉　王首先
周俊峰(2月任)
党组书记　贺兴国(兼)

市政府政务公开办公室
主　　任　赵　显(兼)
副 主 任　何　群

市政府督查室
主　　任　李北牧

市政府民生工作办公室
主　　任　赵首沣

地方志编委会
主　　任　崔　杰(兼)
副 主 任　郑文芝(女,兼)　韩忠宝　王　磊
杨松望
党组书记　韩忠宝

法制办公室
主　　任　刘凤桂
副 主 任　赵玉杰(12月免)　张铁力

党组书记　刘凤桂

老龄工作委员会

主　　任　肖万民

副 主 任　姜保忠(兼)　王立学(兼)　张毅强(兼)　王世田(兼)

办公室主任　王世田(兼)

发展和改革委员会

主　　任　王　宁

副 主 任　董俊杰(11月免)　吴相道　王希田　宋长者

党组书记　王　宁

价格监督检查局

局　　长　付　臣

工业和信息化局

局　　长　吕　凝

副 局 长　刘海军　高　山　庞福祥　崔忠诚　杨连仲　车仁义　马长山　戴　君　蒋旭桐

党组书记　吕　凝

科学技术局

局　　长　万载斌

副 局 长　薛春志　魏长平　尹伟光　孟繁军(2月任)

党组书记　万载斌

商务局

局　　长　刘亚群(11月免)　唐若迪(11月任)

副 局 长　李宪忠　任宏雷　刘　铭(3月任)

党组书记　刘亚群

贸促会

会　　长　宋丽华(女)

副 会 长　林　野　温淞文

城乡建设委员会

主　　任　崔国光(11月免)　朱永坚(11月任)

副 主 任　俞　生　佟玉堂　李　健　李国恒

党委书记　朱永坚(11月任)

党委副书记　刘彦伟(8月任)

纪检委书记　刘彦伟

市政公用局

局　　长　刘东伟

副 局 长　于建新　任晓强

党委书记　刘东伟

党委副书记　冯贵仁

纪委书记　冯贵仁

行政执法局

局　　长　韩志斌

副 局 长　王大和　李凤坤(4月任)

党组书记　韩志斌

统计局

局　　长　张　威

副 局 长　郑永生　刘　刚　姜　波(女)　李亚芹(女)

党组书记　张　威

安全生产监督管理局

局　　长　张中发

副 局 长　王忠厚　祝云河　都效军　刘胜军

党组书记　张中发

食品药品监督管理局

局　　长　李越春

副 局 长　李云义　邱清扬　张文革　丁甫久

党委书记　李越春

党委副书记　李振琨(2月任)

纪委书记　李振琨(2月任)

交通运输局

局　　长　管　锋(11月免)　程　宇(11月任)

副 局 长　邵永全(11月任)　张玉新　王　伟(11月任)

党委书记　程　宇(11月任)

党委副书记　郝广智

纪委书记　郝广智

环境保护局

局　　长　闫　文

副 局 长　张　伟(12月免)　于　春　叶春民　王晓东(12月任)　叶蓬欣

党委书记　闫　文

党委副书记　凌正凯

纪委书记　凌正凯

气象局

局　　长　孙　力

副 局 长　尹文斌　杨志东

纪检组长　裴福军

党组书记　孙　力

房地产管理局

局　　长　刘大平

副 局 长　陈济生　黄立新　徐源江　仇凤江(11月任)

党委书记　刘大平

党委副书记　刘　宏

纪检委书记　刘　宏

规划局

局　　长　王洪顺

副 局 长　曲国辉　韩守庆　杨少清

党委书记　王洪顺

党委副书记　曾宪智(女)

纪委书记　曾宪智(女)

城市雕塑规划管理办公室

主　　任　刘天府

副 主 任　林　巍

国土资源局

局　　长　朱亚福

副 局 长　李成员　李东坡　丁万钧

党委书记　朱亚福
党委副书记　李贵文
纪委书记　李贵文

农业委员会
主　　任　张德祥(11月免)
副 主 任　宋荫卓　杨立华　孙长占　梁继生
郭晋巍　李　欣
党委书记　张金超
纪委书记　张金超

水利局
局　　长　周凌成
副 局 长　刘国君　田志坤　赵宇琦(3月任)
党委书记　周凌成
党委副书记　李中华
纪委书记　李中华

林业局
局　　长　孙向武(7月任)
副 局 长　孙向武(7月免)　王万成(10月任)
林崇学
党组书记　孙向武

粮食局
局　　长　武　凌
副 局 长　王丽娜(女,11月任)
党组书记　武　凌

财政局
局　　长　胡延生
副 局 长　王　才　谢志敏(12月免)　李晓玲(女)
唐庆会(3月任)
党委书记　胡延生
党委副书记　孙晓梅(女)
纪委书记　孙晓梅(女)

国有资产监督管理委员会
主　　任　柳宝祥
副 主 任　林立志　贾贵春　逄吉春　黄永超
党委书记　董俊杰(11月任)
党委副书记　王　彦
纪委书记　王　彦

工商行政管理局
局　　长　王铁酩(12月免)　谢志敏(12月任)
副 局 长　张意海　郑广慧(10月任)　胡书鹏
李维彬(10月免)
党委书记　王铁酩(12月免)
党委副书记　祁丽梅(女)
纪检委书记　祁丽梅(女)

审计局
局　　长　王福财
副 局 长　吴焕军　贾士武(8月任)　孔维进　赵力彦
孙忠林(1月任)
党组书记　王福财

国家税务局
局　　长　杜　锋
副 局 长　钱立仁　王铁勇　齐志宏　李　强
局党组书记　杜　锋
局党组副书记　王金祥　钱立仁
纪检组长　潘　晶

地方税务局
局　　长　于海军
副 局 长　裴德民　杨中凤　金光日　文　明
王明明　司立新　李晓黎(女)
党组书记　于海军

文化局
局　　长　吴　强(11月免)
副 局 长　曲　笑　刘红宇
党委书记　吴　强(11月免)
党委副书记　于伟民
纪检委书记　于伟民

教育局
局　　长　王树彬(12月免)　马　军(12月任)
副 局 长　周国韬　梁国超　安　军
市政府督学　李　敏(女)
党委书记　马　军
党委副书记　李　敏(女)
纪检委书记　李　敏(女)

卫生局
局　　长　齐国华
副 局 长　郗书元　赵福玉　陈明强
党委书记　齐国华
党委副书记　杜金华(女)
纪检委书记　杜金华(女)

人口和计划生育委员会
主　　任　马　平
副 主 任　赵　蕾　刘国瑞
党组书记　马　平

体育局
局　　长　郭忠君
副 局 长　张政明　赵晓路
党委书记　郭忠君
党委副书记　李志坚(4月任)
纪检委书记　李志坚(4月任)

广播电视局
局　　长　崔永泉
副 局 长　张清秀(女)　庄　严
党委书记　崔永泉

人力资源和社会保障局

局　　长　张毅强
副 局 长　康铁英(12月免)　崔英林　纪忠安　蔡延斌
曲玉业(12月任)　焦　瑯(12月任)
党委书记　张宝琦(11月任)
党委副书记　杨承军
纪委书记　杨承军

社会保险局
局　　长　张发文
副 局 长　张美源　杨丽华(女)　刚占彭　朱凤海
林鹏飞(3月任)
党组书记　张发文
纪检组长　崔　伟

民族事务委员会(宗教事务局)
主任(局长)　尹维生(12月任)
副主任(副局长)　咸荣日　杨　军
党组书记　赵国民

民政局
局　　长　王世田(11月免)　吴　强(11月任)
副 局 长　郑秀梅(女)　许　军　李　明
周玉国(1月任)
党委书记　王世田(11月免)　吴　强(11月任)
党委副书记　刘　彦
纪委书记　刘　彦

公安局
局　　长　高学章(7月免)　李　祥(7月任)
副 局 长　郑伟民(11月免)　唐庆华　于　英(女)
韩东民(7月免)　董世年　卢　峰　梁向东
政治部主任　公　平
党委书记　高学章
党委副书记
纪检委书记　侯连国

司法局
局　　长　李　林
副 局 长　王承伟　何凤举　李长春　李晓华(12月任)
党委书记　李　林
党委副书记　于桂兰(女)
纪检委书记　于桂兰(女)
政治部主任　于桂兰(女,2月免)　鲍龙乡(2月任)

国家安全局
局　　长　曲庆江

市委、市政府信访局
局　　长　张家祥
副 局 长　李伟强　马延政　许晓东
党组书记　张家祥

质量技术监督局
局　　长　沙宪卿
副 局 长　李　纯(女)　杨润民(2月任)　孔令起
党委书记　沙宪卿
党委副书记　孙合民
纪委书记　孙合民

人防办公室
主　　任　陈亚新
副 主 任　刘寿松　贾东来　张文华(8月任)
党组书记　陈亚新

地震局
局　　长　曾庆彬
副 局 长　李恩泽(11月任)
党组书记　曾庆彬

外事(侨务)办公室
主　　任　王　宇
副 主 任　富志刚　薄中堂　徐怀武
党组书记　王　宇

园林绿化局
局　　长　杨凤祥(11月免)　邹德东(11月任)
副 局 长　周亚昆(11月任)　李晓晶(女)　徐　林
党委书记　杨凤祥(11月免)　周亚昆(11月任)
党委副书记　王国辉
纪检委书记　王国辉

机关事务管理局
局　　长　李志刚
副 局 长　石铁钢　李绍明　隋广权
党委书记　李志刚
党委副书记　刘彦惠
纪检委书记　刘彦惠

伊通河管理委员会
主　　任　娄长兴
副 主 任　张效佐　王成田(4月任)
党委书记　娄长兴

长春高新技术产业开发区管委会
主　　任　孙亚明(兼)
副 主 任　孙　莉(女)　刘成福　石　威　张少军
党工委书记　杨俊良
纪工委书记　杨俊良

经济技术开发区管理委员会
主　　任　张焕秋
副 主 任　赵　旭　孙洪健　王志良　王大鹏
党工委书记　吴德金
党工委副书记　张焕秋
纪工委书记　张焕秋

净月经济开发区管理委员会
主　　任　管树森
副 主 任　鞠　峻　杨文俊　王金玉
党工委书记、纪工委书记　刘金生
党工委副书记　刘英华(女)

汽车产业开发区管理委员会

主　　任　李相国(兼,7月免)　李长明(6月任)
副 主 任　曹　伟　祖　国　魏朝明
党工委书记　孙国武
党工委副书记　李相国(6月免)　李长明　王　哲
纪工委书记　王　哲

长江路经济开发区管理委员会

主　　任　梁振亚
副 主 任　张绍君　刘成斌
党工委书记　梁振亚

莲花山度假区管委会

主　　任　杨云超
副 主 任　戚　勇　郝忠奇
党工委书记　杜　福

牧业管理局

局　　长　杨泗祖
副 局 长　刘　峰　朱贵祥　富志坚　孙晓晖
畜牧产品加工办公室副主任　孙国海
党组书记　杨泗祖

供销合作社联合社

主　　任　于林中(12月免)　张　伟(12月任)
副 主 任　汪晓炜
党委书记　于林中

旅游局

局　　长　郝丽萍(女)
副 局 长　王　金　邵大明
党组书记　郝丽萍(女)

接待办

主　　任　宋长生

商业国有资产经营公司

总 经 理　辛延明
副总经理　杨录奇
党委书记　辛延明

中国人民政治协商会议长春市委员会

主　　席　张元富
副 主 席　管树森　宋　勇　孙丰月　张晓华　张红星
　　　　　万芝兰(女)　王占石　侯治富
秘 书 长　唐晓明
副秘书长　李洪禹(11月任)　孙文杰

办公厅

主　　任　唐晓明(兼)
副 主 任　高丽筠(女)

提案委员会

主　　任　樊玉桂(女)
副 主 任　(按姓氏笔划排列)
　　　　　孙晓峰(兼)　许文才
　　　　　李　瑛(女,兼)　赵　显(兼)　彭向刚(兼)

文化教育卫生体育委员会

主　　任　张茹华(女)
副 主 任　(按姓氏笔划排列)
　　　　　于　晶(女,兼)　李华新(兼)　汪鹏辉(兼)
　　　　　杨启新　杨承军(兼)　柳海民(兼)
　　　　　赵福玉(兼)　侯冠森(兼)

文史资料委员会

主　　任　邢　文
副 主 任　(按姓氏笔划排列)
　　　　　于广先(兼)　李德山(兼)
　　　　　赵继敏(女,兼)　郎宝君(兼)
　　　　　高仁立(兼)　高　峰　景喜猷(兼)

港澳台侨和外事委员会

主　　任　张东威
副 主 任　(按姓氏笔划排列)
　　　　　于洪升(兼)　冷雪洁(女,兼)　张鸿飞
　　　　　张锦基(兼)　陈其镳(兼)　赵晓光(女,兼)
　　　　　唐锡根(兼)　谭国荣(兼)

经济科技委员会

主　　任　赵　明(女)
副 主 任　(按姓氏笔划排列)
　　　　　丁文勇(兼)　于落川(兼)　王世超(兼)
　　　　　刘健芝(女,兼)　刘振江(兼)　吴晓辉(兼)
　　　　　金兆怀(兼)

社会法制民族宗教委员会

主　　任　张文海
副 主 任　(按姓氏笔划排列)
　　　　　于惠舫(女,兼)　付　诚(兼)　杨盛林(女)
　　　　　杨　军(女,兼)　李奎光(兼)　陆庆华(兼)
　　　　　高俊芳(女,兼)　韩志斌(兼)

人口资源环境委员会

主　　任　沈启天
副 主 任　(按姓氏笔划排列)
　　　　　刁绍武(兼)　王德利(兼)　李　英(女)
　　　　　林青远(兼)　赵勇胜(兼)　景跃军(女,兼)
　　　　　窦　森(兼)

研究室

主　　任　黄　强

机关党委

书　　记　唐晓明(兼,2月任)
副 书 记　姜保国

中国共产党长春市纪律检查委员会

书　　记　史继山
副 书 记　王　南(11月免)　张　喆(11月免)　李家祺

李　刚　胡书君(8月任)
常　　委　韩　栗(兼)　孙德明(11月免)
尹维生(11月免)　姜元生　徐玉林
秘 书 长　姜元生
办公厅主任　郑玉辉
纪检监察综合室主任　鞠　崑(女)
调查研究室主任　杨明志
宣传教育室主任　付印红(女)
政策法规室主任　徐伟民(8月免)
裴庆镇(8月任)
党风廉政建设室主任　史延文
纠风室主任　李向阳(4月任)
整治和建设经济发展软环境办公室主任　何学勇(8月免)
执法监察室主任　王德政
信访室主任　卢　飞(11月任)
纪检监察一室主任　韩　军(4月任)
纪检监察二室主任　王　滔
纪检监察三室主任　邢铁溢
案件审理室主任　王海燕
干部管理室主任　苏　荆(女)
机关党委书记　姜元生(兼)

长春市监察局
局　　长　王　南(11月免)　李家祺(11月任)
副 局 长　李家祺(11月免)　刘海玉　尹维声(11月免)

中共长春市纪委、长春市监察局直属纪工委、监察分局
第一纪工委书记、监察分局局长　孙德伟(4月任)
第二纪工委书记、监察分局局长　吴海涛(4月任)
第三纪工委书记、监察分局局长　刘大革
第四纪工委书记、监察分局局长　卢　飞(11月免)
尹奎来(11月任)
第六纪工委书记、监察分局局长　岂振玲(女)
第七纪工委书记、监察分局局长　陈敬民
第八纪工委书记、监察分局局长　杜云山
第九纪工委书记、监察分局局长　李露丹(女)
第十纪工委书记、监察分局局长　朱智勇
第十一纪工委书记、监察分局局长　常永宽
第十二纪工委书记、监察分局局长　梁好云(女)

民主党派

中国国民党革命委员会长春市委员会
副主任委员　徐秀强

中国民主同盟长春市委员会
主任委员　孙丰月
副主任委员　王志东　周米平(兼)　傅亚辰(兼)
刘　琦(女,兼)　苗　琦(兼)
李德山(兼)　欧阳继红(女,兼)
秘 书 长　徐继承

中国民主建国会长春市委员会
主任委员　陈　巳
副主任委员　丁绍伦(女)　张少杰　胡　伟　孙忠林
陈桂芬(女)
秘 书 长　葛建民

中国民主促进会长春市委员会
主 任 委 员　薛　康
副主任委员　林　宇　周国韬　窦　森　董玉琦(兼)
禹　平(女)
秘 书 长　黄金和

中国农工民主党长春市委员会
主 任 委 员　侯治富(满)
副主任委员　张慧虹(女)　李守春　苗里宁
赵宏岩(女)
秘 书 长　张文彬

九三学社长春市委员会
主 任 委 员　张红星
副主任委员　王　进　陈济生　张兴洲　王丽颖(女)
宋玉祥
秘 书 长　顾红艳(女)

人民团体

市总工会
主　　席　冯占祥(11月免)　袁玉树(11月任)
副 主 席　董珊梅(女)　王　涛　朱　琪(2月任)
党组书记　冯占祥(11月免)　袁玉树(11月任)
党组副书记　董珊梅(女)

中国共产主义青年团长春市委员会
书　　记　程　宇(11月免)　赵心锐(11月任)
副 书 记　姜晓东

市妇女联合会
主　　席　贾丽娜(女,11月免)　李炜姝(女,11月任)
王丽秀(8月免)
副 主 席　欧路娜(女)
党组书记　贾丽娜(女,11月免)　李炜姝(女,11月任)

市工商业联合会
主　　席　李维斗(11月任)
副 主 席　王秋霞(女,11月免)　薛文革(11月任)
李洪禹(11月免)　高学文　张光锐
高　岩(11月任)
党组书记　王秋霞(女,11月免)　薛文革

市社会科学界联合会
主　　席　吴德金(11月任,兼)

副主席　姜殿军　李树敏　常　新　孙学亮
党组书记　姜殿军

市文学艺术界联合会
主　席　吴德金（11月任，兼）
副主席　张守智　吴　强（兼）　龙　华（女，兼）
崔永泉（兼）　韩志晨（兼）　王长元　景喜猷
党组书记　张守智

市科学技术协会
主　席　孙国庆
副主席　刘晓明（4月任）　蔡卓研（4月任）
党组书记　孙国庆

市归国华侨联合会
副主席　张尚诚（女）　刘勇兵（兼）
李勉东（兼）　于洪升（兼）
陈　密（兼）　王钲强（兼）
秘书长　崔　昕

市台湾同胞联谊会
会　长　孔令智
副会长　吴　音（女）　朱　杰（女）　陶　川
于士利　白建英（女）　李宇波
徐正考　高　歌　路景权

市红十字会
名誉会长　高广滨　崔　杰
会　长　郑文芝（女）
常务副会长　王大雷
副会长　赵吉光　孙国武　卢福建　韩忠宝
王德宇　王树彬　胡延生　齐国华
郑伟民　韩晓峰　宋尚龙　曲慧霞
王冠军　宋柏林　金　磊

市残疾人联合会
理事长　甘　琳（女）
副理事长　王贵君　王爱国
党组书记　甘　琳

地方军事

长春警备区
司令员　张连义（10月免）　齐安平（10月任）
政治委员　孙　超
副政治委员　刘宝文
参谋长　郭华山
政治部主任　马德国
后勤部部长　徐荣海

武警长春市支队
支队长　田　政（1月任）
第一政治委员　李　祥（兼）
政治委员　周　波
副支队长　刘长友　孔德胜
副政治委员　郭永俊（3月免）　曲晓伟（4月任）

市公安消防支队
支队长　宋洪峰（11月免）
政治委员　赵子魁
副支队长　邵光德　王　星（3月免）
副政治委员　王立军（7月任）

政　法

中级人民法院
院　长　宋利菲（女）
副院长　冯猷强　刘德孝　蔡文凤（女）
金运珍（女）　肖德馗（4月任）
党组书记　宋利菲（女）
党组副书记　冯猷强
政治部主任　马惠明
纪检组长　裴　莹
执行局长　蔡文凤（兼）
审委会专职委员　宋惠生　许　光　刘大伟

人民检察院
检察长　徐　明
副检察长　肖春光　马占山　王　禹　孙　飞　赵彦峰
党组书记　徐　明
党组副书记　肖春光
纪检组长　李　驳（4月任）
政治部主任　高林树
反贪污贿赂局局长　赵彦峰（兼）
反渎职侵权局局长　马占山（兼）
检察委员会专职委员　赵　军（8月任）
王洪波（12月任）　王孟达（12月任）

双重领导局级单位

中国人民银行长春中心支行
行　长　张启阳
副行长　付　裕　董龙训　李秋生
宋金山　王春生　于桂琴（女）
武鹏云　王　军（女）　周媛媛（女）
党委书记　张启阳
纪委书记　武鹏云

中国工商银行吉林省分行营业部
总经理　张晓辛
副总经理　朱　评　张　斌（女）　许家业　窦洪涛

党委书记　张晓辛
纪检委书记　许家业

中国农业银行吉林省分行营业部

总 经 理　姚德东
副总经理　许　波　王铁丰　王晓伟　杨建国　武　瑾
党委书记　姚德东
纪检委书记　王铁丰

吉林银行

董 事 长　唐国兴
行　　长　刘鸿魁
副 行 长　程松彬　王安华　郇　戈
　　　　　刘帝奉　胡　斌
党委书记　唐国兴
党委副书记　刘鸿魁
监 事 长　李世杰
纪检委书记　王　宏

长春海关

关　　长　薛颖超
副 关 长　于　明　胡　薇(女)　孙玉宁　刘琦瑾
党组书记　薛颖超
缉私局局长　刘琦瑾
纪检组长　刘吉林

市烟草专卖局

局　　长　陈建新
副 局 长　张建华　张　波　车大光　刘　炜
党组书记　陈建新

长春供电公司

总 经 理　辛国良
副总经理　李长林　杨伟东　李喜彬　张殿华　李东强
　　　　　张树东(12月任)　陈学宇
党委书记　李长林
党委副书记　辛国良
纪检委书记　李东强

邮政局

局　　长　王春岭
副 局 长　霍　建　李宏伟
党委书记　尹维国

中国联合网络通信有限公司长春市分公司

总 经 理　耿　强
副总经理　陈洪光　闫明柱　石立峰　孙剑飞
　　　　　宋秋梅　马新宇
党委书记　耿　强

中国移动通信集团吉林有限公司长春分公司

总 经 理　杨子佺
副总经理　金　亮　孙　健　黄　昊
党组书记　郝汉生

区县(市)

【朝阳区】

中共朝阳区委

书　　记　袁玉树(7月免)　钱万成(7月任)
副 书 记　谢华维(7月免)　祝永安(7月任)
　　　　　李　军(8月免)　张洪彬(8月任)
区委常委　袁玉树(7月免)　谢华维(7月免)
　　　　　钱万成(7月任)　祝永安(7月任)
　　　　　李　军(8月免)　王长林(8月免)
　　　　　葛建雄(8月免)　张洪彬(8月免)
　　　　　曹望庆(8月免)　丛中梅(女)　宋　驰
　　　　　毕洪鹰　薛春生　田育红(6月免)
　　　　　陈　杰(6月任)　谭景凤(8月任)

区人大常委会

主　　任　王庭福
副 主 任　王　欣(8月免)　赵洪喜(8月免)
　　　　　柳春秋(8月免)　王长林(8月任)
　　　　　葛建雄(8月任)　葛丽萍(女,8月任)
　　　　　韩希光(8月任)

区人民政府

区　　长　谢华维(7月免)　祝永安(7月任)
副 区 长　葛健雄(8月免)　张洪彬(8月免)
　　　　　葛丽萍(女,8月免)　韩希光(8月免)
　　　　　宋　驰(8月任)　黄德军　孙东林(8月任)
　　　　　丁　佳(女,8月任)　陈德智(8月任)
　　　　　孙　弘(女)　曹望庆(8月任区政府党组成员)

区政协

主　　席　王国维(9月免)　李　军(9月任)
副 主 席　孙　义　朱春花(女)

区纪律检查委员会

书　　记　王长林(8月免)　谭景凤(女,8月任)

区法院

院　　长　李晓明

区检察院

检 察 长　徐安怀

【南关区】

中共南关区委

书　　记　张树明(8月免)　王铁茗(8月任)
副 书 记　何泉秀(8月免)　杨大勇　王　森(8月任)
常　　委　孙　宏(8月免)　鲁　月(8月任)
　　　　　陈广墨(8月免)　赵明瑞(8月任)
　　　　　华　岳(8月免)　王　森　卢明刚(8月免)
　　　　　陈志勇(8月免)　杨　波　许　迪
　　　　　方述华(8月任)　李　蕊(8月任)

区人大常委会

主　　任　范传真

副 主 任　陈玉学(8月免)　孙　宏(11月任)　柳国栋　马跃峡　李玉林(11月任)　卢明刚(8月任)　平玉玺(8月任)

区人民政府

区　　长　何泉秀(8月免)　杨大勇(8月任)

副 区 长　陈广墨(8月免)　赵明瑞(9月任)　卢明刚(9月免)　姜显续　袁继业　陈桂林　刘　佳(9月任)

区政协

主　　席　邹宝华(12月免)　牛志诚(11月免)　华　岳(11月任)

副 主 席　郭成尧　任　伟　李玉林(11月免)　刘润滨(11月任)

区纪律检查委员会

书　　记　孙　宏(8月免)　鲁　月(8月任)

区法院

院　　长　赵洪田

区检察院

检察长　平玉玺(8月免)　张颖彧(8月任)

【宽城区】

中共宽城区委

书　　记　张宝祥

副 书 记　周　贺　牛连春(8月免)　殷淑琴(女,8月任)

常　　委　张宝祥　周　贺　牛连春(8月免)　殷淑琴(女)　冯松江(8月免)　孙彦鹏(8月免)　明　翔　左　毅　曲春雨(8月免)　徐忠有(8月任)　杜　志　徐伟民(8月任)　靳　明

区人大常委会

主　　任　薛秉新(11月免)　梁振亚(11月任)

副 主 任　陈　晶(女,11月免)　崔秀梅(女,11月免)　牛连春(11月任)　田　武(11月任)　贝世琴(女)　所擎柱(11月免)　万家坤(11月任)

区人民政府

区　　长　周　贺

副 区 长　左　毅　仇凤江(4月免)　田　武(8月免)　郑广慧(8月免)　李维彬(8月任)　邹　娜(女)　所擎柱(8月任)　赵庆利(8月任)

区政协

主　　席　严　涛

副 主 席　金　华(女,朝鲜族)　齐树森　王晓君(女)

区纪律检查委员会

书　　记　殷淑琴(女,8月免)　徐伟民(8月任)

区法院

院　　长　肖德馗(2月免)　齐兆云(女,2月任)

区检察院

检 察 长　赵　军(8月免)　李崇峰(8月任)

【二道区】

中共二道区委

书　　记　王庭凯

副 书 记　黄宪昱　吕　鑫(8月任)　杜　福(8月免)

常　　委　王庭凯　黄宪昱　吕　鑫　杜　福(8月免)　孙慧颖　孙爱华　王　吉　张耀国　卢天恒　陈国彦(8月任)　吴树学(8月免)

区人大常委会

主　　任　邵玉春(女)

副 主 任　吴树学(11月任)　李子新(11月任)　赵金龙　刘　琦(女)　朱英龙(8月免)　贾树凤(11月免)

区人民政府

区　　长　黄宪昱

副 区 长　王　吉(9月任)　庞国忠(9月任)　李永利　刘　嫱(9月任)　刘占方(9月任)　吕　鑫(8月免)　鲁　月(9月免)

区政协

主　　席　曾昭伟

副 主 席　李　韧(女)　王　杨(女)　王怀忠

区纪律检查委员会

书　　记　孙慧颖

区法院

院　　长　胡俊生

区检察院

检察长　初连文(9月免)　姜博仁(11月任)

【绿园区】

中共绿园区委

书　　记　陈克信

副 书 记　孙英利　胡书君(8月免)　王丽秀(女,8月任)

常　　委　陈克信　孙英利　王丽秀(女,8月任)　胡书君(8月免)　王　政(8月免)　李长信(8月免)　李淑侠(女,8月免)　邵永全(8月免)　陈志勇(8月任)　马国成　周继峰(8月免)　刘志田　高庆福　李　瑞(女)　曲春雨(8月任)

区人大常委会

主　　任　胡云河

副主任　李　君(4月免)　李长信(11月任)
李国连(11月免)　王桂波(女,11月任)
付彩霞(女)　杜玉凤(女,11月任)
段俊棉(女,2月免)

区人民政府

区　长　孙英利

副区长　马国成　周继峰　王桂波(女,11月免)
杜　剑　高丽丽(女,11月任)
刘绍峰(11月任)

区政协

主　席　李淑侠(女)

副主席　王雅华(女)　刘永久　马　学(11月任)

区纪律检查委员会

书　记　邵永全(8月免)　陈志勇(8月任)

区法院

院　长　姜博仁(11月免)　林晓光(11月任)

区检察院

检察长　刘志民

【双阳区】

中共双阳区委

书　记　李长明(7月免)　王明德(7月任)

副书记　王明德(7月免)　贾丽娜(女,7月任)
张立新(8月任)

常　委　李长明(7月免)　王明德　唐铁生
任志和(8月免)　赵明瑞　(8月免)
沈洪斌(8月免)　朴连玉　文中华(6月免)
李成兴(8月免)　刘任远(8月任)
何学勇(8月任)　王大军(8月任)　王天行
姜义书(6月任)　谷延年(8月任)

区人大常委会

主　任　赵　英

副主任　徐云丽(女)　陈华兴(8月免)
张明哲(8月免)　丰建春　杨　辉(8月任)
索若达(8月任)

区人民政府

区　长　王明德(7月免)　贾丽娜(女,7月任)

副区长　唐铁生　赵明瑞(8月免)　张立新(8月免)
刘任远　张艳秋(女)　王　辅(8月任)
许占有(8月任)　王醒时(8月任)

区政协

主　席　沈洪斌(8月任)

副主席　兰凤霞(女)　姜作相　杨　辉(8月免)
李成兴(8月任)

区纪律检查委员会

书　记　沈洪斌(8月免)　何学勇(8月任)

区法院

院　长　李新生

区检察院

院　长　杨玉兰(女)

【农安县】

中共农安县委

书　记　李忠斌

副书记　王海英　蔡　光

常　委　李忠斌　王海英　蔡　光　韩明玉　滕广涛
张　波　朱　俊　高秀忠(8月任)　徐志成
陶树忠　赵　欣(女,9月任)

县人大常委会

主　任　王　伟

副主任　王永林　钟云琴(女,8月任)
张淑梅(女)　宗喜洪

县人民政府

县　长　王海英

副县长　韩明玉　高秀忠(8月任)　贾树飞
钟云琴(女,8月免)　徐　宁(女,8月任)
于德斌　李凤良(8月任)　胡亚民

县政协

主　席　张广君

副主席　房　毅　赵贵君　王德友(8月任)

县纪律检查委员会

书　记　朱　俊

县法院

院　长　尹彦久

县检察院

检察长　聂施恒

【榆树市】

中共榆树市委

书　记　李国强

副书记　李洪亮(8月任)　谭景坤(8月任)

常　委　李洪亮(8月免)　谭景坤(8月免)
刘彦伟(8月免)　高中会　宋　超(8月免)
王立春(女,8月免)　赵国军(8月免)
孙忠兴(8月任)　常　健(8月任)　程鹏彦
王海瑛(女)　卢　健(8月任)
李灿明(8月任)　林小明(8月任)

市人大常委会

主　任　董书勤(女)

副主任　李荣武　郭景君　韩　利　王百陆(11月任)

市人民政府

市　长　李洪亮(11月任)

副市长　高中会(11月任)　孙忠兴　王是非
王立春(女,11月任)　马　光

赵国军(11月任)

市政协

主　　席　高凤桐(11月免)　张树国(11月任)

副 主 席　张　媛(女)　王伟成　邱立东(11月任)

市纪律检查委员会

书　　记　卢　健(11月任)

市法院

院　　长　潘长文(11月任)

市检察院

检 察 长　张颖彧(8月免)　卢　炬(11月任)

【德惠市】

中共德惠市委

书　　记　祝永安(8月免)　张德祥(8月任)

副 书 记　刘长春　林英昌

常　　委　祝永安(8月免)　张德祥(8月任)　刘长春　林英昌　赫　哲　王　涛(8月任)　赵文波　杨树峰　张文华(女,8月免)　王树民(8月免)　刘　健　王克瑜　宫丽梅(女)　刘　宏(8月任)

市人大常委会

主　　任　李志斌

副 主 任　杨显德(4月免)　晁振英　贲云峰　韩国明(11月任)　张国东(11月任)

市政府

市　　长　刘长春

副 市 长　赫　哲　王　涛　王树民(8月免)　南振波　白松巍　宋云官　王　莹(8月任)

市政协

主　　席　于树军

副 主 席　禹希军　李岱林　祁国有(11月免)　王志华(11月任)

市纪律检查委员会

书　　记　赵文波

市法院

院　　长　徐相国

市检察院

检 察 长　李崇峰(8月免)　李忆农(8月任)

【九台市】

中共九台市委

书　　记　高凤昌(8月免)　何泉秀(8月任)

副 书 记　史长友　贾士武(8月免)　陈亦鸣(8月任)

常　　委　高凤昌(8月免)　何泉秀(8月任)　史长友　贾士武(8月免)　关　星(8月免)　陈亦鸣　王树民(8月任)　宋　超(8月任)　于海山(8月任)　张　进(8月免)　金德和(6月免)　孔庆丰(6月任)　裴庆镇(8月免)　肖志华(8月免)　王大宏　李国辉　杨丽敏(8月任)　祁桂东(8月任)　赵立新(3月任)

市人大常委会

主　　任　林荣效

副 主 任　冯耀实(8月免)　曹　义　李元君　安秀芝(女,9月任)　张　进(9月任)　杨国奇

市人民政府

市　　长　史长友

副 市 长　关　星(8月免)　宋　超(8月任)　于海山　逯占元　安秀芝(女,8月免)　张　进(8月免)　肖志华(8月任)　李树国(8月任)　鲁晓光(女,8月任)　鲍　刚　徐　晶(7月免)

市政协

主　　席　贾士武(8月免)　关　星(8月任)

副 主 席　聂德祥(8月免)　李德军　王德远(8月任)　刘振华(8月免)

市纪律检查委员会

书　　记　裴庆镇(8月免)　王树民(8月任)

市法院

院　　长　李缃凡

市检察院

检 察 长　林晓光(8月免)　焦成千(8月任)

主题索引

说明

1.本索引采取主题抽取法，以主题词首字按拼音顺序排列为序，首字相同，以第二个字按拼音顺序排列为序，以此类推。

2.索引的主题词后面的数字表示内容所在页码，数字后面的英文字母(a、b、c)表示该页自左至右的栏别，无英文字母的表示当页各栏都有该主题词。

3.主题词按汉语拼音排列顺序排列。

D

E

F

G

H

J

K

L

M

N

P

Q

R

S

T

W

X

Y

Z